高 等 学 校 教 材

U0771138

物理化学（简明版）

（第三版）

● 天津大学物理化学教研室 编

中国教育出版传媒集团

高等教育出版社·北京

内容提要

本书是在《物理化学（简明版）》（第二版）的基础上修订而成的。修订时保持了前两版教材的框架结构，内容包括气体的 pVT 关系、热力学第一定律、热力学第二定律、多组分系统热力学、化学平衡、相平衡、电化学、界面现象、化学动力学和胶体化学。本版增加了重点难点视频、例题解析视频、拓展资源等数字化教学资源，读者可扫描书中二维码观看、使用。

本书作为天津大学物理化学教研室编《物理化学》（第七版）的补充，可作为学时数较少的化工、制药、材料、环境、生物、医学、药学、食品、能源、地质等有关专业的教学用书，也可供相关专业研究生及工程技术人员参考使用。

图书在版编目（CIP）数据

物理化学：简明版 / 天津大学物理化学教研室编.
3 版. -- 北京：高等教育出版社，2025. 8. -- ISBN
978-7-04-065068-6

Ⅰ. O64

中国国家版本馆 CIP 数据核字第 202538CC21 号

WULI HUAXUE

策划编辑	翟　怡	责任编辑	翟　怡	封面设计	张雨微	版式设计　杜微言
责任绘图	杨伟露	责任校对	刘娟娟	责任印制	高　峰	

出版发行	高等教育出版社	网　　址	http://www.hep.edu.cn
社　　址	北京市西城区德外大街 4 号		http://www.hep.com.cn
邮政编码	100120	网上订购	http://www.hepmall.com.cn
印　　刷	北京市艺辉印刷有限公司		http://www.hepmall.com
开　　本	787 mm×1092 mm　1/16		http://www.hepmall.cn
印　　张	26.5	版　　次	2010 年 7 月第 1 版
字　　数	550 千字		2025 年 8 月第 3 版
购书热线	010 - 58581118	印　　次	2025 年 8 月第 1 次印刷
咨询电话	400 - 810 - 0598	定　　价	62.00 元

第 三 版 序

  天津大学物理化学教研室编写的《物理化学(简明版)》(第二版)出版 7 年以来,承蒙广大师生厚爱,已被越来越多的院校选用。随着高等教育改革的不断深入,物理化学课程教学内容、教学模式等都有了新的变化,为了适应新形势下物理化学课程教学需要,我们启动了本次修订。

  本次修订秉持"继承与创新并重"的理念,保持了上一版教材的框架结构,经典的化学热力学、化学动力学内容仍安排成 10 章循序渐进呈现。本书不包含量子力学和统计热力学的内容,故可作为天津大学物理化学教研室编写的《物理化学》(第七版)(高等教育出版社,2024 年出版)的补充,用于少学时的物理化学课程教学。

  本次修订参考读者提出的宝贵意见,结合教学中发现的问题,对部分内容进行了更新,使得内容表述更加严谨、精练,教材特色更加突出。每章新增了概念题,以加强对物理化学基本概念与原理的训练。采用了新形态教材的出版形式,增加了数字化教学资源,包括重点难点视频、例题解析视频、拓展资源等,使得教材形式、内容更加丰富,适应当前教学发展的需要。读者可通过扫描二维码观看使用。

  参加本次修订工作的有刘俊吉(第二、三章)、冯霞(第四、七、八章)、李松林(第六、九章)、孙艳(第十章)、朱荣娇(第五章)、陈丽(第一章),全书由刘俊吉统稿。

  值此新版问世之际,感谢长期以来关心本书修订并提出宝贵意见和建议的广大读者,感谢高等教育出版社的大力支持。

  欢迎广大读者关注、使用本书。由于编者水平所限,书中欠妥甚至错误之处在所难免,欢迎读者提出宝贵意见。

编者

2025 年 3 月于天津大学

第 二 版 序

天津大学物理化学教研室编写的《物理化学(简明版)》2010 年面世,该教材因很好地满足了兄弟院校部分专业少学时物理化学课程的教学需要而受到读者的欢迎,发行量逐年提高。

随着高等教育教学改革的不断深入,许多课程的学时不断被压缩,物理化学课程也面临同样的问题,这对《物理化学》教材提出了新的要求。在此背景下,我们进行了此次修订。

1. 本次修订保留了上一版教材的框架结构,内容包含经典的化学热力学、化学动力学,以十章形式循序渐进展开。本教材不涉及统计热力学、量子力学等相关内容。

2. 在选材及内容的处理上进一步进行了精简。删除了一些不必要的内容,精简了部分理论推导,使教材内容更加精练、简洁,重点突出,能更好地满足少学时物理化学课程的教学需要,具有很好的教学适应性。

3. 本教材作为天津大学物理化学教研室编写的《物理化学》(第六版)(高等教育出版社,2017 年出版)的配套简明版教材,在有关教学内容上进行了同步更新、完善,使得教材更能与时俱进,满足新时代创新人才培养的需要。

参加本次编写工作的有周亚平(第四、五、七章)、刘俊吉(第二、三章)、李松林(第六、九章)、冯霞(第一、八、十章)。

感谢关心本书修订并提出宝贵修订意见和建议的广大读者。感谢高等教育出版社的编辑翟怡、刘佳,她们为本书的出版做了大量细致的工作。

由于编者水平所限,书中欠妥甚至错误之处在所难免,祈望读者提出宝贵意见。

编者
2018 年 3 月于天津大学

第 一 版 序

化学作为一门中心学科,它的实用性和创造性,以及它的核心知识已经应用到自然科学的方方面面,它与其他学科相互结合、相互交叉与渗透,在许多学科领域里发挥了重要的作用。物理化学是化学的基础学科之一,物理化学课程是许多涉及化学的学生必修的基础课,因此历来受到广大师生的高度重视。本书是在天津大学物理化学教研室编写的《物理化学》(第五版)(面向 21 世纪课程教材、普通高等教育"十一五"国家级规划教材)的基础上精简编写而成的,以满足学时数较少的化学化工类和非化学类专业的教学需求。本书删去了原《物理化学》(第五版)中"量子力学基础"和"统计热力学初步"两章,其他各章在内容的广度及深度上也做了适当调整,使之便于教师教学和学生学习。

本书可作为化学、化工、制药、材料、环境、生物、医学、药学、食品、能源、地质等有关专业学生的教学用书,也可作为相关专业研究生及科研和工程技术人员的参考用书。

本书严格贯彻执行我国国家标准及 ISO 国际标准关于物理量的表示及运算规则的规定,采用国际单位制及我国规定的法定计量单位。同时书中许多名词和术语的解释及定义参考了 IUPAC 的相关规定。

本书共分为十章,参加编写工作的有周亚平(第一、五、七、八章)、刘俊吉(第二、三、六、十章)、李松林(第四、九章)。全书插图全部由李松林绘制。

本书配有多媒体教学光盘,并同时出版包括该书全部习题解答的配套参考书,以方便教师的教学和学生自学。

欢迎广大读者使用、关注本书,并提出宝贵意见。

编者
2009 年 10 月于天津大学

目　　录

第一章 气体的 pVT 关系

自然界中物质的聚集状态一般可分为三种：气体、液体和固体。气体与液体均可流动，统称为流体；液体和固体又统称为凝聚态。无论物质处于哪一种状态，都有许多宏观性质，如压力 p、体积 V、温度 T、密度 ρ 和热力学能 U 等。众多宏观性质中，p、V、T 三者是物理意义非常明确、又易于直接测量的基本性质。对于由一定量纯物质组成的均相流体（如气体、液体），p、V、T 中任意两个量确定后，第三个量即随之确定，此时就说物质处于一定的状态。处于一定状态的物质，各种宏观性质都有确定的值和确定的关系[①]。联系 p、V、T 之间关系的方程称为**状态方程**。状态方程的建立常成为研究物质其他性质的基础。

液体和固体这两种凝聚态，其体积随压力和温度变化很小，即等温压缩率 $\kappa_T = -\dfrac{1}{V}\left(\dfrac{\partial V}{\partial p}\right)_T$ 和体膨胀系数 $\alpha_V = \dfrac{1}{V}\left(\dfrac{\partial V}{\partial T}\right)_p$ 都很小，故在通常的物理化学计算中常忽略其体积随压力和温度的变化。与凝聚态相比，气体在改变 p、T 时，V 变化较大，具有较大的 κ_T 和 α_V 值。因此通常物理化学中只讨论气体的状态方程，并将气体分为理想气体和真实气体分别加以讨论。

§1.1 理想气体状态方程

1. 理想气体状态方程

对理想气体的研究，可追溯到 17 世纪中叶。当时人们在测量低压气体性质时，发现了三个对各种纯气体在低压时都适用的经验规律，即玻意耳定律、盖-吕萨克定律和阿伏加德罗定律。以三个定律为基础，归纳出一个对各种纯低压气体都适用的气体状态方程：

$$pV = nRT \tag{1.1.1a}$$

并将其称为**理想气体状态方程**。式中，p 的单位为 Pa，V 的单位为 m^3，n 的单位为 mol，T 的单位为 K。R 是一个对各种气体都适用的比例常数，称为**摩尔气体常数**，经精确实验测定得到

[①] 关于状态与性质的详细讨论见第二章。

$$R = 8.314\ 472\ \text{Pa} \cdot \text{m}^3 \cdot \text{mol}^{-1} \cdot \text{K}^{-1}$$

因 $1\ \text{Pa} \cdot \text{m}^3 = 1\ \text{J}$，所以又有

$$R = 8.314\ 472\ \text{J} \cdot \text{mol}^{-1} \cdot \text{K}^{-1}$$

在一般计算中，可取 $R = 8.314\ \text{J} \cdot \text{mol}^{-1} \cdot \text{K}^{-1}$。因为摩尔体积 $V_\text{m} = V/n$，n 又等于气体的质量 m 与摩尔质量 M 之比 m/M，所以理想气体状态方程还可变换为以下两种形式：

$$pV_\text{m} = RT \tag{1.1.1b}$$

$$pV = (m/M)RT \tag{1.1.1c}$$

而密度 $\rho = m/V$，故通过式(1.1.1a,b,c)可进行气体 p、V、T、n、m、M、ρ 各种性质的相关计算。

》例 1.1.1 用管道输送天然气，当输送压力为 200 kPa，温度为 25 ℃时，管道内天然气的密度为多少？假设天然气可看成纯甲烷。

》解： 因甲烷的摩尔质量 $M = 16.04 \times 10^{-3}\ \text{kg} \cdot \text{mol}^{-1}$，由式(1.1.1c)可得

$$\rho = \frac{m}{V} = \frac{pM}{RT} = \frac{200 \times 10^3\ \text{Pa} \times 16.04 \times 10^{-3}\ \text{kg} \cdot \text{mol}^{-1}}{8.314\ \text{Pa} \cdot \text{m}^3 \cdot \text{mol}^{-1} \cdot \text{K}^{-1} \times (25 + 273.15)\ \text{K}} = 1.294\ \text{kg} \cdot \text{m}^{-3}$$

---

2. 理想气体模型

（1）分子间的相互作用　物质无论以何种状态存在，其内部的分子之间都存在着两种相互作用：相互吸引和相互排斥。按照伦纳德－琼斯(Lennard-Jones)势能理论，两个分子间的相互吸引势能与距离 r 的 6 次方成反比，相互排斥势能与距离 r 的 12 次方成反比，而总作用势能 E 为两者之和：

$$E = E_\text{吸引} + E_\text{排斥} = -\frac{A}{r^6} + \frac{B}{r^{12}} \tag{1.1.2}$$

式中，A、B 分别为吸引和排斥常数，其值与物质的分子结构有关。将式(1.1.2)以图的形式表示，即为著名的伦纳德-琼斯势能曲线，如图 1.1.1 所示。由图可知，当两个分子相距较远时，它们之间的相互作用势能几乎为零。随着 r 的逐渐减小，分子间开始表现出相互吸引作用，且随着 r 的减小，势能 E 逐渐降低，当 $r = r_0$ 时，势能降到最低，此时分子间作用力为零。分子进一步靠近时，分子间的相互作用转变为排斥力，E 随 r 的减小迅速上升。

气体分子之间的距离较大，所以分子间的相互作用较弱；液体和固体的存在，正是分子间有相互吸引作用的结果，而它们的难以压缩，又证明了分子间在近距离时表

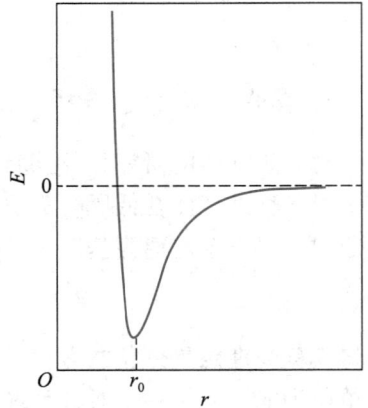

图 1.1.1　伦纳德－琼斯势能
曲线示意图

现出的排斥作用。

（2）理想气体模型　理想气体状态方程是在研究低压气体性质时导出的。极低的压力意味着分子间的距离非常大，由图 1.1.1 可知，此时分子间的相互作用非常小；同时，分子本身线度与分子间的距离相比可忽略不计，因此可将分子看成没有体积的质点。由此人们提出抽象的理想气体模型。**理想气体**在微观上具有以下两个特征：

① 分子间无相互作用；

② 分子本身不占有体积。

理想气体可看成真实气体在压力趋于零时的极限情况。严格说来，只有符合理想气体模型的气体才能在任何温度和压力下均服从理想气体状态方程，因此人们把**在任何温度、压力下均符合理想气体模型**，或服从理想气体状态方程的气体称为**理想气体**。

然而，绝对的理想气体实际上是不存在的，它只是一种假想气体。但是把较低压力下的气体作为理想气体处理，把理想气体状态方程用作低压气体近似服从的、最简单的 pVT 关系，却具有重要的实际意义。通常，在几百千帕的压力下，理想气体状态方程往往能满足一般的工程计算需要。

§1.2　理想气体混合物

前面讨论了对纯理想气体适用的状态方程。在实际的生活、生产和科研中，还经常会遇到由多种气体组成的气体混合物，如空气、煤层气等。本节讨论理想气体混合物的 pVT 关系。

1. 混合物的组成

混合物系统含有两种或两种以上的组分，需要知道每种组分的含量即混合物组成。混合物组成有多种表示方法，下面介绍三种常用的表示方法。

（1）摩尔分数 x_B 或 y_B　物质 B 的摩尔分数定义为

$$x_B(\text{或 } y_B) \overset{\text{def}}{=\!=\!=} \frac{n_B}{\sum_A n_A} \tag{1.2.1}$$

本书一般用 y_B 表示气体混合物中物质 B 的摩尔分数，用 x_B 表示液体混合物中物质 B 的摩尔分数。摩尔分数的量纲为 1，且 $\sum_B x_B = 1$ 或 $\sum_B y_B = 1$。

（2）质量分数 w_B　物质 B 的质量分数定义为

$$w_B \overset{\text{def}}{=\!=\!=} \frac{m_B}{\sum_A m_A} \tag{1.2.2}$$

质量分数的量纲为 1，且 $\sum_B w_B = 1$。

（3）体积分数 φ_B　物质 B 的体积分数定义为

$$\varphi_B \stackrel{\text{def}}{=\!=\!=} \frac{x_B V_{m,B}^*}{\sum\limits_A x_A V_{m,A}^*} = \frac{V_B^*}{\sum\limits_A V_A^*} \qquad (1.2.3)$$

式中，$V_{m,B}^*$ 和 V_B^* 分别为一定温度、压力下纯物质 B 的摩尔体积和体积。体积分数的量纲为 1，且 $\sum\limits_B \varphi_B = 1$。

2. 理想气体状态方程对理想气体混合物的应用

如前所述，由于理想气体的分子之间没有相互作用，分子本身又不占体积，故理想气体的 pVT 性质与气体的种类无关。一种理想气体的部分分子被另一种理想气体的分子所置换，形成理想气体混合物后，理想气体的 pVT 性质并不改变，只是此时 $pV = nRT$ 中的 n 代表混合物总的物质的量，所以理想气体混合物的状态方程为

$$pV = nRT = \left(\sum\limits_B n_B \right) RT \qquad (1.2.4a)$$

及

$$pV = \frac{m}{M_{mix}} RT \qquad (1.2.4b)$$

式中，$m = \sum\limits_B m_B$，为混合物的总质量；$\overline{M}_{mix}$ 为混合物的平均摩尔质量。注意式中 p、V 分别为混合物的总压力及总体积。

混合物的平均摩尔质量定义为

$$\overline{M}_{mix} \stackrel{\text{def}}{=\!=\!=} \frac{\sum\limits_B m_B}{\sum\limits_B n_B} = \frac{m}{n} \qquad (1.2.5)$$

根据 $m_B = n_B M_B$，亦可导出下面的计算式：

$$\overline{M}_{mix} = \sum\limits_B y_B M_B \qquad (1.2.6)$$

即混合物的平均摩尔质量等于混合物中各物质的摩尔质量与其摩尔分数的乘积之和。

3. 道尔顿定律

对于混合气体，无论是理想的还是非理想的，都可用分压力的概念来描述其中某一种气体的压力。每种气体对总压力的贡献即为该气体的**分压力**：

$$p_B \stackrel{\text{def}}{=\!=\!=} y_B p \qquad (1.2.7)$$

式中，y_B 为组分 B 的摩尔分数；p 为总压力；p_B 为组分 B 的分压力，也称为 B 的分压。

因为混合气体中各种气体组分的摩尔分数之和 $\sum\limits_B y_B = 1$，所以各种气体的分压力之和即等于混合气体的总压力：

$$p = \sum_B p_B \qquad (1.2.8)$$

式(1.2.7)及式(1.2.8)对所有混合气体都适用,即使对高压下远离理想状态的真实气体混合物也适用。

对于理想气体混合物,将 $y_B = \dfrac{n_B}{\sum\limits_A n_A}$ 及分压定义式(1.2.7)代入式(1.2.4a),可得

$$p_B = \frac{n_B RT}{V} \qquad (1.2.9)$$

即理想气体混合物中某一组分的分压等于该组分在相同温度 T 下单独占有总体积 V 时所具有的压力。显而易见,混合气体的总压力等于各组分单独存在于混合气体的温度、体积条件下所产生压力的总和,此即为 **道尔顿定律**。它是道尔顿(Dalton)于 1810 年在研究低压气体性质时提出的,亦称为道尔顿分压定律或简称分压定律。

》例 1.2.1　今有 300 K、104.365 kPa 的湿烃类混合气体(含水蒸气的烃类混合气体),其中水蒸气的分压为 3.167 kPa。现欲得到除去水蒸气的 1 000 mol 干烃类混合气体,试求:

(1) 应从湿烃类混合气体中除去水蒸气的物质的量;

(2) 所需湿烃类混合气体的初始体积。

例题解析

分压定律
计算

》解:(1) 设湿烃类混合气体中干烃类混合气体(A)和水蒸气(B)的分压分别为 p_A 和 p_B,则 $p_B = 3.167$ kPa,$p_A = p - p_B = 101.198$ kPa。由公式 $p_B = y_B p = \dfrac{n_B}{\sum\limits_A n_A} p$,可得

$$\frac{n_B}{n_A} = \frac{p_B}{p_A}$$

其中 n_A、n_B 分别为同样温度、体积的干烃类混合气体和水蒸气的物质的量。现 $n_A = 1\,000$ mol,故得

$$n_B = \frac{p_B}{p_A} n_A = \left(\frac{3.167}{101.198} \times 1\,000 \right) \text{mol} = 31.30 \text{ mol}$$

(2) 设所求初始体积为 V,则

$$V = \frac{nRT}{p} = \frac{n_B RT}{p_B} = \frac{31.30 \text{ mol} \times 8.314 \text{ Pa} \cdot \text{m}^3 \cdot \text{mol}^{-1} \cdot \text{K}^{-1} \times 300 \text{ K}}{3.167 \times 10^3 \text{ Pa}} = 24.65 \text{ m}^3$$

4. 阿马加定律

对于低压气体混合物,除道尔顿分压定律外,还有阿马加(Amagat)定律,亦称为阿马加分体积定律。1880 年,阿马加在研究低压气体性质时发现,低压气体混合物的总体积 V 等于各组分 B 在相同温度 T 及总压 p 条件下占有的体积 V_B^* 之和。其数学表达式为

$$V = \sum_B V_B^*$$ (1.2.10)

阿马加定律是理想气体 pVT 性质的必然结果,由理想气体混合物状态方程(1.2.4a)很容易证明阿马加定律:

$$V = nRT/p = \left(\sum_B n_B \right) RT/p = \sum_B \left(\frac{n_B RT}{p} \right) = \sum_B V_B^*$$

其中

$$V_B^* = \frac{n_B RT}{p}$$ (1.2.11)

V_B^* 亦称为 B 的**分体积**。**阿马加定律**表明理想气体混合物的体积具有加和性,在相同温度、压力下,混合后的总体积等于混合前各纯组分的体积之和。

将式(1.2.9)和式(1.2.11)与式(1.2.4a)和式(1.2.1)相结合,可有

$$y_B = \frac{n_B}{n} = \frac{p_B}{p} = \frac{V_B^*}{V}$$ (1.2.12)

即理想气体混合物中某一组分 B 的分压与总压之比,或分体积与总体积之比等于该组分的摩尔分数 y_B。

同样,阿马加定律严格来讲也只适用于理想气体混合物,但对于低压下的真实气体混合物可近似适用。压力升高后,混合前后气体的体积大多会发生变化,阿马加定律不再适用,这时需引入偏摩尔量的概念,有关内容将在第四章详细介绍。

§1.3　真实气体的液化及临界参数

1. 液体的饱和蒸气压

理想气体分子间没有相互作用,所以在任何温度、压力下都不可能液化。而真实气体则不同,其分子间相互作用势能随分子间距离的变化情况如前面图 1.1.1 中伦纳德-琼斯势能曲线所示。降低温度与增加压力可使气体的摩尔体积减小,即分子间距离减小,这可使分子间相互吸引作用增强,导致气体变成液体。

设想在一个抽空的密闭容器中装有某种纯液体,容器上部充满该液体的蒸气。液体分子可以逃离液面蒸发进入气相,气体分子也可以与液体表面分子发生碰撞而进入液相。一定温度下,当液体的蒸发速率与气体的凝结速率相等时,系统的宏观状态将不随时间而变化,称这种状态为气-液平衡态,如图 1.3.1 所示。此时的液体即**饱和液体**,气体即**饱和蒸气**,饱和蒸气的压力称为该液体的**饱和蒸气压**,以 p^* 表示,上标 * 表示纯物质。

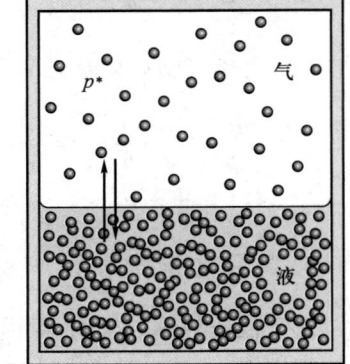

图 1.3.1　气-液平衡示意图

表 1.3.1 列出了水、乙醇和苯在不同温度下的饱和蒸气压。从表中数据可以看到,饱和蒸气压是由物质的本性决定的,同时又是温度的函数。通常,饱和蒸气压随温度的升高而迅速增大。当饱和蒸气压与外界压力相等时,液体沸腾,此时的温度称为液体在该外压下的**沸点**。将外压为 101.325 kPa 时的沸点称为**正常沸点**。如水的正常沸点为 100 ℃,乙醇的正常沸点为78.4 ℃,苯的正常沸点为 80.1 ℃。在 101.325 kPa 的压力下,如果把水从 20 ℃加热,随温度的上升,水的饱和蒸气压会不断上升。当加热到 100 ℃ 时,水的饱和蒸气压达到101.325 kPa,这时不仅表面的水分子会蒸发,内部的水分子也会汽化产生气泡,使水沸腾。在高原地带,大气压力较低,故水的沸点较低。当在压力高于 101.325 kPa 下加热水(如在高压容器中)时,水的沸点也会相应升高。

表 1.3.1　水、乙醇和苯在不同温度下的饱和蒸气压

水		乙醇		苯	
$t/℃$	p^*/kPa	$t/℃$	p^*/kPa	$t/℃$	p^*/kPa
20	2.338	20	5.671	20	9.971 2
40	7.376	40	17.385	40	24.411
60	19.916	60	46.008	60	51.993
80	47.343	**78.4**	**101.325**	**80.1**	**101.325**
100	**101.325**	100	222.48	100	181.44
120	198.54	120	422.35	120	308.11

一般情况下,当外压不是很高时,纯液体的饱和蒸气压不受其他气体存在的影响,前提是这些气体不溶于该液体。例如,水在大气中的饱和蒸气压与它单独存在于容器中时的数值基本是一样的。

在一定温度下,某一物质的蒸气压力如果小于其饱和蒸气压,液体将蒸发变为气体,直至蒸气压力增至该温度下的饱和蒸气压,达到气-液平衡为止。反之,如果某物质的蒸气压力大于其饱和蒸气压,则蒸气将部分凝结为液体,直至蒸气的压力降至该温度下的饱和蒸气压,达到气-液平衡为止。例如,水在 20 ℃时的饱和蒸气压为 2.338 kPa,在大气环境中尽管有其他气体存在,只要大气中水的分压小于 2.338 kPa,水就会蒸发成水蒸气。反之,如果大气中水蒸气的分压大于 2.338 kPa,水蒸气就会凝结成水。秋夜温度降低,使大气中水蒸气的分压大于其饱和蒸气压,于是结出露珠。人们将大气中水蒸气的分压与同温度下水的饱和蒸气压之比称为相对湿度,当大气中水蒸气的压力达到其饱和蒸气压时,相对湿度为100%。我国北方冬季的相对湿度一般在 30%左右,水很容易蒸发为水蒸气;而夏季的相对湿度最高时可达到约 90%,接近饱和蒸气压,这时水难以变为水蒸气。这就是人们在冬季感觉气候干燥,夏季感觉天气闷热的原因。

与液体类似,固体也存在饱和蒸气压。固体升华成蒸气、蒸气凝华成固体的现象,与液气之间的蒸发、凝结现象是类似的,这里就不再介绍了。

2. 临界参数

液体的饱和蒸气压随温度的升高而增大,从另一个角度来说,即温度越高,使气体液化

所需的压力也越大。实验证明,每种液体都存在一个特殊的温度,在该温度以上,无论加多大压力,都不能使气体液化。这个温度称为**临界温度**,以 T_c 或 t_c 表示。临界温度是使气体能够液化所允许的最高温度。

在临界温度以上不再有液体存在,所以饱和蒸气压与温度的关系曲线将终止于临界温度。临界温度 T_c 时的饱和蒸气压称为**临界压力**,以 p_c 表示。临界压力是临界温度下使气体液化所需要的最低压力。在临界温度和临界压力下,物质的摩尔体积称为**临界摩尔体积**,以 $V_{m,c}$ 表示。T_c、p_c、$V_{m,c}$ 统称为物质的**临界参数**,是物质的特性参数,某些物质的临界参数列于附录三中。物质处于临界温度、临界压力下的状态称为**临界状态**。

3. 真实气体的 p-V_m 图及气体的液化

一定条件下,真实气体的液化过程及存在临界点的情况,可以从根据实验数据绘制的 p-V_m 图上清楚地看出来。图 1.3.2 是真实气体 p-V_m 等温线示意图。图上每条曲线都是等温线,反映了真实气体在一定温度下压力与摩尔体积之间的相互关系,以及临界温度以下时气体发生液化的情况。不同物质因性质不同,p-V_m 图会有所差异,但图 1.3.2 所示的基本规律对各种真实气体都是适用的,即 p-V_m 等温线可以区分为 $T<T_c$、$T=T_c$ 及 $T>T_c$ 三种类型。

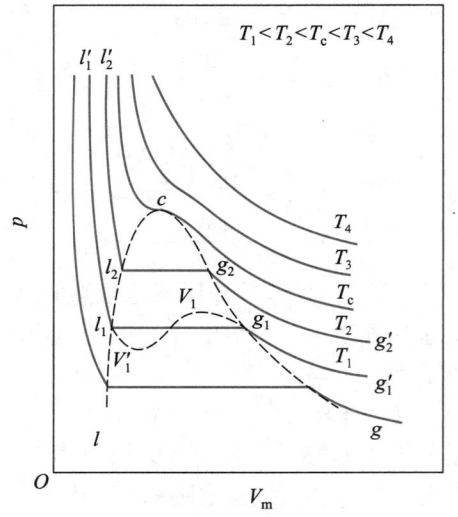

图 1.3.2　真实气体 p-V_m
等温线示意图

（1）$T<T_c$ 时的情况　以 T_1 等温线为例,其中 $g_1'g_1$ 曲线表示气体的摩尔体积随压力的增加而减小的情况。当压力增加到状态点 g_1 时,气体为饱和蒸气,压力为饱和蒸气压,体积为饱和蒸气的摩尔体积 $V_m(g)$。恒温下继续缓慢压缩,气体开始不断液化,产生的液体为饱和液体,具有 l_1 点所对应的摩尔体积 $V_m(l)$。由于温度一定时液体的饱和蒸气压一定,故只要有气相存在,压力将维持在饱和蒸气压不变。l_1g_1 水平线段表示气、液两相共存时的情况,这时系统的摩尔体积是气、液两相的体积之和。若气、液两相的物质的量分别为 $n(g)$ 和 $n(l)$,系统总的物质的量为 $n = n(g) + n(l) = 1\,\text{mol}$,则系统的摩尔体积 V_m 为

$$V_m = n(g)V_m(g) + n(l)V_m(l) \tag{1.3.1}$$

随着气体不断变为液体,系统的摩尔体积沿 l_1g_1 水平线段不断减小,当达到状态点 l_1 时,气体全部液化变为饱和液体,此时系统的摩尔体积 V_m 等于饱和液体的摩尔体积 $V_m(l)$。再继续加压则为液体的恒温压缩,由于液体的可压缩性很小,所以液体的压缩曲线 l_1l_1' 很陡。

温度升高,如 T_2 等温线,其形状与 T_1 等温线相似,只是气、液两相共存的水平线段较 T_1 等温线的水平线段缩短。这是由于温度升高,饱和液体的摩尔体积增大,饱和蒸气压增

大,而压力增大使饱和蒸气的摩尔体积减小,造成气、液两相的摩尔体积之差减小。不过这种变化一般是不对称的,饱和液体的摩尔体积改变很小,而饱和蒸气的摩尔体积改变较大。

（2）$T = T_c$ 时的情况　随温度继续升高,气-液共存水平线段会越来越短。当温度升高到 $T = T_c$ 时,水平线段缩为一点 c,此点即是**临界点**,它所对应的温度、压力、摩尔体积就是 T_c、p_c、$V_{m,c}$,此时气、液两相的摩尔体积及其他性质完全相同,因而相界面消失,这就是临界状态。数学上临界点为曲线的拐点,具有性质

$$\left(\frac{\partial p}{\partial V_m}\right)_{T_c} = 0 \quad \left(\frac{\partial^2 p}{\partial V_m^2}\right)_{T_c} = 0 \tag{1.3.2}$$

（3）$T > T_c$ 时的情况　以 T_4 曲线为例,此时无论加多大压力,气体也不能变为液体,等温线为一条光滑的曲线。

由以上讨论可知,图 1.3.2 中 lcg 虚线所包含的区域为气、液两相共存区[①],lcg 虚线称为饱和曲线,物质的状态若位于饱和曲线内,则物质处于气、液两相平衡共存的状态。lcg 曲线以外为单相区,物质以气态或液态的单一形式存在（压力较高或温度较低出现固体的情况不在本章讨论范围内）。

当物质处在稍高于临界温度和压力的状态时,不是一般意义上的气体或液体,而称为**超临界流体**（supercritical fluid,简称 SF 或 SCF）。超临界流体是一种高密度流体,具有气体和液体的双重特性,其黏度与气体相似,但密度却和液体相近,而扩散系数比液体大得多。超临界流体的介电常数、极化率和分子行为与气、液两相均有显著的差别。

§1.4　真实气体状态方程

在压力较高时,将理想气体状态方程月于真实气体将产生偏差。为了描述真实气体的 pVT 性质,人们曾经提出过上百种状态方程,这里主要介绍有代表性的范德华方程和位力方程。真实气体的状态方程通常有一个共同的特点,就是它们大多是在理想气体状态方程的基础上经过修正得出的,因此在压力趋于零时,可还原为理想气体状态方程。

1. 真实气体的 pV_m-p 图及玻意耳温度

根据理想气体状态方程 $pV_m = RT$,当温度恒定时,理想气体的 pV_m 值应是不随压力而改变的,而真实气体的 pV_m 却随压力而变化。图 1.4.1 给出了一些真实气体在 300 K 下的 pV_m-p 等温线。由图可知,不同真实气体的 pV_m-p 等温线随压力的变化可分为三种类型:① pV_m 随 p 的增大而单调增大;② 随 p 的增加,pV_m 开始不变,然后增大;③ 随 p 的增大,pV_m 开始先下降,然后再上升。相比之下,理想气体的 pV_m 不随 p 变化,如图中虚直线所示;而真实气体在不同 p 下,却有着不同的 pV_m 值。尽管不同的真实气体 pV_m-p 等温线的形状不同,但在 $p \to 0$ 时,pV_m 却趋于一共同极限。

---

① lcg 共存区以内的 S 形虚线所代表的意义将在下节叙述。

同一种真实气体在不同温度时，pV_m-p 曲线也会出现这三种类型，此时曲线的类型取决于气体所处的温度。图 1.4.2 为气体这三种曲线的示意图。如图所示，任何气体都有一个特殊的温度 T_B，称为**玻意耳温度**。在玻意耳温度下，pV_m-p 等温线的斜率在压力趋于零时为零，故玻意耳温度的定义为

$$\lim_{p \to 0}\left[\frac{\partial(pV_m)}{\partial p}\right]_{T_B} = 0 \tag{1.4.1}$$

每一种气体都有自己的玻意耳温度，在该温度下，气体在几百千帕的压力范围内可较好地符合理想气体状态方程或说符合玻意耳定律。玻意耳温度一般为真实气体临界温度的 2～2.5 倍。

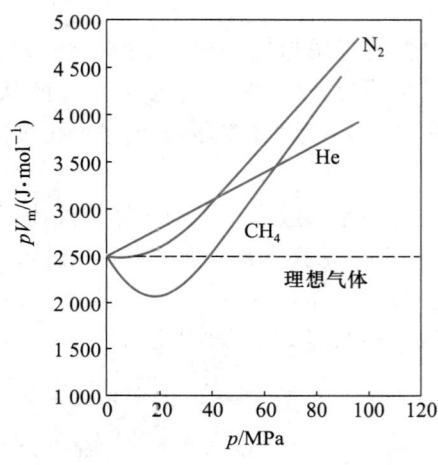

图 1.4.1　500 K 下，N_2、He、CH_4 的 pV_m-p 等温线

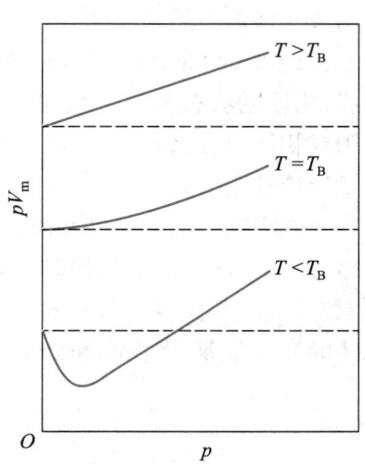

图 1.4.2　气体在不同温度下的 pV_m-p 曲线示意图

2. 范德华方程

重点难点

范德华方程

真实气体的状态方程一般可分为两类：一类是有一定物理模型的半经验方程，其中最有代表性的是范德华方程；另一类是纯经验公式，其中最有代表性的是位力方程。下面先介绍范德华方程。

1373 年，荷兰科学家范德华(van der Waals)从理想气体与真实气体的差别出发，用硬球模型来处理真实气体，提出了用压力修正项 a/V_m^2、体积修正项 b 来修正压力和体积的思想，导出了适用于中低压力的真实气体状态方程。范德华认为理想气体的压力是指分子间无相互作用力时的压力，摩尔体积是 1 mol 气体分子自由活动的空间；而真实气体处在实际的 p、V_m、T 条件时，由于分子间有相互作用，压力 p 实际上是理想气体在同等 T、V_m 时所应有的压力减去由内部吸引力造成的压力减小后的结果，即 $p = p_{理} - a/V_m^2$；而体积在考虑了分子本身占有的体积 b 后，自由活动的空间 $V_{m,自由}$ 应是 $(V_m - b)$。他将修正后的压力、体积项代入理想气体状态方程 $p_{理} V_{m,自由} = RT$，得到

$$\left(p + \frac{a}{V_m^2}\right)(V_m - b) = RT \qquad (1.4.2a)$$

这就是著名的**范德华方程**。将 $V_n = V/n$ 代入上式,经整理可得到适用于气体物质的量为 n 的范德华方程:

$$\left(p + \frac{n^2 a}{V^2}\right)(V - nb) = nRT \qquad (1.4.2b)$$

式中,a、b 称为**范德华常数**。某些气体的范德华常数见附录四。

压力修正项 a/V_m^2 又称为**内压力**,说明分子间相互吸引力对压力的影响反比于 V_m^2,也就是反比于分子间距离 r 的 6 次方。a 是与气体种类有关的一种特性常数。一般来说,分子间引力越大,则 a 值越大。a 的单位是 $Pa \cdot m^6 \cdot mol^{-2}$。范德华还认为,常数 a 只与气体种类有关,而与温度无关。

体积修正项 b 表示每摩尔真实气体因分子本身占有体积而使分子自由活动空间减小的数值。显然,常数 b 应与气体的性质有关,也是物质的一种特性常数。b 的单位是 $m^3 \cdot mol^{-1}$。范德华还曾按照硬球模型,进一步导出 b 是 1 mol 硬球气体分子本身体积的 4 倍。范德华认为常数 b 也应与气体的温度无关。

当压力 $p \to 0$ 时,真实气体的 $V_m \to \infty$,此时范德华方程中 $(p + a/V_m^2)$ 及 $(V_m - b)$ 两项分别化为 p 及 V_m,范德华方程还原为理想气体状态方程。

如果用范德华方程来计算真实气体的 p-V_m 等温线,可发现在临界温度以上时,计算结果与实测等温线符合较好,但在临界温度以下的气、液两相共存区则有较大差别。由范德华方程算出的 p-V_m 等温线在该区域内出现一个极大值和一个极小值,如图 1.3.2 中 $g_1 V_1 V_1' l_1$ 的 S 形虚线所示,这与实际的水平线段不相符。随温度升高,算出的极大值与极小值逐渐靠近,最后至临界温度 T_c 时,两点汇聚成 T_c 曲线上的拐点 c,即临界点。不过 S 形曲线中 $g_1 V_1$ 线和 $l_1 V_1'$ 线分别有着过饱和蒸气和过热液体的含义。

3. 位力方程

位力一词来源于拉丁文 virial,是"力"的意思。位力方程是卡末林·昂内斯(Kamerlingh Onnes)于 20 世纪初作为纯经验方程提出的,一般有两种形式:

$$pV_m = RT(1 + Bp + Cp^2 + Dp^3 + \cdots) \qquad (1.4.3)$$

$$pV_m = RT\left(1 + \frac{B'}{V_m} + \frac{C'}{V_m^2} + \frac{D'}{V_m^3} + \cdots\right) \qquad (1.4.4)$$

式中,$B, C, D, \cdots$ 与 $B', C', D', \cdots$ 分别称为第二、第三、第四……位力系数,它们都是温度 T 的函数,并与气体的本性有关。两式中的位力系数有不同的数值和单位,其值通常由实验的 pVT 数据拟合得出。当压力 $p \to 0$,摩尔体积 $V_m \to \infty$ 时,位力方程还原为理想气体状态方程。虽然位力方程表示成无穷级数的形式,但实际上通常只用最前面的几项进行计算。在计算精度要求不高时,只用到第二项即可,所以第二位力系数较其他位力系数更为重要。

位力方程最初虽然是一个经验方程,但后来从统计力学的角度得到了证明,所以位力方程已由原来的纯经验式发展为具有一定理论意义的方程。式中第二位力系数反映了两个气体分子间的相互作用对气体 *pVT* 关系的影响,第三位力系数则反映了三分子相互作用引起的偏差。因此,通过由宏观 *pVT* 性质测定拟合出的位力系数,可建立起宏观 *pVT* 性质与微观领域势能函数之间的联系。

§1.5 对应状态原理及普遍化压缩因子图

理想气体状态方程是一个不涉及气体各自特性的普遍化方程。真实气体状态方程中常含有与气体种类有关的特性常数,如范德华常数等。能否导出一个普遍适用的真实气体状态方程,一直是从事工程计算的人们颇感兴趣的课题,而对应状态原理在这方面给了人们很大的启示。

1. 压缩因子

描述真实气体 *pVT* 关系的状态方程中,最直接、最准确、形式最简单、适用的压力范围也最广泛的,是将理想气体状态方程用**压缩因子 Z** 来加以修正,即

$$pV = ZnRT \tag{1.5.1a}$$

或
$$pV_{\mathrm{m}} = ZRT \tag{1.5.1b}$$

由此可知,压缩因子的定义为

$$Z \stackrel{\mathrm{def}}{=\!=} \frac{pV}{nRT} = \frac{pV_{\mathrm{m}}}{RT} \tag{1.5.1c}$$

压缩因子的量纲为 1。压缩因子 Z 并不是一个常数,而是 *T*、*p* 的函数。测量真实气体在不同温度、压力下的 *pVT* 数据,可由式(1.5.1c)算得压缩因子。许多气体在不同条件下的压缩因子或 *pVT* 数据可由手册或文献查到。由于压缩因子是由实验测量得到的,没有引入任何假设,所以往往具有较高的准确性。

式(1.5.1c)中的 V_{m} 为真实气体在 *T*、*p* 条件下的摩尔体积,而理想气体在同样 *T*、*p* 下具有的摩尔体积 V_{m}(理想) $= RT/p$,代入式(1.5.1c)可有

$$Z = \frac{V_{\mathrm{m}}(\text{真实})}{V_{\mathrm{m}}(\text{理想})} \tag{1.5.2}$$

式(1.5.2)表明,当 $Z<1$ 时,真实气体的摩尔体积比相同条件下理想气体的摩尔体积要小,说明真实气体比理想气体易于压缩;反之,$Z>1$ 时,真实气体的摩尔体积比相同条件下理想气体的摩尔体积要大,说明真实气体比理想气体难于压缩;而对于理想气体,$Z = 1$。由于 Z 的大小反映出相同条件下真实气体比理想气体压缩的难易程度,所以将它称为压缩因子。

根据压缩因子定义式(1.5.1c),对比位力方程式(1.4.3)和式(1.4.4)可知,位力方程实际上是将压缩因子 Z 表示成 *p* 或 V_{m} 的级数关系,即

$$Z = 1 + Bp + Cp^2 + Dp^3 + \cdots$$

$$Z = 1 + \frac{E'}{V_{\mathrm{m}}} + \frac{C'}{V_{\mathrm{m}}^2} + \frac{D'}{V_{\mathrm{m}}^3} + \cdots$$

由上式可知,当温度一定时,压缩因子 Z 可表示为压力 p 的函数,因此人们有时也用 Z-p 图来表示真实气体对理想气体的偏差随压力变化的情况。而任何气体在 $p \rightarrow 0$ 时,$Z \rightarrow 1$。显而易见,Z-p 图的形状与前面 pV_{m}-p 图的形状是对应的,这里就不再详细叙述。

真实气体的压缩因子在计算精度要求不太高时可用下面的压缩因子图来求;在精确计算时,则需通过实测的真实气体的 pVT 数据,由定义式(1.5.1c)来求算。值得一提的是,以前受技术条件的制约,气体的 pVT 数据多是中低压范围的。随着科学技术的进步,测量几十甚至几百兆帕下气体的 pVT 数据已不是难事。所以现在有许多气体在高压下的 pVT 数据可以从手册或文献中查到。实际工作中,可根据需要查出某气体 pVT 数据,算出某一温度下的 Z-p 关系,再通过画图或计算机拟合的方式求出工作压力下 Z 的数值,代入式(1.5.1a)来计算真实气体的 pVT 数据。在压力变化较大的情况下,计算机关联可采用分段进行的方法,以提高关联精度。

将气体的临界参数代入 Z 的定义式,可得出**临界压缩因子 Z_{c}**:

$$Z_{\mathrm{c}} = \frac{p_{\mathrm{c}} V_{\mathrm{m,c}}}{RT_{\mathrm{c}}} \tag{1.5.3}$$

将各真实气体的 p_{c}、$V_{\mathrm{m,c}}$、T_{c} 代入上式计算得到的 Z_{c} 值大多在 $0.26 \sim 0.29$ 的范围内,见附录三。

以上结果暗示了气体的临界压缩因子 Z_{c} 大体上是一个与气体性质无关的常数,这说明各真实气体在临界状态下的性质具有一定的普遍性,这为以后在工程计算中建立一些普遍化的 pVT 经验关系奠定了一定的基础。

2. 对应状态原理

真实气体种类不同时,分子之间相互作用不同,因此 pVT 关系中的修正项不同,临界参数也不同。但各种气体却有一个共同的性质,即在各自临界点处的饱和蒸气与饱和液体无区别。以临界参数为基准,将气体的 p、V_{m}、T 除以各自的临界参数,则有

$$p_{\mathrm{r}} = \frac{p}{p_{\mathrm{c}}} \qquad V_{\mathrm{r}} = \frac{V_{\mathrm{m}}}{V_{\mathrm{m,c}}} \qquad T_{\mathrm{r}} = \frac{T}{T_{\mathrm{c}}} \tag{1.5.4}$$

式中,p_{r}、V_{r}、T_{r} 分别称为**对比压力**、**对比体积**和**对比温度**,又统称为气体的**对比参数**。对比参数反映了气体所处状态偏离临界点的倍数。三个量的量纲均为 1。注意对比温度必须使用热力学温度进行计算。

范德华指出,当不同气体有两个对比参数相等时,第三个对比参数也将(大致)相等。这即是**对应状态原理**。人们把具有相同对比参数的气体称为处于相同的**对应状态**。对应状态原理对球形分子组成的气体最为适用,对非球形或极性分子组成的气体有时会有较大偏差。

3. 普遍化压缩因子图

把对比参数的表达式(1.5.4)引入压缩因子的定义式(1.5.1c),并结合式(1.5.3)可得

$$Z = \frac{pV_m}{RT} = \frac{p_c V_{m,c}}{RT_c} \cdot \frac{p_r V_r}{T_r} = Z_c \frac{p_r V_r}{T_r} \tag{1.5.5}$$

现实验表明,大多数气体的临界压缩因子 Z_c 在 $0.26 \sim 0.29$ 的范围内,可近似作为常数处理,所以式(1.5.5)说明无论气体各自的性质如何,处在相同的对应状态时,不同气体将具有相同的压缩因子。换句话说,当不同气体处在偏离临界状态相同倍数的状态时,它们偏离理想气体的程度也相同。对于一定量的气体来说,因 p、V、T 三个变量中只有两个是独立变量,所以对比参数 p_r、V_r、T_r 中也只有两个是独立变量,因此可以将 Z 表示成为两个对比参数的函数。通常选 p_r、T_r 为变量:

$$Z = f(p_r, T_r) \tag{1.5.6}$$

荷根(Hongen O A)及沃森(Watson K M)在 20 世纪 40 年代用若干种无机、有机气体实验数据的平均值,描绘出图 1.5.1 所示的等 T_r 线,表达了式(1.5.6)的普遍化关系,称为**双参数普遍化压缩因子图**。由于不同气体的 Z_c 有一定的差别,尤其是像水蒸气、氨气这类强极性分子组成的气体,所以将普遍化压缩因子图用于各种气体时,由图中查到的压缩因子有时准确性并不高,不过通常可满足工业上的应用,具有一定的方便性。但在需要精确计算气体 *pVT* 关系时,还应该使用各气体的压缩因子。

由图 1.5.1 可知,在任何 T_r 下,当 $p_r \to 0$ 时,$Z \to 1$;而在 p_r 相同时,T_r 越大,Z 偏离 1 的程度越小,这说明低压高温气体更接近理想气体。$T_r < 1$ 时,Z-p_r 曲线均中断于某一 p_r 点,这是因为 $T_r < 1$ 的真实气体在升压到饱和蒸气压时会发生液化。在 $T_r \geqslant 1$ 但不太高时,大多数 Z-p_r 曲线随 p_r 的增大先下降后上升,经历一个最低点。这反映出真实气体在加压过程中从开始的较易压缩转变到后来的较难压缩的情况,其原因如 §1.4.1 中所述。

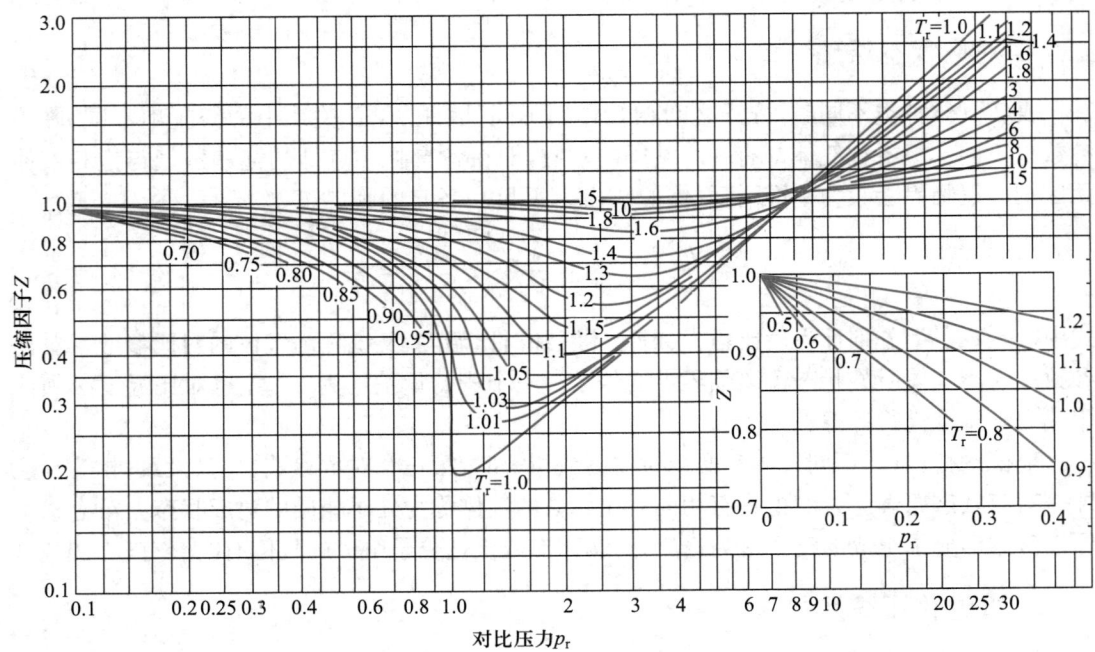

图 1.5.1 双参数普遍化压缩因子图

普遍化压缩因子图具有一定的实用价值,因为只要知道了真实气体所处的状态及临界参数,即可从图上查出 Z 值,然后通过式(1.5.1b)$pV_m = ZRT$ 对真实气体进行计算。

例如,在已知一定量真实气体 T、p 的条件下,求其摩尔体积 V_m,则可先算出此温度、压力下的 T_r、p_r,在压缩因子图上找出该 T_r 的等温线,然后在 T_r 等温线上找出 p_r 所对应的 Z 值,代入式(1.5.1b),即可算出 V_m。

本章小结

本章主要介绍了描述理想气体和真实气体 pVT 性质的状态方程。

理想气体是从真实气体中抽象出来的模型,它假定气体分子间没有相互作用、气体分子本身不占有体积。理想气体状态方程具有最简单的形式,可以作为研究真实气体 pVT 性质的一个比较基准,较低压力下的真实气体可近似作为理想气体处理。理想气体混合物符合道尔顿定律和阿马加定律。

真实气体由于分子之间具有相互作用,分子本身占有体积,故会发生液化,并具有临界性质。真实气体 pVT 之间的关系往往偏离理想气体的行为。描述真实气体 pVT 关系的状态方程多是在理想气体状态方程的基础上修正得到的,如范德华方程、位力方程,以及引入压缩因子来修正理想气体状态方程等。在对应状态原理的基础上,人们得出了普遍化的压缩因子图,使得在精度要求不高时的计算得以简化。真实气体的状态方程在压力趋于零时可还原为理想气体状态方程。

概念题

1. 某混合气体,其温度、压力、体积分别为 T、p、V,其中组分 B 的物质的量为 n_B,则组分 B 的分压力 $p_B = ($　　$)$。若为理想气体混合物,组分 B 的分压力 $p_B = ($　　$)$。

2. 恒温下,某刚性容器中有 B 和 C 的理想气体混合物。若向容器中添加第三种理想气体,组分 B 的分压 p_B 将($　　$),分体积 V_B^* 将($　　$)。

3. 某刚性密闭容器中加入少量水和 N_2。在 100 ℃时,容器内的平衡压力为 202.65 kPa,则此时 N_2 的摩尔分数 $y(N_2) = ($　　$)$。若将容器温度降为 60 ℃,此时平衡系统中 N_2 的摩尔分数 $y'(N_2) = ($　　$)$。(假设 N_2 不溶于水。系统中始终有水存在,且水的体积与气相体积相比可忽略。已知 60 ℃时水的饱和蒸气压为 19.916 kPa。)

4. CO_2 的临界温度 $t_c = 30.98$ ℃、临界压力 $p_c = 7.375$ MPa,则在 25 ℃时,新购买的合格的二氧化碳灭火器中 CO_2 以($　　$)状态存在。若将 CO_2 快速放出,则其可能会以($　　$)状态出现。

5. 已知 A 和 B 两种气体的临界温度满足 $T_c(A) < T_c(B)$。两者相比,加压时气体($　　$)更容易液化。

6. 玻意耳温度的定义式可表示为($　　$)$ = 0$。在该温度下真实气体($　　$)液化,并在几百千帕的压力范围内较好地符合($　　$)状态方程。

7. 气体的对比参数包括($　　$)。若不同气体的两个对比参数相同,则第三个对比参数($　　$)。

8. 与理想气体相比,范德华气体分子间存在($　　$),且分子本身具有($　　$)。因此,与理想气体状态方程相比,范德华方程将压力项修正为( )，体积项修正为( )。

9. 某范德华气体的压力为 p_c，体积为 $V_{m,c}$。此状态下，$\left(\dfrac{\partial p}{\partial V_m}\right)_{T_c}=($)；$\left(\dfrac{\partial^2 p}{\partial V_m^2}\right)_{T_c}=($)。

10. 在任意温度下，当压力 $p \to 0$ 时，真实气体的压缩因子 Z（真实）$\to($)。当真实气体的温度 $T <$ T_c 时，Z（真实）( )1，表明在相同的 T、p 下该真实气体的 V_m（真实）( )理想气体的 V_m（理想）。

习题

1.1 物质的体膨胀系数 α_V 与等温压缩率 κ_T 的定义分别为

$$\alpha_V = \frac{1}{V}\left(\frac{\partial V}{\partial T}\right)_p \qquad \kappa_T = -\frac{1}{V}\left(\frac{\partial V}{\partial p}\right)_T$$

试导出理想气体的 α_V、κ_- 与温度、压力的关系。

答：$\alpha_V = T^{-1}$，$\kappa_T = p^{-1}$

1.2 0 ℃、101.325 kPa 的条件常称为气体的标准状况,试求甲烷在标准状况下的密度。

答：0.716 kg·m^{-3}

1.3 一抽成真空的球形容器,质量为 25.000 0 g。充满 4 ℃的水之后,容器总质量为 125.000 0 g。若改充以 25 ℃、13.33 kPa 的某碳氢化合物气体,则总质量为 25.016 3 g。试估算该气体的摩尔质量。水的密度按 1 g·cm^{-3} 计算。

答：30.31 g·mol^{-1}

1.4 两个容积均为 V 的玻璃球泡之间用细管连接,泡内密封着标准状况下的空气。若将其中的一个球加热到 100 ℃,另一个球维持 0 ℃,忽略连接细管中气体体积。试求该容器内空气的压力。

答：117.0 kPa

1.5 0 ℃时氯甲烷(CH_3Cl)气体的密度 ρ 随压力的变化如下：

p/kPa	101.325	67.550	50.663	33.775	25.331
ρ /(g·dm^{-3})	2.307 4	1.526 3	1.140 1	0.757 1	0.566 6

试作 $\dfrac{\rho}{p}-p$ 图,用外推法求 CH_3Cl 的相对分子质量。

答：50.50

1.6 今有 20 ℃的乙烷-丁烷混合气体,充入一抽成真空的 200 cm^3 容器中,直至压力达到 101.325 kPa,测得容器中混合气体的质量为 0.389 7 g。试求该混合气体中两种组分的摩尔分数及分压力。

答：$y_Z = 0.401$， $y_T = 0.599$， $p_Z = 40.63$ kPa， $p_T = 60.70$ kPa

1.7 如下所示,一带隔板的刚性容器两侧分别有同温度、不同压力的 H_2 与 N_2,$p(H_2) = 20$ kPa,$p(N_2) = 10$ kPa,二者均可视为理想气体,且隔板本身的体积可忽略不计。

H_2　　3 dm^3	N_2　　1 dm^3
$p(H_2)$　　T	$p(N_2)$　　T

(1) 保持容器内温度恒定,抽去隔板,试计算两种气体混合后的压力；

(2) 计算混合气体中 H_2 和 N_2 的分压力；

（3）计算混合气体中 H_2 和 N_2 的分体积。

答：(1) 17.5 kPa；　(2) 15.0 kPa,2.5 kPa；　(3) 3.43 dm³,0.57 dm³

1.8　氯乙烯、氯化氢及乙烯构成的混合气体中,各组分的摩尔分数分别为 0.89、0.09 及 0.02。在恒定压力 101.325 kPa 下,用水吸收掉其中的氯化氢气体后,所得混合气体中增加了分压力为 2.670 kPa 的水蒸气。试求洗涤后混合气体中氯乙烯和乙烯的分压力。

答：96.487 kPa,2.168 kPa

1.9　室温下一高压釜内有常压的空气,为确保实验安全进行需采用同样温度的纯氮气进行置换,步骤如下：向釜内通氮气直到 4 倍于空气的压力,然后将釜内混合气体排出直至恢复常压,重复三次。求釜内最后排气至常压时,该釜内气体中氧气的摩尔分数。设常压空气中氧气、氮气的摩尔分数之比为 1：4。

答：3.13×10^{-3}

1.10　25 ℃时饱和了水蒸气的湿乙炔气体（即该混合气体中水蒸气分压力为同温度下水的饱和蒸气压）的总压力为 138.7 kPa,于恒定总压下冷却到 10 ℃时部分水蒸气凝结为水。试求每摩尔干乙炔气在该冷却过程中凝结出水的物质的量。已知 25 ℃ 及 10 ℃ 时水的饱和蒸气压分别为 3.17 kPa 及 1.23 kPa。

答：0.014 44 mol

1.11　现有某温度下的 2 dm³ 湿空气,其压力为 101.325 kPa,相对湿度为 60%。设空气中 O_2 与 N_2 的体积分数分别为 0.21 与 0.79,求水蒸气、O_2 与 N_2 的分体积。已知该温度下水的饱和蒸气压为 20.55 kPa（相对湿度即该温度下水蒸气的分压与水的饱和蒸气压之比）。

答：$V(H_2O) = 0.243\ 4\ dm^3$,　$V(O_2) = 0.368\ 8\ dm^3$,　$V(N_2) = 1.387\ 8\ dm^3$

1.12　一密闭刚性容器中充满了空气,并有少量的水存在。当在 300 K 下达平衡时,容器内压力为 101.325 kPa。若把该容器移至 373.15 K 的沸水中,试求容器中达到新的平衡时应有的压力。设容器中始终有水存在,且可忽略水的体积的任何变化。已知 300 K 时水的饱和蒸气压为 3.567 kPa。

答：222.92 kPa

1.13　CO_2 气体在 40 ℃时的摩尔体积为 0.381 dm³·mol⁻¹。设 CO_2 为范德华气体,试求其压力,并比较与实验值 5 066.3 kPa 的相对误差。

答：5 187.7 kPa,2.4%

*__1.14__　今有 0 ℃、40 530 kPa 的 N_2 气体,分别用理想气体状态方程及范德华方程计算其摩尔体积。实验值为 0.070 3 dm³·mol⁻¹。

答：0.056 0 dm³·mol⁻¹,0.073 1 dm³·mol⁻¹

*__1.15__　试由玻意耳温度 T_B 的定义式,证明范德华气体的 T_B 可表示为

$$T_B = \frac{a}{bR}$$

式中,a、b 均为范德华常数。

1.16　把 25 ℃的氧气充入 40 dm³ 氧气钢瓶中,压力达 2.027×10^4 kPa。试用普遍化压缩因子图求钢瓶中氧气的质量。

答：11.02 kg

*__1.17__　已知 298.15 K 时,乙烷的第二、第三立力系数分别为 $B = -186 \times 10^{-6}$ m³·mol⁻¹和 $C = 1.06 \times 10^{-8}$ m²·mol⁻¹,试分别用位力方程和普遍化压缩因子图计算 28.8 g 乙烷气体在 298.15 K、1×10^{-3} m³ 容器中的压力值,并与用理想气体状态方程计算的压力值进行比较。

答：p(位力) $= 1.974 \times 10^3$ kPa,p(三缩因子) $= 1.949 \times 10^3$ kPa,p(理想) $= 2.374 \times 10^3$ kPa

第二章 热力学第一定律

　　热力学是自然科学中建立最早的学科之一。19世纪中叶,焦耳(Joule)在热功当量实验基础上建立了热力学第一定律;开尔文(Kelvin)和克劳修斯(Clausius)分别在卡诺(Carnot)工作的基础上建立了热力学第二定律。这两个定律的建立标志着热力学体系的形成。之后,能斯特(Nernst)于1912年建立了热力学第三定律,丰富、完善了热力学的理论。

　　热力学第一定律即能量守恒定律,利用它可解决各种变化过程中的能量衡算问题;利用热力学第二定律可判断变化的方向、限度;而热力学第三定律的确立,使得利用热容、相变焓等热数据计算物质在一定状态下的规定熵成为可能。

　　热力学基本定律是人类在长期生产经验和科学实验的基础上总结出来的,它们虽不能用其他理论方法加以证明,但由它们出发得出的热力学关系及结论都与事实或经验相符,这有力地说明了热力学基本定律的正确性。

　　需要指出的是:① 这里的热力学即经典热力学,其研究对象是含有大量质点的宏观系统,经典热力学的原理、结论不能用于描述单个的微观粒子;② 经典热力学中,人们利用热力学原理,根据系统状态变化前后某些宏观性质的改变来解决诸如过程能量衡算、过程的方向与限度的判断等热力学问题,即经典热力学只考虑平衡问题,只考虑系统由始态到末态的净结果,至于由始态到末态的过程是如何发生与进行的、沿什么途径、变化的快慢等一些问题,则不属于经典热力学研究的范畴。

　　本章主要介绍热力学第一定律及其在化学、化工领域的应用。下一章介绍热力学第二定律。

§2.1　基本概念及术语

　　热力学的基本概念非常重要,对其准确理解、掌握将是正确、灵活地解决实际问题的基础。

1. 系统与环境

　　热力学把作为研究对象的那部分物质称为**系统**,而把系统以外与之相联系的部分称为系统的**环境**。例如,要研究一反应器内的化学反应,反应器中的所有物质就是系统,而与之直接联系的其他客观世界则是其环境。

根据系统与环境之间有无物质交换和能量交换,可把系统分为以下三类:

(1) 隔离系统 **隔离系统**也称为**孤立系统**,是指与环境既没有物质交换,也没有能量交换的系统。环境对隔离系统中发生的一切变化不会有任何影响。在热力学中,有时将所研究的系统与其环境作为一个整体来对待,这个整体就是隔离系统。

(2) 封闭系统 **封闭系统**是指与环境间没有物质交换,但有能量交换的系统。如密闭于热机气缸内的气体作为研究对象时,因被封闭于气缸壁内,与环境无物质交换,但器壁非绝热则与环境有热交换,热机气缸的活塞可移动而与环境有体积功的交换,故属于封闭系统。

封闭系统是热力学研究中最常见的系统,在本书的内容中,除有特别注明外,均以封闭系统作为研究对象,且忽略地心引力等外力场的作用,也不涉及系统本身的整体宏观运动,对于这些限制,今后将不再一一赘述。

(3) 敞开系统 **敞开系统**又称**开放系统**,是指与环境既有物质交换又有能量交换的系统。实验及生产中常遇到一些连续进料、出料的装置,若把处于装置中的物质确定为系统,则系统与环境间的进、出料就构成了二者之间的物质交换,这种系统就是敞开系统。

2. 状态与状态函数

(1) 状态与状态函数 对热力学系统进行描述需要用到 T、p、V 等宏观物理量,当描述系统的所有物理量(也称系统的性质)确定后,系统就处于确定的状态,即热力学用系统所有的性质来描述它所处的**状态**。反之,系统状态确定后,系统的所有性质均有各自确定的值。换言之,系统的各种性质均随状态的确定而确定,与达到此状态的经历无关。鉴于状态与性质之间的这种对应关系,所以系统的热力学性质又称为**状态函数**。温度 T、压力 p、体积 V、热力学能 U、焓 H、熵 S、亥姆霍兹函数 A、吉布斯函数 G 等都是热力学里很重要且经常用到的状态函数。

状态函数有如下两个重要的特征:

① 系统状态的微小变化所引起的状态函数 X 的变化用全微分 $\mathrm{d}X$ 表示。

② 系统由始态 a 变化到末态 b 所引起状态函数的变化 $\Delta X = X_\mathrm{b} - X_\mathrm{a}$,只与始态、末态有关,而与变化的具体途径或经历无关,状态函数变化的这一特征,是热力学研究中采用的一种极为重要的**状态函数法**的基础,如图 2.1.1 所示。热力学解决各种实际问题,正是以状态函数的这些特征为基础的。如任意温度下化学变化过程焓变的计算,可通过设计一途径(包含 25 ℃、标准压力下的反应),利用 25 ℃ 下各反应组分的标准摩尔生成焓和摩尔定压热容等基础热力学数据,借助状态函数法完成有关热力学计算(可参见 §2.7 的基尔霍夫公式)。

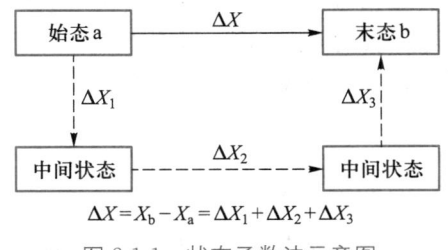

$$\Delta X = X_\mathrm{b} - X_\mathrm{a} = \Delta X_1 + \Delta X_2 + \Delta X_3$$

图 2.1.1 状态函数法示意图

因系统的许多性质间有一定的联系,如 $pV = nRT$ 就是描述理想气体的 p、V、T、n 四个变量之间的关系,故描述系统的状态并不需要罗列出它所有的性质。一般说来,在没有外场作用的情况下,当均相系统中物质的量及组成确定后,只需要再指定两个可以独立变化的性质,系统的状态就随之确定。例如,某混合气体的 n 及组成确定后,p、V、T 三种性质中只有两个可独立变化,当确定其中任意两个,第三个就随之确定,如密度 ρ、热力学能 U 等其他性质亦都有定值,即该系统有确定的状态。

(2) 状态函数的分类——广度量和强度量　按热力学系统宏观性质(即状态函数)的数值是否与物质的数量有关,将其分为**广度量**(或称**广度性质**)和**强度量**(或称**强度性质**)。

广度量是指与物质的数量成正比的性质,如系统物质的量、体积、热力学能、熵等,广度量具有加和性;而**强度量**是指与物质的数量无关的性质,如温度、压力等,强度量不具有加和性。当将一均相系统如房间内的空气一分为二时,所有广度量一分为二,但所有强度量则维持不变。

由任何两种广度量之比得出的物理量则为强度量,如摩尔体积、密度等。

(3) 平衡态　上面所讨论的状态,指的是平衡状态,简称平衡态。所谓**平衡态**是指在一定条件下,系统中各个相的热力学性质不随时间变化,且将系统与环境隔离后,系统的性质仍不改变的状态。仅当系统处于平衡态时,每个相的各种性质才有确定不变的值。

系统若处在平衡态,一般应满足如下的条件:

① 系统内部处于热平衡,即系统有单一的温度;

② 系统内部处于力平衡,即系统有单一的压力;

③ 系统内部处于相平衡,即宏观上系统内没有任何一种物质从一相迁移到另一相,各相中物质的量和组成不随时间变化;

④ 系统内部处于化学平衡,即系统内参与化学反应的各组分物质的量不再变化,系统的组成不随时间而改变。

将③和④统称为物质平衡条件。

总之,系统的温度、压力及各相中各个组分的物质的量均不随时间变化时的状态,即为平衡态。

3. 过程与途径

当系统从一个状态变化至另一状态时,系统即进行了一个**过程**。系统可以从同一始态出发,经不同的**途径**变化至同一末态。

物理化学中,通常将过程分为单纯 pVT 变化、相变化和化学变化三类。

根据过程进行的特定条件,将其分为恒温过程($T = T_{环境} =$ 定值)、恒压过程($p = p_{环境} =$ 定值)、恒容过程($V =$ 定值)、绝热过程(系统与环境间无热交换的过程)、循环过程(系统从始态出发经一系列变化又回到始态的过程)等。对于循环过程,系统所有状态函数的增量均为零。

4. 功和热

若系统状态发生变化,系统与环境可通过做功或传热交换能量,功和热的 SI 单位为焦耳(J)。

(1) **功**　功用符号 W 表示,并规定:环境对系统做功时,$W > 0$;系统对环境做功时,

$W < 0$。

在物理化学中,功分为体积功和非体积功。**体积功**是指系统因其体积发生变化反抗环境压力(记作 p_{amb})而与环境交换的能量。除了体积功以外的一切其他形式的功,如电功、表面功(如体积恒定不变情况下扩展液体表面所做的功)等统称为**非体积功**,又称**其他功**。非体积功以符号 W' 表示。

体积功的定义式

体积功本质上就是机械功,可用力与在力作用方向上的位移的乘积计算。如图 2.1.2 所示,一气缸内的气体(系统)体积为 V,受热后膨胀了 dV,相应使活塞产生位移 dl。若活塞的面积即气缸的内截面积为 A_s,则位移 $dl = \dfrac{dV}{A_s}$;又假设活塞无质量、与气缸壁无摩擦,则气体膨胀 dV 时反抗的外力 F 只来源于作用在活塞上的环境压力 p_{amb},这里 $F = p_{amb} \cdot A_s$。根据功的定义有

重点难点

体积功

$$\delta W = -F \cdot dl$$
$$= -p_{amb} dV \qquad (2.1.1)$$

此式即为**体积功的定义式**。

可见,当 $p < p_{amb}$ 时,系统体积缩小,$dV < 0$,该过程的 $\delta W > 0$,环境对系统做功;当 $p > p_{amb}$ 时,系统体积增大,$dV > 0$,该过程的 $\delta W < 0$,系统对环境做功。

当气体向真空自由膨胀时,$p_{amb} = 0$,$\delta W = 0$,系统与环境没有体积功的交换。

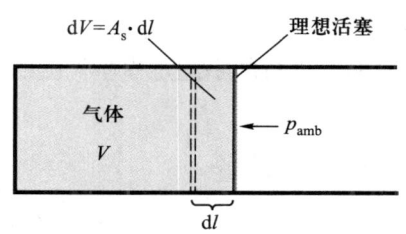

图 2.1.2 体积功示意图

对于体积由 V_1 变化到 V_2 的过程,系统与环境交换的体积功为

$$W = -\int_{V_1}^{V_2} p_{amb} dV \qquad (2.1.2)$$

对于恒外压过程(p_{amb} 恒定的过程),有

$$W = -p_{amb}(V_2 - V_1) = -p_{amb} \Delta V \quad (恒外压) \qquad (2.1.3)$$

功是途径函数

由体积功的定义式(2.1.2)知,计算体积功必须用环境压力 p_{amb},而非系统压力 p,而环境压力 p_{amb} 不是描述系统状态的变量,或者说不是系统的性质,它与途径密切相关,如图 2.1.3 所示气缸中,1 mol 理想气体在恒定温度 0 ℃下,沿不同途径(a. 向真空膨胀;b. 反抗恒外压 $p_{amb} = 50.663$ kPa)膨胀至相同末态(末态压力 $p_2 = 50.663$ kPa),则由功的定义式可计算求得 $W_a = 0$,$W_b = -1\,135$ J。

可见,过程的功不是状态函数或状态函数的增量,它与过程的具体途径有关,故称其为**途径函数**。

因为功不是状态函数,所以不能说系统的某一状态有多少功;有过程才可能有功,过程的功记作 W(而非 ΔW)。在本书中,微量功记作 δW(而非 dW),以与状态函数的全微分加以区别。

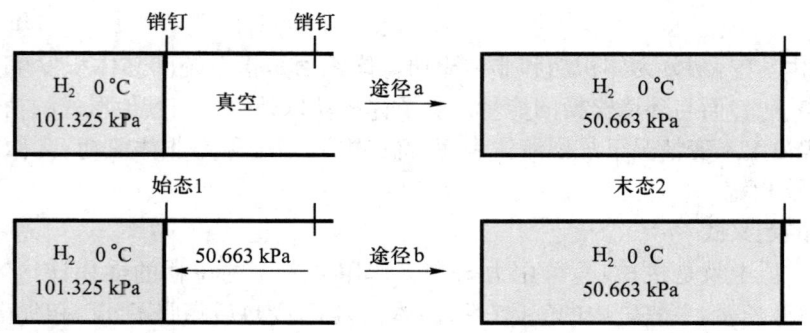

图 2.1.3　不同途径的功

（2）**热**　系统与环境因温度不同而交换的能量称为**热**，以符号 Q 表示，且规定：若系统从环境吸热，$Q>0$；若系统向环境放热，则 $Q<0$。

和功一样，热也不是状态函数，而是途径函数。只有系统进行一过程时，才可能与环境有热交换，过程的热记作 Q（而非 ΔQ）。微小过程的微量热记作 δQ。

系统进行的不同过程所伴随的热，常冠以不同的名称，如混合热、溶解热、熔化热、蒸发热、反应热等。

5. 热力学能

重点难点

热力学能

　　一个系统在某状态下的总能量包含系统作为整体的动能、外场中的势能及系统内部的能量。系统内部的能量即热力学能，也称为内能。

　　热力学系统是由大量微观粒子组成的，系统的**热力学能**是指系统内部所有粒子全部能量的总和。它包括系统内分子的平动、转动、分子内部各原子间的振动、电子的运动、核运动的能量，以及分子之间相互作用的势能等。热力学能以 U 表示，为广度量，单位为 J。

热力学能概念的引入有着科学的实验基础。焦耳从 1840 年起做了各种实验，证明了使一定量的物质（即系统）从同样始态升高同样的温度达到同样的末态，在绝热情况下所需要的各种形式的功（如机械功、电功等），在数值上是完全相同的。这些实验表明，系统具有一个反映其内部能量的函数，这一函数的变化值只取决于始、末态，故该函数是一个状态函数。这个函数就是热力学能 U。若始态时系统的热力学能值为 U_1，末态时热力学能值为 U_2，则在绝热条件下

$$\Delta U = U_2 - U_1 = W_{绝热} \tag{2.1.4}$$

式中，$W_{绝热}$ 为绝热过程中的功。

前边已经提到，对物质的量及组成确定的均相系统，确定其状态只需两个独立变量，如选 T、V，则对热力学能 U 有

$$U = U(T, V) \tag{2.1.5}$$

由式（2.1.5）可得出

$$dU = \left(\frac{\partial U}{\partial T}\right)_V dT + \left(\frac{\partial U}{\partial V}\right)_T dV \tag{2.1.6}$$

热力学能 U 的量值虽然无法确定,但这并不影响其实际应用,热力学所关心的是系统状态变化时热力学能的改变量 ΔU。

§2.2 热力学第一定律

1. 热力学第一定律

热力学第一定律的本质是能量守恒原理,即隔离系统无论经历何种变化,其能量守恒。能量可以由一种形式转换为另一种形式,但能量在传递与转换过程中守恒,能量不能凭空产生和消失。这一原则早在 17 世纪就被提出,经大量的科学实践后直到 19 世纪中叶才成为一条公认的定律。

重点难点

热力学第一
定律

在热力学第一定律确定之前,有人幻想制造一种不消耗能量而能不断对外做功的机器,这就是第一类永动机。第一类永动机显然违背能量守恒原理。故热力学第一定律也可以表述为"**第一类永动机是不可能造成的**"。历史上曾有人付出许多艰辛的努力试图制造这样的机器,实践证明一切努力都是徒劳的。

2. 封闭系统热力学第一定律的数学形式

对封闭系统,若由始态变到末态的过程中系统从环境吸收的热为 Q,环境对系统做的功为 W,即

始态 U_1 —— 吸热 Q / 得功 W —— 末态 U_2

则由能量守恒原理,有
$$U_2 = U_1 + Q + W$$
即
$$\Delta U = Q - W^{①} \quad （封闭系统） \tag{2.2.1a}$$

对于无限小的过程,则有
$$dU = \delta Q + \delta W \quad （封闭系统） \tag{2.2.1b}$$

以上两式即为**封闭系统热力学第一定律的数学表示式**。这两个公式表明,虽然系统在某状态下热力学能的量值不能确定,但封闭系统状态变化时的热力学能变化 ΔU,可由过程户的热与功之和 $Q + W$ 来衡量。两式也说明,尽管 Q、W 均为途径函数,而它们的和 $Q + W$ 却与状态函数的改变量 ΔU 相等。

3. 焦耳实验

焦耳于 1843 年设计了如下实验(图 2.2.1):在水浴槽中放有一容器,其左侧充以一定压

---

① 若遇到热力学第一定律表达为 $\Delta U = Q - W$ 的情况,需要注意其功的符号规定与本书相反,即环境对系统做功时,功为负值;系统对环境做功时,功为正值。

力的气体(看成系统),右侧抽成真空,中间以旋塞隔开。

重点难点

焦耳实验

实验中打开旋塞,使气体向真空膨胀,直至平衡,然后通过水浴中的温度计观测水温的变化。实验中发现水温维持不变。

现用热力学第一定律对此过程进行分析:

假设旋塞处有一虚拟的可变截面的薄膜,打开旋塞后,左侧气体推动虚拟薄膜向真空膨胀(薄膜右侧压力恒为零),因 $p_{amb} = 0$,则

$W = -\int_{V_1}^{V_2} p_{amb} dV = 0$;而过程中水温没变,说明气体温度在膨胀过程中也没有变,系统与环境没有热交换,即 $Q = 0$。

根据热力学第一定律,即式(2.2.1a),该过程的 $\Delta U = Q + W = 0$,即热力学能保持不变。将式(2.1.6)应用于此过程(代入 $dU = 0$、$dT = 0$),则有

$$\left(\frac{\partial U}{\partial V}\right)_T = 0 \qquad (2.2.2)$$

上式表明,对于实验中的气体,其温度 T 恒定时,气体的热力学能 U 就恒定,它不随体积 V 而变化。换句话说,其热力学能 U 只是温度 T 的函数。

图 2.2.1　焦耳实验示意图

这一结论其实只对理想气体才成立,因为理想气体分子间没有相互作用力,因而不存在分子间相互作用的势能,其热力学能只是分子的平动、转动、分子内部各原子间的振动、电子的运动和核的运动的能量等,而这些能量均只取决于温度,即

$$U = U(T) \quad (理想气体)$$

对于焦耳实验中的气体,能得出与理想气体相同的结论是由实验设计的不精确性造成的,因为焦耳实验中的气体自由膨胀后即使与环境水交换了微量的热,但因水槽中的水量相对较大,不足以使水的温度发生明显改变并由温度计观测出来。

§2.3　恒容热、恒压热及焓

重点难点

恒容热、恒压热及焓

化学化工实验及生产中,常常遇到恒容过程(如在体积固定的密闭反应器或设备中进行的各种过程)和恒压过程(如敞开的容器中在大气压力下进行的过程等),下面对这两类典型过程的热进行讨论。

1. 恒容热(Q_V)

因恒容过程 $dV = 0$,则过程的体积功为零。若过程中没有非体积功交换,即 $\delta W' = 0$,则过程的总功 $\delta W = 0$。

由式(2.2.1b)可得

$$\delta Q_V = dU \quad (dV = 0, \ \delta W' = 0) \tag{2.3.1a}$$

积分,有

$$Q_V = \Delta U \quad (dV = 0, \ W' = 0) \tag{2.3.1b}$$

可见,这里的恒容热 Q_V 是指系统进行恒容且无非体积功的过程中与环境交换的热,它与过程的 ΔU 在量值上相等。而 ΔU 只取决于始、末态,故恒容热 Q_V 也只取决于系统的始、末态。

2. 恒压热(Q_p)及焓

恒压热 Q_p 是系统进行恒压且非体积功为零的过程中与环境交换的热。

恒压过程是指系统的压力与环境的压力相等且恒定不变的过程,即

$$p = p_{amb} = 常数$$

由式(2.1.1)可得恒压过程的体积功为

$$\delta W = -p_{amb} dV = -p dV \tag{2.3.2}$$

在非体积功为零的情况下,将上式代入式(2.2.1b)可得恒压热 δQ_p 为

$$\delta Q_p = d(U + pV) \quad (dp = 0, \ \delta W' = 0) \tag{2.3.3}$$

定义:

$$H \stackrel{\text{def}}{=\!=} U + pV \tag{2.3.4}$$

将 H 称为**焓**。它具有能量单位(J);由于 U、p、V 均为状态函数,故 H 也一定是状态函数;另外,U、V 的广度性质也决定了 H 是广度量。

将 H 的定义式代入式(2.3.3)可得

$$\delta Q_p = dH \quad (dp = 0, \ \delta W' = 0) \tag{2.3.5a}$$

积分,有

$$Q_p = \Delta H \quad (dp = 0, \ W' = 0) \tag{2.3.5b}$$

即过程的恒压热 Q_p 与系统的焓变 ΔH 在量值上相等,故恒压热 Q_p 只取决于系统的始、末态,与过程的具体途径无关。

焓是热力学中很重要的热力学函数,虽然它没有明确的物理意义,其量值也无法确定(因 U 的量值无法确定),但由于其增量与 Q_p 相关联,为热力学的研究带来了很大的方便。

3. $Q_V = \Delta U$ 与 $Q_p = \Delta H$ 关系式的意义

$Q_V = \Delta U$ 与 $Q_p = \Delta H$ 两式的重要意义体现在以下两个方面:

(1) $Q_V = \Delta U$ 与 $Q_p = \Delta H$ 两式中,等号左侧均为过程的热,是可测量的,或者说具有可测性,而等号右侧分别是不可直接测量、但在热力学里又极为重要的两个状态函数的增量

（ΔU 和 ΔH），上述两个等式的成立，为 ΔU、ΔH 在热力学中的计算及应用等奠定了基础：通过在恒容或恒压下对热的测量，可获得一系列重要的基础热数据（热容、相变焓等），有了这些热数据，才能计算过程的 ΔU、ΔH，并应用其解决热力学问题。

（2）两式的等号右侧是状态函数的增量，而状态函数的增量只取决于系统的始、末态，与途径无关，这个特性恰恰是公式等号左侧原本为途径函数的热所不具备的。但有了以上两个公式作为桥梁，使得有关热（Q_V 或 Q_p）的计算也可使用"仅与始、末态有关，而与途径无关"这一特性。现举例说明如下：

下列三个反应在恒定温度 T、恒定压力 p 及非体积功 $W' = 0$ 的条件下，分别按计量式进行 1 mol 反应进度时，若其摩尔恒压热分别为 $Q_{p,1}$、$Q_{p,2}$ 及 $Q_{p,3}$：

$$C(石墨) + O_2(g) == CO_2(g) \qquad Q_{p,1} \qquad (1)$$

$$C(石墨) + \frac{1}{2}O_2(g) == CO(g) \qquad Q_{p,2} \qquad (2)$$

$$CO(g) + \frac{1}{2}O_2(g) == CO_2(g) \qquad Q_{p,3} \qquad (3)$$

上述三个摩尔恒压热中，$Q_{p,1}$ 及 $Q_{p,3}$ 能够直接由实验测定，而 $Q_{p,2}$ 的实验测定却难以实现，因为 C(石墨) 与 $O_2(g)$ 反应只停留在第（2）步而不产生 $CO_2(g)$ 几乎是不可能的。但是，在同样条件下进行的这三个反应的始态与末态间，存在着下列框图所示的联系，即从始态 C(石墨)$+O_2(g)$ 经实线表示的途径 a 直接反应生成末态 $CO_2(g)$（对应第一个反应）；还可以假设经虚线表示的途径 b，先生成 CO(g)$+\frac{1}{2}O_2(g)$，尔后再反应到达末态 $CO_2(g)$。

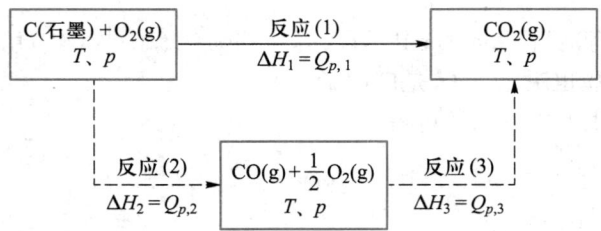

由状态函数法，途径 a、b 的焓变应相等，即

$$\Delta H_1 = \Delta H_2 + \Delta H_3$$

又因恒压热与焓变相等，即 $\Delta H_1 = Q_{p,1}$，$\Delta H_2 = Q_{p,2}$ 及 $\Delta H_3 = Q_{p,3}$，可得

$$Q_{p,1} = Q_{p,2} + Q_{p,3}$$

所以

$$Q_{p,2} = Q_{p,1} - Q_{p,3}$$

该结果表明，通过实验测定 $Q_{p,1}$ 及 $Q_{p,3}$ 就可以计算得出实验难以测定的 $Q_{p,2}$。上述三个反应若在恒温、恒容且非体积功为零的条件下进行，它们的恒容热之间也存在着类似的关系。

上述有关结论，早在 19 世纪中叶已由俄国化学家赫斯（Hess G H）在实验中发现，即一确定的化学反应的恒容热或恒压热只取决于过程的始态与末态,该结论称为**赫斯定律**。依据赫斯定律,在恒容或恒压下,如果某一化学反应可通过其他化学反应线性组合得到,则在非体积功为零时,该反应的反应热遵循同样的代数关系。

§2.4   摩尔热容

摩尔热容是热力学中很重要的一种基础热数据,用来计算系统发生单纯 pVT 变化(无相变化、无化学反应)时过程的恒容热 Q_V、恒压热 Q_p 及这类变化中系统的 ΔU、ΔH 等。这里主要介绍物理化学中常用到的摩尔定容热容和摩尔定压热容。

1. 摩尔定容热容($C_{V,m}$)

(1) 定义   在某温度 T 时,物质的量为 n 的物质在恒容且非体积功为零的条件下,若温度升高无限小量 dT 所需要的热量为 δQ_V,则 $\dfrac{1}{n}\dfrac{\delta Q_V}{dT}$ 即为该物质在该温度 T 下的**摩尔定容热容**[①],以 $C_{V,m}$ 表示,即

$$C_{V,m} = \frac{1}{n}\frac{\delta Q_V}{dT}$$

由于 $\delta Q_V = dU_V = n\,dU_{m,V}$,代入上式并写成偏导数形式,得

$$C_{V,m} = \frac{1}{n}\left(\frac{\partial U}{\partial T}\right)_V = \left(\frac{\partial U_m}{\partial T}\right)_V \tag{2.4.1}$$

$C_{V,m}$ 的单位为 $J \cdot mol^{-1} \cdot K^{-1}$。

(2) 应用——单纯 pVT 变化过程 ΔU 的计算   利用 $C_{V,m}$,可由下式计算系统发生恒容的单纯 pVT 变化过程的 Q_V 及该过程中系统的 ΔU:

$$Q_V = \Delta U = n\int_{T_1}^{T_2} C_{V,m}\,dT \tag{2.4.2}$$

若过程不恒容,理想气体单纯 pVT 变化过程的 ΔU 也可利用 $C_{V,m}$ 进行计算,现讨论如下。

设物质的量为 n 的某理想气体由始态(T_1, V_1)变化到末态(T_2, V_2),为求此非恒容过程中系统的 ΔU,可将过程分两步实现,即先沿途径 a 恒容变温至 T_2,然后再沿途径 b 恒温变容至 V_2。

重点难点

摩尔定容
热容

---

① 通常所说的 $C_{V,m}$ 为"1 mol 物质在恒容且非体积功为零的条件下温度升高 1 K 所需要的热量",意为 $T\sim(T+1\text{K})$温度范围摩尔定容热容的平均值,不是某一温度 T 下的 $C_{V,m}$。

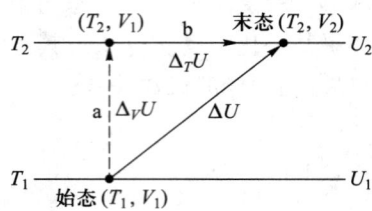

利用状态函数法,有

$$\Delta U = \Delta_V U + \Delta_T U$$

其中

$$\Delta_V U = n\int_{T_1}^{T_2} C_{V,\mathrm{m}}\mathrm{d}T$$

$$\Delta_T U = 0 \quad (\text{理想气体的 } U \text{ 仅仅是 } T \text{ 的函数})$$

将以上两式代入 $\Delta U = \Delta_V U + \Delta_T U$ 中,则有

$$\Delta U = n\int_{T_1}^{T_2} C_{V,\mathrm{m}}\mathrm{d}T \tag{2.4.3}$$

此结果也可由式(2.1.6)从数学角度得出:

因对理想气体有

$$\left(\frac{\partial U}{\partial V}\right)_T = 0 \quad (\text{理想气体的 } U \text{ 仅仅是 } T \text{ 的函数})$$

则由式(2.1.6)可得

$$\mathrm{d}U = \left(\frac{\partial U}{\partial T}\right)_V \mathrm{d}T = nC_{V,\mathrm{m}}\mathrm{d}T$$

对上式两边进行积分即得到式(2.4.3)。

可见,理想气体的单纯 pVT 变化过程,不论过程恒容与否,系统的热力学能变 ΔU 均可由 $C_{V,\mathrm{m}}$ 借助式(2.4.3)进行计算。恒容与否的区别仅在于:恒容时过程的热与系统的热力学能变的量值相等,即 $Q_V = \Delta U$,而不恒容时过程 $Q \neq \Delta U$。

2. 摩尔定压热容($C_{p,\mathrm{m}}$)

重点难点

摩尔定压
热容

(1) 定义　在某温度 T 时,物质的量为 n 的物质在恒压且非体积功为零的条件下,若温度升高无限小量 $\mathrm{d}T$ 所需要的热量为 δQ_p,则 $\frac{1}{n}\frac{\delta Q_p}{\mathrm{d}T}$ 即为该物质在该温度 T 下的**摩尔定压热容**,以 $C_{p,\mathrm{m}}$ 表示,即

$$C_{p,\mathrm{m}} = \frac{1}{n}\frac{\delta Q_p}{\mathrm{d}T}$$

因对恒压且非体积功为零的过程,$\delta Q_p = \mathrm{d}H_p = n\mathrm{d}H_{\mathrm{m},p}$,代入上式有

$$C_{p,\mathrm{m}} = \frac{1}{n}\left(\frac{\partial H}{\partial T}\right)_p = \left(\frac{\partial H_{\mathrm{m}}}{\partial T}\right)_p \tag{2.4.4}$$

$C_{p,\mathrm{m}}$ 的单位是 $\mathrm{J}\cdot\mathrm{mol}^{-1}\cdot\mathrm{K}^{-1}$。

（2）应用——单纯 pVT 变化过程 ΔH 的计算　利用 $C_{p,\mathrm{m}}$ 可计算系统发生恒压的单纯 pVT 变化过程的 Q_p 及该过程中系统的 ΔH：

$$Q_p = \Delta H = n\int_{T_1}^{T_2} C_{p,\mathrm{m}}\mathrm{d}T \tag{2.4.5}$$

若系统发生不恒压的单纯 pVT 变化过程，该过程中系统 ΔH 的计算也要用到 $C_{p,\mathrm{m}}$，现就理想气体、凝聚态物质（液体、固体）分别予以讨论。

① 理想气体　由焓的定义及理想气体状态方程有

$$H = U + pV = U + nRT$$

因理想气体的热力学能 U 仅仅是 T 的函数，故其 $H = U + nRT$ 也仅仅是 T 的函数，可写成

$$H = H(T) \quad 或 \quad \left(\frac{\partial H}{\partial V}\right)_T = 0 \quad 或 \quad \left(\frac{\partial H}{\partial p}\right)_T = 0$$

基于此结论，则可得出计算理想气体单纯 pVT 变化时 ΔH 的通式，即

$$\Delta H = n\int_{T_1}^{T_2} C_{p,\mathrm{m}}\mathrm{d}T \tag{2.4.6}$$

例题解析

pVT 变化
焓变计算

所谓通式，是指理想气体发生单纯 pVT 变化时，不论过程恒压与否，均可用来计算理想气体单纯 pVT 变化过程的焓变 ΔH。可采用类似推导式（2.4.3）的方法得出式（2.4.6）。

但应注意的是，若过程不恒压，则过程的热与过程中系统的焓变不等，即 $Q \neq \Delta H$。

>> **例** **2.4.1**　某压缩机气缸吸入 $101.325\ \mathrm{kPa}$、$25\ ℃$ 的空气，经压缩后压力提高至 $192.5\ \mathrm{kPa}$，相应使温度上升到 $79\ ℃$。假设空气可看成理想气体，且已知该温度范围内的 $C_{V,\mathrm{m}}$、$C_{p,\mathrm{m}}$ 分别为 $25.29\ \mathrm{J}\cdot\mathrm{mol}^{-1}\cdot\mathrm{K}^{-1}$ 和 $33.60\ \mathrm{J}\cdot\mathrm{mol}^{-1}\cdot\mathrm{K}^{-1}$。试求 $2\ \mathrm{mol}$ 空气压缩过程的 Q、W、ΔU 及 ΔH。

>> **解**：低压下空气可看成理想气体，故可利用式（2.4.3）和式（2.4.6）计算过程的 ΔU 及 ΔH：

$$\begin{aligned}
\Delta U &= nC_{V,\mathrm{m}}(T_2 - T_1)\\
&= 2\ \mathrm{mol}\times 25.29\ \mathrm{J}\cdot\mathrm{mol}^{-1}\cdot\mathrm{K}^{-1}\times(352.15 - 298.15)\ \mathrm{K}\\
&= 2\ 731\ \mathrm{J}
\end{aligned}$$

$$\begin{aligned}
\Delta H &= nC_{p,\mathrm{m}}(T_2 - T_1)\\
&= 2\ \mathrm{mol}\times 33.60\ \mathrm{J}\cdot\mathrm{mol}^{-1}\cdot\mathrm{K}^{-1}\times(352.15 - 298.15)\ \mathrm{K}\\
&= 3\ 629\ \mathrm{J}
\end{aligned}$$

又因压缩机压缩空气的过程很快，可按绝热过程处理，即

$$Q = 0$$

代入热力学第一定律表示式(2.2.1a),可得到该过程的功:

$$W = \Delta U = 2\,731\,\text{J}$$

可见,理想气体发生既不恒容、也不恒压的单纯 pVT 变化过程时,可直接利用式(2.4.3)及式(2.4.6)计算过程的 ΔU、ΔH,这是由理想气体的 U 及 H 仅仅是温度 T 的函数所决定的。但过程既不恒容也不恒压,故其过程的热($Q = 0$)与过程的 $\Delta U = 2\,731\,\text{J}$ 及 $\Delta H = 3\,629\,\text{J}$ 均不相等。

② 凝聚态物质　所谓**凝聚态物质**,是指处于液态或固态的物质,如液态水、固态金属铜等。对这类物质,在 T 一定时,只要压力变化不大,压力 p 对 ΔH 的影响往往可忽略不计,故凝聚态物质发生单纯 pVT 变化时系统的焓变,仅取决于始、末态的温度,即有如下计算式:

$$\Delta H = n\int_{T_1}^{T_2} C_{p,\text{m}}\,\text{d}T$$

至于过程的 ΔU,因 $\Delta H = \Delta U + \Delta(pV)$,而对凝聚态系统 $\Delta(pV) \approx 0$,故有

$$\Delta U \approx \Delta H = n\int_{T_1}^{T_2} C_{p,\text{m}}\,\text{d}T \quad \text{(凝聚态物质)} \tag{2.4.7}$$

需要注意的是,尽管凝聚态物质变温过程中系统体积改变很小,也不能认为是恒容过程,更不能按 $Q = \Delta U = n\int_{T_1}^{T_2} C_{V,\text{m}}\,\text{d}T$ 计算过程的热和系统的热力学能变,此式只有在真正恒容时才能使用。

3. $C_{p,\text{m}}$ 与 $C_{V,\text{m}}$ 的关系

重点难点

$C_{p,\text{m}}-C_{V,\text{m}}$
关系

由 $C_{p,\text{m}}$ 与 $C_{V,\text{m}}$ 的定义,可导出两者之间的关系:

$$C_{p,\text{m}} - C_{V,\text{m}} = \left(\frac{\partial H_{\text{m}}}{\partial T}\right)_p - \left(\frac{\partial U_{\text{m}}}{\partial T}\right)_V$$

$$= \left[\frac{\partial(U_{\text{m}} + pV_{\text{m}})}{\partial T}\right]_p - \left(\frac{\partial U_{\text{m}}}{\partial T}\right)_V$$

$$= \left(\frac{\partial U_{\text{m}}}{\partial T}\right)_p + p\left(\frac{\partial V_{\text{m}}}{\partial T}\right)_p - \left(\frac{\partial U_{\text{m}}}{\partial T}\right)_V$$

式中 $\left(\dfrac{\partial U_{\text{m}}}{\partial T}\right)_p$ 与 $\left(\dfrac{\partial U_{\text{m}}}{\partial T}\right)_V$ 之间的关系可由式(2.1.6)出发得出:

因

$$\text{d}U_{\text{m}} = \left(\frac{\partial U_{\text{m}}}{\partial T}\right)_V \text{d}T + \left(\frac{\partial U_{\text{m}}}{\partial V_{\text{m}}}\right)_T \text{d}V_{\text{m}}$$

则有

$$\left(\frac{\partial U_m}{\partial T}\right)_p = \left(\frac{\partial U_m}{\partial T}\right)_V + \left(\frac{\partial U_m}{\partial V_m}\right)_T \left(\frac{\partial V_m}{\partial T}\right)_p$$

将此结果代入 $C_{p,m} - C_{V,m}$ 的推导式中,得

$$C_{p,m} - C_{V,m} = \left[\left(\frac{\partial U_m}{\partial V_m}\right)_T + p\right] \left(\frac{\partial V_m}{\partial T}\right)_p \tag{2.4.8}$$

式中,$\left(\frac{\partial V_m}{\partial T}\right)_p$ 为恒压下 1 mol 物质温度升高 1 K 时的体积增量。从此式可以看出 $C_{p,m}$ 与 $C_{V,m}$ 的差别来自两个方面。前一项 $\left(\frac{\partial U_m}{\partial V_m}\right)_T \left(\frac{\partial V_m}{\partial T}\right)_p$ 相当于 1 mol 物质恒压升温单位热力学温度时,由于体积膨胀,要克服分子间的吸引力,使得热力学能增加而从环境吸收的热量;后一项 $p\left(\frac{\partial V_m}{\partial T}\right)_p$ 相当于由于体积膨胀对环境做功而从环境吸收的热量。

现从式(2.4.8)出发讨论理想气体及凝聚态物质的 $C_{p,m}$ 与 $C_{V,m}$ 之间的关系。

对理想气体:

由理想气体的状态方程有 $\left(\frac{\partial V_m}{\partial T}\right)_p = \frac{R}{p}$,又因对理想气体 $\left(\frac{\partial U_m}{\partial V_m}\right)_T = 0$,代入式(2.4.8)可得

$$C_{p,m} - C_{V,m} = R \tag{2.4.9}$$

在常温下,对单原子理想气体(He 等),$C_{V,m} = \frac{3}{2}R$,其 $C_{p,m} = \frac{5}{2}R$;对双原子理想气体(N_2 等),$C_{V,m} = \frac{5}{2}R$,其 $C_{p,m} = \frac{7}{2}R$。理想气体的摩尔热容可利用统计热力学知识得出。

对凝聚态物质:

虽然一般情况下,与气体相比其 $\left(\frac{\partial V_m}{\partial T}\right)_p$ 很小,但有时 $\left(\frac{\partial U_m}{\partial V_m}\right)_T$ 却很大,即恒温下改变体积时,因要克服较大的分子间引力而使热力学能有较大的变化,故不能笼统地认为凝聚态物质的 $C_{p,m}$ 与 $C_{V,m}$ 近似相等[①]。一般凝聚态物质的 $C_{p,m}$ 很容易测定、获得,要准确计算 $C_{V,m}$ 可按关系式 $C_{p,m} - C_{V,m} = T\left(\frac{\partial V_m}{\partial T}\right)_p \left(\frac{\partial p}{\partial T}\right)_V$[此关系式在学习完热力学基本方程及麦克斯韦关系式后很容易由式(2.4.8)导出]利用 pVT 数据求出。

》例 2.4.2 容积为 $0.1 \ m^3$ 的恒容容器中有 4 mol Ar(g)及 2 mol Cu(s),始态温度为 0 ℃。现将系统加热至 100 ℃,求过程的 Q、W、ΔU 及 ΔH。

已知 Ar(g)和 Cu(s)在 25 ℃ 的摩尔定压热容 $C_{p,m}$ 分别为 20.786 $J \cdot mol^{-1} \cdot K^{-1}$ 和

---

① 如液态物质 $CCl_4(l)$、$CS_2(l)$、$Hg(l)$ 的 $(C_{p,m} - C_{V,m})$ 分别为 $5.09R$、$3.43R$、$0.51R$;固态物质如 $Ag(s)$、$Cu(s)$、$NaCl(s)$ 的 $(C_{p,m} - C_{V,m})/C_{p,m}$ 分别为 3.9%、2.8%、5.6%。

24.435 J·mol^{-1}·K^{-1},并假设其不随温度变化。

» 解：Ar(g)可看成理想气体,故其 $C_{V,m} = C_{p,m} - R = 12.472$ J·mol^{-1}·K^{-1},则

$$\Delta U = \Delta U(\text{Ar},\text{g}) + \Delta U(\text{Cu},\text{s})$$

而

$$\Delta U(\text{Ar},\text{g}) = n(\text{Ar},\text{g}) C_{V,m}(\text{Ar},\text{g})(T_2 - T_1)$$

$$\Delta U(\text{Cu},\text{s}) \approx \Delta H(\text{Cu},\text{s}) = n(\text{Cu},\text{s})C_{p,m}(\text{Cu},\text{s})(T_2 - T_1)$$

则

$$\begin{aligned}\Delta U &= [n(\text{Ar},\text{g})C_{V,m}(\text{Ar},\text{g}) + n(\text{Cu},\text{s})C_{p,m}(\text{Cu},\text{s})](T_2 - T_1)\\ &= (4\ \text{mol} \times 12.472\ \text{J·mol}^{-1}\text{·K}^{-1} + 2\ \text{mol} \times 24.435\ \text{J·mol}^{-1}\text{·K}^{-1}) \times\\ &\quad (373.15 - 273.15)\ \text{K}\\ &= 9.876\ \text{kJ}\end{aligned}$$

$$\begin{aligned}\Delta H &= [n(\text{Ar},\text{g})C_{p,m}(\text{Ar},\text{g}) + n(\text{Cu},\text{s})C_{p,m}(\text{Cu},\text{s})](T_2 - T_1)\\ &= [(4 \times 20.786 + 2 \times 24.435) \times (373.15 - 273.15)]\ \text{J}\\ &= 13.201\ \text{kJ}\end{aligned}$$

又因过程恒容,故

$$W = 0$$

$$Q_V = \Delta U = 9.876\ \text{kJ}$$

4. $C_{p,m}(C_{V,m})$ 随 T 的变化

$C_{p,m}$、$C_{V,m}$ 作为重要的基础热数据,通常由量热实验获得。实验结果表明:它们往往随温度而变化。由于 $C_{t,m}$、$C_{V,m}$ 存在着一定的关系,故只要测定其中一种热数据即可。目前通过各种手册能直接获得的是纯物质及空气等组成恒定的混合物的 $C_{t,m}$ 数据。表达 $C_{p,m}$ 随 T 的变化常有如下三种方法:

（1）数据列表 即将实测的不同温度 T 下的 $C_{p,m}$ 数据列表,这样可直接读出所给温度 T 下的 $C_{p,m}$ 数值。

（2）$C_{p,m}$-T 曲线 依据不同温度下实测的 $C_{p,m}$ 绘制出曲线,图 2.4.1 为不同相态下 Cl$_2$ 的 $C_{p,m}$ 随 T 的变化曲线,其优点是可直观地看出 $C_{p,m}$ 随 T 变化的趋势,但不便进行数学积分计算过程的 Q_p、ΔH 等。

（3）函数关系式 实测的 $C_{p,m}$ 与 T 的数据通常用温度的二次或三次多项式拟合,如 $C_{p,m} = a + bT + cT^2$、$C_{p,m} = a + bT + cT^2 + dT^3$ 等,拟合参数 a、b、c、d 均为与物质有关的特性系数,可从各种

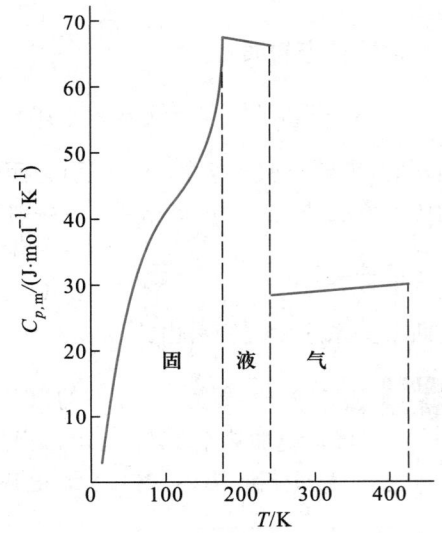

图 2.4.1 不同相态下 Cl$_2$ 的 $C_{p,m}$ 随 T 的变化曲线

手册中查到,部分摘抄于本书附录五。

用函数关系式表达 $C_{p,\mathrm{m}}$-T 关系的优点是便于应用。需要注意的是,应用时要注意手册中注明的拟合经验式的适用范围,不要盲目外推。

5. 平均摩尔热容

在计算精度要求不高的情况下,引入平均摩尔热容 $\overline{C}_{p,\mathrm{m}}$ 或 $\overline{C}_{V,\mathrm{m}}$,可以避免利用 $C_{p,\mathrm{m}}(C_{V,\mathrm{m}})$-$T$ 函数关系计算 Q_p、Q_V 及 ΔU、ΔH 等需要积分的麻烦。

现以 $\overline{C}_{p,\mathrm{m}}$ 为例,介绍其定义及应用。

物质的量为 n 的物质,在恒压且非体积功为零的条件下,若温度由 T_1 升至 T_2 时吸热 Q_p,则该温度范围内的**平均摩尔定压热容** $\overline{C}_{p,\mathrm{m}}$ 为

$$\overline{C}_{p,\mathrm{m}} = \frac{Q_p}{n(T_2 - T_1)} \tag{2.4.10a}$$

即 $\overline{C}_{p,\mathrm{m}}$ 为 1 mol 的物质在恒压且非体积功为零的条件下,在 $T_1 \sim T_2$ 温度范围内,平均升高单位温度所需要的热量。

整理式(2.4.10a),得到恒压热的计算公式:

$$Q_p = n\overline{C}_{p,\mathrm{m}}(T_2 - T_1) \tag{2.4.10b}$$

可见,平均摩尔定压热容 $\overline{C}_{p,\mathrm{m}}$ 的引入使得 Q_p 的计算变得简单。

式(2.4.10a)中的 Q_p 如果用物质各温变下的热容 $C_{p,\mathrm{m}}$ 计算,即由式(2.4.5)得

$$Q_p = n \int_{T_1}^{T_2} C_{p,\mathrm{m}} \mathrm{d}T$$

将上式代入式(2.4.10a)中,有

$$\overline{C}_{p,\mathrm{m}} = \frac{\int_{T_1}^{T_2} C_{p,\mathrm{m}} \mathrm{d}T}{T_2 - T_1} \tag{2.4.11}$$

此式给出了 $T_1 \sim T_2$ 温度范围内平均摩尔定压热容 $\overline{C}_{p,\mathrm{m}}$ 与摩尔定压热容 $C_{p,\mathrm{m}}$ 之间的关系。

由于摩尔定压热容 $C_{p,\mathrm{m}}$ 是温度的函数,式(2.4.11)表明,同一种物质,不同的温度起止范围,$\overline{C}_{p,\mathrm{m}}$ 可能不同($C_{p,\mathrm{m}}$-T 线性关系除外)。如常压下 CO 气体在 0～100 ℃ 的 $\overline{C}_{p,\mathrm{m}}$ 为 29.5 J·mol⁻¹·K⁻¹,而在 0～1 000 ℃ 的 $\overline{C}_{p,\mathrm{m}}$ 为 31.6 J·mol⁻¹·K⁻¹。

以上介绍了摩尔定压热容 $C_{p,\mathrm{m}}$ 及摩尔定容热容 $C_{V,\mathrm{m}}$,读者在阅读其他参考书时可能会遇到定压热容 C_p 及定容热容 C_V(单位均为 J·K⁻¹)、质量定压热容 c_p 及质量定容热容 c_V(单位均为 J·kg⁻¹·K⁻¹),它们与 $C_{p,\mathrm{m}}$、$C_{V,\mathrm{m}}$ 间具有如下简单定量关系:$C_p = nC_{p,\mathrm{m}}$,$C_V = nC_{V,\mathrm{m}}$,$c_p = \dfrac{C_{p,\mathrm{m}}}{M}$,$c_V = \dfrac{C_{V,\mathrm{m}}}{M}$。遇到时进行相应换算即可。

§2.5 相变焓

系统中物理性质及化学性质完全相同的均匀部分称为相。如 0 ℃、101.325 kPa下水与冰平衡共存的系统,尽管水与冰化学组成相同,但其物理性质(如密度等)不同,水和冰各自为性质完全相同的均匀部分,故水是一个相,冰是另外一个相。

系统中的同一种物质在不同相之间的转变即相变化。对纯物质,常遇到的相变化过程如图 2.5.1(a)所示,有液体的蒸发、凝固,固体的熔化、升华,气体的凝结、凝华等;图 2.5.1(b)所示的固体的晶形转变也是相变化过程。

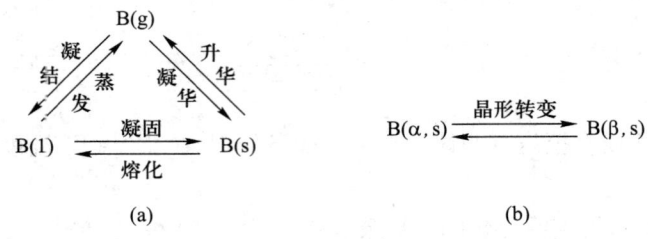

图 2.5.1 相变化过程

1. 摩尔相变焓

为了计算含有相变化的各类过程的热及系统的 ΔU、ΔH 等,需要用到另一类基础热数据,即摩尔相变焓。

摩尔相变焓是指 1 mol 物质在恒定温度 T 及该温度平衡压力下发生相变时对应的焓变,记为 $\Delta_\alpha^\beta H_m$(α 为相变的始态,β 为相变的末态)或 $\Delta_{相变} H_m$,其 SI 单位为 $J \cdot mol^{-1}$ 或 $kJ \cdot mol^{-1}$。

若物质的量为 n 的物质在温度 T 及该温度平衡压力下发生相变,则其相变焓为

$$\Delta_\alpha^\beta H = n\Delta_\alpha^\beta H_m \tag{2.5.1}$$

有关摩尔相变焓需要说明几点:

(1) 因为定义中的相变过程恒压且无非体积功,所以摩尔相变焓与 $Q_{p,m}$ 相等,即 $\Delta_\alpha^\beta H_m = Q_{p,m}$,因而这里的摩尔相变焓 $\Delta_\alpha^\beta H_m$,在量值上也就是摩尔相变热。

(2) 对纯物质两相平衡系统,温度 T 一旦确定,则该温度下的平衡压力也就确定,故摩尔相变焓仅仅是 T 的函数,即 $\Delta_\alpha^\beta H_m(T)$。手册上往往给出各种物质常压(大气压力 101.325 kPa)及其平衡温度下的摩尔相变焓,例如

$$H_2O(l) \xrightarrow[100\ ℃]{101.325\ kPa} H_2O(g) \qquad \Delta_{vap} H_m = \Delta_l^g H_m = 40.668\ kJ \cdot mol^{-1}$$

$$H_2O(s) \xrightarrow[0\ ℃]{101.325\ kPa} H_2O(l) \qquad \Delta_{fus} H_m = \Delta_s^l H_m = 6.008\ kJ \cdot mol^{-1}$$

其他任意温度及其平衡压力下的摩尔相变焓可利用状态函数法计算(见本节后面内容)。

(3) 由焓的状态函数性质可知,同一种物质、相同条件下互为相反的两种相变过程,其摩尔相变焓有如下关系:

$$\Delta_\alpha^\beta H_m = -\Delta_\beta^\alpha H_m$$

如 H_2O 在同样条件下的摩尔蒸发焓与摩尔凝结焓、摩尔升华焓与摩尔凝华焓、摩尔熔化焓与摩尔凝固焓等均有上述关系。

> **例 2.5.1**   3.5 mol $H_2O(l)$ 于恒定 101.325 kPa 下由 $t_1 = 25\ ℃$ 升温并全部蒸发成为 $t_2 = 100\ ℃$ 的 $H_2O(g)$。求过程的热 Q 及系统的 ΔU。

已知 $H_2O(l)$ 的 $\Delta_{vap}H_m(100\ ℃) = 40.668\ kJ \cdot mol^{-1}$,$25\sim100\ ℃$ 范围内水的 $\overline{C}_{p,m} = 75.6\ J \cdot mol^{-1} \cdot K^{-1}$。

> **解**:系统的状态变化如框图所示:

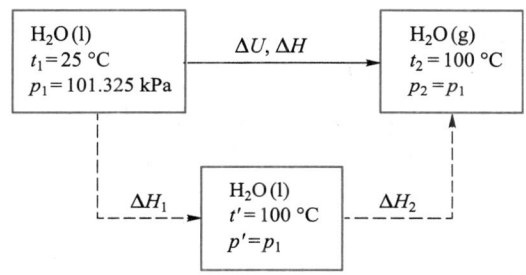

由状态函数法,有

$$\Delta H = \Delta H_1 + \Delta H_2$$

其中 ΔH_1 为 $H_2O(l)$ 恒压变温过程的焓变,有

$$\begin{aligned}
\Delta H_1 &= n\overline{C}_{p,m}(T_2 - T_1) \\
&= [3.5 \times 75.6 \times (373.15 - 298.15)]\ J \\
&= 19.8\ kJ
\end{aligned}$$

ΔH_2 为恒温恒压相变过程的焓变,由式(2.5.1)有

$$\begin{aligned}
\Delta H_2 &= n\Delta_{vap}H_m(100\ ℃) \\
&= (3.5 \times 40.668)\ kJ \\
&= 142.3\ kJ
\end{aligned}$$

所以 $\Delta H = \Delta H_1 + \Delta H_2 = 162.1\ kJ$

又因过程始终恒压,故过程的热

$$Q = \Delta H = 162.1\ kJ$$

现假设气体为理想气体,则有

$$\Delta U = \Delta H - \Delta(pV)$$
$$= \Delta H - [p_2 V_2(g) - p_1 V_1(l)]$$

与气体的体积相比,液体的体积可忽略,故有

$$\Delta U \approx \Delta H - p_2 V_2(g)$$
$$= \Delta H - nRT_2$$
$$= (162.1 - 3.5 \times 8.314 \times 373.15 \times 10^{-3}) \text{ kJ}$$
$$= 151.2 \text{ kJ}$$

---

2. 摩尔相变焓随温度的变化

前已提及,通常由文献中给出的是大气压力 101.325 kPa 及其平衡温度下的相变焓数据。但有时需要其他温度下的相变焓数据,这可以利用某已知温度下的相变焓及相变前后两种相的热容数据,通过设计途径利用状态函数法求出。

以物质 B 从 α 相变至 β 相的摩尔相变焓 $\Delta_\alpha^\beta H_m$ 为例。已知温度 T_0 及其平衡压力 p_0 下的摩尔相变焓 $\Delta_\alpha^\beta H_m(T_0)$,求温度 T 及其平衡压力 p 下的摩尔相变焓 $\Delta_\alpha^\beta H_m(T)$。两相的摩尔定压热容分别为 $C_{p,m}(\alpha)$ 及 $C_{p,m}(\beta)$。设计途径如下:

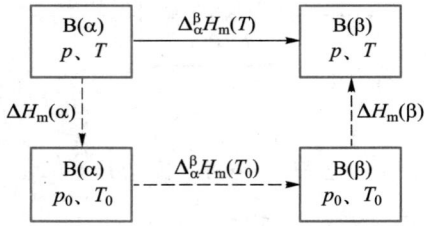

根据上面的框图,有

$$\Delta_\alpha^\beta H_m(T) = \Delta H_m(\alpha) + \Delta_\alpha^\beta H_m(T_0) + \Delta H_m(\beta)$$

计算 $\Delta H_m(\alpha)$、$\Delta H_m(\beta)$ 时,不论 α、β 是气态、液态还是固态,只要气相可视为理想气体,凝聚态物质(l 或 s)的焓随 p 变化可忽略,均有

$$\Delta H_m(\alpha) = \int_T^{T_0} C_{p,m}(\alpha) dT$$
$$= -\int_{T_0}^T C_{p,m}(\alpha) dT$$

$$\Delta H_m(\beta) = \int_{T_0}^T C_{p,m}(\beta) dT$$

代入前式并整理,得

$$\Delta_\alpha^\beta H_m(T) = \Delta_\alpha^\beta H_m(T_0) + \int_{T_0}^T [C_{p,m}(\beta) - C_{p,m}(\alpha)] dT$$

若令 $\Delta_\alpha^\beta C_{p,\mathrm{m}}$ 为相变末态与始态摩尔定压热容之差,即

$$\Delta_\alpha^\beta C_{p,\mathrm{m}} = C_{p,\mathrm{m}}(\beta) - C_{p,\mathrm{m}}(\alpha) \tag{2.5.2}$$

则

$$\Delta_\alpha^\beta H_{\mathrm{m}}(T) = \Delta_\alpha^\beta H_{\mathrm{m}}(T_0) + \int_{T_0}^T \Delta_\alpha^\beta C_{p,\mathrm{m}}\mathrm{d}T \tag{2.5.3a}$$

此式给出了两个不同温度下摩尔相变焓之间的关系。

式(2.5.3a)的微分式为

$$\frac{\mathrm{d}\Delta_\alpha^\beta H_{\mathrm{m}}(T)}{\mathrm{d}T} = \Delta_\alpha^\beta C_{p,\mathrm{m}} \tag{2.5.3b}$$

由以上两式可知,若 $\Delta_\alpha^\beta C_{p,\mathrm{m}} = 0$,则表明摩尔相变焓 $\Delta_\alpha^\beta H_{\mathrm{m}}(T)$ 不随温度变化。

>> 例 **2.5.2** 已知 100 ℃、101.325 kPa 下 $H_2O(\mathrm{l})$ 的摩尔蒸发焓 $\Delta_{\mathrm{vap}}H_{\mathrm{m}}(100\ ℃) = 40.67\ \mathrm{kJ\cdot mol^{-1}}$,100～142.9 ℃时水蒸气的摩尔定压热容 $C_{p,\mathrm{m}}(\mathrm{g},T) = [29.16 + 14.49\times10^{-3}(T/\mathrm{K}) - 2.022\times10^{-6}(T/\mathrm{K})^2]\ \mathrm{J\cdot mol^{-1}\cdot K^{-1}}$,水的平均摩尔定压热容 $\overline{C}_{p,\mathrm{m}}(\mathrm{l}) = 76.56\ \mathrm{J\cdot mol^{-1}\cdot K^{-1}}$。试求 $H_2O(\mathrm{l})$ 在 142.9 ℃平衡条件下的摩尔蒸发焓 $\Delta_{\mathrm{vap}}H_{\mathrm{m}}(142.9\ ℃)$。实验测定值为38.43 $\mathrm{kJ\cdot mol^{-1}}$。

例题解析

相变过程
热力学计算

>> 解:假设水蒸气为理想气体,并忽略 $H_2O(\mathrm{l})$ 的摩尔蒸发焓随蒸气压力的变化,则按式(2.5.3a)可得

$$\Delta_{\mathrm{vap}}H_{\mathrm{m}}(142.9\ ℃) = \Delta_{\mathrm{vap}}H_{\mathrm{m}}(100\ ℃) + \int_{373.15\ \mathrm{K}}^{416.05\ \mathrm{K}} \Delta_{\mathrm{vap}}C_{p,\mathrm{m}}\mathrm{d}T$$

又

$$\Delta_{\mathrm{vap}}C_{p,\mathrm{m}} = C_{p,\mathrm{m}}(\mathrm{g}) - C_{p,\mathrm{m}}(\mathrm{l})$$
$$= [29.16 + 14.49\times10^{-3}(T/\mathrm{K}) - 2.022\times10^{-6}(T/\mathrm{K})^2 - 76.56]\ \mathrm{J\cdot mol^{-1}\cdot K^{-1}}$$
$$= [-47.40 + 14.49\times10^{-3}(T/\mathrm{K}) - 2.022\times10^{-6}(T/\mathrm{K})^2]\ \mathrm{J\cdot mol^{-1}\cdot K^{-1}}$$

代入并积分得

$$\Delta_{\mathrm{vap}}H_{\mathrm{m}}(142.9\ ℃) = \Big\{40.67 + \int_{373.15\ \mathrm{K}}^{416.05\ \mathrm{K}}[-47.40 + 14.49\times10^{-3}(T/\mathrm{K}) -$$
$$2.022\times10^{-3}(T/\mathrm{K})^2]\mathrm{d}(T/\mathrm{K})\times10^{-3}\Big\}\ \mathrm{kJ\cdot mol^{-1}}$$
$$= (40.67 - 1.80)\ \mathrm{kJ\cdot mol^{-1}}$$
$$= 38.87\ \mathrm{kJ\cdot mol^{-1}}$$

计算结果与实测值相比,相对误差$[(38.87-38.43)/38.43]\times100\% = 1.14\%$。

§2.6 化学反应焓

化学化工生产中离不开化学反应,而化学反应常常伴随有热的交换。确定(测定或计算)化学反应热对于实际生产是极为重要的。考虑到实际生产常常是在恒压或恒容条件下进行的,故对这两种情况下的热 Q_p 和 Q_V 进行讨论是必要的。又因 Q_p、Q_V 间存在定量关系,故这里只需讨论 Q_p。在非体积功为零的前提下,Q_p 与反应的焓变 ΔH 量值相等,故恒压反应热也称反应焓。

计算化学反应焓需要基础热力学数据——标准摩尔生成焓及标准摩尔燃烧焓。在引出这两个基础热力学数据之前,先介绍一些预备知识。

1. 反应进度

反应进度是描述反应进行程度的物理量,以 ξ 表示。

设有某反应
$$a\mathrm{A} + b\mathrm{B} = y\mathrm{Y} + z\mathrm{Z}$$

移项有
$$0 = y\mathrm{Y} + z\mathrm{Z} - a\mathrm{A} - b\mathrm{B}$$

上式可写成如下通式形式:

$$0 = \sum_\mathrm{B} \nu_\mathrm{B}\mathrm{B}$$

式中,B 表示任一反应组分,ν_B 表示其**化学计量数**,对产物,ν_B 规定为正值;而对反应物,ν_B 规定为负值。

对于反应 $0 = \sum_\mathrm{B} \nu_\mathrm{B}\mathrm{B}$,**反应进度**的定义式如下:

$$\mathrm{d}\xi \overset{\text{def}}{=\!=} \frac{\mathrm{d}n_\mathrm{B}}{\nu_\mathrm{B}} \tag{2.6.1a}$$

式中,n_B 为反应方程式中任一物质 B 的物质的量,ν_B 为该物质在反应方程式中的化学计量数。

将式(2.6.1a)积分,若规定反应开始时 $\xi = 0$,则有

$$\int_0^\xi \mathrm{d}\xi = \int_{n_{\mathrm{B},0}}^{n_\mathrm{B}(\xi)} \frac{\mathrm{d}n_\mathrm{B}}{\nu_\mathrm{B}}$$

$$\xi = \frac{n_\mathrm{B}(\xi) - n_{\mathrm{B},0}}{\nu_\mathrm{B}} = \frac{\Delta n_\mathrm{B}}{\nu_\mathrm{B}} \tag{2.6.1b}$$

式中,$n_{\mathrm{B},0}$ 为反应前 B 物质的量,$n_\mathrm{B}(\xi)$ 为反应进度 ξ 时 B 物质的量。对产物,Δn_B、ν_B 均为正值;而对反应物,Δn_B、ν_B 均为负值,故反应进度 ξ 总是正值。反应进度的单位为 mol。

又因各反应组分物质的量的变化量正比于各自化学计量数 ν_B,则有

$$\xi = \frac{\Delta n_A}{\nu_A} = \frac{\Delta n_B}{\nu_B} = \frac{\Delta n_Y}{\nu_Y} = \frac{\Delta n_Z}{\nu_Z}$$

即对同一化学反应计量式,用各个组分表示的反应进度都是相同的。

同一反应,当物质 B 的实际反应量 Δn_B 一定时,因化学反应方程式写法不同,ν_B 不同,故反应进度 ξ 也不同。如合成氨反应,当 $\Delta n(N_2) = -1$ mol 时,若化学方程式写作

$$N_2(g) + 3H_2(g) \Longequal 2NH_3(g)$$

则

$$\xi = \frac{\Delta n(N_2)}{\nu(N_2)} = \frac{-1 \text{ mol}}{-1} = 1 \text{ mol}$$

若化学方程式写作

$$\frac{1}{2}N_2(g) + \frac{3}{2}H_2(g) \Longequal NH_3(g)$$

则

$$\xi = \frac{\Delta n(N_2)}{\nu(N_2)} = \frac{-1 \text{ mol}}{-0.5} = 2 \text{ mol}$$

所以,应用反应进度时须指明化学方程式。

2. 摩尔反应焓

设有一气相化学反应 $aA + bB \Longequal yY + zZ$,在温度 T、压力 p 及各组分摩尔分数 y_A、y_B、y_Y、y_Z 均确定的条件下,参与反应的各物质的摩尔焓[①]均有定值,分别记作 H_A、H_B、H_Y、H_Z。反应在恒定 T、p 下进行微量反应进度 $\mathrm{d}\xi$,无限小的变化不致引起系统的组成发生有意义的变化,此时可认为 H_A、H_B、H_Y、H_Z 等均保持不变。反应进度 $\mathrm{d}\xi$ 引起系统广度量 H 的微小变化为

$$\mathrm{d}H = (yH_Y + zH_Z - aH_A - bH_B)\mathrm{d}\xi$$

即

$$\mathrm{d}H = \left(\sum_B \nu_B H_B\right)\mathrm{d}\xi$$

移项可得

$$\frac{\mathrm{d}H}{\mathrm{d}\xi} = \sum_B \nu_B H_B$$

式中左端为变化率,表示在恒定 T、恒定 p 及反应各组分组成不变的情况下,若进行微量反应进度 $\mathrm{d}\xi$ 引起反应焓的变化为 $\mathrm{d}H$,则折合为进行单位反应进度引起的焓变 $\dfrac{\mathrm{d}H}{\mathrm{d}\xi}$ 即为该条件下的**摩尔反应焓**,记作 $\Delta_r H_m$,单位为 $\mathrm{kJ \cdot mol^{-1}}$。

$$\Delta_r H_m = \sum_B \nu_B H_B \tag{2.6.2}$$

对于物质的量为无限大量的反应系统,恒定 T、恒定 p 条件下进行单位反应进度时,可

---

① 这里的摩尔焓实质上是各组分的偏摩尔焓,它是 T、p 及系统组成的函数。有关偏摩尔焓的知识将在第四章中予以介绍。

以认为反应前后各组分的组成不变,其对应的焓变即为摩尔反应焓 $\Delta_r H_m$。

$\Delta_r H_m$ 是 T、p 及反应系统组成的函数,待学习了第四章偏摩尔量的概念后会加深对摩尔反应焓物理意义的理解。

3. 标准摩尔反应焓

(1) 标准态

① 气体:任意温度 T,标准压力 $p^{\ominus} = 100\ kPa$ 下表现出理想气体性质的纯气体状态。

② 液体或固体:任意温度 T,压力为标准压力 $p^{\ominus} = 100\ kPa$ 的纯液体或纯固体状态。溶液中各组分的标准态,不同的组成表达方式下各有规定,将在以后章节中介绍。

标准态对温度没有作出规定,即物质在每一个温度 T 下都有各自的标准态。

(2) 标准摩尔反应焓　　反应中的各个组分均处在温度 T 的标准态下,其摩尔反应焓就称为该温度下的**标准摩尔反应焓**,以 $\Delta_r H_m^{\ominus}(T)$ 表示。由式(2.6.2)可知

$$\Delta_r H_m^{\ominus} = \sum_B \nu_B H_B^{\ominus}$$

由标准态的规定可知,各种物质的 $H_B^{\ominus}$ 只是温度的函数,即

$$\Delta_r H_m^{\ominus}(T) = \sum_B \nu_B H_B^{\ominus}(T) = f(T) \tag{2.6.3}$$

各反应组分均处于温度 T 的标准态下,它们均为纯态,这与我们理解一个反应系统至少应当反应物混合是有差别的。

现以反应 $a\mathrm{A} + b\mathrm{B} \longrightarrow y\mathrm{Y} + z\mathrm{Z}$ 为例示意说明同样温度 T 下 $\Delta_r H_m^{\ominus}$ 与 $\Delta_r H_m$ 的差别:$\Delta_r H_m^{\ominus}$ 要求各个反应组分均处在标准态下,即处在各自纯态、压力为 $p^{\ominus}$ 的状态,因而其对应的过程如框图中 I 过程所示;而 $\Delta_r H_m$ 则对应实际反应过程如框图中 II 过程所示:

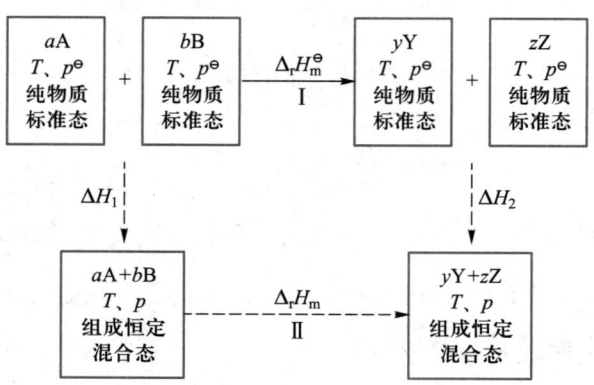

由状态函数法,有

$$\Delta_r H_m^{\ominus} + \Delta H_2 = \Delta_r H_m + \Delta H_1$$

即

$$\Delta_r H_m^{\ominus} = \Delta_r H_m + \Delta H_1 - \Delta H_2$$

式中,ΔH_1、ΔH_2 分别为反应物与产物恒温混合、变压过程的焓变。对理想气体反应,因

$\Delta H_1 = 0, \Delta H_2 = 0$,故 $\Delta_r H_m^\ominus = \Delta_r H_m$;若系统不是理想气体,则要具体情况具体分析。

由此可看出,尽管 $\Delta_r H_m^\ominus$ 为一个假想反应(即反应前各反应物组分单独存在,生成的产物组分也单独存在)过程的焓变,但它与相同温度 T 下的 $\Delta_r H_m$(实际反应的焓变)有定量关系,且多数情况下 $\Delta_r H_m^\ominus = \Delta_r H_m$(理想气体)或 $\Delta_r H_m^\ominus \approx \Delta_r H_m$。因而后边讨论 $\Delta_r H_m^\ominus$ 的计算是有意义的。

4. $Q_{p,m}$ 与 $Q_{V,m}$ 的关系

设有一恒温反应,分别在恒压且非体积功为零、恒容且非体积功为零条件下进行 1 mol 反应进度,如下框图所示:

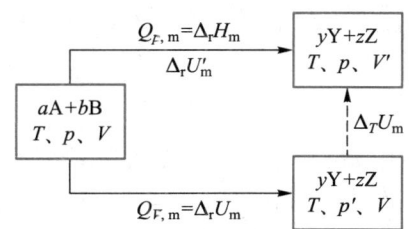

重点难点

$Q_{p,m} - Q_{V,m}$ 关系

若在恒压条件下反应引起的热力学能变为 $\Delta_r U_m'$,则由状态函数法,有

$$\Delta_r U_m = \Delta_r U_m' - \Delta_T U_m$$

式中,$\Delta_T U_m$ 为如框图所示的产物的恒温过程热力学能变。

又因为恒压过程的反应焓变与其热力学能变有如下关系:

$$\Delta_r H_m = \Delta_r U_m' + p\Delta V$$

式中,ΔV 为恒压下进行 1 mol 反应进度时产物与反应物体积之差。将上述两式相减,得

$$\Delta_r H_m - \Delta_r U_m = p\Delta V + \Delta_T U_m \tag{2.6.4a}$$

即

$$Q_{p,m} - Q_{V,m} = p\Delta V + \Delta_T U_m \tag{2.6.4b}$$

对理想气体,$\Delta_T U_m = 0$;对液体、固体等凝聚态物质,恒容与恒压过程末态压力变化不大时,可忽略压力对热力学能的影响,即有 $\Delta_T U_m = 0$,则式(2.6.4b)变为

$$Q_{p,m} - Q_{V,m} = p\Delta V \tag{2.6.4c}$$

又因液体、固体等凝聚态物质与气体相比所引起的体积变化可忽略,故恒压条件下进行 1 mol 反应进度的 ΔV 只考虑进行 1 mol 反应进度前后气态物质引起的体积变化。按理想气体处理时,有 $p\Delta V = \left[\sum_B \nu_{B(g)} \right] RT$,代入式(2.6.4c)有

$$Q_{p,m} - Q_{V,m} = \left[\sum_B \nu_{B(g)} \right] RT \tag{2.6.5}$$

式中，$\sum_{B}\nu_{B(g)}$ 仅为参与反应的气态物质化学计量数代数和，如

$$2H_2(g) + O_2(g) \longrightarrow 2H_2O(l) \qquad \sum_{B}\nu_{B(g)} = -3$$

$$NH_2COONH_4(s) \longrightarrow 2NH_3(g) + CO_2(g) \qquad \sum_{B}\nu_{B(g)} = 3$$

$$C_6H_6(l) + 7\frac{1}{2}O_2(g) \longrightarrow 6CO_2(g) + 3H_2O(g) \qquad \sum_{B}\nu_{B(g)} = 1.5$$

§2.7　标准摩尔反应焓的计算

重点难点

标准摩尔
反应焓

标准摩尔生成焓和标准摩尔燃烧焓是计算标准摩尔反应焓 $\Delta_r H_m^{\ominus}$ 的基础热数据。通过 $\Delta_r H_m^{\ominus}$，就可以计算化学反应过程的 Q_p、Q_V 及系统的 $\Delta_r H$、$\Delta_r U$ 等。现对这两个基础热数据分别予以介绍。

1. 标准摩尔生成焓

（1）定义　在温度为 T 的标准态下，由稳定相态的单质生成 1 mol β 相态的化合物 B(β)，该生成反应的焓变即为该化合物 B(β) 在温度 T 时的**标准摩尔生成焓**，以 $\Delta_f H_m^{\ominus}(B, \beta, T)$ 表示，单位为 kJ·mol^{-1}。

各种手册中能查到的通常是 298.15 K 即 25 ℃ 下的数据。本书附录六中收录的也是 298.15 K 下部分物质的 $\Delta_f H_m^{\ominus}$ 数据。

在标准摩尔生成焓 $\Delta_f H_m^{\ominus}$ 的定义中，强调生成反应的单质必须是相应条件下稳定的相态。如 298.15 K、$p^{\ominus}$ 下碳有石墨、金刚石、无定形碳等几种相态，其中石墨为热力学稳定相态，因而在定义含碳元素化合物的 $\Delta_f H_m^{\ominus}$ 时以 C(石墨) 为准。同理，因 298.15 K、$p^{\ominus}$ 下硫的热力学稳定相态为正交硫而非单斜硫，故定义含硫元素化合物的 $\Delta_f H_m^{\ominus}$ 时以 S(正交) 为准。溴的热力学稳定相态为 Br$_2$(l)。据此，CO$_2$(g)、H$_2$SO$_4$(l) 和 HBr(g) 在 298.15 K 的标准摩尔生成焓分别对应如下生成反应的焓变：

$$C(石墨) + O_2(g) \xrightarrow[\text{标准态}]{298.15\ K} CO_2(g)$$

$$H_2(g) + S(正交) + 2O_2(g) \xrightarrow[\text{标准态}]{298.15\ K} H_2SO_4(l)$$

$$\frac{1}{2}H_2(g) + \frac{1}{2}Br_2(l) \xrightarrow[\text{标准态}]{298.15\ K} HBr(g)$$

对稳定相态的单质，其 $\Delta_f H_m^{\ominus}$ 应为零；而不稳定相态单质的 $\Delta_f H_m^{\ominus}$ 则不为零。如 298.15 K 时 C(金刚石) 的 $\Delta_f H_m^{\ominus} = 1.895$ kJ·mol^{-1}，它实际是 298.15 K、$p^{\ominus}$ 下 C(石墨)⟶ C(金刚石) 的晶形转变焓。

另外,同一种物质相态不同,$\Delta_f H_m^{\ominus}$ 也不同,如 298.15 K 下 $H_2O(l)$ 的 $\Delta_f H_m^{\ominus} = -285.83\ kJ \cdot mol^{-1}$,而 $H_2O(g)$ 的 $\Delta_f H_m^{\ominus} = -241.82\ kJ \cdot mol^{-1}$。基于此,以后在写化学反应计量式时,一定要注明物质的相态,对固态物质有不同晶形的也一定要注明,否则无法进行焓变的计算。

(2) 由 $\Delta_f H_m^{\ominus}$ 计算 $\Delta_r H_m^{\ominus}$　除了核反应外,化学反应都有一共同的特性,即反应物与产物含有相同种类和相同量的元素。换言之,任何反应的反应物和产物,均可由同样物质的量的相同种类的单质生成。

现以 298.15 K 下反应 $a A\,(\alpha) + b B\,(\beta) \longrightarrow y Y\,(\gamma) + z Z\,(\delta)$ 为例予以说明(见框图):

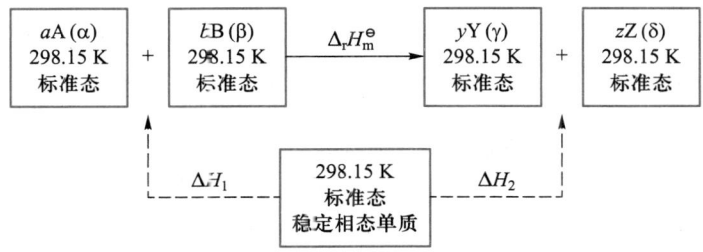

由状态函数法,有

$$\Delta_r H_m^{\ominus} = \Delta H_2 - \Delta H_1$$

而

$$\Delta H_2 = y \Delta_f H_m^{\ominus}(Y) + z \Delta_f H_m^{\ominus}(Z)$$

——即末态各产物的标准摩尔生成焓之和

$$\Delta H_1 = a \Delta_f H_m^{\ominus}(A) + b \Delta_f H_m^{\ominus}(B)$$

——即始态各反应物的标准摩尔生成焓之和

将 ΔH_1、ΔH_2 代入得

$$\Delta_r H_m^{\ominus} = [y \Delta_f H_m^{\ominus}(Y) + z \Delta_f H_m^{\ominus}(Z)] - [a \Delta_f H_m^{\ominus}(A) + b \Delta_f H_m^{\ominus}(B)]$$
$$= \sum_B \nu_B \Delta_f H_m^{\ominus}(B) \tag{2.7.1}$$

即 298.15 K 下的标准摩尔反应焓 $\Delta_r H_m^{\ominus}$ 等于同样温度下参与反应的各组分标准摩尔生成焓 $\Delta_f H_m^{\ominus}(B)$ 与其化学计量数乘积的代数和。考虑到 ν_B 的符号,其实质是:末态各产物的标准摩尔生成焓之和减去始态各反应物的标准摩尔生成焓之和即为反应的 $\Delta_r H_m^{\ominus}$。

≫ 例 **2.7.1** 试计算如下反应在 298.15 K 下的 $\Delta_r H_m^{\ominus}$:

$$C_2H_5OH(l) + 3O_2(g) \xrightarrow{298.15\ K} 2CO_2(g) + 3H_2O(g)$$

≫ 解:由式(2.7.1)有

$$\Delta_r H_m^{\ominus} = [2\Delta_f H_m^{\ominus}(CO_2,g) + 3\Delta_f H_m^{\ominus}(H_2O,g)] - [\Delta_f H_m^{\ominus}(C_2H_5OH,l) + 3\Delta_f H_m^{\ominus}(O_2,g)]$$

由附录六得

$$\Delta_f H_m^{\ominus}(CO_2, g) = -393.51 \ kJ \cdot mol^{-1}$$

$$\Delta_f H_m^{\ominus}(H_2O, g) = -241.82 \ kJ \cdot mol^{-1}$$

$$\Delta_f H_m^{\ominus}(C_2H_5OH, l) = -277.69 \ kJ \cdot mol^{-1}$$

又由标准摩尔生成焓的定义知 $\Delta_f H_m^{\ominus}(O_2, g) = 0$

将以上数据代入前式,得

$$\Delta_r H_m^{\ominus} = \{[2 \times (-393.51) + 3 \times (-241.82)] - [(-277.69) + 0]\} \ kJ \cdot mol^{-1}$$

$$= -1\,234.79 \ kJ \cdot mol^{-1}$$

2. 标准摩尔燃烧焓

重点难点

标准摩尔
燃烧焓

（1）定义   在温度为 T 的标准态下,由 1 mol β 相态的物质 B(β)与氧进行完全氧化反应时,该反应的焓变即为该物质在温度 T 时的**标准摩尔燃烧焓**,以 $\Delta_c H_m^{\ominus}(B, \beta, T)$ 表示,单位为 $kJ \cdot mol^{-1}$。

"完全氧化"是指在没有催化剂作用下的自然燃烧。如物质中含 C 元素,完全氧化后的最终产物为 $CO_2(g)$,而不是 $CO(g)$;若含 H 元素,其完全氧化物规定为 $H_2O(l)$,而非 $H_2O(g)$;若含 S 元素,其完全氧化物规定为 $SO_2(g)$,不是 $SO_3(g)$;若含 N 元素,完全氧化后规定生成 $N_2(g)$。如 298.15 K、各反应组分均处在标准态下的如下反应:

$$C(金刚石) + O_2(g) \xrightarrow{298.15 \ K} CO_2(g)$$

$$C_2H_5OH(l) + 3O_2(g) \xrightarrow{298.15 \ K} 2CO_2(g) + 3H_2O(l)$$

$$C_4H_5N(l) + \frac{21}{4}O_2(g) \xrightarrow{298.15 \ K} 4CO_2(g) + \frac{5}{2}H_2O(l) + \frac{1}{2}N_2(g)$$

的标准摩尔反应焓分别为 298.15 K 下 C(金刚石)、$C_2H_5OH(l)$、$C_4H_5N(l)$(液态吡啶)的标准摩尔燃烧焓 $\Delta_c H_m^{\ominus}$。

由 $\Delta_c H_m^{\ominus}(B, \beta, T)$ 的定义可知,上述各元素完全氧化物如 $CO_2(g)$、$H_2O(l)$、$SO_2(g)$ 等的 $\Delta_c H_m^{\ominus}$ 为零。

部分有机化合物在 298.15 K 下的 $\Delta_c H_m^{\ominus}$ 见附录七。

（2）由 $\Delta_c H_m^{\ominus}$ 计算 $\Delta_r H_m^{\ominus}$ 在化学反应中,若令其反应物、产物分别进行完全氧化反应,会生成种类、物质的量完全相同的完全氧化产物,如乙苯脱氢制苯乙烯的反应,其完全氧化物均为 $CO_2(g)$ 和 $H_2O(l)$,且物质的量相同,见框图:

$$C_6H_5C_2H_5(g) \xrightarrow{\Delta_r H_m^{\ominus}} C_6H_5C_2H_3(g) + H_2(g)$$

$$+\frac{21}{2}O_2(g) \qquad\qquad\qquad +\frac{21}{2}O_2(g)$$

$$\Delta H_1 \searrow \qquad 8CO_2(g) + 5H_2O(l) \qquad \swarrow \Delta H_2$$

由状态函数法,可推导获得

$$\Delta_r H_m^\ominus = \Delta H_1 - \Delta H_2$$
$$= -\sum_B \nu_B \Delta_c H_m^\ominus(B) \tag{2.7.2}$$

即利用 $\Delta_c H_m^\ominus$ 计算 $\Delta_r H_m^\ominus$ 时,其值等于参与反应的各反应组分的标准摩尔燃烧焓与其化学计量数乘积的代数和的负值。

≫ 例 2.7.2 许多有机化合物与氧进行完全氧化反应很容易,而要由单质直接合成却难以在实验中进行。因此,有些化合物的标准摩尔生成焓是可以由标准摩尔燃烧焓转算得出的。已知 298.15 K 时苯乙烯(g)的 $\Delta_c H_m^\ominus = -4\,437$ kJ·mol^{-1},试求其同温度下的 $\Delta_f H_m^\ominus$。

≫ **解**:298.15 K、各组分均处于标准态时,苯乙烯(g)的生成反应为

$$8C(石墨) + 4H_2(g) \xrightarrow{298.15\ K} C_6H_5C_2H_3(g)$$

若由 $\Delta_c H_m^\ominus$ 计算,其标准摩尔反应焓为

$$\Delta_r H_m^\ominus = -[\Delta_c H_m^\ominus(C_6H_5C_2H_3, g) - 8\Delta_c H_m^\ominus(C, 石墨) - 4\Delta_c H_m^\ominus(H_2, g)]$$

式中 $\Delta_c H_m^\ominus(C_6H_5C_2H_3, g)$ 是已知的。又由于

$$C(石墨) + O_2(g) \xrightarrow{298.15\ K} CO_2(g)$$

$$H_2(g) + \frac{1}{2}O_2(g) \xrightarrow{298.15\ K} H_2O(l)$$

故 $\Delta_c H_m^\ominus(C, 石墨)$、$\Delta_c H_m^\ominus(H_2, g)$ 分别与 $\Delta_f H_m^\ominus(CO_2, g)$、$\Delta_f H_m^\ominus(H_2O, l)$ 相等。由附录六得

$$\Delta_f H_m^\ominus(CO_2, g) = -393.51\ \text{kJ·mol}^{-1}$$

$$\Delta_f H_m^\ominus(H_2O, l) = -285.83\ \text{kJ·mol}^{-1}$$

所以对苯乙烯有

$$\Delta_f H_m^\ominus = \Delta_r H_m^\ominus = -[-4\,437 - 8\times(-393.51) - 4\times(-285.83)]\ \text{kJ·mol}^{-1}$$

$$= 145.6\ \text{kJ·mol}^{-1}$$

3. $\Delta_r H_m^\ominus$ 随 T 的变化——基尔霍夫公式

利用 298.15 K 下物质的 $\Delta_f H_m^\ominus$ 或 $\Delta_c H_m^\ominus$ 等基础热数据可以计算反应在 298.15 K 下的标准摩尔反应焓 $\Delta_r H_m^\ominus(298.15\ \text{K})$。以此为基础,可以利用状态函数法计算反应温度 T 下的标准摩尔反应焓 $\Delta_r H_m^\ominus(T)$。设 298.15 K 至温度 T 范围内各物质不发生相变化,则两个温度的标准态下,反应的始、末态之间可以设计如框图中虚线所示的单纯 pVT 途径:

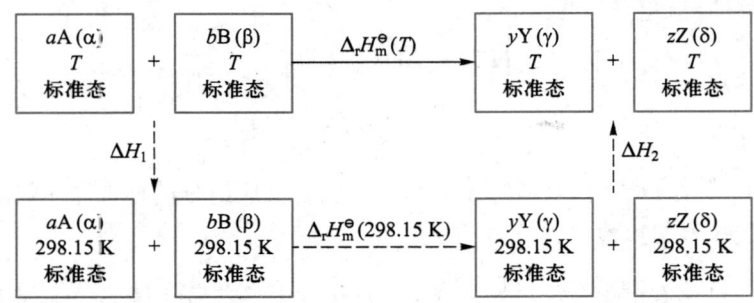

由状态函数法,有

$$\Delta_r H_m^\ominus(T) = \Delta_r H_m^\ominus(298.15\ \text{K}) + \Delta H_1 + \Delta H_2$$

而

$$\Delta H_1 = \int_T^{298.15\ \text{K}} [aC_{p,m}(A,\alpha) + bC_{p,m}(B,\beta)]dT$$

$$\Delta H_2 = \int_{298.15\ \text{K}}^T [yC_{p,m}(Y,\gamma) + zC_{p,m}(Z,\delta)]dT$$

代入上式并整理,得

$$\Delta_r H_m^\ominus(T) = \Delta_r H_m^\ominus(298.15\ \text{K}) + \int_{298.15\ \text{K}}^T \Delta_r C_{p,m}dT \tag{2.7.3}$$

式中

$$\Delta_r C_{p,m} = [yC_{p,m}(Y,\gamma) + zC_{p,m}(Z,\delta)] - [aC_{p,m}(A,\alpha) + bC_{p,m}(B,\beta)]$$

$$= \sum_B \nu_B C_{p,m}(B,\beta) \tag{2.7.4}$$

式(2.7.3)即为描述 $\Delta_r H_m^\ominus$ 随 T 变化的**基尔霍夫(Kirchhoff)公式**,其微分形式通过将式(2.7.3)两边对 T 求导,有

$$\frac{d\Delta_r H_m^\ominus(T)}{dT} = \Delta_r C_{p,m} \tag{2.7.5}$$

若 $\Delta_r C_{p,m} = 0$,即 $\dfrac{d\Delta_r H_m^\ominus(T)}{dT} = 0$,表示标准摩尔反应焓不随温度变化。

若 $\Delta_r C_{p,m} = $ 常数 $\neq 0$,则由式(2.7.3)有

$$\Delta_r H_m^\ominus(T) = \Delta_r H_m^\ominus(298.15\ \text{K}) + \Delta_r C_{p,m}(T - 298.15\ \text{K})$$

若 $\Delta_r C_{p,m} = f(T)$,只要将 $\Delta_r C_{p,m}$ 关于 T 的具体函数关系表达式代入式(2.7.3)并积分即可(见例2.7.4)。

≫ 例 2.7.3 已知如下合成氨反应的 $\Delta_r H_m^\ominus(298.15\ \text{K}) = -46.11\ \text{kJ}\cdot\text{mol}^{-1}$:

$$\frac{1}{2}N_2(g) + \frac{3}{2}H_2(g) \longrightarrow NH_3(g)$$

试计算常压、500 K 的始态下于恒温恒容过程中生成 1 mol $NH_3(g)$ 的 Q_V。298.15～500 K 范围内各物质的平均摩尔定压热容分别为 $\overline{C}_{p,m}(N_2,g) = 29.65\,\text{J·mol}^{-1}\text{·K}^{-1}$，$\overline{C}_{p,m}(H_2,g) = 28.56\,\text{J·mol}^{-1}\text{·K}^{-1}$，$\overline{C}_{p,m}(NH_3,g) = 40.12\,\text{J·mol}^{-1}\text{·K}^{-1}$。

» 解:298.15～500 K 范围内，始态压力为常压且随恒温恒容反应的进行还会逐步下降，参加反应的三种气体不会发生相变，故可视反应为理想气体反应。

对理想气体反应，因混合过程焓变为零，故有

$$\Delta_r H_m(500\,\text{K}) = \Delta_r H_m^{\ominus}(500\,\text{K})$$

由基尔霍夫公式(2.7.3)有

$$\Delta_r H_m^{\ominus}(500\,\text{K}) = \Delta_r H_m^{\ominus}(298.15\,\text{K}) + \int_{298.15\,\text{K}}^{500\,\text{K}} \Delta_r \overline{C}_{p,m}\,\mathrm{d}T$$

这里

$$\begin{aligned}
\Delta_r \overline{C}_{p,m} &= \overline{C}_{p,m}(NH_3) - \frac{1}{2}\overline{C}_{p,m}(N_2) - \frac{3}{2}\overline{C}_{p,m}(H_2) \\
&= \left(40.12 - \frac{1}{2}\times 29.65 - \frac{3}{2}\times 28.56\right)\text{J·mol}^{-1}\text{·K}^{-1} \\
&= -17.54\,\text{J·mol}^{-1}\text{·K}^{-1}
\end{aligned}$$

代入前式并计算得

$$\begin{aligned}
\Delta_r H_m(500\,\text{K}) &= \Delta_r H_m^{\ominus}(500\,\text{K}) \\
&= \Delta_r H_m^{\ominus}(298.15\,\text{K}) + \Delta_r \overline{C}_{p,m}(500\,\text{K} - 298.15\,\text{K}) \\
&= [-46.11 - 17.54\times(500 - 298.15)\times 10^{-3}]\,\text{kJ·mol}^{-1} \\
&= -49.65\,\text{kJ·mol}^{-1}
\end{aligned}$$

又由式(2.6.5)有

$$\Delta_r H_m(500\,\text{K}) = \Delta_r U_m(500\,\text{K}) + \left[\sum_B \nu_{B(g)}\right]RT$$

故

$$\begin{aligned}
\Delta_r U_m(500\,\text{K}) &= \Delta_r H_m(500\,\text{K}) - \left[\sum_B \nu_{B(g)}\right]RT \\
&= \left[-49.65 - \left(1 - \frac{1}{2} - \frac{3}{2}\right)\times 8.314\times 500\times 10^{-3}\right]\text{kJ·mol}^{-1} \\
&= (-49.65 + 4.157)\,\text{kJ·mol}^{-1} \\
&= -45.49\,\text{kJ·mol}^{-1}
\end{aligned}$$

即

$$Q_V = \Delta_r U_m(500\,\text{K}) = -45.49\,\text{kJ·mol}^{-1}$$

» 例 **2.7.4** 已知 $NH_3(g)$ 的 $\Delta_f H_m^{\ominus}(298.15\,\text{K}) = -46.11\,\text{kJ·mol}^{-1}$，试利用所给气体 $N_2(g)$、$H_2(g)$、$NH_3(g)$ 的 $C_{p,m} = a + bT - cT^2$ 关系，导出 $NH_3(g)$ 的 $\Delta_f H_m^{\ominus}(T) = f(T)$ 的

具体函数式。

物质	$\dfrac{a}{\mathrm{J\cdot mol^{-1}\cdot K^{-1}}}$	$\dfrac{b}{10^{-3}\ \mathrm{J\cdot mol^{-1}\cdot K^{-2}}}$	$\dfrac{c}{10^{-6}\ \mathrm{J\cdot mol^{-1}\cdot K^{-3}}}$
$N_2(g)$	27.32	6.226	$-0.950\ 2$
$H_2(g)$	26.88	4.347	$-0.326\ 5$
$NH_3(g)$	27.43	33.00	-3.046

» 解:$NH_3(g)$的生成反应如下:

$$\frac{1}{2}N_2(g) + \frac{3}{2}H_2(g) \longrightarrow NH_3(g)$$

298.15 K、标准态下上述反应的反应焓即为$NH_3(g)$的 $\Delta_f H_m^\ominus(298.15\ K)$,即

$$\Delta_f H_m^\ominus(298.15\ K) = \Delta_r H_m^\ominus(298.15\ K)$$

同理,温度 T 时,有

$$\Delta_f H_m^\ominus(T) = \Delta_r H_m^\ominus(T)$$

由题给数据得

$$\Delta_r C_{p,m} = C_{p,m}(NH_3) - \frac{1}{2}C_{p,m}(N_2) - \frac{3}{2}C_{p,m}(H_2)$$

$$= \sum_B \nu_B a_B + \left(\sum_B \nu_B b_B\right)\cdot T + \left(\sum_B \nu_B c_B\right)\cdot T^2$$

$$= [-26.55 + 23.37\times10^{-3}(T/K) - 2.081\ 2\times10^{-6}(T/K)^2]\ \mathrm{J\cdot mol^{-1}\cdot K^{-1}}$$

代入基尔霍夫公式(2.7.3),有

$$\Delta_f H_m^\ominus(T) = \Delta_r H_m^\ominus(T) = \Delta_r H_m^\ominus(298.15\ K) + \int_{298.15\ K}^{T} \Delta_r C_{p,m}\,dT$$

$$= \left\{-46.11 + \int_{298.15\ K}^{T}[-26.55 + 23.37\times10^{-3}(T/K) - \right.$$

$$\left. 2.081\ 2\times10^{-6}(T/K)^2]\times10^{-3}dT\right\}\ \mathrm{kJ\cdot mol^{-1}}$$

$$= [-39.72 - 26.55\times10^{-3}(T/K) + 11.69\times10^{-6}(T/K)^2 -$$

$$0.672\ 7\times10^{-9}(T/K)^3]\ \mathrm{kJ\cdot mol^{-1}}$$

4. 非恒温反应过程热力学计算举例

以上介绍的均是恒温、标准态下反应过程焓变的计算。实际化学化工生产中,情况往往复杂得多,反应不在标准态下进行,且反应前后系统的温度可能有变化(非恒温反应);系统中还可能有不参与反应的惰性组分,等等。但不管情况如何复杂,均可利用状态函数法,设计合理途径(往往包含 298.15 K、标准态下的反应),充分利用物质的 $\Delta_f H_m^\ominus$ 或 $\Delta_c H_m^\ominus$ 等基础热力学数据使问题得以解决。

现以最常见的非恒温反应——绝热反应为例予以介绍。

（1）如计算物质恒压燃烧所能达到的最高火焰温度时，"最高"意味着没有热损失，即绝热，此时计算依据为

$$Q_p = \Delta H = 0 \quad (恒压、绝热)$$

（2）如计算某恒容燃烧爆炸反应的最高温度、最高压力时，也完全可作为绝热过程处理。因燃烧爆炸反应往往瞬间完成，不会有热损失；而要使爆炸反应产生最高的压力，反应只有在恒容容器中进行才能达到，故这类反应的计算依据为

$$Q_V = \Delta U = 0 \quad (恒容、绝热)$$

≫ 例 **2.7.5**　甲烷与过量100%的空气混合，于始态25 ℃、101.325 kPa 条件下燃烧，求燃烧产物能达到的最高温度。假设空气中仅有 $O_2(g)$、$N_2(g)$，且两者物质的量之比为21/79，所需热容及燃烧焓数据见附录。

≫ 解：甲烷于空气中燃烧反应为

$$CH_4(g) + 2O_2(g) \longrightarrow CO_2(g) + 2H_2O(g)$$

以 1 mol $CH_4(g)$ 作计算基准，过程始、末态各反应物与产物物质的量如框图所示。其中 $N_2(g)$ 作为惰性组分，其物质的量为 $4 \text{ mol} \times \dfrac{79}{21} = 15.05 \text{ mol}$。

由于要计算恒压燃烧的最高温度，故整个过程应为恒压、绝热过程，即 $Q_p = \Delta H = 0$。为了计算方便，现设计如框图所示的途径。

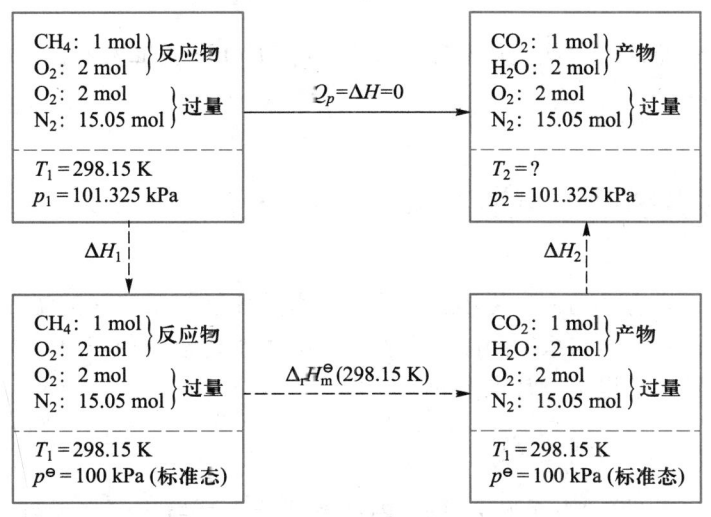

由状态函数法，有

$$\Delta H = \Delta_r H_m^{\ominus}(298.15 \text{ K}) + \Delta H_1 + \Delta H_2 = 0$$

其中 298.15 K 下的 $\Delta_r H_m^{\ominus}(298.15 \text{ K})$ 可由式（2.7.1）利用附录中的标准摩尔生成焓数据求得

$$\Delta_r H_m^{\ominus}(298.15\ \text{K}) = [\Delta_f H_m^{\ominus}(CO_2, g) + 2\Delta_f H_m^{\ominus}(H_2O, g)] - [\Delta_f H_m^{\ominus}(CH_4, g) + 2\Delta_f H_m^{\ominus}(O_2, g)]$$
$$= [-393.51 + 2 \times (-241.82) - (-74.81) - 2 \times 0]\ \text{kJ} \cdot \text{mol}^{-1}$$
$$= -802.34\ \text{kJ} \cdot \text{mol}^{-1}$$

若假设系统中的气体均为理想气体,则因恒温下理想气体混合及压力变化过程中焓不变,故

$$\Delta H_1 = 0$$

而

$$\Delta H_2 = \int_{298.15\ \text{K}}^{T_2} [C_{p,m}(CO_2) + 2C_{p,m}(H_2O, g) + 2C_{p,m}(O_2) + 15.05 C_{p,m}(N_2)]\mathrm{d}T$$

各热容数据可由附录查出,经代入、整理可得

$$\Delta H_2 = \left\{ \int_{298.15\ \text{K}}^{T_2} [552.576 + 177.533 \times 10^{-3}(T/\text{K}) - 34.093\ 3 \times 10^{-6}(T/\text{K})^2]\mathrm{d}(T/\text{K}) \right\}\ \text{J}$$
$$= \{552.576[(T_2/\text{K}) - 298.15] + 88.767 \times 10^{-3}[(T_2/\text{K})^2 - 298.15^2] -$$
$$11.364 \times 10^{-6}[(T_2/\text{K})^3 - 298.15^3]\}\ \text{J}$$

将上述 $\Delta_r H_m^{\ominus}(298.15\ \text{K})$、$\Delta H_1$、$\Delta H_2$ 代入式 $\Delta H = \Delta_r H_m^{\ominus}(298.15\ \text{K}) + \Delta H_1 + \Delta H_2 = 0$ 中并求解,可解得末态最高温度为

$$T_2 = 1\ 497\ \text{K}$$

即

$$t_2 = 1\ 223.85\ ℃$$

此计算结果说明前面假设燃烧反应生成的水为气态 $H_2O(g)$ 是正确的。

§2.8 可逆过程与可逆体积功

过程的进行需要有推动力。传热过程的推动力是环境与系统间的温度差,气体膨胀或压缩过程的推动力是环境与系统间的压力差。本节主要讨论一种理想化的过程,即可逆过程。可逆过程在热力学里是非常重要的。

1. 可逆过程

重点难点

可逆过程

将推动力无限小、系统内部及系统与环境之间在无限接近平衡且无摩擦条件下进行的过程,称为**可逆过程**。

下面以一定量理想气体在气缸内恒温膨胀和恒温压缩过程为例讨论可逆过程的特点。

设 1 mol 理想气体,置于一带有理想活塞的气缸内,活塞为单位截面积,整个气缸置于

温度为 T 的恒温热源中,活塞上放置有两堆极细的砂粒(每堆砂粒产生的压力与大气压力 p_0 相同)。现将理想气体在恒 T 下由始态 $(T、3p_0、V_0)$ 膨胀至末态 $(T、p_0、3V_0)$,如图 2.8.1 所示。

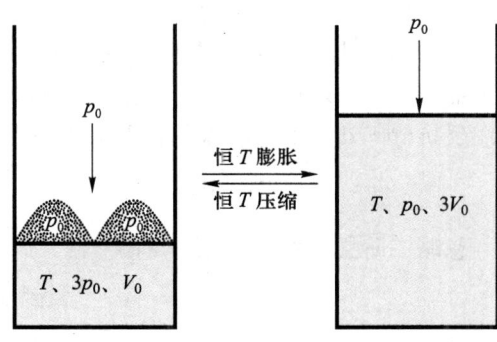

图 2.8.1　可逆过程示意图

假设此膨胀过程沿如下 3 条途径实现:

a. 将两堆细砂一次移走:即系统在反抗大气压力 p_0 下由 V_0 直接膨胀至 $3V_0$,此时系统对环境做功:

$$W_a = -p_0(3V_0 - V_0) = -2p_0V_0$$

因气缸内气体满足理想气体状态方程:

$$3p_0V_0 = RT,即\ p_0V_0 = \frac{1}{3}RT$$

代入上式,有

$$W_a = -\frac{2}{3}RT$$

即图 2.8.2(a)中所示阴影部分面积(表示功的绝对值,后面不再一一注明)。

b. 将两堆细砂分两次移走:即如图 2.8.2(b)所示,系统先反抗外压 $2p_0$ 膨胀至气缸内外压力相等时体积为 $1.5V_0$,然后再反抗 p_0 压力膨胀至 $3V_0$。此时系统对环境做功:

$$W_b = -[2p_0(1.5V_0 - V_0) + p_0(3V_0 - 1.5V_0)] = -2.5p_0V_0 = -\frac{5}{6}RT$$

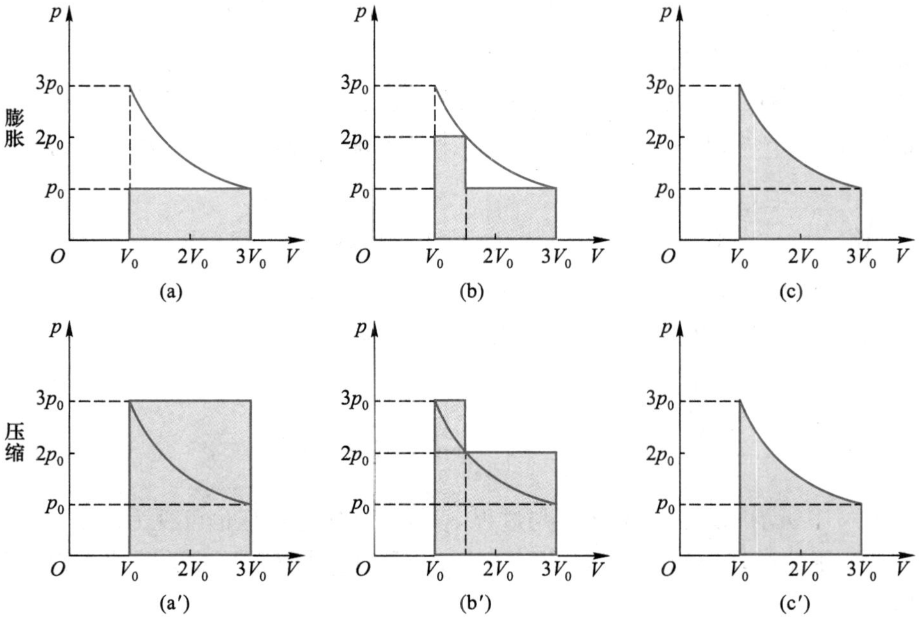

图 2.8.2　可逆与不可逆体积功

即图 2.8.2(b)所示阴影部分面积。

c. 每次移走一无限小的细砂,体积有无限小膨胀后重新达到平衡,以此类推,直至将细砂全部移走,体积膨胀至 $3V_0$。此过程中,每移走一粒细砂,环境压力减小无限小量 $\mathrm{d}p$,系统在反抗 $(p-\mathrm{d}p)$ 压力下体积有无限小的膨胀 $\mathrm{d}V$,使系统达到平衡。此微小过程的功:

$$\delta W_c = -(p-\mathrm{d}p)\mathrm{d}V = -p\mathrm{d}V + \mathrm{d}p\mathrm{d}V$$

忽略二阶无穷小量 $\mathrm{d}p\mathrm{d}V$,有

$$\delta W_c = -p\mathrm{d}V$$

将所有细砂全部移走后,整个膨胀过程的功为

$$W_c = -\int_{V_0}^{3V_0} p\,\mathrm{d}V = -\int_{V_0}^{3V_0} \frac{RT}{V}\mathrm{d}V = -RT\ln 3$$

即图 2.8.2(c)所示阴影部分面积。

与过程 a、b 相比,过程 c 中,无论是系统内部,还是系统与环境之间,均是在无限接近平衡条件下进行的,且活塞是理想的(没有摩擦),因而过程可认为是可逆过程,而过程 a、b 则是不可逆过程。

比较过程的功,有 $|W_a| < |W_b| < |W_c|$,即恒温膨胀中可逆功最大,或者说恒温可逆膨胀时,系统对环境做最大功。

为了理解"可逆"的含义,现将系统由末态再压缩回始态,途径如下:

a′. 将两堆细砂一次加上,使系统在反抗 $3p_0$ 外压下体积由 $3V_0$ 变至 V_0,则环境对系统做功:

$$W_{a'} = -3p_0(V_0-3V_0) = 6p_0V_0 = 2RT$$

即图 2.8.2(a′)中所示阴影部分面积。

b′. 分两次将两堆细砂加上,即加上一堆细砂后,系统在外压 $2p_0$ 下体积由 $3V_0$ 减小至 $1.5V_0$,然后加上另一堆细砂,系统在外压 $3p_0$ 下被压缩,体积由 $1.5V_0$ 变为 V_0,此时环境对系统做功:

$$W_{b'} = -2p_0(1.5V_0 - 3V_0) - 3p_0(V_0 - 1.5V_0) = 4.5p_0V_0 = 1.5RT$$

即图 2.8.2(b′)中所示阴影部分面积。

c′. 将细砂一粒粒加到活塞上直至加完,系统体积逐渐变至 V_0,此过程中环境对系统做功:

$$W_{c'} = -\int_{3V_0}^{V_0} p\,\mathrm{d}V = RT\ln 3$$

即图 2.8.2(c′)中所示阴影部分面积。与过程 c 类似,该压缩过程也可视为可逆过程。

比较三个压缩过程功的大小,有 $W_{a'} > W_{b'} > W_{c'}$,说明在恒温可逆压缩过程中,环境对系统做最小功。

现将上述各途径的膨胀与压缩过程的功相加,即得各途径进行一循环后的总功,有

a+a′途径的总功：　　　　　　　　　$W = \dfrac{4}{3}RT$

b+b′途径的总功：　　　　　　　　　$W = \dfrac{2}{3}RT$

c+c′途径的总功：　　　　　　　　　$W = 0$

可见,只有可逆循环过程的 $W = 0$,又因循环过程的 $\Delta U = 0$,由热力学第一定律 $\Delta U = Q + W$ 可知,可逆循环过程的 $Q = 0$,这表明系统经可逆膨胀及沿原途径的可逆压缩这一循环过程后,总的结果是:系统与环境既没有得功,也没有失功;既没有吸热,也没有放热。系统与环境完全复原,没有留下任何"能量痕迹",这正是"可逆"含义所在。而不可逆循环过程 a+a′ 及 b+b′,系统复原,但环境未复原,环境的功转化为等量的热,留下了"痕迹",所不同的是,a+a′ 的功损失更大,即不可逆程度更大。

以上着重从能量角度解释了"可逆"的含义。下面换一个角度,将着眼点放在过程的每一个瞬间来对可逆与不可逆过程予以分析。

过程发生前,状态是处于平衡的,即平衡态,可用 p、V、T 等状态函数来描述。如一很长的密闭输气管道,平衡时管道内各处 p、T 皆相同。一旦平衡被破坏,如在输气管道一端突然升温、加压,此时,系统内部的性质一般是不均匀的,输气管道内各处温度、压力不同,且在不断变化,这种情况直至重新达到平衡为止。换言之,所谓不可逆过程,其实质就是由一个平衡状态(始态)出发,经历一系列非平衡的瞬间"状态"而最终达到另一平衡状态(末态)的过程。

而可逆过程中,因系统状态对平衡的偏离始终无限小,可认为任何瞬间系统内部的性质各处是均匀的,即任何瞬间都处于平衡,所以,可逆过程实质可看成:从平衡的始态出发,经历一系列平衡状态,沿固定路径(如恒温可逆膨胀时 p-V 图上的等温线)到达平衡末态的过程。

有了以上的分析后,若令过程逆向进行,逆向可逆过程(如上述的压缩过程)一定经历原可逆过程(即可逆膨胀)所经历的所有平衡状态点而沿原路径回到始态,充分体现了过程"可逆"的含义。而逆向不可逆过程中,因不存在明确的中间状态,可逆过程所体现的含义在这里根本无从谈起。

需要指明的是,可逆过程是从实际过程趋近极限而抽象出来的理想化过程,它在客观世界中是不存在的。因为过程要想在无限接近平衡条件下进行,过程的推动力应无限小,过程进行应无限缓慢,而实际过程往往都是在有限时间内以一定速度进行的,故实际存在的过程严格意义上讲均是不可逆过程。但这并不影响以后将一些过程按可逆过程处理,如恒定温度及其平衡压力下的相变等,因经典热力学没有考虑时间因素,这点特予以说明。

2. 可逆体积功的计算

由前边可逆过程的定义及其分析可知,在可逆过程中,$p_{\text{amb}} = p \pm \mathrm{d}p \approx p$,在计算体积功时就可以用系统压力 p 代替环境压力 p_{amb},则可逆体积功

$$W_{\mathrm r} = -\int_{V_1}^{V_2} p\,\mathrm dV \tag{2.8.1}$$

应用此式计算气体的可逆体积功时,只要将相应气体的状态方程 $p = f(T,V)$ 代入式 (2.8.1)并积分即可。

现针对理想气体的恒温可逆及绝热可逆情况分别予以讨论。

(1) **理想气体恒温可逆体积功 $W_{T,\mathrm r}$**　物质的量为 n 的理想气体在恒定温度 T 下由始态 (p_1,V_1) 恒温可逆变化到末态 (p_2,V_2) 时,过程的体积功为

$$W_{T,\mathrm r} = -\int_{V_1}^{V_2} p\,\mathrm dV = -\int_{V_1}^{V_2} \frac{nRT}{V}\,\mathrm dV$$

积分上式得

$$W_{T,\mathrm r} = nRT\ln\frac{V_1}{V_2} = nRT\ln\frac{p_2}{p_1} \tag{2.8.2}$$

(2) **理想气体绝热可逆体积功 $W_{\mathrm a,\mathrm r}$**

① 理想气体绝热可逆过程方程式。对绝热、非体积功为零的过程,由热力学第一定律表达式(2.2.1b)有

$$\mathrm dU = \delta W$$

对理想气体,$\mathrm dU = nC_{V,\mathrm m}\mathrm dT$,而过程可逆时,体积功 $\delta W = -p\,\mathrm dV = -\dfrac{nRT}{V}\mathrm dV$,故有

$$nC_{V,\mathrm m}\mathrm dT = -\frac{nRT}{V}\mathrm dV$$

即

$$\frac{C_{V,\mathrm m}}{T}\mathrm dT = -\frac{R}{V}\mathrm dV$$

当理想气体由始态 (p_1,V_1,T_1) 绝热可逆变化到末态 (p_2,V_2,T_2) 时,积分上式得

$$\int_{T_1}^{T_2}\frac{C_{V,\mathrm m}}{T}\mathrm dT = -\int_{V_1}^{V_2}\frac{R}{V}\mathrm dV$$

若其 $C_{V,\mathrm m}$ 为常数,则有

$$C_{V,\mathrm m}\ln\frac{T_2}{T_1} = R\ln\frac{V_1}{V_2}$$

即

$$\frac{T_2}{T_1} = \left(\frac{V_1}{V_2}\right)^{R/C_{V,\mathrm m}}$$

将 $\dfrac{V_1}{V_2} = \dfrac{T_1}{T_2}\cdot\dfrac{p_2}{p_1}$ 代入上式,并利用理想气体摩尔热容间的关系 $C_{p,\mathrm m} - C_{V,\mathrm m} = R$,可得

$$\frac{T_2}{T_1} = \left(\frac{p_2}{p_1}\right)^{R/C_{p,\mathrm m}}$$

则有
$$\frac{T_2}{T_1} = \left(\frac{p_2}{p_1}\right)^{R/C_{p,m}} = \left(\frac{V_1}{V_2}\right)^{R/C_{V,m}} \tag{2.8.3a}$$

此式即为**理想气体绝热可逆过程方程式**。之所以称为过程方程式,是因为该方程描述了理想气体绝热可逆过程始、末态状态变量 p、V、T 间的关系。

将上述绝热可逆过程方程式进行整理还会得到其他形式,如

$$\frac{T_2}{T_1} = \left(\frac{V_1}{V_2}\right)^{\gamma-1} \quad \text{或} \quad TV^{\gamma-1} = 常数 \tag{2.8.3b}$$

$$\frac{T_2}{T_1} = \left(\frac{p_1}{p_2}\right)^{\frac{1-\gamma}{\gamma}} \quad \text{或} \quad Tp^{\frac{1-\gamma}{\gamma}} = 常数 \tag{2.8.3c}$$

$$\frac{p_2}{p_1} = \left(\frac{V_1}{V_2}\right)^{\gamma} \quad \text{或} \quad pV^{\gamma} = 常数 \tag{2.8.3d}$$

式中,$\gamma = \dfrac{C_{p,m}}{C_{V,m}}$ 称为理想气体热容比,又称理想气体绝热指数。以上三式也称为理想气体绝热可逆过程方程式。

② 理想气体绝热可逆体积功 $W_{a,r}$。理想气体绝热可逆体积功可由可逆功计算通式 (2.8.1)结合过程方程式(2.8.3d)求得:将理想气体绝热可逆过程方程式 $p = p_1\left(\dfrac{V_1}{V}\right)^{\gamma}$ 代入式(2.8.1)并积分,得

$$W_{a,r} = -\int_{V_1}^{V_2} p\,\mathrm{d}V$$

$$= -p_1 V_1^{\gamma} \int_{V_1}^{V_2} \frac{1}{V^{\gamma}}\,\mathrm{d}V$$

$$= \frac{p_1 V_1^{\gamma}}{\gamma-1}\left(\frac{1}{V_2^{\gamma-1}} - \frac{1}{V_1^{\gamma-1}}\right) \tag{2.8.4}$$

此式在以后的相关课程中会出现、用到,但利用该式计算 $W_{a,r}$ 比较烦琐。简便的方法如下: 因绝热过程 $W_{a,r} = \Delta U$,故可通过计算过程的 ΔU 计算 $W_{a,r}$,即有

$$W_{a,r} = \Delta U = nC_{V,m}(T_2 - T_1) \tag{2.8.5}$$

》例 2.8.1　4 mol 某双原子理想气体,从始态 $p_1 = 50\,\text{kPa}$,$V_1 = 160\,\text{dm}^3$ 经绝热可逆压缩到压力 $p_2 = 200\,\text{kPa}$ 的末态。求末态温度 T_2 及过程的 W、ΔU 及 ΔH。

》解:方法一: 先求出始态温度

$$T_1 = \frac{p_1 V_1}{nR} = \left(\frac{50\times10^3\times160\times10^{-3}}{4\times8.314}\right)\text{K} = 240.56\,\text{K}$$

对双原子理想气体,其 $C_{p,m} = \dfrac{7}{2}R$。再利用式(2.8.3a)求出末态温度

$$T_2 = T_1 \left(\frac{p_2}{p_1} \right)^{R/C_{p,m}} = \left[240.56 \times \left(\frac{200}{50} \right)^{2/7} \right] \text{K} = 357.47 \text{ K}$$

因理想气体热力学能和焓仅仅是温度的函数,故

$$\Delta U = nC_{V,m}(T_2 - T_1)$$
$$= [4 \times 2.5 \times 8.314 \times (357.47 - 240.56)] \text{J}$$
$$= 9\ 720 \text{ J}$$

$$\Delta H = nC_{p,m}(T_2 - T_1)$$
$$= [4 \times 3.5 \times 8.314 \times (357.47 - 240.56)] \text{J}$$
$$= 13\ 608 \text{ J}$$

又因过程绝热 $Q = 0$,故 $W = \Delta U = 9\ 720$ J。

方法二:已知热容比 $\gamma = \left(\frac{7}{2} \right) / \left(\frac{5}{2} \right) = 1.4$,由式(2.8.3d)求得末态体积为

$$V_2 = V_1 \left(\frac{p_1}{p_2} \right)^{1/\gamma} = \left[160 \times \left(\frac{50}{200} \right)^{1/1.4} \right] \text{dm}^3 = 59.44 \text{ dm}^3$$

由式(2.8.4)得过程的体积功为

$$W_{a,r} = \frac{p_1 V_1^{\gamma}}{\gamma - 1} \left(\frac{1}{V_2^{\gamma-1}} - \frac{1}{V_1^{\gamma-1}} \right)$$
$$= \left[\frac{50 \times 160^{1.4}}{1.4 - 1} \times \left(\frac{1}{59.44^{1.4-1}} - \frac{1}{160^{1.4-1}} \right) \right] \text{J}$$
$$= 9\ 720 \text{ J}$$

对绝热过程 $Q = 0$,则

$$\Delta U = W = 9\ 720 \text{ J}$$

又因

$$\Delta H = \frac{\Delta U}{C_{V,m}} \cdot C_{p,m} = \Delta U \cdot \gamma = (9\ 720 \times 1.4) \text{ J} = 13\ 608 \text{ J}$$

两种方法所得结果相同。第一种方法相对简单,建议优先采用。

§2.9   节流膨胀与焦耳–汤姆孙实验

在前面的焦耳实验中曾提到,实验设计不够精确,研究真实气体的膨胀时,因水浴(环境)热容很大,未能观测到水温的变化,进而影响得出正确的结论。针对这种问题,焦耳和汤姆孙(Thomson)于 1852 年设计了另一实验,即焦耳–汤姆孙实验,并以此对真实气体进行了研究,得出 U、H 不仅仅是 T 的函数,还与 p 或 V 有关。

1. 焦耳–汤姆孙实验

如图 2.9.1 所示,在一绝热圆筒中有两个绝热活塞,其中间置有一刚性多孔塞。实验前,作为研究对象的气体(T_1, p_1, V_1)全在多孔塞左侧[图 2.9.1 (a)],在维持左、右两侧压力分别保持 p_1、p_2($p_1 > p_2$)不变的前提下,将左侧气体通过多孔塞逐渐压入其右侧[图 2.9.1(b)],直至气体全部通过多孔塞[图 2.9.1(c)]。现考察此过程系统温度的变化情况。

这种在绝热条件下,气体的始、末态压力分别保持恒定不变的膨胀过程,称为**节流膨胀**。

实际工业生产中,当稳定流动的气体在流动时突然受阻而使压力下降的情况,即可认为是节流膨胀。

上述焦耳–汤姆孙实验结果发现:当始态为室温、常压时,多数气体经节流膨胀后温度下降,产生**致冷效应**;而氢、氦等少数气体经节流膨胀后温度却升高,产生**致热效应**。实验还发现,各种气体在压力足够低时,经节流膨胀后温度基本不变。

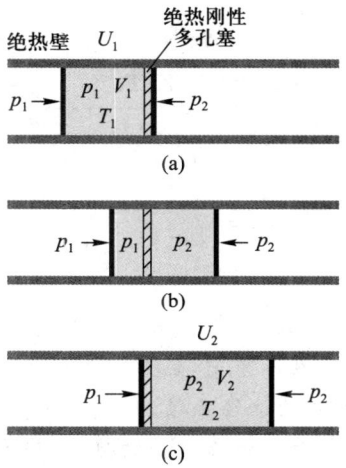

图 2.9.1 焦耳–汤姆孙
实验示意图

2. 节流膨胀的热力学特征

现用热力学第一定律对上述节流膨胀过程进行分析。

节流膨胀过程因绝热,有

$$Q = 0$$

过程的功由两部分组成:左侧活塞运动至多孔塞处的过程中,环境对系统做功 $W_1 = -p_1(0 - V_1) = p_1 V_1$;同时,右侧活塞由多孔塞处移动至末态位置时,系统对环境也做了功 $W_2 = -p_2(V_2 - 0) = -p_2 V_2$,故整个节流膨胀过程的功为

$$W = p_1 V_1 - p_2 V_2$$

将 Q、W 表达式代入热力学第一定律表达式,有

$$U_2 - U_1 = p_1 V_1 - p_2 V_2$$

整理得

$$U_2 + p_2 V_2 = U_1 + p_1 V_1$$

即

$$H_2 = H_1$$

由上式可知,节流膨胀为恒焓过程。

真实气体经节流膨胀后产生致冷(T 降低)或致热效应(T 升高),表明真实气体的焓不只是温度的函数,还是压力的函数,即 $H = f(T, p)$。

为了描述气体节流膨胀致冷或致热能力的大小,引入如下的**焦耳–汤姆孙系数**,又称**节流膨胀系数**:

$$\mu_{J-T} = \left(\frac{\partial T}{\partial p}\right)_H \tag{2.9.1}$$

显然,理想气体的 $\mu_{J-T} \equiv 0$;对真实气体,若节流膨胀后产生致冷效应,其 $\mu_{J-T} > 0$(因 $dp < 0$、$dT < 0$),若节流膨胀后产生致热效应,其 $\mu_{J-T} < 0$(因 $dp < 0$、$dT > 0$)。$|\mu_{J-T}|$ 越大,表明其致冷或致热效应能力越强。

表 2.9.1 列出几种气体在 0 ℃、100 kPa 下的 μ_{J-T} 值。

表 2.9.1　几种气体在 0 ℃、100 kPa 下的 μ_{J-T} 值

气体	He	Ar	N_2	CO	CO_2	空气
$\mu_{J-T}/(10^{-6}\ \text{K}\cdot\text{Pa}^{-1})$	−0.62	4.31	2.67	2.95	12.90	2.75

本章小结

热力学第一定律即能量转化与守恒定律,它是能量衡算的基础。

在本章中,热力学能 U、焓 H、热 Q、功 W 等物理量被引入,其中 U 和 H 为状态函数,Q 和 W 为途径函数。

为了计算过程的热 Q、热力学能变 ΔU 及焓变 ΔH 等,本章重点介绍了三类基础热力学数据,即物质的摩尔定容热容 $C_{V,m}$ 及摩尔定压热容 $C_{p,m}$、摩尔相变焓 $\Delta_\beta^\alpha H_m$、物质的标准摩尔生成焓 $\Delta_f H_m^\ominus$ 及标准摩尔燃烧焓 $\Delta_c H_m^\ominus$,它们分别是单纯 pVT 变化、相变化及化学变化过程热力学计算的基础。

在热力学计算过程中,常常用到状态函数法,即"系统状态函数的增量仅仅与始、末态有关,而与变化的具体途径无关"。利用这一方法,可通过设计途径(原则是每一步对应的状态函数变都已知或能直接计算出来,然后相加),解决待求过程相应状态函数变的计算问题。状态函数法在热力学中是极为重要的。

可逆过程是本章中引出的一个重要概念。在可逆变化过程中,系统内部及系统与环境间在任何瞬间均无限接近平衡(例如,膨胀过程中系统内外压力差为无限小,传热过程中系统内外温度差为无限小),当系统沿可逆途径逆转复原时,系统及环境均能完全复原,不留任何"痕迹"。可逆过程在热力学中是极为重要的过程,如下一章中熵函数 S 的定义就离不开可逆过程。

概念题

1. 封闭系统由某一始态出发,经历一循环过程,此过程的 ΔU(　　　),ΔH(　　　),Q 与 W 的关系是(　　　)。

2. 理想气体发生绝热自由膨胀过程,过程的 W(　　　),ΔU(　　　),ΔH(　　　)。(填入 >0、<0、$=0$)

3. 封闭系统发生恒压变化过程,若非体积功 $W'=0$,过程的热 Q_p 与过程焓变 ΔH 的关系为 $Q_p=$ (　　);若非体积功 $W'\neq0$,过程的热 Q_p 与过程焓变 ΔH 的关系为 $Q_p=$ (　　)。

4. 在绝热、密闭刚性容器中甲烷燃烧:$CH_4(g)+2O_2(g)\Longrightarrow CO_2(g)-2H_2O(g)$,末态温度升高、压力增大,过程的 W (　　),ΔU (　　),ΔH (　　)。(填入　>0、<0、$=0$)

5. 某气体的 $C_{p,m}-C_{V,m}=$ (　　　　　),试分析比较两者大小(　　　　)。当气体压力 $p\to0$ 时,$C_{p,m}-C_{V,m}=$ (　　)。

6. 在 25 ℃下乙烷 $C_2H_6(g)$ 的 $\Delta_c H_m^\ominus-\Delta_c U_m^\ominus=$ (　　　　　)。

7. 已知水在 100 ℃的摩尔蒸发焓 $\Delta_{vap}H_m=40.668$ kJ·mol^{-1},1 mol 水蒸气在 100 ℃、101.325 kPa 条件下凝结为液体水,此过程的 $Q=$ (　　　),$W=$ (　　　),$\Delta U=$ (　　　),$\Delta H=$ (　　　)。

8. 某化学反应的标准摩尔反应焓随温度的升高而减小,则该反应的 $\Delta_r C_{p,m}$ (　　)。(填入　>0、<0、$=0$)

9. 在一定压力和一定温度范围内,液体的摩尔蒸发焓随温度的变化率 $\left(\dfrac{\partial \Delta_{vap}H_m}{\partial T}\right)_p$ (　　)。(填入 >0、<0、$=0$)

10. 25 ℃下 $H_2O(l)$ 的 $\Delta_c H_m^\ominus$ (　　),$H_2O(g)$ 的 $\Delta_c H_m^\ominus$ (　　)。$Br_2(l)$ 的 $\Delta_f H_m^\ominus$ (　　),$Br_2(g)$ 的 $\Delta_f H_m^\ominus$ (　　)。(填入　>0、<0、$=0$)

11. 已知 25 ℃下,石墨和金刚石的标准摩尔燃烧焓分别为 -393.51 kJ·mol^{-1} 和 -395.41 kJ·mol^{-1},则金刚石的标准摩尔生成焓为(　　　　)。

12. 某气体经节流膨胀后温度降低,则其焦耳-汤姆孙系数 μ_{J-T} (　　),该过程的 ΔH (　　)。(填入 >0、<0、$=0$)

13. 在一带有理想活塞的气缸内有 100 ℃、101.325 kPa 的水蒸气,欲使其完全液化为 100 ℃、101.325 kPa 的水,请问如何操作可将过程视为可逆相变? 与不可逆相变过程比较,发生可逆相变时环境对系统做(　　)功。(填入　最大、最小)

14. 某一定量的气体发生单纯 pVT 变化,若在 p-V 图上由始态到末态可以用一条实曲线表示其变化的具体途径,则该变化过程一定是(　　)过程(填入　可逆、不可逆),因为(　　　　　　　)。

习题

2.1　1 mol 水蒸气 (H_2O,g) 在 100 ℃、101.325 kPa 下全部凝结成液态水,求过程的功。假设:相对于水蒸气的体积,液态水的体积可以忽略不计。

答:3.102 kJ

2.2　始态为 25 ℃、200 kPa 的 5 mol 某理想气体,经 a、b 两不同途径到达相同的末态。途经 a 先绝热膨胀到 -28.57 ℃、100 kPa,过程的功 $W_a=-5.57$ kJ,再恒容加热到压力 200 kPa 的末态,过程的热 $Q_a=25.42$ kJ。途径 b 为恒压加热过程。求途径 b 的 W_b 及 Q_b。

答:$W_b=-7.940$ kJ,$Q_b=27.79$ kJ

2.3　某理想气体 $C_{V,m}=1.5R$,今有 5 mol 该气体恒容升温 50 ℃。求过程的 W、Q、ΔU、ΔH。

答:$W=0$,$Q=\Delta U=3.118$ kJ,$\Delta H=5.196$ kJ

2.4　2 mol 某理想气体的 $C_{p,m}=3.5R$。由始态 100 kPa、50 dm^3,先恒容加热使压力升高到 200 kPa,再恒压冷却使体积缩小至 25 dm^3。求整个过程的 W、Q、ΔU、ΔH。

答:$W=5.00$ kJ,$Q=-5.00$ kJ,$\Delta U=0$,$\Delta H=0$

2.5 1 mol 某理想气体于 27 ℃、101.325 kPa 的始态下,先受某恒定外压恒温压缩至平衡态,再恒容升温至 97.0 ℃、250.00 kPa。求过程的 W、Q、ΔU、ΔH。已知气体的 $C_{V,m} = 20.92$ J·mol^{-1}·K^{-1}。

答:$W = 2.497$ kJ,$Q = -1.033$ kJ,$\Delta U = 1.464$ kJ,$\Delta H = 2.046$ kJ

2.6 已知 $CO_2(g)$ 的摩尔定压热容

$$C_{p,m} = [26.75 + 42.258 \times 10^{-3} (T/K) - 14.25 \times 10^{-6} (T/K)^2] \text{ J·mol}^{-1} \cdot \text{K}^{-1}$$

(1) 求 300 K 至 800 K 间 $CO_2(g)$ 的平均摩尔定压热容 $\overline{C_{p,m}}$;

(2) 求 1 kg 常压下的 $CO_2(g)$ 从 300 K 恒压加热至 800 K 时所需要的热 Q。

答:(1) 45.38 J·mol^{-1}·K^{-1};(2) 515.5 kJ

2.7 容积为 0.1 m^3 的绝热密闭容器中有一绝热隔板,其两侧分别为 0 ℃、4 mol 的 Ar(g) 及 150 ℃、2 mol 的 Cu(s)。现将隔板撤掉,整个系统达到热平衡,求末态温度 t 及过程的 ΔH。已知:Ar(g) 和 Cu(s) 的摩尔定压热容 $C_{p,m}$ 分别为 20.786 J·mol^{-1}·K^{-1} 及 24.435 J·mol^{-1}·K^{-1},且假设均不随温度而变。

答:$t = 74.23$ ℃,$\Delta H = 2.47$ kJ

2.8 单原子理想气体 A 与双原子理想气体 B 的混合物共 5 mol,摩尔分数 $y_B = 0.4$,始态温度 $T_1 = 400$ K,压力 $p_1 = 200$ kPa。今该混合气体绝热反抗恒外压 100 kPa 膨胀到平衡态。求末态温度 T_2 及过程的 W、ΔU、ΔH。

答:$T_2 = 331.03$ K,$W = \Delta U = -5.448$ kJ,$\Delta H = -8.315$ kJ

2.9 在一带活塞的绝热容器中有一绝热隔板,隔板的两侧分别为 2 mol、0 ℃ 的单原子理想气体 A 及 5 mol、100 ℃ 的双原子理想气体 B,两气体的压力均为 100 kPa。活塞外的压力维持在 100 kPa 不变。今将容器内的隔板撤去,使两种气体混合达到平衡态。求末态的温度 T 及过程的 W、ΔU。

答:$T = 350.93$ K,$W = \Delta U = -369.2$ J

2.10 已知水(H_2O,l)在 100 ℃ 的饱和蒸气压 $p^* = 101.325$ kPa,在此温度、压力下水的摩尔蒸发焓 $\Delta_{vap}H_m = 40.668$ kJ·mol^{-1}。求在 100 ℃、101.325 kPa 下使 1 kg 水蒸气全部凝结成液体水时的 Q、W、ΔU、ΔH。设水蒸气适用理想气体状态方程。

答:$Q_p = \Delta H = -2\,257$ kJ,$W = 172.2$ kJ,$\Delta U = -2\,085$ kJ

2.11 已知水在 100 ℃、101.325 kPa 下的摩尔蒸发焓 $\Delta_{vap}H_m = 40.668$ kJ·mol^{-1},试分别计算下列两过程的 Q、W、ΔU 及 ΔH(水蒸气可按理想气体处理)。

(1) 在 100 ℃、101.325 kPa 条件下,1 kg 水蒸发为水蒸气;

(2) 在恒定 100 ℃ 的真空容器中,1 kg 水全部蒸发为水蒸气,并且水蒸气压力恰好为 101.325 kPa。

答:(1) $Q_p = \Delta H = 2\,257$ kJ,$W = -172.2$ kJ,$\Delta U = 2\,085$ kJ;

(2) $W = 0$,$\Delta H = 2\,257$ kJ,$Q_V = \Delta U = 2\,085$ kJ

2.12 已知 100 kPa 下冰的熔点为 0 ℃,此时冰的比熔化焓 $\Delta_{fus}h = 333.3$ J·g^{-1}。水和冰的平均质量定压热容分别为 $\overline{c_p}(l) = 4.184$ J·g^{-1}·K^{-1},$\overline{c_p}(s) = 2.000$ J·g^{-1}·K^{-1}。今在绝热容器内向 1 kg 50 ℃ 的水中投入 0.8 kg 温度 −20 ℃ 的冰。求:

(1) 末态的温度;

(2) 末态水和冰的质量。

答:(1) 0 ℃;(2) $m(l) = 1.532$ kg,$m(s) = 0.268$ kg

2.13 冰(H_2O,s)在 100 kPa 下的熔点为 0 ℃,此条件下的摩尔熔化焓 $\Delta_{fus}H_m = 6.012$ kJ·mol^{-1}。已知在 −10~0 ℃ 范围内过冷水(H_2O,l)和冰的摩尔定压热容分别为 $C_{p,m}(H_2O, l) = 76.28$ J·mol^{-1}·K^{-1} 和 $C_{p,m}(H_2O, s) = 37.20$ J·mol^{-1}·K^{-1}。求在常压及 −10 ℃ 下过冷水结冰的摩尔凝固焓。

答:−5.621 kJ·mol^{-1}

2.14 已知水(H_2O,l)在 100 ℃的摩尔蒸发焓 $\Delta_{vap}H_m = 40.668 \text{ kJ} \cdot \text{mol}^{-1}$,水和水蒸气在 25～100 ℃间的平均摩尔定压热容分别为 $\overline{C}_{p,m}(H_2O,l) = 75.75 \text{ J} \cdot \text{mol}^{-1} \cdot \text{K}^{-1}$ 和 $\overline{C}_{p,m}(H_2O,g) = 33.76 \text{ J} \cdot \text{mol}^{-1} \cdot \text{K}^{-1}$。求在 25 ℃时水的摩尔蒸发焓。

答:$43.82 \text{ kJ} \cdot \text{mol}^{-1}$

2.15 25 ℃下,密闭恒容的容器中有 10 g 固本萘 $C_{10}H_8$(s)在过量的 O_2(g)中完全燃烧生成 CO_2(g)和 H_2O(l)。过程放热 401.727 kJ。求:

(1) $C_{10}H_8$(s)$+12O_2$(g)$=\!=\!=10CO_2$(g)$+4H_2O$(l)的反应进度;

(2) $C_{10}H_8$(s)的 $\Delta_c U_m^{\ominus}$;

(3) $C_{10}H_8$(s)的 $\Delta_c H_m^{\ominus}$。

答:(1) 0.078 02 mol;(2) $-5\,149.0 \text{ kJ} \cdot \text{mol}^{-1}$;(3) $-5\,153.9 \text{ kJ} \cdot \text{mol}^{-1}$

2.16 应用附录中有关物质在 25 ℃的标准摩尔生成焓的数据,计算下列反应在 25 ℃时的 $\Delta_r H_m^{\ominus}$ 及 $\Delta_r U_m^{\ominus}$。

(1) $4NH_3$(g)$+5O_2$(g)$=\!=\!=4NO$(g)$+6H_2O$(g)

(2) $3NO_2$(g)$+H_2O$(l)$=\!=\!=2HNO_3$(l)$+NO$(g)

(3) Fe_2O_3(s)$+3C$(石墨)$=\!=\!=2Fe$(s)$+3CO$(g)

答:(1) $\Delta_r H_m^{\ominus} = -905.47 \text{ kJ} \cdot \text{mol}^{-1}$,$\Delta_r U_m^{\ominus} = -907.95 \text{ kJ} \cdot \text{mol}^{-1}$;

(2) $\Delta_r H_m^{\ominus} = -71.66 \text{ kJ} \cdot \text{mol}^{-1}$,$\Delta_r U_m^{\ominus} = -66.70 \text{ kJ} \cdot \text{mol}^{-1}$;

(3) $\Delta_r H_m^{\ominus} = 492.63 \text{ kJ} \cdot \text{mol}^{-1}$,$\Delta_r U_m^{\ominus} = 485.19 \text{ kJ} \cdot \text{mol}^{-1}$

2.17 应用附录中有关物质的热化学数据,计算 25 ℃下反应

$$2CH_3OH(l) + O_2(g) =\!=\!= HCOOCH_3(l) + 2H_2O(l)$$

的标准摩尔反应焓,要求:

(1) 应用 25 ℃的标准摩尔生成焓数据,$\Delta_f H_m^{\ominus}(HCOOCH_3, l) = -379.07 \text{ kJ} \cdot \text{mol}^{-1}$;

(2) 应用 25 ℃的标准摩尔燃烧焓数据。

答:(1) $-473.41 \text{ kJ} \cdot \text{mol}^{-1}$;(2) $-473.52 \text{ kJ} \cdot \text{mol}^{-1}$

2.18 (1) 写出同一温度下,一定聚集状态分子式为 C_nH_{2n} 的物质的 $\Delta_f H_m^{\ominus}$ 与其 $\Delta_c H_m^{\ominus}$ 之间的关系式;

(2) 若 25 ℃下,环丙烷 C_3H_6(g)的 $\Delta_c H_m^{\ominus} = -2\,091.5 \text{ kJ} \cdot \text{mol}^{-1}$,求该温度下气态环丙烷的 $\Delta_f H_m^{\ominus}$。

答:(1) $\Delta_f H_m^{\ominus}(C_nH_{2n}) + \Delta_c H_m^{\ominus}(C_nH_{2n}) = n[\Delta_f H_m^{\ominus}(CO_2, g) + \Delta_f H_m^{\ominus}(H_2O, l)]$;

(2) $\Delta_f H_m^{\ominus}(C_3H_6, g) = 53.48 \text{ kJ} \cdot \text{mol}^{-1}$

2.19 已知 25 ℃下甲酸甲酯的标准摩尔燃烧焓 $\Delta_c H_m^{\ominus}(HCOOCH_3, l) = -979.5 \text{ kJ} \cdot \text{mol}^{-1}$,甲酸($HCOOH$,l)、甲醇($CH_3OH$,l)、水($H_2O$,l)及二氧化碳($CO_2$,g)的标准摩尔生成焓 $\Delta_f H_m^{\ominus}$ 分别为 $-424.72 \text{ kJ} \cdot \text{mol}^{-1}$、$-238.66 \text{ kJ} \cdot \text{mol}^{-1}$、$-285.83 \text{ kJ} \cdot \text{mol}^{-1}$ 及 $-393.509 \text{ kJ} \cdot \text{mol}^{-1}$。应用这些数据求 25 ℃时下列反应的标准摩尔反应焓。

$$HCOOH(l) + CH_3OH(l) =\!=\!= HCOOCH_3(l) + H_2O(l)$$

答:$-1.628 \text{ kJ} \cdot \text{mol}^{-1}$

2.20 已知 CH_3COOH(g),CH_4(g)和 CO_2(g)的平均摩尔定压热容 $\overline{C}_{p,m}$ 分别为 52.3 $\text{J} \cdot \text{mol}^{-1} \cdot \text{K}^{-1}$、37.7 $\text{J} \cdot \text{mol}^{-1} \cdot \text{K}^{-1}$ 和 31.4 $\text{J} \cdot \text{mol}^{-1} \cdot \text{K}^{-1}$。试由附录中三化合物的标准摩尔生成焓计算 1 000 K 时下列反应的 $\Delta_r H_m^{\ominus}$。

$$CH_3COOH(g) =\!=\!= CH_4(g) + CO_2(g)$$

答:$-24.27 \text{ kJ} \cdot \text{mol}^{-1}$

2.21　甲烷与过量 50% 的空气混合,为使恒压燃烧的最高温度能达到 2 000 ℃,求燃烧前混合气体应预热到多少摄氏度。物质的标准摩尔生成焓数据见附录。空气组成按 $y(O_2,g) = 0.21$, $y(N_2,g) = 0.79$ 计算。各物质的平均摩尔定压热容分别为

$$\overline{C}_{p,m}(CH_4,g) = 75.31\ J\cdot mol^{-1}\cdot K^{-1}, \overline{C}_{p,m}(O_2,g) = \overline{C}_{p,m}(N_2,g) = 33.47\ J\cdot mol^{-1}\cdot K^{-1},$$

$$\overline{C}_{p,m}(CO_2,g) = 54.39\ J\cdot mol^{-1}\cdot K^{-1}, \overline{C}_{p,m}(H_2O,g) = 41.84\ J\cdot mol^{-1}\cdot K^{-1}$$

答:535.4 ℃

2.22　氢气与过量 50% 的空气混合物置于密闭恒容的容器中,始态温度为 25 ℃,压力为 100 kPa。将氢气点燃,反应瞬间完成后,求系统所能达到的最高温度和最大压力。空气组成按 $y(O_2,g) = 0.21$, $y(N_2,g) = 0.79$ 计算。水蒸气的标准摩尔生成焓见附录。各气体的平均摩尔定容热容分别为 $\overline{C}_{V,m}(O_2) = \overline{C}_{V,m}(N_2) = 25.1\ J\cdot mol^{-1}\cdot K^{-1}$, $\overline{C}_{V,m}(H_2O,g) = 37.66\ J\cdot mol^{-1}\cdot K^{-1}$,假设气体适用理想气体状态方程。

答:$t = 2\ 121.5\ ℃$, $p = 715.1\ kPa$

2.23　某双原子理想气体 1 mol 从始态 350 K,200 kPa 经过如下五个不同过程达到各自的平衡态,求各过程的 W。

(1) 恒温可逆膨胀到 50 kPa;

(2) 恒温反抗 50 kPa 恒外压不可逆膨胀;

(3) 恒温向真空膨胀到 50 kPa;

(4) 绝热可逆膨胀到 50 kPa;

(5) 绝热反抗 50 kPa 恒外压不可逆膨胀。

答:(1) -4.034 kJ;(2) -2.182 kJ;(3) 0;(4) -2.379 kJ;(5) -1.559 kJ

2.24　5 mol 双原子理想气体从始态 300 K、200 kPa,先恒温可逆膨胀到压力为 50 kPa,再绝热可逆压缩到末态压力 200 kPa。求末态温度 T 及整个过程的 W、Q、ΔU 及 ΔH。

答:$T = 445.80\ K$, $Q = 17.29\ kJ$, $W = -2.14\ kJ$, $\Delta U = 15.15\ kJ$, $\Delta H = 21.21\ kJ$

2.25　求证在理想气体 p-V 图上任一点处,绝热可逆线的斜率的绝对值大于恒温可逆线的斜率的绝对值。

第三章 热力学第二定律

　　热力学第一定律即能量转化与守恒原理,作为自然界的普遍规律之一,已经被证明是完全正确的。违背热力学第一定律的变化与过程一定不能发生。但不违背热力学第一定律的变化与过程却未必能自动发生。例如,温度不同的两个物体相接触,最后达到平衡态,两物体具有相同的温度。但其逆过程是不可能的,即具有相同温度的两个物体,不会自动回到温度不同的状态,尽管该逆过程不违背热力学第一定律。可见,利用热力学第一定律并不能判断一定条件下什么过程不可能进行,什么过程可能进行,进行的最大限度是什么。要解决此类过程方向与限度的判断问题,就需要用到热力学第二定律。

　　热力学第二定律是随着蒸汽机的发明、应用及热机效率等的理论研究逐步发展、完善并建立起来的。卡诺(Carnot)、克劳修斯(Clausius)、开尔文(Kelvin)等人在热力学第二定律的建立过程中做出了重要贡献。

　　热力学第二定律是人类长期生产、生活实践经验的总结。反过来,它对于指导工业生产、开发新的工艺路线等具有重要的意义。

　　最后须指出,热力学第二定律关于某过程不能发生的判断是十分肯定的。而关于某过程可能发生的判断则仅指有发生的可能性。例如,热力学第二定律判断常温下不加入功(如不电解、不光照等),水分解为氢和氧是不可能的,此判断是不能违背的。然而,热力学第二定律关于氢氧混合物可能生成水的判断,则不能肯定某时间内一定发生。虽说一个火花就足以引起适当比例的氢氧混合物爆炸,但事实上如无明火或催化剂等因素的存在,氢氧混合物仍能在常温下长时间不发生可觉察的反应。原因是动力学因素在起作用,而经典热力学却不涉及速率问题。

§3.1　热力学第二定律

1. 自发过程

　　在一定条件下,无须外力影响(即无须环境对系统做功)就能自动发生的过程,称为**自发过程**。自发过程的逆过程称为**非自发过程**。

　　自发过程的实例很多,现举几例加以说明。① 前面提到温度不同的两个物体的传热过程,自动进行的方向是热量由高温物体流向低温物体,直到两物体的温度相等。而其相反的过程,即热量从低温物体流向高温物体,使高温物体的温度更高,低温物体的温度更低的过程,不可能自动发生。② 钢瓶内有高压空气时,一旦打开阀门,钢瓶内的空气会自动流出,直至钢瓶内气体压力与大气压力相等,该过程即为自发过程,而其逆过程不可能自动发生,大气中的空气不可能自动流入钢瓶而使钢瓶内的压力升高。③ 一定温度下,将 Zn 放入 $CuSO_4$ 溶液中,Zn 可以自动地将 $CuSO_4$ 溶液中的 Cu^{2+} 还原成 Cu,而 Zn 失去电子变成 Zn^{2+}。在同样条件下,相反的过程,即 Cu 与 Zn^{2+} 变成 Cu^{2+} 和 Zn 的过程,却不可能自动进行。

从上面三个例子可以看出,自发过程都有一定的变化方向,其逆过程都是不可能自动进行的。换言之,自发过程是热力学中的不可逆过程。这是自发过程的共同特征,也是热力学第二定律的基础。

需要说明的是,如果对系统做功,就可以使自发过程的逆过程能够进行。如上述三个实例中,通过冷冻机做功就可以把热从低温物体转移到高温物体;通过压缩机做功就可以把空气压入钢瓶内;而将铜和硫酸铜溶液作为正极,锌和硫酸锌溶液作为负极,通过电解做功就可以实现 $Cu + Zn^{2+} \longrightarrow Cu^{2+} + Zn$ 这一反应(有关电解的内容见第七章)。

可见要使自发过程的逆过程能够进行,环境必须对系统做功。

2. 热、功转换

热力学第二定律是在研究热机效率的基础上建立起来的,所以早期的研究都与热、功转换有关。

人们很早就发现,热、功转换是有方向性的,即功可以全部转化为热,而热转化为功却是有限度的。

要利用热对外做功必须借助一种能够循环操作的机器——**热机**来实现。最早的热机是18 世纪发明的蒸汽机,其工作原理是:利用煤燃烧产生的热,使水(工作介质)在高压锅炉内变为高温、高压水蒸气,然后进入绝热的气缸膨胀(绝热膨胀过程)从而对外做功,而膨胀后的水蒸气进入冷凝器降温并凝结为水(向低温热源散热),然后水又被泵入高压锅炉循环使用。上述蒸汽热机能量转化总的结果是:从高温热源吸收的热(Q_1),一部分对外做了功($-W$),另一部分(Q_2)传给了低温热源,如图 3.1.1 所示。

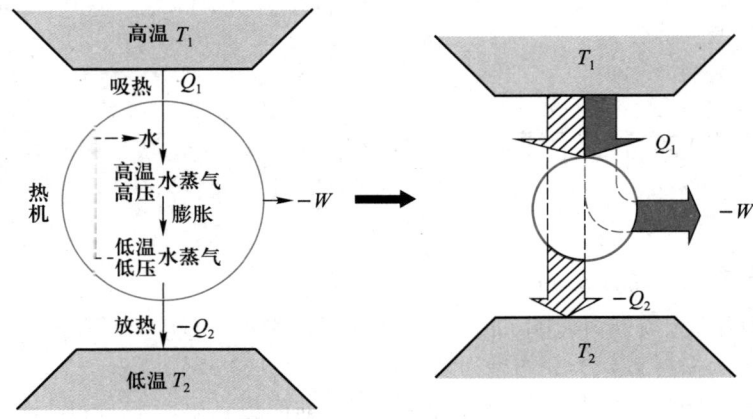

图 3.1.1　热机能量流向示意图

蒸汽机的发明及其后来在各生产领域的广泛应用,不仅对当时欧洲的产业革命,而且对后来人类社会的进步都具有划时代的意义。但是早期的蒸汽热机效率很低,还不足 5%。如何提高热机效率,以提高能源利用率,进而降低成本,是当时人们关心的一个重要问题,这也直接导致了热力学第二定律的最终确立。

所谓**热机效率**是指热机对外做的功与从高温热源吸收的热量之比,用 η 表示,即

$$\eta = \frac{-W}{Q_1} \tag{3.1.1}$$

若热机不向低温热源散热,$Q_2 = 0$,即吸收的热全部用来对外做功,此时热机效率可达到 100%,实践证明,这样的热机是根本不能实现的。人们将这种从单一热源吸热全部用来对外做功的机器,或说热机效率为 100% 的机器称为**第二类永动机**。假设如果能够制得第二类永动机,则可从大气、大地、海洋这类巨大的热源吸热而对外做功,那样人类目前所面临的化石能源危机就能从根本上予以解决。第二类永动机的不可能性说明热转化为功是有限度的。

有关热转化为功的最大限度即热机效率的理论极限问题,下节将予以详细讨论。

3. 热力学第二定律

热力学第二定律有多种说法,各种说法均是等效的。这里只介绍其中两种经典表述。

克劳修斯说法:热不能自动从低温物体传给高温物体而不产生其他变化。

开尔文说法:不可能从单一热源吸热使之全部对外做功而不产生其他变化。

重点难点

热力学
第二定律

有关热力学第二定律的表述,要完整、准确地理解。以开尔文说法为例,不能笼统地说"热不能全部转化为功"。从单一热源吸的热可以全部转化为功,如理想气体恒温可逆膨胀过程(卡诺循环第一步),这里存在单一热源,膨胀过程中系统从该单一热源吸热,并将其全部转化为功($\Delta U = Q + W = 0, -W = Q$),但该过程发生后系统体积膨胀,产生了其他变化。若无其他变化(如系统膨胀后被重新压缩回原来的状态,即系统经历一个循环,系统复原),从单一热源吸的热绝无可能全部转化为功。

克劳修斯说法指明了高温物体向低温物体传热过程的不可逆性,开尔文说法指明了功、热转换的不可逆性。两种说法表面上看起来似乎不相关,但实质上两者是完全等价的,一个说法成立,另一个说法也成立;违反其中一个说法,则必然会违反另一个说法。如果违反克劳修斯说法,假设热能自动由低温物体流向高温物体,则工作于两个热源间的热机,其向低温热源散的热可自动流回到高温热源,这样就会使低温热源得以复原,而总的结果相当于热机从单一高温热源吸热而全部对外做功,这显然违反了开尔文说法。反之,若违反了开尔文说法,即存在从单一热源吸热而全部对外做功的永动机,则可通过这种永动机从低温热源吸热做功,再将永动机做的功全部转化为高温热源的热,总结果是实现了热由低温向高温的传递,这又违反了克劳修斯说法。

热力学第二定律与热力学第一定律一样,也是人类长期实践经验的总结,它虽不能通过数学逻辑来证明,但由它出发推演出的无数结论,无一与事实相违背。热力学第二定律的正确性已经被长期的实践所检验。

§3.2 卡诺循环与卡诺定理

1. 卡诺循环

重点难点

卡诺循环

1824 年,法国工程师卡诺在论文《论火的动力》中指出,热机效率存在理论极限,即使在最理想的情况下,热也不能全部转化为功,而存在一个限度。为此,他提出了由如下四个可逆步骤组成的循环过程作为可逆热机的模型,即:恒温可逆膨胀、绝热可逆膨胀、恒温可逆压缩、绝热可逆压缩,后来人们将这种循环称为**卡诺循环**(如图 3.2.1 所示),将按卡诺循环工作的热机称为**卡诺热机**。

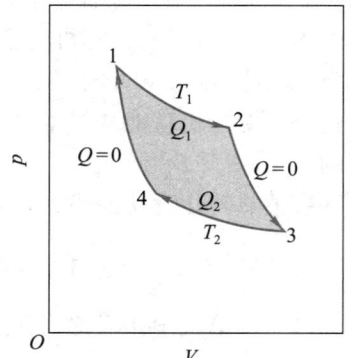

图 3.2.1 卡诺循环示意图

现推导以理想气体为工作介质、工作于 T_1 和 T_2 两个热源之间的卡诺热机的热机效率。

(1)恒温可逆膨胀(1→2) 气缸中物质的量为 n 的理想气体由状态点 1(p_1、V_1、T_1)经恒温可逆膨胀至状态点 2(p_2、V_2、T_1),此过程中,系统从高温热源 T_1 吸收热量 Q_1,对外做功 $-W_1$。

因 $\Delta U_1 = 0$(理想气体、恒温过程)

故
$$Q_1 = -W_1 = nRT_1 \ln \frac{V_2}{V_1} \tag{3.2.1}$$

(2)绝热可逆膨胀(2→3) 系统由状态点 2(p_2、V_2、T_1)经绝热可逆膨胀至状态点 3(p_3、V_3、T_2),因过程绝热,$Q = 0$,故有

$$W_2 = \Delta U_2 = nC_{V,m}(T_2 - T_1) \tag{3.2.2}$$

即系统消耗了自身的热力学能而膨胀对外做功。

(3)恒温可逆压缩(3→4) 将温度降为 T_2 的理想气体与恒定温度为 T_2 的低温热源接触,使系统从状态点 3(p_3、V_3、T_2)经恒温可逆压缩至状态点 4(p_4、V_4、T_2),系统得功,同时向温度为 T_2 的低温热源放热。

因
$$\Delta U_3 = 0$$

故
$$Q_2 = -W_3 = nRT_2 \ln \frac{V_4}{V_3} \tag{3.2.3}$$

(4) 绝热可逆压缩(4→1) 将系统从状态点 $4(p_4 、 V_4 、 T_2)$ 经绝热可逆压缩回到状态点 $1(p_1 、 V_1 、 T_1)$，完成一个循环操作。系统得功而不放热，功全部转化为系统的热力学能。因过程绝热，$Q = 0$，则

$$W_4 = \Delta U_4 = nC_{V,m}(T_1 - T_2) \tag{3.2.4}$$

整个循环过程能量转换如图 3.1.1 所示，即从高温热源 T_1 吸热 Q_1，一部分对外做功 $-W$（图 3.2.1 中阴影部分面积），另一部分 $-Q_2$ 传给了低温热源 T_2。

对于循环过程 $\Delta U = 0$，则卡诺循环过程系统对环境所做的功为

$$-W = Q = Q_1 + Q_2$$
$$= nRT_1\ln\frac{V_2}{V_1} + nRT_2\ln\frac{V_4}{V_3} \tag{3.2.5}$$

因 2→3 过程和 4→1 过程为绝热可逆过程，应用理想气体绝热可逆过程方程式(2.8.3a)，分别有

$$\frac{T_1}{T_2} = \left(\frac{V_4}{V_1}\right)^{R/C_{V,m}}$$

和

$$\frac{T_1}{T_2} = \left(\frac{V_3}{V_2}\right)^{R/C_{V,m}}$$

以上两式联立，有

$$\frac{V_4}{V_1} = \frac{V_3}{V_2}$$

即

$$\frac{V_3}{V_4} = \frac{V_2}{V_1}$$

代入式(3.2.5)有

$$-W = Q_1 + Q_2 = nR(T_1 - T_2)\ln\frac{V_2}{V_1} \tag{3.2.6}$$

现将 $-W$ 表达式(3.2.6)及 Q_1 表达式(3.2.1)代入热机效率定义式(3.1.1)，有

$$\eta = \frac{-W}{Q_1} = \frac{Q_1 + Q_2}{Q_1} = \frac{T_1 - T_2}{T_1} \tag{3.2.7}$$

由式(3.2.7)可知：

① 卡诺热机的热机效率仅与两个热源的温度有关。要提高热机效率，应尽可能提高高温热源温度 T_1，降低低温热源温度 T_2。实际上，低温热源通常是大气或冷却水，通过降低 T_2 来提高 η 往往不经济，故提高 η 应设法提高热机高温热源（燃烧室）的温度 T_1。现有热机中，最好的喷气发动机的热机效率在比较理想的情况下也只有 60% 左右，而应用广泛的内燃机，其效率最多只有 40%。

② 在低温热源温度 T_2 相同的条件下，高温热源的温度 T_1 越高，热机效率越大。这意味着从高温热源传出同样的热量时，T_1 越高，热机对环境所做的功越大。例如，同样是 100 kJ 的热量，由 1 000℃热源传出与由 100 ℃热源传出，当经卡诺热机对外做功时(假设低温热源温度相同)，前者能对外做更多的功，其"做功能力"更大。这说明，能量除了有量的多少外，还有"品位"或"质量"的高低，而热的"品位"或"质量"与温度 T 有关，温度 T 越高，热的"品位"或"质量"越高。

③ 由式(3.2.7)可整理得出

$$\frac{Q_1}{T_1} + \frac{Q_2}{T_2} = 0 \tag{3.2.8}$$

式中，Q 为可逆热；T 为热源温度，因过程可逆，故 T 亦为系统的温度；Q/T 称为热温商。式(3.2.8)表明，在卡诺循环中，可逆热温商之和等于零，这一重要结果将被用于后边熵函数的导出。

④ 卡诺循环为可逆循环，故当所有四步都逆向进行时，W 和 Q 仅改变符号，绝对值不变，故 η 不变。因此，若环境对系统做功，则可把热从低温物体转移到高温物体，这就是**冷冻机**的工作原理。例如，利用电能可使冷冻机运转，使冰箱制冷，空调降温。

2. 卡诺定理

前面推导了以理想气体为工作介质的卡诺热机效率。由推导过程可知：在卡诺循环中，两个绝热可逆过程的功绝对值相等，符号相反[见式(3.2.2)和式(3.2.4)]，正好抵消。而对两个恒温可逆过程，气体恒温可逆膨胀时因过程可逆使得热机对外做的功最大[式(3.2.1)]，而恒温可逆压缩时因过程可逆使系统从外界得的功最小，故一个循环过程(系统复原)的总结果是热机以极限的做功能力向外界提供了最大功，因而热机效率是最大的。

"在两个不同温度的热源之间工作的所有热机，以可逆热机效率最大"，这就是**卡诺定理**。

卡诺定理的推论："在两个不同热源之间工作的所有可逆热机中，其效率都相等，且与工作介质、变化的种类无关"。也就是说，不论工质是理想气体还是其他物质(如真实气体或液体)，也不论进行的是可逆的 pVT 变化，还是可逆的相变化或化学变化，只要两个热源温度确定，则所有可逆热机的效率均相同。假若不相同，其效率必为一大一小，则当两热机联合运转并令热机效率小的热机逆向循环时，其结果必然违反热力学第二定律。

由卡诺定理及其推论可知：① 工作于两个热源之间的热机，热机效率存在理论极限，即热转化为功是有最高限度的，且这个最高限度仅与两个热源温度有关。② 可逆循环过程的可逆热温商之和为零，即式(3.2.8)，不限于理想气体的 pVT 变化，而具有普遍意义。

§3.3　熵与克劳修斯不等式

卡诺循环在热力学的研究中占有极为重要的地位，不仅因为它给出了热功转化的极限，更重要的是，在此基础上克劳修斯推导出一个在热力学中应用很广的状态函数——熵，进而建立了热力学第二定律的数学表达式,使得人们可以定量地对过程的方向与限度进行判断。

1. 熵的导出

在前面的卡诺循环中,推导得出一个重要结果,即式(3.2.8):

$$\frac{Q_1}{T_1} + \frac{Q_2}{T_2} = 0$$

对一个无限小的卡诺循环,工质只从热源吸收或放出微量的热 δQ,故有

$$\frac{\delta Q_1}{T_1} + \frac{\delta Q_2}{T_2} = 0$$

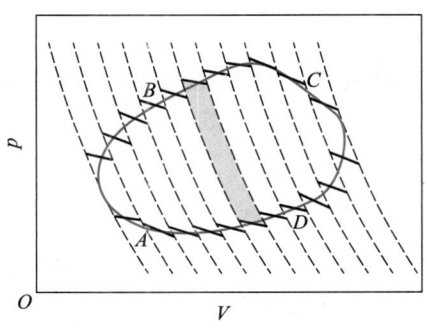

重点难点

熵

即任何卡诺循环的可逆热温商之和为零。

现利用此结果对任意可逆循环进行讨论。

假设有一任意可逆循环,如图 3.3.1 中 $ABCDA$ 所示。若在此 $p\text{-}V$ 图上引入许多绝热可逆线(虚线)和恒温可逆线(实线),则可将这个任意的可逆循环分割成许多由两条绝热可逆线和两条恒温可逆线所构成的小卡诺循环。如图中所示阴影部分即为其中一个。虚线所示的绝热可逆线实际是不存在的,但因为每一条绝热可逆线实际都是前一个小可逆循环的绝热可逆膨胀线和后一个小可逆循环的绝热可逆压缩线部分地重叠着,由于重叠部分能相互抵消,所以这些小卡诺循环的总和就形成了一条沿着曲线

图 3.3.1   任意可逆循环的分割

$ABCDA$ 的封闭折线。当卡诺循环无限多时,封闭折线就和曲线 $ABCDA$ 完全重叠,这样任意的可逆循环 $ABCDA$ 完全可用无限多个小卡诺循环之和来代替。

由于每个小卡诺循环的可逆热温商之和均为 0,即

$$\frac{\delta Q_1}{T_1} + \frac{\delta Q_2}{T_2} = 0$$

$$\frac{\delta Q_1'}{T_1'} + \frac{\delta Q_2'}{T_2'} = 0$$

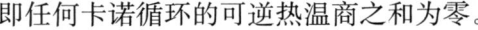

式中,$T_1, T_2, T_1', T_2', \cdots$ 均为各小卡诺循环中热源的温度。上述各式相加,有

$$\left(\frac{\delta Q_1}{T_1} + \frac{\delta Q_2}{T_2} \right) + \left(\frac{\delta Q_1'}{T_1'} + \frac{\delta Q_2'}{T_2'} \right) + \cdots = 0$$

即

$$\sum \frac{\delta Q_r}{T} = 0 \tag{3.3.1}$$

式中,δQ_r 代表各小卡诺循环中系统与温度为 T 的热源交换的微量可逆热。因过程是可逆的,故 T 也是系统的温度。当小卡诺循环无限多时,式(3.3.1)可写成

$$\oint \frac{\delta Q_r}{T} = 0 \tag{3.3.2}$$

即任意可逆循环的可逆热温商 $\dfrac{\delta Q_r}{T}$ 沿封闭曲线的环积分为零。

根据高等数学中的积分定理,若沿封闭曲线的环积分为零,则所积变量应当是某函数的全微分。该变量的积分值就应当只取决于系统的始、末态,而与过程的具体途径无关。即该变量为状态函数。

熵的定义

克劳修斯将此状态函数定义为**熵**,以 S 表示,即

$$dS \xlongequal{\text{def}} \frac{\delta Q_r}{T} \tag{3.3.3a}$$

此式即为**熵的定义式**。熵 S 的单位为 $J \cdot K^{-1}$。

对于一个由状态 1 到状态 2 的宏观变化过程,其熵变为

$$\Delta S = \int_1^2 \frac{\delta Q_r}{T} \tag{3.3.3b}$$

由熵的定义知,任何绝热可逆过程熵变均为零,即绝热可逆过程为恒熵过程。

熵的物理意义

在熵的定义式 $dS = \dfrac{\delta Q_r}{T}$ 中,温度 T 总为正值,对于可逆吸热过程,有 $\delta Q_r > 0$,故 $dS > 0$,即系统在可逆吸热后熵增加。以一定量的纯物质由固态变为液态再变为气态($s \to l \to g$)的可逆相变为例,系统不断地吸热,致使系统的熵不断增加,结果使得 $S_g > S_l > S_s$,而物质的固、液、气三种聚集状态中,气态的无序度最大,因为气体分子可在整个空间自由运动;而固态的无序度最小,分子只能在其平衡位置附近振动;液体的无序度介于气态、固态之间。由此可见,熵是与系统的无序度有关的,系统的无序度增加时,熵即增加。因而熵可以看成系统无序度的量度。

2. 克劳修斯不等式

重点难点

克劳修斯
不等式

卡诺定理指出,工作于 T_1、T_2 两个热源间的任意热机 i 与可逆热机 r,其热机效率有如下关系:

$$\eta_i \leqslant \eta_r \qquad \begin{matrix} \text{不可逆} \\ \text{可逆} \end{matrix}$$

即

$$\frac{Q_1 + Q_2}{Q_1} \leqslant \frac{T_1 - T_2}{T_1} \qquad \begin{matrix} \text{不可逆} \\ \text{可逆} \end{matrix}$$

整理得

$$\frac{Q_1}{T_1} + \frac{Q_2}{T_2} \leqslant 0 \qquad \begin{array}{c}\text{不可逆}\\ \text{可逆}\end{array}$$

对于微小循环,有

$$\frac{\delta Q_1}{T_1} + \frac{\delta Q_2}{T_2} \leqslant 0 \qquad \begin{array}{c}\text{不可逆}\\ \text{可逆}\end{array}$$

即任意热机完成一微小循环后,其热温商之和小于或等于零,不可逆时小于零,可逆时等于零。

可采用与推导式(3.3.2)类似的处理方法,将任意的一个循环用无限多个微小循环代替,则有

$$\oint \frac{\delta Q}{T} \leqslant 0 \qquad \begin{array}{c}\text{不可逆}\\ \text{可逆}\end{array}$$

设有一如图 3.3.2 所示的不可逆循环,由不可逆途径[①]a 和可逆途径 b 组成,应用上式并拆成两项,有

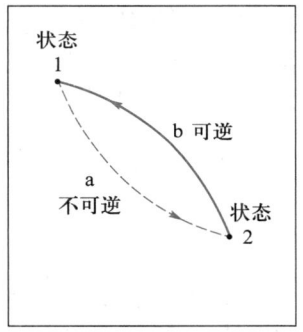

$$\int_1^2 \frac{\delta Q_{ir}}{T} + \int_2^1 \frac{\delta Q_r}{T} < 0$$

对于可逆途径 b,有

$$\int_2^1 \frac{\delta Q_r}{T} = -\int_1^2 \frac{\delta Q_r}{T}$$

故有

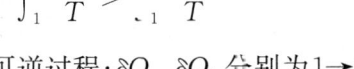

图 3.3.2 不可逆循环过程
示意图

式中,下标 ir 表示不可逆过程;δQ_r、δQ_{ir} 分别为 1→2 过程对应的可逆热、不可逆热。

利用熵的定义式,并结合上式,可得

$$\Delta_1^2 S \geqslant \int_1^2 \frac{\delta Q}{T} \qquad \begin{array}{c}\text{不可逆}\\ \text{可逆}\end{array} \tag{3.3.4a}$$

对于微小过程:

$$dS \geqslant \frac{\delta Q}{T} \qquad \begin{array}{c}\text{不可逆}\\ \text{可逆}\end{array} \tag{3.3.4b}$$

以上两式即为**克劳修斯不等式**。克劳修斯不等式也称为热力学第二定律的数学表达式。

---

① 图上每一个点均代表系统的一个平衡态,而不可逆过程除始、末态为平衡态外,其经历的"状态"为非平衡态(详见§2.8 中可逆过程分析),不能在图上示出,故用虚线表示不可逆途径。

3. 熵增原理

由克劳修斯不等式,即式(3.3.4)知,若过程绝热,$\delta Q = 0$,则有

$$\Delta S \geqslant 0 \qquad \begin{matrix} \text{不可逆} \\ \text{可逆} \end{matrix} \qquad (\text{绝热}) \qquad (3.3.5)$$

即系统在绝热条件下由始态变到末态时,若经历的过程是不可逆的,熵将增大;若过程可逆,熵将不变;不可能发生熵减小的绝热过程,这就是**熵增原理**。

将式(3.3.5)应用于隔离系统时,因系统与环境间没有任何相互作用,环境对系统没有任何影响,系统内部若发生不可逆过程,一定是自发的,即对隔离系统而言,不可逆过程的方向也就是自发过程的方向。过程自发进行时系统的熵增大。自发过程进行的限度是系统达到平衡,平衡时隔离系统的熵最大,即

$$\Delta S_{\text{iso}} \geqslant 0 \qquad \begin{matrix} \text{自发} \\ \text{平衡} \end{matrix} \qquad (3.3.6)$$

由于大多数情况下,系统与环境间往往存在热交换,这时可将系统(sys)与环境(amb)看成一个整体,它显然满足绝热的条件,因此有

$$\Delta S_{\text{sys}} + \Delta S_{\text{amb}} \geqslant 0 \qquad \begin{matrix} \text{不可逆} \\ \text{可逆} \end{matrix} \qquad (3.3.7\text{a})$$

或
$$\mathrm{d}S_{\text{sys}} + \mathrm{d}S_{\text{amb}} \geqslant 0 \qquad \begin{matrix} \text{不可逆} \\ \text{可逆} \end{matrix} \qquad (3.3.7\text{b})$$

即对不可逆过程,系统与环境的熵之和一定增大;若过程可逆,系统与环境的熵之和则不变;不可能发生系统与环境的熵之和减小的过程。

利用式(3.3.5)~式(3.3.7)可对系统内部发生的过程可逆与否或隔离系统内部过程自发与否进行判断,故又称**熵判据**。

§3.4 熵变的计算

在卡诺热机的基础上,克劳修斯引入了熵函数的概念,并导出了著名的克劳修斯不等式,在此基础上得到了熵判据。通过定量计算系统及环境的熵变,可利用熵判据对过程可逆与否或自发与否进行判断。下面将分别介绍系统熵变 ΔS_{sys} 及环境熵变 ΔS_{amb} 的计算。

本节介绍单纯 pVT 变化、相变化过程系统熵变 ΔS_{sys} 及环境熵变 ΔS_{amb} 的计算,下一节讨论化学变化过程系统熵变 ΔS_{sys} 的计算。

1. 单纯 pVT 变化过程熵变计算

对于单纯 pVT 变化过程,主要根据熵的定义式并结合热力学第一定律导出的关系式来计算熵变。

联立熵的定义式与可逆、无非体积功过程热力学第一定律表达式,即

$$dS = \frac{\delta Q_r}{T}$$

$$\delta Q_r = dU - p\,dV$$

则有

$$dS = \frac{dU + p\,dV}{T} \tag{3.4.1a}$$

又 $dU = dH - d(pV) = dH - p\,dV - V\,dp$,代入上式得

$$dS = \frac{dH - V\,dp}{T} \tag{3.4.1b}$$

现从以上两式出发讨论理想气体、凝聚态物质单纯 pVT 变化过程熵变的计算。

(1) **理想气体单纯 pVT 变化过程** 对理想气体,假设其 $C_{V,m}$、$C_{p,m}$ 均为常数,又因 U、H 仅仅是温度的函数,将 $dU = nC_{V,m}dT$ 及 $\frac{p}{T} = \frac{nR}{V}$ 代入式(3.4.1a)并积分,得

$$\Delta S = nC_{V,m}\ln\frac{T_2}{T_1} + nR\ln\frac{V_2}{V_1} \quad \text{(理想气体)} \tag{3.4.2a}$$

同理,将 $dH = nC_{p,m}dT$ 及 $\frac{V}{T} = \frac{nR}{p}$ 代入式(3.4.1b)并积分,有

$$\Delta S = nC_{p,m}\ln\frac{T_2}{T_1} + nR\ln\frac{p_1}{p_2} \quad \text{(理想气体)} \tag{3.4.2b}$$

将理想气体状态方程的关系 $\frac{T_2}{T_1} = \frac{p_2}{p_1}\cdot\frac{V_2}{V_1}$ 代入上式,并利用 $C_{p,m} - C_{V,m} = R$,整理得

$$\Delta S = nC_{p,m}\ln\frac{V_2}{V_1} + nC_{V,m}\ln\frac{p_2}{p_1} \quad \text{(理想气体)} \tag{3.4.2c}$$

以上三式是**计算理想气体单纯 pVT 变化过程熵变的通式**。

理想气体绝热可逆过程为恒熵过程,即 $\Delta S = 0$,由上述三式移项、整理,可得

$$\frac{T_2}{T_1} = \left(\frac{p_2}{p_1}\right)^{R/C_{p,m}} = \left(\frac{V_1}{V_2}\right)^{R/C_{V,m}}$$

或

$$p_1 V_1^{\gamma} = p_2 V_2^{\gamma}$$

即前面的理想气体绝热可逆过程方程式(2.8.3)。

需要说明的是,上述计算熵变的公式尽管是由式(3.4.1)推导而来的,而它们又是熵定义式与可逆过程热力学第一定律的结合式,但由于熵是状态函数,其熵变只与始、末态有关,而与途径无关,故由式(3.4.1)得出的式(3.4.2)对不可逆过程同样适用。

≫ 例 **3.4.1** 2 mol 双原子理想气体,由始态 $T_1 = 400$ K、$p_1 = 200$ kPa 经绝热、反抗恒

定的环境压力 $p_2 = 150\ \mathrm{kPa}$ 膨胀到平衡态,求该膨胀过程系统的熵变 ΔS。

» 解:双原子理想气体的 $C_{V,\mathrm{m}} = \dfrac{5}{2}R$,$C_{p,\mathrm{m}} = \dfrac{7}{2}R$,题给过程如下:

$$
\boxed{\begin{array}{l} n = 2\ \mathrm{mol} \\ p_1 = 200\ \mathrm{kPa} \\ T_1 = 400\ \mathrm{K} \end{array}}
\xrightarrow[\ p_{\mathrm{amb}} = 150\ \mathrm{kPa}\ ]{\ Q = 0\ }
\boxed{\begin{array}{l} n = 2\ \mathrm{mol} \\ p_2 = p_{\mathrm{amb}} = 150\ \mathrm{kPa} \\ T_2 \end{array}}
$$

因为过程绝热,$Q = 0$,由热力学第一定律,有

$$\Delta U = W = -p_{\mathrm{amb}}(V_2 - V_1)$$

对理想气体,上式变为

$$nC_{V,\mathrm{m}}(T_2 - T_1) = -p_2 V_2 + p_2 V_1 = -nRT_2 + \frac{nRT_1}{p_1}p_2$$

代入已知数值,并化简,可求得末态温度:

$$T_2 = 371.4\ \mathrm{K}$$

由式(3.4.2b),有

$$
\begin{aligned}
\Delta S &= nC_{p,\mathrm{m}}\ln\frac{T_2}{T_1} + nR\ln\frac{p_1}{p_2} \\
&= \left(2\times 3.5\times 8.314\times\ln\frac{371.4}{400} + 2\times 8.314\times\ln\frac{200}{150}\right)\mathrm{J\cdot K^{-1}} \\
&= 0.466\ \mathrm{J\cdot K^{-1}}
\end{aligned}
$$

该过程绝热,但因为过程不可逆,其熵变不为零。

---

(2) 凝聚态物质单纯 pVT 变化过程

① 对恒容过程。式(3.4.1a)中,因 $\mathrm{d}V = 0$,$\mathrm{d}U = nC_{V,\mathrm{m}}\mathrm{d}T$,则代入式(3.4.1a)并积分,有

$$\Delta_V S = n\int_{T_1}^{T_2}\frac{C_{V,\mathrm{m}}}{T}\mathrm{d}T \xrightarrow[\text{恒定}]{C_{V,\mathrm{m}}} nC_{V,\mathrm{m}}\ln\frac{T_2}{T_1}\quad\text{(恒容过程)}\qquad(3.4.3\mathrm{a})$$

② 对恒压过程。式(3.4.1b)中,因 $\mathrm{d}p = 0$,$\mathrm{d}H = nC_{p,\mathrm{m}}\mathrm{d}T$,则代入式(3.4.1b)并积分,有

$$\Delta_p S = n\int_{T_1}^{T_2}\frac{C_{p,\mathrm{m}}}{T}\mathrm{d}T \xrightarrow[\text{恒定}]{C_{p,\mathrm{m}}} nC_{p,\mathrm{m}}\ln\frac{T_2}{T_1}\quad\text{(恒压过程)}$$

③ 对非恒容、非恒压过程。p 对液体、固体等凝聚态物质的熵 S 的影响一般很小,这结合熵的物理意义很容易理解。例如,假设有一铜块,在其他条件不变时,仅仅改变其压力,如由标准压力 $p^{\ominus}$ 加压至 $2p^{\ominus}$,其内部质点的无序度(混乱程度)改变是极小的,完全可忽略不计。又由前面学过的知识,对凝聚态物质仍有 $\mathrm{d}H = nC_{p,\mathrm{m}}\mathrm{d}T$,则代入式(3.4.1b)并积分,有

$$\Delta S = n\int_{T_1}^{T_2}\frac{C_{p,\mathrm{m}}}{T}\mathrm{d}T \qquad(3.4.3\mathrm{b})$$

当 $C_{p,m}$ 为常数时,由上式得

$$\Delta S = nC_{p,m}\ln\frac{T_2}{T_1}$$

当 $C_{p,m} = f(T)$ 时,将其代入式(3.4.3b)并积分即可。

待学习完本章中的热力学基本方程及热力学关系式(§3.7)后,很容易从 $S = S(T,p)$ 经推导得出如下关系式(见例 3.7.3):

$$\mathrm{d}S = \frac{nC_{p,m}}{T}\mathrm{d}T - \left(\frac{\partial V}{\partial T}\right)_p\mathrm{d}p$$

式中,$\left(\dfrac{\partial V}{\partial T}\right)_p$ 为恒 p 下 V 随 T 的变化率,可由实测恒压下 V-T 关系曲线斜率求得。

由此关系式既可得出前面的所有结果,又可用于真实气体单纯 pVT 变化过程熵变的计算:

a. 对凝聚态物质,$\left(\dfrac{\partial V}{\partial T}\right)_p \approx 0$,故由上式积分即得式(3.4.3b)——进一步理解 p 对凝聚态物质熵的影响可忽略。

b. 将理想气体 $\left(\dfrac{\partial V}{\partial T}\right)_p = \dfrac{nR}{p}$ 代入上式,积分即得式(3.4.2b)。

c. 对真实气体,只要将其相应状态方程 $V = f(p,T)$ 代入上式,然后积分即可计算真实气体单纯 pVT 变化过程的熵变。

(3) **不同理想气体的混合过程** 不同理想气体的混合过程熵变的计算原则是分别计算各部分气体的熵变,然后求和。

≫ **例 3.4.2** 一绝热容器中有一隔板,将 2 mol 的 $N_2(g)$ 和 2 mol 的 $O_2(g)$ 隔开,两边皆为 300 K、1 dm³。$N_2(g)$ 和 $O_2(g)$ 可视为理想气体。

| 2 mol N₂(g) 300 K 1 dm³ | 2 mol O₂(g) 300 K 1 dm³ | ← 绝热 |

(1) 求抽掉隔板后混合过程的熵变 $\Delta_{\mathrm{mix}}S$,并判断过程的可逆性;

(2) 去掉容器绝热膜,将混合气体恒温压缩至 1 dm³,求熵变;

(3) 求上述两步熵变之和;

(4) 若将隔板右侧的 $O_2(g)$ 换成 $N_2(g)$,即隔板两侧为同种气体,求抽掉隔板后的熵变。

≫ **解:**(1) 因容器绝热,故 $Q = 0$;又因容器体积不变,则 $W = 0$。故由热力学第一定律 $\Delta U = Q + W = 0$。

理想气体分子间无相互作用,其他气体存在与否不影响其状态,故可分别计算 $N_2(g)$ 和 $O_2(g)$ 的熵变,然后求和:

$$\Delta S(\mathrm{N_2}) = nR\ln\frac{V_2}{V_1}$$

$$= \left(2 \times 8.314 \times \ln\frac{2}{1}\right) J \cdot K^{-1}$$

$$= 11.526 \, J \cdot K^{-1}$$

$$\Delta S(O_2) = nR\ln\frac{V_2}{V_1}$$

$$= \left(2 \times 8.314 \times \ln\frac{2}{1}\right) J \cdot K^{-1}$$

$$= 11.526 \, J \cdot K^{-1}$$

两者相加,有 $\qquad \Delta_{mix}S = \Delta S(N_2) + \Delta S(O_2) = 23.05 \, J \cdot K^{-1}$

因该过程的 $Q = 0$、$W = 0$,故该系统为隔离系统,由熵判据知,$\Delta_{mix}S = \Delta S_{iso} > 0$ 时,该混合过程不可逆。

(2) 混合气体压缩过程的熵变为

$$\Delta S = nR\ln\frac{V_2}{V_1}$$

$$= \left(4 \times 8.314 \times \ln\frac{1}{2}\right) J \cdot K^{-1}$$

$$= -23.05 \, J \cdot K^{-1}$$

(3) 上述两步(混合和压缩)熵变之和为 0。此过程实质为:$N_2(g)$ 和 $O_2(g)$ 由各自的纯态(T、V)到 $N_2(g)$ 与 $O_2(g)$ 的混合态(T、V)的过程,由理想气体的性质,分子间无相互作用,可认为彼此相互独立,没有影响,其各自的状态未变,故 p、U、H、S 等状态函数均不变。但应注意,这里气体单独存在时的压力等于混合气体中的分压。

(4) 若将隔板右侧的 $O_2(g)$ 换成 $N_2(g)$,因隔板两侧均为 $N_2(g)$,且状态完全相同(温度、压力均相同),抽掉隔板后 $\Delta S = 0$。因对于整个系统而言,隔板存在与否,系统的状态完全相同,抽掉隔板没有熵变。需要注意的是,若隔板两侧 $N_2(g)$ 状态不同(温度、压力不同),则抽掉隔板熵变不为零(参见本章习题 3.12)。

由此可知:对于同种气体抽掉隔板熵变的计算,不能像计算不同气体混合过程熵变那样机械地套用公式;对不同理想气体混合过程利用式(3.4.2a)计算熵变时,公式中的 V 指气体实际占有的体积(即混合气体的总体积);而若用式(3.4.2b)计算理想气体混合过程熵变,公式中的压力要用各气体的分压,见例 3.4.3。

>> 例 **3.4.3** 始态为 0 ℃、100 kPa 的 2 mol 单原子理想气体 B 与 150 ℃、100 kPa 的 5 mol 双原子理想气体 C,在恒压 100 kPa 下绝热混合达到平衡态,求过程的 W、ΔU 及 ΔS。

>> 解:单原子理想气体 B 的 $C_{p,m,B} = 2.5R$, $\quad C_{V,m,B} = 1.5R$

双原子理想气体 C 的 $C_{p,m,C} = 3.5R$, $\quad C_{V,m,C} = 2.5R$

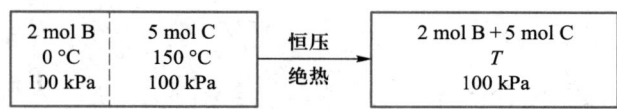

因混合过程绝热、恒压,即 $Q_p = \Delta H = 0$,则有

$$\Delta H = n_B C_{p,m,B}(T - T_{B0}) + n_C C_{p,m,C}(T - T_{C0})$$
$$= n_B C_{p,m,B}(T - 273.15\ \text{K}) + n_C C_{p,m,C}(T - 423.15\ \text{K}) = 0$$

代入数值,解得末态温度:

$$T = 389.82\ \text{K}$$

混合气体中各组分的分压:

$$p_B = p y_B = \frac{2}{7} \times 100\ \text{kPa} = 28.57\ \text{kPa}$$

$$p_C = p y_C = \frac{5}{7} \times 100\ \text{kPa} = 71.43\ \text{kPa}$$

则过程的熵变

$$\Delta S = \Delta S_B + \Delta S_C$$
$$= \left(n_B C_{p,m,B} \ln \frac{T}{T_{B0}} + n_B R \ln \frac{p_0}{p_B} \right) + \left(n_C C_{p,m,C} \ln \frac{T}{T_{C0}} + n_C R \ln \frac{p_0}{p_C} \right)$$
$$= \left(2 \times 2.5 \times 8.314 \times \ln \frac{389.82}{273.15} + 2 \times 8.314 \times \ln \frac{100}{28.57} \right) \text{J} \cdot \text{K}^{-1} +$$
$$\left(5 \times 3.5 \times 8.314 \times \ln \frac{389.82}{423.15} + 5 \times 8.314 \times \ln \frac{100}{71.43} \right) \text{J} \cdot \text{K}^{-1}$$
$$= (35.62 + 2.05)\ \text{J} \cdot \text{K}^{-1}$$
$$= 37.67\ \text{J} \cdot \text{K}^{-1}$$

而因 $Q = 0$,故有

$$W = \Delta U = \Delta U_B + \Delta U_C$$
$$= n_B C_{V,m,B}(T - T_{B0}) + n_C C_{V,m,C}(T - T_{C0})$$
$$= [2 \times 1.5 \times 8.314 \times (389.82 - 273.15) + 5 \times 2.5 \times 8.314 \times (389.82 - 423.15)]\ \text{J}$$
$$= -554\ \text{J}$$

过程绝热,$\Delta S_{绝热} > 0$,故过程不可逆。

注:此题也可在求出末态 T 后,利用理想气体状态方程 $pV = (n_B + n_C)RT$ 求出混合后总体积 V,然后利用式(3.4.2a)分别计算两部分气体熵变,然后求和。其结果与利用分压求得的结果完全相同,请读者自行计算、比较。

2. 相变过程熵变计算

计算相变过程的熵变,需要区分可逆相变与不可逆相变。对于可逆相变过程熵变的计

算,可直接利用熵的定义式(3.3.3)。而对于不可逆相变过程,则需利用状态函数法计算。

（1）恒温恒压可逆相变 由前面可逆过程的定义可知,可逆相变是无限接近平衡条件下进行的相变。如果一个相变过程始终保持在某一温度及其平衡压力下进行时,则该相变即为**可逆相变**,也称**平衡相变**。如水在 0 ℃及 101.325 kPa 条件下结冰,在恒定 100 ℃及饱和蒸气压 101.325 kPa 的条件下汽化为水蒸气的过程均为可逆相变。

上一章介绍了相变过程的基础热力学数据摩尔相变焓 $\Delta_\alpha^\beta H_m$,由其定义可知,它即为摩尔可逆相变焓。利用此基础热力学数据,可由熵的定义式来计算恒温恒压下的可逆相变过程的熵变:

$$\Delta_\alpha^\beta S = \frac{n\Delta_\alpha^\beta H_m}{T} \tag{3.4.4}$$

式中,T 为可逆相变温度;n 为发生相变物质的物质的量。

例题解析

相变过程
热力学计算

» 例 3.4.4 10 mol 水在 373.15 K、101.325 kPa 下汽化为水蒸气,已知该条件下的汽化焓 $\Delta_{vap}H_m = 4.07\times10^4\ J\cdot mol^{-1}$,求过程的 $\Delta_{vap}S$。

» 解: 因该相变过程为可逆相变,故由式(3.4.4)有

$$\Delta_{vap}S = \frac{n\Delta_{vap}H_m}{T} = \left(\frac{10\times4.07\times10^4}{373.15}\right)J\cdot K^{-1} = 1\,091\ J\cdot K^{-1}$$

若温度 T 下的可逆摩尔相变焓未知,但另一温度 T_0 下的可逆摩尔相变焓 $\Delta_\alpha^\beta H_m(T_0)$ 已知,则可先利用式(2.5.3a)求出 T 温度下的 $\Delta_\alpha^\beta H_m(T)$,然后利用式(3.4.4)计算过程的熵变 $\Delta_\alpha^\beta S$。

（2）不可逆相变 非相平衡条件下进行的相变为**不可逆相变**。例如,在 101.325 kPa、−5 ℃条件下的过冷水结冰即为不可逆相变。要计算不可逆相变过程的熵变,需要借助状态函数法,在不可逆相变过程的始、末态间,设计一包含可逆相变及单纯 pVT 变化的途径,利用基础热力学数据摩尔可逆相变焓及摩尔热容进行计算。具体过程通过下例予以介绍。

» 例 3.4.5 1 mol、263.15 K 的过冷水于恒定的 101.325 kPa 下凝固为263.15 K下的冰,求系统的熵变 ΔS。已知水的凝固焓 $\Delta_l^s H_m(273.15\ K, 101.325\ kPa) = -6\,008\ J\cdot mol^{-1}$,冰的$C_{p,m}(冰) = 37.6\ J\cdot mol^{-1}\cdot K^{-1}$,水的 $C_{p,m}(水) = 75.3\ J\cdot mol^{-1}\cdot K^{-1}$。

» 解: 水在 273.15 K、101.325 kPa 下的结冰过程为可逆相变,而过冷水在 263.15 K、101.325 kPa下的凝固过程为不可逆相变。现利用题给条件设计如下途径:

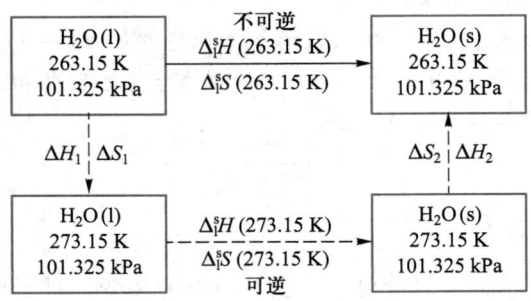

由状态函数法,有

$$\Delta_l^s S(263.15 \text{ K}) = \Delta_l^s S(273.15 \text{ K}) + \Delta S_1 + \Delta S_2$$

其中

$$\Delta_l^s S(273.15 \text{ K}) = n \frac{\Delta_l^s H_m}{T} = \left(1 \times \frac{-6\,008}{273.15}\right) \text{J} \cdot \text{K}^{-1} = -21.995 \text{ J} \cdot \text{K}^{-1}$$

$$\Delta S_1 = n C_{p,m}(\text{水}) \ln \frac{T_1}{T_2}$$

$$= \left(1 \times 75.3 \times \ln \frac{273.15}{263.15}\right) \text{J} \cdot \text{K}^{-1}$$

$$= 2.808 \text{ J} \cdot \text{K}^{-1}$$

$$\Delta S_2 = n C_{p,m}(\text{冰}) \ln \frac{T_2}{T_1}$$

$$= \left(1 \times 37.6 \times \ln \frac{263.15}{273.15}\right) \text{J} \cdot \text{K}^{-1}$$

$$= -1.402 \text{ J} \cdot \text{K}^{-1}$$

故　　　$\Delta_l^s S(263.15 \text{ K}) = (-21.995 + 2.808 - 1.402) \text{ J} \cdot \text{K}^{-1} = -20.589 \text{ J} \cdot \text{K}^{-1}$

熵变为负值说明系统的有序度增加了。

3. 环境熵变计算

一般情况下,环境(例如大气)可认为是一个很大的热源,当系统与环境间发生有限量的热量交换时,仅引起环境温度、压力无限小的变化,环境可认为时刻处于无限接近平衡的状态。这样,整个热交换过程对环境而言可看成在恒温下的可逆过程,则由熵的定义,有

$$\Delta S_{amb} = \frac{Q_{amb}}{T_{amb}}$$

式中,T_{amb} 为环境温度。

又因 $Q_{amb} = -Q_{sys}$,代入上式,得

$$\Delta S_{amb} = \frac{-Q_{sys}}{T_{amb}} \tag{3.4.5}$$

此式即为**环境熵变计算公式**。

≫ **例 3.4.6**　在例 3.4.5 中,已求出 1 mol、263.15 K 的过冷水在大气压力下凝固为 263.15 K 下的冰的系统熵变 ΔS_{sys},试求环境的熵变 ΔS_{amb} 及隔离系统的熵变 ΔS_{iso}。

≫ **解:**在例 3.4.5 中过冷水的凝固是恒温恒压过程,故与环境交换的热为该过程的焓变,即

$$Q_{sys} = \Delta_l^s H(263.15 \text{ K})$$

由例 3.4.5 中的框图,得

$$
\begin{aligned}
\Delta_1^s H(263.15\ \mathrm{K}) &= \Delta_1^s H(273.15\ \mathrm{K}) + \Delta H_1 + \Delta H_2 \\
&= -6\ 008\ \mathrm{J} + nC_{p,m}(\text{水})(T_1 - T_2) + nC_{p,m}(\text{冰})(T_2 - T_1) \\
&= [-6\ 008 + 1 \times 75.3 \times 10 + 1 \times 37.6 \times (-10)]\ \mathrm{J} \\
&= -5\ 631\ \mathrm{J}
\end{aligned}
$$

将 $Q_{sys} = \Delta_1^s H(263.15\ \mathrm{K}) = -5\ 631\ \mathrm{J}$ 代入式(3.4.5)得

$$
\Delta S_{amb} = \frac{-Q_{sys}}{T_{amb}} = \frac{5\ 631}{263.15}\ \mathrm{J \cdot K^{-1}} = 21.40\ \mathrm{J \cdot K^{-1}}
$$

则

$$
\begin{aligned}
\Delta S_{iso} &= \Delta S_{sys} + \Delta S_{amb} \\
&= (-20.59 + 21.40)\ \mathrm{J \cdot K^{-1}} \\
&= 0.81\ \mathrm{J \cdot K^{-1}} > 0
\end{aligned}
$$

$\Delta S_{iso} > 0$ 说明过冷水凝固是一自发的不可逆过程。

》例 3.4.7 气缸中有 3 mol、400 K 的氢气,在 101.325 kPa 下向 300 K 的大气中散热直至平衡。已知 $C_{p,m}(\mathrm{H_2}) = 29.1\ \mathrm{J \cdot mol^{-1} \cdot K^{-1}}$。求氢气的熵变 ΔS_{sys}、大气的熵变 ΔS_{amb} 及整个隔离系统的熵变 ΔS_{iso}。

》解: 3 mol 氢气始、末态如下:

氢气可看成理想气体,则由式(3.4.2b)有

$$
\begin{aligned}
\Delta S_{sys} &= nC_{p,m}(\mathrm{H_2}) \ln \frac{T_2}{T_1} \\
&= \left(3 \times 29.1 \times \ln \frac{300}{400}\right)\ \mathrm{J \cdot K^{-1}} \\
&= -25.1\ \mathrm{J \cdot K^{-1}}
\end{aligned}
$$

又因过程恒压,故

$$
\begin{aligned}
Q_{sys} &= \Delta H = nC_{p,m}(\mathrm{H_2})(T_2 - T_1) \\
&= [3 \times 29.1 \times (300 - 400)]\ \mathrm{J} \\
&= -8\ 730\ \mathrm{J}
\end{aligned}
$$

代入式(3.4.5)得

$$
\Delta S_{amb} = \frac{-Q_{sys}}{T_{amb}} = \frac{8\ 730}{300}\ \mathrm{J \cdot K^{-1}} = 29.1\ \mathrm{J \cdot K^{-1}}
$$

两部分熵变相加即

$$\Delta S_{iso} = \Delta S_{sys} + \Delta S_{amb}$$
$$= (-25.1 + 29.1)\ \mathrm{J \cdot K^{-1}}$$
$$= 4.0\ \mathrm{J \cdot K^{-1}} > 0$$

$\Delta S_{iso} > 0$ 表明 400 K 的氢气向 300 K 的大气中散热是自发过程。

§3.5　热力学第三定律及化学变化过程熵变的计算

一定条件下化学变化通常是不可逆的，化学反应热也不是可逆热，因而化学反应热与反应温度之比并不等于化学反应的熵变。

在热力学里要计算化学反应的熵变，需要借助物质的标准摩尔熵 $S_m^\ominus$，而物质的标准摩尔熵 $S_m^\ominus$ 是基于热力学第三定律获得的。

1. 热力学第三定律

（1）热力学第三定律的实验基础　　1902 年，理查兹（Richards T W）研究低温下凝聚系统电池反应时发现，随着温度的降低，凝聚系统恒温反应对应的熵变 $\Delta_T S$ 在下降。在此基础上，能斯特（Nernst W H）于 1906 年提出如下假设：

凝聚系统在恒温过程中的熵变，随温度趋于 0 K 而趋于零，即

$$\lim_{T \to 0\,\mathrm{K}} \Delta_T S = 0 \tag{3.5.1}$$

此即为**能斯特热定理**，它奠定了热力学第三定律的基础。

在不违背能斯特热定理的前提下，为了应用方便，1911 年普朗克（Planck P M）进一步做了如下假设：0 K 下凝聚态、纯物质的熵为零，即

$$S^*(0\,\mathrm{K}, 凝聚态) = 0$$

这就是普朗克有关热力学第三定律最初的表述。在这里，0 K 下的凝聚态没有特别明确，而玻璃体、晶体等又都是凝聚态，故为了更严格起见，路易斯（Lewis G N）和吉布森（Gibson G E）在 1920 年对此进行了严格界定，提出了完美晶体的概念，这才使得热力学第三定律的表述更加科学、严谨。

（2）热力学第三定律　　纯物质、完美晶体、0 K 时的熵为零，即

$$S^*(0\,\mathrm{K}, 完美晶体) = 0 \tag{3.5.2}$$

这就是**热力学第三定律**最普遍的表述。它是由普朗克提出、经路易斯和吉布森等人修正后完成的。这里的完美晶体是指没有任何缺陷的晶体，即所有质点均处于最低能级，且规则地排列在完全有规律的点阵结构中，以形成具有唯一排布方式的晶体。例如，NO 分子晶体中若所有分子均按规则顺序

重点难点

热力学
第三定律

NO NO NO…排列，它就是完美晶体；若有的分子反向排列成 NO NO ON …，则它就不是完美晶体，同样条件下其熵比完美晶体的熵要大。

上述表述与熵的物理意义是一致的。0 K 下、纯物质、完美晶体的有序度是最大的，其熵值最小，热力学第三定律将其规定为零也就顺理成章了。

2. 规定熵与标准熵

重点难点

标准摩尔熵

热力学第三定律实际是对熵的基准进行了规定。有了这个基准，就可以计算出一定量的物质 B 在某一状态 (T, p) 下的熵，称为该物质在该状态下的 **规定熵**，亦称为 **第三定律熵**。1 mol 物质在标准态下、温度 T 时的规定熵即为温度 T 时的 **标准摩尔熵**，记作 $S_m^{\ominus}(T)$。

现以气态物质 B 为例说明如何通过计算获得物质的标准摩尔熵。

设有 1 mol 的物质 B，从 0 K、101.325 kPa 下的固态（完美晶体）经历如下过程变至温度为 T、标准态下的气体（设固体不发生晶形转变，即只有一种晶形）：

$$B(s) \xrightarrow{1} B(s) \underset{}{\overset{2}{\rightleftharpoons}} B(l) \xrightarrow{3} B(l) \underset{}{\overset{4}{\rightleftharpoons}} B(g) \xrightarrow{5} B(g) \xrightarrow{6} B(pg) \xrightarrow{7} B(pg)$$

$$\begin{array}{cccccccc} 0\,K & T_f^* & T_f^* & T_b^* & T_b^* & T & T & T \\ p = 101.325\,kPa & p & p & p & p & p & p & p^{\ominus} \end{array}$$

这里温度的下标 f 代表熔化，b 代表沸腾；pg 代表理想气体。

根据前面介绍的熵变计算方法，有

$$
\begin{aligned}
S_m^{\ominus}(g, T) &= \Delta S_1 + \Delta S_2 + \Delta S_3 + \Delta S_4 + \Delta S_5 + \Delta S_6 + \Delta S_7 \\
&= \int_{0\,K}^{T_f^*} \frac{C_{p,m}(s)}{T} dT + \frac{\Delta_s^l H_m^*}{T_f^*} + \int_{T_f^*}^{T_b^*} \frac{C_{p,m}(l)}{T} dT + \frac{\Delta_l^g H_m^*}{T_b^*} + \\
&\quad \int_{T_b^*}^{T} \frac{C_{p,m}(g)}{T} dT + \Delta_g^{pg} S_m + R \ln \frac{p}{p^{\ominus}}
\end{aligned}
\tag{3.5.3}
$$

这里需要说明的是 ΔS_1 及 ΔS_6：

① 计算 ΔS_1 时需要固体的摩尔定压热容 $C_{p,m}$，而极低温度下实际测定 $C_{p,m}$ 是极为困难的，故一般缺乏 15 K 以下的热容数据。此时人们常常通过 **德拜 (Debye) 公式** 计算 $0 \sim$ 15 K 的摩尔定压热容，即

$$C_{p,m} \approx C_{V,m} = aT^3 \tag{3.5.4}$$

式中，a 为与物质特性有关的常数。

这样，就有

$$\Delta S_1 = \int_{0\,K}^{15\,K} aT^2 dT + \int_{15\,K}^{T_f^*} \frac{C_{p,m}(s)}{T} dT$$

② ΔS_6 指的是由实际气体变为理想气体过程的熵变，其计算方法参见例 3.7.4。

物质的标准摩尔熵 $S_m^{\ominus}$ 是热力学中另一重要基础数据，各种化学化工手册往往给出了 298.15 K 下的数据，本书附录六摘录了部分物质的 $S_m^{\ominus}(298.15\ K)$。

» 例 3.5.1 计算 240.30 K 时气态环丙烷 C_3H_6(以 A 表示)的标准摩尔熵 $S_m^\ominus$(240.30 K)。
已知 101.325 kPa 下 A(s)的熔点 $T_f^* = 145.54$ K,其摩尔熔化焓 $\Delta_s^l H_m^* = 5.436$ kJ·mol^{-1};
A(l)的沸点 $T_b^* = 240.30$ K,其摩尔蒸发焓 $\Delta_l^g H_m^* = 20.065$ kJ·mol^{-1}。
» 解:根据前面的分析,该计算过程可分为如下 7 步,现列表如下:

序号	温度范围/K	变化过程	计算式	计算值 $\dfrac{}{\text{J·mol}^{-1}·\text{K}^{-1}}$
1	0～15	单纯 pVT	$\Delta S_1 = \displaystyle\int_{0\text{ K}}^{15\text{ K}} \frac{C_{p,m}(s)}{T}dT$ 及德拜公式	1.018
2	15～145.54	单纯 pVT	$\Delta S_2 = \displaystyle\int_{15\text{ K}}^{145.54\text{ K}} \frac{C_{p,m}(s)}{T}dT$	65.80
3	145.54	可逆熔化	$\Delta S_3 = \dfrac{\Delta_s^l H_m^*}{T_f^*}$	37.35
4	145.54～240.30	单纯 pVT	$\Delta S_4 = \displaystyle\int_{145.54\text{ K}}^{240.30\text{ K}} \frac{C_{p,m}(l)}{T}dT$	38.35
5	240.30	可逆汽化	$\Delta S_5 = \dfrac{\Delta_l^g H_m^*}{T_b^*}$	83.50
6	240.30	g→pg 的理想化	ΔS_6 参见例 3.7.4	0.54
7	240.30	pg 变压过程	$\Delta S_7 = R\ln\dfrac{101.325}{100}$	0.11
	$S_m^\ominus$(240.30 K) $= \Delta S_1 + \Delta S_2 + \Delta S_3 + \Delta S_4 + \Delta S_5 + \Delta S_6 + \Delta S_7$			226.67

3. 标准摩尔反应熵

通过物质的标准摩尔熵 $S_m^\ominus$,可计算化学变化过程的熵变。

(1) 298.15 K 下的标准摩尔反应熵　若反应是在恒定温度 298.15 K 下进行,且各反应组分均处于标准态时,则对反应

$$a\text{A}(\alpha) + b\text{B}(\beta) \xrightarrow{298.15\text{ K}} y\text{Y}(\gamma) + z\text{Z}(\delta)$$

反应进度为 1 mol 时,对应的熵变即为**标准摩尔反应熵**,可直接利用 298.15 K 下各物质的
$S_m^\ominus$ 通过下式进行计算:

$$\Delta_r S_m^\ominus = [yS_m^\ominus(\text{Y}) + zS_m^\ominus(\text{Z})] - [aS_m^\ominus(\text{A}) + bS_m^\ominus(\text{B})]$$
$$= \sum_B \nu_B S_m^\ominus(\text{B}) \tag{3.5.5}$$

即 298.15 K 下标准摩尔反应熵 $\Delta_r S_m^\ominus$ 等于各产物标准摩尔熵之和减去各反应物标准摩尔熵之和。

需要注意的是,由于物质在恒温恒压下混合时存在熵变,故利用式(3.5.5)计算的 $\Delta_r S_m^\ominus$

并非物质 A 与物质 B 混合后发生反应，生成混合的产物 Y 与产物 Z 时的熵变，而是假定反应物和产物均处于各自标准态，进行 1 mol 反应进度这一假想过程所对应的熵变（如图 3.5.1 所示）。

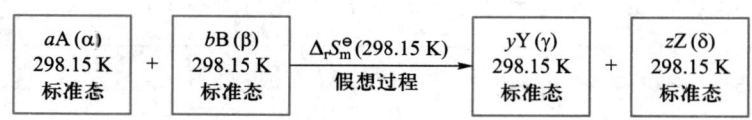

图 3.5.1 标准摩尔反应熵

（2）任意温度 T 下的 $\Delta_r S_m^\ominus(T)$ 多数情况下，反应并非在 298.15 K 下进行，此时要利用 298.15 K 下各物质的 $S_m^\ominus$ 计算任意温度下的标准摩尔反应熵 $\Delta_r S_m^\ominus(T)$，就需要借助状态函数法。

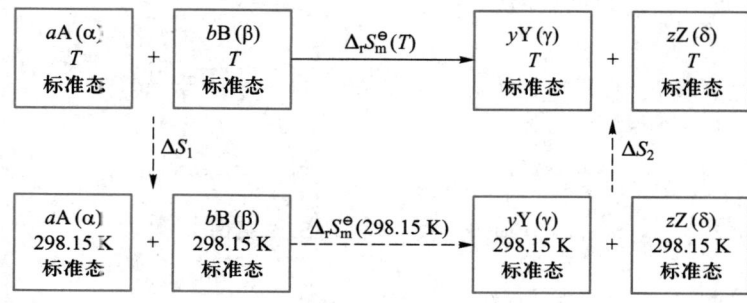

$$\Delta_r S_m^\ominus(T) = \Delta_r S_m^\ominus(298.15\ \text{K}) + \Delta S_1 + \Delta S_2$$

$$= \Delta_r S_m^\ominus(298.15\ \text{K}) + \int_T^{298.15\ \text{K}} \frac{aC_{p,\text{m,A}} + bC_{p,\text{m,B}}}{T}\,\text{d}T +$$

$$\int_{298.15\ \text{K}}^T \frac{yC_{p,\text{m,Y}} + zC_{p,\text{m,Z}}}{T}\,\text{d}T$$

整理得

$$\Delta_r S_m^\ominus(T) = \Delta_r S_m^\ominus(298.15\ \text{K}) + \int_{298.15\ \text{K}}^T \frac{\Delta_r C_{p,\text{m}}}{T}\,\text{d}T \qquad (3.5.6)$$

式中

$$\Delta_r C_{p,\text{m}} = \sum[\nu_B C_{p,\text{m,B}}]$$
$$= [yC_{p,\text{m,Y}} + zC_{p,\text{m,Z}}] - [aC_{p,\text{m,A}} + bC_{p,\text{m,B}}]$$

由式（3.5.6）可知，如果反应的 $\Delta_r C_{p,\text{m}} = 0$，则反应的熵变 $\Delta_r S_m^\ominus(T)$ 不随温度变化。

》例 3.5.2 试用附录六中的数据，计算 500.15 K 时如下反应的标准摩尔反应熵 $\Delta_r S_m^\ominus(500.15\ \text{K})$。

$$2CO(g) + O_2(g) \longrightarrow 2CO_2(g)$$

已知 $C_{p,\text{m}}(CO)$、$C_{p,\text{m}}(O_2)$ 及 $C_{p,\text{m}}(CO_2)$ 分别为 29.29 J·mol^{-1}·K^{-1}、32.22 J·mol^{-1}·K^{-1} 及

$49.96 \ \mathrm{J \cdot mol^{-1} \cdot K^{-1}}$。

» 解： 上述反应的

$$\Delta_r C_{p,m} = \nu(CO_2)C_{p,m}(CO_2) + \nu(CO)C_{p,m}(CO) + \nu(O_2)C_{p,m}(O_2)$$
$$= (2 \times 49.96 - 2 \times 29.29 - 32.22) \ \mathrm{J \cdot mol^{-1} \cdot K^{-1}}$$
$$= 9.12 \ \mathrm{J \cdot mol^{-1} \cdot K^{-1}}$$

$$\Delta_r S_m^{\ominus}(298.15 \ \mathrm{K}) = \nu(CO_2)S_m^{\ominus}(CO_2, 298.15 \ \mathrm{K}) + \nu(CO)S_m^{\ominus}(CO, 298.15 \ \mathrm{K}) +$$
$$\nu(O_2)S_m^{\ominus}(O_2, 298.15 \ \mathrm{K})$$
$$= (2 \times 213.6 - 2 \times 197.56 - 205.03) \ \mathrm{J \cdot mol^{-1} \cdot K^{-1}}$$
$$= -172.95 \ \mathrm{J \cdot mol^{-1} \cdot K^{-1}}$$

代入式(3.5.6)有

$$\Delta_r S_m^{\ominus}(500.15 \ \mathrm{K}) = \Delta_r S_m^{\ominus}(298.15 \ \mathrm{K}) + \int_{298.15 \ \mathrm{K}}^{T} \frac{\Delta_r C_{p,m}}{T} \mathrm{d}T$$
$$= \left(-172.95 + 9.12 \times \ln\frac{500.15}{298.15} \right) \mathrm{J \cdot mol^{-1} \cdot K^{-1}}$$
$$= -168.23 \ \mathrm{J \cdot mol^{-1} \cdot K^{-1}}$$

§3.6 亥姆霍兹函数和吉布斯函数

从克劳修斯不等式出发，得出了熵判据（熵增原理），但将熵判据应用于非隔离系统时，不仅需要考虑系统的熵变，还需同时考虑环境的熵变，方可判断过程进行的方式或方向。

在化学化工生产中，常遇到的是恒温恒容或恒温恒压且非体积功为零的过程。从熵判据（熵增原理）出发，可分别引出两个新的状态函数，即亥姆霍兹函数和吉布斯函数，以及相应的判据。这样在判断这两类常见过程的方向与限度时，只需计算系统状态函数的变化，而无须计算环境的熵变。

1. 亥姆霍兹函数

由熵判据式(3.3.7b)

$$\mathrm{d}S_{sys} + \mathrm{d}S_{amb} \geqslant 0 \qquad \begin{matrix} \text{不可逆} \\ \text{可逆} \end{matrix}$$

即

$$\mathrm{d}S_{sys} + \frac{\delta Q_{amb}}{T_{amb}} \geqslant 0 \qquad \begin{matrix} \text{不可逆} \\ \text{可逆} \end{matrix}$$

在恒温恒容且非体积功为零的条件下，将 $T_{amb} = T_{sys}$，$\delta Q_{amb} = -\delta Q_{sys} = -\mathrm{d}U_{sys}$ 代入上式，因所有的量均是系统的性质，故略去下标 sys，得

重点难点

亥姆霍兹
函数

$$dS - \frac{dU}{T} \geqslant 0 \qquad \begin{matrix} \text{自发}^{①} \\ \text{平衡} \end{matrix}$$

因 T 恒定,故有

$$d(U-TS) \leqslant 0 \qquad \begin{matrix} \text{自发} \\ \text{平衡} \end{matrix} \qquad (3.6.1)$$

（1）定义

$$A \xlongequal{\text{def}} U - TS \qquad (3.6.2)$$

A 称为**亥姆霍兹（Helmholtz）函数**。因为 U、T、S 均为状态函数,故 A 亦为状态函数,是广度量,其单位为 J 或 kJ。

（2）判据　将定义式(3.6.2)代入式(3.6.1),有

$$dA_{T,V} \leqslant 0 \qquad \begin{matrix} \text{自发} \\ \text{平衡} \end{matrix} \qquad (\delta W' = 0) \qquad (3.6.3a)$$

或

$$\Delta A_{T,V} \leqslant 0 \qquad \begin{matrix} \text{自发} \\ \text{平衡} \end{matrix} \qquad (W' = 0) \qquad (3.6.3b)$$

以上两式即**亥姆霍兹函数判据**,该判据表明:恒温恒容且 $W' = 0$ 条件下,一切可能自发进行的过程,其亥姆霍兹函数减小,亥姆霍兹函数达极小值时系统处于平衡状态。

与熵判据相比,此判据仅由系统状态函数的增量 ΔA 即可实现对恒温恒容且 $W' = 0$ 的过程的方向和限度的判断,应用起来十分方便。

（3）物理意义　白 A 的定义有

$$\Delta A = \Delta U - \Delta(TS)$$

恒温时

$$\begin{aligned} \Delta A_T &= \Delta U - T\Delta S \\ &= \Delta U - Q_r \end{aligned}$$

将热力学第一定律应用于可逆过程,即 $\Delta U = Q_r + W_r$,代入上式,得

$$\Delta A_T = W_r \qquad (3.6.4)$$

即恒温过程系统亥姆霍兹函数的增量等于过程的可逆功。而过程恒温可逆进行时,系统对环境做的功最大,可逆功 W_r 表示系统所具有的对外做功的能力,故 ΔA_T 反映了系统进行恒温状态变化时所具有的对外做功能力的大小。

式(3.6.4)右边可逆功 W_r 应为可逆体积功 $-\int_{V_1}^{V_2} p \, dV$ 与可逆非体积功 W'_r 之和,代入式(3.6.4)有

---

① 这里环境不对系统做非体积功,不可逆过程即为自发过程,系统达到平衡态是其极限。

$$\Delta A_T = -\int_{V_1}^{V_2} p\,\mathrm{d}V + W_\mathrm{r}'$$

若过程除恒温以外,还恒容,即 $\mathrm{d}V = 0$,则有

$$\Delta A_{T,V} = W_\mathrm{r}' \tag{3.6.5}$$

此式表明,恒温恒容过程系统亥姆霍兹函数的增量表示系统所具有的对外做非体积功的能力。

2. 吉布斯函数

在恒温恒压且非体积功为零的条件下,将 $T_\mathrm{amb} = T_\mathrm{sys}$,$\delta Q_\mathrm{amb} = -\delta Q_\mathrm{sys} = -\mathrm{d}H_\mathrm{sys}$ 代入下式:

重点难点

吉布斯函数

$$\mathrm{d}S_\mathrm{sys} + \frac{\delta Q_\mathrm{amb}}{T_\mathrm{amb}} \geqslant 0 \qquad \begin{matrix}\text{不可逆}\\\text{可逆}\end{matrix}$$

因所有的量均是系统的性质,故略去下角标 sys,得

$$\mathrm{d}S - \frac{\mathrm{d}H}{T} \geqslant 0 \qquad \begin{matrix}\text{自发}\\\text{平衡}\end{matrix}$$

因 T 恒定,故有

$$\mathrm{d}(H - TS) \leqslant 0 \qquad \begin{matrix}\text{自发}\\\text{平衡}\end{matrix} \tag{3.6.6}$$

（1）定义

$$G \xlongequal{\text{def}} H - TS \tag{3.6.7}$$

G 称为**吉布斯(Gibbs)函数**。它同 A 一样,也是一个具有广度性质的状态函数,其单位为 J 或 kJ。

（2）判据　定义了吉布斯函数,则式(3.6.6)即为

$$\mathrm{d}G_{T,p} \leqslant 0 \qquad \begin{matrix}\text{自发}\\\text{平衡}\end{matrix} \qquad (\delta W' = 0) \tag{3.6.8a}$$

或

$$\Delta G_{T,p} \leqslant 0 \qquad \begin{matrix}\text{自发}\\\text{平衡}\end{matrix} \qquad (W' = 0) \tag{3.6.8b}$$

以上两式即**吉布斯函数判据**。该判据应用非常广泛,因为许多相变、化学反应变化均是在恒温恒压且 $W' = 0$ 下进行的,且它与亥姆霍兹函数判据一样,也不需考虑环境,仅由系统状态函数的增量 ΔG 即可对过程的可能性进行判断:在恒温恒压且 $W' = 0$ 的条件下,系统吉布斯函数减小的过程能够自发进行,吉布斯函数达极小值时处于平衡状态,不可能发生吉布斯函数增大的过程。

（3）物理意义   由 G 的定义有

$$\Delta G = \Delta H - \Delta(TS)$$
$$= \Delta U + \Delta(pV) - \Delta(TS)$$

在恒温恒压条件下

$$\Delta G_{T,p} = \Delta U + p\Delta V - T\Delta S \tag{3.6.9}$$

这里 $T\Delta S$ 即为恒温可逆热 Q_r，即

$$T\Delta S = Q_r$$

又由可逆、恒压过程热力学第一定律，有

$$\Delta U = Q_r + W_r$$
$$= Q_r - \int_{V_1}^{V_2} p\,dV + W'_r$$
$$= Q_r - p\Delta V + W'_r$$

将以上各式代入式（3.6.9），得

$$\Delta G_{T,p} = W'_r \tag{3.6.10}$$

由此式可知，在恒温恒压过程中，系统吉布斯函数的改变 ΔG 等于系统对外所做的可逆非体积功。例如，第七章中的可逆电池在恒温恒压条件下所做的可逆电功即等于系统吉布斯函数的改变 ΔG。

利用此式可推导原电池反应的 ΔG 与原电池电动势 E 之间的关系，相关内容将在第七章予以介绍。

3. ΔA 及 ΔG 的计算

计算一个过程的 ΔA 和 ΔG，最基本的是从其定义式出发，即

$$\Delta A = \Delta U - \Delta(TS) \tag{3.6.11}$$

$$\Delta G = \Delta H - \Delta(TS) \tag{3.6.12}$$

现举两例予以说明。

≫ 例 3.6.1   1 mol 过冷水于 263.15 K 及 101.325 kPa 下凝固为冰，求过程的 ΔG。已知条件见例 3.4.5。

≫ 解：因过程恒温恒压，故有

$$\Delta G = \Delta H - \Delta(TS) = \Delta H - T\Delta S$$

由例 3.4.6 得 $\Delta H = \Delta H(263.15\ \text{K}) = -5\,631\ \text{J}$

由例 3.4.5 得 $\Delta S = \Delta S(263.15\ \text{K}) = -20.59\ \text{J}\cdot\text{K}^{-1}$

代入得

$$\Delta G = \Delta H - T\Delta S$$
$$= [-5\ 63\ - 263.15\times(-20.59)]\ \text{J}$$
$$= -212.7\ $$

计算所得 $\Delta G_{T,p} = -212.7\ \text{J} < 0$，由吉布斯函数判据知，过冷水于 263.15 K 及 101.325 kPa下凝固为冰的过程是自发过程。

式(3.6.12)也适用于化学反应过程 ΔG 的计算。对恒温、标准态下的反应，有

$$\Delta_r G_m^\ominus = \Delta_r H_m^\ominus - T\Delta_r S_m^\ominus \tag{3.6.13}$$

其中化学反应过程的标准摩尔反应焓 $\Delta_r H_m^\ominus$、标准摩尔反应熵 $\Delta_r S_m^\ominus$ 的计算前面已经介绍。

此外，化学反应过程的 $\Delta_r G_m^\ominus$ 还可通过参与反应的各物质的标准摩尔生成吉布斯函数 $\Delta_f G_m^\ominus$ 直接计算。

在温度为 T 的标准态下，由稳定相态的单质生成 1 mol β 相态的化合物B(β)，该生成反应的吉布斯函数变即为该化合物 B(β) 在温度 T 时的**标准摩尔生成吉布斯函数**，以 $\Delta_f G_m^\ominus(\text{B},\beta,T)$ 表示，单位为 kJ·mol^{-1}。

显然，对热力学稳定相态的单质，其 $\Delta_f G_m^\ominus = 0$。

由各物质的 $\Delta_f G_m^\ominus$，可直接利用下式计算反应的 $\Delta_r G_m^\ominus$：

$$\Delta_r G_m^\ominus = \sum_B \nu_B \Delta_f G_m^\ominus(\text{B}) \tag{3.6.14}$$

即一定温度下化学反应的标准摩尔反应吉布斯函数 $\Delta_r G_m^\ominus$，等于同样温度下参与反应的各组分标准摩尔生成吉布斯函数 $\Delta_f G_m^\ominus(\text{B})$ 与其化学计量数的乘积之和。

式(3.6.14)的推导过程与式(2.7.1)的推导过程类似，这里不再赘述。

附录六给出了一些物质的标准摩尔生成吉布斯函数。

§3.7　热力学基本方程及麦克斯韦关系式

热力学状态函数可分为两类：一类是可直接测定的，如 p、V、T、$C_{V,m}$、$C_{p,m}$ 等；另一类是不能直接测定的，如 U、H、S、A、G 等。不可直接测定的五个状态函数中，U 和 S 是最基本的状态函数，分别由热力学第一定律和热力学第二定律引出。H、A、G 是由 U、S 及 p、V、T 组合得出的状态函数。引出这三个状态函数是为了应用的方便。U、H 主要用于能量衡算，而 S、A、G 主要用于讨论过程的方向和限度。

为了解决上述实际问题，还必须找出各函数间的关系，尤其是要找出可直接测定变量与不可直接测定的函数间的关系。下面就从热力学第一定律和热力学第二定律出发，导出状态函数间的各种关系。

1. 热力学基本方程

将封闭系统热力学第一定律应用于可逆、$W' = 0$ 的过程，有

$$dU = \delta Q_r - p\,dV$$

又由熵的定义式有

$$\delta Q_r = T\,dS$$

两式联立,得

$$dU = T\,dS - p\,dV \tag{3.7.1}$$

由焓的定义式 $H = U + pV$,因 $dH = dU + p\,dV + V\,dp$,将式(3.7.1)代入得

$$dH = T\,dS + V\,dp \tag{3.7.2}$$

由亥姆霍兹函数的定义式 $A = U - TS$,因 $dA = dU - T\,dS - S\,dT$,将式(3.7.1)代入得

$$dA = -S\,dT - p\,dV \tag{3.7.3}$$

由吉布斯函数的定义式 $G = H - TS$,因 $dG = dH - T\,dS - S\,dT$,将式(3.7.2)代入得

$$dG = -S\,dT + V\,dp \tag{3.7.4}$$

以上四式即为**热力学基本方程**。之所以称为基本方程,不仅仅因为这些方程是热力学第一、第二定律的结合式,更重要的是后边的许多热力学关系式都是由这四个微分形式的方程出发导出的。

由推导过程可知,热力学基本方程的适用条件为封闭系统、$W' = 0$ 的可逆过程。它不仅适用于系统发生的可逆单纯 pVT 变化,也适用于可逆相变化和可逆化学反应。

由于热力学基本方程中所有物理量均为状态函数,而状态函数的变化仅仅取决于始、末态,故系统从同一始态到同一末态间不论过程可逆与否,状态函数的变化均可由热力学基本方程计算,但积分时要找出可逆途径时 $V\text{-}p$ 及 $T\text{-}S$ 间的函数关系。

热力学基本方程是热力学中重要的公式,有着广泛的应用。现通过式(3.7.4)说明其在热力学计算中的直接应用。

封闭系统发生 pVT 变化时,若过程恒温、$W' = 0$,由式(3.7.4)有

$$dG = V\,dp$$

则当系统在恒温下压力由 p_1 变到 p_2 时,有

$$\Delta G = \int_{p_1}^{p_2} V\,dp \tag{3.7.5}$$

对理想气体,将 $V = \dfrac{nRT}{p}$ 代入并积分,得

$$\Delta G = \int_{p_1}^{p_2} V\,dp = nRT\ln\frac{p_2}{p_1}$$

与由定义式 $\Delta G = \Delta H - T\Delta S$ 计算相比,有些情况下利用热力学基本方程进行计算更为

简单。

对非理想气体、凝聚态物质,只要有相应的状态方程 $V = f(T,p)$,代入式(3.7.5)积分即可精确计算恒温变压过程的 ΔG。不过与气体相比,凝聚态物质的 V 随压力变化很小,通常可将 V 看作常数,故 $\Delta G = \int_{p_1}^{p_2} V\mathrm{d}p = V\Delta p$,又由于凝聚态物质的 V 较小,在压力变化不大时,可忽略 p 对 G 的影响,即 $\Delta G \approx 0$。但在压力改变较大时,则不可忽略。

另外,前面计算单纯 pVT 变化过程 ΔS 的两个原始公式,即式(3.4.1a)和式(3.4.1b),实际与热力学基本方程(3.7.1)和式(3.7.2)是一致的,换言之,热力学基本方程是计算单纯 pVT 变化过程 ΔS 的基础。

2. U、H、A、G 的一阶偏导数关系式

从 $U = U(S,V)$ 出发,可写出如下的全微分表达式:

$$\mathrm{d}U = \left(\frac{\partial U}{\partial S}\right)_V \mathrm{d}S + \left(\frac{\partial U}{\partial V}\right)_S \mathrm{d}V$$

将上式与热力学基本方程式(3.7.1)进行比较,对应项相等,有

$$\begin{cases} (\partial U/\partial S)_V = T \\ (\partial U/\partial V)_S = -p \end{cases} \tag{3.7.6}$$

同理,由另外三个热力学基本方程式可分别得出

$$\begin{cases} (\partial H/\partial S)_p = T \\ (\partial H/\partial p)_S = V \end{cases} \tag{3.7.7}$$

$$\begin{cases} (\partial A/\partial T)_V = -S \\ (\partial A/\partial V)_T = -p \end{cases} \tag{3.7.8}$$

$$\begin{cases} (\partial G/\partial T)_p = -S \\ (\partial G/\partial p)_T = V \end{cases} \tag{3.7.9}$$

以上各式左边是 U、H、A、G 四个具有能量量纲的状态函数的一阶偏导数,即状态函数 U、H、A、G 在一个独立变量不变的情况下随另一独立变量的变化率。其中 $(\partial G/\partial p)_T = V$ 及 $(\partial A/\partial V)_T = -p$ 可分别用来计算恒温下 G 随 p 及 A 随 V 的变化。另外,通过右边变量的符号,还可判断变化率的符号,如在 $(\partial G/\partial T)_p = -S$ 中,因规定熵 S 一定大于 0,则恒压下 G 随 T 的变化率小于 0,即随着温度 T 的升高,系统的 G 一定减小。对其他几个关系式,读者可进行类似的分析。

在上述一阶偏导数关系式基础上,很容易得出如下的两个关系式:

$$\left[\frac{\partial(G/T)}{\partial T}\right]_p = \frac{1}{T}\left(\frac{\partial G}{\partial T}\right)_p - \frac{G}{T^2}$$

$$= -\frac{S}{T} - \frac{G}{T^2}$$

$$= -\frac{TS + G}{T^2}$$

$$= -\frac{H}{T^2}$$

即

$$\left[\frac{\partial(G/T)}{\partial T}\right]_p = -\frac{H}{T^2} \tag{3.7.10}$$

同理有

$$\left[\frac{\partial(A/T)}{\partial T}\right]_V = -\frac{U}{T^2} \tag{3.7.11}$$

这两个关系式被称为**吉布斯—亥姆霍兹方程**，它们是后面讨论温度对化学反应平衡影响的基础。

3. 麦克斯韦关系式

重点难点

麦克斯韦
关系式

现从 $U = U(S, V)$ 出发，利用二阶偏导数与求导顺序无关这一性质，举例推导麦克斯韦关系式如下：

$$U = U(S, V)$$

U 对 S、V 的一阶偏导数结果见式(3.7.6)，在此基础上求其二阶偏导数：
U 先对 S 后对 V 的二阶偏导数：

$$\left[\frac{\partial}{\partial V}\left(\frac{\partial U}{\partial S}\right)_V\right]_S = \left(\frac{\partial T}{\partial V}\right)_S$$

U 先对 V 后对 S 的二阶偏导数：

$$\left[\frac{\partial}{\partial S}\left(\frac{\partial U}{\partial V}\right)_S\right]_V = -\left(\frac{\partial p}{\partial S}\right)_V$$

上述两式左边均为 U 对 S、V 的二阶偏导数，区别只是求导顺序的不同。由已学过的数学知识可知，二阶偏导数与求导顺序无关，即两式左边相等，则右边必然相等。

$$\left(\frac{\partial T}{\partial V}\right)_S = -\left(\frac{\partial p}{\partial S}\right)_V \tag{3.7.12}$$

例题解析

热力学关系
式证明

同理，通过求 H、A、G 分别对各自两个独立变量的二阶偏导数，可得出如下三式：

$$\left(\frac{\partial T}{\partial p}\right)_S = \left(\frac{\partial V}{\partial S}\right)_p \tag{3.7.13}$$

$$\left(\frac{\partial S}{\partial V}\right)_T = \left(\frac{\partial p}{\partial T}\right)_V \tag{3.7.14}$$

$$-\left(\frac{\partial S}{\partial p}\right)_T = \left(\frac{\partial V}{\partial T}\right)_p \tag{3.7.15}$$

式(3.7.12)~式(3.7.15)称为**麦克斯韦(Maxwell)关系式**。

这四个关系式中,仅出现三个可测变量 p、V、T 和一个不可测变量 S,其意义在于将不可直接测量的量用易于直接测量的量表示出来。例如,最后两个关系式,公式左侧分别为恒温下 S 随 V、p 的变化率,它们均不可直接测量,但公式右侧 p 或 V 随 T 的变化率却很容易直接测定。正因为如此,麦克斯韦关系式在热力学中占有极其重要的地位。

4. 其他重要的热力学关系式

除了前面介绍的热力学基本方程、麦克斯韦关系式外,以下三个关系式在热力学中也非常重要,它们在热力学计算及公式的推导中常常被用到。

在恒容条件下,将热力学基本方程 $dU = TdS - pdV$ 两边同除以 dT,有

$$\left(\frac{\partial U}{\partial T}\right)_V = T\left(\frac{\partial S}{\partial T}\right)_V$$

将 $C_{V,m}$ 的定义式(2.4.1),即 $\left(\frac{\partial U}{\partial T}\right)_V = nC_{V,m}$ 代入上式得

$$\left(\frac{\partial S}{\partial T}\right)_V = \frac{nC_{V,m}}{T} \tag{3.7.16}$$

同理,在恒压条件下将 $dH = TdS + Vdp$ 两边同除以 dT,并结合 $C_{p,m}$ 的定义式(2.4.4)有

$$\left(\frac{\partial S}{\partial T}\right)_p = \frac{nC_{p,m}}{T} \tag{3.7.17}$$

利用以上两式,可借助热容计算熵 S 随 T 的变化。

对纯物质和组成不变的单相系统,状态函数 z 是两个独立变量 x、y 的函数,即 $z = z(x,y)$,其全微分

$$dz = \left(\frac{\partial z}{\partial x}\right)_y dx + \left(\frac{\partial z}{\partial y}\right)_x dy$$

当 z 恒定时,$dz = 0$,整理上式得

$$\left(\frac{\partial z}{\partial x}\right)_y \left(\frac{\partial x}{\partial y}\right)_z \left(\frac{\partial y}{\partial z}\right)_x = -1 \tag{3.7.18}$$

上式称为**循环公式**,即 z、x、y 三个变量顺序求偏导的积为 -1。

具体到 $U = U(S,V)$ 关系,其循环公式形式为

$$\left(\frac{\partial U}{\partial S}\right)_V \left(\frac{\partial S}{\partial V}\right)_U \left(\frac{\partial V}{\partial U}\right)_S = -1$$

» 例 3.7.1 已知 25 ℃时液体汞 Hg(l)的体膨胀系数 $\alpha_V = \frac{1}{V}\left(\frac{\partial V}{\partial T}\right)_p = 1.82 \times 10^{-4}\ \mathrm{K}^{-1}$,

密度 $\rho = 13.534 \times 10^3$ kg·m^{-3}。设外压改变时液体汞的体积变化可忽略。求在 25 ℃、压力从 100 kPa 增至 1 MPa 时，Hg(l) 的 ΔU_m、ΔH_m、ΔS_m、ΔA_m 和 ΔG_m。

» 解：Hg 的摩尔质量 $M = 200.59$ g·mol^{-1}，Hg(l) 的密度 $\rho = 13.534 \times 10^3$ kg·m^{-3}，故其摩尔体积为

$$V_m = \frac{M}{\rho} = \frac{200.59 \times 10^{-3} \text{ kg·mol}^{-1}}{13.534 \times 10^3 \text{ kg·m}^{-3}} = 14.82 \times 10^{-6} \text{ m}^3 \cdot \text{mol}^{-1}$$

Hg(l) 在 25 ℃ 时的 $\alpha_V = \dfrac{1}{V}\left(\dfrac{\partial V}{\partial T}\right)_p = 1.82 \times 10^{-4}$ K^{-1}。根据麦克斯韦关系式 $\left(\dfrac{\partial V}{\partial T}\right)_p = -\left(\dfrac{\partial S}{\partial p}\right)_T$，即式 (3.7.15)，有

$$\mathrm{d}S_m = -\left(\frac{\partial V_m}{\partial T}\right)_p \mathrm{d}p = -V_m \cdot \frac{1}{V_m}\left(\frac{\partial V_m}{\partial T}\right)_p \mathrm{d}p = -V_m \alpha_V \mathrm{d}p$$

在 100 kPa 至 1 MPa 范围内，Hg(l) 的摩尔体积和体膨胀系数均不随压力变化，积分上式，得

$$\begin{aligned}
\Delta S_m &= -\int_{p_1}^{p_2} V_m \alpha_V \mathrm{d}p = -V_m \alpha_V \Delta p \\
&= -[14.82 \times 10^{-6} \times 1.82 \times 10^{-4} \times (1 - 0.1) \times 10^6] \text{ J·mol}^{-1} \cdot \text{K}^{-1} \\
&= -2.43 \times 10^{-3} \text{ J·mol}^{-1} \cdot \text{K}^{-1}
\end{aligned}$$

又由热力学基本方程，有

$$\Delta A_m = -\int_{V_1}^{V_2} p \, \mathrm{d}V_m = 0 \quad (\text{恒温时 } \mathrm{d}V_m \approx 0)$$

$$\begin{aligned}
\Delta G_m &= \int_{p_1}^{p_2} V_m \mathrm{d}p = V_m \Delta p \\
&= [14.82 \times 10^{-6} \times (1 - 0.1) \times 10^6] \text{ J·mol}^{-1} \\
&= 13.34 \text{ J·mol}^{-1}
\end{aligned}$$

$$\begin{aligned}
\Delta U_m &= \int_{S_1}^{S_2} T \mathrm{d}S_m = T\Delta S_m \\
&= [298.15 \times (-2.43 \times 10^{-3})] \text{ J·mol}^{-1} \\
&= -0.72 \text{ J·mol}^{-1}
\end{aligned}$$

$$\begin{aligned}
\Delta H_m &= \int_{S_1}^{S_2} T \mathrm{d}S_m + \int_{p_1}^{p_2} V_m \mathrm{d}p = T\Delta S_m + V_m \Delta p \\
&= [298.15 \times (-2.43 \times 10^{-3}) + 14.82 \times 10^{-6} \times (1 - 0.1) \times 10^6] \text{ J·mol}^{-1} \\
&= 12.62 \text{ J·mol}^{-1}
\end{aligned}$$

ΔU_m、ΔH_m 也可以通过 $\Delta A_m = \Delta U_m - T\Delta S_m$ 和 $\Delta G_m = \Delta H_m - T\Delta S_m$ 求得。

可见,利用热力学基本方程及麦克斯韦关系式可实现对凝聚态物质恒温变压过程热力学状态函数增量的计算。

≫ 例 3.7.2 求证:

(1) $dU = nC_{V,m}dT + \left[T\left(\dfrac{\partial p}{\partial T}\right)_V - p\right]dV$;

(2) 理想气体 $\left(\dfrac{\partial U}{\partial V}\right)_T = 0$;

(3) 范德华气体 $\left(\dfrac{\partial U}{\partial V}\right)_T = \dfrac{n^2 a}{V^2}$。

≫ 证明: (1) 设 U 是 T、V 的函数,即 $U = U(T, V)$,则其全微分

$$dU = \left(\frac{\partial U}{\partial T}\right)_V dT + \left(\frac{\partial U}{\partial V}\right)_T dV$$

$$= nC_{V,m}dT + \left(\frac{\partial U}{\partial V}\right)_T dV$$

又由热力学基本方程 $dU = TdS - pdV$,在恒温下两边除以 dV,有

$$\left(\frac{\partial U}{\partial V}\right)_T = T\left(\frac{\partial S}{\partial V}\right)_T - p$$

利用麦克斯韦关系式 $\left(\dfrac{\partial S}{\partial V}\right)_T = \left(\dfrac{\partial p}{\partial T}\right)_V$,有

$$\left(\frac{\partial U}{\partial V}\right)_T = T\left(\frac{\partial p}{\partial T}\right)_V - p$$

将其代入前面的全微分式,得

$$dU = nC_{V,m}dT + \left[T\left(\frac{\partial P}{\partial T}\right)_V - p\right]dV$$

(2) 对理想气体,因 $p = \dfrac{nRT}{V}$,有

$$\left(\frac{\partial p}{\partial T}\right)_V = \frac{nR}{V}$$

代入 $\left(\dfrac{\partial U}{\partial V}\right)_T = T\left(\dfrac{\partial p}{\partial T}\right)_V - p$ 中,得

$$\left(\frac{\partial U}{\partial V}\right)_T = \frac{nRT}{V} - p = 0$$

(3) 对范德华气体,$p = \dfrac{nRT}{V - nb} - \dfrac{n^2 a}{V^2}$

$$\left(\frac{\partial p}{\partial T}\right)_V = \frac{nR}{V-nb}$$

则

$$\left(\frac{\partial U}{\partial V}\right)_T = \frac{nRT}{V-nb} - p = \frac{n^2 a}{V^2}$$

因范德华常数 $a>0$，故 $\left(\dfrac{\partial U}{\partial V}\right)_T > 0$，即范德华气体恒温膨胀时，其热力学能 U 增大，这表明范德华气体分子间存在引力。

》例 **3.7.3** 求证：$dS = \dfrac{nC_{p,\mathrm{m}}}{T}dT - \left(\dfrac{\partial V}{\partial T}\right)_p dp$

》证明：设 S 是 T、p 的函数，即 $S = S(T,p)$，求其全微分得

$$dS = \left(\frac{\partial S}{\partial T}\right)_p dT + \left(\frac{\partial S}{\partial p}\right)_T dp$$

又由式(3.7.17) $\left(\dfrac{\partial S}{\partial T}\right)_p = \dfrac{nC_{p,\mathrm{m}}}{T}$ 及麦克斯韦关系式(3.7.15) $-\left(\dfrac{\partial S}{\partial p}\right)_T = \left(\dfrac{\partial V}{\partial T}\right)_p$，代入全微分式得

$$dS = \frac{nC_{p,\mathrm{m}}}{T}dT - \left(\frac{\partial V}{\partial T}\right)_p dp$$

上述两个例题所证明的结果及习题 3.24 的结果，即

$$dU = nC_{V,\mathrm{m}}dT + \left[T\left(\frac{\partial p}{\partial T}\right)_V - p\right]dV \tag{3.7.19}$$

$$dS = \frac{nC_{p,\mathrm{m}}}{T}dT - \left(\frac{\partial V}{\partial T}\right)_p dp \tag{3.7.20}$$

$$dH = nC_{p,\mathrm{m}}dT + \left[V - T\left(\frac{\partial V}{\partial T}\right)_p\right]dp \tag{3.7.21}$$

其共同特点是：各式左侧均为不可测变量的全微分 dU、dS、dH，而右侧均为通过测量能得到的系统的 pVT 性质及热容。上述公式的成立，为利用 $C_{V,\mathrm{m}}$、$C_{p,\mathrm{m}}$ 及 p、V、T 等可测变量计算单纯 pVT 变化过程的 ΔU、ΔS、ΔH 提供了基础。这三个公式是计算单纯 pVT 变化过程 ΔU、ΔS、ΔH 的通式，不仅适用于理想气体，而且适用于真实气体和凝聚态系统。

》*例 **3.7.4** 试求氨在 298.15 K、101.325 kPa 下按理想气体处理时的规定熵 $S_{\mathrm{m}}(\mathrm{pg})$ 与该条件下按真实气体处理时规定熵 $S_{\mathrm{m}}(\mathrm{g})$ 之差 ΔS。真实氨气的 pVT 关系假设服从如下所示的贝塞罗(Berthelot)方程：

$$pV_m = RT\left[1 + \frac{9}{128}\frac{pT_c}{p_cT}\left(1 - 6\frac{T_c^2}{T^2}\right)\right]$$

>> **解**：所求 $\Delta S = S_m(pg) - S_m(g)$。与之相对应的始、末态如下框图所示。

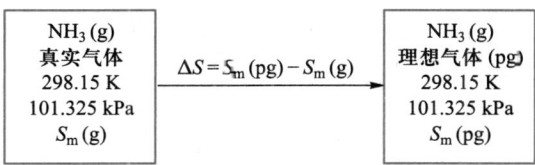

因任何真实气体在 $p \to 0$ 时都可认为是理想气体，故上述始、末态间可假设为下框图虚线所示的过程。

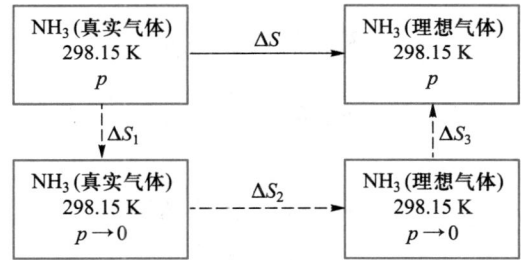

由状态函数法，有

$$\Delta S = \Delta S_1 + \Delta S_2 + \Delta S_3$$

其中 ΔS_1、ΔS_3 分别为氨作为真实气体与理想气体处理时恒温、变压过程引起的摩尔熵变，故

$$\Delta S_1 = \int_p^0 \left(\frac{\partial S_m}{\partial p}\right)_T dp \quad （真实气体）$$

$$\Delta S_3 = \int_0^p \left(\frac{\partial S_m}{\partial p}\right)_T dp \quad （理想气体）$$

又利用麦克斯韦关系式(3.7.15)，则上述两式变为

$$\Delta S_1 = -\int_p^0 \left(\frac{\partial V_m}{\partial T}\right)_p dp \quad （真实气体）$$

$$\Delta S_3 = -\int_0^p \left(\frac{\partial V_m}{\partial T}\right)_p dp \quad （理想气体）$$

按真实气体处理时，由其 pVT 状态方程，有

$$V_m = \frac{RT}{p}\left[1 + \frac{9}{128}\frac{pT_c}{p_cT}\left(1 - 6\frac{T_c^2}{T^2}\right)\right]$$

则

$$\left(\frac{\partial V_{\mathrm{m}}}{\partial T}\right)_p = \frac{R}{p} + \frac{9RT_{\mathrm{c}}}{128p_{\mathrm{c}}}\left(12\,\frac{T_{\mathrm{c}}^2}{T^3}\right)$$

$$= \frac{R}{p}\left(1 + \frac{27}{32}\,\frac{p}{p_{\mathrm{c}}}\,\frac{T_{\mathrm{c}}^3}{T^3}\right)$$

代入 ΔS_1 计算公式得

$$\Delta S_1 = \int_0^p \frac{R}{p}\left(1 + \frac{27}{32}\,\frac{p}{p_{\mathrm{c}}}\,\frac{T_{\mathrm{c}}^3}{T^3}\right)\mathrm{d}p$$

按理想气体处理时,因 $V_{\mathrm{m}} = \dfrac{RT}{p}$,故有 $\left(\dfrac{\partial V_{\mathrm{m}}}{\partial T}\right)_p = \dfrac{R}{p}$,代入 ΔS_3 计算公式得

$$\Delta S_3 = -\int_0^p \frac{R}{p}\mathrm{d}p$$

上面框图中,ΔS_2 所对应的始、末态实际上并无区别,故 $\Delta S_2 = 0$。
将上述 ΔS_1、ΔS_2、ΔS_3 相加,得

$$\Delta S = \Delta S_1 + \Delta S_2 + \Delta S_3$$

$$= \int_0^p \left(\frac{27}{32}\,\frac{R}{p_{\mathrm{c}}}\,\frac{T_{\mathrm{c}}^3}{T^3}\right)\mathrm{d}p$$

对恒温过程,有

$$\Delta S = \frac{27}{32}\,\frac{R}{p_{\mathrm{c}}}\,\frac{T_{\mathrm{c}}^3}{T^3}p$$

由附录三查得氨的临界参数为

$$T_{\mathrm{c}} = 405.5\ \mathrm{K}$$

$$p_{\mathrm{c}} = 1.135\times10^7\ \mathrm{Pa}$$

代入上式,得

$$\Delta S = \left[\frac{27}{32}\times\frac{8.314}{1.135\times10^7}\times\left(\frac{405.5}{298.15}\right)^3\times1.013\,25\times10^5\right]\ \mathrm{J\cdot mol^{-1}\cdot K^{-1}}$$

$$= 0.158\ \mathrm{J\cdot mol^{-1}\cdot K^{-1}}$$

§3.8 克拉佩龙方程

热力学基本方程揭示了热力学状态函数间的普遍关系。现以纯物质的两相平衡为例,推导两相平衡时系统的温度与压力之间的函数关系。

1. 克拉佩龙方程

设纯物质 B 的 α 相与 β 相在恒定温度 T、压力 p 下处于平衡：

重点难点

克拉佩龙
方程

$$B(\alpha, T, p) \xrightleftharpoons{\text{平衡}} B(\beta, T, p)$$

这里 α 和 β 分别代表两个不同的相，可以是气、液、固或不同的晶形。

由吉布斯函数判据式(3.6.8)知，恒温恒压下 α 和 β 两相平衡时，两相的摩尔吉布斯函数相等[如图 3.8.1(a)所示]，即

$$G_m(\alpha) = G_m(\beta)$$

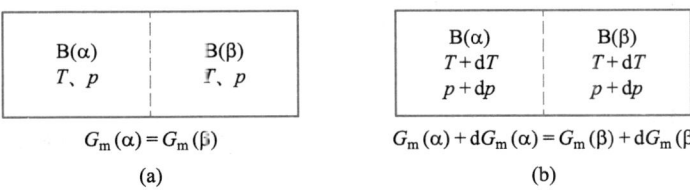

图 3.8.1 纯物质两相平衡关系

现将上述两相平衡的温度 T 变为 $T+dT$，要使系统仍维持两相平衡，则压力 p 必须相应地随之变化，设压力变为 $p+dp$。两相在新的温度$(T+dT)$ 和压力$(p+dp)$下处于新的平衡：

$$B(\alpha, T+dT, p+dp) \xrightleftharpoons{\text{平衡}} B(\beta, T+dT, p+dp)$$

新平衡下两相的摩尔吉布斯函数仍应相等[如图 3.8.1(b)所示]，即

$$G_m(\alpha) + dG_m(\alpha) = G_m(\beta) + dG_m(\beta)$$

这里 $dG_m(\alpha)$、$dG_m(\beta)$ 分别为新、旧平衡间两相摩尔吉布斯函数的增量。

上述两式相减，有

$$dG_m(\alpha) = dG_m(\beta)$$

将热力学基本方程应用于每一相，有

$$-S_m(\alpha)dT + V_m(\alpha)dp = -S_m(\beta)dT + V_m(\beta)dp$$

移项整理得

$$[V_m(\beta) - V_m(\alpha)]dp = [S_m(\beta) - S_m(\alpha)]dT$$

令

$$\Delta_\alpha^\beta V_m = V_m(\beta) - V_m(\alpha), \Delta_\alpha^\beta S_m = S_m(\beta) - S_m(\alpha)$$

则

$$\frac{dp}{dT} = \frac{\Delta_\alpha^\beta S_m}{\Delta_\alpha^\beta V_m}$$

又因 $\Delta_\alpha^\beta S_m = \Delta_\alpha^\beta H_m / T$，代入上式得

$$\frac{\mathrm{d}p}{\mathrm{d}T} = \frac{\Delta_\alpha^\beta H_m}{T \Delta_\alpha^\beta V_m} \tag{3.8.1a}$$

此式称为**克拉佩龙(Clapeyron)方程**。它描述的是纯物质两相平衡时，平衡压力 p 与平衡温度 T 之间的关系。上述关系适用于纯物质任何两相平衡，如蒸发、熔化、升华、晶形转变等。在蒸发、升华过程中，平衡压力 p 即为温度为 T 时的饱和蒸气压，$\mathrm{d}p/\mathrm{d}T$ 即为气液、气固平衡时，饱和蒸气压随 T 的变化率。而对于熔化、晶形转变过程，通常关注熔点、晶形转变温度 T 随 p 的变化情况，此时，克拉佩龙方程(3.8.1a)常改写为如下形式：

$$\frac{\mathrm{d}T}{\mathrm{d}p} = \frac{T \Delta_\alpha^\beta V_m}{\Delta_\alpha^\beta H_m} \tag{3.8.1b}$$

两者是完全等价的。

    在单组分 p-T 相图中，气液、气固、液固等两相平衡线的变化趋势可通过克拉佩龙方程(3.8.1a)分析。

》例 3.8.1 已知 100 kPa 下冰的熔点为 0 ℃，此条件下冰的摩尔熔化焓 $\Delta_s^l H_m = 6\,008\ \mathrm{J \cdot mol^{-1}}$，冰和水的密度分别为 $\rho_s = 0.916\,8\ \mathrm{g \cdot cm^{-3}}$，$\rho_l = 0.999\,8\ \mathrm{g \cdot cm^{-3}}$。试求将外压增至 15 MPa 时，冰的熔点为多少？

》解：由克拉佩龙方程(3.8.1b)

$$\frac{\mathrm{d}T}{\mathrm{d}p} = \frac{T \Delta_s^l V_m}{\Delta_s^l H_m}$$

有

$$\frac{\mathrm{d}T}{T} = \frac{\Delta_s^l V_m}{\Delta_s^l H_m} \mathrm{d}p$$

两边积分，得

$$\ln \frac{T_2}{T_1} = \frac{\Delta_s^l V_m}{\Delta_s^l H_m}(p_2 - p_1)$$

其中

$$\Delta_s^l V_m = \left(\frac{1}{\rho_l} - \frac{1}{\rho_s} \right) M$$

$$= \left[\left(\frac{1}{0.999\,8} - \frac{1}{0.916\,8} \right) \times 18.015 \times 10^{-6} \right]\ \mathrm{m^3 \cdot mol^{-1}}$$

$$= -1.631 \times 10^{-6}\ \mathrm{m^3 \cdot mol^{-1}}$$

代入积分式：

$$\ln \frac{T_2}{T_1} = \frac{\Delta_s^l V_m}{\Delta_s^l H_m}(p_2 - p_1) = \frac{-1.631 \times 10^{-6}}{6\,008} \times (15 \times 10^6 - 10^5) = -4.045 \times 10^{-3}$$

解得
$$\frac{T_2}{T_1} = 0.996$$

即
$$T_2 = 272.06 \text{ K}$$

$$t_2 = -1.09 \text{ °C}$$

冰融化时,因 $\Delta_s^l V_m < 0$,$\Delta_s^l H_m > 0$,则 $\dfrac{dT}{dp} < 0$,即加压后熔点降低。

---

2. 克劳修斯-克拉佩龙方程

克拉佩龙方程适用于纯物质任何两相平衡,且是严格成立的,因推导过程中没有做任何假设与近似处理。将其用于气液、气固平衡,并做合理的近似,可导出描述气液、气固平衡时饱和蒸气压 p 与温度 T 关系的克劳修斯-克拉佩龙方程。

以液体蒸发过程为例,其克拉佩龙方程形式为

$$\frac{dp}{dT} = \frac{\Delta_l^g H_m}{T \Delta_l^g V_m} \tag{3.8.2}$$

在远低于临界温度的条件下,与蒸气的摩尔体积 $V_m(g)$ 相比,液体的摩尔体积 $V_m(l)$ 很小,可以近似认为 $\Delta_l^g V_m = V_m(g) - V_m(l) \approx V_m(g)$。假设蒸气为理想气体,由理想气体状态方程,有 $V_m(g) = RT/p$。将其代入克拉佩龙方程(3.8.2)中,有

$$\frac{dp}{dT} = \frac{\Delta_l^g H_m}{RT^2} p$$

即

$$\frac{d\ln p}{dT} = \frac{\Delta_l^g H_m}{RT^2} \tag{3.8.3}$$

此式即为**克劳修斯-克拉佩龙方程**(简称**克-克方程**)的微分式。

当温度变化不大时,假设摩尔蒸发焓 $\Delta_l^g H_m$ 不随温度 T 变化,将上式积分,可得**克-克方程的积分形式**如下:

不定积分式:
$$\ln p = -\frac{\Delta_l^g H_m}{R} \cdot \frac{1}{T} + C \tag{3.8.4}$$

定积分式:
$$\ln \frac{p_2}{p_1} = -\frac{\Delta_l^g H_m}{R} \left(\frac{1}{T_2} - \frac{1}{T_1} \right) \tag{3.8.5}$$

若实验测得某液体一系列不同 T 下的饱和蒸气压数据时,可利用不定积分式(3.8.4),将 $\ln p$ 对 $\dfrac{1}{T}$ 作图,得一直线,由直线斜率可求得液体的摩尔蒸发焓 $\Delta_l^g H_m$。

重点难点

克-克方程

若已知两个不同温度下的饱和蒸气压,可利用定积分式(3.8.5)计算摩尔蒸发焓 $\Delta_l^g H_m$；若已知摩尔蒸发焓 $\Delta_l^g H_m$[①] 及一个温度 T_1 的饱和蒸气压 p_1,则可计算另一温度 T_2 下的饱和蒸气压 p_2。

目前工程上最常用的是**安托万(Antoine)方程**:

$$\lg p = A - \frac{B}{t+C} \tag{3.8.6}$$

式中,A、B、C 都是与物质有关的特性常数,称为安托万常数。各种物质的安托万常数可在有关手册中查到。

» 例 3.8.2 已知 101.325 kPa 下水的沸点为 100 ℃,摩尔蒸发焓 $\Delta_l^g H_m = 40.668\ kJ \cdot mol^{-1}$,假设其不随温度变化。试计算西藏某地区水的沸点(大气压力为 78.50 kPa)。

» 解:将已知条件代入克—克方程定积分式(3.8.5)

$$\ln \frac{p_2}{p_1} = -\frac{\Delta_l^g H_m}{R}\left(\frac{1}{T_2} - \frac{1}{T_1}\right)$$

有

$$\ln \frac{78.50}{101.325} = -\frac{40.668 \times 10^3}{8.314}\left(\frac{1}{T_2/K} - \frac{1}{373.15}\right)$$

解得

$$T_2 = 366.02\ K$$

$$t_2 = 92.87\ ℃$$

即在大气压力为 78.50 kPa 的高原地区,水沸腾时的温度为 92.87 ℃。

本章小结

利用热力学第二定律,可判断热力学过程的方向和限度。

在本章中,熵 S、亥姆霍兹函数 A、吉布斯函数 G 等热力学函数被引入,其中熵 S 是热力学第二定律中最基本的状态函数,而 A 和 G 是由 U、S 及 p、V、T 组合得出的,它们均为状态函数。

熵函数 S 是通过可逆过程的热温商定义的,即 $dS = \dfrac{\delta Q_r}{T}$。定义了 S 以后,在卡诺定理

[①]　在缺乏摩尔蒸发焓数据时,可用经验规则估算。对非极性液体在正常沸点 T_b 时,有

$$\Delta_l^g H_m / T_b = \Delta_l^g S_m \approx 88\ J \cdot mol^{-1} \cdot K^{-1}$$

此近似规则称为特鲁顿(Trouton)规则。

的基础上,得出了热力学第二定律的数学表达式,即克劳修斯不等式 $dS \geqslant \dfrac{\delta Q}{T}$,将其应用于隔离系统导出了隔离系统的熵判据(即熵增原理),在此基础上进而分别导出了亥姆霍兹函数判据和吉布斯函数判据:

$$\begin{cases} \Delta S_{\text{iso}} \geqslant 0 & \text{(隔离系统)} \\ \Delta A_{T,V} \leqslant 0 & \text{(恒温恒容,} W' = 0) \\ \Delta G_{T,p} \leqslant 0 & \text{(恒温恒压,} W' = 0) \end{cases}$$

S、A、G 三个热力学函数的引入,使得人们可通过热力学的定量计算判断过程的方向和限度。

　　计算过程中系统的 ΔS、ΔA、ΔG 也常常要用到状态函数法,所用到的基础热力学数据除了上一章介绍的摩尔定容热容 $C_{V,\text{m}}$ 与摩尔定压热容 $C_{p,\text{m}}$(单纯 pVT 变化)、摩尔相变焓 $\Delta_\beta^\alpha H_{\text{m}}$(相变化)、标准摩尔生成焓 $\Delta_f H_{\text{m}}^\ominus$ 与标准摩尔燃烧焓 $\Delta_c H_{\text{m}}^\ominus$(化学反应变化过程)外,还有标准摩尔熵 $S_{\text{m}}^\ominus$ 及标准摩尔生成吉布斯函数 $\Delta_f G_{\text{m}}^\ominus$,其中 $S_{\text{m}}^\ominus$ 是基于热力学第三定律得出的,它是计算化学变化过程熵变 ΔS 的基础数据,而 $\Delta_f G_{\text{m}}^\ominus$ 在计算化学变化过程的吉布斯函数变 $\Delta_r G_{\text{m}}$ 中常常用到。

　　热力学基本方程及麦克斯韦关系式等热力学关系式是本章另一重要内容。这些关系式将 U、H、S、A、G 等不可测量的量与 p、V、T 等可测量的量联系起来。利用这些关系式,在单纯 pVT 变化中,热力学状态函数的增量(ΔU、ΔH、ΔS、ΔA、ΔG)均可通过基础热力学数据 $C_{V,\text{m}}$、$C_{p,\text{m}}$ 及 pVT 关系求出[见式(3.7.19)~式(3.7.21)]。它们具有普遍性,适用于理想气体、真实气体、凝聚态物质等系统发生单纯 pVT 变化过程的计算。在相平衡系统中,导出了描述纯物质任何两相平衡时的 T-p 关系式,即克拉佩龙方程。在化学平衡系统中,标准平衡常数 $K^\ominus$ 随 T 的变化是通过利用吉布斯-亥姆霍兹方程这一热力学关系式得出的。热力学关系式在整个热力学中是极为重要的。

概念题

　　1. 在高温热源 T_1 和低温热源 T_2 之间工作的热机,其最大热机效率 $\eta = ($ 　　　　$)$。从热力学角度分析,要提高热机效率,采取的措施有($\qquad\qquad$)。

　　2. 请在 H—S 图上画出以理想气体为工质的卡诺循环示意图(注明过程方向)。

　　3. 某系统在与环境 300 K 大热源接触下经历一不可逆循环过程,系统从环境得到 10 kJ 的功,则系统与环境交换的热 $Q = ($ 　　$)$,$\Delta S_{\text{sys}} = ($ 　　　$)$,$\Delta S_{\text{amb}} = ($ 　　　$)$。

　　4. 下列变化过程中,系统的状态函数改变量 ΔU、ΔH、ΔS、ΔG 何者为零?

　　(1) 一定量理想气体绝热自由膨胀过程;

　　(2) 一定量真实气体绝热可逆膨胀过程;

　　(3) 真实气体节流膨胀过程;

　　(4) 一定量的水在 0 ℃、101.325 kPa 条件下结冰;

　　(5) 苯在某绝热、刚性容器中燃烧。

5. 在绝热密闭刚性容器中发生某一化学反应,系统末态温度升高,压力增大,则此过程的 ΔU(   ),ΔH(   ),ΔS(   ),ΔS_{amb}(   )。(填入 >0、<0 或 =0)

6. 一定量理想气体,恒温条件下熵随体积的变化率 $\left(\dfrac{\partial S}{\partial V}\right)_T$ =(   );一定量范德华气体,恒温条件下熵随体积的变化率 $\left(\dfrac{\partial S}{\partial V}\right)_T$ =(   );范德华气体从 p_1、$V_{\text{m},1}$ 到 p_2、$V_{\text{m},2}$ 恒温过程的 ΔS_{m} =(   )。

7. 基于热力学第三定律,一定条件下某气体的规定熵一定(   )。同种物质在相同温度、压力下,S_{m}(完美晶体)(   )S_{m}(不完美晶体)。(第一空填入 >0、<0 或 =0;第二空填入 >、<或 =)

8. 对于一定量的理想气体,偏微分 $\left(\dfrac{\partial H}{\partial T}\right)_p$、$\left(\dfrac{\partial H}{\partial p}\right)_S$、$\left(\dfrac{\partial G}{\partial T}\right)_p$、$\left(\dfrac{\partial S}{\partial p}\right)_T$ 和 $\left(\dfrac{\partial^2 G}{\partial T^2}\right)_p$ 中,数值小于零的是(   )。

9. $\left(\dfrac{\partial G}{\partial p}\right)_T$ =(   ),该式表明,恒温 T 下吉布斯函数 G 随压力 p 增大而(   )。物质的量为 n、密度为 ρ 的某液体,恒温下压力从 p_1 变化到 p_2,其 ΔG =(   )。假设液体体积不随压力变化。

10. 在 $-5\ ^{\circ}\text{C}$、101.325 kPa 条件下过冷水结冰,则此过程的 W(   ),Q(   ),ΔH(   ),ΔS(   ),ΔG(   )。(填入 >0、<0 或 =0)

11. 在真空密闭的容器中 1 mol、100 ℃、101.325 kPa 的水完全蒸发为 100 ℃、101.325 kPa 的水蒸气,此过程的 W(   ),ΔH(   ),ΔS(   ),ΔG(   ),ΔA(   )。(填入 >0、<0 或 =0)

12. 在某绝热刚性容器中有一绝热隔板,其两侧放有相同状态(n,T,V)的氧气与氮气,抽去隔板充分混合后,该过程的 ΔS(   ),ΔU(   ),ΔH(   )。若两侧均为氧气,抽去隔板后,过程的 ΔS(   )。(填入 >0、<0 或 =0)

13. 封闭系统中,在恒温恒压条件下发生某一化学反应,反应系统的 $\Delta_r S_{\text{m}}$(   )$\dfrac{\Delta_r H_{\text{m}}}{T}$(填入 >、<或 =),其原因是(   )。

14. 已知同温度下水的密度大于冰的密度,则增加压力时 $H_2O(l)$ 的凝固点将(   ),$H_2O(l)$ 的沸点将(   )。所依据的公式为(   )。

习题

3.1 卡诺热机在 T_1 = 600 K 的高温热源和 T_2 = 300 K 的低温热源间工作。求:

(1) 热机效率 η;

(2) 当向环境做功 $-W$ = 100 kJ 时,系统从高温热源吸收的热 Q_1 及向低温热源放出的热 $-Q_2$。

答:(1) 0.5;(2) Q_1 = 200 kJ,$-Q_2$ = 100 kJ

3.2 某地热水的温度为 65 ℃,大气温度为 20 ℃。若分别利用一可逆热机和一不可逆热机从地热水中取出 1 000 J 的热量,分别计算:

(1) 两热机对外所做功,已知不可逆热机效率是可逆热机效率的 80%;

(2) 两热机向大气中放出的热。

答:(1) W_r = -133 J,W = -106.5 J;(2) $Q_{r,2}$ = -867 J,Q_2 = -893.5 J

3.3 高温热源温度 T_1 = 600 K,低温热源温度 T_2 = 300 K。今有 120 kJ 的热直接从高温热源传给低温热源,求此过程两热源的总熵变 ΔS。

答：$200\,\mathrm{J\cdot K^{-1}}$

3.4　已知氮$(\mathrm{N_2,g})$的摩尔定压热容与温度的函数关系为

$$C_{p,m} = [27.32 + 6.226\times10^{-3}(T/\mathrm{K}) - 9.502\times10^{-7}(T/\mathrm{K})^2]\,\mathrm{J\cdot mol^{-1}\cdot K^{-1}}$$

将始态为$300\,\mathrm{K}$、$100\,\mathrm{kPa}$下的$1\,\mathrm{mol}\ \mathrm{N_2(g)}$置于$1\,000\,\mathrm{K}$的热源中，求系统分别经(1)恒压过程；(2)恒容过程达到平衡态时的Q、ΔS及ΔS_{iso}。

答：(1)$Q = 21.65\,\mathrm{kJ}$，$\Delta S = 36.82\,\mathrm{J\cdot K^{-1}}$，$\Delta S_{\mathrm{iso}} = 15.17\,\mathrm{J\cdot K^{-1}}$；

(2)$Q = 15.83\,\mathrm{kJ}$，$\Delta S = 26.81\,\mathrm{J\cdot K^{-1}}$，$\Delta S_{\mathrm{iso}} = 10.98\,\mathrm{J\cdot K^{-1}}$

3.5　始态为$T_1 = 300\,\mathrm{K}$，$p_1 = 200\,\mathrm{kPa}$的某双原子理想气体$1\,\mathrm{mol}$，经下列不同途径变化到$T_2 = 300\,\mathrm{K}$、$p_2 = 100\,\mathrm{kPa}$的末态。求如下不同途径各步骤的Q、ΔS。

(1)恒温可逆膨胀；

(2)先恒容冷却使压力降至$100\,\mathrm{kPa}$，再恒压加热至T_2；

(3)先绝热可逆膨胀使压力降至$100\,\mathrm{kPa}$，再恒压加热至T_2。

答：(1)$Q = 1.729\,\mathrm{kJ}$，$\Delta S = 5.76\,\mathrm{J\cdot K^{-1}}$；

(2)$Q = 1.247\,\mathrm{kJ}$，$\Delta S = 5.76\,\mathrm{J\cdot K^{-1}}$；

(3)$Q_1 = 0$，$\Delta S_1 = 0$，$Q = Q_2 = 1.568\,\mathrm{kJ}$，$\Delta S = \Delta S_2 = 5.76\,\mathrm{J\cdot K^{-1}}$

3.6　$1\,\mathrm{mol}$理想气体在$T = 300\,\mathrm{K}$下，从始态$100\,\mathrm{kPa}$经历下列各过程达到各自的平衡态。求各过程的Q、ΔS、ΔS_{iso}。

(1)可逆膨胀至末态压力$50\,\mathrm{kPa}$；

(2)反抗恒定外压$50\,\mathrm{kPa}$不可逆膨胀至平衡态；

(3)向真空自由膨胀至原体积的2倍。

答：(1)$Q = 1.729\,\mathrm{kJ}$，$\Delta S = 5.763\,\mathrm{J\cdot K^{-1}}$，$\Delta S_{\mathrm{iso}} = 0$；

(2)$Q = 1.247\,\mathrm{kJ}$，$\Delta S = 5.763\,\mathrm{J\cdot K^{-1}}$，$\Delta S_{\mathrm{iso}} = 1.606\,\mathrm{J\cdot K^{-1}}$；

(3)$Q = 0$，$\Delta S = 5.763\,\mathrm{J\cdot K^{-1}}$，$\Delta S_{\mathrm{iso}} = 5.763\,\mathrm{J\cdot K^{-1}}$

3.7　$2\,\mathrm{mol}$双原子理想气体从始态$300\,\mathrm{K}$、$50\,\mathrm{dm^3}$，先恒容加热至$400\,\mathrm{K}$，再恒压加热使体积增大到$100\,\mathrm{dm^3}$。求整个过程的Q、W、ΔU、ΔH、ΔS。

答：$Q = 27.44\,\mathrm{kJ}$，$W = -6.65\,\mathrm{kJ}$，$\Delta U = 20.79\,\mathrm{kJ}$，$\Delta H = 29.10\,\mathrm{kJ}$，$\Delta S = 52.30\,\mathrm{J\cdot K^{-1}}$

3.8　$5\,\mathrm{mol}$单原子理想气体从始态$300\,\mathrm{K}$、$50\,\mathrm{kPa}$，先绝热可逆压缩至$100\,\mathrm{kPa}$，再恒压冷却使体积缩小至$85\,\mathrm{dm^3}$，求整个过程的Q、W、ΔU、ΔH及ΔS。

答：$Q = -19.890\,\mathrm{kJ}$，$W = 13.932\,\mathrm{kJ}$，$\Delta U = -5.958\,\mathrm{kJ}$，

$\Delta H = -9.930\,\mathrm{kJ}$，$\Delta S = -68.66\,\mathrm{J\cdot K^{-1}}$

3.9　始态$300\,\mathrm{K}$、$1\,\mathrm{MPa}$的单原子理想气体$2\,\mathrm{mol}$，反抗$0.2\,\mathrm{MPa}$的恒定外压绝热不可逆膨胀至平衡态。求过程的W、ΔU、ΔH及ΔS。

答：$W = \Delta U = -2.395\,\mathrm{kJ}$，$\Delta H = -3.991\,\mathrm{kJ}$，$\Delta S = 10.73\,\mathrm{J\cdot K^{-1}}$

3.10　常压下将$100\,\mathrm{g}$、$27\,℃$的水与$200\,\mathrm{g}$、$72\,℃$的水在绝热容器中混合，求最终水温t及过程的熵变ΔS。已知水的比定压热容$c_p = 4.184\,\mathrm{J\cdot g^{-1}\cdot K^{-1}}$。

答：$t = 57\,℃$，$\Delta S = 2.68\,\mathrm{J\cdot K^{-1}}$

3.11　绝热恒容容器中有一绝热耐压隔板，隔板一侧为$2\,\mathrm{mol}$的$200\,\mathrm{K}$、$50\,\mathrm{dm^3}$的单原子理想气体A，另一侧为$3\,\mathrm{mol}$的$400\,\mathrm{K}$、$100\,\mathrm{dm^3}$的双原子理想气体B。今将容器中的绝热隔板撤去，气体A与气体B混合达到平衡。求过程的ΔS。

答：$\Delta S = 32.22\,\mathrm{J\cdot K^{-1}}$

3.12 绝热恒容容器中有一绝热耐压隔板,隔板两侧均为 $N_2(g)$。一侧容积 50 dm³,内有 200 K 的 $N_2(g)$ 2 mol;另一侧容积为 75 dm³,内有 500 K 的 $N_2(g)$ 4 mol;$N_2(g)$ 可认为是理想气体。今将容器中的绝热隔板撤去,使系统达到平衡态。求过程的 ΔS。

答:$\Delta S = 10.735 \text{ J} \cdot \text{K}^{-1}$

3.13 甲醇(CH_3OH)在 101.325 kPa 下的沸点(正常沸点)为 64.65 ℃,在此条件下的摩尔蒸发焓 $\Delta_{vap}H_m = 35.32 \text{ kJ} \cdot \text{mol}^{-1}$。求在上述温度、压力条件下,1 kg 液态甲醇全部变为甲醇蒸气时的 Q、W、ΔU、ΔH 及 ΔS。

答:$Q = \Delta H = 1\,102.30 \text{ kJ}$,$W = -87.65 \text{ kJ}$,$\Delta U = 1\,014.65 \text{ kJ}$,$\Delta S = 3.263 \text{ kJ} \cdot \text{K}^{-1}$

3.14 298.15 K、101.325 kPa 下,1 mol 过饱和水蒸气变为同温同压下的液态水。求此过程的 ΔS 及 ΔG。并判断此过程能否自动进行。已知 298.15 K 时水的饱和蒸气压为 3.166 kPa,质量蒸发焓为 2 217 $\text{J} \cdot \text{g}^{-1}$。

答:$\Delta S = -105.15 \text{ J} \cdot \text{K}^{-1}$,$\Delta G = -8.590 \text{ kJ}$

3.15 常压下冰的熔点为 0 ℃,比熔化焓 $\Delta_{fus}h = 333.3 \text{ J} \cdot \text{g}^{-1}$,水和冰的比定压热容分别为 $c_p(H_2O,l) = 4.184 \text{ J} \cdot \text{g}^{-1} \cdot \text{K}^{-1}$,$c_p(H_2O,s) = 2.000 \text{ J} \cdot \text{g}^{-1} \cdot \text{K}^{-1}$。系统的始态为一绝热容器中的 1 kg、25 ℃ 的水及 0.5 kg、-10 ℃ 的冰。求系统达到平衡态后,过程的 ΔS。

答:$\Delta S = 17.21 \text{ J} \cdot \text{K}^{-1}$

3.16 将装有 0.1 mol 乙醚($(C_2H_5)_2O(l)$)的小玻璃瓶放入容积为 10 dm³ 的恒容密闭真空容器中,并在 35.51 ℃ 的恒温槽中恒温。已知乙醚的正常沸点为 35.51 ℃,此条件下乙醚的摩尔蒸发焓 $\Delta_{vap}H_m = 25.104 \text{ kJ} \cdot \text{mol}^{-1}$。今将小玻璃瓶打破,乙醚蒸发至平衡态。求:

(1) 乙醚蒸气的压力;

(2) 过程的 Q、ΔU、ΔH 及 ΔS。

答:(1) $p = 25.662 \text{ kPa}$;(2) $Q = \Delta U = 2.253\,8 \text{ kJ}$,$\Delta H = 2.510\,4 \text{ kJ}$,$\Delta S = 9.275 \text{ J} \cdot \text{K}^{-1}$

3.17 已知苯(C_6H_6)的正常沸点为 80.1 ℃,$\Delta_{vap}H_m = 30.878 \text{ kJ} \cdot \text{mol}^{-1}$。液体苯的摩尔定压热容为 $C_{p,m} = 142.7 \text{ J} \cdot \text{mol}^{-1} \cdot \text{K}^{-1}$。今将 1 mol、80.1 ℃、40.53 kPa 的苯蒸气,先恒温可逆压缩至 101.325 kPa,并凝结成液态苯,再在恒压下冷却至 60 ℃。求整个过程的 Q、W、ΔU、ΔH 及 ΔS。

答:$Q = -36.437 \text{ kJ}$,$W = 5.628 \text{ kJ}$,$\Delta U = -30.809 \text{ kJ}$,$\Delta H = -33.746 \text{ kJ}$,$\Delta S = -103.39 \text{ J} \cdot \text{K}^{-1}$

3.18 已知 $O_2(g)$ 的摩尔定压热容与温度的函数关系为

$$C_{p,m} = [28.17 + 6.297 \times 10^{-3}(T/K) - 0.749\,4 \times 10^{-6}(T/K)^2] \text{ J} \cdot \text{mol}^{-1} \cdot \text{K}^{-1}$$

且 25 ℃ 时 $O_2(g)$ 的标准摩尔熵 $S_m^{\ominus} = 205.138 \text{ J} \cdot \text{mol}^{-1} \cdot \text{K}^{-1}$。求 $O_2(g)$ 在 100 ℃、50 kPa 下的摩尔规定熵 S_m。

答:$217.675 \text{ J} \cdot \text{mol}^{-1} \cdot \text{K}^{-1}$

3.19 已知 25 ℃ 时,液态水的标准摩尔生成吉布斯函数 $\Delta_f G_m^{\ominus}(H_2O,l) = -237.129 \text{ kJ} \cdot \text{mol}^{-1}$,饱和蒸气压 $p^* = 3.166\,3 \text{ kPa}$。求 25 ℃ 时水蒸气的标准摩尔生成吉布斯函数。

答:$-228.570 \text{ kJ} \cdot \text{mol}^{-1}$

3.20 100 ℃ 的恒温槽中有一带活塞的导热圆筒,筒中为 2 mol $N_2(g)$ 及装于小玻璃瓶中的 3 mol $H_2O(l)$。环境的压力即系统的压力维持 120 kPa 不变。今将小玻璃瓶打碎,液态水蒸发至平衡态。求过程的 Q、W、ΔU、ΔH、ΔS、ΔA 及 ΔG。

已知 100 ℃ 水的饱和蒸气压为 101.325 kPa,此条件下水的摩尔蒸发焓 $\Delta_{vap}H_m = 40.668 \text{ kJ} \cdot \text{mol}^{-1}$。

答:$Q = \Delta H = 122.004 \text{ kJ}$,$W = -9.307 \text{ kJ}$,$\Delta U = 112.697 \text{ kJ}$,

$\Delta S = 350.71 \text{ J} \cdot \text{K}^{-1}$,$\Delta A = -18.170 \text{ kJ}$,$\Delta G = -8.864 \text{ kJ}$

3.21 已知 100 ℃ 水的饱和蒸气压为 101.325 kPa,此条件下水的摩尔蒸发焓 $\Delta_{vap}H_m = 40.668 \text{ kJ} \cdot \text{mol}^{-1}$。在置于 100 ℃ 恒温槽中的容积为 100 dm³ 的密闭容器中,有压力 120 kPa 的过饱和水蒸气。此状态为亚稳

态。今过饱和水蒸气失稳,部分凝结成液态水达到热力学稳定的平衡态。求过程的 Q、ΔU、ΔH、ΔS、ΔA 及 ΔG。

$$答:Q = \Delta U = -22.615 \text{ kJ}, \Delta H = -24.482 \text{ kJ}, \Delta S = -60.169 \text{ J·K}^{-1},$$
$$\Delta A = -0.1625 \text{ kJ}, \Delta G = -2.030 \text{ kJ}$$

3.22 已知在 100 kPa 下水的凝固点为 0 ℃。在 -5 ℃ 时,过冷水的比凝固焓 $\Delta_s^l h = -322.4 \text{ J·g}^{-1}$,过冷水和冰的饱和蒸气压分别为 $p^*(H_2O,l) = 0.422 \text{ kPa}$ 及 $p^*(H_2O,s) = 0.402 \text{ kPa}$。今在 100 kPa 下,有 1 kg、$-5$ ℃ 的过冷水变为同样温度、压力下的冰。设计可逆途径,分别按可逆途径计算过程的 ΔS 及 ΔG。

$$答:\Delta S = -1.180 \text{ kJ·K}^{-1}, \Delta G = -6.009 \text{ kJ}$$

3.23 化学反应如下:

$$CH_4(g) + CO_2(g) = 2CO(g) + 2H_2(g)$$

(1) 利用附录中各物质的 $S_m^\ominus$、$\Delta_f H_m^\ominus$ 数据,求上述反应在 25 ℃ 时的 $\Delta_r S_m^\ominus$、$\Delta_r G_m^\ominus$;

(2) 利用附录中各物质的 $\Delta_f G_m^\ominus$ 数据,计算上述反应在 25 ℃ 时的 $\Delta_r G_m^\ominus$;

(3) 25 ℃ 下,若始态 $CH_4(g)$ 和 $CO_2(g)$ 的分压均为 150 kPa,末态 $CO(g)$ 和 $H_2(g)$ 的分压均为 50 kPa,求反应的 $\Delta_r S_m$、$\Delta_r G_m$。

$$答:(1)\ \Delta_r S_m^\ominus = 256.712 \text{ J·mol}^{-1}\text{·K}^{-1}, \Delta_r G_m^\ominus = 170.730 \text{ kJ·mol}^{-1};$$
$$(2)\ \Delta_r G_m^\ominus = 170.743 \text{ kJ·mol}^{-1};$$
$$(3)\ \Delta_r S_m = 286.505 \text{ J·mol}^{-1}\text{·K}^{-1}, \Delta_r G_m = 161.847 \text{ kJ·mol}^{-1}$$

3.24 求证:

(1) $dH = nC_{p,m}dT + \left[V - T\left(\frac{\partial V}{\partial T}\right)_p \right]dp$

(2) 对理想气体 $\left(\frac{\partial H}{\partial p}\right)_T = 0$

3.25 求证:

(1) $dS = \frac{nC_{V,m}}{T}\left(\frac{\partial T}{\partial p}\right)_V dp + \frac{nC_{p,m}}{T}\left(\frac{\partial T}{\partial V}\right)_p dV$

(2) 对理想气体 $dS = nC_{V,m}d\ln p + nC_{p,m}d\ln V$

3.26 求证:

(1) $dS = \frac{nC_{V,m}}{T}dT + \left(\frac{\partial p}{\partial T}\right)_V dV$

(2) 对范德华气体,且 $C_{V,m}$ 为定值时,绝热可逆过程方程式为

$$T^{C_{V,m}}(V_m - b)^R = 常数$$

$$\left(p + \frac{a}{V_m^2}\right)^{C_{V,m}}(V_m - b)^{C_{V,m}+R} = 常数$$

提示:绝热可逆过程 $\Delta S = 0$。

3.27 求证:

(1) 焦耳-汤姆孙系数

$$\mu_{J-T} = \frac{1}{C_{p,m}}\left[T\left(\frac{\partial V_m}{\partial T}\right)_p - V_m \right]$$

(2) 对理想气体

$$\mu_{J-T} = 0$$

3.28 已知水在 77 ℃ 时的饱和蒸气压为 41.891 kPa。水在 101.325 kPa 下的正常沸点为 100 ℃。求:

(1) 下面表示水的蒸气压与温度关系的方程式中的 A 和 B 值：

$$\lg(p/\text{Pa}) = -A/T + B$$

(2) 在此温度范围内水的摩尔蒸发焓；

(3) 在多大压力下水的沸点为 105 ℃？

答：(1) $A = 2\,179.133\ \text{K}, B = 10.845\,55$；(2) 41.724 kJ·mol^{-1}；(3) 121.042 kPa

3.29   水(H_2O)和氯仿($CHCl_3$)在 101.325 kPa 下的正常沸点分别为 100 ℃和 61.5 ℃，摩尔蒸发焓分别为 $\Delta_{\text{vap}} H_{\text{m}}(H_2O) = 40.668$ kJ·mol^{-1}和 $\Delta_{\text{vap}} H_{\text{m}}(CHCl_3) = 29.50$ kJ·mol^{-1}。求两液体具有相同饱和蒸气压时的温度。

答：262.9 ℃

第四章 多组分系统热力学

前面的第二章和第三章为热力学基础部分,主要介绍了热力学第一定律和第二定律,并介绍了如何用它们来计算简单系统发生变化后能量的改变,以及如何判断过程发生的方向和限度。

这里所说的简单系统是指由一个或几个纯物质相和组成不变的相形成的平衡系统。组成不变的相在处理时可以按一种物质对待。

但是在化学、化工中常见的系统往往是多相多组分系统,而且系统内部常常发生相变或化学反应,使得系统的相和组成发生变化,而前面所讲的对简单系统适用的热力学方法并不能直接用于这些复杂系统,这一困难使得热力学第一定律和第二定律在建立初期的相当长一段时间内没能应用到化学中来,化学在那时还只是一门实验科学。复杂系统热力学问题的解决得益于吉布斯的巨大贡献——即本章所要介绍的建立在偏摩尔量和化学势基础上的多组分系统热力学。吉布斯通过提出化学势的概念将热力学引入化学中,打破了物理学和化学两大学科的界限,奠定了物理化学的理论基础和它在化学中的理论指导地位,使热力学在化学研究和应用中发挥了重要作用。

多组分系统可以是单相的或多相的。对多相系统,处理时可以把它先分成几个单相的多组分系统来计算,然后再加和。所以单相的多组分系统是本章讨论的重点。

单相多组分系统是由两种或两种以上物质以分子水平混合而成的均匀系统。为了热力学上讨论方便,按处理方法的不同,把它划分为**混合物**和**溶液**。对混合物中每种组分选用同样的规律加以研究;而对溶液中的组分则区分为溶剂和溶质,且二者符合不同的规律。

按聚集状态不同,混合物可分为气态混合物、液态混合物和固态混合物;溶液则分为液态溶液和固态溶液。本章中,除非特别指明,混合物即指液态混合物,溶液即指液态溶液。

对于溶液,按溶质是否导电又将其分为电解质溶液和非电解质溶液。本章只讨论混合物及非电解质溶液,电解质溶液将在第七章讨论,固态混合物和固态溶液将在第六章述及。

进一步,混合物还可分为理想混合物和真实混合物,溶液可分为理想稀溶液和真实溶液。理想混合物和理想稀溶液的性质有着简单的规律性可循;而真实混合物和真实溶液的性质则会偏离理想规律。下面仍是先讨论理想的情况,然后推广到真实的情况。

§4.1　偏摩尔量

对多组分系统进行热力学计算时面临的一个最主要的问题是：系统的总广度量往往不再是各纯组分广度量的简单加和，这时需要引入偏摩尔量才能进行计算。系统的广度量 V、U、H、S、A 和 G 等都有同样的问题。

1. 问题的提出

以最直观的系统广度量体积 V 为例，在一定温度、压力下纯液体 B 和纯液体 C 的摩尔体积分别为 $V_{m,B}^*$ 和 $V_{m,C}^*$，物质的量分别为 n_B 和 n_C，混合前系统的总体积为 $n_B V_{m,B}^* + n_C V_{m,C}^*$。将两液体混合形成均相液态混合物，根据两纯液体性质的不同，混合后系统的总体积 V 与混合前的总体积也许相等，也许不等。

混合前后体积不变的系统属于将在 §4.5 中详细讨论的理想液态混合物，其混合后的体积为

$$V = n_B V_{m,B}^* + n_C V_{m,C}^* \quad （理想混合物） \tag{4.1.1}$$

即混合后的总体积等于混合前各纯组分的摩尔体积与其物质的量的乘积之和。

而实际情况中的绝大多数系统为真实液态混合物，混合前后其体积往往会发生变化，即混合后

$$V \neq n_B V_{m,B}^* + n_C V_{m,C}^* \quad （真实混合物） \tag{4.1.2}$$

演示实验

混合体积对比

一个典型的例子是水(H_2O,l)和乙醇(C_2H_5OH,l)的混合。用 B,C 分别代表 H_2O(l) 和 C_2H_5OH(l)，在 25 ℃ 及常压下，两纯液体的摩尔体积分别为 $V_{m,B}^* = 18.09\ \mathrm{cm^3 \cdot mol^{-1}}$，$V_{m,C}^* = 58.35\ \mathrm{cm^3 \cdot mol^{-1}}$。实验表明，这两种液体以任意比例相互混合后体积均缩小。例如，$n_B = n_C = 0.5\ \mathrm{mol}$ 的水和乙醇，混合后的体积 $V \neq (0.5 \times 18.09 + 0.5 \times 58.35)\mathrm{cm^3} = 38.22\ \mathrm{cm^3}$，而是 $V = 37.2\ \mathrm{cm^3}$。又如 25 ℃、101.325 kPa 下，将 50 $\mathrm{cm^3}$ 水和 50 $\mathrm{cm^3}$ 乙醇混合，混合后的体积不是 100 $\mathrm{cm^3}$，而是 97 $\mathrm{cm^3}$，如图 4.1.1 所示。而且这种体积的偏差还会随溶液浓度的不同而不同。

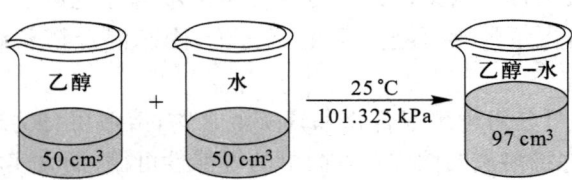

图 4.1.1　水和乙醇的混合

这一现象说明，真实多组分系统的体积与混合前各纯组分的摩尔体积不再具有简单的

线性关系,需引入新的物理量才能进行相应的计算,这就是偏摩尔量。下面将推导出,真实液态混合物的体积在引入偏摩尔量后可通过下式来计算:

$$V = r_B V_B + n_C V_C \tag{4.1.3}$$

式中,V_B 和 V_C 分别为组分 B 和 C 的偏摩尔体积。

2. 偏摩尔量

对于一个由 B,C,D,…组成的单相多组分系统,设各组分物质的量分别为 n_B,n_C,n_D,…,系统的任一广度量 X 不仅为温度、压力的函数,还是各组分的物质的量的函数,即

$$X = X(T, p, n_B, n_C, n_D, \cdots) \tag{4.1.4}$$

当系统的状态发生一微小变化时,X 的改变可用上式的全微分表示,即

$$\mathrm{d}X = \left(\frac{\partial X}{\partial T}\right)_{p, n_B, n_C, \cdots} \mathrm{d}T + \left(\frac{\partial X}{\partial p}\right)_{T, n_B, n_C, \cdots} \mathrm{d}p + $$
$$\left(\frac{\partial X}{\partial n_B}\right)_{T, p, n_C, n_D, \cdots} \mathrm{d}n_B + \left(\frac{\partial X}{\partial n_C}\right)_{T, p, n_B, n_D, \cdots} \mathrm{d}n_C + \cdots$$

为简便起见,今后在偏导数中用下标 n_B 表示各组分的物质的量都保持不变,用下标 n_C 表示除某组分 B 外其他各组分的物质的量均保持不变,于是上式可写为

$$\mathrm{d}X = \left(\frac{\partial X}{\partial T}\right)_{p, n_B} \mathrm{d}T + \left(\frac{\partial X}{\partial p}\right)_{T, n_B} \mathrm{d}p + \sum_B \left(\frac{\partial X}{\partial n_B}\right)_{T, p, n_C} \mathrm{d}n_B \tag{4.1.5a}$$

将式(4.1.5a)右端加和项中的 $(\partial X / \partial n_B)_{T,p,n_C}$ 用 X_B 表示,并定义为系统中 B 组分的**偏摩尔量** X_B:

$$X_B \overset{\mathrm{def}}{=\!=\!=} \left(\frac{\partial X}{\partial n_B}\right)_{T, p, n_C} \tag{4.1.6}$$

根据该定义,偏摩尔量 X_B 的物理意义为:在恒温恒压及除组分 B 以外其他各组分的物质的量均保持不变的条件下,系统广度量 X 随组分 B 的物质的量的变化率。从实验角度可理解为:在恒温恒压及系统组成不变的条件下,加入极微量的 $\mathrm{d}n_B$ 后系统广度量改变了 $\mathrm{d}X$,两者相除后则折合成了 1 mol 组分 B 在该组成条件下对 X 的影响;或者是在恒温恒压下,于足够大量的某一组成的混合物系统中加入 1 mol 组分 B,而系统可视为组成不变时该 1 mol 组分 B 对系统广度量 X 的贡献。

将 X_B 代入式(4.1.5a),可有

$$\mathrm{d}X = \left(\frac{\partial X}{\partial T}\right)_{p, n_B} \mathrm{d}T - \left(\frac{\partial X}{\partial p}\right)_{T, n_B} \mathrm{d}p + \sum_B X_B \mathrm{d}n_B \tag{4.1.5b}$$

在恒温恒压及恒组成的条件下,X_B 为常数,积分上式可得

$$X = \sum_{\mathrm{B}} n_{\mathrm{B}} X_{\mathrm{B}} \qquad\qquad (4.1.7)$$

该式表明,系统在某组成下的广度量 X 为系统各组分在该组成时的偏摩尔量 X_{B} 与其物质的量 n_{B} 乘积的加和。式(4.1.7)又称为偏摩尔量的加和公式。该式与式(4.1.1)在形式上具有相似性,但这时的 X_{B} 为组分 B 的偏摩尔量,而不是纯组分的摩尔量 X_{B}^{*}。当式(4.1.7)中的广度量 X 为体积 V 时,可得到式(4.1.3)。

按定义式(4.1.6),对多组分系统中组分 B,有

偏摩尔体积 $\qquad\qquad\qquad V_{\mathrm{B}} = (\partial V / \partial n_{\mathrm{B}})_{T,p,n_{\mathrm{C}}}$

偏摩尔热力学能 $\qquad\qquad U_{\mathrm{B}} = (\partial U / \partial n_{\mathrm{B}})_{T,p,n_{\mathrm{C}}}$

偏摩尔焓 $\qquad\qquad\qquad H_{\mathrm{B}} = (\partial H / \partial n_{\mathrm{B}})_{T,p,n_{\mathrm{C}}}$

偏摩尔熵 $\qquad\qquad\qquad S_{\mathrm{B}} = (\partial S / \partial n_{\mathrm{B}})_{T,p,n_{\mathrm{C}}}$

偏摩尔亥姆霍兹函数 $\qquad A_{\mathrm{B}} = (\partial A / \partial n_{\mathrm{B}})_{T,p,n_{\mathrm{C}}}$

偏摩尔吉布斯函数 $\qquad\quad G_{\mathrm{B}} = (\partial G / \partial n_{\mathrm{B}})_{T,p,n_{\mathrm{C}}}$

需要强调的是,只有广度量才有偏摩尔量,强度量是不存在偏摩尔量的;只有恒温恒压下系统的广度量随某一组分的物质的量的变化率才称为偏摩尔量,任何其他条件(如恒温恒容或恒熵恒压等)下的变化率均不是偏摩尔量;偏摩尔量和摩尔量一样,也是强度量。

上面讨论的虽然是混合物中某组分的偏摩尔量,但这些概念及公式对于溶液中的溶剂和溶质也是适用的。

3. 偏摩尔量的测定法举例

对于可测量的广度量,如体积,其偏摩尔量可由实验测得。在一定温度、压力下,向物质的量为 n_{C} 的纯液体 C 中不断加入组分 B,形成混合物,测出加入 B 的物质的量 n_{B} 不同时混合物的体积 V,作 $V-n_{\mathrm{B}}$ 图,如图 4.1.2 所示。在 $V-n_{\mathrm{B}}$ 曲线上取某点作切线,此切线的斜率即为 $(\partial V / \partial n_{\mathrm{B}})_{T,p,n_{\mathrm{C}}}$。根据定义这就是组成为 $x_{\mathrm{B}} = n_{\mathrm{B}}/(n_{\mathrm{B}} + n_{\mathrm{C}})$ 的混合物中组分 B 的偏摩尔体积 V_{B}。由式(4.1.7)可知,组分 C 在此组成下的偏摩尔体积 $V_{\mathrm{C}} = (V - n_{\mathrm{B}} V_{\mathrm{B}})/n_{\mathrm{C}}$。显然,此法亦适用于溶液。

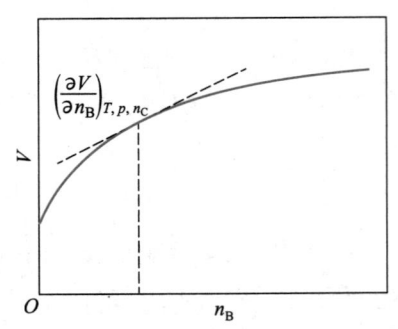

图 4.1.2　偏摩尔体积求取示意图

如果能将 V 表示成 n_{B} 的函数式 $V = f(n_{\mathrm{B}})$,则其对 n_{B} 的导数即为 B 的偏摩尔体积,并且仍为 n_{B} 的函数,$V_{\mathrm{B}} = f'(n_{\mathrm{B}})$。将 n_{B} 值代入,便可求得相应组成下 B 的偏摩尔体积,然后再求 C 的偏摩尔体积。

4. 吉布斯-杜亥姆方程

根据式(4.1.5b),恒温恒压条件下可有

$$dX = \sum_B X_B dn_B$$

另一方面对式(4.1.7)求全微分可有

$$dX = \sum_B r_B dX_B + \sum_B X_B dn_B$$

比较上两式,可知恒温恒压下,一定有

重点难点

吉布斯-
杜亥姆方程

$$\sum_B n_B dX_B = 0 \tag{4.1.8a}$$

将此式除以 $n = \sum_B n_B$,可得

$$\sum_B x_B dX_B = 0 \tag{4.1.8b}$$

式(4.1.8a)和式(4.1.8b)均称为**吉布斯-杜亥姆(Gibbs-Duhem)方程**。这个方程给出了在恒温恒压下,混合物的组成发生变化时,各组分偏摩尔量变化的相互依赖关系。

若为二组分混合物,则有

$$x_B dX_B = -x_C dX_C$$

此式说明,在恒温恒压下,当混合物的组成发生微小变化时,如果一组分的偏摩尔量增大,则另一组分的偏摩尔量必然减小,且增大与减小的比例与混合物中两组分的摩尔分数(或物质的量)成反比。

5. 偏摩尔量之间的函数关系

前两章曾介绍了热力学函数之间存在着一定的函数关系,如 $H = U + pV$,$A = U - TS$,$G = H - TS = A + pV$,以及 $(\partial G/\partial p)_T = V$,$(\partial G/\partial T)_p = -S$ 等。这些公式均适用于纯物质或组成不变的系统。将这些公式对于混合物中任一组分 B 的物质的量求偏导数,可知各偏摩尔量之间也有着同样的关系,即

$$H_B = U_B + pV_B$$

$$A_B = U_B - TS_B$$

$$G_B = H_B - TS_B = U_B - TS_B + pV_B = A_B + pV_B$$

$$(\partial G_B/\partial p)_T = V_B$$

$$(\partial G_B/\partial T)_p = -S_B$$

这里举一例加以证明。

》例 4.1.1 求证 $(\partial G_B/\partial p)_{T,n_B} = V_B$。

》 证明: 已知公式 $(\partial G/\partial p)_T = V$ 适用于纯组分或组成不变的系统,此式的限制条件除了 T 恒定外,对混合物还要求组成不变,即 $T, n_B, n_C, \cdots$ 均恒定,为了明确起见,这里写成 $(\partial G/\partial p)_{T,n_B} = V$。于是

$$\left(\frac{\partial G_{\mathrm{B}}}{\partial p}\right)_{T,n_{\mathrm{B}}}=\left[\frac{\partial}{\partial p}\left(\frac{\partial G}{\partial n_{\mathrm{B}}}\right)_{T,p,n_{\mathrm{C}}}\right]_{T,n_{\mathrm{B}}}=\left[\frac{\partial}{\partial n_{\mathrm{B}}}\left(\frac{\partial G}{\partial p}\right)_{T,n_{\mathrm{B}}}\right]_{T,p,n_{\mathrm{C}}}=\left(\frac{\partial V}{\partial n_{\mathrm{B}}}\right)_{T,p,n_{\mathrm{B}}}=V_{\mathrm{B}}$$

§4.2　化学势

　　热力学第二定律在化学中最重要的应用是用它来判断化学反应的方向和限度,而化学反应很多情况下都是在恒温恒压条件下进行的,所以由熵判据引出的恒温恒压条件下的吉布斯函数判据在化学中有着重要的地位。而将吉布斯函数判据用于多组分系统时,需要使用偏摩尔吉布斯函数来进行计算,因此可以说偏摩尔吉布斯函数 G_{B} 是化学热力学中最为重要的一个偏摩尔量。由于恒温恒压条件下,偏摩尔吉布斯函数的变化决定了系统中物质传递的方向,所以人们又将它称为化学势。

重点难点

化学势定义
及判据

1. 化学势的定义

　　定义混合物(或溶液)中组分 B 的偏摩尔吉布斯函数 G_{B} 为 B 的**化学势**,并用符号 μ_{B} 表示:

$$\mu_{\mathrm{B}}\xlongequal{\mathrm{def}}G_{\mathrm{B}}=\left(\frac{\partial G}{\partial n_{\mathrm{B}}}\right)_{T,p,n_{\mathrm{C}}} \tag{4.2.1}$$

在以下章节将主要使用化学势这一术语。对于纯物质,其化学势就等于它的摩尔吉布斯函数。

2. 多组分系统热力学基本方程

　　(1) 单相多组分系统　若将混合物的吉布斯函数 G 表示成 T、p 及构成此混合物各组分 B、C、D、… 的物质的量 $n_{\mathrm{B}},n_{\mathrm{C}},n_{\mathrm{D}},\cdots$ 的函数,即

$$G=G(T,p,n_{\mathrm{B}},n_{\mathrm{C}},n_{\mathrm{D}},\cdots)$$

根据式(4.1.5a)有

$$\mathrm{d}G=\left(\frac{\partial G}{\partial T}\right)_{p,n_{\mathrm{B}}}\mathrm{d}T+\left(\frac{\partial G}{\partial p}\right)_{T,n_{\mathrm{B}}}\mathrm{d}p+\sum_{\mathrm{B}}\left(\frac{\partial G}{\partial n_{\mathrm{B}}}\right)_{T,p,n_{\mathrm{C}}}\mathrm{d}n_{\mathrm{B}} \tag{4.2.2a}$$

由于 G 对 T 和 p 的偏导数是在系统组成不变的条件下进行的,因此

$$\left(\frac{\partial G}{\partial T}\right)_{p,n_{\mathrm{B}}}=-S,\quad\left(\frac{\partial G}{\partial p}\right)_{T,n_{\mathrm{B}}}=V$$

结合定义式(4.2.1),可得

$$\mathrm{d}G=-S\mathrm{d}T+V\mathrm{d}p+\sum_{\mathrm{B}}\mu_{\mathrm{B}}\mathrm{d}n_{\mathrm{B}} \tag{4.2.2b}$$

此即为单相多组分系统的热力学基本方程,由于其中考虑了系统中各组分物质的量的变化

对热力学状态函数的影响[1]，因此该方程不仅能应用于组成可变的封闭系统，也适用于开放系统。

将式(4.2.2b)代入 $dU = d(G - pV + TS)$，$dH = d(G + TS)$，$dA = d(G - pV)$ 的展开式，可得其他三个热力学基本方程：

$$dU = TdS - pdV + \sum_B \mu_B dn_B \tag{4.2.3}$$

$$dH = TdS + Vdp + \sum_B \mu_B dn_B \tag{4.2.4}$$

$$dA = -SdT - pdV + \sum_B \mu_B dn_B \tag{4.2.5}$$

这三个公式的适用条件与式(4.2.2)完全相同。

将式(4.2.3)的两端除以 dn_B，并保持 S、V 及除组分 B 之外其他组分的物质的量 n_C 不变，可得 $\mu_B = (\partial U/\partial n_B)_{S,V,n_C}$。对式(4.2.4)及式(4.2.5)作类似的处理，分别有 $\mu_B = (\partial H/\partial n_B)_{S,p,n_C}$ 及 $\mu_B = (\partial A/\partial n_B)_{T,V,n_C}$，因此

$$\mu_B = \left(\frac{\partial G}{\partial n_B}\right)_{T,p,n_C} = \left(\frac{\partial U}{\partial n_B}\right)_{S,V,n_C} = \left(\frac{\partial H}{\partial n_B}\right)_{S,p,n_C} = \left(\frac{\partial A}{\partial n_B}\right)_{T,V,n_C} \tag{4.2.6}$$

该式表明，化学势除了等于偏摩尔吉布斯函数外，它在数值上还等于广度量 U、H、A 在相应条件下随组分 B 的物质的量的变化率。注意这四个偏导数中只有$(\partial G/\partial n_B)_{T,p,n_C}$是偏摩尔量。

（2）多相多组分系统　多相多组分系统由若干个单相多组分系统组成，对于系统中的每一个相，式(4.2.2)至式(4.2.5)均成立。例如对于任意相α（用希腊字母表示相），有

$$dG(\alpha) = -S(\alpha)dT + V(\alpha)dp + \sum_B \mu_{B(\alpha)} dn_{B(\alpha)}$$

式中，$G(\alpha)$、$S(\alpha)$ 等表示α相中 B 组分相应的热力学量。如果忽略相与相之间界面现象的影响，则多相系统的热力学函数为各相热力学函数之和[2]：

$$\sum_\alpha dG(\alpha) = -\sum_\alpha S(\alpha)dT + \sum_\alpha V(\alpha)dp + \sum_\alpha \sum_B \mu_{B(\alpha)} dn_{B(\alpha)}$$

由于系统处于热平衡及力平衡状态，系统中各相的温度 T 和压力 p 相同。此外，有 $\sum_\alpha dG(\alpha) = d\sum_\alpha G(\alpha) = dG$，$\sum_\alpha S(\alpha) = S$，$\sum_\alpha V(\alpha) = V$，故

$$dG = -SdT + Vdp + \sum_\alpha \sum_B \mu_{B(\alpha)} dn_{B(c)} \tag{4.2.7}$$

做类似推导，可得

---

[1]　封闭系统内的任一均匀部分（纯物质、混合物或溶液）中组分 B、C 等的物质的量的变化，是由系统内部的相变或化学变化而引起的。

[2]　如果界面现象不能忽略，则式(4.2.7)～式(4.2.10)还要加上界面相的贡献。详见第八章界面现象。

$$dU = T dS - p dV + \sum_\alpha \sum_B \mu_{B(\alpha)} dn_{B(\alpha)} \tag{4.2.8}$$

$$dH = T dS + V dp + \sum_\alpha \sum_B \mu_{B(\alpha)} dn_{B(\alpha)} \tag{4.2.9}$$

$$dA = -S dT - p dV + \sum_\alpha \sum_B \mu_{B(\alpha)} dn_{B(\alpha)} \tag{4.2.10}$$

式(4.2.7)～式(4.2.10)即为多相多组分系统的热力学基本方程,它不仅适用于多相多组分的封闭系统,也适用于开放系统,可用于其中各种变化过程(如 pVT 变化、相变和反应)的热力学计算。

3. 化学势判据及应用举例

根据吉布斯函数判据式(3.6.8a),在恒温恒压及非体积功为零的条件下有 $dG_{T,p} \leqslant 0$,用于多相多组分系统时由式(4.2.7)可得

$$\sum_\alpha \sum_B \mu_{B(\alpha)} dn_{B(\alpha)} \leqslant 0 \quad \begin{matrix} < 自发 \\ = 平衡 \end{matrix} \quad (dT=0, dp=0, \delta W'=0) \tag{4.2.11a}$$

根据亥姆霍兹函数判据式(3.6.3a),在恒温恒容及非体积功为零的条件下有 $dA_{T,V} \leqslant 0$,用于多相多组分系统时由式(4.2.10)可得

$$\sum_\alpha \sum_B \mu_{B(\alpha)} dn_{B(\alpha)} \leqslant 0 \quad \begin{matrix} < 自发 \\ = 平衡 \end{matrix} \quad (dT=0, dV=0, \delta W'=0) \tag{4.2.11b}$$

以上两式均称为多相多组分系统的**化学势判据**。

由上两式可以看出,在非体积功为零的情况下,无论是在恒温恒压条件下,还是恒温恒容条件下,当系统达到平衡时均有

$$\sum_\alpha \sum_B \mu_{B(\alpha)} dn_{B(\alpha)} = 0 \tag{4.2.12}$$

事实上,可以证明,式(4.2.12)为一个系统是否达到平衡的判据(化学势判据),即系统物质平衡条件,它与系统达到平衡的方式(任意过程)无关。但是,系统的热力学函数在平衡时的极值性质却与系统达到平衡的方式有关。例如,平衡若在恒温恒压下达到,平衡时系统的吉布斯函数为极小;若在恒温恒容下达到,则系统的亥姆霍兹函数为极小。

下面以单组分封闭系统的相变过程为例,来说明化学势判据的应用。

设物质 B 在某一温度、压力下可以有 α、β 两种相态存在,两相态中 B 的分子形式相同,但其化学势分别为 $\mu(\alpha)$ 和 $\mu(\beta)$。现有物质的量为 dn_B 的 B 由 α 相迁移至 β 相

$$B(\alpha) \xrightarrow{dn_B} B(\beta)$$

则 $dn_{B(\alpha)} = -dn_{B(\beta)}$。由化学势判据可给出

$$\sum_\alpha \sum_B \mu_{B(\alpha)} dn_{B(\alpha)} = \mu_{B(\alpha)} dn_{B(\alpha)} + \mu_{B(\beta)} dn_{B(\beta)}$$

$$=[\mu_{B(\beta)}-\mu_{B(\alpha)}]dn_{B(\beta)}\leqslant 0$$

由于物质 B 迁入 β 相，$dn_{B(\beta)}>0$，故

$$\mu_{B(\alpha)}\geqslant\mu_{B(\beta)} \tag{4.2.13}$$

式(4.2.13)说明，物质总是从化学势高的一相向化学势低的一相迁移，直至其在两相中的化学势相等。即达到平衡时 B 在各相中的化学势相等：

$$\mu_{B(\alpha)}=\mu_{B(\beta)}=\mu_{B(\delta)}=\cdots \tag{4.2.14}$$

例如，在 25 ℃、101.325 kPa 下，$\mu_{H_2O(g)}>\mu_{H_2O(l)}$ 因为该条件下 $H_2O(l)$ 是稳定相，水蒸气将完全变为液体水。又如，固体蔗糖的化学势大于相同条件下不饱和水溶液中蔗糖的化学势，而过饱和蔗糖水溶液中蔗糖的化学势则大于相同条件下固体蔗糖的化学势。

在有化学反应发生的情况下，假定系统已处于相平衡，此时任一组分 B 在其存在的各相中化学势相等，故可省去相的标注而写为 μ_B，有

$$\sum_{\alpha}\sum_{B}\mu_{B(\alpha)}dn_{B(\alpha)}=\sum_{B}\mu_{B}\left[\sum_{\alpha}dn_{B(\alpha)}\right]=0$$

式中，$\sum_{\alpha}dn_{B(\alpha)}$ 为系统中组分 B 在每个相中物质的量的变化量之和，即为系统组分 B 物质的量的改变量，用 dn_B 表示。因此，化学平衡条件表示为

$$\sum_{B}\mu_{B}dn_{B}=0 \tag{4.2.15}$$

该平衡条件与化学反应达到平衡的方式无关。

从上面的讨论可以看出，化学势决定了系统的物质平衡。在这一点上它与温度和压力具有同等的重要性：温度和压力分别决定了系统的热平衡及力平衡，化学势与它们一起共同决定了系统的热力学平衡。

§4.3　气体组分的化学势

化学势在热力学中非常重要，如果能给出化学势的解析表达式，则无论对于理论研究或是实际应用都具有极其重要的意义。

同吉布斯函数一样，化学势没有绝对值，所以在化学热力学中选择一个标准态作为计算的基准是建立化学势解析表达式所必需的。对于气体，其标准态规定为在标准压力 $p^{\ominus}=100$ kPa 下具有理想气体性质的纯气体。对温度则没有作限制。将该状态下的化学势称为标准化学势，以符号 $\mu_{B(g)}^{\ominus}$[①]表示。对于纯气体则省略下标 B。显然，气体的标准化学势只是温度的函数。

---

① 本节中用 pg 代表理想气体，用 g 代表真实气体。因无论是理想气体还是真实气体的标准态均规定为标准压力下的纯理想气体状态，故在标准化学势中只记为 g。

1. 纯理想气体的化学势

今使某纯理想气体 B 在温度 T 下由标准压力 $p^{\ominus}$ 变至某一压力 p，其化学势由 $\mu^{\ominus}(g)$ 变至 $\mu^{*}(pg)$。

$$\begin{array}{ccc} B(pg, p^{\ominus}) & \longrightarrow & B(pg, p) \\ \mu^{\ominus}(g) & & \mu^{*}(pg) \end{array}$$

将 $dT = 0, V_m = RT/p$ 代入公式 $d\mu = dG_m = -S_m dT + V_m dp$，有

$$d\mu^{*} = dG_m^{*} = V_m^{*} dp = \frac{RT}{p} dp = RT d\ln p \tag{4.3.1}$$

积分

$$\int_{\mu^{\ominus}(g)}^{\mu^{*}(pg)} d\mu^{*} = RT \int_{p^{\ominus}}^{p} d\ln p$$

得到

$$\mu^{*}(pg) = \mu^{\ominus}(g) + RT\ln \frac{p}{p^{\ominus}} \tag{4.3.2}$$

2. 理想气体混合物中任一组分的化学势

由于理想气体分子间不存在相互作用，故理想气体混合物中任一组分 B 的状态不受其他组分存在的影响。因此温度为 T、总压力为 p 的理想气体混合物中，当组分 B 的摩尔分数为 y_B，分压为 $p_B = y_B p$ 时，其化学势 $\mu_{B(pg)}$ 相当于纯组分 B 在该温度及压力为 p_B 时的化学势，即

$$\mu_{B(pg)} = \mu_{B(g)}^{\ominus} + RT\ln \frac{p_B}{p^{\ominus}} \tag{4.3.3}$$

其标准态为该理想气体单独存在于混合物的温度及标准压力下的状态。

3. 纯真实气体的化学势

一定温度下，真实气体的标准态规定为该温度及标准压力 $p^{\ominus}$ 下的假想的纯理想气体状态。

为了推导纯真实气体在压力 p 下的化学势 $\mu^{*}(g)$ 与标准态下该气体化学势 $\mu^{\ominus}(g)$ 的关系，设计下列途径：

$$\begin{array}{ccc} B(pg, p^{\ominus}) & \xrightarrow{\ \Delta G_m\ } & B(g, p) \\ \mu^{\ominus}(g) & & \mu^{*}(g) \\ \Big\downarrow {\scriptstyle \Delta G_{m,1}} & & \Big\uparrow {\scriptstyle \Delta G_{m,3}} \\ B(pg, p) & \underset{\Delta G_{m,2}}{\dashrightarrow} & B(g, p \to 0) \end{array}$$

此途径分三步,均在温度 T 下进行。先让标准态下假想的理想气体变至压力 p 下的理想气体,再让此气体变至 $p\to 0$ 的气体(真实气体,在 $p\to 0$ 时可视为理想气体),最后将此 $p\to 0$ 的真实气体变至压力 p 下的真实气体。

根据上述途径,有

$$\Delta G_{\mathrm{m}} = \mu^*(\mathrm{g}) - \mu^{\ominus}(\mathrm{g}) = \Delta G_{\mathrm{m,1}} + \Delta G_{\mathrm{m,2}} + \Delta G_{\mathrm{m,3}}$$

而 $\quad \Delta G_{\mathrm{m,1}} = RT\ln\dfrac{p}{p^{\ominus}}, \quad \Delta G_{\mathrm{m,2}} = \displaystyle\int_p^0 V_{\mathrm{m}}^*(\mathrm{pg})\mathrm{d}p = \int_p^0 \dfrac{RT}{p}\mathrm{d}p, \quad \Delta G_{\mathrm{m,3}} = \int_0^p V_{\mathrm{m}}^*(\mathrm{g})\mathrm{d}p$

因此 $\qquad \mu^*(\mathrm{g}) - \mu^{\ominus}(\mathrm{g}) = RT\ln\dfrac{p}{p^{\ominus}} - \displaystyle\int_0^p V_{\mathrm{m}}^*(\mathrm{pg})\mathrm{d}p + \int_0^p V_{\mathrm{m}}^*(\mathrm{g})\mathrm{d}p$

即 $\qquad \mu^*(\mathrm{g}) = \mu^{\ominus}(\mathrm{g}) + RT\ln\dfrac{p}{p^{\ominus}} + \displaystyle\int_0^p\left[V_{\mathrm{m}}^*(\mathrm{g}) - \dfrac{RT}{p}\right]\mathrm{d}p \qquad (4.3.4)$

比较式(4.3.4)和式(4.3.2),两者相差一积分项 $\displaystyle\int_0^p[V_{\mathrm{m}}^*(\mathrm{g}) - RT/p]\mathrm{d}p$,而 $[V_{\mathrm{m}}^*(\mathrm{g}) - RT/p]$ 为相同温度和压力下真实气体与理想气体摩尔体积之差。可见纯真实气体与理想气体化学势的差别是由两者在同样温度、压力下摩尔体积不同造成的。

4. 真实气体混合物中任一组分的化学势

温度 T 下,真实气体混合物中任一组分 B 的化学势 $\mu_{\mathrm{B(g)}}$ 与其标准化学势 $\mu_{\mathrm{B(g)}}^{\ominus}$ 之间关系的推导与上述方法类似。设计如下途径:

$$
\begin{array}{ccc}
\mathrm{B(pg,}\,p^{\ominus}) & \xrightarrow{\ \Delta G_{\mathrm{B}}\ } & \mathrm{B(g,mix,}\,p_{\mathrm{B}}=y_{\mathrm{B}}p) \\
\mu_{\mathrm{B(g)}}^{\ominus} & & \mu_{\mathrm{B(g)}} \\
{\scriptstyle\Delta G_{\mathrm{B,1}}}\big\downarrow & & \big\uparrow{\scriptstyle\Delta G_{\mathrm{B,3}}} \\
\mathrm{B(pg,mix,}\,p_{\mathrm{B}}=y_{\mathrm{B}}p) & \dashrightarrow{\ \Delta G_{\mathrm{B,2}}\ } & \mathrm{B(g,mix,}\,p\to 0)
\end{array}
$$

始态为真实气体 B 的标准态,即纯 B 在 T、$p^{\ominus}$ 下的理想气体状态,等同于组成与真实气体混合物相同的理想气体混合物中分压 $p_{\mathrm{B}}=p^{\ominus}$ 的气体 B,而 $\mathrm{B(g,mix,}\,p\to 0)$ 等同于 $\mathrm{B(pg,mix,}\,p\to 0)$。上面所设计的三个步骤分别为:将理想气体混合物改变压力至总压力与真实气体混合物压力 p 相等;总压力 p 的理想气体混合物减压至 $p\to 0$,这时的状态与 $p\to 0$ 的真实气体混合物的状态相同;再将 $p\to 0$ 的真实气体混合物压缩至总压力为 p 的末态。

类似于本节 **3** 中的推导

$$\Delta G_{\mathrm{B}} = \mu_{\mathrm{B(g)}} - \mu_{\mathrm{B(g)}}^{\ominus} = \Delta G_{\mathrm{B,1}} + \Delta G_{\mathrm{B,2}} + \Delta G_{\mathrm{B,3}}$$

其中 $\quad \Delta G_{\mathrm{B,1}} = RT\ln\dfrac{p_{\mathrm{B}}}{p^{\ominus}}, \quad \Delta G_{\mathrm{B,2}} = \displaystyle\int_p^0 \dfrac{RT}{p}\mathrm{d}p, \quad \Delta G_{\mathrm{B,3}} = \int_0^p V_{\mathrm{B(g)}}\mathrm{d}p$

注意,$V_{\mathrm{B(g)}}$ 为 B 组分在混合气体中的偏摩尔体积。因此,真实气体中任意组分 B 的化学势表达式为

$$\mu_{B(g)} = \mu_{B(g)}^{\ominus} + RT\ln\frac{p_B}{p^{\ominus}} + \int_0^p \left[V_{B(g)} - \frac{RT}{p} \right] dp \tag{4.3.5}$$

式中，$[V_{B(g)} - RT/p]$ 为真实气体混合物中组分 B 偏摩尔体积与在同样温度 T 及总压力 p 下的理想气体摩尔体积之差。

关系式(4.3.5)具有普遍意义，它对于真实气体、理想气体及它们的混合物中的任一组分 B 均适用。

对于纯真实气体，式(4.3.5)中的 $V_{B(g)}$ 等于纯真实气体摩尔体积 $V_m^*(g)$，于是该式成为式(4.3.4)；对于理想气体混合物，式(4.3.5)中组分 B 在总压力 p 下的偏摩尔体积 $V_{B(g)}$ 即等于在同样温度及总压力下的摩尔体积 RT/p，于是该式中的积分项等于零，即成为式(4.3.3)；对于纯理想气体 $V_{B(g)} = RT/p$，$p_B = p$，于是式(4.3.5)即成为式(4.3.2)。

§4.4　逸度及逸度因子

式(4.3.5)给出了气体化学势表达式的一般形式，由于在该式中包含积分项 $\int_0^p [V_{B(g)} - RT/p]dp$，使得其难以处理。在气体 pVT 性质的研究中，以理想气体模型为基础，通过引入压缩因子 Z 来修正真实气体对理想气体的偏差，从而得到气体的普适状态方程 $pV_m = ZRT$。同样，在式(4.3.3)中引入一个修正因子，也可使其成为普适的气体化学势表达式。

1. 逸度及逸度因子

重点难点

逸度及
逸度因子

为使真实气体及真实气体混合物中任一组分 B 的化学势表达式具有与理想气体化学势表达式同样简单的形式，1908 年路易斯(Lewis G N)提出了逸度及逸度因子的概念。混合气体中组分 B 的**逸度** $\widetilde{p}_B$ 是在温度 T、总压力 p 下满足如下方程：

$$\mu_{B(g)} = \mu_{B(g)}^{\ominus} + RT\ln\left(\frac{\widetilde{p}_B}{p^{\ominus}}\right) \tag{4.4.1a}$$

的物理量，它具有压力的量纲。进一步，定义组分 B 的**逸度因子**为

$$\varphi_B \stackrel{\text{def}}{=\!=} \widetilde{p}_B / p_B \tag{4.4.2}$$

其量纲为 1。代入逸度因子，式(4.4.1a)成为

$$\mu_{B(g)} = \mu_{B(g)}^{\ominus} + RT\ln\left(\frac{\varphi_B p_B}{p^{\ominus}}\right) \tag{4.4.1b}$$

此即为气体的普适化学势表达式，逸度因子 φ_B 起到修正真实气体对理想气体偏差的作用。

比较式(4.4.1a)与式(4.3.5)得到

$$\widetilde{p}_B = p_B \exp\int_0^p \left[\frac{V_{B(g)}}{RT} - \frac{1}{p} \right] dp \tag{4.4.3a}$$

$$\varphi_B = \exp\int_C^{\widetilde{p}} \left[\frac{V_{B(g)}}{RT} - \frac{1}{p} \right] \mathrm{d}p \tag{4.4.3b}$$

对于理想气体混合物,式(4.4.3)中的积分为零,从而有 $\widetilde{p}_B \equiv p_B$,$\varphi_B \equiv 1$。即,理想气体混合物中任一组分的逸度等于其分压,而逸度因子恒等于1。

真实气体和理想气体的 $\widetilde{p} - p$ 关系及气体的标准态如图4.4.1所示。从图中可以看出:理想气体的 $\widetilde{p} - p$ 线为通过原点且斜率为1的直线,在任意压力下均有 $\widetilde{p}_B = p_B$;真实气体的 $\widetilde{p} - p$ 曲线在原点处与理想气体的 $\widetilde{p} - p$ 直线重合,随着压力增大,曲线偏离理想气体的直线,图中绘出在常压下 $\widetilde{p}_B < p_B$ 的真实气体的示意曲线。气体的标准态按规定为在温度 T 下、压力为 $p^\ominus$ 的理想气体,即图中的 a 点。真实气体 $\widetilde{p} = p^\ominus$ 的 b 点,虽然其化学势在数值上等于 $\mu^\ominus(\mathrm{g})$,但对应的压力却不是 $p^\ominus$,所以它不是标准态。

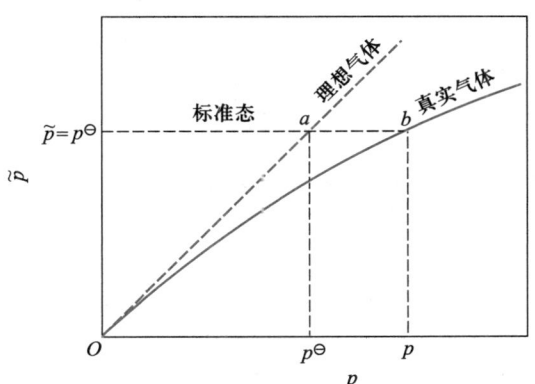

图 4.4.1 真实气体和理想气体的 $\widetilde{p} - p$ 关系及气体的标准态

2. 逸度因子的计算及普遍化逸度因子图

逸度的计算归结为逸度因子的计算,因为知道了逸度因子后,即可按定义式(4.4.2)计算出逸度 $\widetilde{p}_B = \varphi_B p_B$。

对式(4.4.3b)取对数可得

$$\ln\varphi_B = \frac{1}{RT}\int_0^{\widetilde{p}} \left[V_{B(g)} - \frac{RT}{p} \right] \mathrm{d}p \tag{4.4.4}$$

该式对纯真实气体和真实气体混合物均适用,在纯真实气体的情况下,$V_{B(g)}$ 等于纯气体的摩尔体积 $V_{m(g)}^*$;而在真实气体混合物的情况下,$V_{B(g)}$ 则为B的偏摩尔体积。

(1)纯真实气体逸度因子的计算 将真实气体的 $V_{m(g)}^*$ 表示成压力 p 的函数代入上式进行积分,或在测得不同压力下的 $V_{m(g)}^*$ 后,以 $[V_{m(g)}^* - RT/p]$ 对 p 作图,进行图解积分,即可得该气体在所需压力下的 φ。

但在实际应用中,人们更多的是使用普遍化的逸度因子图来求 φ。将式(4.4.4)中纯真实气体的摩尔体积用 $V_m = ZRT/p$ 代入,得

$$\ln\varphi_B = \frac{1}{RT}\int_0^p \left(\frac{ZRT}{p} - \frac{RT}{p} \right)\mathrm{d}p = \int_0^p \frac{Z-1}{p}\mathrm{d}p$$

因 $p = p_r p_c$,有 $\mathrm{d}p/p = \mathrm{d}p_r/p_r$,于是得到

$$\ln\varphi_B = \int_0^{p_r} \frac{Z-1}{p_r}\mathrm{d}p_r \tag{4.4.5}$$

本书第一章的对应状态原理曾经指出,不同气体在相同的对比温度 T_r、对比压力 p_r 下,有大致相同的压缩因子,因而亦有大致相同的逸度因子。根据式(4.4.5)即可求得一定 T_r、不同 p_r 下纯气体的 φ 值。图 4.4.2 绘出了不同 T_r 下的 φ-p_r 曲线。此图对任何真实气体均适用,故称为**普遍化逸度因子图**。

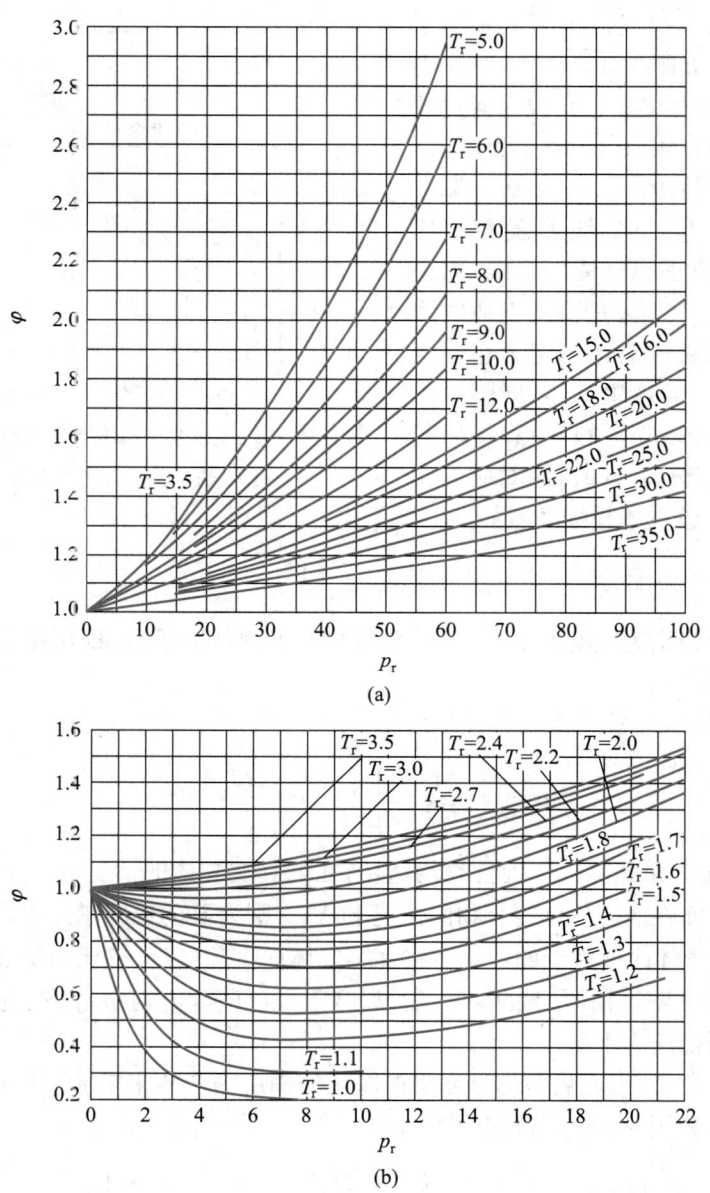

图 4.4.2　普遍化逸度因子图

　　从图中可以看出,$T_r > 2.4$ 时,φ 随 p_r 增大而增大;$T_r < 2.4$ 时,φ 先随 p_r 增大而减小,然后增大;在任何 T_r 下,因 $p \to 0$ 时 $Z \to 1$,这时 $\varphi \to 1$,即 $\lim\limits_{p \to 0} \varphi = \lim\limits_{p \to 0} (\widetilde{p}/p) = 1$。

　　(2) 真实气体混合物逸度的求算　将式(4.4.4)用于真实气体混合物时,$V_{B(g)}$ 为 B 的偏摩尔体积。在某些情况下，如果 B 的偏摩尔体积等于纯 B 的摩尔体积，即 $V_{B(g)}=V^*_{m,B(g)}$，则几种纯气体混合后系统总体积不变，$V(g)=\sum\limits_{B}n_BV^*_{B(g)}$，这时 $\varphi_B=\varphi^*_B$。也就是说，当真实气体混合物的体积具有加和性时，混合后气体组分 B 的逸度因子等于该组分在该温度及总压力 p 下单独存在时的逸度因子。于是有

$$\widetilde{p}_B=\varphi_Bp_B=\varphi_3y_Bp=\varphi^*_Bpy_B=\widetilde{p}^*_By_B \tag{4.4.6}$$

即此时 B 的逸度等于纯 B 在混合物的温度和总压力 p 下的逸度与该组分在混合物中摩尔分数的乘积，这称为**路易斯-兰德尔(Lewis-Randall)逸度规则**。由于纯组分的逸度因子可以从普遍化逸度因子图中查出，故对于体积具有加和性的混合气体，可以根据路易斯-兰德尔规则很方便地算出混合物中各组分的逸度。不过这一规则是近似的，因在压力增大时，体积加和性往往会有较大偏差，尤其在含有极性组分或含有临界温度相差较大的组分时，偏差会更为显著。

对于体积不具有加和性的真实气体混合物，则需通过实验测定 B 组分的偏摩尔体积，再代入式(4.4.4)来计算 B 的逸度因子，进而计算逸度。

§4.5 拉乌尔定律和亨利定律

通过概括一类事物的共性建立理想模型，然后在此基础上研究真实情况对理想模型的偏离是一种重要的科学方法。在气体性质研究中，人们提出了理想气体模型；与之相应在多组分液体的研究中，人们提出了理想液态混合物和理想稀溶液模型，而这两个模型则是分别建立在拉乌尔定律和亨利定律基础之上的。

1. 拉乌尔定律

重点难点

拉乌尔定律
和亨利定律

对多组分液体的研究从古时人们"煮海为盐"就开始了，随着制盐工业的发展，人们对溶液的研究不断深入，从而推进了溶液理论的发展。19 世纪初有人测出了盐水溶液的蒸气压比纯水蒸气压要低，人们发现在一定温度下向纯溶剂 A 中加入溶质 B，无论溶质挥发与否，溶剂 A 在气相中的蒸气分压 p_A 都要下降。1886—1890 年，拉乌尔(Raoult F M)测定了大量不同溶液中溶剂的饱和蒸气压随加入溶质量的变化，提出了著名的**拉乌尔定律**：稀溶液中溶剂的蒸气压等于同一温度下纯溶剂的饱和蒸气压与溶液中溶剂摩尔分数的乘积。用公式表示为

$$p_A=p^*_Ax_A \tag{4.5.1}$$

式中，p^*_A 为相同温度下纯溶剂的饱和蒸气压，x_A 为溶液中溶剂的摩尔分数。

2. 亨利定律

1803 年，亨利(Henry W)在研究气体在液体中的溶解度时发现，一定温度下气体在液态溶剂中的溶解度与该气体的压力成正比。这一规律对于稀溶液中挥发性溶质也同样

适用。

一般来说，气体在溶剂中的溶解度很小，所形成的溶液属于稀溶液。气体 B 在溶剂 A 中溶液的组成无论是用 B 的摩尔分数 x_B、质量摩尔浓度 b_B 还是用物质的量浓度 c_B 等表示，气体溶质 B 的压力均与其近似成正比。

混合物中各组分的组成以摩尔分数表示最为方便，因为这种组成标度对各组分是等同的。而溶液的组成则主要使用溶质 B 的质量摩尔浓度 b_B 来表示。

（1）质量摩尔浓度 b_B

$$b_B \xlongequal{\text{def}} \frac{n_B}{m_A}$$

式中，b_B 的单位为 mol·kg^{-1}，m_A 为溶剂的质量。根据定义，b_B 为一与温度无关的量。

（2）物质的量浓度 c_B

$$c_B \xlongequal{\text{def}} \frac{n_B}{V}$$

式中，c_B 的单位为 mol·m^{-3} 或 mol·dm^{-3}，V 为混合物的体积。由于 V 与温度有关，因此 c_B 也与温度有关（压力对凝聚相的影响甚小，故可认为 c_B 与压力无关）。

x_B、b_B 和 c_B 可相互转换，对于二组分系统：

$$x_B = \frac{b_B}{(1/M_A) + b_B} = \frac{M_A b_B}{1 + M_A b_B}$$

$$x_B = \frac{c_B}{(\rho - M_B c_B)/M_A + c_B} = \frac{M_A c_B}{\rho + (M_A - M_B)c_B}$$

式中，ρ 为溶液的密度。若以 ρ_A 表示纯溶剂 A 的密度，对稀溶液，b_B、c_B 均很小，故有

$$x_B \approx M_A b_B \approx \frac{M_A c_B}{\rho_A}$$

用公式表示亨利定律时有下列形式：

$$p_B = k_{x,B} x_B \tag{4.5.2a}$$

$$p_B = k_{b,B} b_B \tag{4.5.2b}$$

$$p_B = k_{c,B} c_B \tag{4.5.2c}$$

因此，**亨利定律**可表述为：在一定温度下，稀溶液中挥发性溶质在气相中的平衡分压与其在溶液中的摩尔分数（或质量摩尔浓度、物质的量浓度）成正比。比例系数称为**亨利系数**。

当同一系统使用不同的组成标度时，亨利系数的单位不同，数值也不一样。$k_{x,B}$、$k_{b,B}$ 和 $k_{c,B}$ 的单位分别为 Pa、Pa·mol^{-1}·kg 和 Pa·mol^{-1}·m^3。

应当注意：尽管亨利定律式(4.5.2a)与拉乌尔定律式(4.5.1)形式类似，组成均用摩尔分数表示，但式(4.5.1)中的 p_A^* 为纯溶剂 A 在相同温度下的饱和蒸气压，而式(4.5.2a)中的 $k_{x,B}$ 并不具有纯溶质 B 在相同温度下液体饱和蒸气压的意义。

此外，当涉及气体在溶剂中的溶解度时，还常用单位体积溶剂中溶解的标准状况下气体的体积来表示。

温度不同，亨利系数不同。温度升高，挥发性溶质的挥发能力增强，亨利系数增大。换言之，同样分压下温度升高，气体的溶解度减小。

若有几种气体同时溶于某溶剂中形成稀溶液时,每种气体的平衡分压与其溶解度的关系可分别使用各自的亨利系数进行计算,如计算空气中 N_2 和 O_2 在水中的溶解度。

表 4.5.1 给出了 25 ℃下几种气体在水和苯中的亨利系数 k_x。

表 4.5.1　几种气体在水和苯中的亨利系数 k_x(25 ℃)

气体		H_2	N_2	O_2	CO	CO_2	CH_4	C_2H_2	C_2H_4	C_2H_6
k_x/GPa*	水为溶剂	7.2	8.68	4.40	5.79	0.166	4.18	0.135	1.16	3.07
	苯为溶剂	0.367	0.239		0.163	0.114	0.0569			

* 1 GPa=10^9 Pa。

* 3. 拉乌尔定律和亨利定律的微观解释

当纯溶剂 A 中溶解了少量溶质 B 后,虽然 A-B 分子间受力情况与 A-A 分子间受力情况不同,但由于 B 的含量很少,对于每个 A 分子来说,其周围绝大多数的相邻分子还是同种分子 A,故可认为其总的受力情况与同温度下在纯液体 A 中的受力情况相同,因而液面上每个 A 分子逸出液面进入气相的概率与纯液体中的相同。但因溶液中有一定量的溶质 B,使单位液面上 A 分子数占液面总分子数的分数从纯溶剂时的 1 下降至溶液的 x_A,致使单位液面上溶剂 A 的蒸发速率按比例下降,因而 A 在气相中的平衡分压也相应地按比例下降,即有 $p_A \propto x_A$。从 $x_A = 1$(纯溶剂)时,$p_A = p_A^*$ 可知,比例系数等于纯溶剂在同温度下的饱和蒸气压。

当挥发性溶质 B 溶于溶剂 A 中形成稀溶液时,B 分子几乎完全被 A 分子所包围,其受力情况由 A-B 间作用力所决定。这种受力情况在稀溶液范围内并不因溶液组成变化而有多大的改变。因此,溶质 B 由单位溶液表面上的蒸发速率正比于溶液表面 B 分子的数目。在溶解平衡时,气相中 B 在单位表面上的凝结速率又与蒸发速率相等,故气相中 B 的平衡分压正比于溶液中 B 的摩尔分数。由于 A-B 间的作用力一般不同于纯液体 B(如果存在液态的话)中 B-B 间的作用力,使得亨利定律中的比例系数 $k_{x,B}$ 不同于纯 B 的饱和蒸气压 p_B^*[①]。

拉乌尔定律对于溶剂和亨利定律对于溶质,均只有对无限稀的溶液即理想稀溶液才是准确的,但在溶质的摩尔分数接近于 0(即稀溶液)的很小范围内两个定律还是近似成立的。如果 A 和 B 的性质较接近,适用的范围也随之增大。

§4.6　理想液态混合物

本节将导出理想液态混合物中任一组分化学势的表达式,并讨论理想液态混合物的混合性质。

---

① 这是指在讨论的温度下,物质 B 能够呈现液态。若温度高于 B 的临界温度,它将不能以液态存在,更谈不上饱和蒸气压了。

1. 理想液态混合物

重点难点

理想液态
混合物

　　若液态混合物中每个组分在全部组成范围内都符合拉乌尔定律,则该混合物称为**理想液态混合物**,简称为**理想混合物**。

　　从上节对拉乌尔定律的微观解释可以看出,拉乌尔定律之所以成立,是由于溶剂分子 A 在溶液中所处的环境与其在纯溶剂 A 中所处的环境相同。因此,对于液态混合物,若① 同一组分分子之间与不同组分分子之间(二组分系统时即 B-B、C-C 及 B-C)的相互作用相同,② 各组分分子具有相似的形状和体积,则液态混合物中的每个组分均符合拉乌尔定律,进而形成理想混合物。

　　严格来讲,理想液态混合物是不存在的,但是,某些物质的混合物,如外消旋混合物,结构异构体的混合物,如 o-二甲苯和 p-二甲苯、o-二甲苯和 m-二甲苯,可以近似认为是理想混合物;紧邻同系物的混合物,如苯和甲苯、甲醇和乙醇,也可近似认为是理想混合物。

　　如同理想气体模型之于气体,理想液态混合物则为液态混合物的研究提供了一种简化的理论模型。

　　设 A、B 形成理想液态混合物,达到气液平衡时,根据拉乌尔定律和气体分压力定义可知

$$p_A = p_A^* x_A = p y_A$$

$$p_B = p_B^* x_B = p y_B$$

利用上述关系式,可方便地进行理想液态混合物气液平衡的有关计算。

2. 理想液态混合物中任一组分的化学势

例题解析

气液平衡
计算

　　利用气、液两相平衡时任一组分在两相的化学势相等的原理,结合气体化学势表达式及理想液态混合物的定义式,可推导出理想液态混合物中任一组分的化学势与混合物组成的关系式。

　　设在温度 T 下,组分 B、C、D、……形成理想液态混合物。各组分的摩尔分数分别为 x_B、x_C、x_D、……。

　　气、液两相平衡时,理想液态混合物中任一组分 B 在液相中的化学势 $\mu_{B(l)}$ 等于它在气相中的化学势 $\mu_{B(g)}$,即

$$\mu_{B(l)} = \mu_{B(g)}$$

　　当与理想液态混合物成平衡的蒸气压力 p 不大时,气相可以近似认为是理想气体混合物,则按照式(4.3.3)有

$$\mu_{B(l)} = \mu_{B(g)} = \mu_{B(g)}^\ominus + RT \ln \frac{p_B}{p^\ominus}$$

　　根据理想液态混合物的定义,有 $p_B = p_B^* x_B$,将其代入上式,得

$$\mu_{B(l)} = \mu_{B(g)}^\ominus + RT \ln \frac{p_B^*}{p^\ominus} + RT \ln x_B \tag{4.6.1}$$

显然,上式右侧前两项之和等于相同温度 T、压力 p 下纯液体 B 的化学势[1],即

$$\mu_{B(l)}^{*} = \mu_{B(g)}^{\ominus} + RT \ln \frac{p_B^{*}}{p^{\ominus}} \tag{4.6.2}$$

因此

$$\mu_{B(l)} = \mu_{B(l)}^{*} + RT \ln x_B \tag{4.6.3}$$

式(4.6.3)即理想液态混合物中任一组分 B 的化学势表达式。

因液态混合物中组分 B 的标准态规定为相同温度 T、压力为标准压力 $p^{\ominus}$ 下的纯液体,其标准化学势为 $\mu_{B(l)}^{\ominus}$,故要由热力学基本方程求出 $\mu_{B(l)}^{*}$ 与 $\mu_{B(l)}^{\ominus}$ 的关系。对纯液体 B 应用 $dG_m = -S_m dT + V_m dp$,因 $dT = 0$,故当压力从 $p^{\ominus}$ 变至 p 时,纯液体 B 的化学势由 $\mu_{B(l)}^{\ominus}$ 变至 $\mu_{B(l)}^{*}$,于是

$$\mu_{B(l)}^{*} = \mu_{B(l)}^{\ominus} + \int_{p^{\ominus}}^{p} V_{m,B(l)}^{*} dp \tag{4.6.4}$$

式中,$V_{m,B(l)}^{*}$ 为纯液态 B 在温度 T 下的摩尔体积。

将式(4.6.4)代入式(4.6.3),最后得到一定温度下理想液态混合物中任一组分 B 的化学势与混合物组成的关系式:

$$\mu_{B(l)} = \mu_{B(l)}^{\ominus} + RT \ln x_B + \int_{p^{\ominus}}^{p} V_{m,B(l)}^{*} dp \tag{4.6.5}$$

通常情况下,p 与 $p^{\ominus}$ 相差不大,式(4.6.5)中的积分项可以忽略,故该式可近似写成

$$\mu_{B(l)} = \mu_{B(l)}^{\ominus} + RT \ln x_B \tag{4.6.6}$$

此式为常用公式。

3. 理想液态混合物的混合性质

理想液态混合物的混合性质指的是在恒温恒压下由物质的量分别为 n_B、n_C、n_D、…的纯液体 B、C、D、…相互混合形成组成为 x_B、x_C、x_D、…的理想液态混合物这一过程中,系统的广度性质如 V、H、S、G 等的变化。

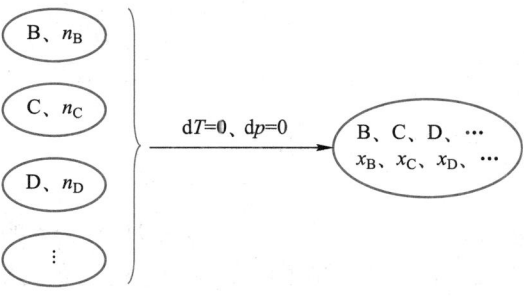

分别用 1 和 2 表示上述混合过程的始态和末态,则

$$G_1 = \sum_B n_B G^*_{m,B} = \sum_B n_B \mu^*_{B(l)}$$

即系统始态的吉布斯函数为各纯组分吉布斯函数的代数和。

末态是理想液态混合物,根据式(4.6.3),有

$$G_2 = \sum_B n_B \mu_{B(l)} = \sum_B n_B [\mu^*_{B(l)} + RT \ln x_B]$$

故混合过程的吉布斯函数变化

$$\Delta_{mix}G = G_2 - G_1 = \sum_B n_B [\mu^*_{B(l)} + RT \ln x_B] - \sum_B n_B \mu^*_{B(l)}$$

即

$$\Delta_{mix}G = RT \sum_B n_B \ln x_B \tag{4.6.7}$$

因 $0 < x_B < 1$,故 $\Delta_{mix}G = RT \sum_B n_B \ln x_B < 0$。 这说明恒温恒压下由纯组分形成理想液态混合物的过程是自发过程。

由于 $S = -(\partial G/\partial T)_p$,$V = (\partial G/\partial p)_T$,故有

$$\Delta_{mix}S = -\left(\frac{\partial \Delta_{mix}G}{\partial T}\right)_p = -R \sum_B n_B \ln x_B$$

$$\Delta_{mix}V = -\left(\frac{\partial \Delta_{mix}G}{\partial p}\right)_T = 0$$

进一步,有

$$\Delta_{mix}A = \Delta_{mix}G - p\Delta_{mix}V = \Delta_{mix}G = RT \sum_B n_B \ln x_B$$

$$\Delta_{mix}H = \Delta_{mix}G + T\Delta_{mix}S = 0$$

$$\Delta_{mix}U = \Delta_{mix}A + T\Delta_{mix}S = 0$$

例题解析

混合性质
计算

上述结果列于表 4.6.1 中。

表 4.6.1　理想液态混合物的混合性质

$\Delta_{mix}G$	$\Delta_{mix}S$	$\Delta_{mix}A$	$\Delta_{mix}V$	$\Delta_{mix}H$	$\Delta_{mix}U$
$RT \sum_B n_B \ln x_B$	$-R \sum_B n_B \ln x_B$	$RT \sum_B n_B \ln x_B$	0	0	0

上述混合过程是在恒温恒压下进行的,有 $Q = \Delta_{mix}H = 0$,表明该过程没有吸(或放)热现象。此外,$\Delta_{mix}U = 0$ 及 $\Delta_{mix}V = 0$ 分别说明了混合过程没有能量及体积变化,这正是理想液态混合物的定义所要求的。

表 4.6.1 所列结果对于理想气体的恒温恒压混合过程完全适用。这是因为理想气体混合物所满足的条件(分子间无相互作用,分子本身无体积)为理想液态混合物所满足条件的特例。

§4.7　理想稀溶液

　　理想液态混合物中各个组分均符合拉乌尔定律,故可用同样的标准态来推导适用于任意组分 B 的化学势表达式。而对于溶液的理想化模型——理想稀溶液来说,溶剂 A 和溶质 B 符合不同的规律,所以需要选用不同的标准态来分别导出它们的化学势的表达式。

　　根据 IUPAC 的规定,溶质符合亨利定律的稀溶液称为**理想稀溶液**。当稀溶液中溶质 B 符合亨利定律时,溶剂 A 一定符合拉乌尔定律,这一点可利用吉布斯-杜亥姆方程推证得到。

重点难点

理想
稀溶液

　　下面仍从组分在气、液两相达到平衡时化学势相等的原理出发,推导理想稀溶液中溶剂和溶质的化学势表达式。为简洁起见,只考虑与溶液成平衡的气相可看作理想气体混合物,且系统的压力与标准压力 $p^{\ominus}$ 相差不大,因而由 $p \neq p^{\ominus}$ 引起的积分项可忽略的情况。在以下讨论中不再一一说明。

1. 溶剂的化学势

　　理想稀溶液的溶剂遵循拉乌尔定律,可知其化学势表达式与理想液态混合物中任一组分 B 的化学势表达式形式相同,只需将式(4.6.3)和式(4.6.6)中的下角标 B 换成表示溶剂的 A,即可得到溶剂 A 的化学势表达式:

$$\mu_{A(l)} = \mu_{A(l)}^{*} + RT\ln x_A \tag{4.7.1a}$$

$$\mu_{A(l)} = \mu_{A(l)}^{\ominus} + RT\ln x_A \tag{4.7.1b}$$

与液态混合物中任一组分 B 一样,溶液中溶剂 A 的标准态为温度 T、标准压力 $p^{\ominus}$ 下的纯液态 A。

2. 溶质的化学势

　　由于溶液的组成常用溶质的质量摩尔浓度 b_B 来表示,故下面以挥发性溶质 B 为例导出溶质化学势 $\mu_{B(溶质)}$ 与溶液组成 b_B 的关系式,然后将其推广到非挥发性溶质。

　　一定温度、压力下,当某一溶液达到气液平衡时,溶液中溶质 B 的化学势 $\mu_{B(溶质)}$ 与气相中 B 的化学势 $\mu_{B(g)}$ 相等,即 $\mu_{B(溶质)} = \mu_{B(g)}$。按亨利定律式(4.5.2b),气相中 B 的分压 $p_B = k_{b,B}b_B$,结合式(4.3.3),可得

$$\mu_{B(溶质)} = \mu_{B(g)} = \mu_{B(g)}^{\ominus} + RT\ln\frac{p_B}{p^{\ominus}}$$

$$= \mu_{B(g)}^{\ominus} + RT\ln\frac{k_{b,B}b_B}{p^{\ominus}}$$

$$= \mu_{B(g)}^{\ominus} + RT\ln\frac{k_{b,B}b^{\ominus}}{p^{\ominus}} + RT\ln\frac{b_B}{b^{\ominus}} \tag{4.7.2}$$

式中，$b^\ominus = 1\ \text{mol} \cdot \text{kg}^{-1}$ 称为溶质的标准质量摩尔浓度。

令式（4.7.2）中 $b_B = b^\ominus$，则 $RT\ln(b_B/b^\ominus) = 0$，因此 $\mu^\ominus_{B(g)} + RT\ln(k_{b,B}b^\ominus/p^\ominus)$ 为温度 T、压力 p 下，$b_B = b^\ominus$ 时溶质 B 符合亨利定律状态下的化学势。不过这还不是 $p^\ominus$ 下的化学势。

规定溶质 B 的标准态为在标准压力 $p^\ominus$、标准质量摩尔浓度 $b^\ominus$ 下具有理想稀溶液性质（即 B 符合亨利定律）的状态，并将其标准态的化学势记为 $\mu^\ominus_{B(溶质)}$，则

$$\mu^\ominus_{B(g)} + RT\ln\frac{k_{b,B}b^\ominus}{p^\ominus} = \mu^\ominus_{B(溶质)} + \int_{p^\ominus}^{p} V^\infty_{B(溶质)}\,\mathrm{d}p$$

$V^\infty_{B(溶质)}$ 为温度 T 下无限稀溶液中溶质 B 的偏摩尔体积，在一定温度下它是压力的函数。一般情况下 p 与 $p^\ominus$ 相差不大，积分项可忽略。将上式代入式（4.7.2），即可得理想稀溶液中溶质 B 的化学势表达式：

$$\mu_{B(溶质)} = \mu^\ominus_{B(溶质)} + RT\ln\frac{b_B}{b^\ominus} \tag{4.7.3}$$

因为在 $b_B = b^\ominus$ 时溶质 B 在气相中的分压已不可能符合亨利定律，所以溶质 B 的标准态实际是一种假想态。

3. 其他组成标度表示的溶质的化学势

溶液的组成标度通常选择溶质 B 的质量摩尔浓度 b_B，是因为它与温度和压力无关。至于组成标度 c_B，虽然应用上有某些方便，但即使在压力不变的情况下，c_B 还是温度的函数，如选择以 c_B 为组成标度，在热力学处理上将带来不便。因此，现在一些著名的热力学性质表、数据手册、热力学杂志及专著均是用 b_B 而不是用 c_B 为基础，来给出标准热力学性质的数值。

现对以组成标度 c_B、x_B 表示的化学势表达式做一简单介绍。

根据式（4.5.2），对理想稀溶液用不同的组成标度 b_B、c_B 和 x_B 时，亨利定律具有完全相同的形式（c_B 标度下亨利定律的形式为 $p_3 = k_{c,B}c_B$）。与组成标度为 b_B 时溶质 B 的化学势表达式的推导类似，容易得到组成标度为 c_B 和 x_B 时理想稀溶液中溶质 B 的化学势表达式：

$$\mu_{B(溶质)} = \mu^\ominus_{c,B(溶质)} + RT\ln\frac{c_B}{c^\ominus} \tag{4.7.4}$$

$$\mu_{B(溶质)} = \mu^\ominus_{x,B(溶质)} + RT\ln x_B \tag{4.7.5}$$

$c^\ominus = 1\ \text{mol} \cdot \text{dm}^{-3}$ 称为标准浓度。在式（4.7.4）和式（4.7.5）中分别令 $c_B = c^\ominus$ 和 $x_B = 1$ 即可推知用 c_B 和 x_B 为组成标度时各自标准态的含义。

溶质的组成标度以 c_E 表示时，标准态规定为在标准压力 $p^\ominus$ 及标准浓度 $c^\ominus = 1\ \text{mol} \cdot \text{dm}^{-3}$ 下具有理想稀溶液性质（$p_B = k_{c,B}c_B$）的状态（假想态），其标准化学势记作 $\mu^\ominus_{c,B(溶质)}$。

溶质的组成标度以 x_B 表示时，标准态规定为在标准压力 $p^\ominus$ 及 $x_B = 1$ 且具有理想稀溶液性质（$p_B = k_{x,B}x_B$）的状态。这种状态是指在温度 T、标准压力 $p^\ominus$ 下的一种假想的纯液体 B，它在同一温度 T 及系统压力 p 下的"饱和蒸气压"应等于 $k_{x,B}$，即在 T、p 下亨利定律在 $x_B = 1$ 仍适用的液体状态的纯 B。这种标准化学势记作 $\mu^\ominus_{x,B(溶质)}$。

注意,在使用不同组成标度时,溶质 B 的标准态、标准化学势及化学势表达式不同,但对同一溶液化学势的值是唯一的。

4. 溶质化学势表达式的应用举例——分配定律

实验表明,在一定温度、压力下,当溶质在共存的互不相溶的两液体间达到平衡时,若形成理想稀溶液,则溶质在两液相中的浓度之比为一常数。这就是**能斯特(Nernst)分配定律**。例如,乙酸在水与乙醚之间的分配,碘在水与四氯化碳之间的分配均服从这一定律。

根据溶质 B 在 α、β 两互不相溶的液相间达到平衡时化学势应相等这一原理,下面用热力学方法导出这一定律。

在一定温度、压力下,设溶质 B 在 α、β 两相中达到平衡时质量摩尔浓度分别为 $b_{B(\alpha)}$ 和 $b_{B(\beta)}$,且 B 在两相中均形成理想稀溶液,并在两相中均具有相同的分子形式时,根据式(4.7.3),并省略式中标注的"(溶质)",有

$$\mu_{B(\alpha)} = \mu_{B(\alpha)}^{\ominus} + RT \ln \frac{b_{B(\alpha)}}{b^{\ominus}}$$

$$\mu_{B(\beta)} = \mu_{B(\beta)}^{\ominus} + RT \ln \frac{b_{B(\beta)}}{b^{\ominus}}$$

因 B 在 α、β 两相间达平衡时 $\mu_{B(\alpha)} = \mu_{B(\beta)}$,故有

$$\mu_{B(\alpha)}^{\ominus} + RT \ln \frac{b_{B(\alpha)}}{b^{\ominus}} = \mu_{B(\beta)}^{\ominus} + RT \ln \frac{b_{B(\beta)}}{b^{\ominus}}$$

整理得到

$$\ln \frac{b_{B(\alpha)}}{b_{B(\beta)}} = \frac{\mu_{B(\beta)}^{\ominus} - \mu_{B(\alpha)}^{\ominus}}{RT}$$

因在一定温度下,$\mu_{B(\alpha)}^{\ominus}$ 和 $\mu_{B(\beta)}^{\ominus}$ 均有确定值,故上式右边 $[\mu_{B(\beta)}^{\ominus} - \mu_{B(\alpha)}^{\ominus}]/(RT)$ 为常数,与溶质 B 在两相中的浓度大小无关。即尽管稀溶液中 $b_{B(\alpha)}$ 和 $b_{B(\beta)}$ 可以改变,但比值 $b_{B(\alpha)}/b_{B(\beta)}$ 为常数,令

$$K = \frac{b_{B(\alpha)}}{b_{B(\beta)}} \tag{4.7.6}$$

式中,K 称为**分配系数**,显然 $K = e^{[\mu_{B(\beta)}^{\ominus} - \mu_{B(\alpha)}^{\ominus}]/(RT)}$。

若溶液组成用溶质的浓度 c_B 表示,利用式(4.7.4),作同样的推导,可得用浓度 c_B 表示的分配系数:

$$K_c = \frac{c_{B(\alpha)}}{c_{B(\beta)}} \tag{4.7.7}$$

式中,$K_c = e^{[\mu_{c,B(\beta)}^{\ominus} - \mu_{c,B(\alpha)}^{\ominus}]/(RT)}$。

表 4.7.1 列出了 25 ℃时 I_2 在 $H_2O(\alpha)$ 和 $CCl_4(\beta)$ 之间的分配。

表 4.7.1　I_2 在 $H_2O(\alpha)$ 和 $CCl_4(\beta)$ 之间的分配（25 ℃）

$c(\alpha)/(mol\cdot dm^{-3})$	0.000 32	0.000 503	0.000 763	0.001 15	0.001 34
$c(\beta)/(mol\cdot dm^{-3})$	0.027 45	0.042 9	0.065 4	0.101 0	0.119 6
$K_c = \dfrac{c(\alpha)}{c(\beta)}$	0.011 7	0.011 7	0.011 7	0.011 4	0.011 2

　　若溶质 B 在 α 相中完全以 B 的形式存在，而在 β 相中可以 B 及 B_2 两种分子形式存在，则在达到平衡时，应是 B 在 α、β 两相中的化学势相等 $\mu_B(\alpha)=\mu_B(\beta)$，同时在 β 相中 B 与 B_2 达到化学平衡 $2\mu_B(\beta)=\mu_{B_2}(\beta)$。

§4.8　活度及活度因子

　　上两节讨论了理想液态混合物中任一组分、理想稀溶液中溶剂和溶质的化学势表达式，它们都具有简单的形式。与真实气体引入逸度和逸度因子来修正其对理想气体的偏差类似，对于真实液态混合物和真实溶液，人们通过引入活度及活度因子来修正其对理想液态混合物及理想稀溶液的偏差。

　　活度的概念与逸度的概念一样，也是路易斯（Lewis G N）首先提出的。

1. 真实液态混合物

重点难点

活度及
活度因子

　　按下式定义真实液态混合物中组分 B 的**活度** a_B 及**活度因子** f_B：

$$\mu_{B(l)} \overset{def}{=\!=\!=} \mu_{B(l)}^* + RT\ln a_B \tag{4.8.1}$$

$$\mu_{B(l)} \overset{def}{=\!=\!=} \mu_{B(l)}^* + RT\ln(f_B x_B) \tag{4.8.2}$$

式中

$$f_B = a_B/x_B \tag{4.8.3}$$

　　因 $\mu_{B(l)}^*$ 为纯液态 B 在一定温度 T、压力 p 下的化学势，当 $x_B \to 1$ 时，必然 $a_B \to 1$，于是有

$$\lim_{x_B \to 1} f_B = \lim_{x_B \to 1}(a_B/x_B) = 1 \tag{4.8.4}$$

由于标准态压力为 $p^\ominus$，故压力 p 下的化学势为

$$\mu_{B(l)} = \mu_{B(l)}^\ominus + RT\ln a_B + \int_{p^\ominus}^p V_{m,B(l)}^* dp \tag{4.8.5}$$

在常压下，积分项近似为零，故近似有

$$\mu_{B(l)} = \mu_{B(l)}^\ominus + RT\ln a_B \tag{4.8.6}$$

真实液态混合物中组分 B 的标准态为标准压力 $p^\ominus$ 下的纯液体 B，$\mu_{B(l)}^\ominus$ 为温度 T 下标准态时 B 的化学势，即标准化学势。活度 a_B 相当于"有效的摩尔分数"。活度因子 f_B 则反映了

真实液态混合物中组分 B 偏离理想情况的程度。

组分 B 的活度可由测定与液相成平衡的气相中 B 的分压 p_B 及同温度下纯液态 B 的蒸气压 p_B^* 得出。

气、液两相平衡时,组分 B 在两相的化学势相等,即 $\mu_{B(l)} = \mu_{B(g)}$。将气相视为理想气体混合物,则气相中组分 B 的化学势为

$$\mu_{B(g)} = \mu_{B(g)}^\ominus + RT\ln\frac{p_B}{p^\ominus} = \mu_{B(g)}^\ominus + RT\ln\frac{p_B^*}{p^\ominus} + RT\ln\frac{p_B}{p_B^*}$$

由于 $\mu_{B(l)}^* = \mu_{B(g)}^\ominus + RT\ln(p_B^*/p^\ominus)$,故有

$$\mu_{B(g)} = \mu_{B(l)}^* + RT\ln\frac{p_B}{p_B^*}$$

液相中组分 B 的化学势由式(4.8.1)给出,平衡时有 $\mu_{B(l)} = \mu_{B(g)}$,从而

$$\mu_{B(l)}^* + RT\ln a_B = \mu_{B(l)}^* + RT\ln\frac{p_B}{p_B^*}$$

比较等式两边各项,可得

$$a_B = \frac{p_B}{p_B^*} \tag{4.8.7}$$

$$f_B = \frac{a_B}{x_B} = \frac{p_B}{p_B^* x_B} \tag{4.8.8}$$

式(4.8.8)表明,液态混合物中组分 B 的活度因子,为气相中组分 B 的实际分压与由拉乌尔定律计算得到的分压之比。式(4.8.7)也可看作拉乌尔定律在真实液态混合物中的应用:$p_B = p_B^* a_B$。

≫ **例 4.8.1** 35 ℃下将丙酮(B)与三氯甲烷(C)混合,当丙酮的摩尔分数 $x_B = 0.6$ 时,测得其在气相的分压 $p_B = 23.3$ kPa,已知 35 ℃下丙酮(B)的饱和蒸气压为 46.3 kPa,求丙酮在此浓度下的活度和活度因子。

≫ **解**:根据式(4.8.7)和式(4.8.8)有

$$a_B = \frac{p_B}{p_B^*} = \frac{23.3\text{ kPa}}{46.3\text{ kPa}} = 0.503$$

$$f_B = \frac{a_B}{x_B} = \frac{0.503}{0.6} = 0.838$$

例题解析

活度(因子)
计算

2. 真实溶液

为了使真实溶液中溶剂和溶质的化学势表达式分别与理想稀溶液中的形式相同,采用与上面类似的方法,以溶剂的活度 a_A 代替 x_A,以溶质的活度 a_B 代替 $b_B/b^\ominus$。

对于溶剂 A, 在温度 T、压力 p 下,

$$\mu_{A(l)} = \mu_{A(l)}^{\ominus} + RT\ln a_A \tag{4.8.9}$$

与液态混合物中任一组分一样, 规定溶剂 A 的活度因子 f_A 为

$$f_A = \frac{a_A}{x_A} \tag{4.8.10}$$

对于溶质 B, 在温度 T、压力 p 下, 在式(4.7.3)的基础上, 用活度 a_B 取代 $b_B/b^{\ominus}$, 来表征溶液的非理想性。化学势的表达式为

$$\mu_{B(溶质)} = \mu_{B(溶质)}^{\ominus} + RT\ln a_B \tag{4.8.11}$$

$$\mu_{B(溶质)} = \mu_{B(溶质)}^{\ominus} + RT\ln(\gamma_B b_B/b^{\ominus}) \tag{4.8.12}$$

式中

$$\gamma_B = \frac{a_B}{b_B/b^{\ominus}} \tag{4.8.13}$$

式中, γ_B 称为溶质 B 的**活度因子**(以前也称为**活度系数**)。并且

$$\lim_{\sum_B b_B \to 0} \gamma_B = \lim_{\sum_B b_B \to 0} \left(\frac{a_B}{b_B/b^{\ominus}} \right) = 1 \tag{4.8.14}$$

式中, 极限条件 $\sum_B b_B \to 0$, 不仅要求所讨论的溶质 B 的 b_B 趋于零, 还要求溶液中所有其他溶质的 b 也同时趋于零。

注意, 式(4.8.11)和式(4.8.12)中的标准化学势 $\mu_{B(溶质)}^{\ominus}$ 与理想稀溶液化学势表达式(4.7.3)中的标准化学势 $\mu_{B(溶质)}^{\ominus}$ 相同。后面用其他组成标度的活度表达化学势时情况相似, 不再赘述。

由于理想稀溶液中溶剂符合拉乌尔定律, 挥发性溶质符合亨利定律, 用与推导真实液态混合物中 B 组分活度及活度因子同样的方法, 易知式(4.8.7)和式(4.8.8)也适用于真实溶液中的溶剂 A, 只需将式中的下角标 B 换为 A 即可。而对于挥发性溶质 B, 通过与之类似的推导可得到

$$a_B = \frac{p_B}{k_{b,B} b^{\ominus}} \tag{4.8.15}$$

$$\gamma_B = \frac{a_B}{b_B/b^{\ominus}} = \frac{p_B}{k_{b,B} b_B} \tag{4.8.16}$$

即真实溶液中挥发性溶质 B 的活度因子, 为气相中 B 组分的实际分压与由亨利定律计算所得到的分压之比。式(4.8.15)也可看作亨利定律在真实溶液中的应用: $p_B = k_{b,B} a_B b^{\ominus}$。上两式可用来计算真实溶液中溶质的活度和活度因子。用其他组成标度如 x_B 或 c_B 进行计算时, 需代入与浓度相应的亨利系数。不同组成标度计算所得活度不相同, 活度因子也不相同。

最后, 与理想稀溶液一样, 介绍用溶质浓度 c_B 作为组成标度来表示的真实溶液中溶质 B 的化学势。

同上类似,在式(4.7.7)的基础上引入活度后,其化学势表达式变为

$$\mu_{B(溶质)} = \mu^{\ominus}_{c,B(溶质)} + RT\ln a_{c,B} \tag{4.8.17}$$

及

$$\mu_{B(溶质)} = \mu^{\ominus}_{c,B(溶质)} + RT\ln(y_B c_B/c^{\ominus}) \tag{4.8.18}$$

式中

$$y_B = \frac{a_{c,B}}{c_B/c^{\ominus}} \tag{4.8.19}$$

式中,y_B 也称为溶质 B 的活度因子(以前也称活度系数)。并且

$$\lim_{\sum_B c_B \to 0} y_B = \lim_{\sum_B c_B \to 0} \left(\frac{a_{c,B}}{c_B/c^{\ominus}} \right) = 1 \tag{4.8.20}$$

式中,极限条件是 $\sum_B c_B \to 0$,即不仅要求所讨论的溶质 B 的 c_B 趋于零,还要求其他所有溶质的 c 也同时趋于零。

3. 化学势表达式小结

本章共导出了多组分系统的三类化学势的表达式:气体化学势、液态混合物化学势及溶液化学势。这三类化学势分别建立在三个理想模型基础上——理想气体模型、理想液态混合物模型和理想稀溶液模型。推导液态多组分系统中组分 B 的化学势表达式所采用的基本方法是:从气液平衡时该组分在两相中的化学势相等这一原理出发,由气体的化学势导出液体的化学势。对于真实多组分系统中组分 B 的化学势,则是通过引入逸度和活度来修正理想模型而完成的。表 4.8.1 列出了不同多组分系统中组分 B 的化学势表达式。

重点难点

化学势
表达式

表 4.8.1　不同多组分系统中组分 B 的化学势表达式

		理想系统	真实系统
气体		$\mu_{B(pg)} = \mu^{\ominus}_{B(g)} + RT\ln\dfrac{p_B}{p^{\ominus}}$	$\mu_{B(g)} = \mu^{\ominus}_{B(g)} + RT\ln\dfrac{\tilde{p}_B}{p^{\ominus}}$
液态混合物		$\mu_{B(l)} = \mu^{\ominus}_{B(l)} + RT\ln x_B$	$\mu_{B(l)} = \mu^{\ominus}_{B(l)} + RT\ln a_B$
液态溶液	溶剂	$\mu_{A(l)} = \mu^{\ominus}_{A(l)} + RT\ln x_A$	$\mu_{A(l)} = \mu^{\ominus}_{A(l)} + RT\ln a_A$
	溶质	$\mu_{B(溶质)} = \mu^{\ominus}_{B(溶质)} + RT\ln\dfrac{b_B}{b^{\ominus}}$	$\mu_{B(溶质)} = \mu^{\ominus}_{B(溶质)} + RT\ln a_B$
拉乌尔定律		$p_B = p^*_B x_B$	$p_B = p^*_B a_B, f_B = a_B/x_B$
亨利定律		$p_B = k_{b,B} b_B$	$p_B = k_{b,B} a_B b^{\ominus}, \gamma_B = \dfrac{a_B}{b_B/b^{\ominus}}$

注:1. 所有真实系统中组分 B 的标准化学势与相应的理想系统中组分 B 的标准化学势是相同的,即真实系统是以理想系统的标准态为标准态的。

2. 溶液中溶剂的化学势表达式与理想液态混合物中组分 B 的化学势表达式相同。

3. 溶液中溶质的化学势表达式可用不同的组成标度来表示,而式中的标准化学势则根据所用组成标度的不同而有所不同。

§4.9　稀溶液的依数性

　　稀溶液的**依数性**(colligative property)是指只依赖于溶液中溶质分子的数量,而与溶质分子本性无关的性质。依数性包括溶液中溶剂的蒸气压下降、凝固点降低(析出固态纯溶剂)、沸点升高(溶质不挥发)和渗透压。由于溶液中 $x_A < 1$,由理想稀溶液中溶剂的化学势表达式 $\mu_{A(l)} = \mu_{A(l)}^* + RT\ln x_A$ 可知,溶液中溶剂的化学势必然小于同样温度、压力下纯溶剂的化学势,这正是造成上述稀溶液依数性的最根本的原因。严格来讲,本节依数性的公式只适用于理想稀溶液,对一般稀溶液只是近似适用。

1. 溶剂蒸气压下降

　　溶液中溶剂的蒸气压 p_A 低于同温度下纯溶剂的饱和蒸气压 p_A^*,这一现象称为溶剂的蒸气压下降。溶剂的蒸气压下降值 $\Delta p_A = p_A^* - p_A$。对于稀溶液,将拉乌尔定律 $p_A = p_A^* x_A$ 代入,得

$$\Delta p_A = p_A^* - p_A = p_A^* - p_A^* x_A = p_A^*(1 - x_A)$$

故

$$\Delta p_A = p_A^* x_B \tag{4.9.1}$$

即稀溶液中溶剂的蒸气压下降值与溶液中溶质的摩尔分数成正比,比例系数即同温度下纯溶剂的饱和蒸气压。

2. 凝固点降低(析出固态纯溶剂)

　　在一定外压下,液体逐渐冷却开始析出固体时的平衡温度称为液体的凝固点,固体逐渐加热开始出现液体时的温度称为固体的熔点。对于纯物质在同样的外压下,凝固点和熔点是相同的。外压对于物质熔点的影响可用第三章中介绍的克拉佩龙方程式描述。从该式可知,在外压改变不大时,熔点的变化极小,故在大气压力下可以不必考虑压力对物质熔点的影响。

　　但对于溶液及混合物,一般说来,凝固点和熔点并不相同[①]。前者高于后者。溶液的凝固点不仅与溶液的组成有关,还与析出固相的组成有关。这里只讨论 B 与 A 不形成固态溶液,凝固时只析出溶剂 A 的情况。这种情况下当溶剂 A 中溶有少量溶质 B 形成稀溶液后,从溶液中析出固态纯溶剂 A 的温度,即溶液的凝固点,会低于纯溶剂在同样外压下的凝固

[①] 详见第六章相平衡。固体混合物从开始熔化到完全变为液体的温度间隔称为熔程,在有机化学中常用于检验产品的纯度。

点,并且遵循一定的规律,这就是凝固点降低现象[①]。

图 4.9.1 为稀溶液的凝固点降低和沸点升高(本节后面将介绍)的 μ-T 示意图和 p-T 示意图。由图 4.9.1(a)可以看出,对于溶剂 A 而言,在形成溶液时只有液体的化学势是受影响的,而气体和固体的化学势并没有受到影响。添加非挥发性溶质后溶剂的蒸气压降低了,这使得溶剂的化学势也降低了。如图 4.9.1(a)所示,这造成了由 μ-T 固体线和液体线的交点定义的凝固点 T_f 降低了;同时也造成了由液体线和气体线交点所定义的沸点 T_b 升高了。

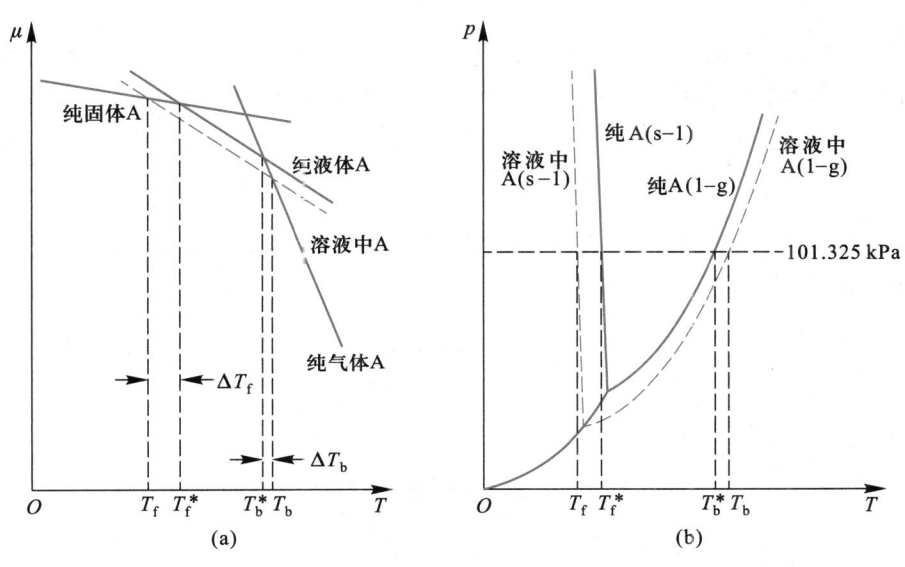

图 4.9.1   稀溶液的凝固点降低和沸点升高示意图

图 4.9.1(b)中的 p-T 线显示了同样的结果。由于添加了溶质后溶剂 A 的蒸气压变低了,所以气液平衡线与固气平衡线的交点要比纯溶剂的低。这一交点定义了三相点,它也是固液平衡线的起点。所以固液平衡线由于非挥发性溶质的溶解会向较低温度偏移。固液线和气液线的整体偏移造成的后果就是凝固点降低和沸点升高。两者都只依赖于溶质的浓度,而与溶质的性质无关。

下面应用相平衡关系式推导凝固点降低值与溶液组成之间的定量关系。

在恒定外压(通常为大气压)下,溶液的组成为 x_A,凝固点为 T_f。由相平衡关系可知,溶剂 A 在固、液两相平衡共存时,有

$$\mu_{A(s)}^* = \mu_{A(l)}$$

在温度降低的凝固过程中,只要保持固相和液相的平衡,上式就恒成立,必然有

$$d\mu_{A(s)}^* = d\mu_{A(l)}$$

在一定外压下,纯固体 A 的化学势只是温度的函数,而溶液中 A 的化学势 $\mu_{A(l)} = \mu_{A(l)}^* + RT\ln x_A$ 则是温度和组成的函数,因此

[①] 当 B 与 A 形成固态溶液时,溶液的凝固点可能降低,也可能升高,详见第六章。

$$\left[\frac{\partial \mu_{A(s)}^*}{\partial T}\right]_p \mathrm{d}T = \left[\frac{\partial \mu_{A(l)}}{\partial T}\right]_{p,x_B} \mathrm{d}T - \left[\frac{\partial \mu_{A(l)}}{\partial x_A}\right]_{p,T} \mathrm{d}x_A$$

由于 $[\partial \mu_{A(s)}^*/\partial T]_p = -S_{m,A(s)}^*$，$[\partial \mu_{A(l)}/\partial T]_{p,x_B} = -S_{m,A(l)}$，$[\partial \mu_{A(l)}/\partial x_A]_{p,T} = RT\mathrm{d}\ln x_A$，代入上式并整理，得

$$\mathrm{d}\ln x_A = \frac{S_{m,A(l)} - S_{m,A(s)}^*}{RT} \mathrm{d}T$$

式中，$S_{m,A(s)}^*$、$S_{m,A(l)}$ 分别为纯固体 A 和溶液中溶剂 A 的摩尔熵，$S_{m,A(l)} - S_{m,A(s)}^*$ 为纯固体 A 变为溶液中溶剂的摩尔熔化熵。由于上述熔化过程为可逆过程，因此

$$S_{m,A(l)} - S_{m,A(s)}^* = \frac{H_{m,A(l)} - H_{m,A(s)}^*}{T} \approx \frac{\Delta_{fus} H_{m,A}^*}{T}$$

式中，$\Delta_{fus} H_{m,A}^*$ 为纯固体 A 的摩尔熔化焓，稀溶液中可认为上述过程的焓变近似等于纯溶剂的摩尔熔化焓，有 $H_{m,A(l)} - H_{m,A(s)}^* \approx \Delta_{fus} H_{m,A}^*$。于是

$$\mathrm{d}\ln x_A = \frac{\Delta_{fus} H_{m,A}^*}{RT^2} \mathrm{d}T \tag{4.9.2}$$

将上式积分：

$$\int_0^{x_A} \mathrm{d}\ln x_A = \int_{T_f^*}^{T_f} \frac{\Delta_{fus} H_{m,A}^*}{RT^2} \mathrm{d}T$$

式中，T_f^* 和 T_f 分别为纯溶剂 A 和溶液中溶剂 A 的凝固点。

通常凝固点降低值 $\Delta T_f = T_f^* - T_f$ 很小，$\Delta_{fus} H_{m,A}^*$ 在温度范围 $T_f \sim T_f^*$ 内可视为常数，积分可得

$$\ln x_A = -\frac{\Delta_{fus} H_{m,A}^*}{R}\left(\frac{1}{T_f} - \frac{1}{T_f^*}\right) = -\frac{\Delta_{fus} H_{m,A}^* \Delta T_f}{RT_f T_f^*} \tag{4.9.3}$$

常压下 $\Delta_{fus} H_{m,A}^* \approx \Delta_{fus} H_{m,A}^\ominus$，并认为 $T_f T_f^* \approx (T_f^*)^2$；稀溶液中因 x_B 很小，$\ln x_A = \ln(1 - x_B) \approx -x_B$，换用质量摩尔浓度 b_B 来表示，有 $x_B = \dfrac{b_B}{1/M_A + b_B} \approx M_A b_B$，代入上式最后得

$$\Delta T_f = \frac{R(T_f^*)^2 M_A}{\Delta_{fus} H_{m,A}^\ominus} b_B \tag{4.9.4a}$$

令

$$K_f = \frac{R(T_f^*)^2 M_A}{\Delta_{fus} H_{m,A}^\ominus} \tag{4.9.5a}$$

例题解析

稀溶液依
数性计算

称为**凝固点降低系数**，则

$$\Delta T_f = K_f b_B \tag{4.9.4b}$$

此即为稀溶液的**凝固点降低公式**。式中 K_f 的值仅与溶剂的性质有关。表 4.9.1 列出几种常见溶剂的 K_f 值。

表 4.9.1 几种常见溶剂的 K_f 值

溶剂	水	乙酸	苯	萘	环己烷	樟脑
$K_f/(\mathrm{K \cdot mol^{-1} \cdot kg})$	1.86	3.63	5.07	7.45	20.8	37.8

若已知 K_f 值,通过实验测定一定组成溶液的 ΔT_f 后,就可计算出溶质的摩尔质量。

≫ 例 4.9.1 在 25.00 g 苯中溶入 0.245 g 苯甲酸,测得凝固点降低 $\Delta T_f = 0.204\ 8$ K。试求苯甲酸在苯中的分子式。

≫ **解**:由表 4.9.1 查得苯的 $K_f = 5.07$ K·mol^{-1}·kg,根据式(4.9.4b)

$$\Delta T_f = K_f b_B$$

$$\Delta T_f = K_f m_B / (M_B m_A)$$

$$M_B = \frac{K_f m_B}{\Delta T_f m_A} = \frac{5.07\ \mathrm{K \cdot mol^{-1} \cdot kg} \times 0.245\ \mathrm{g}}{0.204\ 8\ \mathrm{K} \times 25.00\ \mathrm{g}} = 0.243\ \mathrm{kg \cdot mol^{-1}}$$

已知苯甲酸的摩尔质量为 0.122 kg·mol^{-1},故苯甲酸在苯中以二聚体的形式 $(C_6H_5COOH)_2$ 存在。

3. 沸点升高(溶质不挥发)

沸点是液体饱和蒸气压等于外压时的温度。若纯溶剂 A 中加入非挥发性溶质,溶液中溶剂 A 的蒸气压要小于同样温度下纯溶剂 A 的蒸气压,由图 4.9.1(b)可以看到,溶液中溶剂的蒸气压曲线整体位于纯溶剂蒸气压线的下方。当温度达到纯溶剂的沸点 T_b^* 时,纯溶剂的蒸气压等于外压,而溶液中溶剂的蒸气压却低于外压,故溶液不沸腾。要使溶液在同一外压下沸腾,必须使温度升高到 T_b,溶液的蒸气压等于外压时方可。显然 $T_b > T_b^*$。这种现象称为沸点升高。$\Delta T = T_b - T_b^*$ 称为沸点升高值。

非挥发性溶质的稀溶液的沸点升高值 ΔT 与溶液组成 b_B 的关系式,可用与推导凝固点降低相同的方法得出:

$$\Delta T_b = \frac{R(T_b^*)^2 M_A}{\Delta_{vap} H_{m,A}^\ominus} b_B \tag{4.9.5b}$$

式中,$\Delta_{vap} H_{m,A}^\ominus$ 为纯溶剂 A 在温度 T_b^* 时的标准摩尔蒸发焓。

令

$$K_b = \frac{R(T_b^*)^2 M_A}{\Delta_{vap} H_{m,A}^\ominus} \tag{4.9.6}$$

称为**沸点升高系数**,则

$$\Delta T_b = K_b b_B \tag{4.9.5c}$$

这就是稀溶液的**沸点升高公式**。式中 K_b 的值仅与溶剂的性质有关。表 4.9.2 列出了几种常见溶剂的 K_b 值。

表 4.9.2　几种常见溶剂的 K_b 值

溶剂	水	甲醇	乙醇	乙醚	丙酮	苯	氯仿	四氯化碳
$K_b/(\mathrm{K \cdot mol^{-1} \cdot kg})$	0.513	0.86	1.23	2.20	1.80	2.64	3.80	5.26

4. 渗透压

有许多人造的或天然的膜对于物质的透过有选择性。例如,亚铁氰化铜膜只允许水而不允许水中的糖透过;有些动物膜如膀胱等可以使水透过,却不能使摩尔质量高的溶质或胶体粒子透过。这类膜称为半透膜。

在一定温度下用一个只能使溶剂透过而不能使溶质透过的半透膜把纯溶剂与溶液隔开,溶剂就会通过半透膜渗透到溶液中使溶液液面上升,直到溶液液面升到一定高度达到平衡状态,渗透才停止,如图 4.9.2(a)所示。这种对于溶剂的膜平衡,称为**渗透平衡**[①]。渗透平衡时,溶剂液面和同一水平的溶液截面上所受的压力分别为 p 及 $p+\rho gh$(ρ 是平衡时溶液的密度,g 是重力加速度,h 是溶液液面与纯溶剂液面的高度差),后者与前者之差称为**渗透压**,以 Π 表示。任何溶液都有渗透压,但是如果没有半透膜将溶液与纯溶剂隔开,渗透压即无法体现。测定渗透压的一种方法,是在溶液一侧施加一额外压力使达到渗透平衡,此额外压力即为渗透压 Π,如图 4.9.2(b)所示。

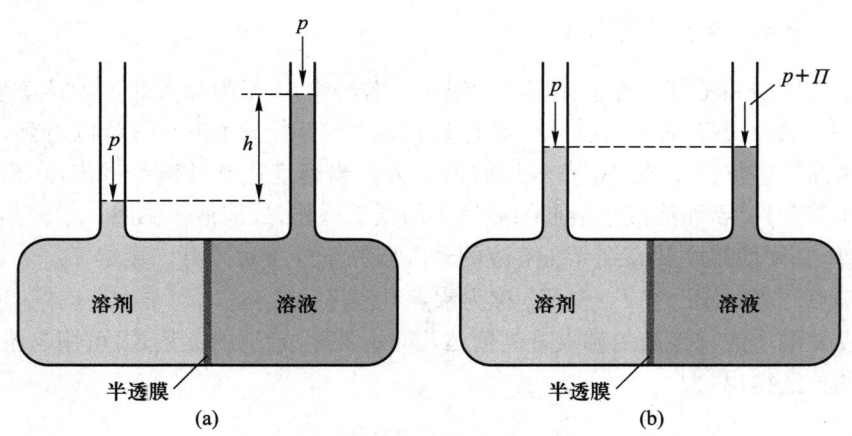

图 4.9.2　渗透平衡示意图

渗透压的大小与溶液的浓度有关,应用渗透平衡时半透膜两侧溶剂的化学势相等即可推导出这一关系。

温度 T 下,系统达到渗透平衡时,有

---

① 还有一种对于溶液中某种离子的膜平衡,称为唐南(Donnan)平衡。

$$\mu_{A(l)}^{*}(T, p) = \mu_{A(l)}(T, p + \Pi)$$

式中，$\mu_{A(l)}^{*}(T, p)$ 为纯溶剂 A 在温度 T、压力 p 下的化学势；$\mu_{A(l)}(T, p + \Pi)$ 为溶液中溶剂 A 在温度 T、压力 $p + \Pi$ 下的化学势。根据式(4.7.1a)：

$$\mu_{A(l)}(T, p + \Pi) = \mu_{A(l)}^{*}(T, p + \Pi) + RT\ln x_{A}$$

故有

$$\mu_{A(l)}^{*}(T, p) = \mu_{A(l)}^{*}(T, p + \Pi) + RT\ln x_{A} \tag{4.9.7}$$

对于稀溶液

$$\ln x_{A} = \ln(1 - x_{B}) \approx -x_{B} = -n_{B}/(n_{A} + n_{B}) \approx -n_{B}/n_{A}$$

因为 $[\partial \mu_{A(l)}^{*}/\partial p]_{T} = V_{m,A}^{*}$，恒定温度下该式对 p 作定积分（积分限 $p \to p + \Pi$），得

$$\mu_{A(l)}^{*}(T, p + \Pi) - \mu_{A(l)}^{*}(T, p) = \int_{p}^{p+\Pi} V_{m,A}^{*} \mathrm{d}p$$

由于液体的难压缩性，当压力范围 $p \sim p + \Pi$ 不是很大时，液体的摩尔体积可视为常数，因此

$$\mu_{A(l)}^{*}(T, p + \Pi) - \mu_{A(l)}^{*}(T, p) \approx V_{m,A}^{*}(p + \Pi - p) = V_{m,A}^{*}\Pi$$

将此结果及 $\ln x_{A} \approx -n_{B}/n_{A}$ 代入式(4.9.7)，整理可得

$$n_{B}RT = n_{A}V_{m,A(l)}^{*}\Pi$$

在稀溶液的情况下，$V \approx n_{A}V_{m,A(l)}^{*}$ 为溶液的体积，故得

$$\Pi V = n_{B}RT \tag{4.9.8a}$$

或

$$\Pi = c_{B}RT \tag{4.9.8b}$$

式中，c_{B} 是溶液中溶质的浓度。此式就是稀溶液的**范托夫渗透压公式**。由此式可以看出，溶液渗透压的大小只由溶液中溶质的浓度决定，而与溶质的本性无关，故渗透压也是溶液的依数性。从形式上看，渗透压公式与理想气体状态方程是相似的。

拓展资源

反渗透与
海水淡化

通过渗透压的测定，可以求出大分子溶质的摩尔质量。

根据以上讨论可以知道，在如图 4.9.2(b) 所示的装置中，当施加在溶液与纯溶剂上的压力差大于溶液的渗透压时，溶液中的溶剂将通过半透膜压入纯溶剂中，这种现象称为反渗透。反渗透最初用于海水的淡化，后来又用于工业废水的处理等。

》例 4.9.2 测得 30 ℃ 某蔗糖水溶液的渗透压为 252 kPa。试求：
（1）该溶液中蔗糖的质量摩尔浓度；
（2）该溶液的凝固点降低值；
（3）在大气压力下，该溶液的沸点升高值。

》解：以 A 代表水 H_2O，B 代表蔗糖 $C_{12}H_{22}O_{11}$。

(1) 由式(4.9.8b)$\Pi = c_B RT$，有

$$c_B = \Pi/(RT) = 252 \times 10^3 \text{ Pa}/(8.314 \text{ J} \cdot \text{mol}^{-1} \cdot \text{K}^{-1} \times 303.15 \text{ K})$$
$$= 100 \text{ mol} \cdot \text{m}^{-3}$$

由溶质的质量摩尔浓度 b_B 与溶质的浓度 c_B 之间的关系式 $b_B = c_B/(\rho - c_B M_B)$，在 c_B 不大的稀溶液中 $\rho - c_B M_B \approx \rho \approx \rho_A$，$\rho_A$ 为纯溶剂 A 的密度，故得 $b_B \approx c_B/\rho_A$。水的密度近似取 $\rho_A = 10^3 \text{ kg} \cdot \text{m}^{-3}$，得

$$b_B = c_B/\rho_A = \frac{100 \text{ mol} \cdot \text{m}^{-3}}{10^3 \text{ kg} \cdot \text{m}^{-3}} = 0.1 \text{ mol} \cdot \text{kg}^{-1}$$

(2) 由表 4.9.1 查得水的 $K_f = 1.86 \text{ K} \cdot \text{mol}^{-1} \cdot \text{kg}$，故

$$\Delta T_f = K_f b_B = 1.86 \text{ K} \cdot \text{mol}^{-1} \cdot \text{kg} \times 0.1 \text{ mol} \cdot \text{kg}^{-1} = 0.186 \text{ K}$$

(3) 由表 4.9.2 查得水的 $K_b = 0.513 \text{ K} \cdot \text{mol}^{-1} \cdot \text{kg}$，得

$$\Delta T_b = K_b b_B = 0.513 \text{ K} \cdot \text{mol}^{-1} \cdot \text{kg} \times 0.1 \text{ mol} \cdot \text{kg}^{-1} = 0.051\,3 \text{ K}$$

本章小结

由于多组分系统中系统的热力学广度性质 X 对各组分纯物质的广度性质 X_B^* 往往不具有加和性，故无法直接进行热力学计算，在引入偏摩尔量后，方能使热力学处理成为可能。偏摩尔量中最重要的是偏摩尔吉布斯函数，即化学势。化学势决定了系统的物质平衡，它与温度和压力一起共同决定了系统的热力学平衡。

要用化学势处理多组分系统的平衡问题，需导出各种状态下组分 B 的化学势表达式。这首先需选用相应的理想模型，并确立相应的标准态。本章所用的三个重要理想模型为理想气体模型、理想液态混合物模型和理想稀溶液模型。三个模型所遵循的规律分别为：理想气体状态方程、拉乌尔定律和亨利定律。在理想气体模型的基础上首先导出了理想气体的化学势表达式；进一步结合拉乌尔定律导出了理想液态混合物中组分 B 的化学势表达式，结合亨利定律导出了理想稀溶液中溶质 B 的化学势表达式。

真实系统中组分 B 的化学势表达式是通过引入逸度和逸度因子（气体）或活度和活度因子（液态混合物和溶液），对理想系统中各组分的化学势表达式加以修正得到的。

利用化学势表达式，通过热力学的推导，可导出分配定律及稀溶液的依数性（蒸气压下降、凝固点降低、沸点升高和渗透压）中的基本公式。

概念题

1. 恒温恒压、$W' = 0$ 条件下发生某相变化过程 $B(\alpha) \longrightarrow B(\beta)$，则组分 B 在 α、β 两相中的化学势的关

系为(　　　),达到相平衡时有(　　　);恒温恒压下某化学反应 $a\mathrm{A} + b\mathrm{B} \Longrightarrow y\mathrm{Y} + z\mathrm{Z}$ 达到化学平衡的条件是(　　　)。(填入化学势关系式)

2. 一定温度、压力下,水溶液中溶质 B 的化学势的变化 $\mathrm{d}\mu_\mathrm{B} > 0$,则溶剂水的化学势的变化 $\mathrm{d}\mu_\mathrm{A}$(　　　)0。(填入　>、<、=)

3. 比较化学势大小(填入　>、<、=):

(1) 0 ℃、101.325 kPa 下,μ(水)(　　　)μ(冰);

(2) −10 ℃、101.325 kPa 下,μ(水)(　　　)μ(冰);

(3) −5 ℃、过冷水和冰在各自的饱和蒸气压下 μ(过冷水)(　　　)μ(冰)。已知 −5 ℃时过冷水和冰的饱和蒸气压分别为 $p^*[\mathrm{H_2O(l)}] = 0.422\ \mathrm{kPa}$ 和 $p^*[\mathrm{H_2O(s)}] = 0.402\ \mathrm{kPa}$。

4. 100 ℃下,下列各化学势的大小顺序为(　　　)。

(1) 101.325 kPa,$\mathrm{H_2O(l)}$ 的化学势 μ_1;

(2) 101.325 kPa,$\mathrm{H_2O(g)}$ 的化学势 μ_2;

(3) 202.65 kPa,$\mathrm{H_2O(l)}$ 的化学势 μ_3;

(4) 202.65 kPa,$\mathrm{H_2O(g)}$ 的化学势 μ_4。

5. 真实气体混合物中组分 B 的化学势表达式,用逸度表示的形式为 $\mu_\mathrm{B(g)} =$ (　　　)。其中,标准化学势 $\mu_\mathrm{B(g)}^\ominus$ 对应的状态是(　　　)的状态。组分 B 的逸度与其分压的关系为 $\widetilde{p}_\mathrm{B} =$ (　　　)p_B。

6. 101.325 kPa 下,某带有绝热隔板的容器中,隔板两侧分别放置有 20 ℃ 和 50 ℃ 的水,则 50 ℃ 一侧水的化学势较(　　　)。现将绝热隔板的绝热膜去掉,50 ℃ 的水向 20 ℃ 的水传热是(　　　)过程。(第一空填入　大、小;第二空填入　自发、非自发)

7. 拉乌尔定律表达式 $p_\mathrm{A} = p_\mathrm{A}^* x_\mathrm{A}$ 中,p_A^* 是(　　　),其与(　　　)有关;在亨利定律表达式 $p_\mathrm{B} = k_{x,\mathrm{B}} x_\mathrm{B}$ 中,$k_{x,\mathrm{B}}$ 是(　　　),其与(　　　)有关。

8. 温度 T 下,A 和 B 能形成理想液态混合物,液体 A 的饱和蒸气压是液体 B 的饱和蒸气压的 5 倍。若平衡气相中 $y_\mathrm{A} = y_\mathrm{B}$,则液相中 A 和 B 的摩尔分数之比 $x_\mathrm{A}/x_\mathrm{B} =$ (　　　)。

9. 两组分 A、B 形成理想液态混合物,已知两者饱和蒸气压的关系为 $p_\mathrm{A}^* > p_\mathrm{B}^*$,则气相组成 y_A 与液相组成 x_A 的关系为 y_A(　　　)x_A。(填入　>、<、=)

10. 恒温恒压下,由纯组分形成理想液态混合物时,$\Delta_{\mathrm{mix}}V$(　　　)0,$\Delta_{\mathrm{mix}}H$(　　　)0,$\Delta_{\mathrm{mix}}U$(　　　)0,$\Delta_{\mathrm{mix}}S$(　　　)0,$\Delta_{\mathrm{mix}}G$(　　　)0,$\Delta_{\mathrm{mix}}A$(　　　)0。填入　>、<、=)

11. 25 ℃下,二组分真实液态混合物的液相组成 $x_\mathrm{B} = 0.8$,上方气相中 B 的分压是其该温度下饱和蒸气压的 60%,则 B 的活度 $a_\mathrm{B} =$ (　　　),活度因子 $f_\mathrm{B} =$ (　　　)。该温度下,从无限大量此混合物中分离出 1 mol 纯 B(混合物的组成视为不变),过程的 $\Delta G =$ (　　　) kJ。

12. 温度 T 下,某纯液体 A 的饱和蒸气压为 7.375 kPa。现将 0.2 mol 不挥发性溶质 B 溶于 0.8 mol 液体 A 中,测得平衡后溶液上方的蒸气压为 5.333 kPa,则溶剂 A 的活度 $a_\mathrm{A} =$ (　　　),活度因子 $f_\mathrm{A} =$ (　　　)。设蒸气可视为理想气体。

13. 在 288 K 下纯水的饱和蒸气压为 1.704 kPa。将 1 mol 不挥发的溶质溶解在 4.559 mol 水中形成溶液,测得上方气相的压力为 0.596 7 kPa,则 $\mu(\mathrm{H_2O}) - \mu^*(\mathrm{H_2O}) =$ (　　　) $\mathrm{kJ \cdot mol^{-1}}$。

14. 25 ℃、101.325 kPa 下,向两份 500 g 水中分别加入等物质的量的蔗糖($\mathrm{C_{12}H_{22}O_{11}}$)和食盐(NaCl)形成稀溶液,则两种溶液结冰(析出纯冰)的温度 T_f(糖水)(　　　)T_f(盐水)。(填入　>、<、=)

15. 一定温度下,向溶剂 A 中加入非挥发性溶质 B 形成稀溶液,该溶液的沸点 T_b(　　　)纯溶剂的沸点 T_b^*。沸点升高值与溶液浓度成(　　　)比,比例系数称为(　　　)系数,该系数的量值只与(　　　)的性质有关。

习题

4.1 由溶剂 A 与溶质 B 形成一定组成的溶液。此溶液浓度为 c_B,质量摩尔浓度为 b_B,密度为 ρ。以 M_A、M_B 分别代表溶剂和溶质的摩尔质量,若溶液的组成用摩尔分数 x_B 表示时,试导出 x_B 与 c_B,x_B 与 b_B 之间的关系。

$$答:c_B = \frac{\rho x_B}{M_A + x_B(M_B - M_A)},b_B = \frac{x_B}{(1-x_B)M_A}$$

4.2 在 25 ℃下,1 kg 水(A)中溶有乙酸(B),当乙酸的质量摩尔浓度 b_B 介于 0.16 mol·kg^{-1} 和 2.5 mol·kg^{-1} 之间时,溶液的总体积

$$V/\text{cm}^3 = 1\,002.935 + 51.832[b_B/(\text{mol·kg}^{-1})] + 0.139\,4[b_B/(\text{mol·kg}^{-1})]^2$$

求:(1) 把水(A)和乙酸(B)的偏摩尔体积分别表示成 b_B 的函数关系;

(2) $b_B = 1.5$ mol·kg^{-1} 时水和乙酸的偏摩尔体积。

$$答:(1)\ V_A = \{18.068\,1 - 0.002\,5[b_B/(\text{mol·kg}^{-1})]^2\}\text{cm}^3·\text{mol}^{-1},$$
$$V_B = \{51.832 + 0.278\,8[b_B/(\text{mol·kg}^{-1})]\}\text{cm}^3·\text{mol}^{-1};$$
$$(2)\ V_A = 18.062\,5\ \text{cm}^3·\text{mol}^{-1},V_B = 52.250\ \text{cm}^3·\text{mol}^{-1}$$

4.3 60 ℃下甲醇(A)的饱和蒸气压是 83.4 kPa,乙醇(B)的饱和蒸气压是 47.0 kPa。二者可形成理想液态混合物。若混合物中二者的质量分数各为 0.5,求 60 ℃时此混合物的平衡蒸气组成,以摩尔分数表示。

$$答:y_A = 0.718\,4,y_B = 0.281\,6$$

4.4 80 ℃下纯苯的蒸气压为 100 kPa,纯甲苯的蒸气压为 38.7 kPa。两液体可形成理想液态混合物。若有苯-甲苯的气液平衡混合物,80 ℃时气相中苯的摩尔分数 y(苯)= 0.300,求液相的组成 x(苯)。

$$答:x(苯) = 0.142\,3$$

4.5 H_2、N_2 与 100 g 水在 40 ℃下处于平衡,平衡总压为 105.4 kPa。平衡气体经干燥后的体积分数 $\varphi(H_2) = 0.40$。假设溶液的水蒸气压等于纯水的饱和蒸气压,即 40 ℃时的 7.33 kPa。已知 40 ℃时 H_2、N_2 在水中的亨利系数分别为 7.61 GPa 及 10.5 GPa,求 40 ℃时水中能溶解 H_2 和 N_2 的质量。

$$答:m(H_2) = 57.68\ \mu g,m(N_2) = 871.4\ \mu g$$

4.6 已知 20 ℃下,压力为 101.325 kPa 的 CO_2(g)在 1 kg 水中可溶解 1.7 g,40 ℃时同样压力的 CO_2(g)在 1 kg 水中可溶解 1.0 g。如果用只能承受 202.65 kPa 的瓶子充装溶有 CO_2(g)的饮料,则在 20 ℃条件下充装时,CO_2 的最大压力为多少才能保证此瓶装饮料可以在 40 ℃条件下安全存放?设溶质 CO_2 服从亨利定律。

$$答:119.2\ \text{kPa}$$

4.7 25 ℃下,由 0.5 mol 的 A 和 1.5 mol 的 B 混合形成理想液态混合物,试求混合过程的 $\Delta_{mix}V$、$\Delta_{mix}H$、$\Delta_{mix}G$ 及 $\Delta_{mix}S$。

$$答:\Delta_{mix}V = 0,\Delta_{mix}H = 0,$$
$$\Delta_{mix}G = -2.788\ \text{kJ},\Delta_{mix}S = 9.351\ \text{J·k}^{-1}$$

4.8 液体 B 与液体 C 可形成理想液态混合物。在常压及 25 ℃下,向总量 $n = 10$ mol,组成 $x_C = 0.4$ 的 B、C 液态混合物中加入 14 mol 的纯液体 C,形成新的混合物。求过程的 ΔG、ΔS。

答：$\Delta G = -16.77\ \text{kJ}$，$\Delta S = 56.25\ \text{J·K}^{-1}$

4.9　液体 B 和液体 C 可形成理想液态混合物。在 25 ℃下，向无限大量组成 $x_C = 0.4$ 的混合物中加入 5 mol 的纯液体 C。求过程的 ΔG、ΔS。

答：$\Delta G = -11.36\ \text{kJ}$，$\Delta S = 38.09\ \text{J·K}^{-1}$

4.10　20 ℃下，将少量挥发性液体 B 加入液体 A 中形成理想稀溶液，测得溶液组成 $x_B = 0.042\ 1$。计算此稀溶液上方气相的总压 p 及组成 y_B。已知 20 ℃时液体 A 的饱和蒸气压为 23.0 kPa，B 在 A 中的亨利系数为 73.0 kPa。

答：$p = 25.1\ \text{kPa}$，$y_B = 0.122$

4.11　(1) 25 ℃下将 0.568 g 碘溶于 50 cm³ CCl₄ 中，所形成的溶液与 500 cm³ 水一起摇动，平衡后测得水层中含有 0.233 mmol 的碘。计算碘在两溶剂中的分配系数 K，$K = c(\text{I}_2,\text{H}_2\text{O 相})/c(\text{I}_2,\text{CCl}_4\ \text{相})$。设碘在两种溶剂中均以 I₂ 分子形式存在。

(2) 若 25 ℃下 I₂ 在水中的浓度是 1.33 mmol·dm⁻³，求碘在 CCl₄ 中的浓度。

答：(1) 0.011 6；(2) 114.66 mmol·dm⁻³

4.12　25 ℃下，0.1 mol NH₃ 溶于 1 dm³ 三氯甲烷中，此溶液 NH₃ 的蒸气分压为 4.433 kPa，同温度下当 0.1 mol NH₃ 溶于 1 dm³ 水中时，NH₃ 的蒸气分压为 0.887 kPa。求 NH₃ 在水与三氯甲烷中的分配系数 $K = c(\text{NH}_3,\text{H}_2\text{O 相})/c(\text{NH}_3,\text{CHCl}_3\ \text{相})$。

答：5

4.13　20 ℃下某有机酸在水和乙醚中的分配系数为 0.4。今该有机酸 5 g 溶于 100 cm³ 水中形成溶液。

(1) 若用 40 cm³ 乙醚一次萃取（所用乙醚已事先被水饱和，因此萃取时不会有水溶于乙醚），求水中还剩下多少有机酸？

(2) 将 40 cm³ 乙醚分为两份，每次用 20 cm³ 乙醚萃取，连续萃取两次，问水中还剩下多少有机酸？

答：(1) 2.5 g；(2) 2.22 g

4.14　在某一温度下，将碘溶解于 CCl₄ 中。当碘的摩尔分数 $x(\text{I}_2)$ 在 0.01~0.04 时，此溶液符合稀溶液规律。今测得平衡时气相中碘的蒸气压与液相中碘的摩尔分数的两组数据如下：

$p(\text{I}_2,\text{g})/\text{kPa}$	1.638	16.72
$x(\text{I}_2)$	0.03	0.5

求 $x(\text{I}_2) = 0.5$ 时溶液中碘的活度及活度因子。

答：0.306 2，0.612 4

4.15　实验测得 50 ℃下乙醇(A)-水(B)液态混合物的液相组成 $x_B = 0.556\ 1$ 时，平衡气相组成 $y_B = 0.428\ 9$ 及气相总压 $p = 24.832\ \text{kPa}$。试计算水的活度及活度因子。假设水的摩尔蒸发焓在 50~100 ℃ 范围内可按常数处理。已知 $\Delta_{vap}H_m(\text{H}_2\text{O},\text{l}) = 42.23\ \text{kJ·mol}^{-1}$。

答：0.863 7，1.553

4.16　10 g 葡萄糖(C₆H₁₂O₆)溶于 400 g 乙醇中，溶液的沸点较纯乙醇的上升 0.142 8 ℃。另外有 2 g 有机物质溶于 100 g 乙醇中，此溶液的沸点则上升 0.125 0 ℃。求此有机物质的相对分子质量。

答：164.65

4.17　在 100 g 苯中加入 13.76 g 联苯(C₆H₅C₆H₅)，所形成溶液的沸点为 82.4 ℃。已知纯苯的沸点为 80.1 ℃。求：

(1) 苯的沸点升高系数；

(2) 苯的摩尔蒸发焓。

答：(1) 2.578 K·mol^{-1}·kg；(2) 31.44 kJ·mol^{-1}

4.18　已知 0 ℃、101.325 kPa 下，O_2 在水中的溶解度为 4.49 cm^3/(100 g 水)；N_2 在水中的溶解度为 2.35 cm^3/(100 g 水)。试计算被 101.325 kPa 的空气所饱和了的水的凝固点较纯水的凝固点降低了多少。已知空气的体积分数 $\varphi(N_2) = 0.79, \varphi(O_2) = 0.21$。

答：2.323×10^{-3} K

4.19　已知樟脑($C_{10}H_{16}O$)的凝固点降低系数为 40 K·mol^{-1}·kg。

(1) 某一溶质相对分子质量为 210，溶于樟脑形成质量分数为 5% 的溶液，求凝固点降低多少？

(2) 另一溶质相对分子质量为 9 000，溶于樟脑形成质量分数为 5% 的溶液，求凝固点降低多少？

答：(1) 10.03 K；(2) 0.234 K

4.20　现有蔗糖($C_{12}H_{22}O_{11}$)溶于水形成某一浓度的稀溶液，其凝固点为 −0.200 ℃。计算此溶液在 25 ℃时的蒸气压。已知水的 $K_f = 1.86$ K·mol^{-1}·kg，纯水在 25 ℃下的蒸气压为 $p^* = 3.167$ kPa。

答：3.161 kPa

4.21　在 20 ℃下将 68.4 g 蔗糖($C_{12}H_{22}O_{11}$)溶于 1 kg 的水中。求：

(1) 此溶液的蒸气压；

(2) 此溶液的渗透压。

已知 20 ℃下此溶液的密度为 1.024 g·cm^{-3}，纯水的饱和蒸气压 $p^* = 2.339$ kPa。

答：(1) 2.33 kPa；(2) 466.8 kPa

4.22　人的血液(可视为水溶液)在 101.325 kPa 下于 −0.56 ℃凝固。已知水的 $K_f = 1.86$ K·mol^{-1}·kg。

(1) 求血液在 37 ℃时的渗透压；

(2) 在相同温度下，1 dm^3 蔗糖($C_{12}H_{22}O_{11}$)水溶液中需含有多少克蔗糖才能与血液有相同的渗透压？

答：(1) 776.4 kPa；(2) 103.1 g

第五章 化学平衡

化工生产及与应用有关的化学研究中,人们最关心的问题莫过于化学反应的方向及反应平衡时反应物的转化率,因为它关系到在一定条件下,反应能否按所希望的方向进行,最终能得到多少产物,反应的经济效益如何。在化学发展史上,这一问题曾经长期困扰着人们,而从理论上彻底阐明这一原理的是美国化学家吉布斯。在 19 世纪五六十年代,热力学还处于热机效率的研究阶段,而化学还基本上是一门经验科学。吉布斯在 1874 年提出了化学势的概念,并用它来处理多组分多相系统的物质平衡——化学平衡和相平衡问题,从而从根本解决了这一难题,使人们能够从理论上判断化学反应的方向和计算平衡转化率,这一巨大贡献使化学成为一门有理论指导的科学。可以说热力学在化学中最重要的成就和应用就是用热力学来计算化学平衡和相平衡的问题。

§5.1 化学反应的方向及平衡条件

化学反应通常都发生在多相多组分系统中,因此在使用热力学判据来判断反应过程的方向和限度时,需要用偏摩尔量来进行有关计算,而吉布斯函数的偏摩尔量即是化学势。

对于一化学反应 $0 = \sum_{B} \nu_{B} B$,随着反应的进行,各组分物质的量均发生变化,系统的吉布斯函数亦会随之变化。根据式(4.2.7)在恒定 T、p,$W' = 0$[①] 时有

$$dG = \sum_{B} \mu_{B} dn_{B} \tag{5.1.1a}$$

式中,$\sum_{B}$ 代表对各相中所有反应物及产物求和,见式(4.2.14)的推导。将反应进度 $d\xi = dn_{B}/\nu_{B}$ 代入上式,得

$$dG = \sum_{B} \nu_{B} \mu_{B} d\xi \tag{5.1.1b}$$

将上式两侧同除以 $d\xi$,得

重点难点

反应方向
判据

---

① 本章中经常用到恒定 T、p,$W' = 0$ 这一条件,由于本章不涉及非体积功,故在以后的叙述中将这一条件简化为恒定 T、p。即除非特别说明,凡提到恒定 T、p 时,就含有 $W' = 0$ 的条件。

$$\left(\frac{\partial G}{\partial \xi}\right)_{T,p} = \sum_{B} \nu_B \mu_B = \Delta_r G_m \tag{5.1.2}$$

式中,$\left(\dfrac{\partial G}{\partial \xi}\right)_{T,p}$ 表示在一定温度、压力和组成的条件下,反应进行了 $d\xi$ 的微量进度折合成每摩尔进度时所引起系统吉布斯函数的变化;也可以说是在反应系统为无限大量时进行了 1 mol 进度化学反应时所引起系统吉布斯函数的改变,简称为**摩尔反应吉布斯函数**,通常以 $\Delta_r G_m$ 表示。

根据恒温恒压条件下的吉布斯函数判据可有:

若 $\Delta_r G_m < 0$,即 $(\partial G/\partial \xi)_{T,p} < 0$,反应将正向进行,反应物自发生成产物;

若 $\Delta_r G_m > 0$,即 $(\partial G/\partial \xi)_{T,p} > 0$,反应不能自发正向进行(但逆反应可自发进行);

若 $\Delta_r G_m = 0$,即 $(\partial G/\partial \xi)_{T,p} = 0$,反应达到平衡。

值得注意的是,式(5.1.2)中 $\Delta_r G_m = \sum_{B} \nu_B \mu_B$,若 μ_B 不随浓度而改变,即不随反应进度而变化,则 $\sum_{B} \nu_B \mu_B$ 恒等于一常数,那么 $\Delta_r G_m$ 也将不随反应进度而改变。这样如果一个反应开始时的 $\Delta_r G_m < 0$,那么在反应进行中,$\Delta_r G_m$ 将始终小于 0,反应将一直进行到底,不存在化学平衡。但由第四章所学知识可知,偏摩尔量不仅是 T、p 的函数,也是系统组成的函数。随着反应进度 ξ 的增加,反应物的化学势将逐渐减小,产物的化学势将逐渐增大,因而 G 随 ξ 的变化不是一条直线,而是一条会出现最小值的曲线。

图 5.1.1 为在恒定 T、p 下实际反应 G 随 ξ 变化的示意图。由图可见,随着反应的进行,即随着 ξ 从小变大,系统的吉布斯函数 G 逐渐降低,降至最低时反应达到平衡。最低点左侧曲线的斜率 $(\partial G/\partial \xi)_{T,p} < 0$,表明反应可以自发进行;最低点处 $(\partial G/\partial \xi)_{T,p} = 0$,系统达到化学平衡;最低点右侧曲线的斜率 $(\partial G/\partial \xi)_{T,p} > 0$,表明若 ξ 进一步增加,G 将增大,这在恒定 T、p 下是不可能自动发生的。不过要说明的是如果系统开始时处于最低点右侧,那么反应将逆向进行,系统将从右侧向最低点趋近,至最低点时达到平衡,这也是一个吉布斯函数减小的自发过程。总之,反应系统在恒定 T、p 条件下总是趋于向吉布斯函数极小的方向进行,反应可以从两侧向最低点靠拢,趋向平衡。如果是恒定 T、V 的系统,可用亥姆霍兹函数 A 代替吉布斯函数 G 进行类似的讨论。

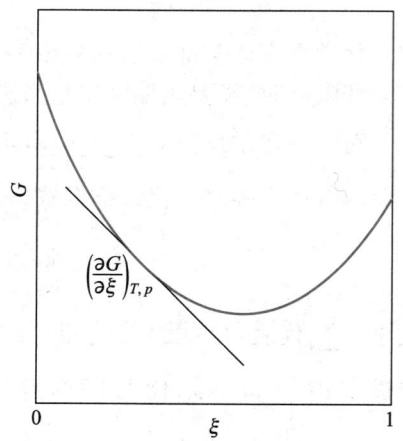

图 5.1.1　恒定 T、p 下实际反应 G 随 ξ 变化示意图

由图 5.1.1 还可以看出,G-ξ 曲线斜率的绝对值 $|(\partial G/\partial \xi)_{T,p}|$ 随着向平衡点靠近而逐渐减小,这反映了反应自动进行趋势的逐渐减小,到达 $(\partial G/\partial \xi)_{T,p} = 0$ 时,反应达到平衡。所以又有人将 $-\Delta_r G_m$ 称为化学反应的净推动力,或**化学反应亲和势**,以 A 表示,即

$$A = -\Delta_r G_m = -\left(\frac{\partial G}{\partial \xi}\right)_{T,p} \tag{5.1.3}$$

以上讨论了通过化学势判断反应方向和限度的基本思想。反应判据之所以重要,是因为可以从中推导出反应达到平衡时的组成,即反应可能达到的最大转化率,以及反应条件如温度、压力等对平衡组成的影响。这些问题直接关系到化工生产的效率,所以一直受到人们的高度重视。

本章主要以理想气体反应系统为例介绍如何用热力学方法推导反应平衡的条件,如何计算平衡组成,以及它们与温度、压力及其他热力学函数间的关系,然后将其推广到真实气体系统。

§5.2 理想气体反应的等温方程及标准平衡常数

1. 理想气体反应的等温方程

对于恒温恒压下的理想气体化学反应,根据第四章所学内容可知,其中任一反应组分的化学势为

$$\mu_B = \mu_B^\ominus + RT\ln(p_B/p^\ominus)$$

代入式(5.1.2),可得

$$\Delta_r G_m = \sum_B \nu_B \mu_B = \sum_B \nu_B \mu_B^\ominus + \sum_B \nu_B RT\ln(p_B/p^\ominus) \tag{5.2.1}$$

式中,$\sum_B \nu_B \mu_B^\ominus$ 为各反应组分均处于标准态($p^\ominus = 100 \text{ kPa}$ 的纯理想气体)时每摩尔反应进度的吉布斯函数变,用 $\Delta_r G_m^\ominus$ 表示,称为**标准摩尔反应吉布斯函数**,即

$$\Delta_r G_m^\ominus = \sum_B \nu_B \mu_B^\ominus \tag{5.2.2}$$

$\Delta_r G_m^\ominus$ 只是温度的函数,可通过热力学基础数据计算得到。式(5.2.1)中后一项的加和可用乘积的形式表示:

$$\sum_B \nu_B RT\ln(p_B/p^\ominus) = RT\sum_B \ln(p_B/p^\ominus)^{\nu_B} = RT\ln\prod_B(p_B/p^\ominus)^{\nu_B}$$

式中,$\prod_B(p_B/p^\ominus)^{\nu_B}$ 为各反应物及产物 $(p_B/p^\ominus)^{\nu_B}$ 的连乘积,又称为**压力商** J_p。因反应物的化学计量数为负,产物的为正,所以对于反应

$$a\text{A} + b\text{B} \longrightarrow y\text{Y} + z\text{Z}$$

有

$$J_p = \prod_B(p_B/p^\ominus)^{\nu_B} = \frac{(p_Y/p^\ominus)^y (p_Z/p^\ominus)^z}{(p_A/p^\ominus)^a (p_B/p^\ominus)^b} \tag{5.2.3}$$

将式(5.2.2)及式(5.2.3)代入式(5.2.1),可得

$$\Delta_r G_m = \Delta_r G_m^\ominus + RT\ln J_p \tag{5.2.4}$$

此式即为**理想气体反应的等温方程**。

已知反应温度 T 时的 $\Delta_r G_m^\ominus$ 及各气体的分压 p_B，即可求得该温度下反应的 $\Delta_r G_m$。

2. 理想气体反应的标准平衡常数

随着反应的进行，反应系统中各组分气体分压将不断发生变化，使得式 (5.2.4) 中的 J_p 不断改变，进而使反应的 $\Delta_r G_m$ 不断改变。当反应达到平衡时有

$$\Delta_r G_m = \Delta_r G_m^\ominus + RT \ln J_p^{eq} = 0$$

$$\Delta_r G_m^\ominus = -RT \ln J_p^{eq} \qquad (5.2.5)$$

式中，J_p^{eq} 为反应的**平衡压力商**。

对某一确定的化学反应，由于 $\Delta_r G_m^\ominus$ 只是温度的函数，故平衡压力商 J_p^{eq} 也只是温度的函数，当温度确定后，$\Delta_r G_m^\ominus$ 为一确定值，J_p^{eq} 也为一确定值，与系统的压力和组成无关。以 $K^\ominus$ 表示 J_p^{eq}，并称为**标准平衡常数**，即

$$K^\ominus = \prod_B (p_B^{eq}/p^\ominus)^{\nu_B} \quad （理想气体） \qquad (5.2.6)$$

$K^\ominus$ 的量纲为 1。将 $K^\ominus$ 代替 J_p^{eq} 代入式 (5.2.5)，可得

$$\Delta_r G_m^\ominus = -RT \ln K^\ominus \qquad (5.2.7a)$$

由此可得标准平衡常数 $K^\ominus$ 的定义式：

$$K^\ominus \xlongequal{def} \exp[-\Delta_r G_m^\ominus/(RT)] \qquad (5.2.7b)$$

式 (5.2.7a) 和式 (5.2.7b) 都可称为 $K^\ominus$ 的定义式，它表示了 $K^\ominus$ 与 $\Delta_r G_m^\ominus$ 之间的关系，是一个普遍的公式，不仅适用于理想气体化学反应，也适用于真实气体、液态混合物及溶液中的化学反应。只不过在其他三种情况下 $K^\ominus$ 不再是平衡压力商，其所代表的意义可根据推导等温方程时所代入的化学势表达式来确定。

将式 (5.2.7a) 代入等温方程式 (5.2.4)，可得

$$\Delta_r G_m = -RT \ln K^\ominus + RT \ln J_p = RT \ln(J_p/K^\ominus) \qquad (5.2.8)$$

由此，$\Delta_r G_m$ 判据可转化为比较可测量 J_p 与 $K^\ominus$ 的大小来实现。在恒温恒压下：

当 $J_p < K^\ominus$ 时，$\Delta_r G_m < 0$，反应自发进行；

当 $J_p > K^\ominus$ 时，$\Delta_r G_m > 0$，反应不能自发进行（逆向反应可自发进行）；

当 $J_p = K^\ominus$ 时，$\Delta_r G_m = 0$，反应达到平衡。

显然 J_p 与 $K^\ominus$ 的相对大小决定了反应的方向和限度。$K^\ominus$ 在一定温度下为常数，而 J_p 则可通过人为改变反应物与产物的配比进行调节。在化工生产中，人们常通过改变 J_p 来提高反应产率。例如，一碳化工中甲烷转化制氢的反应为

$$CH_4(g) + H_2O(g) \longrightarrow CO(g) + 3H_2(g)$$

重点难点

理想气体
反应标准
平衡常数

为了节约原料气 CH_4，可通过加入过量廉价水蒸气的办法，减小 J_p 使反应向右移动，以提高 CH_4 的转化率。另外也可采用在反应进行过程中把反应产物从反应系统中移走的办法，减小 J_p 以提高产率。

J_p 的可调性给了人们控制、甚至改变反应方向的可能性。但实际上对于 $\Delta_r G_m^{\ominus} \ll 0$ 的反应，$K^{\ominus} \gg 1$，平衡时反应物的分压几乎为 0，可认为反应能进行到底；而 $\Delta_r G_m^{\ominus} \gg 0$ 的反应，$K^{\ominus} \ll 1$，平衡时产物的分压几乎为 0，可认为反应不能发生；只有 $\Delta_r G_m^{\ominus}$ 接近于 0 的反应，$K^{\ominus}$ 与 1 相差不太大时，才有可能通过调节 J_p 来改变化学反应的方向和影响反应的产率。

3. 相关化学反应标准平衡常数之间的关系

当几个化学反应之间有线性加和关系时称它们为相关反应。

因为吉布斯函数 G 是状态函数，若同一温度下，几个不同化学反应具有加和性时，这些反应的 $\Delta_r G_m^{\ominus}$ 也具有加和性。根据各反应的 $\Delta_r G_m^{\ominus} = -RT\ln K^{\ominus}$，可得出相关反应 $K^{\ominus}$ 之间的关系。例如，以下三个反应：

(1) $C(s) + O_2(g) == CO_2(g)$　　　　　　$\Delta_r G_{m,1}^{\ominus} = -RT\ln K_1^{\ominus}$

(2) $CO(g) + \frac{1}{2}O_2(g) == CO_2(g)$　　　　$\Delta_r G_{m,2}^{\ominus} = -RT\ln K_2^{\ominus}$

(3) $C(s) + CO_2(g) == 2CO(g)$　　　　　$\Delta_r G_{m,3}^{\ominus} = -RT\ln K_3^{\ominus}$

由于　　　　　　　　　　反应(3) = 反应(1) − 2 × 反应(2)

可有　　　　　　　　　　$\Delta_r G_{m,3}^{\ominus} = \Delta_r G_{m,1}^{\ominus} - 2\Delta_r G_{m,2}^{\ominus}$

因此可得　　　　　　　　$K_3^{\ominus} = K_1^{\ominus}/(K_2^{\ominus})^2$

值得注意的是，即使对于同一化学反应，若书写化学反应式时的化学计量数不同，则摩尔反应进度的 $\Delta_r G_m^{\ominus}$ 不同，$K^{\ominus}$ 也将不同。例如，合成氨反应的反应式可写成下面两种形式：

(1) $N_2(g) + 3H_2(g) == 2NH_3(g)$　　　　$\Delta_r G_{m,1}^{\ominus} = -RT\ln K_1^{\ominus}$

(2) $\frac{1}{2}N_2(g) + \frac{3}{2}H_2(g) == NH_3(g)$　　　$\Delta_r G_{m,2}^{\ominus} = -RT\ln K_2^{\ominus}$

因反应(1) = 2 × 反应(2)，故 $\Delta_r G_{m,1}^{\ominus} = 2\Delta_r G_{m,2}^{\ominus}$，$K_1^{\ominus} = (K_2^{\ominus})^2$。可见对于一个化学反应来说，$K^{\ominus}$ 是与反应计量式有关的，如果不写出反应计量式，标准平衡常数是没有意义的。

4. 有纯凝聚态物质参加的理想气体化学反应

对于有纯固态或纯液态物质参加的理想气体化学反应，例如，

$$aA(g) + bB(l) == yY(g) + zZ(s)$$

在常压下，压力对凝聚态物质化学势的影响可忽略不计，可认为纯凝聚态物质的化学势就等于其标准化学势，即 $\mu_{B(cd)} = \mu_{B(cd)}^{\ominus}$（cd 表示凝聚态），因此，

$$\Delta_r G_m = (y\mu_Y + z\mu_Z) - (a\mu_A + b\mu_B)$$
$$= y[\mu_Y^\ominus + RT\ln(p_Y/p^\ominus)] + z\mu_Z^\ominus - a[\mu_A^\ominus + RT\ln(p_A/p^\ominus)] - b\mu_B^\ominus$$
$$= (y\mu_Y^\ominus + z\mu_Z^\ominus - a\mu_A^\ominus - b\mu_B^\ominus) + RT\ln\frac{(p_Y/p^\ominus)^y}{(p_A/p^\ominus)^a}$$
$$= \Delta_r G_m^\ominus + RT\ln J_p(g)$$

平衡时 $\Delta_r G_m = 0$，有

$$\Delta_r G_m^\ominus = -RT\ln J_p^{eq}(g) = -RT\ln K^\ominus$$

因此
$$K^\ominus = J_p^{eq}(g) \tag{5.2.9}$$

由以上推导可知，对于有凝聚态物质参加的化学反应，$\Delta_r G_m^\ominus$ 中包含了所有参加反应的物质的 $\mu_B^\ominus$，但 J_p 中只包括了气体的分压，$K^\ominus$ 中也只包括了气体的平衡分压。

例如，碳酸钙的分解反应

$$CaCO_3(s) \Longrightarrow CaO(s) + CO_2(g)$$

$$K^\ominus = p(CO_2)/p^\ominus$$

式中，$p(CO_2)$ 为 CO_2 的平衡压力，亦称为 $CaCO_3(s)$ 的**分解压力**。温度一定时，$K^\ominus$ 一定，因此平衡时 $p(CO_2)$ 一定，与固体 $CaCO_3(s)$ 的量的多少无关。通常可以分解压力的大小来判断固体化合物的稳定性，分解压力越小，稳定性越高。例如，在 600 K 下，$CaCO_3(s)$ 的分解压力是 4.53×10^{-3} Pa，$MgCO_3(s)$ 的分解压力是 28.4 Pa，故 $CaCO_3$ 要比 $MgCO_3$ 稳定。升高温度会使分解压力升高，当分解压力等于环境压力时（通常指 101.325 kPa），所对应的温度称为**分解温度**。

5. 理想气体反应平衡常数的不同表示法

气体混合物中某一组分的量可用分压 p_B、浓度 c_B、摩尔分数 y_B 或物质的量 n_B 等来表示，为计算方便，人们也经常用这些量来表示化学反应的平衡常数，例如，

$$K_p = \prod_B p_B^{\nu_B} \tag{5.2.10}$$

$$K_c^\ominus = \prod_B (c_B/c^\ominus)^{\nu_B} \tag{5.2.11}$$

$$K_y = \prod_B y_B^{\nu_B} \tag{5.2.12}$$

$$K_n = \prod_B n_B^{\nu_B} \tag{5.2.13}$$

以上四个平衡常数与 $K^\ominus$ 的关系如下：

(1) $K^\ominus$ 与 K_p $K^\ominus = K_p^\ominus = \prod_B (p_B/p^\ominus)^{\nu_B} = K_p(p^\ominus)^{-\sum\nu_{B(g)}}$ (5.2.14)

(2) $K^\ominus$ 与 $K_c^\ominus$ 由于理想气体 $p_B = \dfrac{n_B}{V}RT = c_BRT = (c_B/c^\ominus)c^\ominus RT$，所以，

$$K^{\ominus} = \prod_B (p_B/p^{\ominus})^{\nu_B} = \prod_B (c_B/c^{\ominus})^{\nu_B} \cdot \prod_B (c^{\ominus}RT/p^{\ominus})^{\nu_B}$$

$$= K_c^{\ominus}(c^{\ominus}RT/p^{\ominus})^{\sum \nu_{B(g)}} \tag{5.2.15}$$

（3）$K^{\ominus}$ 与 K_y　根据分压定律 $p_B = y_B p$，有

$$K^{\ominus} = \prod_B (p_B/p^{\ominus})^{\nu_B} = \prod_B (y_B p/p^{\ominus})^{\nu_B}$$

$$= \prod_B y_B^{\nu_B} \cdot \prod_B (p/p^{\ominus})^{\nu_B} = K_y(p/p^{\ominus})^{\sum \nu_{B(g)}} \tag{5.2.16}$$

（4）$K^{\ominus}$ 与 K_n　根据 $p_B = y_B p = n_B p \big/ \sum_B n_{B(g)}$，有

$$K^{\ominus} = \prod_B (p_B/p^{\ominus})^{\nu_B} = \prod_B \left[n_B p \Big/ \left(p^{\ominus} \sum_B n_{B(g)} \right) \right]^{\nu_B}$$

$$= \prod_B n_B^{\nu_B} \cdot \prod_B \left[p \Big/ \left(p^{\ominus} \sum_B n_{B(g)} \right) \right]^{\nu_B} = K_n \left[p \Big/ \left(p^{\ominus} \sum_B n_{B(g)} \right) \right]^{\sum \nu_{B(g)}} \tag{5.2.17}$$

需要说明的是，在上述平衡常数中，只有 $K^{\ominus}$ 是国标规定的标准平衡常数，是由热力学公式(5.2.7)定义的，可通过 $\Delta_r G_m^{\ominus}$ 计算得到。其他平衡常数不能直接由热力学函数 $\Delta_r G_m^{\ominus}$ 计算，但由于它们在分析讨论某些外界条件对平衡移动影响时比较方便，所以也经常被人们使用。

上述平衡常数中，$K^{\ominus}$、K_p 和 $K_c^{\ominus}$ 都只是温度的函数，在一定温度下为一常数；K_y 和 K_n 除了是温度的函数外，还是总压 p 的函数，即温度一定时，它们会随总压的变化而改变；而 K_n 还与系统中总的气相组分物质的量 $\sum_B n_{B(g)}$ 有关。不过当反应方程式中气体组分的化学计量数之和 $\sum_B \nu_{B(g)} = 0$ 时，

$$K^{\ominus} = K_p = K_c^{\ominus} = K_y = K_n \tag{5.2.18}$$

例题解析

反应等温
方程计算

§5.3　平衡常数及平衡组成的计算

由平衡常数的热力学定义式 $\Delta_r G_m^{\ominus} = -RT \ln K^{\ominus}$ 可知，平衡常数 $K^{\ominus}$ 一方面与热力学函数 $\Delta_r G_m^{\ominus}$ 相联系，另一方面与反应系统中的平衡组成相联系。所以既可以通过 $\Delta_r G_m^{\ominus}$ 来计算 $K^{\ominus}$，进而计算平衡组成；也可以反过来，通过测定平衡时各反应组分的压力或浓度来计算 $K^{\ominus}$，进而计算 $\Delta_r G_m^{\ominus}$。下面先介绍如何利用热力学方法通过 $\Delta_r G_m^{\ominus}$ 计算 $K^{\ominus}$，再介绍 $K^{\ominus}$ 与平衡组成之间的计算方法。

1. $\Delta_r G_m^{\ominus}$ 及 $K^{\ominus}$ 的计算

用热力学方法计算 $K^{\ominus}$ 的问题，实际上是如何用热力学方法计算 $\Delta_r G_m^{\ominus}$ 的问题。而关

于 $\Delta_r G_m^\ominus$ 的计算方法,在前面已经做过介绍,这里再归纳总结一下。计算 $\Delta_r G_m^\ominus$ 的方法有三种:

(1) 通过化学反应的 $\Delta_r H_m^\ominus$ 和 $\Delta_r S_m^\ominus$ 计算 $\Delta_r G_m^\ominus$　　根据第三章式(3.6.13),有

$$\Delta_r G_m^\ominus = \Delta_r H_m^\ominus - T\Delta_r S_m^\ominus$$

式中,

$$\Delta_r H_m^\ominus = \sum_B \nu_B \Delta_f H_{m,B}^\ominus = -\sum_B \nu_B \Delta_c H_{m,B}^\ominus$$

$$\Delta_r S_m^\ominus = \sum_B \nu_B S_{m,B}^\ominus$$

(2) 通过 $\Delta_f G_m^\ominus$ 计算 $\Delta_r G_m^\ominus$　　根据第三章式(3.6.14),$\Delta_r G_m^\ominus$ 可直接由 $\Delta_f G_m^\ominus$ 计算得到

$$\Delta_r G_m^\ominus = \sum_B \nu_B \Delta_f G_{m,B}^\ominus$$

(3) 通过相关反应计算　　如本章 §5.2 第 3 小节中所述,如果一个反应可由其他反应线性组合得到,那么该反应的 $\Delta_r G_m^\ominus$ 也可由相应反应的 $\Delta_r G_m^\ominus$ 线性组合得到。

2. $K^\ominus$ 的实验测定及平衡组成的计算

$K^\ominus$ 一方面可由热力学计算得到,另一方面也可由实验测定得到。实验测定 $K^\ominus$ 实际上是通过测定系统平衡时的组成来计算 $K^\ominus$。

平衡计算中经常遇到"转化率""产率"等术语。转化率为某反应物反应掉的量占该反应物初始量的分数;产率为某反应物转化为指定产物的量占该反应物初始量的分数。例如,对于恒容反应 $aA + bB \Longrightarrow yY + zZ$,A 的起始浓度为 $c_{A,0}$,平衡浓度为 c_A,则 A 的转化率为

$$转化率(\alpha) = \frac{A\,反应物的消耗数量}{A\,反应物的原始数量} = \frac{c_{A,0} - c_A}{c_{A,0}}$$

对于由一种反应物分解生成两种或两种以上产物的反应,有时也将 A 的转化率称为 A 的解离度。

产率的表达式为

$$产率 = \frac{转化为指定产物的\,A\,反应物的消耗数量}{A\,反应物的原始数量} \leqslant \frac{c_{A,0} - c_A}{c_{A,0}}$$

若无副反应,产率等于转化率;如有副反应,产率将小于转化率。

下面通过两个例题,介绍 $K^\ominus$ 与平衡组成之间的计算。

≫ **例 5.3.1**　煤炭化工中,为了将煤转化成有用的化工原料,常将煤在高温下与气化剂(如氧气、水蒸气、CO_2 等)反应,生产合成原料气($CO + H_2$),例如

$$C(s) + H_2O(g) \Longrightarrow CO(g) + H_2(g)$$

已知在 1 000 K、101.325 kPa 的条件下,反应的平衡转化率 $\alpha = 0.844$,求:

(1) 标准平衡常数 $K^\ominus$;

(2) 111.458 kPa 时的平衡转化率 α。

» 解:(1) 求 $K^{\ominus}$

该反应可视为有凝聚相参加的理想气体化学反应,凝聚相不出现在 $K^{\ominus}$ 中,故只考虑气体组分的变化。首先进行物料衡算,设 H_2O 的初始量为 1 mol,则

$$C(s) + H_2O(g) \Longrightarrow CO(g) + H_2(g)$$

| 开始时 n_B/mol | 1 | 0 | 0 |

平衡时 n_B/mol　　$1-\alpha$　　α　　α　　$\sum\limits_{B} n_{B(g)} = (1-\alpha)+\alpha+\alpha = 1+\alpha$

$$\sum_{B} \nu_{B(g)} = 1+1-1 = 1$$

$$K^{\ominus} = K_n \left[\frac{p}{p^{\ominus} \sum\limits_{B} n_{B(g)}} \right]^{\sum \nu_{B(g)}} = \frac{\alpha^2}{1-\alpha} \cdot \frac{p}{p^{\ominus}(1+\alpha)}$$

$$= \frac{\alpha^2}{1-\alpha^2} \cdot \frac{p}{p^{\ominus}}$$

$$= \frac{0.844^2}{1-0.844^2} \times \frac{101.325}{100} = 2.51$$

(2) 求 111.458 kPa 下的 α

$$K^{\ominus} = \frac{\alpha^2}{1-\alpha^2} \cdot \frac{p}{p^{\ominus}} = \frac{\alpha^2}{1-\alpha^2} \cdot \frac{111.458}{100} = 2.51$$

$$\alpha = 0.832$$

由该题可知:① 增加压力不利于体积增大的反应,故 α 减小;② 对于恒压反应,在进行 α 与 $K^{\ominus}$ 之间的计算时,利用 n_B 和 α 进行物料衡算,并利用 K_n 与 $K^{\ominus}$ 的关系解题一般比较简单。恒压反应由于各组分分压之间的变化没有简单的定量关系,所以用分压来进行物料衡算实际要借助各组分的摩尔分数 y_B,即 $p_B = y_B p$,计算比较麻烦。例如,该题如用分压进行物料衡算,步骤如下:

$$C(s) + H_2O(g) \Longrightarrow CO(g) + H_2(g)$$

平衡时 n_B　　$1-\alpha$　　α　　α　　$\sum\limits_{B} n_{B(g)} = (1-\alpha)+\alpha+\alpha = 1+\alpha$

平衡时 y_B　　$\dfrac{1-\alpha}{1+\alpha}$　　$\dfrac{\alpha}{1+\alpha}$　　$\dfrac{\alpha}{1+\alpha}$

平衡时 p_B　　$\dfrac{1-\alpha}{1+\alpha}p$　　$\dfrac{\alpha}{1+\alpha}p$　　$\dfrac{\alpha}{1+\alpha}p$

将各组分分压代入平衡常数表达式

$$K^{\ominus} = \frac{[p(CO)/p^{\ominus}][p(H_2)/p^{\ominus}]}{p(H_2O)/p^{\ominus}} = \frac{\left(\dfrac{\alpha}{1+\alpha} \cdot \dfrac{p}{p^{\ominus}}\right)\left(\dfrac{\alpha}{1+\alpha} \cdot \dfrac{p}{p^{\ominus}}\right)}{\dfrac{1-\alpha}{1+\alpha} \cdot \dfrac{p}{p^{\ominus}}}$$

化简后可得
$$K^\ominus = \frac{\alpha^2}{1-\alpha} \cdot \frac{p}{p^\ominus(1+\alpha)} = \frac{\alpha^2}{1-\alpha^2} \cdot \frac{p}{p^\ominus}$$

化简后的结果与前面所得结果是一致的,由此可见前面的方法比较简单。

>> 例 **5.3.2** 在体积为 2 dm^3 的恒容密闭容器中,于 25 ℃下通入气体 A,使 $p_1 = 53.33 \text{ kPa}$,此温度下 A 不发生反应,容器内无其他气体。现将系统加热至 300 ℃,A 发生分解反应:

$$A(g) \Longrightarrow Y(g) + Z(g)$$

(1) 平衡时,测得总压 $p = 186.7 \text{ kPa}$,求 $K^\ominus$ 和 $\Delta_r G_m^\ominus$ 各为多少?

(2) 在 300 ℃下向上述容器中又加入 0.02 mol 的 Y(g),求原通入 A 的转化率 α 为多少?

>> 解:(1) 因系统恒容,在 300 ℃若 A 不分解,此时系统的初始压力 $p_{A,0}$ 为

$$p_{A,0} = \frac{T_2}{T_1} p_1 = \left(\frac{573.15}{298.15} \times 53.33 \right) \text{kPa} = 102.5 \text{ kPa}$$

进行物料衡算: A(g) $\Longrightarrow$ Y(g) + Z(g)

开始时 $\quad p_{A,0} \qquad\qquad 0 \qquad\qquad 0$

平衡时 $\quad p_A \qquad p_{A,0} - p_A \qquad p_{A,0} - p_A \qquad$ 总压 $p = 2p_{A,0} - p_A$

根据平衡时的总压和 A 的初始压力,可算得平衡时,

$$p_A = 2p_{A,0} - p = (2 \times 102.5 - 186.7) \text{ kPa} = 18.3 \text{ kPa}$$

$$p_Y = p_Z = p_{A,0} - p_A = (102.5 - 18.3) \text{ kPa} = 84.2 \text{ kPa}$$

$$K^\ominus = \frac{p_Y p_Z}{p_A p^\ominus} = \frac{84.2^2}{18.3 \times 100} = 3.874$$

$$\Delta_r G_m^\ominus = -RT \ln K^\ominus = -(8.314 \times 573.15 \ln 3.874) \text{ J} \cdot \text{mol}^{-1} = -6.453 \text{ kJ} \cdot \text{mol}^{-1}$$

(2) 向上述容器中又加入 0.02 mol 的 Y(g),可将其考虑为 Y 的初始压力 $p_{Y,0}$,则

$$p_{Y,0} = \frac{n_Y RT}{V} = \left(\frac{0.02 \times 8.314 \times 573.15}{2 \times 10^{-3}} \right) \text{Pa} = 47.65 \text{ kPa}$$

根据新的初始压力,重新进行物料衡算:

	A(g)	$\Longrightarrow$	Y(g)	+	Z(g)
开始时 p_B/kPa	102.5		47.65		0
平衡时 p_B/kPa	102.5(1−α)		47.65+102.5α		102.5α

$$K^\ominus = \frac{p_Y p_Z}{p_A p^\ominus} = \frac{(47.65 + 102.5\alpha)(102.5\alpha)}{102.5(1-\alpha) \times 100} = 3.874$$

解得 $\qquad\qquad\qquad\qquad\qquad \alpha = 0.756$

由该题可知,对于恒容反应,由于各组分分压 p_B 的变化直接反映了各组分物质的量的

变化,故利用分压及其与总压之间的关系进行物料衡算,进而用分压来计算 $K^\ominus$,解题步骤较简单。

§5.4 温度对标准平衡常数的影响

通常由标准热力学数据求得的 $\Delta_r G_m^\ominus$ 多是 25 ℃ 下的值,再由此计算的 $K^\ominus$ 也是 25 ℃ 下的值。如果要求其他温度下的 $K^\ominus(T)$,就要知道温度对标准常数的影响,实际上就是要了解温度对吉布斯函数的影响。下面就用热力学的方法来推导温度对吉布斯函数、进而对标准平衡常数的影响。

1. 范托夫方程

恒压下温度对吉布斯函数的影响,已在 §3.7 中由热力学基本方程导出,即吉布斯—亥姆霍兹方程[式(3.7.10)]:

$$\left[\frac{\partial(G/T)}{\partial T}\right]_p = -\frac{H}{T^2}$$

重点难点

范托夫
方程

将其用于标准压力下的化学反应,可得到下式:

$$\frac{d(\Delta_r G_m^\ominus/T)}{dT} = -\frac{\Delta_r H_m^\ominus}{T^2}$$

将 $\Delta_r G_m^\ominus = -RT\ln K^\ominus$ 代入,有

$$\frac{d\ln K^\ominus}{dT} = \frac{\Delta_r H_m^\ominus}{RT^2} \tag{5.4.1}$$

上式称为**范托夫(van't Hoff)方程**,它是计算不同温度 T 下 $K^\ominus$ 的基本方程。该式表明温度对标准平衡常数的影响与反应的标准摩尔反应焓 $\Delta_r H_m^\ominus$ 有关:

$\Delta_r H_m^\ominus < 0$ 时,为放热反应,$K^\ominus$ 随 T 的升高而减小,升温对正反应不利;

$\Delta_r H_m^\ominus > 0$ 时,为吸热反应,$K^\ominus$ 随 T 的升高而增大,升温对正反应有利。

式(5.4.1)为 $K^\ominus - T$ 关系的微分式,利用它可进行 $K^\ominus$ 随 T 变化趋势的定性分析。但对于定量计算某一温度下的 $K^\ominus$,还需对该式进行积分。根据 $\Delta_r H_m^\ominus$ 是否随温度变化,积分分为两种情况。

2. $\Delta_r H_m^\ominus$ 不随温度变化时 $K^\ominus$ 的计算

按基尔霍夫方程式(2.7.5)·$d\Delta_r H_m^\ominus(T)/dT = \Delta_r C_{p,m}^\ominus$。当 $\Delta_r C_{p,m}^\ominus \approx 0$ 时,可认为 $\Delta_r H_m^\ominus$ 为常数,不随温度变化;另一种情况,当温度变化不大时,可近似将 $\Delta_r H_m^\ominus$ 看作常数。在此两种情况下,将式(5.4.1)积分:

$$\int_{K_1^\ominus}^{K_2^\ominus} \mathrm{d}\ln K^\ominus = \int_{T_1}^{T_2} \frac{\Delta_r H_m^\ominus}{RT^2} \mathrm{d}T$$

得定积分式:

$$\ln \frac{K_2^\ominus}{K_1^\ominus} = -\frac{\Delta_r H_m^\ominus}{R}\left(\frac{1}{T_2} - \frac{1}{T_1}\right) \tag{5.4.2}$$

在已知 $\Delta_r H_m^\ominus$ 和 T_1 下的 $K_1^\ominus$ 时,可由此式计算 T_2 下的 $K_2^\ominus$;或已知两个温度下的 $K_1^\ominus$ 和 $K_2^\ominus$ 时,计算反应的 $\Delta_r H_m^\ominus$。

式(5.4.1)的不定积分结果为

$$\ln K^\ominus = -\frac{\Delta_r H_m^\ominus}{RT} + C \tag{5.4.3}$$

不定积分式在处理实际问题时很有用,人们可以通过实验测定多个温度下的 $K^\ominus$,将 $\ln K^\ominus$ 对 $1/T$ 作图(或通过线性回归),由直线斜率求得反应的 $\Delta_r H_m^\ominus$。这样求得的 $\Delta_r H_m^\ominus$ 比仅从两个温度的数据计算所得要准确。

》例 5.4.1 由石灰石 $CaCO_3$ 烧制生石灰 CaO 的反应如下:

$$CaCO_3(s) \longrightarrow CaO(s) + CO_2(g)$$

例题解析

化学平衡
计算

在环境压力为 101.325 kPa 下要使 $CaCO_3(s)$ 发生显著分解,需将 $CaCO_3$ 加热至分解温度。在此温度下,产生的 CO_2 的压力才可达到环境压力,使石灰石快速分解。已知由热力学数据可算出 25 ℃ 下上述反应的 $\Delta_r H_m^\ominus$ 为 178.32 kJ·mol^{-1},$\Delta_r G_m^\ominus$ 为 130.40 kJ·mol^{-1}。试计算 $CaCO_3$ 的分解温度(分解反应按 $\Delta_r C_{p,m} \approx 0$ 处理)。

》解: 根据题给数据,25 ℃ 时 $\Delta_r G_m^\ominus = 130.40$ kJ·mol^{-1},所以 25 ℃ 下,

$$K_1^\ominus = \exp[-\Delta_r G_m^\ominus/(RT)] = \exp[-130.40\times10^3/(8.314\times298.15)]$$
$$= 1.424\times10^{-23}$$

室温下平衡常数非常小,说明 $CaCO_3$ 基本不分解。升温可使 CO_2 气体压力上升,在分解温度下,CO_2 气体的压力将达到环境的压力 101.325 kPa,此时,

$$K_2^\ominus = p(CO_2)/p^\ominus = 101.325/100 = 1.01325$$

所以求 $CaCO_3$ 的分解温度实际上是求 $K^\ominus = 1.01325$ 时的温度。根据题意可按 $\Delta_r C_{p,m} \approx 0$ 处理,即把 $\Delta_r H_m^\ominus$ 视为常数,这时可利用范托夫定积分公式

$$\ln \frac{K_2^\ominus}{K_1^\ominus} = -\frac{\Delta_r H_m^\ominus}{R}\left(\frac{1}{T_2} - \frac{1}{T_1}\right)$$

代入具体数据

$$\ln \frac{1.01325}{1.424\times10^{-23}} = -\frac{178.32\times10^3}{8.314}\left(\frac{1}{T_2} - \frac{1}{298.15}\right)$$

解出

$$T_2 = 1110 \text{ K}(837 \text{ ℃})$$

即 101.325 kPa 下石灰石的分解温度为 837 ℃。

此题说明，温度对 $K^{\ominus}$ 有显著的影响，它不仅能改变反应的平衡转化率，有时还可改变反应的方向。题中 25 ℃时，$\Delta_r G_m^{\ominus} > 0$，$K^{\ominus} \ll 1$，$CaCO_3$ 的分解反应不能正向进行；而当温度上升到 837 ℃时，$K^{\ominus} = 1.013\,25$，这时的 $\Delta_r G_m^{\ominus} = -RT\ln K^{\ominus} = -91.84 \text{ J}\cdot\text{mol}^{-1} < 0$，反应可正向进行。

3. $\Delta_r H_m^{\ominus}$ 随温度变化时 $K^{\ominus}$ 的计算

若反应前后热容有明显变化，即 $\Delta_r C_{p,m} \neq 0$，则反应焓 $\Delta_r H_m^{\ominus}$ 不能按常数处理；尤其当温度变化较大时，更应该考虑 $\Delta_r H_m^{\ominus}$ 随温度的变化。这时在已知 T_1 温度（通常是 25 ℃）下的热力学数据的基础上，可以通过求 T_2 温度下的 $\Delta_r G_m^{\ominus}(T_2)$，进而计算 $K_2^{\ominus}$；也可以将 $\Delta_r H_m^{\ominus}$ 与温度的关系直接代入范托夫方程积分。这两种解法其实在本质上是一样的。下面先以一个例题来说明第一种解法。

> **例 5.4.2** 对于反应 $ZnS(s) + H_2(g) \Longrightarrow Zn(s) + H_2S(g)$，其 25 ℃下的热力学数据见下（$\overline{C}_{p,m}$ 为物质在 298~1 000 K 温度范围的平均摩尔定压热容）：

	$\Delta_f H_m^{\ominus}/(\text{kJ}\cdot\text{mol}^{-1})$	$S_m^{\ominus}/(\text{J}\cdot\text{mol}^{-1}\cdot\text{K}^{-1})$	$\overline{C}_{p,m}/(\text{J}\cdot\text{mol}^{-1}\cdot\text{K}^{-1})$
$H_2S(g)$	-20.63	205.6	45.7
$Zn(s)$	0	41.6	29.3
$ZnS(s)$	-184.10	57.7	56.3
$H_2(g)$	0	130.7	29.0

(1) 计算反应在 1 000 K 时的 $\Delta_r G_m^{\ominus}$；

(2) 当压力为 101.325 kPa 的 H_2 通过加热至 1 000 K 的 ZnS 上时，H_2S 的分压为多少？

> **解**：(1) 根据 25 ℃下的热力学数据计算 1 000 K 时的 $\Delta_r G_m^{\ominus}$

$$\Delta_r H_m^{\ominus}(25\ ℃) = \Delta_f H_m^{\ominus}(H_2S) - \Delta_f H_m^{\ominus}(ZnS)$$
$$= [-20.63 - (-184.10)] \text{ kJ}\cdot\text{mol}^{-1} = 163.47 \text{ kJ}\cdot\text{mol}^{-1}$$

$$\Delta_r C_{p,m} = \overline{C}_{p,m}(H_2S) + \overline{C}_{p,m}(Zn) - \overline{C}_{p,m}(ZnS) - \overline{C}_{p,m}(H_2)$$
$$= (45.7 + 29.3 - 56.3 - 29.0) \text{ J}\cdot\text{mol}^{-1}\cdot\text{K}^{-1} = -10.3 \text{ J}\cdot\text{mol}^{-1}\cdot\text{K}^{-1}$$

$$\Delta_r H_m^{\ominus}(1\,000\text{ K}) = \Delta_r H_m^{\ominus}(25\ ℃) + \int_{T_1}^{T_2} \Delta_r C_{p,m} dT = \Delta_r H_m^{\ominus}(25\ ℃) + \Delta_r C_{p,m}(T_2 - T_1)$$
$$= [163.47 + (-10.3) \times (1\,000 - 298.15) \times 10^{-3}] \text{ kJ}\cdot\text{mol}^{-1}$$
$$= 156.24 \text{ kJ}\cdot\text{mol}^{-1}$$

$$\Delta_r S_m^{\ominus}(25\ ℃) = S_m^{\ominus}(H_2S) + S_m^{\ominus}(Zn) - S_m^{\ominus}(ZnS) - S_m^{\ominus}(H_2)$$
$$= (205.6 + 41.6 - 57.7 - 130.7) \text{ J}\cdot\text{mol}^{-1}\cdot\text{K}^{-1} = 58.8 \text{ J}\cdot\text{mol}^{-1}\cdot\text{K}^{-1}$$

$$\Delta_r S_m^\ominus(1\ 000\ \mathrm{K}) = \Delta_r S_m^\ominus(25\ ^\circ\mathrm{C}) + \int_{T_1}^{T_2} \frac{\Delta_r C_{p,m}}{T}\mathrm{d}T = \Delta_r S_m^\ominus(25\ ^\circ\mathrm{C}) + \Delta_r C_{p,m}\ln\frac{T_2}{T_1}$$

$$= \left[58.8 + (-10.3)\times\ln\frac{1\ 000}{298.15} \right]\mathrm{J\cdot mol^{-1}\cdot K^{-1}} = 46.34\ \mathrm{J\cdot mol^{-1}\cdot K^{-1}}$$

$$\Delta_r G_m^\ominus(1\ 000\ \mathrm{K}) = \Delta_r H_m^\ominus(1\ 000\ \mathrm{K}) - T\Delta_r S_m^\ominus(1\ 000\ \mathrm{K})$$

$$= (156.24\times10^3 - 1\ 000\times46.34)\ \mathrm{J\cdot mol^{-1}} = 109.90\ \mathrm{kJ\cdot mol^{-1}}$$

（2）由 $1\ 000\ \mathrm{K}$ 的 $\Delta_r G_m^\ominus$ 计算 $K^\ominus$

$$K^\ominus(1\ 000\ \mathrm{K}) = \exp\left(-\frac{\Delta_r G_m^\ominus}{RT} \right) = \exp\left(-\frac{109.90\times10^3}{8.314\times1\ 000} \right) = 1.816\times10^{-6}$$

因 $\Delta_r G_m^\ominus$ 为很大的正值，$K^\ominus$ 很小，可认为正反应几乎不进行，$p(\mathrm{H_2})\approx101.325\ \mathrm{kPa}$。由

$$K^\ominus = \frac{p(\mathrm{H_2S})/p^\ominus}{p(\mathrm{H_2})/p^\ominus}$$

可得　　$p(\mathrm{H_2S}) = K^\ominus\cdot p(\mathrm{H_2}) = (1.816\times10^{-6}\times101.325\times10^3)\ \mathrm{Pa} = 0.184\ \mathrm{Pa}$

通过计算可知，$\mathrm{ZnS(s)}$ 是很稳定的化合物，即使是在 $1\ 000\ \mathrm{K}$ 的高温下也很难被氢气还原。

　　　上例中各组分的 $C_{p,m}$ 是按平均摩尔定压热容 $\overline{C}_{p,m}$ 计算的，在精确计算时，需要考虑热容与温度的关系。若参加化学反应的各物质均有

$$C_{p,m} = a + bT + cT^2$$

则　　　　　　　　　　　　　$\Delta_r C_{p,m} = \Delta a + \Delta bT + \Delta cT^2$

上式既可直接代入上例 $\Delta_r H_m^\ominus(T_2)$ 和 $\Delta_r S_m^\ominus(T_2)$ 的计算式中积分求解，也可代入基尔霍夫公式（2.7.3），导出 $\Delta_r H_m^\ominus$ 与 T 的关系式。后者即第二种求解 $K^\ominus(T)$ 的方法：

$$\Delta_r H_m^\ominus(T) = \Delta H_0 + \Delta aT + \frac{\Delta b}{2}T^2 + \frac{\Delta c}{3}T^3 \tag{5.4.4}$$

式中，ΔH_0 为积分常数，代入某一温度（通常为 $25\ ^\circ\mathrm{C}$）下的 $\Delta_r H_m^\ominus(T)$，即可求得 ΔH_0。将上式代入范托夫方程的微分式（5.4.1），积分有

$$\int\mathrm{d}\ln K^\ominus = \int\frac{\Delta_r H_m^\ominus}{RT^2}\mathrm{d}T$$

得不定积分式

$$\ln K^\ominus(T) = -\frac{\Delta H_0}{RT} + \frac{\Delta a}{R}\ln T + \frac{1}{2R}\Delta bT + \frac{1}{6R}\Delta cT^2 + I \tag{5.4.5}$$

此式即为 $K^\ominus$ 与 T 的函数关系式。代入已知 T 时的 $K^\ominus$，可求得积分常数 I，进而求得任意温度下的 $K^\ominus(T)$。

　　　又因 $\Delta_r G_m^\ominus = -RT\ln K^\ominus$，故将上式两边同乘以 $-RT$，得

$$\Delta_r G_m^{\ominus}(T) = \Delta H_0 - \Delta a T \ln T - \frac{1}{2}\Delta b T^2 - \frac{1}{6}\Delta c T^3 - IRT \tag{5.4.6}$$

式中,积分常数 I 也可由一定温度(通常为 25 ℃)下已知的 $\Delta_r G_m^{\ominus}$ 代入求得。

在实际生产和科研中,经常会遇到要从理论上精确计算某一反应在某特定温度下的平衡转化率的问题,这时可先查表并计算 25 ℃下的热力学数据,再利用式(5.4.4)和式(5.4.5),或式(5.4.6),计算所需温度下的平衡常数,进而计算反应的理论平衡转化率。

§5.5 其他因素对理想气体反应平衡移动的影响

如前所述,平衡常数 $K^{\ominus}$ 只是温度的函数,只有改变温度,才会改变 $K^{\ominus}$。在温度不变的情况下,改变其他反应条件,如改变压力或通入惰性组分气体等,虽不能改变 $K^{\ominus}$,但对于 $\sum\limits_B \nu_{B(g)} \neq 0$ 的反应,却可以通过改变反应物与产物的比例使平衡发生移动,进而影响反应的平衡转化率。这对于化工生产中降低成本、提高产率有着重要的意义。

1. 压力对理想气体反应平衡移动的影响

压力对于化学平衡的影响,可以很容易地从 K_y 与 $K^{\ominus}$ 的关系中看出。前面曾导出式(5.2.16):

重点难点

平衡移动
影响因素

$$K^{\ominus} = K_y(p/p^{\ominus})^{\sum \nu_{B(g)}}$$

由该式可知,由于一定温度下 $K^{\ominus}$ 一定,所以恒温下:

对于气体分子数增加的反应, $\sum\limits_B \nu_{B(g)} > 0$,增加系统的总压, K_y 将减小,平衡向左移动,不利于正反应进行,这时减压将有利于正反应;

对于气体分子数减小的反应, $\sum\limits_B \nu_{B(g)} < 0$,增加系统的总压, K_y 将变大,平衡向右移动,有利于正反应进行;

对于气体分子数不变的反应, $\sum\limits_B \nu_{B(g)} = 0$,改变压力 K_y 不变,所以压力变化不引起平衡移动。

利用 K_y 的变化可以判断压力对反应平衡移动的影响的原因,可从下面的推导中得知。如前所述,对于恒温恒压下的理想气体反应,判断一个反应的平衡移动可利用吉布斯等温方程式(5.2.8),即

$$\Delta_r G_m = -RT \ln K^{\ominus} + RT \ln J_p = RT \ln(J_p/K^{\ominus})$$

通过比较 J_p 与 $K^{\ominus}$ 的大小,可得知平衡移动的方向。现将上面 K_y 与 $K^{\ominus}$ 的关系式(5.2.16)代入上式,有

$$\begin{aligned}
\Delta_r G_m &= -RT \ln K^{\ominus} + RT \ln J_p \\
&= -RT \ln[K_y (p/p^{\ominus})^{\sum \nu_{B(g)}}] + RT \ln[J_y (p/p^{\ominus})^{\sum \nu_{B(g)}}] \\
&= RT \ln(J_y/K_y)
\end{aligned}$$

对于一个已处于平衡的反应,如果加压会使 K_y 减小,则瞬间的 J_y 将大于 K_y,使 $\Delta_r G_m > 0$,所以平衡将向左移动。同理可分析压力使 K_y 改变的其他情况。

2. 惰性组分气体对平衡移动的影响

惰性组分是指不参加化学反应的组分。其对反应平衡的影响,可以通过 K_n 与 $K^\ominus$ 的关系来分析。前面曾导出式(5.2.17):

$$K^\ominus = K_n \left[\frac{p}{p^\ominus \sum\limits_B n_{B(g)}} \right]^{\sum \nu_{B(g)}}$$

由该式可知,对于恒温恒压下的反应,$K^\ominus$ 恒定、总压 p 保持不变,加入惰性组分气体,将使系统中总的物质的量 $\sum\limits_B n_{B(g)}$ 变大,其对反应平衡的影响根据 $\sum\limits_B \nu_{B(g)}$ 的不同而不同:

对于 $\sum\limits_B \nu_{B(g)} > 0$ 的反应,加入惰性组分气体,$\sum\limits_B n_{B(g)}$ 变大,K_n 将变大,平衡向右移动,有利于正反应;

对于 $\sum\limits_B \nu_{B(g)} < 0$ 的反应,加入惰性组分气体,$\sum\limits_B n_{B(g)}$ 变大,K_n 将变小,平衡向左移动,不利于正反应;

对于 $\sum\limits_B \nu_{B(g)} = 0$ 的反应,加入惰性组分气体对反应平衡无影响。

为什么利用 K_n 的变化可以判断惰性组分气体对反应平衡移动的影响,分析推导类似于上面关于压力影响的推导,这里从略,有兴趣的读者可自行推导练习。

下面通过具体例子计算压力和惰性组分气体对反应平衡的影响。

>> 例 **5.5.1** 氢气是可再生的绿色清洁能源,又是重要的化工原料,氢气的生产对于氢能的利用至关重要。制备氢气有多种方法,其中一种方法是将天然气在催化剂作用下热解制得氢气:

$$CH_4(g) \Longrightarrow C(s) + 2H_2(g)$$

已知 500 ℃下该反应的 $\Delta_r G_m^\ominus = 5.56 \text{ kJ} \cdot \text{mol}^{-1}$,求 500 ℃下:

(1) 总压 p 分别恒定为 101.325 kPa 和 50.663 kPa 时 CH_4 的转化率 α;

(2) 总压 p 恒定为 101.325 kPa 的条件下,通入与 CH_4 等物质的量的惰性组分气体时 CH_4 的转化率 α。

>> 解:(1)首先根据 $\Delta_r G_m^\ominus$ 计算 500 ℃下反应的平衡常数 $K^\ominus$:

$$K^\ominus = \exp\left(\frac{-\Delta_r G_m^\ominus}{RT} \right) = \exp\left(\frac{-5.56 \times 10^3}{8.314 \times 773.15} \right) = 0.421$$

再根据反应式对气体组分进行物料衡算:

	$CH_4(g)$	$\Longrightarrow$	$C(s) +$	$2H_2(g)$	
开始时 n_B/mol	1			0	
平衡时 n_B/mol	$1-\alpha$			2α	$\sum\limits_B n_{B(g)} = 1-\alpha+2\alpha = 1+\alpha$
					$\sum\limits_B \nu_{B(g)} = 1$

$$K^{\ominus} = K_n \left[\frac{p}{p^{\ominus} \sum\limits_{B} n_{B(g)}} \right]^{\sum \nu_{B(g)}} = \frac{(2\alpha)^2}{1-\alpha} \cdot \frac{p}{(1+\alpha)p^{\ominus}} = \frac{4\alpha^2}{1-\alpha^2} \cdot \frac{p}{p^{\ominus}}$$

$$\alpha = \sqrt{\frac{K^{\ominus}}{4(p/p^{\ominus}) + K^{\ominus}}}$$

当 $p = 101.325$ kPa 时,解得 $\alpha = 0.307$;当 $p = 50.663$ kPa 时,解得 $\alpha = 0.415$。
压力下降有利于分子数增加的反应。

(2) 加入与 CH_4 等物质的量的惰性组分气体时,惰性组分气体虽不参加反应,但却会影响物料衡算:

	$CH_4(g)$	$\Longrightarrow$	$C(s)$	$+ 2H_2(g)$	惰性组分
开始时 n_B/mol	1		0		1
平衡时 n_B/mol	$1-\alpha$			2α	1

$$\sum_{B} n_{B(g)} = 2 - \alpha + 2\alpha = 2 + \alpha$$

$$K^{\ominus} = \frac{4\alpha^2}{1-\alpha} \cdot \frac{p}{(2+\alpha)p^{\ominus}}$$

当 $p = 101.325$ kPa 时,解得 $\alpha = 0.389$。

加入惰性组分气体,有利于气体分子数增加的反应,其效果相当于减压的作用。

要注意的是,对于恒容反应,加入惰性组分气体后,不会改变系统中各组分的分压,所以对反应平衡无影响。这一点从式(5.2.17) $K^{\ominus} = K_n \left[\dfrac{p}{p^{\ominus} \sum\limits_{B} n_{B(g)}} \right]^{\sum \nu_{B(g)}}$ 也可以看出:如果反应恒温恒容进行,加入惰性组分气体,不仅使 $\sum\limits_{B} n_{B(g)}$ 增加,也会使总压 p 增大,而 $p / \left[RT \sum\limits_{B} n_{B(g)} \right] = 1/V = $ 常数。所以加入惰性组分气体后 $\left[\dfrac{p}{p^{\ominus} \sum\limits_{B} n_{B(g)}} \right]$ 一项将保持不变,故 K_n 不变,因此对反应平衡无影响。

3. 增加反应物的量对平衡移动的影响

对于有不止一种气体反应物参加的反应,例如,

$$a A(g) + b B(g) \Longrightarrow y Y(g) + z Z(g)$$

恒温恒容条件下增加反应物的量和恒温恒压条件下增加反应物的量,对平衡移动的影响是不同的。

在恒温恒容条件下,向已达到平衡的系统中再加入一些反应物 $A(g)$,这在瞬间将使 A 的分压 p_A 增加,而其他组分分压保持不变,结果导致 J_p 减小,使平衡向右移动。加入反应物 $B(g)$ 亦有同样效果。这也就是说在恒温恒容条件下,增加反应物的量,无论是单独增加一种还是同时增加两种,都会使平衡向右移动,对产物的生成有利。

如果一个反应的两种原料气中,A 气体较 B 气体便宜很多,而 A 气体又很容易从混合

气中分离,那么为了充分利用 B 气体,可使 A 气体大大过量,以尽量提高 B 的转化率,从而提高经济效益。

但在恒温恒压条件下,加入反应物却不一定总使平衡向右移动。设反应物的起始摩尔比 $r = n_B/n_A$,其变化范围为 $0 < r < \infty$。以合成氨反应 $N_2(g) + 3H_2(g) \Longrightarrow 2NH_3(g)$ 为例,当 $r = 1:1$ 时,反应达到平衡时系统中 $y(N_2) = 0.5$,此时再加入 N_2,会使平衡向左移动[①]。因此该反应不可能通过大量加入便宜的 N_2 来提高 H_2 的转化率。平衡移动原理在通常情况下是普遍适用的,但有时会出现例外。

不过在维持总压不变的情况下,随着 r 的改变,产物在混合气中的平衡含量 $y(产物)$ 会出现一个极大值。可以证明,当起始原料气中 A 与 B 的摩尔比等于反应式中反应物的化学计量数之比,即 $r = n_B/n_A = b/a$ 时,产物在混合气中的平衡含量(摩尔分数)最大。这对工业生产中经济合理地从混合气中分离产物有着重要的指导意义。

例如,工业生产合成氨时,总是使原料气中 H_2 与 N_2 的起始摩尔比 $r = n(H_2)/n(N_2)$ 接近 $3:1$,以使产物氨的含量在混合气中达到最高。表 5.5.1 和图 5.5.1 是 500 ℃、30.4 MPa、$K^\ominus = 1.406 \times 10^{-5}$ 下,合成氨反应平衡混合气中产物氨的体积分数 $\varphi(NH_3)$(相当于摩尔分数)与原料气中反应物起始摩尔比 r 的关系。由表和图可知,随着 r 由小变大,产物氨的体积分数 $\varphi(NH_3)$ 先增加后减少,在 $r = 3$ 时达到最大。

拓展资源

化学平衡
移动

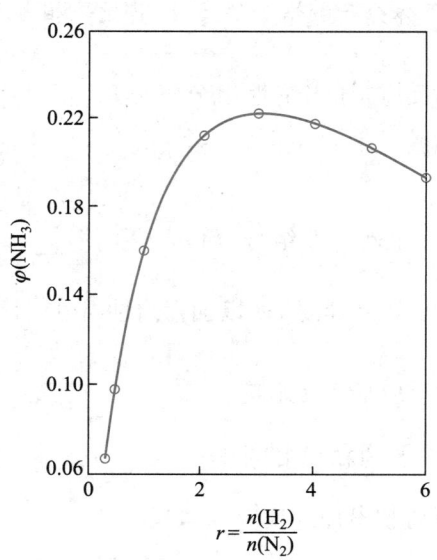

图 5.5.1 合成氨反应中氨的体积分数
$\varphi(NH_3)$ 随 r 的变化(500 ℃、30.4 MPa)

---

① 恒温恒压下反应物不止一种的反应达到平衡时,再加入某种反应物 B 对平衡移动的影响可根据 $(\partial \ln J_y/\partial n_B)_{T,p,n_c} = \left(\nu_B - y_B \sum\limits_B \nu_B\right)/n_B$ 来判断,当计算结果大于零时,说明 J_y 将随 n_B 的增加而增加,平衡向左移动。而该式只有在同时满足:(1) $\sum\limits_B \nu_B < 0$,(2) 平衡时 $y_B > \nu_B/\sum\limits_B \nu_B$,其值才有可能大于零。此外还可证明,如用摩尔比 r 表示,当 $0 < r < \left(\sum\limits_B \nu_B/\nu_B - 1\right)$ 时,平衡后再加入 B,平衡将向左移动。

表 5.5.1　500 ℃、30.4 MPa 下,合成氨反应中氨的体积分数 $\varphi(NH_3)$ 随 r 的变化

$r=n(H_2)/n(N_2)$	1/3	1/2	1	2	3	4	5	6
$\varphi(NH_3)$	0.067	0.097	0.160	0.213	0.223	0.218	0.207	0.194

*§5.6　同时反应平衡组成的计算

　　如果系统中有几个反应同时进行,而反应式之间没有线性组合关系,那么这几个反应就是**独立反应**。系统中所具有的独立反应的数目称为**独立反应数**。如下面四个反应:

$$CH_4(g) + H_2O(g) = CO(g) + 3H_2(g) \qquad (1)$$

$$CO(g) + H_2O(g) = CO_2(g) + H_2(g) \qquad (2)$$

$$CH_4(g) + 2H_2O(g) = CO_2(g) + 4H_2(g) \qquad (3)$$

$$CH_4(g) + CO_2(g) = 2CO(g) + 2H_2(g) \qquad (4)$$

反应(1)和反应(2)是独立反应;反应(3)可由反应(1)+反应(2)得到;反应(4)可由反应(1)-反应(2)得到。所以反应(3)和反应(4)不是独立反应,系统中独立反应数为 2。

　　若某个反应组分同时参加两个以上的独立反应,平衡时其组成同时满足这几个反应的平衡关系,则称为同时平衡。例如,一个系统中同时进行上面两个反应(1)和(2),反应组分 H_2O、CO 和 H_2 同时参加这两个反应,平衡时其组成将同时满足这两个反应的平衡关系。

　　同时反应中每一个独立反应有自己的反应进度,而且可列出一个独立的平衡常数表达式,通过物料衡算关系,未知数的个数将与方程式个数相等。因此若原始组成已知,则能算出达到平衡时各个独立反应的进度,进而能算出平衡组成。值得注意的是,一个组分,无论同时参加几个独立反应,平衡时其分压或组成只有一个。

>> **例 5.6.1**　在一个抽真空的密闭容器中,放入过量的 $NH_4I(s)$,加热到 675.65 K,$NH_4I(s)$ 分解生成 NH_3 与 HI,HI 进一步分解生成 H_2 和 I_2。一定时间后系统中两个反应均达到平衡:

$$NH_4I(s) = NH_3(g) + HI(g) \qquad (1)$$

$$HI(g) = \frac{1}{2}H_2(g) + \frac{1}{2}I_2(g) \qquad (2)$$

已知反应(1)的 $K_1^{\ominus}$ 为 0.220 86,反应(2)的 $K_2^{\ominus}$ 为 0.136 94。求平衡时系统的总压及各组分的分压

>> 解:因反应恒容,故直接利用各组分的分压进行物料衡算较简单。设平衡时 $p(NH_3)$ 为 x,HI 因分解而下降的分压为 y,有物料衡算关系如下:

$$NH_4I(s) \Longrightarrow NH_3(g) + HI(g)$$

平衡时 p_B　　　过量　　　x　　　$x-y$

$$HI(g) \Longrightarrow \frac{1}{2}H_2(g) + \frac{1}{2}I_2(g)$$

平衡时 p_B　　$x-y$　　　$0.5y$　　$0.5y$

平衡时有

$$\bar{K}_1^\ominus = \frac{p(NH_3) \cdot p(HI)}{(p^\ominus)^2} = \frac{x(x-y)}{(p^\ominus)^2} = 0.220\,86$$

$$\bar{K}_2^\ominus = \frac{[p(H_2)/p^\ominus]^{1/2} \cdot [p(I_2)/p^\ominus]^{1/2}}{p(HI)/p^\ominus}$$

$$= \frac{0.5y/p^\ominus}{(x-y)/p^\ominus} = \frac{0.5y}{x-y} = 0.136\,94$$

将两方程联立,可解得　　　$x = 53.042\,kPa, y = 11.404\,kPa$

由此可得　$p(NH_3) = x = 53.042\,kPa$

$$p(HI) = x - y = (53.042 - 11.404)\,kPa = 41.638\,kPa$$

$$p(H_2) = p(I_2) = 0.5y = (0.5 \times 11.404)\,kPa = 5.702\,kPa$$

$$p = p(NH_3) + p(HI) + p(H_2) + p(I_2) = x + (x-y) + 0.5y + 0.5y$$

$$= 2x = 106.084\,kPa$$

§5.7　真实气体反应的化学平衡

　　研究理想气体化学平衡时,是将理想气体化学势 $\mu_B = \mu_B^\ominus + RT\ln(p_B/p^\ominus)$ 代入 $\Delta_r G_m = \sum\limits_B \nu_B \mu_B$,导出了等温方程式,并结合平衡条件 $\Delta_r G_m = 0$,得出了在一定温度 T 下的标准平衡常数 $K^\ominus$。

　　对于真实气体化学反应可用相同的原理进行推导。

　　将真实气体 B 的化学势表达式 $\mu_B = \mu_B^\ominus + RT\ln(\widetilde{p}_B/p^\ominus)$ 代入 $\Delta_r G_m = \sum\limits_B \nu_B \mu_B$,可得到真实气体化学反应的等温方程式:

$$\Delta_r G_m = \Delta_r G_m^\ominus + RT\ln\prod_B (\widetilde{p}_B/p^\ominus)^{\nu_B} \tag{5.7.1}$$

式中,$\widetilde{p}_B$ 为组分 B 在某指定条件下的逸度。

　　在达到化学平衡时,$\Delta_r G_m = 0$,有

$$\Delta_r G_m^\ominus = -RT\ln\prod_B(\widetilde{p}_B/p^\ominus)^{\nu_B}$$

对于确定的化学反应，$\Delta_r G_m^\ominus$ 只取决于温度和标准态的选取。因为对气体，无论是理想气体还是真实气体，均选取 $p^\ominus = 100\ \text{kPa}$ 的纯理想气体作为标准态，故由上式可知，当温度一定时，$\prod_B(\widetilde{p}_B/p^\ominus)^{\nu_B}$ 为定值，即为标准平衡常数

$$K^\ominus = \prod_B(\widetilde{p}_B^{\ eq}/p^\ominus)^{\nu_B} \tag{5.7.2a}$$

式中，$\widetilde{p}_B^{\ eq}$ 为组分 B 平衡时的逸度。因此有

$$\Delta_r G_m^\ominus = -RT\ln K^\ominus \tag{5.7.3}$$

因 $\widetilde{p}_B = \varphi_B p_B$，故有

$$K^\ominus = \prod_B\varphi_B^{\nu_B}\cdot\prod_B(p_B^{\ eq}/p^\ominus)^{\nu_B} \tag{5.7.2b}$$

式中，φ_B 为 B 的逸度因子，它是温度和总压的函数，故 $\prod_B\varphi_B^{\nu_B}$ 也取决于温度和压力。

若令 $K_\varphi = \prod_B\varphi_B^{\nu_B}$，$K_p^\ominus = \prod_B(p_B^{\ eq}/p^\ominus)^{\nu_B}$，式(5.7.2b)可简写为

$$K^\ominus = K_\varphi\cdot K_p^\ominus \tag{5.7.2c}$$

对于理想气体 $K_\varphi = 1$，对于低压下的真实气体 $K_\varphi \approx 1$，故

$$K^\ominus = K_p^\ominus = \prod_B(p_B^{\ eq}/p^\ominus)^{\nu_B}$$

而对于高压下的真实气体，一般来说 $K_\varphi \neq 1$，故 $K_p^\ominus \neq K^\ominus$。

本章小结

本章主要介绍了热力学在化学中最重要的应用——用热力学方法来处理化学平衡问题。基本思路是将相应的化学势表达式代入化学反应摩尔反应吉布斯函数的计算式 $\Delta_r G_m = \sum_B \nu_B\mu_B$ 中，由此导出吉布斯等温方程。根据吉布斯函数判据，在恒温恒压下反应达到平衡时 $\Delta_r G_m = 0$，由吉布斯等温方程可得到 $\Delta_r G_m^\ominus = -RT\ln K^\ominus$。$\Delta_r G_m^\ominus$ 可由热力学数据计算得出，借助 $K^\ominus$ 即可计算反应平衡时的理论转化率。

由于 $\Delta_r G_m^\ominus$ 只是温度的函数，所以 $K^\ominus$ 也只是温度的函数。温度不仅能通过改变 $K^\ominus$ 而改变平衡组成，有时甚至可改变反应的方向。对于 $\sum_B \nu_{B(g)} \neq 0$ 的反应，除温度的影响外，其他一些因素，如压力、惰性组分气体、反应物的配比等，虽不能改变 $K^\ominus$，但却能使反应平衡发生移动，进而影响反应物的最终转化率。这对于在某些情况下更经济合理地利用资源、设计反应、提高转化率提供了更多的思路。

概念题

1. 在恒温恒压，$W'=0$ 条件下，化学反应达到平衡时，$\Delta_r G_m^\ominus$（　　），$\Delta_r G_m$（　　），$\sum\limits_B \nu_B \mu_B$（　　）。（填入 >0、<0、$=0$、无法确定）

2. 已知 718 K 下 $Ag_2O(s)$ 的分解压为 209.743×10^5 Pa，则此温度下 $Ag_2O(s)$ 分解反应 $Ag_2O(s) \Longrightarrow 2Ag(s) + \dfrac{1}{2}O_2(g)$ 的 $K^\ominus =$（　　），$\Delta_r G_m^\ominus =$（　　）。

3. 已知 500 K 下，理想气体反应 $A(g) + B(g) \Longrightarrow C(g) + D(g)$ 的标准平衡常数 $K^\ominus = 1.56$。现有上述反应系统，各组分的分压分别为 $p_A = 50$ kPa，$p_B = 20$ kPa，$p_C = 30$ kPa，$p_D = 30$ kPa，则此条件下反应的 $\Delta_r G_m =$（　　）。

4. 在 1 000 K 下，反应 $CO(g) + H_2O(g) \Longrightarrow CO_2(g) + H_2(g)$ 的标准平衡常数 $K^\ominus = 1.39$，则 $K_c =$（　　），$K_y =$（　　）。

5. 已知温度 T 下，反应 $CO(g) + \dfrac{1}{2}O_2(g) \Longrightarrow CO_2(g)$ 的标准平衡常数记为 $K_1^\ominus$，反应 $C(s) + CO_2(g) \Longrightarrow 2CO(g)$ 的标准平衡常数记为 $K_2^\ominus$，则此温度下反应 $C(s) + \dfrac{1}{2}O_2(g) \Longrightarrow CO(g)$ 的标准平衡常数 $K_3^\ominus =$（　　）。

6. 将 1 mol $SO_3(g)$ 引入一个 1 000 K 的真空容器中，当总压为 200 kPa 时，反应 $SO_3(g) \Longrightarrow SO_2(g) + \dfrac{1}{2}O_2(g)$ 达到平衡，$SO_3(g)$ 的解离度为 25%，则上述反应的标准平衡常数 $K^\ominus =$（　　）。

7. 在恒定的温度 T 下，向体积为 V 的真空刚性容器内通入 1 mol $A_2(g)$ 和 3 mol $B_2(g)$，进行 $A_2(g) + B_2(g) \Longrightarrow 2AB(g)$ 的反应，达平衡时测得生成 $AB(g)$ 的物质的量为 n。若在上述平衡系统中再通入 2 mol $A_2(g)$，测得平衡时 $AB(g)$ 的物质的量为 $2n$。则上述反应的标准平衡常数 $K^\ominus =$（　　）。

8. 在温度 T 下，某化学反应的 $\Delta_r H_m^\ominus < 0$，$\Delta_r S_m^\ominus > 0$，该反应的标准平衡常数 $K^\ominus$（　　）1，且随温度升高而（　　）。（第一空填入 $>$、$<$、$=$；第二空填入 增大、减小）

9. 在一定温度范围内，某化学反应的标准平衡常数与温度的关系为 $\ln K^\ominus = \dfrac{3\,444.7}{T/K} - 26.365$。则在此温度范围内，反应的 $\Delta_r H_m^\ominus =$（　　），$\Delta_r S_m^\ominus =$（　　）。

10. 一定条件下，某化学反应 $2A(g) + B(g) \Longrightarrow 2C(g)$ 达到平衡。若保持温度不变，增大压力，则平衡（　　）；若在温度、总压恒定的条件下，向上述系统中加入惰性组分气体，则平衡（　　）；若在恒温恒容条件下，向上述系统中加入惰性组分气体，则平衡（　　）。（填入 向左移动、向右移动、不移动）

11. 反应 $C(s) + H_2O(g) \Longrightarrow CO(g) + H_2(g)$ 在 400 ℃下达平衡，已知 $\Delta_r H_m^\ominus = 133.5$ kJ·mol^{-1}，使平衡向右移动，可采取的措施有：（　　）；（　　）；（　　）。

习题

5.1　已知四氧化二氮的分解反应：

$$N_2O_4(g) \Longrightarrow 2NO_2(g)$$

在 298.15 K 下，$\Delta_r G_m^{\ominus} = 4.75$ kJ·mol^{-1}。试判断在此温度及下列条件下，反应进行的方向。

(1) N_2O_4(100 kPa)，NO_2(1 000 kPa)；

(2) N_2O_4(1 000 kPa)，NO_2(100 kPa)；

(3) N_2O_4(300 kPa)，NO_2(200 kPa)。

5.2　一定条件下，Ag 与 H_2S 可能发生下列反应：

$$2Ag(s) + H_2S(g) = Ag_2S(s) + H_2(g)$$

25 ℃、100 kPa 下，将 Ag 置于体积比为 10∶1 的 H_2(g) 与 H_2S(g) 混合气体中。

(1) Ag 是否会发生腐蚀而生成 Ag_2S?

(2) 混合气体中 H_2S 气体的体积分数为多少时，Ag 不会腐蚀生成 Ag_2S?

已知 25 ℃下，H_2S(g) 和 Ag_2S(s) 的标准生成吉布斯函数分别为 −33.56 kJ·mol^{-1} 和 −40.26 kJ·mol^{-1}。

答：(1) 会腐蚀生成 Ag_2S；(2) $y(H_2S) \leqslant 0.062\ 8$

5.3　已知同一温度下，两反应方程及其标准平衡常数如下：

$$CH_4(g) + CO_2(g) = 2CO(g) + 2H_2(g) \quad K_1^{\ominus}$$

$$CH_4(g) + H_2O(g) = CO(g) + 3H_2(g) \quad K_2^{\ominus}$$

求下列反应的 $K^{\ominus}$。

$$CH_4(g) + 2H_2O(g) = CO_2(g) + 4H_2(g)$$

答：$K^{\ominus} = (K_2^{\ominus})^2 / K_1^{\ominus}$

5.4　在一个抽真空的恒容容器中引入氯和二氧化硫，若它们之间没有发生反应，则在 375.3 K 下的分压分别为 47.836 kPa 和 44.786 kPa。将容器保持在 375.3 K，经一定时间后，总压减少至 86.096 kPa，且维持不变。求下列反应的 $K^{\ominus}$。

$$SO_2Cl_2(g) = SO_2(g) + Cl_2(g)$$

答：2.42

5.5　900 ℃、3×10^6 Pa 下，使一定量的摩尔比为 3∶1 的氢、氮混合气体通过铁催化剂来合成氨。反应达到平衡时，测得混合气体的体积相当于 273.15 K，101.325 kPa 的干燥气体（不含水蒸气）2.024 dm^3，其中氨气所占的体积分数为 2.056×10^{-3}。求此温度下反应的 $K^{\ominus}$。

$$3H_2(g) + N_2(g) = 2NH_3(g)$$

答：4.49×10^{-8}

5.6　PCl_5 分解反应：

$$PCl_5(g) = PCl_3(g) + Cl_2(g)$$

在 200 ℃下的 $K^{\ominus} = 0.312$，计算：

(1) 200 ℃、200 kPa 下 PCl_5 的解离度；

(2) 摩尔比为 1∶5 的 PCl_5 与 Cl_2 的混合物，在 200 ℃、100 kPa 下达到平衡时 PCl_5 的解离度。

答：(1) 36.7 %；(2) 27.1 %

5.7　在 994 K 下，使纯氢气慢慢地通过过量的 CoO(s)，则氧化物部分地被还原为 Co(s)。出来的平衡气体中氢的体积分数 $\varphi(H_2) = 0.025$。在同一温度，若用 CO 还原 CoO(s)，平衡后气体中一氧化碳的体积分数 $\varphi(CO) = 0.019\ 2$。求等物质的量的 CO 和 H_2O(g) 的混合物，在 994 K 下通过适当催化剂进行反应，其平衡转化率为多少?

答：53.4%

5.8 在真空容器中放入 $NH_4HS(s)$，于 25 ℃下分解为 $NH_3(g)$ 与 $H_2S(g)$，平衡时容器内的压力为 66.66 kPa。

(1) 当放入 $NH_4HS(s)$ 时容器内已有 39.99 kPa 的 $H_2S(g)$，求平衡时容器中的压力；

(2) 容器内原有 6.666 kPa 的 $NH_3(g)$，问 H_2S 压力为多大时才能形成 $NH_4HS(s)$？

答:(1) 77.7 kPa;(2) $p(H_2S) > 166.67$ kPa

5.9 25 ℃、200 kPa 下，将 4 mol 的纯 $A(g)$ 放入带活塞的密闭容器中，达到如下化学平衡：$A(g) \Longrightarrow 2B(g)$。已知平衡时 $n_A = 1.697$ mol，$n_B = 4.606$ mol。

(1) 求该温度下反应的 $K^\ominus$ 和 $\Delta_r G_m^\ominus$；

(2) 若总压为 50 kPa，求平衡时 A、B 的物质的量。

答:(1) 3.967，-3.42 kJ·mol^{-1};(2) $n'_A = 0.739$ mol，$n'_B = 6.523$ mol

5.10 已知下列数据(298.15 K)：

物质	C(石墨)	$H_2(g)$	$N_2(g)$	$O_2(g)$	$CO(NH_2)_2(s)$
$S_m^\ominus/(J \cdot mol^{-1} \cdot K^{-1})$	5.740	130.68	191.6	205.14	104.6
$\Delta_c H_m^\ominus/(kJ \cdot mol^{-1})$	-393.51	-285.83	0	0	-631.66

物质	$NH_3(g)$	$CO_2(g)$	$H_2O(g)$
$\Delta_f G_m^\ominus/(kJ \cdot mol^{-1})$	-16.5	-394.36	-228.57

求 298.15 K 下 $CO(NH_2)_2(s)$ 的标准摩尔生成吉布斯函数 $\Delta_f G_m^\ominus$，以及下列反应的 $K^\ominus$。

$$CO_2(g) + 2NH_3(g) \Longrightarrow H_2O(g) + CO(NH_2)_2(s)$$

答:-197.35 kJ·mol^{-1},0.559

5.11 已知 298.15 K 下，$CO(g)$ 和 $CH_3OH(g)$ 的 $\Delta_f H_m^\ominus$ 分别为 -110.525 kJ·mol^{-1} 及 -200.66 kJ·mol^{-1}，$CO(g)$、$H_2(g)$、$CH_3OH(l)$ 的 $S_m^\ominus$ 分别为 197.674 J·mol^{-1}·K^{-1}、130.684 J·mol^{-1}·K^{-1} 及 126.8 J·mol^{-1}·K^{-1}。又知 298.15 K 甲醇的饱和蒸气压为 16.59 kPa，$\Delta_{vap} H_m = 38.0$ kJ·mol^{-1}，蒸气可视为理想气体。求 298.15 K 时，下列反应的 $\Delta_r G_m^\ominus$ 及 $K^\ominus$。

$$CO(g) + 2H_2(g) \Longrightarrow CH_3OH(g)$$

答:-24.624 kJ·mol^{-1},2.06×10^4

5.12 已知 25 ℃下 $AgCl(s)$ 及水溶液中 Ag^+、Cl^- 的 $\Delta_f G_m^\ominus$ 分别为 -109.789 kJ·mol^{-1}、77.107 kJ·mol^{-1} 和 -131.22 kJ·mol^{-1}。求 25 ℃下 $AgCl(s)$ 在水溶液中的标准溶度积 $K^\ominus$ 及溶解度 s。

答:1.765×10^{-10},0.19 mg/(100 g H_2O)

5.13 体积为 1 dm^3 的抽空密闭容器中放有 0.034 58 mol $N_2O_4(g)$，发生如下分解反应：

$$N_2O_4(g) \Longrightarrow 2NO_2(g)$$

50 ℃下分解反应的平衡总压为 130.0 kPa。已知 25 ℃下 $N_2O_4(g)$ 和 $NO_2(g)$ 的 $\Delta_f H_m^\ominus$ 分别为 9.16 kJ·mol^{-1} 和 33.18 kJ·mol^{-1}。设反应的 $\Delta_r C_{p,m} = 0$。

(1) 计算 50 ℃时 $N_2O_4(g)$ 的解离度及分解反应的 $K^\ominus$；

(2) 计算 100 ℃时反应的 $K^\ominus$。

答:(1) 0.399 2,0.986 4;(2) 17.10

5.14 已知 25 ℃时的下列数据：

物质	$Ag_2O(s)$	$CO_2(g)$	$Ag_2CO_3(s)$
$\Delta_f H_m^{\ominus}/(kJ \cdot mol^{-1})$	-31.05	-393.509	-505.8
$S_m^{\ominus}/(J \cdot mol^{-1} \cdot K^{-1})$	121.3	213.74	167.4

求 110 ℃时 $Ag_2CO_3(s)$ 的分解压。设 $\Delta_r C_{p,m}^{\ominus} = 0$。

答：0.480 kPa

5.15　100 ℃时下列反应的 $K^{\ominus} = 8.1 \times 10^{-9}$，$\Delta_r S_m^{\ominus} = 125.6\ J \cdot mol^{-1} \cdot K^{-1}$。计算：

$$COCl_2(g) = CO(g) + Cl_2(g)$$

(1) 100 ℃、总压为 200 kPa 时 $COCl_2$ 的解离度；

(2) 100 ℃下上述反应的 $\Delta_r H_m^{\ominus}$；

(3) 总压为 200 kPa，$COCl_2$ 的解离度为 0.1% 时的温度。设 $\Delta_r C_{p,m}^{\ominus} = 0$。

答：(1) 6.36×10^{-5}；(2) $104.67\ kJ \cdot mol^{-1}$；(3) 446 K

5.16　在 500～1 000 K 温度范围内，反应 $A(g) + B(s) = 2C(g)$ 的标准平衡常数 $K^{\ominus}$ 与温度 T 的关系为 $\ln K^{\ominus} = -\dfrac{7\ 100}{T/K} + 6.875$。已知原料中只有反应物 $A(g)$ 和过量的 $B(s)$。

(1) 计算 800 K 时反应的 $K^{\ominus}$；若反应系统的平衡压力为 200 kPa，计算产物 $C(g)$ 的平衡分压；

(2) 计算 800 K 时反应的 $\Delta_r H_m^{\ominus}$ 和 $\Delta_r S_m^{\ominus}$。

答：(1) 0.135 3，45.7 kPa；(2) $59.03\ kJ \cdot mol^{-1}$，$57.16\ J \cdot mol^{-1} \cdot K^{-1}$

5.17　反应

$$2\ NaHCO_3(s) = Na_2CO_3(s) + H_2O(g) + CO_2(g)$$

在不同温度时的平衡总压如下：

$t/℃$	30	50	70	90	100	110
p/kPa	0.827	3.999	15.90	55.23	97.47	167.0

设反应的 $\Delta_r H_m^{\ominus}$ 与温度无关。求：

(1) 上述反应的 $\Delta_r H_m^{\ominus}$；

(2) $\lg(p/kPa)$ 与 T 的函数关系式；

(3) $NaHCO_3$ 的分解温度。

答：(1) $128.14\ kJ \cdot mol^{-1}$；(2) $\lg(p/kPa) = -\dfrac{3\ 347}{T/K} + 10.958$；(3) 374 K

5.18　已知下列数据：

物质	$\dfrac{\Delta_f H_m^{\ominus}(25\ ℃)}{kJ \cdot mol^{-1}}$	$\dfrac{S_m^{\ominus}(25\ ℃)}{J \cdot mol^{-1} \cdot K^{-1}}$	$C_{p,m} = a + bT + cT^2$		
			$\dfrac{a}{J \cdot mol^{-1} \cdot K^{-1}}$	$\dfrac{b}{10^{-3}\ J \cdot mol^{-1} \cdot K^{-2}}$	$\dfrac{c}{10^{-6}\ J \cdot mol^{-1} \cdot K^{-3}}$
$CO(g)$	-110.52	197.67	26.537	$7.683\ 1$	-1.172
$H_2(g)$	0	130.68	26.88	4.347	$-0.326\ 5$
$CH_3OH(g)$	-200.7	239.8	18.40	101.56	-28.68

求下列反应的 $\lg K^{\ominus}$ 与 T 的函数关系式及 300 ℃下的 $K^{\ominus}$。

$$CO(g) + 2H_2(g) \Longrightarrow CH_3OH(g)$$

答：$lg K^{\ominus}(T) = \dfrac{3\,932}{T/K} - 7.445 lg(T/K) + 2.225 \times 10^{-3}(T/K) - 0.233\,8 \times 10^{-6}(T/K)^2 + 8.939$,

$\qquad K^{\ominus}(573.15\ K) = 2.9 \times 10^{-4}$

5.19 工业上用乙苯脱氢制苯乙烯

$$C_6H_5C_2H_5(g) \Longrightarrow C_6H_5C_2H_3(g) + H_2(g)$$

如反应在 900 K 下进行，其 $K^{\ominus} = 1.51$。试分别计算在下述情况下乙苯的平衡转化率。

(1) 反应压力为 100 kPa；

(2) 反应压力为 10 kPa；

(3) 反应压力为 100 kPa，且加入水蒸气使原料气中水蒸气与乙苯的摩尔比为 10：1。

答：(1) 77.56%；(2) 96.8%；(3) 95.0%

5.20 在一个抽真空的容器中放入很多的 $NH_4Cl(s)$，当加热到 340 ℃时，容器中仍有过量的 $NH_4Cl(s)$ 存在，此时系统的平衡压力为 104.67 kPa。在同样的条件下，若放入的是 $NH_4I(s)$，则测得的平衡压力为 18.864 kPa，试求当 $NH_4Cl(s)$ 和 $NH_4I(s)$ 同时存在时，反应系统在 340 ℃下达平衡时的总压力。设 HI(g) 不分解，且此两种盐类不形成固溶体。

答：106.4 kPa

5.21 在 600 ℃、100 kPa 时下列反应达到平衡：

$$CO(g) + H_2O(g) \Longrightarrow CO_2(g) + H_2(g)$$

现在把压力提高到 5×10^4 kPa，问：

(1) 若各气体均视为理想气体，平衡是否移动？

(2) 若各气体的逸度因子分别为 $\varphi(CO_2) = 1.09$, $\varphi(H_2) = 1.10$, $\varphi(CO) = 1.20$, $\varphi(H_2O) = 0.75$，与理想气体反应相比，平衡向哪个方向移动？

答：(1) 不移动；(2) 向反应物方向移动

5.22 (1) 应用路易斯—兰德尔规则及逸度因子图，求 250 ℃、20.265 MPa 下，合成甲醇反应的 K_{φ}：

$$CO(g) + 2H_2(g) \Longrightarrow CH_3OH(g)$$

(2) 已知 250 ℃时上述反应的 $\Delta_r G_m^{\ominus} = 25.899$ kJ·mol^{-1}，求此反应的 $K^{\ominus}$；

(3) 化学计量比的原料气，在上述条件下达平衡时，求混合物中甲醇的摩尔分数。

答：(1) 0.299；(2) 2.595×10^{-3}；(3) 0.757 1

第六章 相平衡

化学及化工生产中对产品进行分离、提纯时离不开蒸馏、结晶、萃取等各种单元操作,而这些单元操作过程的理论基础就是相平衡原理。此外,在冶金、材料、采矿、地质等行业的生产过程中,也需要相平衡的知识,因而相平衡的研究有着重要的实际意义。

相平衡研究的一项主要内容是表达一个相平衡系统的状态如何随其组成、温度、压力等变量而变化,而要描述这种相平衡系统状态的变化,主要有两种方法:一种方法是从热力学的基本原理、公式出发,推导系统的温度、压力与各相组成间的关系,并用数学公式予以表示,如前面学过的克拉佩龙方程、拉乌尔定律等;另一种方法是用图形表示相平衡系统的温度、压力、组成间的关系,这种图形称为相图。相图的特点是直观,从图中能直接了解各量间的关系,对于较复杂系统的相图,这一特点表现得更为突出。

本章主要介绍相律和一些基本的相图,以及如何由实验数据绘制相图,如何应用相图等。

§ 6.1 相律

相律作为物理化学中最具普遍性的规律之一,是吉布斯根据热力学原理得出的,它用于确定相平衡系统中能够独立改变的强度变量数。

在推导相律之前,首先介绍几个基本概念。

1. 基本概念

(1) 相和相数　前已述及,**相**就是系统空间各处强度性质完全相同的部分。所谓强度性质是指那些与相的质量、大小或形状无关的性质,如温度、压力、密度、组成等。相与相之间存在界面。根据相的定义,相不必要是连续的。例如,处于相平衡的冰 – 水系统,系统中无论存在多少块冰,它们都属于同一个相,即系统中固相只有一个(冰)。

显然,当系统中存在不同固体,有几种固体则有几个相;而当有不同气体时,因为气体能够完全混合,故只对应一个相即气相。

系统内相的数目称为**相数**,用 P 表示。例如,在反应平衡系统 $FeO(s) + CO(g) \rightleftharpoons$ $Fe(s) + CO_2(g)$ 中,有两个固相[$Fe(s)$、$FeO(s)$],一个气相[$CO(g) + CO_2(g)$],总的相数

$P=3$。

（2）独立变量和系统自由度　一个平衡系统的状态是由系统各物理量（温度、压力、体积、密度、组成等）的取值确定的。但要确定一个系统的状态并不需要指定所有物理量的数值，如液态水，只要温度、压力给定，其密度、黏度等就随之而定了。也就是说，对液态水，可以选择温度 T 和压力 p 作变量，称为独立变量，其他物理量如密度、黏度等则是温度、压力的函数。又如，由纯水与其蒸气组成的平衡系统，系统的压力，即水的饱和蒸气压与温度间的关系由克拉佩龙方程确定，温度是该系统的独立变量。所谓**独立变量**是指要确定一个平衡系统的状态而必须指定数值的那些量。系统独立变量的个数称为系统的**自由度**，用 F 来表示。

2. 相律

重点难点

相律

图 6.1.1 为一定温度、压力下由硫酸铜固体、硫酸铜饱和水溶液及水蒸气组成的平衡系统示意图。

在温度、压力不变的情况下移走部分溶液或硫酸铜固体并不会影响系统的平衡状态：系统中各相的组成不会发生变化。这一结果说明，系统的平衡状态是由强度变量决定的。此外，热力学平衡要求系统达到热平衡和力平衡，即系统各处的温度、压力相同，这是系统达到相平衡的先决条件。

图 6.1.1　硫酸铜固体、硫酸铜饱和水溶液及水蒸气组成的平衡系统示意图

对于一个含有 S 个组分的均相系统，在不考虑外场（电场、磁场及重力场等）影响的情况下，实验表明可选取系统的温度 T、压力 p 及 $S-1$ 个组分的摩尔分数 x_B 作为独立的强度变量[①]。那么，对一个由 P 个平衡共存相构成的多相系统，其独立的强度变量是否为每个相独立的强度变量的总和 $\{T, p, x_1^\alpha, x_2^\alpha, \cdots, x_1^\beta, x_2^\beta, \cdots\}$（上标希腊字母表示相，下标数字表示组分）？答案显然是否定的。仅考虑相平衡，每个组分在其存在的相中的化学势相等，就对系统独立强度变量的个数产生了限制。

1875 年吉布斯对多相平衡系统的独立强度变量数，即自由度 F，与系统所包含的独立组分数 C 及相数 P 间的关系给出了如下简洁的公式：

$$F = C - P + 2 \tag{6.1.1}$$

该式称为**相律**。式中，2 为 T 和 p 对自由度的贡献。

为了准确地应用相律解决问题，下面给出简单的推导。

根据自由度的定义：

$$\text{自由度} = \text{总的强度变量数} - \text{对强度变量的独立限制条件数}$$

首先假设① 每个组分存在于所有 P 个相中，② 没有化学反应发生。在此假设下，

---

① 由于 $\sum\limits_B x_B = 1$，S 个组分的摩尔分数只有 $S-1$ 个是独立的。

$$总的强度变量数 = P(S-1)+2$$

式中，2 为 T 和 p 对自由度的贡献。

对强度变量的独立限制条件数：

由相平衡条件，对组分 B，$\mu_B^\alpha = \mu_B^\beta = \cdots = \mu_B^\lambda$。这产生 $P-1$ 个限制条件，例如，若系统包含 3 个相，对组分 B 有 $\mu_B^\alpha = \mu_B^\beta, \mu_B^\alpha = \mu_B^\gamma$ 两个限制条件。共有 S 个组分，总的限制条件数为 $S(P-1)$。因此，

$$\begin{aligned}自由度 &= 总的强度变量数 - 对强度变量的独立限制条件数\\ &= P(S-1)+2-S(P-1)\\ &= S-P+2\end{aligned}$$

即，$F = S-P+2$。

去掉假设①，如果组分 B 不存在于 β 相中，则总的变量中少了 x_B^β，但同时少了一个化学势的限制条件，故对系统的自由度没有影响。因此，相律 $F = S-P+2$ 并不要求每个组分存在于所有 P 个相中。

去掉假设②，如果系统中存在化学反应 $0 = \sum_B \nu_B B$，当其达到平衡时，$\sum_B \nu_B \mu_B = 0$。这显然是一个限制条件。若系统中有 R 个独立的化学反应，则产生 R 个限制条件。

此外，系统的制备条件、电中性要求等也会对强度变量加以限制。例如，氨基甲酸铵的分解。若系统中氨气和二氧化碳完全来自氨基甲酸铵的分解反应 $NH_2CO_2NH_4(s) \rightleftharpoons CO_2(g) + 2NH_3(g)$，根据反应计量关系，气相中一定有 $x(NH_3) = 2x(CO_2)$。又如，硫氰化氢（HSCN）的水溶液中由于水和硫氰化氢的解离而存在 5 个组分：H_2O、HSCN、H^+、OH^- 和 SCN^-。溶液电中性条件要求 $x(H^+) = x(OH^-) + x(SCN^-)$。

将除化学反应外其他的限制条件数记为 R'，相律的最终表达式为

$$F = S-R-R'-P+2 \tag{6.1.2a}$$

为了保持相律的简洁性，定义 $C = S-R-R'$，称为**独立组分数**，则

$$F = C-P+2 \tag{6.1.2b}$$

3. 几点说明

（1）自由度是那些能独立变化而不引起系统平衡相数改变的强度变量（温度、压力、组成）的个数。

（2）相律针对的是处于热力学平衡的系统。有些反应在系统给定条件下并不能发生，如由 $N_2(g)$、$H_2(g)$ 和 $NH_3(g)$ 组成的系统，在常温下三者之间并不发生反应 $N_2 + 3H_2 \rightleftharpoons 2NH_3$，当然也就无从谈起反应平衡。

（3）相律 $F = C-P+2$ 中的 2 指的是系统的温度 T 和压力 p 两个强度变量，表示系统各处的温度、压力皆相同。与此条件不符的系统，如渗透系统（半透膜两边的压力不同，参见第四章中渗透平衡），则需修正补充。

（4）相律 $F = C-P+2$ 中的 2 表示只考虑温度、压力对系统相平衡的影响，通常情况

下的确如此。但当需要考虑其他因素(如电场、磁场、重力场等)对系统相平衡的影响时,相律的形式为 $F=C-P+n$,式中 n 是所有外界影响因素(含温度、压力)的数目。

(5) 对于没有气相存在,只由液相和固相形成的凝聚态系统来说,由于压力对相平衡的影响很小,且通常在大气压力下研究,而不考虑压力对相平衡的影响,故常压下凝聚态系统相律的形式为 $F=C-P+1$。

≫ **例** **6.1.1** 在一封闭容器中置入氮气、氢气和氨气。① 常温、常压;② 高温、高压且有催化剂存在;③ 置入的气体中 $n(H_2):n(N_2)=3:1$,$500\ ℃$、$30.4\ MPa$ 下且有催化剂存在。分别计算在上述三种条件下达到平衡后系统的独立组分数及自由度。

≫ **解**:在条件①下,氮气、氢气和氨气不能发生反应,故

$$C=S-R-R'=3-0-0=3$$

$$F=C-P+2=3-1+2=4$$

条件②下,发生反应 $N_2(g)+3H_2(g)\Longrightarrow 2NH_3(g)$,且达到平衡,故

$$C=S-R-R'=3-1-0=2$$

$$F=C-P+2=3-1+2=3$$

条件③下,发生反应 $N_2(g)+3H_2(g)\Longrightarrow 2NH_3(g)$,当反应达平衡时有 $x(H_2)=3x(N_2)$,且温度 T 和压力 p 恒定,故

$$C=S-R-R'=3-1-1=1$$

$$F=C-P+0=1-1+0=0$$

≫ **例** **6.1.2** 在一抽成真空的容器中放入过量的 $NH_4I(s)$ 后,系统达到平衡时存在如下平衡:

$$NH_4I(s)\Longrightarrow NH_3(g)+HI(g) \tag{1}$$

$$2HI(g)\Longrightarrow H_2(g)+I_2(g) \tag{2}$$

$$2NH_4I(s)\Longrightarrow 2NH_3(g)+H_2(g)+I_2(g) \tag{3}$$

试求该系统的自由度。

≫ **解**:由于反应(3)= 反应(1)×2 + 反应(2),该系统三个反应中只有两个是独立的,故 $R=2$。选取反应(1)和反应(2)作为独立化学反应,并设它们的平衡反应进度分别为 x、y。则有

$$\begin{array}{cccc}
NH_4I(s) & \Longrightarrow & NH_3(g) & + & HI(g) \\
& & x & & x-2y
\end{array} \tag{1}$$

$$\begin{array}{cccc}
2HI(g) & \Longrightarrow & H_2(g) & + & I_2(g) \\
x-2y & & y & & y
\end{array} \tag{2}$$

由于系统恒容,有 $p(NH_3)=p(HI)+2p(H_2)$,$p(H_2)=p(I_2)$,故 $R'=2$。

将 $P=2$、$S=5$、$R=2$ 及 $R'=2$ 代入相律表达式有

$$F = C-P+2$$
$$= (S-R-R')-P+2$$
$$= (5-2-2)-2+2$$
$$= 1$$

即自由度为 1，说明该平衡系统中，T 及四种气体的分压(也可以说是 T、气体总压及任意三种气体的气相摩尔分数)五个变量中，只要有一个是确定的，其余四个皆为定值。

>> **例** **6.1.3** 计算分解反应 $CaCO_3(s) \Longleftarrow CaO(s) + CO_2(g)$ 达平衡时系统的自由度，假设系统起始时只有 $CaCO_3(s)$。

>> **解**：组分数 $S=3$，相数 $P=3$，独立化学反应数 $R=1$，其他限制条件 $R'=0$。根据相律

$$F = S-R-R'-P+2 = 3-1-0-3+2 = 1$$

即系统在维持三个相平衡共存的条件下只有一个变量可变，选 T 作为系统的独立变量，则压力 p 为温度的函数，$p(CO_2) = p$ 称为 $CaCO_3(s)$ 的分解压。

此处应注意，由于 $CO_2(g)$ 和 $CaO(s)$ 分属两个纯物质组成的相，$x(CO_2)=1$ 及 $x(CaO)=1$，根据反应计量式虽然有 $n(CaO) = n(CO_2)$，但其并不构成对系统强度变量的限制。

§6.2 单组分系统相图

在本章以下的讨论中组分数指独立组分数。

由上节的讨论可知，一个系统的平衡状态与选为系统独立强度变量的取值一一对应。换言之，在几何上，由这些独立变量为坐标构成的坐标系中的每个点对应系统的一个平衡态。例如，若一个系统的自由度为 2，选择温度 T 和压力 p 作为独立变量，则 T 和 p 的每一对取值如 $T=300\,K$、$p=100\,kPa$，即 T-p 平面上的点 $(300\,K, 100\,kPa)$，代表了系统的一个平衡态。相图就是几何上温度、压力和组成对系统平衡共存相的数目及类型影响的记录。

对单组分系统，根据相律 $F=3-P$，由于系统至少包含一个相，故单组分系统的最大自由度 $F=2$，T、p 为独立变量，此时系统称为双变量系统。

若 $P=2$，即系统由 2 个平衡共存的相组成，此时 $F=1$，称为单变量系统。在始终保持两相平衡共存的状态下，T 和 p 中只有一个可独立变化。若选取 T 为变量，则 p 为 T 的函数(同样，用 p 作变量，则 T 为 p 的函数)，该函数为 p-T 平面上的曲线，称为**二相平衡线**，简称二相线。二相线上的点表示系统两相共存的平衡状态。

重点难点

单组分系统相图

若 $P = 3$,即系统中 3 个相平衡共存,有 $F = 0$,称为无变量系统,此时 T 和 p 的数值都是确定的,不能作任何变化,因而在 p-T 图上表现为一个固定的点,这个点称为**三相点**。三相点是三条二相线的交点。

由于自由度 $F \geqslant 0$,故单组分系统不可能有四个相平衡共存。

从上述分析可以看出,相图中的图形元素点、线和区域分别反映系统相平衡时的情况:单组分系统 T-p 相图中单相区(区域)被(两相平衡共存)二相线分隔,二相线交于(三相平衡共存)三相点。

下面分别介绍 H_2O、S(硫)的相图。

1. H_2O 的相图

在中、常压力下,H_2O 可以气(水蒸气)、液(水)、固(冰)三种相态存在。按照相律,其自由度 F 可分别为 2、1 和 0,分别对应的相态如表 6.2.1 所示。

表 6.2.1   自由度 F 分别为 2、1 和 0 时对应的相态

单相区($F = 2$) 双变量系统	二相线($F = 1$) 单变量系统	三相点($F = 0$) 无变量系统
冰(s) 水(l) 水蒸气(g)	冰(s) $\rightleftharpoons$ 水(l) 冰(s) $\rightleftharpoons$ 水蒸气(g) 水(l) $\rightleftharpoons$ 水蒸气(g)	水(l) $\rightleftharpoons$ 水蒸气(g) 冰(s)

如上所述,在单变量系统中,压力为温度的函数。对以上三种平衡分别有 $p = f_1(T)$、$p = f_2(T)$ 和 $p = f_3(T)$,其具体形式由克拉佩龙方程(参见第三章)给出。

图 6.2.1(a)为根据实验数据(CRC Handbook of Chemistry and Physics,97th,2016—2017)绘制的 H_2O 的相图,由于压力范围很大,纵坐标采用对数坐标。图 6.2.1(b)给出通常坐标下 H_2O 的示意相图。

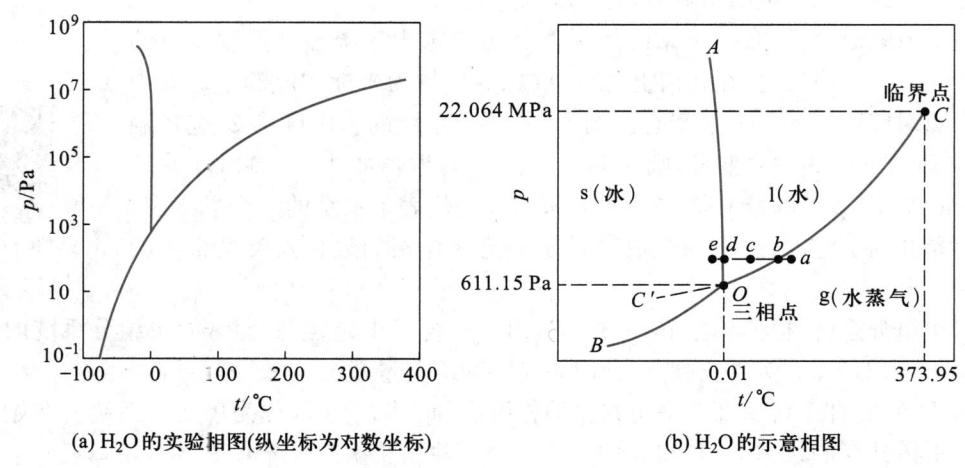

(a) H_2O 的实验相图(纵坐标为对数坐标)   (b) H_2O 的示意相图

图 6.2.1   中、常压下 H_2O 的相图

图 6.2.1(b) 中所示曲线 OC 表示水和水蒸气的平衡,称为水的饱和蒸气压曲线或蒸发曲线。该曲线斜率为正,即保持气、液两相平衡,水蒸气的压力 p 随着温度 T 的升高而增大,这是实验结果,也是克拉佩龙方程的必然结果:

$$\frac{\mathrm{d}p}{\mathrm{d}T} = \frac{\Delta_{\mathrm{vap}}H_{\mathrm{m}}}{T\Delta_{\mathrm{l}}^{\mathrm{g}}V_{\mathrm{m}}}$$

式中,水的摩尔蒸发焓 $\Delta_{\mathrm{vap}}H_{\mathrm{m}}>0$,且 $\Delta_{\mathrm{l}}^{\mathrm{g}}V_{\mathrm{m}}>0$,因此 $\mathrm{d}p/\mathrm{d}T>0$。

若在恒温下对此两相平衡系统加压,或在恒压下使其降温,都可使水蒸气凝结为水;反之,恒温下减压或恒压下升温,则可使水蒸发为水蒸气。故 OC 线以上的区域为水的相区,以下为水蒸气的相区。OC 线的上端止于临界点 C,因为在临界点时水与水蒸气不可区分。

OB 线称为冰的饱和蒸气压曲线或升华曲线,曲线上的点表示冰和水蒸气平衡共存的状态。OB 线的斜率也是正值,且比 OC 线的斜率还要大。这是因为冰的摩尔升华焓 $\Delta_{\mathrm{sub}}H_{\mathrm{m}}$ 比水的摩尔蒸发焓 $\Delta_{\mathrm{vap}}H_{\mathrm{m}}$ 大,根据克拉佩龙方程,气-固平衡时蒸气压随温度 T 的增大更为显著。显然,OB 线以上的区域为冰的相区,OB 线以下的区域为水蒸气相区。

OA 线称为冰的熔点曲线,这条线表示冰和水的平衡。从图中可以看出,OA 线的斜率为负值,说明压力增大,冰的熔点降低。这是因为当冰融化成水时,体积缩小,按照勒夏特列平衡移动原理,增加压力,有利于体积减小的过程,即有利于融化,因而冰的熔点降低。这也可以由克拉佩龙方程看出:

$$\frac{\mathrm{d}p}{\mathrm{d}T} = \frac{\Delta_{\mathrm{s}}^{\mathrm{l}}H_{\mathrm{m}}}{T\Delta_{\mathrm{s}}^{\mathrm{l}}V_{\mathrm{m}}}$$

式中,冰的摩尔熔化焓 $\Delta_{\mathrm{s}}^{\mathrm{l}}H_{\mathrm{m}}>0$,而 $\Delta_{\mathrm{s}}^{\mathrm{l}}V_{\mathrm{m}}<0$,故 $\mathrm{d}p/\mathrm{d}T<0$。冰、水平衡时,升高温度,冰融化为水,降低温度,水凝固为冰。故 OA 线左侧为冰,右侧为水。

图中 OA、OB、OC 三条线将图面分成三个区域,这是三个不同的单相区。状态处于这些区域中时系统为双变量系统,温度和压力可以同时独立改变而不会产生新的相。

三条两相平衡线表示三个单变量系统。这类系统的温度 T 和压力 p 只有一个是能独立改变的。例如,水和水蒸气两相平衡系统的状态,可用图 6.2.1(b) 中 OC 线上任一点来表示。指定了两相平衡的温度,两相平衡的压力即确定了。若降低系统的温度,并使其仍然保持两相平衡,则水蒸气压力必然沿 OC 线向下移动。温度降至 $0.01\ ℃$,系统的状态点到达 O 点,应有冰出现。但是我们常常可以使水冷到 $0.01\ ℃$ 以下而仍无冰产生,这就是水的过冷现象。这种状态下的水称为**过冷水**。

OC' 线,这条线表示过冷水的饱和蒸气压曲线。过冷水的饱和蒸气压曲线和前面所讲水的饱和蒸气压曲线实际上是同一条曲线。OC' 线落在冰的相区,说明在相应的温度、压力下冰是稳定的。由图 6.2.1(b) 可知,相同温度下过冷水的饱和蒸气压大于冰的饱和蒸气压,因此过冷水的化学势大于冰的化学势,故过冷水能自发地转变成冰。过冷水与其饱和蒸气的平衡不是稳定平衡,但它又可以在一定时间内存在,故称其为**亚稳平衡**,并将 OC' 线以虚线表示。亚稳态产生的原因参见本书第八章。

O 点表示系统内冰、水、水蒸气三相平衡,此时系统为无变量系统。系统的温度、压力(0.01 ℃、611.15 Pa)均不能改变。O 点为三相点。水的三相点和通常所说的冰点(0 ℃)是不同的。水的三相点是水在自身蒸气压力下的凝固点,而冰点则是在 101.325 kPa 压力下被空气饱和了的水的凝固点。由于空气的溶解,使凝固点降低 0.002 3 ℃;又由于压力从 611.15 Pa 增加到 101.325 kPa,又使凝固点降低 0.007 5 ℃。这两种效应的总结果使得水的三相点比冰点高0.009 8 ℃。国际上将水的三相点的温度规定为 273.16 K(即比冰点高 0.01 ℃)。

应用相图可以说明系统在外界条件改变时发生相变化的情况。例如,在一个带活塞的气缸内盛有 120 ℃、101.325 kPa 的水蒸气,此系统的状态相当于图 6.2.1(b)中的 a 点。在相图中这种表示整个系统状态的点称为**系统点**。在101.325 kPa 恒定压力下,将系统冷却,最后达到-10 ℃,即图中的 e 点。在冷却过程中,系统点沿 ae 线移动。由于压力恒定,ae 线为水平线。由图可知,当缓慢冷却至水的正常沸点 100 ℃,系统点到达 b 点时,水蒸气开始凝结。此时气、液两相平衡,因压力已固定,故温度保持不变,直到水蒸气全部凝结成水。继续冷却,系统点进入水的相区,如 c 点。冷却到达 d 点时,温度为 0.002 5 ℃,水开始凝固,在凝固过程中,系统的温度不变,直到水全部凝固成冰。再冷却,系统点进入冰的相区,最后到达-10 ℃的 e 点。

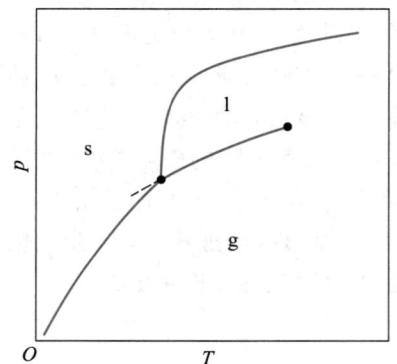

图 6.2.2 CO_2 的相图示意图
(纵坐标为对数坐标)

有关水的相图需要说明:

① 对多数物质来说,在熔化过程中摩尔体积增大,故熔点曲线的斜率为正值,如图 6.2.2 所示 CO_2 的相图示意图。

② 在高压下水能够形成具有不同晶体结构的冰(同质异形体),这些冰的密度均大于水的密度,因此在 p-T 图上,其熔点曲线的斜率为正值。高压下水的相图可参阅其他参考书。

*2. S(硫)的相图

固态的硫在常温、常压下以两种晶体结构存在:单斜硫($d^{20} = 2.00$ g·cm^{-3})和正交硫($d^{20} = 2.07$ g·cm^{-3})。加上液态硫和气态硫,共有四种相态。但由单组分系统相律 $F = 3 - P$ 知,系统的最大相数只能为 3,即系统最多只能有三相共存。

图 6.2.3 是 S(硫)的相图示意图。相图中有四个相区,分别对应四种相态。两个相区通过两相平衡线(共 6 条)接界。三相的交汇点即为三相点,图中共有 3 个三相点:O_1、O_2 和 O_3。相图中的虚线为亚稳平衡线,可看成两相平衡线的延长线,三条虚线的交

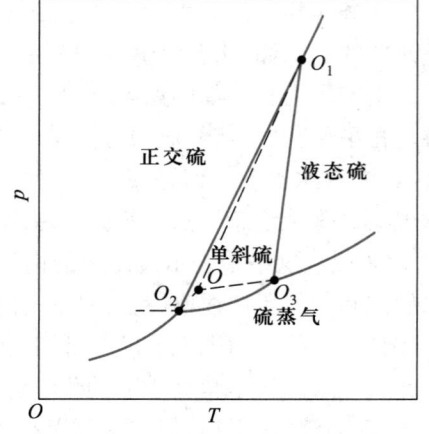

图 6.2.3 S(硫)的相图示意图

汇点 O 点也是一个三相点,它对应的是处于亚稳态的正交硫、液态硫和硫蒸气的三相共存点。

§6.3 二组分系统理想液态混合物的气–液平衡相图

根据相律,二组分系统的自由度 $F=4-P$,最大自由度为3。与单组分系统相比,描述二组分系统的平衡状态除了常用的 T、p 变量外,还需加上其中一个组分的组成变量 x。这意味着,二组分系统的平衡态需要用 (T,p,x) 三维空间中的点表示。图 6.3.1 所示为苯–甲苯液态混合物在 $350\sim385$ K 温度范围内计算得到的 T-p-x 相图,计算中假定苯–甲苯液态混合物为理想液态混合物。图中上曲面为"泡点面",下曲面为"露点面"。泡点面以上的区域为液相单相区,露点面以下的区域为气相单相区,泡点面和露点面中间的区域为气、液两相共存区。

虽然 T-p-x 相图很直观,但并不方便使用,通常在实验中将一个变量如 T 或 p 固定,此时系统的最大自由度为2,从而得到二维的 T 恒定的压力–组成图(即 p-x 图)或 p 恒定的温度–组成图(即 T-x 图)。本书主要讨论这两种相图。

二组分气–液平衡相图,按二组分液相之间相互溶解度的不同,可分为液态完全互溶、液态部分互溶及液态完全不互溶三类。液态完全互溶系统又可分为理想液态混合物和真实液态混合物,本节讨论二组分理想液态混合物的气–液平衡相图。

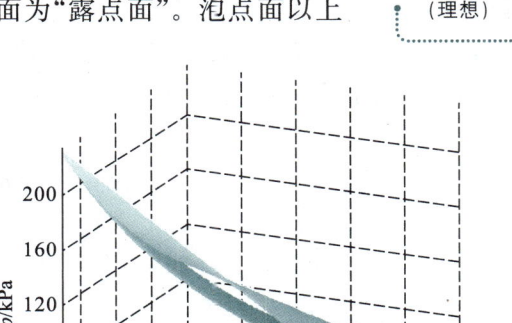

图 6.3.1 计算的苯(A)–甲苯(B)理想液态混合物气–液平衡 T-p-x 相图

1. 压力–组成图

设组分 A 和组分 B 形成理想液态混合物,因 A、B 的分压 p_A、p_B 在全部组成范围内均符合拉乌尔定律 $p_A=p_A^*x_A=p_A^*(1-x_B)$,$p_B=p_B^*x_B$,所以气–液平衡时气相总压为

$$p=p_A+p_B=p_A^*(1-x_B)+p_B^*x_B$$
$$=p_A^*+(p_B^*-p_A^*)x_B \tag{6.3.1}$$

式中,p_A^* 和 p_B^* 分别为纯 A 和纯 B 的饱和蒸气压,T 一定时,它们均有定值;x_A 和 x_B 分别为液相中组分 A 和 B 的摩尔分数。

以甲苯(A)和苯(B)组成的系统为例,该系统可被视为理想液态混合物。100 ℃ 时,

$p_A^* = 74.17$ kPa，$p_B^* = 180.1$ kPa。在恒定温度下以组成为横坐标、压力为纵坐标作图（图 6.3.2），分压 p_A、p_B 及总压 p 与 x_B 均呈直线关系，这是理想液态混合物的特点。

图中，气相总压 p 与液相组成 x_B 之间的关系曲线称为**液相线**（p-x_B）。由液相线可直接找出不同液相组成时的蒸气总压，或不同气相总压所对应的液相组成。

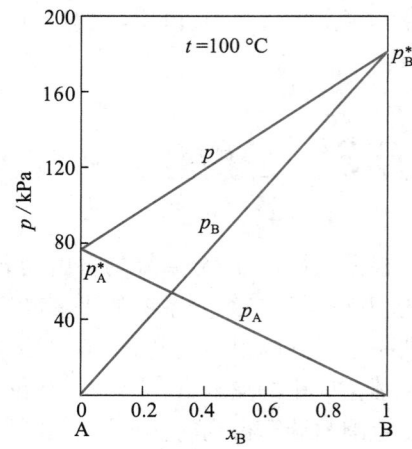

图 6.3.2　理想液态混合物甲苯（A）－苯（B）系统的蒸气压与液相组成关系

由于在恒定温度 T 下两相平衡时系统的自由度 $F = 2 - 2 + 1 = 1$，若选液相组成为独立变量，则不仅系统的压力为液相组成的函数，而且气相组成也应为液相组成的函数。若以 y_A、y_B 表示气相中组分 A 和 B 的摩尔分数，且蒸气视为理想气态混合物，根据道尔顿分压定律，有

$$y_A = \frac{p_A}{p} = \frac{p_A^*(1-x_B)}{p_A^* + (p_B^* - p_A^*)x_B} \tag{6.3.2a}$$

$$y_B = \frac{p_B}{p} = \frac{p_B^* x_B}{p_A^* + (p_B^* - p_A^*)x_B} \tag{6.3.2b}$$

即在 T 一定时，对应于一个液相组成 x_B 一定有一个与之平衡的气相组成 y_B。若将气相组成与系统总压的关系也表示在同一压力-组成图上即得到理想液态混合物的压力-组成图，如图 6.3.3 所示。其中 p-y_B 关系曲线称为**气相线**。

必须指出的是，单组分系统相图中曲线上的点代表系统两相共存的状态，而二组分系统相图中的曲线，如上述液相线和气相线，为边界线，其上的点是新相刚要产生时的边界点，没有系统两相平衡共存状态的含义。

对于甲苯（A）－苯（B）系统，$y_B = p_B/p = x_B p_B^*/p$。由于 $p_A^* < p < p_B^*$，有 $p_B^*/p > 1$，故对易挥发组分苯（B）有 $y_B > x_B$。

易挥发组分在气相中的组成 y_B 大于它在液相中的组成 x_B，而难挥发组分则恰恰相反。此结论具有普遍性。

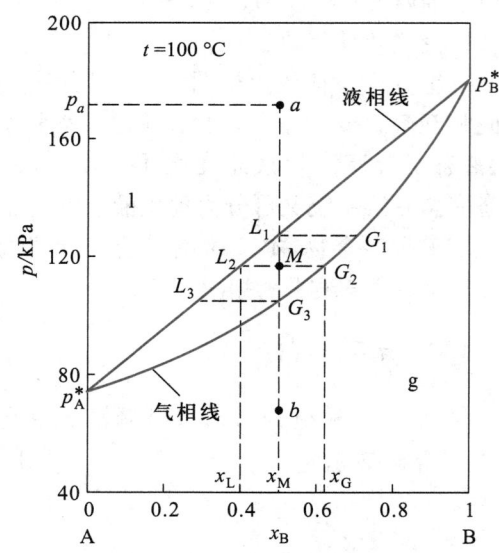

图 6.3.3　甲苯（A）－苯（B）系统压力-组成图（计算）

图 6.3.3 左上方的直线是液相线，右下方的曲线是气相线。因同一压力下对易挥发组分 $y_B > x_B$，故气相组成要比液相组成靠近纯 B。液相线以上的区域是液相区，气相线以下

的区域是气相区,液相线与气相线之间的区域是气-液平衡两相区。由于温度恒定下 $F = C - P + 1$,单相区内自由度为2,压力和组成可以在一定范围内独立改变,也就是说,欲描述一个单相系统,需同时指定系统的压力和组成。在气-液平衡两相区自由度为1,压力和气相组成、液相组成之间都有着依赖关系,如果指定了压力,平衡时的气相组成和液相组成也就随之而定了。

应用相图可以很直观地了解指定系统在外界条件改变时的相变化情况。例如,考察 A、B 二组分液态混合物系统在恒温减压过程中的变化。在一带有活塞的导热气缸中盛有总组成为 $x_B(M)$(为简化起见写作 x_M)的 A、B 混合液体。将气缸置于 100 ℃ 恒温槽中保持系统恒温。起始时系统压力为 p_a,系统的状态点相当于图 6.3.3 中液相区内的 a 点。当压力缓慢降低时,系统点沿恒组成线垂直向下移动,在到达 L_1 点之前一直是单一的液相。到达 L_1 点,液相开始蒸发,最初形成的蒸气相的状态为图中的 G_1 点所示,系统进入气-液平衡两相区。在两相区内,随着压力继续降低,液相不断蒸发为蒸气,液相状态沿液相线向左下方移动,与之平衡的气相状态则相应地沿气相线向左下方移动。当系统点为 M 点时,处于两相平衡的液相状态点为 L_2 点,气相状态点为 G_2 点,L_2 点和 G_2 点都称为**相点**。平衡共存两相两个相点间的连接线,如 L_2G_2 线,称为**结线**。从图上可以看出,当系统点由 L_1 点移到 M 点时,液相点由 L_1 点沿液相线变到 L_2 点,同时气相点则由 G_1 点沿气相线变到 G_2 点。当压力继续降低,系统到达 G_3 点时,液相全部蒸发为蒸气,最后消失的一滴液相的状态点为图中的 L_3 点。此后系统进入气相区,自 G_3 点至 b 点的过程为气相恒温减压过程。

应当指出,在系统点由 L_1 点变化到 G_3 点的整个过程中,系统内部始终是气、液两相共存,但平衡两相的组成和两相的相对数量均随压力的变化而改变。平衡两相的相对量可依据杠杆规则计算。

2. 杠杆规则

以上述系统为例。当系统点处于两相区中的 M 点(总组成为 x_M)时,若平衡共存气、液两相物质的量分别为 n_G 和 n_L,B组分在气、液两相的组成分别为 x_G 和 x_L,物料衡算给出

$$x_M(n_L + n_G) = n_G x_G + n_L x_L$$

整理得到

$$n_L(x_M - x_L) = n_G(x_G - x_M)$$

$$n_L \overline{L_2M} = n_G \overline{MG_2} \tag{6.3.3}$$

上述关系称为**杠杆规则**。结线 L_2G_2 类似一个以系统点 M 为支点的杠杆。两相点 L_2 和 G_2 为力作用点,分别悬挂着 n_L 和 n_G 的重物。

杠杆规则是物料衡算的必然结果,它具有普遍性,能应用于任意两相平衡共存区。

应用杠杆规则时应注意,对于以质量分数代替摩尔分数的相图,式(6.3.3)中各相物质的量应以相应相的质量取代。

结合杠杆规则,现将图 6.3.3 中两相区内两相的组成、物质的量的变化情况以列表形式予以小结,见表 6.3.1。

表 6.3.1   图 6.3.3 中两相区内两相的组成、物质的量的变化情况

	变量	两相区内恒温降压过程($L_1 \rightarrow G_3$)	备注
组成	系统总组成	恒定不变,为 x_M	$x_M = \dfrac{n_B}{n_A + n_B} = \dfrac{x_B}{x_A + x_B}$
	液相组成 x_L	沿液相线由 $L_1 \rightarrow L_2 \rightarrow L_3$ 减小	
	气相组成 x_G	沿气相线由 $G_1 \rightarrow G_2 \rightarrow G_3$ 减小	
物质的量	系统总的物质的量	恒定不变	$n = n_L + n_G = n_A + n_B$
	液相物质的量 n_L	逐渐减少,直至全部消失	可根据杠杆规则计算 n_L 和 n_G
	气相物质的量 n_G	逐渐增多,直至全部为气相	

3. 温度 – 组成图

恒定压力下,表示二组分系统气 – 液平衡时温度 T 与组成 x_B 关系的相图,称为 **温度 – 组成图**(T–x_B 图)。

T–x_B 图可通过实验测定气 – 液平衡时的温度 T 及气相和液相的组成直接绘制。对理想液态混合物,若已知两个纯液体在不同温度下蒸气压的数据,也可通过计算获得其温度 – 组成图。

下面以甲苯(A) – 苯(B)系统为例介绍如何通过计算获得理想液态混合物气 – 液平衡 T–x_B 相图。

已知 101.325 kPa 下甲苯和苯的沸点分别为 $t_A^* = 110.63\ ℃$ 和 $t_B^* = 80.09\ ℃$。将这两个值标在 T–x_B 图上。甲苯 – 苯液态混合物的沸腾温度应介于两纯组分的沸点之间。若 101.325 kPa 下某一组成的混合物在温度 t' 下沸腾,为了求得此温度下气 – 液平衡时的气相组成 y_B' 及液相组成 x_B',可计算如下:

由拉乌尔定律

$$101.325\ \text{kPa} = p_A^*(1 - x_B') + p_B^* x_B'$$
$$= p_A^* + (p_B^* - p_A^*)x_B'$$

整理得

$$x_B' = \frac{101.325\ \text{kPa} - p_A^*}{p_B^* - p_A^*} \tag{6.3.4a}$$

又由道尔顿分压定律,有

$$y'_B = \frac{p_E}{t} = \frac{p_B^* x'_B}{101.325 \text{ kPa}} \qquad (6.3.4b)$$

可见,只要知道温度 t' 下两个纯组分的饱和蒸气压 p_A^* 和 p_B^*,则可利用式(6.3.4a)求得平衡时的液相组成 x'_B,有了 x'_B 可由式(6.3.4b)进而求得与之平衡的气相组成 y'_B,这样就获得了一组 (t', x'_B, y'_B) 数据。以此类推,可获得一系列不同温度下的气、液两相组成,然后将不同温度下的气相点和液相点标在 T-x_B 图上。连接各液相点构成液相线,连接各气相点构成气相线,从而得到甲苯(A)-苯(B)系统的计算相图 6.3.4(a)。

对比图 6.3.4(a)和实验 T-x_B 相图 6.3.4(b)可以看出,甲苯(A)、苯(B)混合物的确可被视为理想液态混合物。

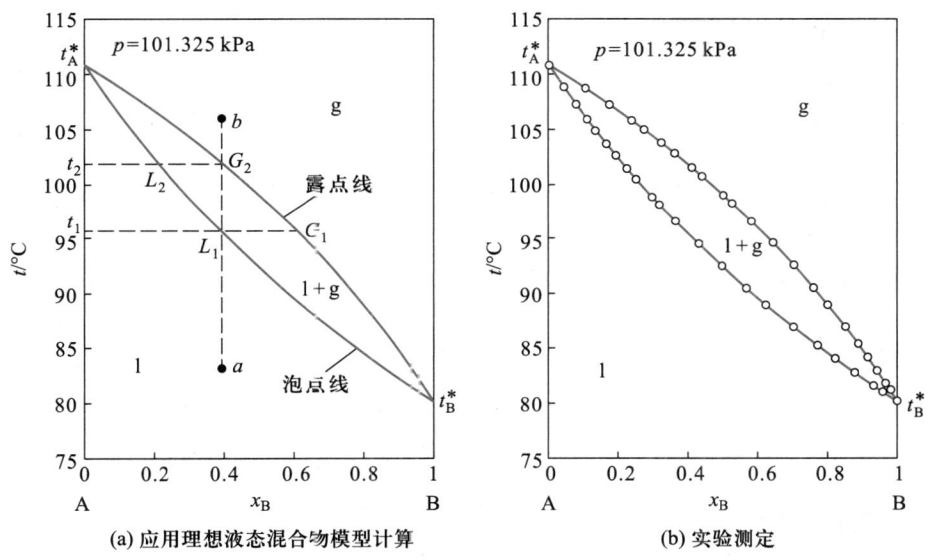

图 6.3.4　甲苯(A)-苯(B)系统的温度-组成图

在 T-x_B 图中气相线在液相线的右上方。这是因为易挥发组分(苯)在气相中的相对含量大于它在液相中的相对含量。两条线相交于 t_A^* 和 t_B^* 两点。液相线以下的区域为液相区,气相线以上的区域为气相区。液相线与气相线之间的区域为气-液平衡两相区。

若将状态为 a 的液态混合物恒压升温,达到液相线上的 L_1 点(对应的温度为 t_1)时,液相开始起泡沸腾,t_1 称为该液相的**泡点**。液相线表示了液相组成与泡点的关系,所以也叫**泡点线**。若将状态为 b 的蒸气恒压降温,到达气相线上的 G_2 点(对应的温度为 t_2)时,气相开始凝结出露珠似的液滴,t_2 称为该气相的**露点**。气相线表示了气相组成与露点的关系,所以也叫**露点线**。液相 a 加热到泡点 t_1 所产生的气泡的状态点为 G_1 点,气相 b 冷却至露点 t_2 析出的液滴的状态点为 L_2 点。

读者可自行分析,图 6.3.4(a)中状态点为 a 的系统在恒压下逐渐加热到 b 点时的状态变化。

§6.4　二组分真实液态混合物的气–液平衡相图

重点难点

气–液相图
（真实）

可以看作理想液态混合物的系统是极少的，绝大多数二组分液态完全互溶系统是非理想的，称为真实液态混合物。所谓混合物的非理想性，是指其对理想液态混合物的偏差，即其组分的蒸气压对拉乌尔定律所预示值的偏差。

若组分的蒸气压大于按拉乌尔定律计算的值，称为**正偏差**；反之，则称为**负偏差**。通常真实液态混合物中两种组分或均为正偏差，或均为负偏差。但在某些情况下也可能一个（或两个）组分在某一组成范围内为正偏差，而在另一范围内为负偏差。

下面分别介绍真实液态混合物压力–组成图（即 p–x_B 图）及温度–组成图（即 T–x_B 图）。

1. 压力–组成图

真实液态混合物的气–液行为分为两种类型：① 系统的蒸气总压 p 在混合物任意组成下介于两纯组分在相应温度下的饱和蒸气压 p_A^* 和 p_B^* 之间；② 在某一组成范围内 p 大于 A、B 中易挥发组分的饱和蒸气压，或 p 小于 A、B 中难挥发组分的饱和蒸气压，即 p 在 $0<x_B<1$ 范围内出现极大值或极小值。

第一种类型：

$$p_{难挥发}^* < p(0<x<1) < p_{易挥发}^* \begin{cases} p > p_{理想} & \text{一般正偏差} \\ p < p_{理想} & \text{一般负偏差} \end{cases}$$

式中，$p_{理想}$ 为假设混合物是理想的，按照拉乌尔定律计算得到系统的蒸气压。

图 6.4.1(a) 和图 6.4.1(b) 分别为苯（A）–丙酮（B）、1,4–二氧六环（A）–氯仿（B）系统蒸气总压，A、B 组分分压对组成的关系图，图中虚线为应用拉乌尔定律计算得到的 p、p_A 及 p_B 对组成的关系曲线，实线为实验结果。

图形显示，苯–丙酮为一般正偏差系统，而 1,4–二氧六环–氯仿则为一般负偏差系统。

第二种类型：

$$\begin{cases} p_{最大} > p_{易挥发}^* & \text{最大正偏差} \\ p_{最小} < p_{难挥发}^* & \text{最大负偏差} \end{cases}$$

蒸气总压 p 比使用拉乌尔定律计算的蒸气总压 $p_{理想}$ 大，且其最大值大于易挥发组分的饱和蒸气压，如图 6.4.2(a) 所示的甲醇（A）–氯仿（B）系统，该系统为最大正偏差系统。而丙酮（A）–氯仿（B）系统蒸气压 p 的最小值小于难挥发组分氯仿的饱和蒸气压［图 6.4.2(b)］，该系统为最大负偏差系统。

相图的形状与混合物中分子间相互作用密切相关。根据分子运动论，液体分子要具有足够的动能，使其能克服液体分子间相互吸引的势能，才会逸出液体表面而变成蒸气。这种分子占总分子数的分数决定了蒸气压的大小。在理想液态混合物模型中，任一组分在混合

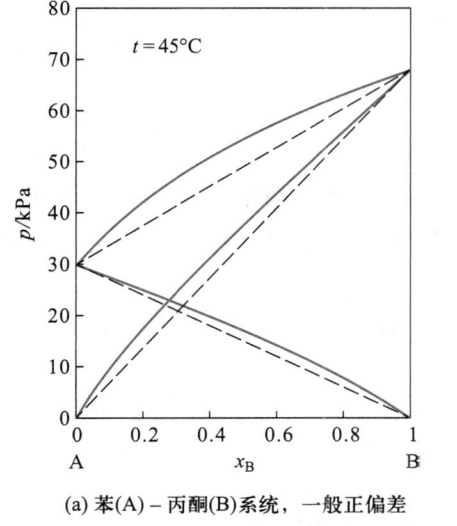

(a) 苯(A)−丙酮(B)系统，一般正偏差

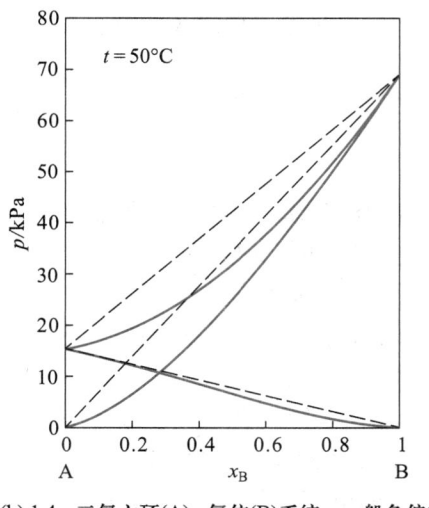

(b) 1,4−二氧六环(A)−氯仿(B)系统，一般负偏差

图 6.4.1 蒸气压与液相组成的关系

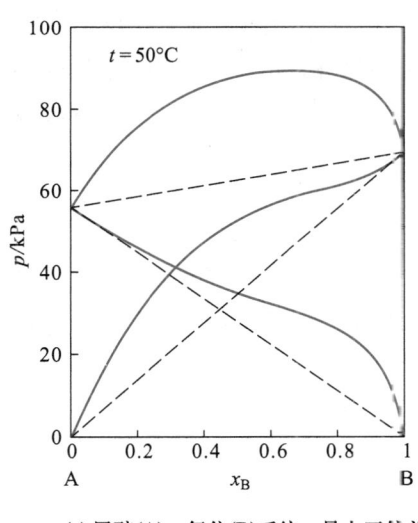

(a) 甲醇(A)−氯仿(B)系统，最大正偏差

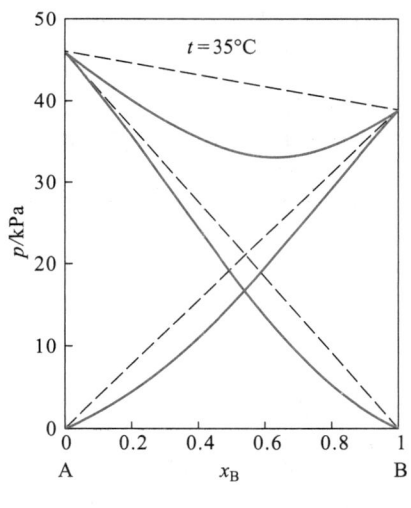

(b) 丙酮(A)−氯仿(B)系统，最大负偏差

图 6.4.2 蒸气压与液相组成的关系

物中所处的环境与其在纯组分中所处的环境相同；若两种不同组分分子间的吸引力小于各纯组分分子间的吸引力，形成液态混合物后，分子就容易逸出液面而产生正偏差；此外若纯组分有缔合作用，在形成混合物时发生解离，则因分子数增多而产生正偏差。具有正偏差系统的两纯液体在形成液态混合物时，常有吸热($\Delta_{mix}H > 0$)及体积增大($\Delta_{mix}V > 0$)的现象发生。

　　若两种不同组分分子间的吸引力大于其在各自纯组分中分子间的吸引力，形成液态混合物后，就产生负偏差；若形成混合物后，两种不同组分分子间能结合成缔合物，则因分子数减少而产生负偏差。具有负偏差的两纯液体在形成液态混合物时，常伴有放热($\Delta_{mix}H < 0$)

及体积缩小($\Delta_{mix}V<0$)的现象出现。氯仿和丙酮分子间氢键形成就是产生负偏差的例子。

前面介绍的二组分真实液态混合物的压力－组成图中只画出了液相线(蒸气总压与液相组成关系线),而完整的气－液平衡压力－组成图还应有气相线(蒸气总压与气相组成关系线),且在压力－组成图中气相线总是位于液相线的下方。

具有一般正偏差和一般负偏差系统的压力－组成图与理想系统的(图 6.3.3)相似。主要的差别是液相线不是直线,而是略向上凸或下凹的曲线。

甲醇－氯仿系统具有最大正偏差,其压力－组成图如图 6.4.3(a)所示。此类系统的气相线具有最高点,此点也就是液相线的最高点,液相线和气相线在最高点处相切。最高点将气－液平衡两相区分成左、右两部分。甲醇－氯仿系统中甲醇是不易挥发的,氯仿是易挥发的。在最高点左侧,易挥发组分在气相中的含量(指相对含量,下同)大于它在液相中的含量;在最高点右侧,易挥发组分在气相中的含量小于它在液相中的含量。

氯仿－丙酮系统具有最大负偏差,其压力－组成图如图 6.4.3(b)所示。这类系统液相线和气相线在最低点处相切。氯仿－丙酮系统中氯仿是不易挥发的,丙酮是易挥发的。在最低点右侧,两相平衡时易挥发组分在气相中的含量大于它在液相中的含量;在最低点左侧,易挥发组分在气相中的含量却小于它在液相中的含量。

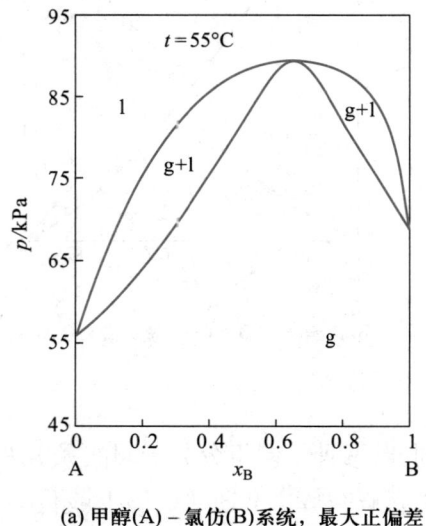

(a) 甲醇(A)－氯仿(B)系统, 最大正偏差

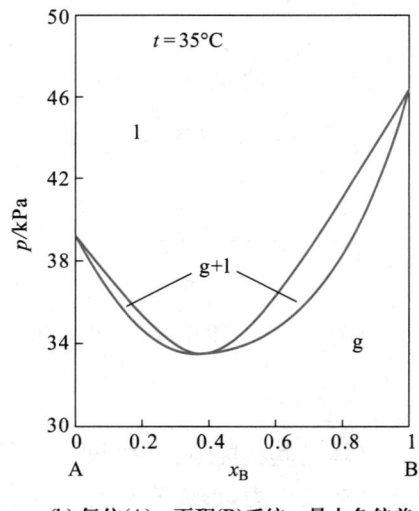

(b) 氯仿(A)－丙酮(B)系统, 最大负偏差

图 6.4.3　压力－组成图

以上两类系统的这些现象可以用**柯诺瓦洛夫－吉布斯(Konovalov－Gibbs)定律**加以说明:

(1) 假如在液态混合物中增加某组分后,蒸气总压增加(或在一定压力下液体的沸点下降),则该组分在气相中的含量大于它在平衡液相中的含量。

（2）在压力－组成图（或温度－组成图）中的最高点或最低点处，液相和气相的组成相同。

（3）对于恒压相平衡，共存气、液两相的组成以相同的方式随温度变化（增加或降低）。

这是柯诺瓦洛夫在大量实验的基础上总结出来的，并且，吉布斯也从理论上证明得出，故称柯诺瓦洛夫－吉布斯定律。

2. 温度－组成图

在恒定压力下，实验测定一系列不同组成液体的沸腾温度及平衡时气、液两相的组成，即可作出该压力下的温度－组成图。

一般正偏差和一般负偏差系统的温度－组成图与理想系统的（图 6.3.4）类似。

甲醇－氯仿系统和氯仿－丙酮系统的温度－组成图如图 6.4.4 所示。

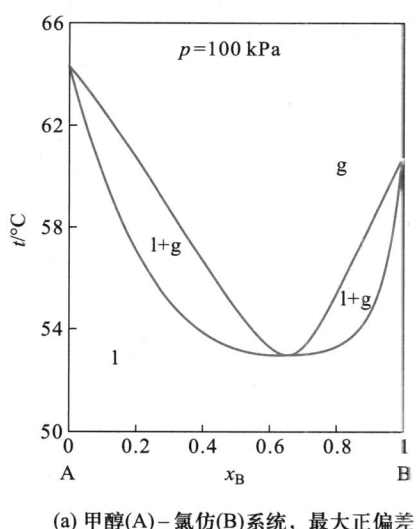
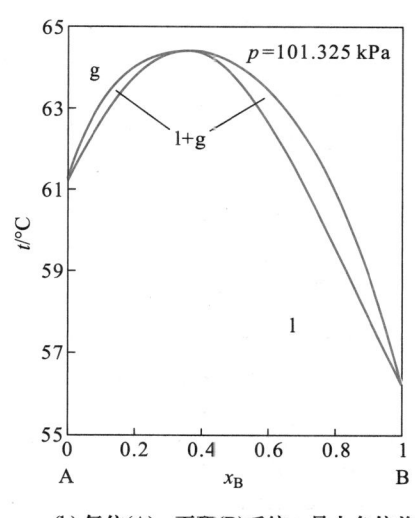

(a) 甲醇(A)－氯仿(B)系统，最大正偏差　　　　(b) 氯仿(A)－丙酮(B)系统，最大负偏差

图 6.4.4　温度－组成图

最大正偏差系统的温度－组成图上二相线出现最低点，该点处液相线和气相线相切，因而平衡共存的气、液两相的组成相同，即 $x_B = y_B$。根据相律，最高点处系统的自由度 $F = 0$，对应组成的液态混合物在固定的温度下沸腾，该温度称为**最低恒沸点**，混合物称为**恒沸混合物**。与此类似，最大负偏差系统的温度－组成图上出现最高点，该点所对应的温度称为**最高恒沸点**，具有该点组成的混合物亦称为恒沸混合物。具有最低恒沸点的系统相当常见，而最高恒沸点混合物则较为少见。

恒沸混合物的组成取决于压力，压力一定，恒沸混合物的组成一定，压力改变，恒沸混合物的组成也随之改变，甚至恒沸点可以消失。例如，水－乙醇系统在不同压力下的恒沸组成（p/kPa，乙醇的质量分数）：（12.65, 0.5%），（26.66, 2.7%），（101.31, 4.4%），（199.95, 4.87%）。这证明恒沸混合物不是一种化合物。

3. 小结

将二组分完全互溶系统的各种类型气–液平衡相图绘于图 6.4.5 以资比较。图中第 I 行为理想系统,第 II、III、IV 及 V 行分别为具有一般正偏差、一般负偏差、最大正偏差及最大负偏差的真实系统。图中左边一列为压力–组成图;中间一列为温度–组成图;右边一列为温度恒定下的气相组成–液相组成图,其纵坐标为气相组成 y_B,横坐标为液相组成 x_B,均从 0 到 1。图中左下至右上的对角线上的点表示气相和液相具有相同的组成。如果 y–x 线位

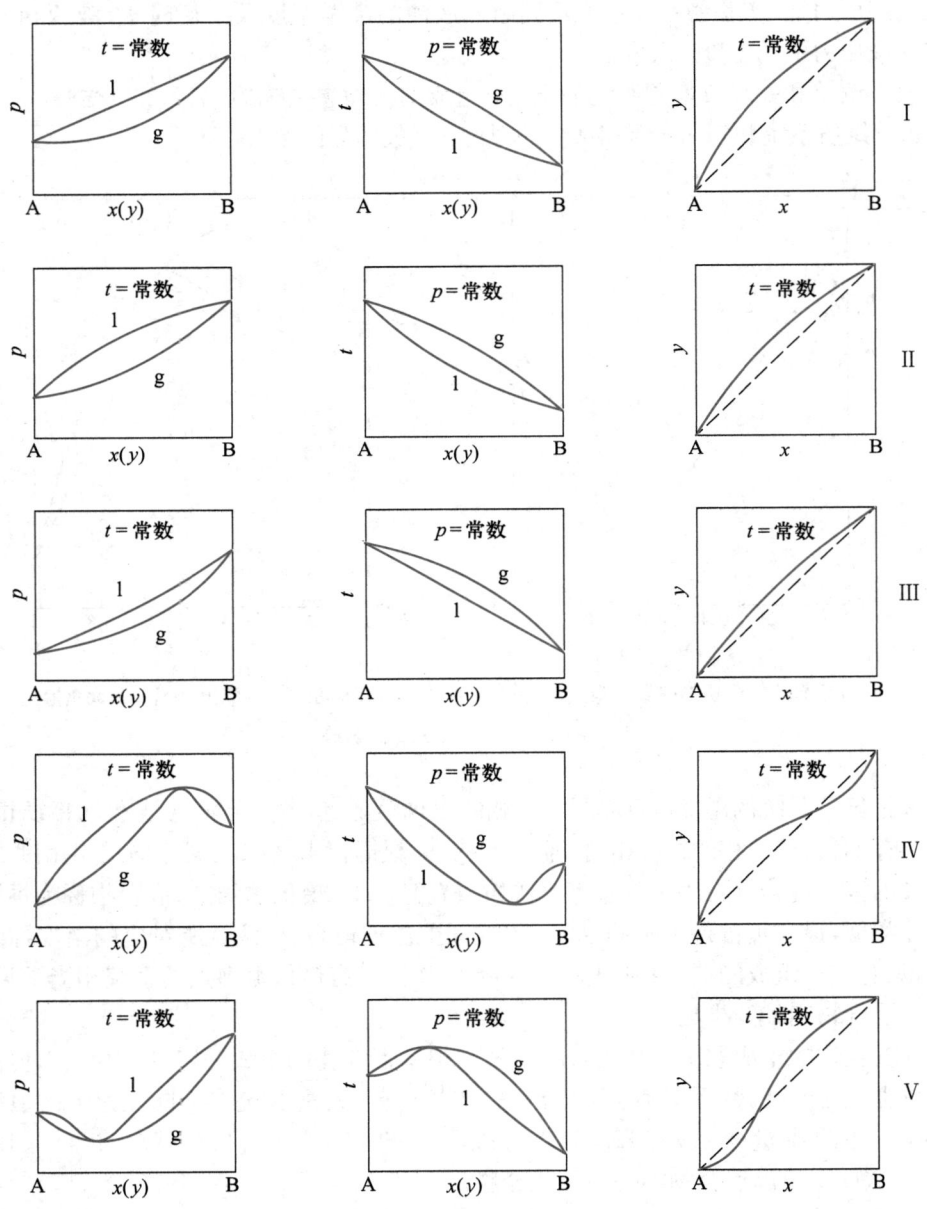

图 6.4.5　二组分液态完全互溶系统各种类型的 p–$x(y)$ 图、t–$x(y)$ 图、y–x 图

于对角线上方,表示组分 B 在气相中的含量大于它在液相中的含量,如果 y-x 线位于对角线下方,表明组分 B 在气相中的含量小于它在液相中的含量。最大正偏差和最大负偏差系统的最高点和最低点,因气相组成与液相组成相同而位于对角线上,致使这两类系统的 y-x 线一部分位于对角线上方,另一部分位于对角线下方。

*§6.5　精馏原理

　　处于相平衡的二组分或多组分系统通常其各相的组成不同,这一特征使得通过相变将各组分加以分离成为可能。下面以气-液平衡为例讨论组分分离。

　　将液态混合物同时经多次部分汽化和部分冷凝而使之分离的操作称为**精馏**。

　　精馏多在恒压下进行。设混合物 A-B 系统的泡点介于两纯组分沸点之间,其温度-组成图如图 6.5.1 所示。

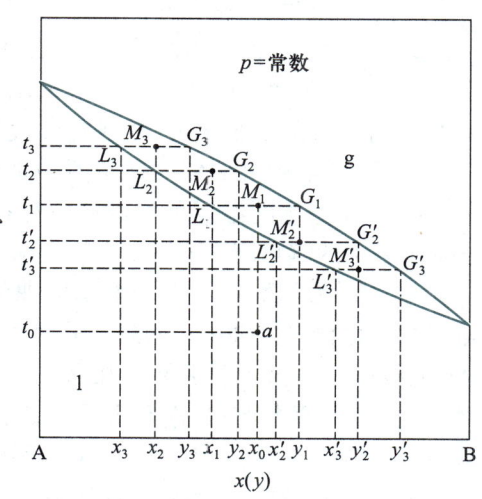

图 6.5.1　说明精馏原理的二组分系统的温度-组成图

　　设液态混合物的原始组成为 x_0,温度为 t_0,相当于图中的 a 点。在恒压下,将系统的温度升到 t_1 时,系统点为 M_1 点,混合物部分汽化,平衡时气、液两相的相点分别为 G_1 和 L_1,其组成分别为 y_1 和 x_1。分开气、液两相后,将液相 L_1 加热到 t_2 至 M_2 点,液体又部分汽化,气相点和液相点分别为 G_2 和 L_2,组成分别为 y_2 和 x_2。再使气、液两相分开,将液相 L_2 加热到 t_3 至 M_3 点,液体又部分汽化成气相 G_3 和液相 L_3,其组成分别为 y_3 和 x_3。由于 $x_3 < x_2 < x_1 < x_0$,可见液相每部分汽化一次,A 在液相中的相对含量就增大一些,这种操作多次重复下去,可得到 x_B 很小的液相,最后即可获得纯 A。

　　将 t_1 温度下分离出的气相 G_1 冷却到 t_2' 至 M_2' 点,气体部分冷凝,气相点和液相点分别为 G_2' 和 L_2',组成分别为 y_2' 和 x_2'。使气、液两相分开,将气相 G_2' 冷却到 t_3' 至 M_3' 点,气体部分冷凝,相点为 G_3' 和 L_3',其组成分别为 y_3' 和 x_3'。由于 $y_1 < y_2' < y_3'$,可见气相每部分冷凝一次,B 在气相中的相对含量就增大一些,这种操作多次重复下去,就可得到 y_B 很大的气相,最后即可获得纯 B。

　　实际上,精馏过程是在精馏塔中使部分汽化和部分冷凝同时连续进行来实现的。

　　具有最低恒沸点和最高恒沸点的二组分系统相图,可以看作以恒沸混合物为分界的左、右两个相图的组合。由于恒沸混合物沸腾时气相组成与液相组成相同,部分汽化或部分液化均不能改变混合物的组成,故在指定压力下具有恒沸点的二组分液态混合物经过精馏后只能得到一个纯组分和恒沸混合物,而不能同时得到两个纯组分。

§6.6　二组分液态部分互溶及完全不互溶系统的气－液平衡相图

1. 部分互溶液体的相互溶解度

　　两液体间相互溶解多少与它们的性质有关。当两液体性质相差较大时，它们只能相互部分溶解。如常温下，将少量苯酚加到水中，苯酚可完全溶解。继续加入苯酚，可以得到苯酚在水中的饱和溶液。此后，如果再加入苯酚，系统就会出现两个液层：一层是苯酚在水中的饱和溶液（简称水层），另一层是水在苯酚中的饱和溶液（简称苯酚层）。这两个平衡共存的液层，称为**共轭溶液**。

　　根据相律，在恒定压力下，液－液平衡时，自由度 $F = 2 - 2 + 1 = 1$。可见两个饱和溶液的组成均只是温度的函数。将测得的实验数据绘制在温度－组成图上，即得到两条溶解度曲线。如果所施加外压足够大[①]，使得在所讨论的温度范围内并不存在气相，则水－苯酚系统的溶解度图如图 6.6.1 所示。

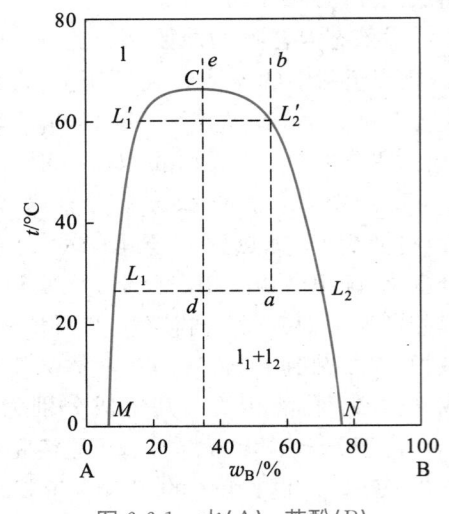

图 6.6.1　水（A）－苯酚（B）
系统的溶解度图

　　图中 MC 为苯酚在水中的溶解度曲线，NC 为水在苯酚中的溶解度曲线。溶解度曲线以外为单液相区，曲线以内为液－液平衡两相区。当系统点为图中的 a 点时，两个液相（饱和水层和饱和苯酚层）平衡共存，其组成分别为 L_1 和 L_2 两个相点对应的组成，而两相的相对量可根据杠杆规则计算。

　　当系统点经由 a 点到 b 点的过程中，温度升高，两液体的相互溶解度增加，共轭溶液的两个相点分别沿各自的溶解度曲线改变，同时，两个液层的相对量也在改变。苯酚层的量逐渐增多，水层的量逐渐减少。系统点为 L_2' 点时水层消失，最后消失的水层其组成如 L_1' 点所示。温度再升高，直至 b 点系统为均匀的单一液相。

　　当系统点为 d 点时，共轭溶液的两个相点为 L_1 点和 L_2 点。在加热过程中，共轭溶液的组成逐渐接近。到 C 点时，两相的组成完全相同，因此两液层间的界面消失而成为均匀的单一液相。C 点是溶解度曲线 MCN 的极大点，称为**高临界会溶点**或**高会溶点**。相应的温度 t_C 称为**高临界会溶温度**或**高会溶温度**。当温度高于 t_C 时，苯酚和水可以按任意比例完全互溶，成单一液相。

　　当系统点在两相区内 de 线右侧（如 a 点）时，加热过程中，水层先消失；在 de 线左侧

---

① 压力对两种液体的相互溶解度影响不大，通常不予考虑。

时,加热过程中,苯酚层先消失。

具有高会溶点的系统除水−苯酚外,常见的还有水−苯胺、正己烷−硝基苯、水−正丁醇等系统。

有时温度增加反而使两液体相互溶解度降低。例如,水−三乙基胺系统[图 6.6.2(a)],在 18.6 ℃以下能以任意比例完全互溶,但在 18.6 ℃以上却只能部分互溶,成为两个共轭溶液。18.6 ℃是这两个液体的会溶温度,这样的系统具有**低临界会溶点**或**低会溶点**。有时两液体具有两个会溶温度,如水−烟碱系统[图 6.6.2(b)],在 61 ℃以下完全互溶,在 210 ℃以上也完全互溶,但在这两个温度之间却部分互溶。这样的系统具有封闭式的溶解度曲线,有两个会溶点:高会溶点和低会溶点。

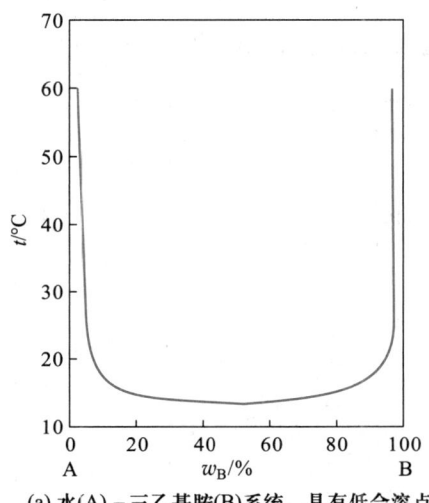

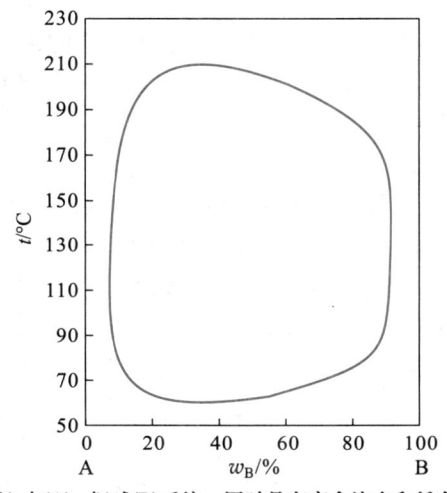

(a) 水(A)−三乙基胺(B)系统,具有低会溶点　　(b) 水(A)−烟碱(B)系统,同时具有高会溶点和低会溶点

图 6.6.2　液−液平衡系统相互溶解度图

最不寻常的是苯−硫系统,如图 6.6.3 所示,其低会溶点位于高会溶点的上方:在 163 ℃以下部分互溶,在 230 ℃以上也部分互溶,但在这两个温度之间却完全互溶。

2. 共轭溶液的饱和蒸气压

在某恒定温度下,将适量的共轭溶液置于一真空容器中,溶液蒸发的结果使得系统内呈气−液−液三相平衡。根据相律,二组分系统三相平衡时自由度 $F=C-P+2=2-3+2=1$,表明系统的温度一定时,两液相组成、气相组成和系统的压力均为定值。系统的压力,既为这一液层的饱和蒸气压,又为另一液层的饱和蒸气压。换言之,气相既与这一液相呈平衡,又与另一液相呈平衡,因为这两个液层也

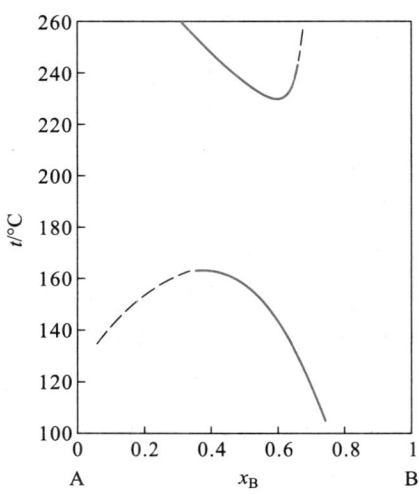

图 6.6.3　苯(A)−硫(B)系统相互溶解度图,低会溶点位于高会溶点上方

是呈平衡的。

　　按气、液、液三相组成的关系,可将部分互溶系统分为两类:一类是气相组成介于两液相组成之间;另一类是一个液相组成介于气相组成和另一个液相组成之间。

　　如果在共轭溶液的饱和蒸气压下,对气－液－液三相平衡系统加热,则将有液体蒸发。由于压力恒定时 $F = 2 - 3 + 1 = 0$,可见这时系统的温度及三个相的组成均不改变。因此,由杠杆规则可知,蒸发过程对前一类系统是两共轭溶液按一定比例转化为气相;对后一类系统是组成居中间的液相按一定比例一部分蒸发为气相而其余部分则转化为另一液相。这一区别导致存在着两类不同的温度－组成图。

3. 部分互溶系统的温度－组成图

　　(1) 气相组成介于两液相组成之间的系统　　在适当压力下水－正丁醇系统的相互溶解度曲线具有高会溶点。在 101.325 kPa 下将共轭溶液加热到 92 ℃时,溶液的饱和蒸气压即等于外压,于是出现气相,此气相组成介于两液相组成之间,系统的温度－组成图如图 6.6.4 所示。

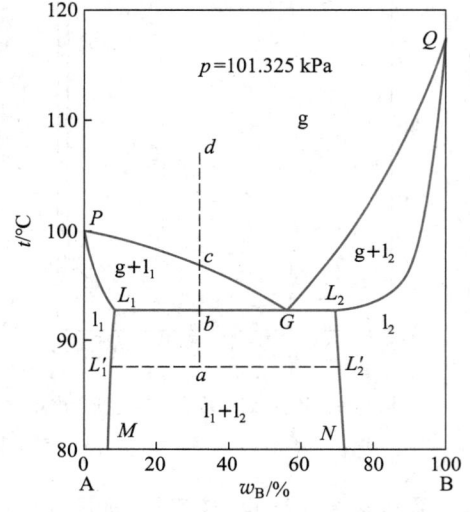

图 6.6.4　水(A)－正丁醇(B)
系统的温度－组成图

　　图中 P、Q 两点分别为水和正丁醇的沸点,L_1、L_2 和 G 点分别为三相平衡时正丁醇在水中的饱和溶液、水在正丁醇中的饱和溶液和饱和蒸气三个相点。L_1M 线和 L_2N 线为两液体的相互溶解度曲线。PL_1 线和 QL_2 线均是气－液平衡的液相线。PL_1 线表示正丁醇溶于水所形成溶液的沸点与其组成的关系,PG 线为与 PL_1 线相对应的气相线;QL_2 线表示水溶于正丁醇所形成溶液的沸点与其组成的关系,QG 线为与 QL_2 线相对应的气相线。

　　PGQ 以上为气相区,PL_1M 左侧为正丁醇在水中的溶液(l_1)单相区,QL_2N 右侧为水在正丁醇中的溶液(l_2)单相区,PL_1GP 内为气－液(l_1)两相区,QL_2GQ 内为气－液(l_2)两相区,ML_1L_2N 以下为液(l_1)－液(l_2)两相区。以上各相区已在图 6.6.4 中标出。

　　下面根据相图讨论系统的总组成在 L_1 点与 L_2 点所对应的组成之间、温度低于该两点所对应温度的样品在加热过程中的相变化。a 点表示两个共轭溶液 L_1' 和 L_2' 平衡共存。将样品加热,系统点由 a 移向 b 时,两个共轭溶液的相点由 L_1' 点、L_2' 点分别沿 ML_1 线、NL_2 线移向 L_1 点、L_2 点。系统到达 b 点所对应的温度时,两个液相(相点分别是 L_1 及 L_2)同时沸腾,产生与之呈平衡的气相(相点为 G),即发生

$$l_1 + l_2 \underset{\text{冷却}}{\overset{\text{加热}}{\rightleftharpoons}} g$$

的相变化而形成三相共存,该温度称为**共沸温度**。根据相律,此时 $F = 2 - 3 + 1 = 0$,即恒

定压力下共沸温度及三个平衡相的组成均不能变动,故在图上是三个确定的点 L_1、G 及 L_2。连接这三个相点的直线平行于表示组成的轴,称为**三相平衡线**(简称**三相线**),系统点位于三相线上时,即出现三相平衡共存[①]。加热时只要三相平衡共存,温度及三个相的组成都不会改变,但三个相的量却在改变:状态 L_1 和 L_2 的两个液相的量按线段长度 GL_2 与 L_1G 的比例蒸发成状态 G 的气相。因系统点 b 位于 G 点左侧 L_1G 线段上,故蒸发的结果是组成为 L_2 的液相先消失而使系统成为组成为 L_1 的液相及气相 G。液相 L_2 的消失使系统成为两相共存,故再加热时,系统的温度升高而进入气-液(l_1)两相区。系统点在 b 与 c 之间时,皆为气、液两相共存。至 c 点液相全部蒸发为气相。c 点至 d 点为单一气相的升温过程。

若系统的总组成在 G 点与 L_2 点所对立的组成之间,在加热至共沸温度时,因系统点位于 GL_2 线段上,故蒸发的结果是组成为 L_1 的液相先消失,进入气-液(l_2)两相区,最后进入气相区。

若系统的总组成恰好为 G 点所对应的组成,在加热过程中,刚到达共沸温度尚未产生气相时,系统内两共轭液相 L_1 的量与 L_2 的量之比等于线段长度 GL_2 与 L_1G 之比,共沸时,两液相也正是按这一比例转变为气相 G,因此,当系统点离开三相线,两液相同时消失而成为单一的气相。

若压力增大,两液体的沸点及共沸温度均升高,相当于图 6.6.4 的上半部向上适当移动。若压力足够大,则不论系统的组成如何,其泡点均高于会溶温度,这时系统相图的下半部分为液体的相互溶解度图,上半部分为具有最低恒沸点的气-液平衡相图,相当于两个图的简单组合,如图 6.6.5 所示。由于压力对液-液平衡的影响很小,故在压力改变时,液体的相互溶解度曲线改变不大。

(2)气相组成位于两液相组成同侧的系统　部分互溶系统的另一类温度-组成图是气-液-液三相平衡时气相点位于三相平衡线的一端,如图 6.6.6 所示。

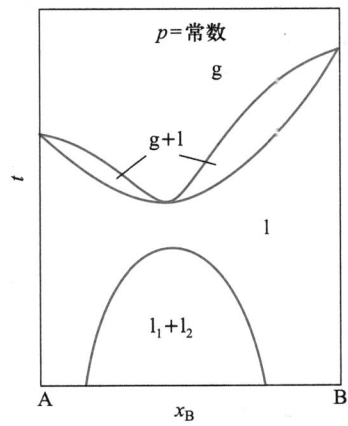

图 6.6.5　水(A)-正丁醇(B)类型系统的泡点高于会溶温度时的温度-组成图(高压)

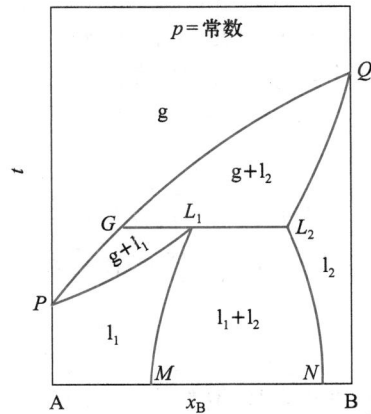

图 6.6.6　另一类部分互溶系统的温度-组成图

---

① 通常将 L_1GL_2 线称为三相线,表明三相平衡时三个相的状态点分别为 L_1、G 及 L_2。但只有系统点位于 L_1 和 L_2 之间时系统内才呈三相平衡。若系统点正好位于 L_1 点(或 L_2 点),系统内只存在着单一的 l_1 相(或单一的 l_2 相),并不存在着 l_2 相和 g 相(或 l_1 相和 g 相)。

六个相区的相平衡关系已于图中注明,七条线所代表的物理意义与水-正丁醇系统的类似,所不同的是在三相平衡共存下加热时,是状态为 L_1 的液相按线段 L_1L_2 和线段 GL_1 的比例转变为状态为 G 的气相和状态为 L_2 的另一液相,即发生

$$l_1 \underset{冷却}{\overset{加热}{\rightleftharpoons}} g + l_2$$

的相变化。

4. 完全不互溶系统的温度-组成图

当两种液体的性质相差极大时,它们之间的相互溶解度非常之小,甚至测量不出,这两种液体被认为完全不互溶。水和多数有机液体形成的系统就属于这一类。

在一定温度下纯液体 A、B 各有自己确定的饱和蒸气压 p_A^*、p_B^*,两不互溶液体共存时系统的蒸气压应为这两种纯液体饱和蒸气压之和,即 $p = p_A^* + p_B^*$。若某一温度下 p 等于外压,两液体同时沸腾,这一温度则被称为**共沸点**。可见,在同样外压下,两液体的共沸点低于两纯液体各自的沸点。例如,在 101.325 kPa 外压下,水的沸点为 100 ℃,氯苯的沸点为 130 ℃,水和氯苯的共沸点则为 91 ℃。

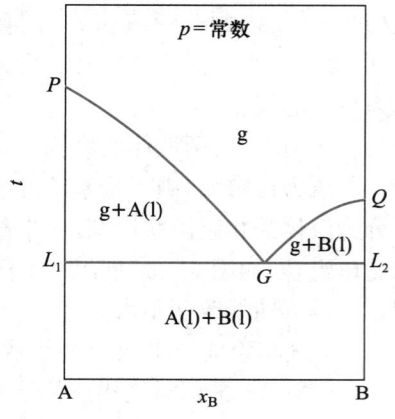

完全不互溶系统的温度-组成图如图 6.6.7 所示。四个区域的相平衡关系已于图中注明。由相律可知,在恒定压力下,液体 A、液体 B 及气相呈三相平衡时,$F = 2 - 3 + 1 = 0$,可知共沸点为定值。不论系统总组成如何,只要这三相共存,平衡时的温度及气相的组成不变,由分压定律可知气相组成为

图 6.6.7 完全不互溶系统的温度-组成图

$$y_B = \frac{p_B^*}{p} = \frac{p_B^*}{p_A^* + p_B^*}$$

L_1L_2 线为三相线,L_1 点、L_2 点为平衡时两液相点,G 点为气相点。

在共沸点,两液相受热转变为气相时,

$$A(l) + B(l) \underset{冷却}{\overset{加热}{\rightleftharpoons}} g$$

液体 A 和液体 B 的物质的量是按线段 GL_2 和线段 L_1G 之比转变的。如果系统中两液体的量正好是这一比例(相当于图 6.6.7 中 G 点所对应的组成),系统受热离开三相线时是两液相同时消失而进入气相区。如果系统中两液体的量大于这一比例(系统组成相当于图中 G 点所对应组成的左侧),在系统受热离开三相线时,由于液体 A 的量较多、液体 B 的量较少,故液体 B 先行消失而呈液体 A 与气相两相平衡,因 $F = 2 - 2 + 1 = 1$,故两相平衡温度可以改变,气相组成是温度的函数。在 g + A(l) 两相区内,气相中 A 的蒸气是饱和的,B 的蒸气是不饱和的。

将图 6.6.4 和图 6.6.7 对比来看,对两者的理解均是有帮助的。当部分互溶液体的相互溶解度减小时,图 6.6.4 中的 L_1M 线向左靠、L_2N 线向右靠,同时 PL_1 线、QL_2 线也分别向左、右靠。当两液体完全不互溶时,图 6.6.4 即成为图 6.6.7。

利用共沸点低于每一种纯液体沸点这一原理,可以把不溶于水的高沸点的液体和水一起蒸馏,使两液体在略低于水的沸点下共沸,以保证高沸点液体不致因温度过高而分解,达到提纯的目的。馏出物经冷却成为该液体和水,由于两者不互溶,所以很容易分开。这种方法称为水蒸气蒸馏。

§6.7　二组分固态不互溶系统液–固平衡相图

重点难点

二组分液–
固相图

如前所述,压力对仅由液相和固相构成的凝聚系统的相平衡关系影响很小,通常不予考虑,因此,在常压下测定的凝聚系统的温度–组成图均不注明压力。讨论这类相图时使用的相律形式为 $F = C - P + 1$。

和二组分气–液相图相比,二组分凝聚系统相图,除了几种最简单的类型以外,一般均较复杂,有的甚至非常复杂。这是因为两组分不仅液态时可能部分互溶,由于存在同质多晶的现象,固态时更可能有晶形转变,而且它们之间还可以生成一种或多种化合物。

本章中只介绍几种最典型的二组分凝聚系统相图。即液态完全互溶、固态完全不互溶、固态完全互溶或部分互溶系统相图,以及生成化合物系统相图。习题中给出一些稍复杂的相图。掌握了这些相图,原则上即可看懂一般的相图。至于更复杂的相图可参考有关相图的专著。

本节只介绍液态完全互溶、固态完全不互溶系统的相图,以及绘制凝聚系统相图的方法——热分析法和溶解度法。

1. 相图的分析

液态完全互溶而固态完全不互溶的二组分液–固平衡相图是二组分凝聚系统相图中最简单的。这类相图如图 6.7.1 所示。

图中 P 点为组分 A 的凝固点,Q 点为组分 B 的凝固点。PL 线表示析出固体 A 的温度(凝固点)与液相组成的关系,由于 B 的加入使 A 的凝固点降低,且凝固点是液相组成的函数,故称 PL 线为 A 的凝固点降低曲线。又因为 PL 线同时表示固体 A 与液相两相平衡时系统的温度与液相组成的关系,所以也可以将 PL 线理解为固体 A 的溶解度曲线。同理,QL 线为 B 的凝固点降低曲线,或固体 B 的溶解度曲线。PL 线和 QL 线以上的区域是单一液相区,自由度 $F = 2$。

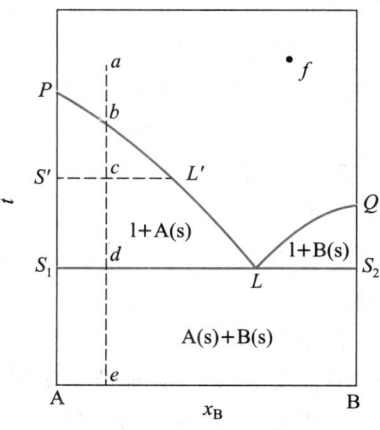

图 6.7.1　固态完全不互溶系统相图

L 点是 PL 线和 QL 线的交点,故状态为 L 的液相对固体 A 和固体 B 均达到饱和,因此该液相在冷却时即按一定比例同时析出状态为 S_1 的固体 A 和状态为 S_2 的固体 B:

$$1 \underset{\text{加热}}{\overset{\text{冷却}}{\rightleftharpoons}} A(s) + B(s)$$

此时三相共存,线段 S_1LS_2 称为三相线。根据相律 $F = 2 - 3 + 1 = 0$,系统为无变量系统,温度和液相的组成都保持不变,只有冷却到液相 L 完全凝固后,温度才会下降。固体 A 和固体 B 按 L 点组成机械混合而成的混合物在加热到 L 点对应的温度时开始熔化。因此,该温度是液相能够存在的最低温度,亦是固相 A 和固相 B 能够同时熔化的最低温度。此温度称为**低共熔点**,该两相固体混合物称为**低共熔混合物**。

PL 线和 S_1L 线之间的区域是固体 A 和液相的平衡两相区,QL 线和 LS_2 线之间的区域是固体 B 和液相的平衡两相区,S_1LS_2 线以下的区域是固体 A 和固体 B 的平衡两相区。根据相律,在这三个两相区内 $F = 2 - 2 + 1 = 1$,可选温度作为独立变量。

假设系统的总组成不变,考察系统点为 a 的液相不断冷却时系统的状态变化。冷却过程系统点沿垂直线 ae 移动。在 ab 段是液相降温过程。到达 b 点,纯固体 A 开始由液相中析出。在 bd 段,是温度不断降低、固体 A 不断析出的过程。由于固体 A 的析出,与之呈平衡的液相中 A 的含量逐渐减少,液相中 B 的相对含量不断增高,因而液相点相应地沿 bL 改变。在此过程中固体 A 的量逐渐增多,液相量逐渐减少,两相的量可以用杠杆规则计算。例如,系统点为 c 时,固相点为 S',液相点为 L',固相 S' 的量与液相 L' 的量之比为线段 cL' 与线段 $S'c$ 之比。刚刚冷却到低共熔点时,系统点为 d,此时液相点刚好到达 L 点。继续冷却,液相 L 不断凝固成低共熔混合物,即固体 A 和固体 B 同时析出,系统内三相共存,温度保持不变,系统点仍为 d 点。冷却到液相 L 刚好消失时,系统点仍为 d 点,两个固相点分别为 S_1 及 S_2。再继续冷却,系统点离开 d 点,de 段是固体 A 和固体 B 的混合物的降温过程。此固体混合物由原先(即在 bd 段)析出的固体 A 与低共熔混合物所构成,低共熔混合物中的固体 A 与原析出的固体 A 是一个相,低共熔混合物中的固体 B 是另一个相。

应当指出,固态低共熔混合物虽由 A 和 B 两种固体构成,但因它是由液态低共熔混合物 L 同时析出的两种晶体,与之前析出的固体 A 相比,十分细小,在普通显微镜下,其晶相显得十分均匀,因而固态低共熔混合物加热到低共熔点时,其中的 A 和 B 两种小晶体才能够同时熔化。按杠杆规则,如图 6.7.1 所示,系统点冷却至 d 点,液相消失后,所有固态混合物中,低共熔混合物与此前析出的固体 A 的量之比等于线段 S_1d 与 dL 之比。这一比值也就是在 d 点时未凝固的液态低共熔混合物 L 与固体 A 的量之比。

系统点为 f 的液相,在总组成不变的情况下冷却时的相变化,和上述情况类似,读者可自行分析。

系统的低共熔性质常常被加以利用。如在冶金工业中,一些常见的氧化物熔点远高于炼钢温度(如纯 CaO 熔点为 2 570 ℃),但当加入助熔剂 CaF_2(萤石)后,由于两者能形成低共熔混合物,而低共熔温度(低于 1 400 ℃)远低于各纯组分的熔点,因而可使高熔点氧化物在炼钢温度下熔化,且能改善炉渣流动性能。另外,用作焊接材料、保险丝等的易熔合金等,也都是利用了合金的低共熔性质。

固态完全不互溶的系统有金-硅,锗-锑,水-氯化铵,水-硫酸铵等。

凝聚系统相图是由实验数据绘制的,根据实验方法的不同有热分析法和溶解度法等。

2. 热分析法

热分析法是绘制相图常用的基本方法。其原理是根据系统在冷却过程中,温度随时间的变化情况来判断系统中是否发生了相变化。通常的做法是先将样品加热成液态,然后令其缓慢而均匀地冷却,记录冷却过程中系统在不同时刻的温度数据,再以温度为纵坐标,时间为横坐标,绘制成温度-时间曲线,即**冷却曲线**(或称为**步冷曲线**)。由若干条组成不同的系统的冷却曲线就可以绘制出相图。

重点难点

热分析法
绘制相图

以 Au-Si 系统为例,根据实验数据绘出的冷却曲线如图 6.7.2(a)所示。

图 6.7.2(a)中的 a 线是纯 Au$[x(\text{Si}) = 0]$的冷却曲线。aa_1 段相当于液体 Au 的冷却,温度均匀下降。冷却到 Au 的凝固点(熔点)1 064.2 ℃时,有固体 Au 开始从液相中析出,这时相当于 a_1 点。因冷却速率缓慢,故可认为系统中液-固两相平衡。根据相律 $F = 1 - 2 + 1 = 0$,故在液体凝固的过程中,温度保持不变,因而冷却曲线在 1 064.2 ℃时出现水平段 a_1a_1'。从热平衡角度看,这是因为冷却散热等于液体凝固时所放出的热,故系统的温度保持不变。到达 a_1' 点,液体 Au 消失,系统成为单一固相,此后随着冷却,温度不断下降。

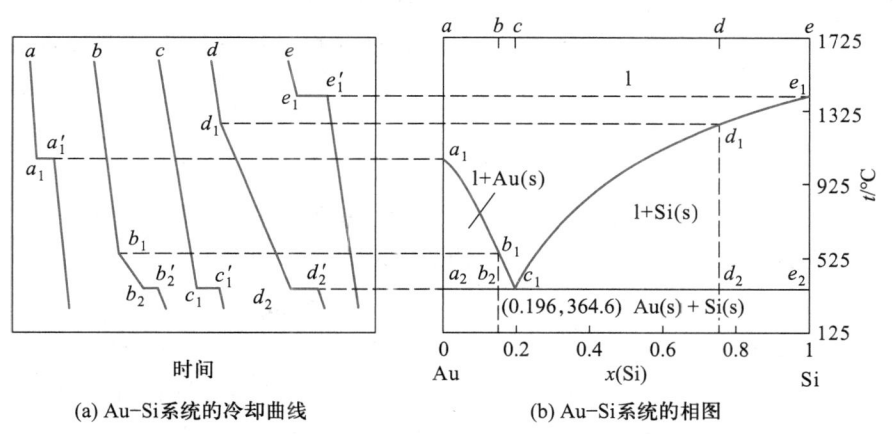

(a) Au-Si系统的冷却曲线　　　　(b) Au-Si系统的相图

图 6.7.2　Au-Si 系统的冷却曲线和相图

e 线是纯 Si$[x(\text{Si}) = 1]$的冷却曲线,其形状与 a 线相似,水平段 e_1e_1' 所对应的温度 1 414.1 ℃是 Si 的凝固点(熔点)。

b 线是 $x(\text{Si}) = 0.15$ 的 Au-Si 混合物的冷却曲线。液相混合物冷却时温度均匀下降,相当于 bb_1 段。到达 b_1 点时,固体纯 Au 开始从液相中析出。根据相律,两相共存时,$F = 2 - 2 + 1 = 1$,说明随着固体 Au 的析出,温度仍不断下降,同时与固体 Au 呈平衡的液相的组成也随温度而变。但由于固体 Au 的析出,放出了凝固热,使降温速率变慢,因而冷却曲线的斜率变小,于是在 b_1 点出现转折。继续冷却,固体 Au 不断析出,与之平衡的液相中 Si 的含量不断增加,温度不断下降。到达 b_2 点时,液相不仅对固体 Au 达到饱和,而且对固体 Si 也达到饱和,故在冷却时固相 Si 也同时析出,使系统成三相平衡。根据相律,$F = 2 -$

$3+1=0$，说明此后在冷却时，只要有液相存在，温度不再改变，出现水平线段 b_2b_2'，同时液相组成也不变。只有当液相全部凝固而消失后，$F=2-2+1=1$，温度才又继续下降，这相当于 b_2' 点，b_2' 点以后是固体 Au 和固体 Si 的降温过程。b_2b_2' 段析出的固体 Au 和固体 Si 的混合物 $[x(\text{Si})=0.196]$ 是低共熔混合物，此时的温度 364.6 ℃ 即低共熔温度。

　　d 线是 $x(\text{Si})=0.75$ 的 Au-Si 混合物的冷却曲线。与 b 线类似，d 线上有一个转折点 d_1 和一个水平线段 d_2d_2'，d_1 点开始析出固体 Si，d_2 点开始析出低共熔混合物，d_2' 点液相消失。d_2d_2' 段所对应的温度是低共熔温度。

　　c 线是 $x(\text{Si})=0.196$ 的 Au-Si 混合物的冷却曲线，cc_1 段相当于液相混合物的冷却。由于这一混合物的组成正好是低共熔混合物的组成，所以液相开始凝固时即同时析出固体 Si 和固体 Au。这时相当于曲线上的 c_1 点。只要液相没有完全凝固，在三相平衡共存时 $F=0$，温度不降低，而出现 c_1c_1' 水平线段。到 c_1' 点液相消失，以后系统的温度又可以改变，这就是固体 Au 和固体 Si 的低共熔混合物的降温。这条冷却曲线的形状和纯物质的相似，没有转折点，只有水平段。

例题解析

液–固相图
分析 1

　　将上述五条冷却曲线中转折点、水平段的温度及相应的系统组成描绘在温度–组成图上，得出图 6.7.2(b) 中所示的 a_1、b_1、b_2、c_1、d_1、d_2 及 e_1 点。连接 a、b_1、c_1 三点所构成的 a_1c_1 线是 Au 的凝固点降低曲线；连接 e_1、d_1、c_1 三点所构成的 e_1c_1 线是 Si 的凝固点降低曲线；通过 b_2、c_1、d_2 三点的 a_2e_2 水平线是三相平衡线。图中注明各相区的稳定相，于是绘得 Au-Si 系统的相图。

3. 溶解度法

　　在温度不很高时常采用溶解度法绘制相图。水–盐类系统的相图常采用这种方法。以不生成水合物的 $H_2O\text{-}(NH_4)_2SO_4$ 系统为例加以说明。

　　若冷却一个 $(NH_4)_2SO_4$ 质量分数小于 39.75% 的水溶液，则将在低于 0 ℃ 的某温度下开始有冰析出。溶液中盐的浓度较大时，开始析出冰的温度就较低。$(NH_4)_2SO_4$ 质量分数大于 39.75% 的水溶液，在冷却到 $(NH_4)_2SO_4$ 达到饱和的温度时，将有固体 $(NH_4)_2SO_4$ 析出，这是因为 $(NH_4)_2SO_4$ 在水中的溶解度随温度的降低而减小。溶液中盐的浓度越大，开始析出固体 $(NH_4)_2SO_4$ 的温度也越高。溶液中 $(NH_4)_2SO_4$ 的质量分数若等于 39.75%，在冷却到 -18.50 ℃ 时，冰和固体 $(NH_4)_2SO_4$ 同时析出。-18.50 ℃ 是 $H_2O\text{-}(NH_4)_2SO_4$ 系统中液相能够存在的最低温度。

　　理论上，测出不同温度下与固相呈平衡的溶液的组成，即可绘出相图。$H_2O\text{-}(NH_4)_2SO_4$ 系统的有关数据见表 6.7.1。

表 6.7.1　不同温度下 $H_2O\text{-}(NH_4)_2SO_4$ 系统的液–固平衡数据

$t/$℃	平衡时液相组成 $w[(NH_4)_2SO_4]/\%$	平衡时的固相
-1.99	6.52	冰
-5.28	17.10	冰

续表

$t/℃$	平衡时液相组成 $w[(NH_4)_2SO_4]/\%$	平衡时的固相
−10.15	28.97	冰
−13.99	34.47	冰
−18.50	39.75	冰＋$(NH_4)_2SO_4$
0	41.22	$(NH_4)_2SO_4$
10	42.11	$(NH_4)_2SO_4$
20	43.00	$(NH_4)_2SO_4$
30	43.87	$(NH_4)_2SO_4$
40	44.80	$(NH_4)_2SO_4$
50	45.75	$(NH_4)_2SO_4$
60	46.64	$(NH_4)_2SO_4$
70	47.54	$(NH_4)_2SO_4$
80	48.47	$(NH_4)_2SO_4$
90	49.44	$(NH_4)_2SO_4$
100	50.42	$(NH_4)_2SO_4$
108.5	51.53	$(NH_4)_2SO_4$

根据表 6.7.1 中的数据绘出 H_2O-$(NH_4)_2SO_4$ 系统的相图如图 6.7.3 所示。图中 P 点是水的凝固点，PL 线是水的凝固点降低曲线。LQ 线是 $(NH_4)_2SO_4$ 的溶解度曲线，Q 点是在压力 101.325 kPa 下 $(NH_4)_2SO_4$ 饱和容液能够存在的最高温度，如温度再高，液相就要消失而成为水蒸气和固体 $(NH_4)_2SO_4$，但如增大外压，LQ 线还可向上延长。状态点为 L 的溶液在冷却时析出的低共熔混合物冰和固体 $(NH_4)_2SO_4$ 又称为**低熔冰盐合晶**，L 点所对应的温度即低共熔点，通过 L 点的 S_1S_2 水平线是三相线。各个相区的稳定相已于图中注明。

水-盐系统相图可应用于结晶法分离盐类。例如，由图 6.7.3 可知，欲自质量分数为 30% 的 $(NH_4)_2SO_4$ 水溶液中获得纯 $(NH_4)_2SO_4$ 晶体，单凭冷却是不可能的，因为冷却过程中将首先析出冰，冷却到 −18.50 ℃时，固体盐与冰同时析出。故应先将溶液蒸发浓缩，使溶液中 $(NH_4)_2SO_4$ 的质量分数大于 39.75%（图中

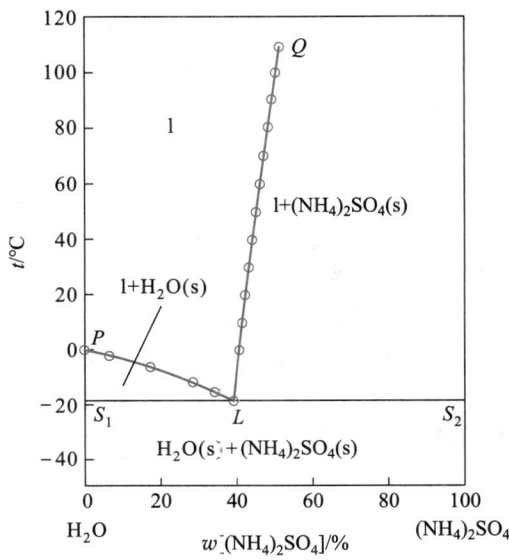

图 6.7.3 H_2O-$(NH_4)_2SO_4$ 系统相图

L 点所对应的组成)再将浓缩后的溶液冷却,并控制温度使其略高于$-18.50\ ℃$,则可获得纯$(NH_4)_2SO_4$ 晶体。

§6.8 生成化合物的二组分凝聚系统相图

若两种物质之间能发生化学反应而生成化合物(第三种物质),根据组分数的概念 $C = S - R - R' = 3 - 1 = 2$,其仍为二组分系统。当系统中这两种物质的数量之比正好使之全部形成化合物,则除了有一化学反应外,还有一浓度限制条件,于是 $C = S - R - R' = 3 - 1 - 1 = 1$,而成为单组分系统。

下面根据所生成化合物的稳定性,分两类情况加以讨论。

1. 生成稳定化合物系统

将熔化后液相组成与固相组成相同的固体化合物称为稳定化合物,其熔点称为**相合熔点**。生成稳定化合物系统中最简单的是两物质 A 和 B 只能生成一种化合物,且这种化合物与两物质 A 和 B 在固态时完全不互溶。

以苯酚(A)-苯胺(B)系统为例。苯酚的熔点为 40.89 ℃,苯胺的熔点为$-6.0\ ℃$,两者生成分子比为 1∶1 的化合物 $C_6H_5OH \cdot C_6H_5NH_2$(C),其熔点为 31 ℃。此系统的液-固平衡相图如图 6.8.1 所示。

此相图可以看成由两个相图组合而成,一个是 A-C 系统相图,另一个是 C-B 系统相图。两个相图均是具有低共熔点的固态不互溶系统相图。

值得注意的是,虽然 A 和 B 的溶解度曲线在纯 A 和纯 B 的熔点处的斜率不为零,但在 C 的熔点处却为零。

Mg-Si 系统也属于这种类型。Mg 与 Si 可形成组成为 Mg_2Si 的稳定化合物。且与 Mg 和 Si 在固态时完全不互溶。

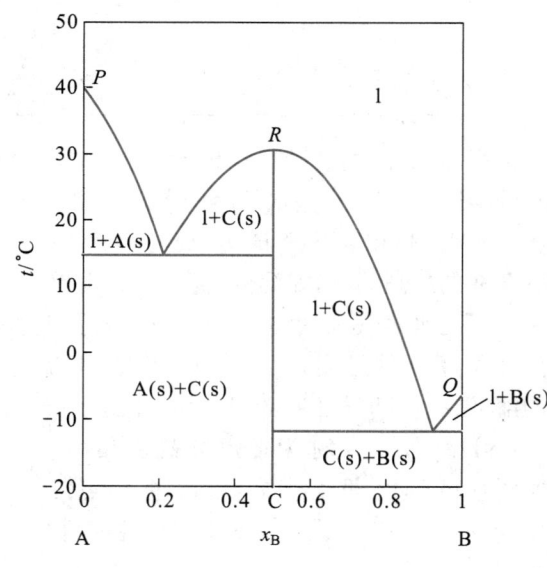

图 6.8.1　苯酚(A)-苯胺(B)系统相图

一般地,若两个物质能生成 n 种稳定化合物,则其相图可看成由 $n+1$ 个简单低共熔混合物相图组合而成。

2. 生成不稳定化合物系统

有时两个组分 A 与 B 所生成的化合物只能在固态中存在,而不能在液态中存在。将这种化合物加热到某一温度熔化时,它分解成一液体及另一种固体物质,这种化合物称为不稳定化合物。显然,生成的液体其组成不同于原不稳定化合物的组成,因此不稳定化合物的熔点称为**不相合熔点**,对应的温度称为**转熔温度**。

生成不稳定化合物系统中最简单的系统是两种物质 A 和 B 只生成一种不稳定化合物 C,且 C 与 A,C 与 B 在固态时均完全不互溶,其相图如图 6.8.2(a)所示。

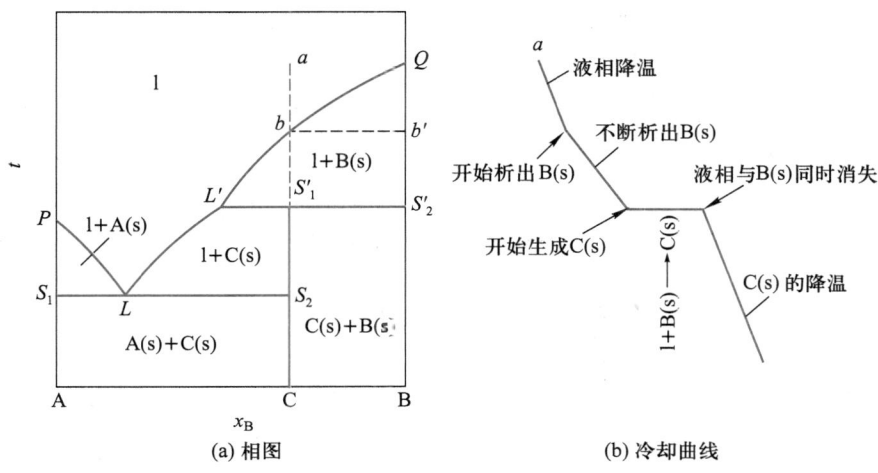

图 6.8.2　生成不稳定化合物系统相图及冷却曲线

将固体化合物 C 加热,系统点由 C 垂直向上移动,达到转熔温度时,化合物分解成固体 B 和溶液,即

$$C(s) \underset{冷却}{\overset{加热}{\rightleftharpoons}} l + B(s)$$

固相点为 S_2',液相点为 L'。化合物 C 分解生成的固相 B 的量与液相的量之比符合杠杆规则,即等于 $L'S_1'$ 线段长度与 $S_1'S_2'$ 线段长度之比。在转熔温度下,三相平衡,自由度为零,系统的温度和液相的组成都不改变。加热到固体化合物全部分解后,温度才开始上升。再继续加热,不断有固体 B 熔化进入溶液,使溶液中 B 的含量增加,液相点沿 $L'b$ 线移动,固相点相应地沿 $S_2'b'$ 线移动。系统点到达 b 点时,固相 B 全部熔化而消失,b 点也即是液相点,此液相的组成与原来化合物 C 的组成相同。以后是液相的升温过程。

图 6.8.2(a)中系统点为 a 的样品的冷却曲线如图 6.8.2(b)所示。此样品在冷却过程中的相变化与前面分析的化合物 C 在加热过程中的相变化正好相反。

这一类系统的实例有 Cs－Na(生成不稳定化合物 $CsNa_2$)、SiO_2－Al_2O_3(生成不稳定化合物 $2Al_2O_3 \cdot 2SiO_2$)、$AgNO_3$－AgCl(生成不稳定化合物 $AgNO_3 \cdot AgCl$)、CuCl－KCl(生成不稳定化合物 $CuCl \cdot 2KCl$)等。

水-盐系统中的 H_2O－NaCl 也属于这一类。不稳定化合物二水合氯化钠 $NaCl \cdot 2H_2O$(C) 在熔化时分解,系统相图如图 6.8.3 所示。相图是在加压下绘制的,由于 NaCl 的熔点很高,盐的溶解度曲线不可能与右侧纵坐标轴相交。

如果盐与水可以生成几种不同的水合晶体,则这些水-盐系统相图中就有几种不稳定化合物。

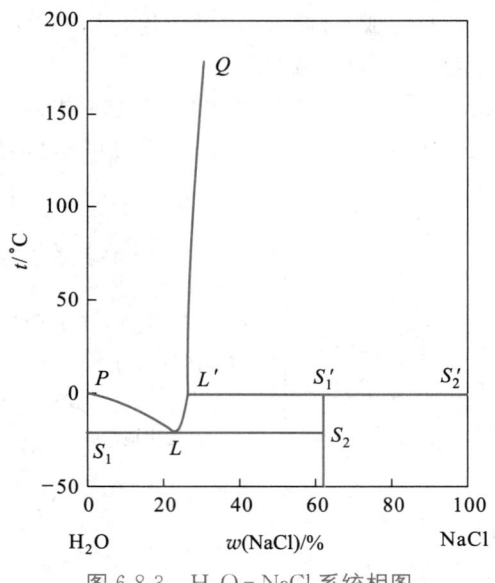

图 6.8.3　$H_2O - NaCl$ 系统相图

§6.9　二组分固态互溶系统液－固平衡相图

两种物质形成的液态混合物冷却凝固后,若两物质形成以分子、原子或离子相互均匀混合的一种固相,则称此固相为**固态混合物(固溶体)**或**固态溶液**。

如果组成两种物质的分子、原子或离子具有相同的空间排列方式,且大小相近,一种物质晶体中的这些粒子可以被另一种物质的相应粒子以任何比例取代时,即能形成固态完全互溶系统。

若两物质 A 和 B 在液态时完全互溶,固态时 A 在 B 中溶解形成一种固态溶液,在一定温度下有一定的溶解度;B 在 A 中溶解形成另一种固态溶液,在同一温度下另有一定的溶解度,两固态饱和溶液(即共轭溶液)平衡共存时为两种固相,这样的系统属于固态部分互溶系统。固态溶液中溶质的粒子若是填入溶剂晶体结构的空隙中即形成填隙型固态溶液;若是代替了溶剂晶体的相应粒子,则形成取代型固态溶液,如图 6.9.1 所示。

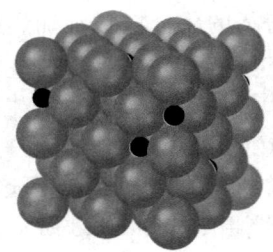

(a) Cu–Ni取代固溶体,每个原子的位置被Cu　　　　(b) γ–Fe,C原子占据由
原子和Ni原子按固溶体的组成所占据　　　　　　　Fe原子堆积形成的八面体空隙中

图 6.9.1　固态溶液

1. 固态完全互溶系统

以 Sb-Bi 系统为例。Sb 和 Bi 两个组分在液态和固态都能完全互溶。此系统的液-固平衡相图如图 6.9.2(a)所示。此图与二组分液态混合物在恒压下的气-液平衡相图(图 6.3.4)具有相似的形状。

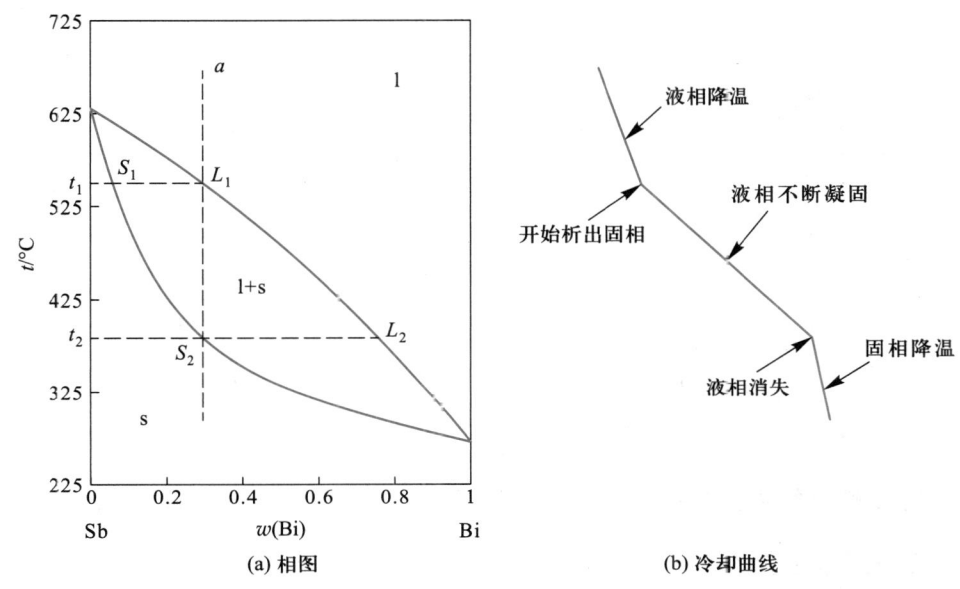

(a) 相图　　　　　　　　(b) 冷却曲线

图 6.9.2　Sb-Bi 系统相图及冷却曲线

图 6.9.2(a)中上面的一条线表示液态混合物的凝固点与其组成的关系曲线,称为**液相线或凝固点曲线**;下面的一条线表示固态混合物的熔点与其组成的关系曲线,称为**固相线或熔点曲线**。液相线以上的区域为液相区,固相线以下的区域为固相区,液相线和固相线之间的区域为液相与固相两相平衡共存区。

将状态点为 a 的液态混合物冷却降温到温度 t_1 时,系统点到达液相线上的 L_1 点,便有固相析出,此固相不是纯物质,而是固溶体,其相点为 S_1。继续冷却,温度从 t_1 降到 t_2 的过程中,不断有固相析出,液相点沿液相线自 L_1 点变至 L_2 点,固相点相应地沿固相线由 S_1 点变至 S_2 点。在 t_2 温度下系统点与固相点重合为 S_2,液相消失,系统完全凝固,最后消失的一滴液相组成为 L_2。此样品的冷却曲线如图 6.9.2(b)所示。

上述过程要求冷却速率很慢,以保证在凝固过程中整个固相在任何时候都能和液相尽量达到平衡。如果冷却过快,则仅固相表面和液相平衡,固相内部来不及变化,在液相点由 L_1 点变到 L_2 点的过程中,将析出一连串不同组成的固相层,而出现固相变化滞后的现象,导致在 t_2 以下的某温度范围内仍存在液相不完全凝固的现象。

属于这种类型的系统还有 Ag-Au、Cu-Pd 等。

这类相图的特点是固态混合物的熔点介于两纯组分的熔点之间。

此外,二组分固态完全互溶系统液-固相图还有具有最低熔点和具有最高熔点两种类型,如图 6.9.3 所示。这两类相图分别与具有最低恒沸点和具有最高恒沸点的二组分系统气–液平衡的温度–组成图有着类似的形状。

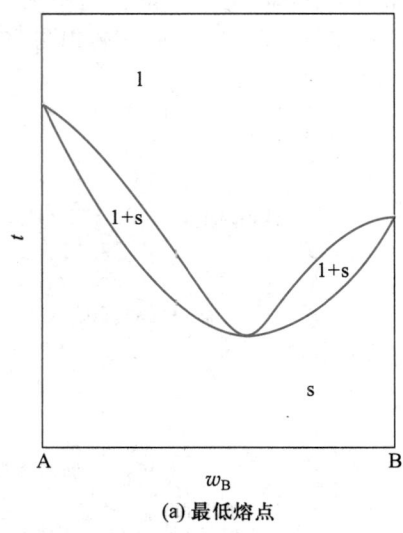
(a) 最低熔点

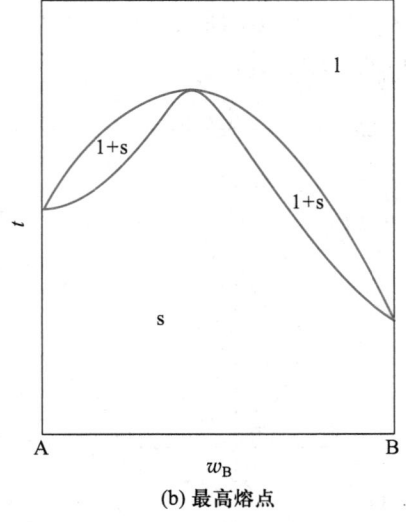
(b) 最高熔点

图 6.9.3　具有最低、最高熔点的二组分固态完全互溶系统的液–固相图

具有最低熔点的系统稍多,如 Cs–K、K–Rb 等。具有最高熔点的系统较少。

2. 固态部分互溶系统

二组分液态完全互溶、固态部分互溶系统的相图可分为两类。

例题解析

液–固相图
分析 2

(1) 系统有一低共熔点　这类相图如图 6.9.4(a)所示。它与二组分液态部分互溶系统的气–液平衡的相图(图 6.6.4)相似。六个相区的平衡相已于图中注明,其中α代表 B 溶于 A 中的固态溶液,β代表 A 溶于 B 中的固态溶液。S_1LS_2 为三相线,液、固(α)和固(β)三相共存,三个相点分别为 L、S_1 和 S_2。其所对应的温度为低共熔温度。

系统总组成介于 S_1 点和 S_2 点所对应的组成之间的样品冷却时通过三相线。状态点为 a 的样品冷却到 b 点时,开始析出固态溶液α,bc 段不断析出α相。刚刚冷却到低共熔点时,固相点为 S_1,液相点为 L,再冷却,温度不变,液相 L 即按比例同时析出α相及 β 相而呈三相平衡:

$$l \underset{\text{加热}}{\overset{\text{冷却}}{\rightleftharpoons}} \alpha + \beta$$

两个固相点分别为 S_1 及 S_2,系统点为 c。待液相全部凝固成α及 β 后,系统点离开 c 点。cd 段是两共轭固态溶液的降温过程,由于固体 A 和 B 的相互溶解度与温度有关,在降温过程中两固态溶液的浓度及两相的量均要发生相应的变化。状态点为 e 的样品冷却到低共熔点时,系统由一个液相变成液、α、β 三相共存,液相消失后,也是两共轭固态溶液的降温。这两

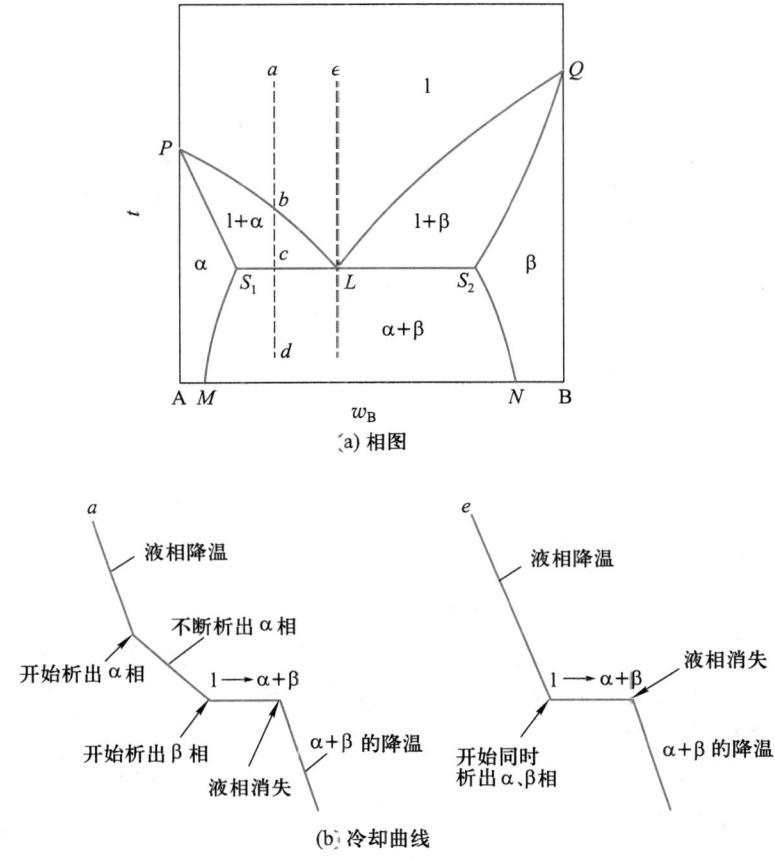

(a) 相图

(b) 冷却曲线

图 6.9.4 具有低共熔点的二组分固态部分互溶系统相图及冷却曲线

个样品的冷却曲线如图 6.9.4(b)[1]所示。

属于这类系统的实例有 Sn-Pb、Ag-Cu、Cd-Zn 等。

（2）系统有一转变温度 这类相图如图 6.9.5(a)所示。以系统点 a 的冷却过程为例。ab 段为液态混合物的降温过程。到达 b 点开始析出固态溶液 β。bc 段不断析出 β 相，温度不断降低，液相组成及 β 相组成随温度降低相应地改变。到达 c 点，液相点为 L，β 相点为 S_2。再冷却，即发生相变化

$$l + \beta \xrightarrow[\text{加热}]{\text{冷却}} \alpha$$

状态点为 L 的液相与状态点为 S_2 的 β 相的量按 S_1S_2 与 LS_1 线段长度的比例转变为状态点为 S_1 的固态溶液α。这时系统呈三相平衡，$F = 0$，温度不再改变，此温度称为**转变温度**。液相消失后，剩余的 β 相与转变成的α相呈两相平衡。cd 段为两共轭固态溶液的降温过程，

---

① 前文曾说明，图 6.9.2(a)中所示 S_1 点、S_2 点均只代表一个相，故当样品冷却，系统点通过 S_1 点或通过 S_2 点时，因不出现三相平衡，这时冷却曲线不会出现水平线段。这点请读者注意。

两相的组成随温度变化。冷却曲线如图 6.9.5(b)所示。

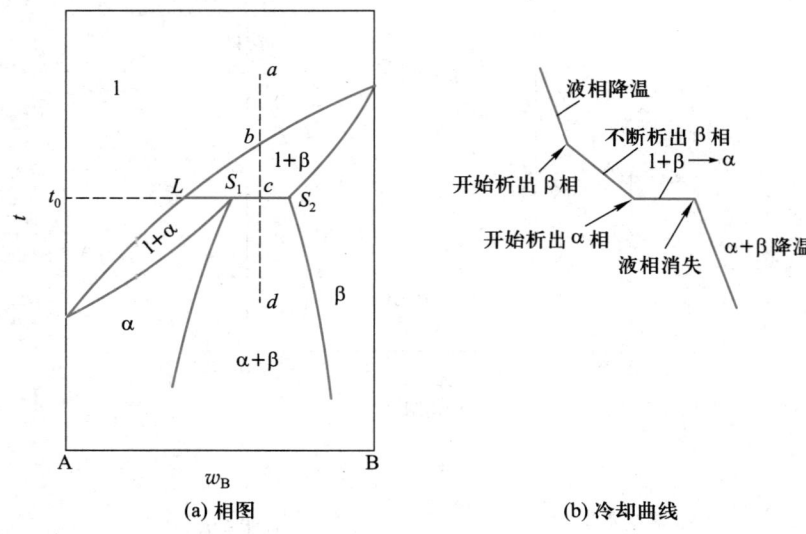

(a) 相图   (b) 冷却曲线

图 6.9.5　具有转变温度的二组分固态部分互溶系统相图及冷却曲线

例题解析

生成化合物
液－固相图

若样品的组成介于 L 点与 S_1 点所对应的组成之间,在转变温度时也呈三相平衡,但温度低于转变温度时,状态点为 S_2 的 β 相将消失,而系统进入液相与α相两相区。

这类相图中,$w_B < w_B(S_1)$ 的α相的熔点低于转变温度,$w_B > w_B(S_2)$ 的β相的熔点高于转变温度。

属于这类系统的实例有 Pt－W、AgCl－LiCl 等。

本章小结

相平衡是化工生产中精馏、结晶、萃取等单元操作的理论基础。本章主要内容是介绍单组分系统及二组分系统(气－液、液－固)相图。

单组分系统中,本章主要介绍了 H_2O、S(硫)单组分系统的 p-T 相图,用克拉佩龙方程分析了两相平衡线的变化规律,分析了水的三相点与冰点的差别及造成该差别的原因。

二组分系统相图是本章重点,主要介绍了气－液平衡相图和液－固平衡相图。气－液平衡相图依据两组分液态互溶情况分成了液态完全互溶(理想液态混合物、真实液态混合物)、液态部分互溶及液态完全不互溶系统三种类型,分别给出了其典型的 p-x 图、T-x 图。由于压力对凝聚系统的相平衡影响很小,液－固平衡系统相图只讨论了 T-x 相图,其形状除了固相形成化合物的系统外与气－液平衡的 T-x 相图类似。此外还介绍了液－固相图的绘制方法:热分析法(适用于金属相图)及溶解度法(适用于水－盐系统)。利用相图可分析相变与 T、p、x 等的关系。在两相区内,可用杠杆规则确定两相的量。

概念题

1. 一个处于相平衡的系统,每个相的温度 T( )、压力 p( )(填入 相同、不相同、不确定);决定系统相平衡的是热力学( )量(填入 广度、强度),一般选取( )作为系统的变量;相律 $F = C - P + 2$ 中的"2"表示变量( );对于凝聚系统,相律通常可写作( )。

2. 相平衡系统中,每个独立化学反应减少系统的一个自由度,这是因为( )。

3. 在某一充有 CO_2 气体的密闭容器中 $CaCO_3(s)$ 与其分解产物达平衡,该系统的独立组分数为( ),自由度为( )。

4. 纯组分系统相图三相点的个数( ),临界点的个数( )。(填入 $= 1$、不确定)

5. 根据 H_2O 和 CO_2 的相图,增大压力使 $H_2O(s)$ 的熔点( ),$CO_2(s)$ 的熔点( )。(填入 升高、降低)

6. 纯组分系统气-液-固三相点处液-气平衡线的斜率( )固-气平衡线的斜率。(填入 $>$、$<$、$=$);临界点处摩尔蒸发焓 $\Delta_{vap} H_m = $( )。

7. $-5\ ℃$ 时过冷水和冰的饱和蒸气压分别为 p_1, p_2,则 p_2( ) p_1(填入 $>$、$<$、$=$);温度 $-5\ ℃$,压力 p_1 下的稳定相态为( )。(填入 过冷水、冰)

8. $50\ ℃$ 时 $H_2O(l)$ 的饱和蒸气压为 $p^* = 12.352\ kPa$,该温度下一个只有 $H_2O(l)$ 的系统,其压力 p( ) p^*。(填入 $>$、$<$、$=$)

9. 过冷水的化学势 $\mu(l)$( )其饱和蒸气的化学势 $\mu(g)$。(填入 $>$、$<$、$=$)

10. 在硫的 $T - p$ 相图上( )表示单斜硫、正交硫、液态硫和硫蒸气四个相态平衡共存的点(填入 存在、不存在),原因是( )。

11. 二组分系统有三个独立变量:温度 T、压力 p 及组成,其相图是三维的。为了便于分析,通常固定一个变量即可获得二维相图。常见的二组分二维相图有( );对凝聚系统的相平衡一般采用( )相图,原因是( )。

12. 工业上通过发酵法和乙烯水合法制备乙醇。对粗产品(主要是质量分数小于 95.6% 的乙醇水溶液)在常压下精馏( )无水乙醇(填入 能得到、不能得到),原因是( )。

13. 某一温度 T 下向由 A 和 B 形成的液相完全互溶气-液平衡系统中加入 $B(l)$,系统的压力增加。已知温度 T 时 $p_A^* > p_B^*$,该系统具有( )偏差。

14. 杠杆原理能用于二组分系统的( )平衡;二组分系统 $T - x$、$p - x$ 相图中应用杠杆原理可确定平衡两相( )的相对值。

15. 二组分系统相图上从一个单相区进入另一个单相区,冷却曲线( );当通过三相线其中一个端点,冷却曲线( )。(填入 出现折点、出现平台、保持斜率不变)

习题

6.1 指出下列平衡系统中的组分数 C、相数 P 及自由度 F。

(1) $I_2(s)$ 与其蒸气呈平衡;

(2) $MgCO_3(s)$ 与其分解产物 $MgO(s)$ 和 $CO_2(g)$ 呈平衡;

(3) $NH_4Cl(s)$ 放入一抽空的容器中,与其分解产物 $NH_3(g)$ 和 $HCl(g)$ 呈平衡;

(4) 任意量的 $NH_3(g)$ 和 $H_2S(g)$ 与 $NH_4HS(s)$ 呈平衡;

(5) 过量的 $NH_4HCO_3(s)$ 与其分解产物 $NH_3(g)$、$H_2O(g)$ 和 $CO_2(g)$ 呈平衡;

(6) $I_2(s)$ 作为溶质在两不互溶液体 H_2O 和 CCl_4 中达到分配平衡(凝聚系统)。

答:(1) 1,2,1;(2) 2,3,1;(3) 1,2,1;

(4) 2,2,2;(5) 1,2,1;(6) 3,2,2

6.2 乙酸水溶液包含 H_2O、CH_3COOH、CH_3COO^-、OH^- 和 H^+ 5 个组分,为何其为二组分系统?

6.3 单组分系统碳的相图(示意图)如附图所示。

(1) 分析图中各点、线、面的相平衡关系及自由度数;

(2) 25 ℃、101.325 kPa 下,碳以什么状态稳定存在?

(3) 增加压力可以使石墨转变为金刚石。已知石墨的摩尔体积大于金刚石的摩尔体积,那么加压使石墨转变为金刚石的过程是吸热的还是放热的?

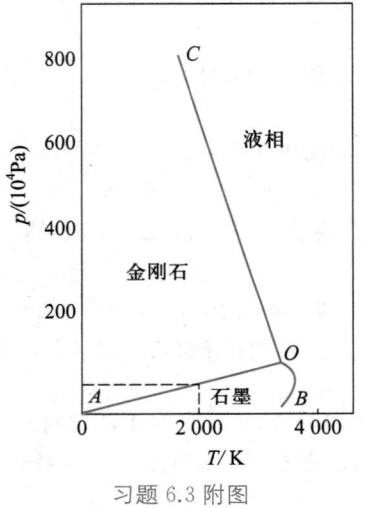

习题 6.3 附图

答:(2) 石墨;(3) 放热

6.4 已知液体甲苯(A)和液体苯(B)在 90 ℃时的饱和蒸气压分别为 $p_A^* = 54.22$ kPa 和 $p_A^* = 136.12$ kPa。两者可形成理想液态混合物。今有系统组成为 $x_{B,0} = 0.3$ 的甲苯-苯混合物 5 mol,在 90 ℃下呈气-液平衡,若气相组成为 $y_B = 0.4556$,求:

(1) 平衡时液相组成 x_B 及系统的压力 p;

(2) 平衡时气、液两相的物质的量 n_g、n_l。

答:(1) 0.250,74.70 kPa;(2) 1.216 mol,3.784 mol

6.5 已知甲苯、苯在 90 ℃下纯液体的饱和蒸气压分别为 54.22 kPa 和 136.12 kPa。两者可形成理想液态混合物。取 200.0 g 甲苯和 200.0 g 苯置于带活塞的导热容器中,始态为一定压力下 90 ℃的液态混合物。在恒温 90 ℃下逐渐降低压力,问:

(1) 压力降到多少时-开始产生气相,此气相的组成如何?

(2) 压力降到多少时-液相开始消失,最后一滴液相的组成如何?

(3) 压力为 92.00 kPε 时,系统内气-液平衡,两相的组成如何?两相的物质的量各为多少?

答:(1) 98.54 kPa,0.7476;(2) 80.40 kPa,0.3197;

(3) $y(苯) = 0.6825, x(苯) = 0.4613, n(g) = 1.709$ mol,$n(l) = 3.022$ mol

6.6 已知水-苯酚系统在 30 ℃液-液平衡时共轭溶液的组成 $w(苯酚)$:l_1(苯酚溶于水),8.75%;l_2(水溶于苯酚),69.9%。

(1) 在 30 ℃,100 g 苯酚和 200 g 水形成的系统达液－液平衡时,两液相的质量各为多少?

(2) 在上述系统中若再加入 100 g 苯酚,再次达到相平衡时,两液相的质量各变到多少?

答:(1) $m_1 = 179.4$ g,$m_2 = 120.6$ g;

(2) $m_1 = 130.2$ g,$m_2 = 269.8$ g

6.7　水-异丁醇系统液相部分互溶(参见图 6.6.4)。在 101.325 kPa 下,系统的共沸点为 89.7 ℃。气(g)、液(l_1)、液(l_2)三相平衡时的组成 w(异丁醇)依次为:70.0%、8.7%、85.0%。今将 350 g 水和 150 g 异丁醇形成的系统在 101.325 kPa 压力下由室温开始加热,问:

(1) 温度刚要达到共沸点时,系统处于相平衡时存在哪些相? 其质量各为多少?

(2) 当温度由共沸点刚有上升趋势时,系统处于相平衡时存在哪些相? 其质量各为多少?

答:(1) $m(l_1) = 360.4$ g,$m(l_2) = 139.6$ g;

(2) $m(g) = 173.7$ g,$m(l_1) = 326.3$ g

6.8　恒压下二组分液态部分互溶系统气－液平衡的温度-组成图如附图所示,指出四个区域内平衡的相及自由度数。

6.9　为了将含非挥发性杂质的甲苯提纯,在 86.0 kPa 压力下用水蒸气蒸馏。已知:在此压力下该系统的共沸点为 80 ℃,80 ℃水的饱和蒸气压为 47.3 kPa。试求:

(1) 气相的组成(含甲苯的摩尔分数);

(2) 欲蒸出 100 kg 纯甲苯,需要消耗水蒸气多少千克?

答:(1) 0.45;(2) 23.9 kg

6.10　A－B 二组分液态部分互溶系统的液－固平衡相图如附图所示,试指出各个相区的相平衡关系,各条线所代表的意义,以及三相线所代表的相平衡关系。

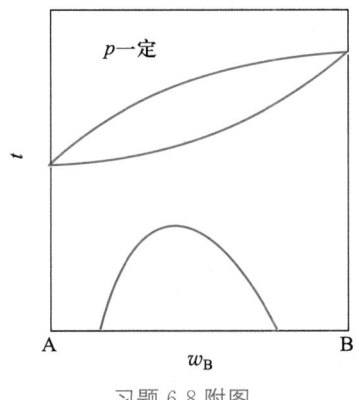

习题 6.8 附图　　　　　　　　　　习题 6.10 附图

6.11　固态和液态均完全互溶、具有最高熔点的 A－B 二组分凝聚系统相图如附图所示。指出各相区的相平衡关系、各条线的意义并绘出状态点为 a、b 的样品的冷却曲线。

6.12　附图为低温时固态部分互溶、高温时固态完全互溶且具有最低熔点的 A－B 二组分凝聚系统相图。指出各相区的稳定相及各条线所代表的意义。

6.13　二组分凝聚系统 Hg-Cd 相图示意如附图所示。指出各相区的稳定相,以及三相线上的相平衡关系。

6.14　利用下列数据,粗略地绘制出 Mg-Cu 二组分凝聚系统相图,并标出各区的稳定相。

Mg 与 Cu 的熔点分别为 648 ℃、1 085 ℃。两者可形成两种稳定化合物 Mg_2Cu、$MgCu_2$,其熔点依次为 580 ℃、800 ℃。两种金属与两种化合物四者之间形成三种低共熔混合物。低共熔混合物的组成 w(Cu)及低共熔点分别对应为 35%、380 ℃;66%、560 ℃;90.6%、680 ℃。

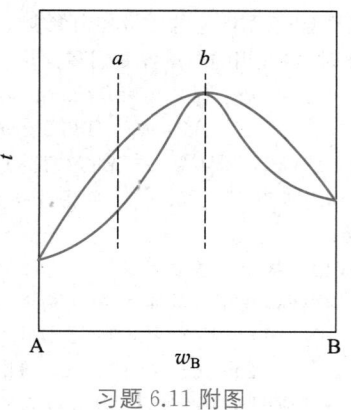

习题 6.11 附图

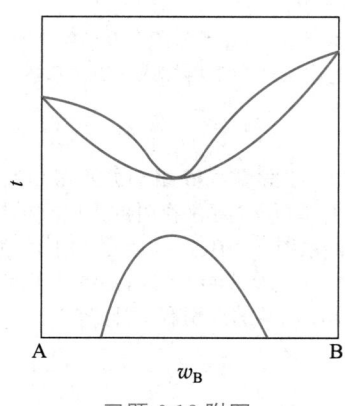

习题 6.12 附图

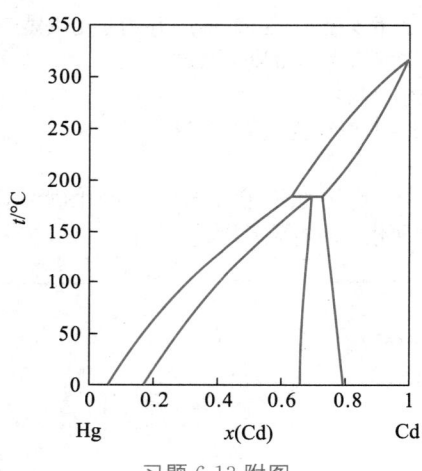

习题 6.13 附图

6.15 某 A-B 二组分凝聚系统相图如附图所示,其中 C 为不稳定化合物。

(1) 标出图中各相区的稳定相和自由度数;

(2) 指出图中的三相线及相平衡关系;

(3) 绘出图中状态点为 a、b 的样品的冷却曲线,注明冷却过程相变化情况;

(4) 将 5 kg 处于 b 点的样品冷却至 t_1,系统中液态物质与析出固态物质的质量之比 $m(\text{l})/m(\text{s})$ 为多少?

6.16 某 A-B 二组分凝聚系统相图如附图所示。指出各相区的稳定相,以及三相线上的相平衡关系。

6.17 二元凝聚系统 Ga-Sr 在 101.325 kPa 下的相图示意图如附图所示。

(1) 标明 C_1、C_2、C_3 是稳定化合物还是不稳定化合物;

(2) 标出各相区的稳定相,写出三相线的相平衡关系;

(3) 绘出图中状态点为 a 和 b 的样品的冷却曲线,并指明冷却过程相变化情况。

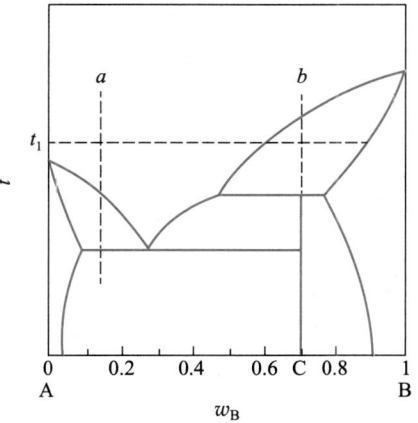

习题 6.15 附图

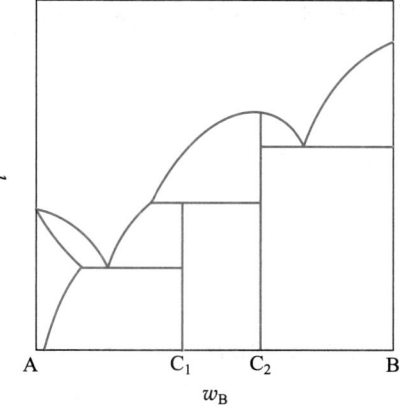

习题 6.16 附图

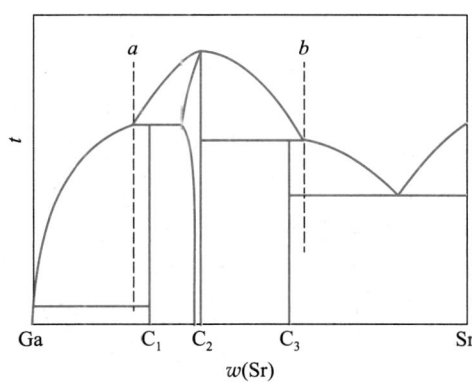

习题 6.17 附图

第七章 电化学

电化学是研究电与化学反应相互关系的科学,它主要涉及通过化学反应来产生电能及通过输入电能导致化学反应方面的研究。电化学是一门既古老又年轻的科学,从 1800 年伏特(Volta)制成第一个化学电池开始,到两个多世纪后的今天,电化学已发展成为涉及内容非常广泛的学科领域,如化学电源、电化学分析、电化学合成、光电化学、生物电化学、电催化、电冶金、电解、电镀、腐蚀与保护等都属于电化学的范畴。尤其是近年来可充电锂离子电池的普及应用、燃料电池在发电及汽车工业领域的研究开发,以及生物电化学的迅速发展,都为电化学这一古老的学科注入了新的活力。无论是基础研究还是技术应用,电化学从理论到方法都在不断地突破与发展,越来越多地与其他自然科学或技术学科相互交叉、相互渗透。在能源、交通、材料、环保、信息、生命等众多领域发挥着越来越重要的作用。

物理化学中的电化学主要介绍电化学的基础理论部分——用热力学的方法来研究化学能与电能之间相互转换的规律。其中主要包括两方面的内容:一是利用化学反应来产生电能——将能够自发进行的化学反应放在原电池装置中使化学能转化为电能;另一方面是利用电能来驱动化学反应——将不能自发进行的反应放在电解池装置中输入电流使反应得以进行。

无论是原电池还是电解池,其内部工作介质都离不开电解质溶液。因此本章在介绍原电池和电解池的电化学原理之前,先介绍一些电解质溶液的基本性质。

§7.1　电极过程、电解质溶液及法拉第定律

1. 电解池和原电池

电化学过程必须借助一定的装置——电化学池才能实现,有法拉第电流通过的电化学池[①]可分为两类:原电池和电解池。**原电池**的主要特点是,当它与外部导体接通时,电极上的反应会自发进行,可将化学能转换为电能输出,实用的原电池又称为化学电源。**电解池**的主要特点是,当外加电压足够大时,非自发反应也能进行。电解池的主要用途是利用电能来完成所希望的化学反应,如电解合成、电镀、电冶金等,二次电池在充电时也可认为是一个电

---

① 即流过池中各部分的电流均遵守法拉第定律,关于法拉第定律见本节 2. 电解质溶液和法拉第定律。

解池。

　　无论是原电池还是电解池,其共同特点是:当外电路接通时,溶液内部有离子做定向迁移运动,同时在电极与溶液的界面上发生得失电子的反应。这种在极板与溶液界面上进行的化学反应称为**电极反应**;两个电极反应相加得到的净反应,对原电池称为**电池反应**,对电解池则称为**电解反应**。

　　国际纯粹与应用化学联合会(IUPAC)规定:发生氧化反应的电极为**阳极**,发生还原反应的电极为**阴极**。同时又规定:电势高的电极为**正极**,电势低的电极为**负极**。

　　原电池中,在阳极上自发进行的电极反应放出电子,电子通过外电路流向阴极。电流的方向与电子移动方向相反,所以电流方向是从阴极到阳极,这样阴极的电势高,是正极,阳极的电势低,是负极(如图 7.1.1 所示)。电解池中,两极电势的高低由外接电源决定,与电源正极相连的电极电势高,是正极,物质在该极失去电子,发生氧化反应,所以电解池的正极是阳极。相应地,其负极是阴极(如图 7.1.2 所示)。不过在溶液内部阳离子总是向阴极运动,而阴离子则向阳极运动。

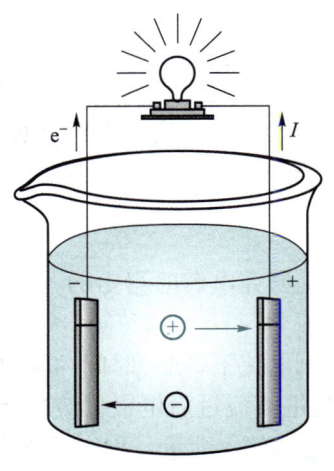

图 7.1.1　原电池示意图

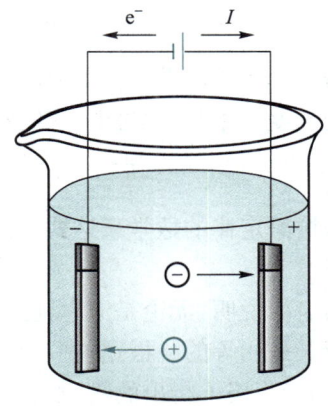

图 7.1.2　电解池示意图

2. 电解质溶液和法拉第定律

　　无论是原电池还是电解池,其外部的电流都是由金属导线传导的,而内部的电流则是由电解质溶液传导的。电解质的导电机理与金属导线不同。能导电的物质统称为导体,导体可分为两大类。第一类是电子导体,如金属、石墨和某些金属氧化物等。电子导体依靠自由电子的定向运动而导电。当电流通过时,导体本身不发生化学变化。但温度升高时金属的导电能力会降低。第二类导体是离子导体,如电解质溶液或熔融电解质等,离子导体是依靠离子的定向运动而导电的。电解质水溶液是应用最广泛的第二类导体,通常使用两个第一类导体作为电极,将其浸入溶液中以形成极板与溶液之间的直接接触。当电流通过时,极板与溶液的界面上发生得失电子的反应,同时溶液中阳离子和阴离子分别向两极移动。与金属导体相反,温度升高电解质溶液的导电能力会增强。

1833 年英国科学家法拉第(Faraday M)在研究了大量电解过程后提出了著名的**法拉第定律**——电解时电极上发生化学反应的物质的量与通过电解池的电荷量成正比。也就是说当电路中有 1 mol 电子的电荷量通过时,任一电极上发生得失 1 mol 电子的电极反应,电极上析出或溶解的物质的量与之相应。如果以 Q 表示通过的电荷量(单位为 C),$n_电$ 表示电极反应得失电子的物质的量(单位为 mol),法拉第定律可表示为

$$Q = n_电 F \tag{7.1.1}$$

式中,F 称为**法拉第常数**,其物理意义为 1 mol 电子的电荷量。已知一个电子的电荷量 $e = 1.602\ 176\ 487 \times 10^{-19}$ C,所以

$$F = Le = (6.022\ 141\ 79 \times 10^{23} \times 1.602\ 176\ 487 \times 10^{-19})\ \text{C} \cdot \text{mol}^{-1}$$
$$= 96\ 485.340\ \text{C} \cdot \text{mol}^{-1}$$

一般计算时可取 $F \approx 96\ 485$ C·mol^{-1}。

电极反应的通式可写为

$$\nu M(氧化态) + z e^- ==== \nu M(还原态)$$

或
$$\nu M(还原态) ==== \nu M(氧化态) + z e^-$$

式中,z 为电极反应的电荷数(即转移电子数),取正值,量纲为 1;ν 为化学计量数。显然,当电极反应的进度为 ξ 时,得失电子的物质的量 $n_电 = z\xi$,将其代入式(7.1.1)可得

$$Q = zF\xi \tag{7.1.2}$$

该式即为法拉第定律的数学表达式。法拉第定律虽然是研究电解时得出的,但对于原电池也同样适用。

法拉第定律说明,无论是原电池还是电解池,在稳恒电流下,同一时间内流过电路中各截面的电荷量是相等的。根据这一原理,可以通过测量电流流过后电极反应的物质的量的变化(通常测量阴极上析出的物质的量)来计算电路中通过的电荷量。相应的测量装置称为**库仑计**。最常用的库仑计为银库仑计和铜库仑计。

》 例 7.1.1　在电路中串联有两个库仑计,一个是银库仑计,另一个是铜库仑计。当有 $1F$ 的电荷量通过电路时,问两个库仑计上分别析出多少摩尔的银和铜?

》 解:(1) 银库仑计的电极反应为 $Ag^+ + e^- == Ag$,$z = 1$。

当 $Q = 1F = 96\ 485$ C 时,根据法拉第定律有

$$\xi = \frac{Q}{zF} = \frac{96\ 485\ \text{C}}{1 \times 96\ 485\ \text{C} \cdot \text{mol}^{-1}} = 1\ \text{mol}$$

由 $\xi = \dfrac{\Delta n_B}{\nu_B}$,可得

$$\Delta n(Ag) = \nu(Ag)\xi = 1 \times 1\ \text{mol} = 1\ \text{mol}$$

$$\Delta n(Ag^+) = \nu(Ag^+)\xi = -1 \times 1\ \text{mol} = -1\ \text{mol}$$

即当有 1F 的电荷量流过电路时,银库仑计中有 1 mol 的 Ag^+ 被还原成 Ag 析出。

(2) 铜库仑计的电极反应为 $Cu^{2+} + 2e^- \rule[0.5ex]{1em}{0.4pt} Cu, z = 2$。

当 $Q = 1F = 96\,485\,C$ 时,根据法拉第定律有

$$\xi = \frac{Q}{zF} = \frac{96\,485\,C}{2 \times 96\,485\,C \cdot mol^{-1}} = 0.5\,mol$$

由 $\xi = \frac{\Delta n_B}{\nu_B}$,可得

$$\Delta n(Cu) = \nu(Cu)\xi = 1 \times 0.5\,mol = 0.5\,mol$$

即当有 1F 的电荷量流过电路时,铜库仑计中有 0.5 mol 的 Cu 析出。

注意:铜库仑计的电极反应也可以写为 $\frac{1}{2}Cu^{2+} + e^- \rule[0.5ex]{1em}{0.4pt} \frac{1}{2}Cu, z = 1$。这时相应的计算为

$$\xi = \frac{Q}{zF} = \frac{96\,485\,C}{1 \times 96\,485\,C \cdot mol^{-1}} = 1\,mol$$

$$\Delta n(Cu) = \nu(Cu)\xi = \frac{1}{2} \times 1\,mol = 0.5\,mol$$

两种方法计算所得析出 Cu 的物质的量相同。这说明虽然离子电荷数 z 和反应进度 ξ 与反应式的写法(即化学计量数的写法)有关,但相同电荷量所对应的某物质发生反应的物质的量是相同的,与化学反应计量式的写法无关,即电极上发生化学反应的物质的量是与通过的电荷量成正比的。

§7.2 离子的迁移数

由上节可知,溶液中电流的传导是由离子的定向运动来完成的。电化学中把在电场作用下溶液中阳离子、阴离子分别向两极运动的现象称为**电迁移**。由法拉第定律可知,对于每个电极来说,一定时间内:流出的电荷量 = 流入的电荷量 = 电路中任意截面流过的总电荷量 Q。在金属导线中,电流完全是由电子传递的,而在溶液中却是由阳、阴离子共同完成的。即

$$Q = Q_+ + Q_- \quad \text{或} \quad I = I_+ + I_- \tag{7.2.1}$$

式中,Q_+、Q_-、I_+、I_-、I 分别代表由阳、阴离子运载的电荷量、电流及总电流。由于大多数电解质的阳离子和阴离子的运动速率不同,即 $v_+ \neq v_-$,所以由阳离子和阴离子分别运载的电荷量和电流也不相等,即 $Q_+ \neq Q_-$,$I_+ \neq I_-$。为了表示不同离子对运载电流的贡献,提出了迁移数的概念。定义离子 B 的**迁移数**为该离子所运载的电流占总电流的分数,以符号

t 表示,其量纲为 1。若溶液中只有一种阳离子和一种阴离子,它们的迁移数分别以 t_+ 和 t_- 表示,有

$$t_+ = \frac{I_+}{I_+ + I_-}, \quad t_- = \frac{I_-}{I_+ + I_-} \tag{7.2.2}$$

显然

$$t_+ + t_- = 1 \tag{7.2.3}$$

对于含有多种离子的电解质溶液,则有 $t_B = I_B/I$,$\sum\limits_B t_B = 1$。

某种离子运载电流的多少,与该离子的运动速率、浓度及所带电荷量的多少有关。通电过程中,单位时间内流过溶液中某一截面 A_s 的,由阳、阴离子运载的电流可由下式计算:

$$I_+ = A_s v_+ c_+ z_+ F$$
$$I_- = A_s v_- c_- |z_-| F \tag{7.2.4}$$

式中,c_+、c_- 分别为阳、阴离子的物质的量浓度;z_+、z_- 分别为阳、阴离子的电荷数;A_s 为截面的面积;F 为法拉第常数。显然,单位时间内在 $A_s v_+$ 体积元内的阳离子均可穿过截面 A_s,其所带的电荷量由 $c_+ z_+ F$ 决定;阴离子与之类似。由于溶液整体为电中性,有 $c_+ z_+ = c_- |z_-|$,而 A_s 和 F 均为常数,所以将式(7.2.4)代入式(7.2.2),可得

$$t_+ = \frac{v_+}{v_+ + v_-}, \quad t_- = \frac{v_-}{v_+ + v_-} \tag{7.2.5}$$

该式表明,对于给定的电解质溶液,离子的迁移数取决于溶液中离子的运动速率,与阳、阴离子的价数及各自的浓度无关。

重点难点

离子的
电迁移率

溶液的温度、浓度、离子的大小和水化程度等都可能影响离子的运动速率,进而影响其迁移数,所以在给出离子迁移数时应指明溶液条件,特别是温度和浓度。

离子在电场中的运动速率,除了与离子的本性、溶剂性质、溶液浓度及温度等因素有关外,还与电场强度有关。因此,为了便于比较,通常将离子 B 在指定溶剂中,电场强度 $E = 1\ \text{V} \cdot \text{m}^{-1}$ 时的运动速率称为该离子的**电迁移率**(历史上称为离子淌度),以 u_B 表示:

$$u_B = \frac{v_B}{E} \tag{7.2.6}$$

电迁移率的单位为 $\text{m}^2 \cdot \text{V}^{-1} \cdot \text{s}^{-1}$。

表 7.2.1 列出了 25 ℃无限稀释溶液中几种离子的电迁移率。

表 7.2.1　25 ℃无限稀释溶液中几种离子的电迁移率

阳离子	$u_+^\infty/(10^{-8}\ \text{m}^2 \cdot \text{V}^{-1} \cdot \text{s}^{-1})$	阴离子	$u_-^\infty/(10^{-8}\ \text{m}^2 \cdot \text{V}^{-1} \cdot \text{s}^{-1})$
H^+	36.30	OH^-	20.52
K^+	7.62	SO_4^{2-}	8.27

续表

阳离子	$u_+^\infty/(10^{-8}\,m^2\cdot V^{-1}\cdot s^{-1})$	阴离子	$u_-^\infty/(10^{-8}\,m^2\cdot V^{-1}\cdot s^{-1})$
Ba^{2+}	6.59	Cl^-	7.92
Na^+	5.19	NO_3^-	7.40
Li^+	4.01	HCO_3^-	4.61

将电迁移率 u_B 与离子运动速率 v_B 的关系式(7.2.6)代入式(7.2.5),可得

$$t_+ = \frac{u_+}{u_+ + v_-}, \quad t_- = \frac{u_-}{u_+ + u_-} \tag{7.2.7}$$

需要注意的是,电场强度虽然影响离子的运动速率,但并不影响离子迁移数,因为当电场强度改变时,阴、阳离子的运动速率都按相同比例改变。

§7.3   电导、电导率和摩尔电导率

1. 定义

(1) 电导   导体的导电能力可以用**电导 G** 表示,其定义为电阻 R 的倒数,即

$$G = \frac{1}{R} \tag{7.3.1}$$

电导的单位为 S(西门子),$1\,S = 1\,\Omega^{-1}$。

为了比较不同导体的导电能力,引出电导率的概念。

(2) 电导率   若导体具有均匀截面,则其电导与截面 A_s 成正比,与长度 l 成反比,比例系数用 κ 表示,有

$$G = \kappa \frac{A_s}{l} \tag{7.3.2}$$

重点难点

电导率和
摩尔电导率

κ 称为**电导率**(以前称为比电导),单位为 $S\cdot m^{-1}$。显然,导体的电导率为单位截面积、单位长度时的电导。电导率 κ 与电阻率 ρ 互为倒数关系。

对电解质溶液而言,其电导率则为单位面积的两个平行板电极在相距单位长度且极板间充满电解质溶液时的电导,也可理解为在由两个 $1\,m^2$ 的电极组成的 $1\,m^3$ 正方体的电导池中充满电解质溶液时的电导。与金属导体不同,电解质溶液的电导率还与其浓度 c 有关。对于强电解质,溶液较稀时电导率近似与浓度成正比;随着浓度的增大,离子之间的相互作用增强,电导率的增加逐渐缓慢;浓度很大时的电导率经一极大值后逐渐减小。对于弱电解质溶液,起导电作用的只是解离的那部分离子,故当浓度从小到大时,虽然单位体积中弱电解质的量增加,但因解离度减小,离子的数量增加不多,故弱电解质溶液的电导率均很小。

(3) 摩尔电导率   由于电解质溶液的电导率与浓度有关,所以为了比较不同浓度、不同

类型电解质溶液的导电能力,提出了摩尔电导率的概念。电解质溶液的电导率 κ 与其物质的量浓度 c 之比即为**摩尔电导率**,用 Λ_m 表示,即

$$\Lambda_m = \kappa / c \qquad (7.3.3)$$

Λ_m 的单位为 $S \cdot m^2 \cdot mol^{-1}$。需要注意的是,利用此式计算 Λ_m 时 c 的单位为 $mol \cdot m^{-3}$。

2. 电导的测定

电导是电阻的倒数。因此,测量电解质溶液的电导,实际上是测量其电阻。测量溶液的电阻,可利用惠斯通(Wheatstone)电桥,但不能应用直流电源。因直流电通过电解质溶液时,电极附近的溶液会发生电解而使浓度改变,因此应采用适当频率的交流电源。

图 7.3.1 中 I 为交流电源,AB 为均匀的滑线电阻,R_1 为电阻箱电阻,R_x 为待测电阻,R_3、R_4 分别为 AC、CB 段的电阻,T 为检流计,K 为用以抵消电导池电容的可变电容器。测定时,接通电源,选择一定的电阻 R_1,移动接触点 C,直至 CD 间的电流为零。这时,电桥平衡,$R_1/R_x = R_3/R_4$,故溶液的电导为

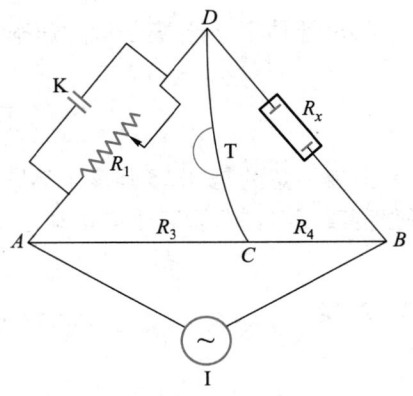

图 7.3.1 测定溶液电阻的惠斯通电桥

$$G_x = \frac{1}{R_x} = \frac{R_3}{R_4} \cdot \frac{1}{R_1} = \frac{\overline{AC}}{\overline{CB}} \cdot \frac{1}{R_1}$$

根据式(7.3.2),待测溶液的电导率为

$$\kappa = G_x \cdot \frac{l}{A_s} = \frac{1}{R_x} \cdot \frac{l}{A_s}$$

$$= \frac{1}{R_x} \cdot K_{cell} \qquad (7.3.4)$$

对于一个固定的电导池,l 和 A_s 都是定值,故比值 l/A_s 为一常数,称为**电导池系数**,以符号 K_{cell} 表示,单位为 m^{-1}。

欲求某一电导池的电导池系数,可用一个已知电导率的溶液注入该电导池中,测量其电阻,根据式(7.3.4)计算 K_{cell} 值。后再将待测溶液置于此电导池中,测量电阻,即可由式(7.3.4)计算待测溶液的电导率。然后根据式(7.3.3)计算其摩尔电导率。

对于给定的电导池,K_{cell} 的值是确定的,所以也可以利用式(7.3.4),通过求比值的方法获得待测溶液的电导率。

用来测定电导池系数的溶液通常是 KCl 溶液,不同浓度 KCl 溶液的电导率数据列于表 7.3.1。

表 7.3.1 25 ℃时不同浓度 KCl 溶液的电导率

$c/(mol \cdot dm^{-3})$	$c/(mol \cdot m^{-3})$	$\kappa/(S \cdot m^{-1})$
1	10^3	11.19

续表

$c/(\text{mol}\cdot\text{dm}^{-3})$	$c/(\text{mol}\cdot\text{m}^{-3})$	$\kappa/(\text{S}\cdot\text{m}^{-1})$
0.1	10^2	1.289
0.01	10	0.141 3
0.001	1	0.014 69
0.000 1	10^{-1}	0.001 489

≫ 例 7.3.1 25 ℃时在一电导池中盛以 c 为 0.02 mol·dm^{-3} 的 KCl 溶液,测得其电阻为 82.4 Ω。若在同一电导池中盛以 c 为 0.002 5 mol·dm^{-3} 的 K$_2$SO$_4$ 溶液,测得其电阻为 326.0 Ω。已知 25 ℃时 0.02 mol·dm^{-3} 的 KCl 溶液的电导率为 0.276 8 S·m^{-1}。试求:(1) 电导池系数 K_{cell};(2) 0.002 5 mol·dm^{-3} K$_2$SO$_4$ 溶液的电导率和摩尔电导率。

≫ 解:(1) 根据式(7.3.4),电导池系数为

$$K_{\text{cell}} = l/A_s = \kappa(\text{KCl})R(\text{KCl}) = 0.276\ 8\ \text{S}\cdot\text{m}^{-1}\times 82.4\ \Omega = 22.81\ \text{m}^{-1}$$

(2) 根据式(7.3.4),0.002 5 mol·dm^{-3} K$_2$SO$_4$溶液的电导率为

$$\kappa(\text{K}_2\text{SO}_4) = K_{\text{cell}}/R(\text{K}_2\text{SO}_4) = 22.81\ \text{m}^{-1}/326.0\ \Omega$$
$$= 0.069\ 97\ \text{S}\cdot\text{m}^{-1}$$

或者,

$$\kappa(\text{K}_2\text{SO}_4) = \frac{R(\text{KCl})}{R(\text{K}_2\text{SO}_4)}\cdot\kappa(\text{KCl})$$
$$= \frac{82.4\ \Omega}{326.0\ \Omega}\times 0.276\ 8\ \text{S}\cdot\text{m}^{-1} = 0.699\ 6\ \text{S}\cdot\text{m}^{-1}$$

根据式(7.3.4),0.002 5 mol·dm^{-3} K$_2$SO$_4$ 溶液的摩尔电导率为

$$\Lambda_{\text{m}}(\text{K}_2\text{SO}_4) = \kappa(\text{K}_2\text{SO}_4)/c(\text{K}_2\text{SO}_4)$$
$$= 0.069\ 97\ \text{S}\cdot\text{m}^{-1}/(0.002\ 5\times 10^3\ \text{mol}\cdot\text{m}^{-3})$$
$$= 0.027\ 99\ \text{S}\cdot\text{m}^2\cdot\text{mol}^{-1}$$

3. 摩尔电导率与浓度的关系

摩尔电导率与浓度的关系可由实验得出。科尔劳施(Kohlrausch)根据实验结果得出结论:在很稀的溶液中,强电解质的摩尔电导率与其浓度的平方根呈线性关系。若用公式表示,则为

$$\Lambda_{\text{m}} = \Lambda_{\text{m}}^{\infty} - A\sqrt{c} \tag{7.3.5}$$

式中,$\Lambda_{\text{m}}^{\infty}$ 和 A 都是常数。

图 7.3.2 为几种电解质的摩尔电导率对浓度的平方根图。由图可见,无论是强电解质还是弱电解质,其摩尔电导率均随溶液的稀释而增大。

对强电解质而言,溶液浓度降低,摩尔电导率增大,这是因为随着浓度的降低,离子间引力减小,离子运动速率增大,故摩尔电导率增大。在低浓度时,图 7.3.2 中曲线接近一条直线,将直线外推至纵坐标,所得截距即为**无限稀释的摩尔电导率** Λ_m^{∞},此值亦称为**极限摩尔电导率**。

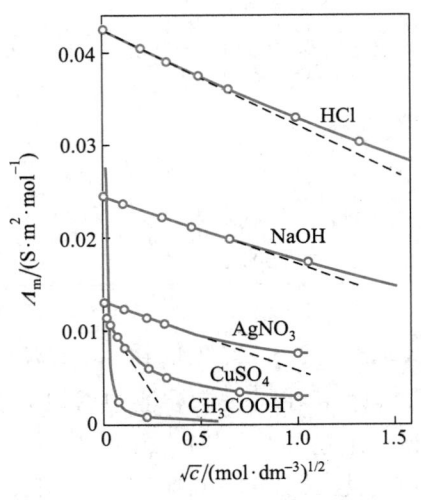

图 7.3.2　几种电解质的摩尔电导率
对浓度的平方根图

对弱电解质来说,溶液浓度降低时,摩尔电导率也增大。在溶液极稀时,随着溶液浓度的降低,摩尔电导率急剧增加。因为弱电解质的解离度随溶液的稀释而增大,因此,浓度越低,离子越多,摩尔电导率也越大。由图 7.3.2 可见,弱电解质无限稀释时的摩尔电导率无法用外推法求得,故式(7.3.5)不适用于弱电解质。科尔劳施的离子独立迁移定律解决了这一问题。

4. 离子独立迁移定律和离子的摩尔电导率

（1）离子独立迁移定律　如上所述,利用外推法可以求出强电解质溶液在无限稀释时的摩尔电导率。科尔劳施研究了大量的强电解质溶液,根据实验数据发现了一些规律,提出了离子独立迁移定律。

例如,25 ℃时,一些电解质在无限稀释时的摩尔电导率的实验数据如下：

$$\Lambda_m^{\infty}(\text{KCl}) = 0.014\,99 \text{ S}\cdot\text{m}^2\cdot\text{mol}^{-1}$$

$$\Lambda_m^{\infty}(\text{LiCl}) = 0.011\,50 \text{ S}\cdot\text{m}^2\cdot\text{mol}^{-1}$$

$$\Lambda_m^{\infty}(\text{KNO}_3) = 0.014\,50 \text{ S}\cdot\text{m}^2\cdot\text{mol}^{-1}$$

$$\Lambda_m^{\infty}(\text{LiNO}_3) = 0.011\,01 \text{ S}\cdot\text{m}^2\cdot\text{mol}^{-1}$$

从以上数据可以看出：

① 具有相同阴离子的钾盐和锂盐的 Λ_m^{∞} 之差为一常数,与阴离子的性质无关,即

$$\Lambda_m^{\infty}(\text{KCl}) - \Lambda_m^{\infty}(\text{LiCl}) = \Lambda_m^{\infty}(\text{KNO}_3) - \Lambda_m^{\infty}(\text{LiNO}_3) = 0.003\,49 \text{ S}\cdot\text{m}^2\cdot\text{mol}^{-1}$$

② 具有相同阳离子的氯化物和硝酸盐的 Λ_m^{∞} 之差亦为一常数,与阳离子的性质无关,即

$$\Lambda_m^{\infty}(\text{KCl}) - \Lambda_m^{\infty}(\text{KNO}_3) = \Lambda_m^{\infty}(\text{LiCl}) - \Lambda_m^{\infty}(\text{LiNO}_3) = 0.000\,49 \text{ S}\cdot\text{m}^2\cdot\text{mol}^{-1}$$

其他电解质也有相同的规律。

根据这些事实,科尔劳施认为,在无限稀释溶液中,离子彼此独立运动,互不影响,无限稀释电解质的摩尔电导率等于无限稀释时阴、阳离子的摩尔电导率之和,此即**科尔劳施离子独立迁移定律**。

若电解质 $C_{\nu_+} A_{\nu_-}$ 在水中完全解离：

$$C_{\nu_+}A_{\nu_-} \longrightarrow \nu_+ \, C^{z^+} + \nu_- \, A^{z^-}$$

ν_+、ν_- 分别表示阳、阴离子的化学计量数。若以 Λ_m^∞ 表示无限稀释时电解质 $C_{\nu_+}A_{\nu_-}$ 的摩尔电导率,以 $\Lambda_{m,+}^\infty$ 及 $\Lambda_{m,-}^\infty$ 分别表示无限稀释时阳离子 C^{z^+} 和阴离子 A^{z^-} 的摩尔电导率,则有

$$\Lambda_m^\infty = \nu_+ \, \Lambda_{m,+}^\infty + \nu_- \Lambda_{m,-}^\infty \tag{7.3.6}$$

此式为科尔劳施离子独立迁移定律的公式形式。

根据离子独立迁移定律,可以应用强电解质无限稀释摩尔电导率计算弱电解质无限稀释摩尔电导率。例如,弱电解质 CH_3COOH 的无限稀释摩尔电导率可由强电解质 HCl、CH_3COONa 及 $NaCl$ 的无限稀释摩尔电导率计算出来:

$$\begin{aligned} \Lambda_m^\infty(CH_3COOH) &= \Lambda_m^\infty(H^+) + \Lambda_m^\infty(CH_3COO^-) \\ &= \Lambda_m^\infty(HCl) + \Lambda_m^\infty(CH_3COONa) - \Lambda_m^\infty(NaCl) \end{aligned}$$

显然,若能得知无限稀释时各种离子的摩尔电导率,则可直接应用式(7.3.6)计算无限稀释时各种电解质的摩尔电导率。上面弱电解质 CH_3COOH 的无限稀释摩尔电导率,也可从 $\Lambda_m^\infty(H^+) + \Lambda_m^\infty(CH_3COO^-)$ 直接算出了。

(2)无限稀释时离子的摩尔电导率 无限稀释时离子的摩尔电导率可通过实验确定,原理如下:

电解质的摩尔电导率是溶液中阴、阳离子摩尔电导率贡献的总和,故离子的迁移数也可以看作某种离子的摩尔电导率占电解质总摩尔电导率的分数。在无限稀释时有

$$t_+^\infty = \frac{\nu_+ \, \Lambda_{m,+}^\infty}{\Lambda_m^\infty}, \quad t_-^\infty = \frac{\nu_- \Lambda_{m,-}^\infty}{\Lambda_m^\infty} \tag{7.3.7}$$

因此通过实验测定求出某强电解质的 Λ_m^∞ 和 t_+^∞、t_-^∞,即可求出该电解质离子的 $\Lambda_{m,+}^\infty$ 和 $\Lambda_{m,-}^\infty$。表 7.3.2 列出了 $25\,℃$ 下无限稀释水溶液中离子的摩尔电导率。

表 7.3.2 $25\,℃$ 下无限稀释水溶液中离子的摩尔电导率

阳离子	$\Lambda_{m,+}^\infty/(10^{-4}\,S\cdot m^2\cdot mol^{-1})$	阴离子	$\Lambda_{m,-}^\infty/(10^{-4}\,S\cdot m^2\cdot mol^{-1})$
H^+	349.65	OH^-	198.0
Li^+	38.66	Cl^-	76.31
Na^+	50.08	Br^-	78.1
K^+	73.48	I^-	76.8
NH_4^+	73.5	NO_3^-	71.42
Ag^+	61.9	CH_3COO^-	40.9
$\frac{1}{2}Mg^{2+}$	53.0	ClO_4^-	67.3
$\frac{1}{2}Ca^{2+}$	59.47	$\frac{1}{2}SO_4^{2-}$	80.0
$\frac{1}{2}Sr^{2+}$	59.4		

续表

阳离子	$\Lambda_{m,+}^{\infty}/(10^{-4}S\cdot m^2\cdot mol^{-1})$	阴离子	$\Lambda_{m,-}^{\infty}/(10^{-4}S\cdot m^2\cdot mol^{-1})$
$\frac{1}{2}Ba^{2+}$	63.6		
$\frac{1}{3}Fe^{3+}$	68		
$\frac{1}{3}La^{3+}$	69.7		

从表 7.3.2 中数据可看出，K^+ 和 Cl^- 的摩尔电导率近似相等，因此 KCl 溶液中 K^+ 和 Cl^- 分别传导的电荷量近似相等，二者的离子迁移数也近似相等，所以人们常在电池中使用高浓度 KCl 溶液作为盐桥来消除液体接界电势的影响。关于液体接界电势的内容参见 §7.7。

5. 电导测定的应用

重点难点

电导测定的
应用

（1）计算弱电解质的解离度及解离常数　根据阿伦尼乌斯（Arrhenius）的电离理论，弱电解质仅部分解离，离子和未解离的分子之间存在着动态平衡。例如，浓度为 c 的乙酸水溶液中，乙酸部分解离，解离度为α时：

$$CH_3COOH \Longrightarrow H^+ + CH_3COO^-$$

解离前　　　　　　c　　　　　　0　　　　　0

解离平衡时　　$c(1-\alpha)$　　　$c\alpha$　　　$c\alpha$

解离常数 $K^{\ominus}$ 与乙酸的浓度和解离度的关系为

$$K^{\ominus} = \frac{(c\alpha/c^{\ominus})^2}{(1-\alpha)c/c^{\ominus}} = \frac{\alpha^2}{1-\alpha}\cdot\frac{c}{c^{\ominus}} \tag{7.3.8}$$

如果测定了弱电解质在整体浓度为 c 时的电导率κ，可根据 $\Lambda_m = \kappa/c$ 算出此浓度下溶液的摩尔电导率 Λ_m，因弱电解质只发生部分解离，这时对 Λ_m 有贡献的仅仅是已解离的部分。由于溶液中离子的浓度很低，可以认为已解离出的离子独立运动，故 Λ_m 与无限稀释摩尔电导率 Λ_m^{∞} 之比就近似等于解离度α，即

$$\alpha = \frac{\Lambda_m}{\Lambda_m^{\infty}} \tag{7.3.9}$$

Λ_m^{∞} 可应用式（7.3.6）计算。知道了α，即可由式（7.3.8）计算弱电解质的解离常数 $K^{\ominus}$。

（2）计算难溶盐的溶解度　用测定电导的方法可以计算难溶盐（如 AgCl、$BaSO_4$ 等）的溶解度。举例说明如下。

≫ 例 **7.3.2**　根据电导的测定得出 25 ℃时 AgCl 饱和水溶液的电导率为 3.41×10^{-4} S·m^{-1}。已知同温度下配制此溶液所用水的电导率为 1.60×10^{-4} S·m^{-1}。试计算 25 ℃时 AgCl 的溶解度。

》解: AgCl 在水中的溶解度极微,其饱和水溶液的电导率 κ(溶液)为 AgCl 的电导率 κ(AgCl)与所用水的电导率 κ(H_2O)之和[①],即

$$\kappa(溶液)=\kappa(\text{AgCl})+\kappa(\text{H}_2\text{O})$$

因此
$$\kappa(\text{AgCl})=\kappa(溶液)-\kappa(\text{H}_2\text{O})$$
$$=(3.41\times10^{-4}-1.60\times10^{-4})\text{ S}\cdot\text{m}^{-1}$$
$$=1.81\times10^{-4}\text{ S}\cdot\text{m}^{-1}$$

AgCl 饱和水溶液的摩尔电导率 Λ_m 可以看作无限稀释溶液的摩尔电导率 Λ_m^∞,故可根据式(7.3.6)由阴、阳离子的无限稀释摩尔电导率求和算出。由表 7.3.2 知:

$$\Lambda_m^\infty(\text{Ag}^+)=61.9\times10^{-4}\text{ S}\cdot\text{m}^2\cdot\text{mol}^{-1}$$

$$\Lambda_m^\infty(\text{Cl}^-)=76.31\times10^{-4}\text{ S}\cdot\text{m}^2\cdot\text{mol}^{-1}$$

故
$$\Lambda_m(\text{AgCl})\approx\Lambda_m^\infty(\text{AgCl})=\Lambda_m^\infty(\text{Ag}^+)+\Lambda_m^\infty(\text{Cl}^-)$$
$$=(61.9+76.31)\times10^{-4}\text{ S}\cdot\text{m}^2\cdot\text{mol}^{-1}$$
$$=138.21\times10^{-4}\text{ S}\cdot\text{m}^2\cdot\text{mol}^{-1}$$

由式(7.3.3) $\Lambda_m=\kappa/c$,可算出 AgCl 的溶解度:

$$c=\frac{\kappa}{\Lambda_m}=\frac{1.81\times10^{-4}\text{ S}\cdot\text{m}^{-1}}{138.21\times10^{-4}\text{ S}\cdot\text{m}^2\cdot\text{mol}^{-1}}=0.013\,1\text{ mol}\cdot\text{m}^{-3}$$

§7.4　电解质溶液的活度、活度因子及德拜–休克尔极限公式

在原电池和电解池中使用的电解质溶液通常都具有较高浓度,所以很多有关热力学的计算中需要使用活度来代替浓度。电解质溶液的活度表示法与本书第四章所讲的非电解质溶液的活度表示没有本质上的不同,只是电解质溶液的整体活度是电解质解离后阴、阳离子共同贡献的。本节将介绍关于电解质溶液的活度及活度因子的表示方法。

1. 平均离子活度和平均离子活度因子

活度与活度因子的概念是在第四章介绍真实溶液化学势表达式时引出的,对于电解质溶液,同样可以从化学势表达式中引出相应的活度与活度因子的表示方法。

以强电解质 $C_{\nu_+}A_{\nu_-}$ 为例,设其在水中全部解离:

$$C_{\nu_+}A_{\nu_-}\longrightarrow\nu_+\,C^{z^+}+\nu_-\,A^{z^-}$$

重点难点

电解质溶液的
活度(因子)

---

① 水有一定的电导率。不同方法纯化的供测量电解质溶液电导的水,由于其杂质的种类及含量不同,电导率也不一样,故在测量电导率很小的溶液的电导率时,必须考虑水的电导率。

根据化学势的性质可知,整体电解质的化学势μ_B应为阳离子和阴离子化学势μ_+与μ_-的代数和：

$$\mu_B = \nu_+\mu_+ + \nu_-\mu_- \tag{7.4.1}$$

根据活度a_B的定义,

$$\mu_B = \mu_B^\ominus + RT\ln a_B$$

可得整体电解质的化学势,以及阳、阴离子的化学势,分别为

$$\mu_B = \mu_B^\ominus + RT\ln a_B \tag{7.4.2a}$$

$$\mu_+ = \mu_+^\ominus + RT\ln a_+ \tag{7.4.2b}$$

$$\mu_- = \mu_-^\ominus + RT\ln a_- \tag{7.4.2c}$$

式中,a_B、a_+、a_-分别为整体电解质、阳离子和阴离子的活度；$\mu_B^\ominus$、$\mu_+^\ominus$、$\mu_-^\ominus$分别为三者的标准化学势。

将式(7.4.2)代入式(7.4.1),整理后得

$$\mu_B = \mu_B^\ominus + RT\ln(a_+^{\nu_+} \cdot a_-^{\nu_-}) \tag{7.4.3}$$

式中

$$\mu_B^\ominus = \nu_+\mu_+^\ominus + \nu_-\mu_-^\ominus \tag{7.4.4}$$

$\mu_B^\ominus$为整体电解质的标准化学势。将式(7.4.3)与式(7.4.2a)对比,可有

$$a_B = a_+^{\nu_+} \cdot a_-^{\nu_-} \tag{7.4.5}$$

此即为整体电解质的活度与阳离子、阴离子活度之间的关系式。

由于不能单独测出电解质溶液中某种离子的活度,只能测出阴、阳离子活度的平均值,因此引入**平均离子活度**$a_\pm$的概念,定义如下：

$$a_\pm \overset{\text{def}}{=\!=\!=} (a_+^{\nu_+} \cdot a_-^{\nu_-})^{1/\nu} \tag{7.4.6}$$

式中

$$\nu = \nu_+ + \nu_- \tag{7.4.7}$$

将式(7.4.6)与式(7.4.5)结合可知：

$$a_B = a_\pm^\nu = a_+^{\nu_+} \cdot a_-^{\nu_-} \tag{7.4.8}$$

由此可得整体电解质化学势为

$$\mu_B = \mu_B^\ominus + RT\ln a_\pm^\nu \tag{7.4.9}$$

由上可知,与非电解质溶液不同,电解质溶液中电解质的活度是阳离子和阴离子活度贡献的总和,不过这种总和并非不同离子活度的简单加和,而是遵循式(7.4.8)所给出的关系。接下来的问题是电解质的平均离子活度$a_\pm$与溶液中溶质 B 的质量摩尔浓度b之间有何关系。

当所配制的电解质溶液的质量摩尔浓度为b时,根据前面给出的解离式,可知溶液中阳

离子和阴离子的质量摩尔浓度分别为

$$b_+ = \nu_+ b$$
$$b_- = \nu_- b$$

(7.4.10)

定义阳离子和阴离子的活度因子分别为

$$\gamma_+ \overset{\text{def}}{=\!=} \frac{a_+}{b_+/b^\ominus}$$

$$\gamma_- \overset{\text{def}}{=\!=} \frac{a_-}{b_-/b^\ominus}$$

(7.4.11)

代入式(7.4.2b)和(7.4.2c),可将离子的化学势写为

$$\mu_+ = \mu_+^\ominus - RT\ln(\gamma_+ b_+/b^\ominus)$$
$$\mu_- = \mu_-^\ominus + RT\ln(\gamma_- b_-/b^\ominus)$$

(7.4.12)

这样式(7.4.3)可表示为

$$\mu_B = \mu_B^\ominus + RT\ln\left[\gamma_+^{\nu_+}\gamma_-^{\nu_-}(b_+/b^\ominus)^{\nu_+}(b_-/b^\ominus)^{\nu_-}\right]$$

(7.4.13)

由于单独一种离子的活度因子也无法测定得到,所以也只能使用其总体的平均值。定义电解质的**平均离子活度因子** $\gamma_\pm$ 为

$$\gamma_\pm \overset{\text{def}}{=\!=} (\gamma_+^{\nu_+}\gamma_-^{\nu_-})^{1/\nu}$$

(7.4.14)

与 $\gamma_\pm$ 和 $a_\pm$ 相应,定义电解质的**平均离子质量摩尔浓度** $b_\pm$ 为

$$b_\pm \overset{\text{def}}{=\!=} (b_+^{\nu_+}b_-^{\nu_-})^{1/\nu}$$

(7.4.15)

将 $\gamma_\pm$ 和 $b_\pm$ 的定义式代入式(7.4.13),并与前面的式(7.4.9)比较,有

$$\mu_B = \mu_B^\ominus + RT\ln\left[\gamma_\pm^\nu(b_\pm/b^\ominus)^\nu\right]$$
$$= \mu_B^\ominus + RT\ln a_\pm^\nu$$

(7.4.16)

由此可得

$$a_\pm = \gamma_\pm b_\pm/b^\ominus$$

(7.4.17)

当 $b \to 0$ 时,$\gamma_\pm \to 1$。

例题解析

电解质活度
计算

表7.4.1列出了25℃下一些电解质水溶液在不同质量摩尔浓度时的平均离子活度因子 $\gamma_\pm$。

表7.4.1   25℃下一些电解质水溶液在不同质量摩尔浓度时的平均离子活度因子 $\gamma_\pm$

水溶液	$b/(\text{mol}\cdot\text{kg}^{-1})$								
中电解质	0.001	0.005	0.01	0.05	0.10	0.50	1.0	2.0	4.0
HCl	0.965	0.928	0.904	0.830	0.796	0.757	0.809	1.009	1.762

续表

水溶液中电解质	$b/(\mathrm{mol \cdot kg^{-1}})$								
	0.001	0.005	0.01	0.05	0.10	0.50	1.0	2.0	4.0
NaCl	0.966	0.929	0.904	0.823	0.778	0.682	0.658	0.671	0.783
KCl	0.965	0.927	0.901	0.815	0.769	0.650	0.605	0.575	0.582
HNO_3	0.965	0.927	0.902	0.823	0.785	0.715	0.720	0.783	0.982
NaOH	0.965	0.927	0.899	0.818	0.766	0.693	0.679	0.700	0.890
$CaCl_2$	0.887	0.783	0.724	0.574	0.518	0.448	0.500	0.792	2.934
K_2SO_4	0.885	0.78	0.71	0.52	0.43	0.251			
H_2SO_4	0.830	0.639	0.544	0.340	0.265	0.154	0.130	0.124	0.171
$CdCl_2$	0.819	0.623	0.524	0.304	0.228	0.100	0.066	0.044	
$BaCl_2$	0.88	0.77	0.72	0.56	0.49	0.39	0.393		
$CuSO_4$	0.74	0.53	0.41	0.21	0.16	0.068	0.047		
$ZnSO_4$	0.734	0.477	0.387	0.202	0.148	0.063	0.043	0.035	

当配制了某一质量摩尔浓度 b 的电解质水溶液时,可根据 b 查出 $\gamma_\pm$ 并算出 $b_\pm$,进而算出 $a_\pm$,然后即可进行其他各种计算,如计算后面要讲到的原电池电动势。另外,由于单个离子的活度因子无法测量,在某些特定情况下一定要使用时,可近似认为 $\gamma_+ = \gamma_- = \gamma_\pm$。

>> **例 7.4.1** 试利月表 7.4.1 数据计算 25 ℃时 0.1 mol · kg^{-1} H$_2$SO$_4$ 水溶液中平均离子活度。

>> **解**:先求出 H$_2$SO$_4$ 的平均离子质量摩尔浓度 $b_\pm$。

对于 H$_2$SO$_4$,$\nu_+ = 2$,$\nu_- = 1$,$\nu = \nu_+ + \nu_- = 3$,$b_+ = \nu_+ b = 2b$,$b_- = \nu_- b = b$,$b = 0.1$ mol · kg^{-1},于是由式(7.4.15)得

$$b_\pm = (b_+^{\nu_+} \cdot b_-^{\nu_-})^{1/\nu} = [(2b)^2 \cdot b]^{1/3} = 4^{1/3} b = 0.158\ 7 \text{ mol} \cdot \text{kg}^{-1}$$

由表 7.4.1 查得 25 ℃时 0.1 mol · kg^{-1} H$_2$SO$_4$ 的 $\gamma_\pm = 0.265$,于是得

$$a_\pm = \gamma_\pm b_\pm / b^\ominus = 0.265 \times 0.158\ 7 = 0.042\ 1$$

2. 离子强度

由表 7.4.1 所列数据可知:

① 电解质平均离子活度因子 $\gamma_\pm$ 与溶液的质量摩尔浓度有关。在稀溶液范围内,$\gamma_\pm$ 随质量摩尔浓度的降低而增加。

② 在稀溶液范围内,对相同价型的电解质而言,当质量摩尔浓度相同时,其 $\gamma_\pm$ 近乎相等。而对于不同价型的电解质,虽质量摩尔浓度相同,其 $\gamma_\pm$ 并不相同,高价型电解质的 $\gamma_\pm$

较小。

上述事实表明,在稀溶液范围内,影响 $\gamma_\pm$ 大小的主要是浓度和价型两个因素。为了能综合反映这两个因素对 $\gamma_\pm$ 的影响,1921 年路易斯提出了一个新的物理量——离子强度,用 I 表示,定义为

$$I \xmapsto{\text{def}} \frac{1}{2}\sum_{B}b_{B}z_{B}^{2}$$

(7.4.18)

即将溶液中每种离子的质量摩尔浓度 b_B 乘以该离子电荷数 z_B 的平方,所得诸项之和的一半称为**离子强度**。

在此基础上,路易斯根据实验结果总结出在稀溶液范围内一定价型电解质的平均离子活度因子 $\gamma_\pm$ 与离子强度的关系为

$$\lg\gamma_\pm \propto \sqrt{I}$$

该经验式与后来根据德拜－休克尔理论所导出的计算 $\gamma_\pm$ 的德拜－休克尔极限公式在本质上是一致的。

>> **例 7.4.2** 试分别求出下列各溶液的离子强度 I 和质量摩尔浓度 b 间的关系。(1) KCl 溶液,(2) $MgCl_2$ 溶液,(3) $FeCl_3$ 溶液,(4) $ZnSO_4$ 溶液,(5) $Al_2(SO_4)_3$ 溶液。

>> **解**:(1) 对于 KCl, $b_+ = b_- = b$, $z_+ = 1$, $z_- = -1$,则

$$I = \frac{1}{2}\sum_{B}b_{B}z_{B}^{2} = \frac{1}{2}\left[b(1)^2 + b(-1)^2\right] = b$$

(2) 对于 $MgCl_2$, $b_+ = b$, $b_- = 2b$, $z_- = 2$, $z_- = -1$,则

$$I = \frac{1}{2}\sum_{B}b_{B}z_{B}^{2} = \frac{1}{2}\left[b(2)^2 + 2b(-1)^2\right] = 3b$$

(3) 对于 $FeCl_3$, $b_+ = b$, $b_- = 3b$, $z_- = 3$, $z_- = -1$,则

$$I = \frac{1}{2}\sum_{B}b_{B}z_{B}^{2} = \frac{1}{2}\left[b(3)^2 + 3b(-1)^2\right] = 6b$$

(4) 对于 $ZnSO_4$, $b_+ = b_- = b$, $z_+ = 2$, $z_- = -2$,则

$$I = \frac{1}{2}\sum_{B}b_{B}z_{B}^{2} = \frac{1}{2}\left[b(2)^2 + b(-2)^2\right] = 4b$$

(5) 对于 $Al_2(SO_4)_3$, $b_+ = 2b$, $b_- = 3b$, $z_+ = 3$, $z_- = -2$,则

$$I = \frac{1}{2}\sum_{B}b_{B}z_{B}^{2} = \frac{1}{2}\left[2b(3)^2 + 3b(-2)^2\right] = 15b$$

>> **例 7.4.3** 同时含 $0.1\ mol\cdot kg^{-1}$ KCl 和 $0.01\ mol\cdot kg^{-1}$ $BaCl_2$ 的水溶液,其离子强度为多少?

>> **解**:溶液中共有三种离子:钾离子 $b(K^+) = 0.1\ mol\cdot kg^{-1}$, $z(K^+) = 1$;钡离子 $b(Ba^{2+}) = $

$0.01 \text{ mol} \cdot \text{kg}^{-1}$，$z(\text{Ba}^{2+}) = 2$；氯离子 $b(\text{Cl}^-) = b(\text{K}^+) + 2b(\text{Ba}^{2+}) = 0.12 \text{ mol} \cdot \text{kg}^{-1}$，$z(\text{Cl}^-) = -1$，故根据式(7.4.18)得

$$I = \frac{1}{2}\sum_{\text{B}} b_{\text{E}} z_{\text{B}}^2 = \frac{1}{2}\left[0.1 \times (1)^2 + 0.01 \times (2)^2 + 0.12 \times (-1)^2\right] \text{ mol} \cdot \text{kg}^{-1}$$
$$= 0.13 \text{ mol} \cdot \text{kg}^{-1}$$

3. 德拜-休克尔极限公式

重点难点

德拜-休克
尔极限公式

　　人们在早期研究电解质溶液时,发现强电解质溶液不符合阿伦尼乌斯提出的部分电离理论,该理论只适用于弱电解质溶液。1923 年德拜(Debye)和休克尔(Hückel)把物理学中的静电学和化学联系起来,提出了强电解质离子互吸理论。由于该理论建立在强电解质全部解离这一假设上,因此又称为非缔合式电解质理论。德拜-休克尔的电解质溶液理论和后面要讲到的能斯特方程极大地促进了电化学理论及实验的发展,在电化学甚至物理化学中都占有重要地位。该理论的主要思想为：① 强电解质在稀溶液范围是完全解离的,解离后的离子间的主要相互作用力是静电库仑力,这也是引起强电解质溶液与理想溶液偏差的主要原因；② 提出了离子氛的概念,将离子间相互作用的库仑力归结为各中心离子与它周围的离子氛之间的静电引力；③ 在适当假设的基础上,利用静电学理论和统计力学方法,推导出德拜-休克尔极限公式。下面简要介绍离子氛的概念和德拜-休克尔极限公式。

　　(1) 离子氛　溶液中阴、阳离子共存,根据库仑定律,同性离子相斥,异性离子相吸。离子在静电作用力的影响下,趋向于像离子晶体那样规则地排列,而离子的热运动则力图使它们均匀地分散在溶液中。这两种力相互作用的结果,使得在一定时间间隔内平均来看,在任意一个离子(可称为中心离子)的周围,异性离子分布的平均密度大于同性离子分布的平均密度。可以设想,中心离子好像被一层异号电荷离子包围着,而异号电荷离子的总电荷在数值上等于中心离子的电荷。统计地看,这层异号电荷离子是球形对称的,由它所构成的球体即称为**离子氛**,如图 7.4.1 所示。中心离子是任意选择的,每一个离子的周围都可以设想存在一个由异号电荷离子构成的离子氛。而每一个离子既是中心离子,

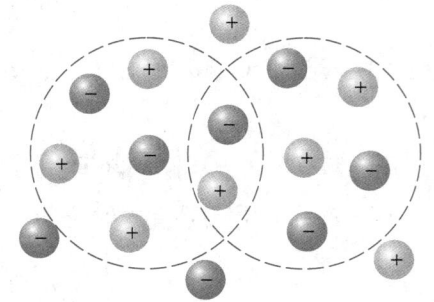

图 7.4.1　离子氛示意图

同时又属于其他离子的离子氛。这种情况在一定程度上可以与离子晶体中的单位晶格相比拟。但与晶格不同的是,由于离子的热运动,离子在溶液中所处的位置是不断变化的,因而离子氛是瞬息万变的。

　　由于中心离子与离子氛的电荷大小相等,符号相反,所以将它们作为一个整体来看,是电中性的,这个整体与溶液中的其他部分之间不再存在静电作用。假设离子氛是球形对称的,如图 7.4.1 中虚线所示,可以形象化地将溶液中的静电作用完全归结为中心离子与离子

氛之间的作用。这样,就大大简化了所研究的问题及理论推导。

(2) 德拜－休克尔极限公式　该公式推导的基本出发点是热力学的化学势。德拜－休克尔理论认为离子间的静电相互作用是引起电解质溶液偏离理想溶液(离子间无相互作用)的根本原因,从热力学的观点出发,二者的化学势之差 $\Delta\mu$ 反映了这一偏差,即

$$\Delta\mu = \mu_{实} - \mu_{理} = (\nu_+\mu_{+,实} + \nu_-\mu_{-,实}) - (\nu_+\mu_{+,理} + \nu_-\mu_{-,理})$$
$$= (\mu^{\ominus} + RT\ln a_{\pm}^{\nu}) - [\mu^{\ominus} + RT\ln(b_{\pm}/b^{\ominus})^{\nu}]$$
$$= RT\ln(\gamma_{\pm}b_{\pm}/b^{\ominus})^{\nu} - RT\ln(b_{\pm}/b^{\ominus})^{\nu} = \nu RT\ln\gamma_{\pm}$$

公式左边的 $\Delta\mu$ 相当于在恒温恒压下,将离子从无静电相互作用变到有静电相互作用所做的可逆非体积功。德拜－休克尔在离子氛模型的基础上,应用静电学原理和统计力学的方法,推导得到电解质稀溶液中单个离子活度因子的公式为

$$\lg\gamma_i = -Az_i^2\sqrt{I} \tag{7.4.19a}$$

整体电解质的平均离子活度因子公式为

$$\lg\gamma_{\pm} = -Az_+|z_-|\sqrt{I} \tag{7.4.19b}$$

其中
$$A = \frac{(2\pi L\rho_A^*)^{1/2}e^3}{2.303(4\pi\varepsilon_0\varepsilon_r kT)^{3/2}} \tag{7.4.20}$$

式中,π 为圆周率;L 为阿伏加德罗常数(mol^{-1});ρ_A^* 为纯溶剂的密度($kg\cdot m^{-3}$);e 为电子电荷量(C);ε_0 为真空介电常数($C^2\cdot J^{-1}\cdot m^{-1}$);$\varepsilon_r$ 为溶剂的相对介电常数;k 为玻耳兹曼常数($J\cdot K^{-1}$);T 为热力学温度(K)。可以看出 A 是一个与溶剂性质、温度等有关的常数,在 25 ℃水溶液中 $A = 0.509(mol\cdot kg^{-1})^{-1/2}$。

式(7.4.19)即为**德拜－休克尔极限公式**。之所以称为极限公式,是因为在推导过程中有些假设只有在溶液非常稀时才能成立,故该公式只适用于稀溶液。

由式(7.4.19b)可知,当温度、溶剂确定后,电解质的平均离子活度因子 $\gamma_{\pm}$ 只与离子所带电荷数及溶液的离子强度有关。因此不同电解质,只要价型相同,即 $z_+|z_-|$ 乘积相同,以 $\lg\gamma_{\pm}$ 对 $\sqrt{I}$ 作图,均应在一条直线上。图 7.4.2 为不同价型电解质水溶液的 $\lg\gamma_{\pm}$ - $\sqrt{I}$ 图,图中实线为实验值,虚线为德拜－休克尔极限公式的计算值。由图可看出,在溶液浓度很低时,理论值与实验值符合很好。另外,图中曲线显示,在相同离子强度下,$z_+|z_-|$ 乘积越大的电解质 $\gamma_{\pm}$ 值越小,即偏离理想的程度越高。这也说明了静电作用力是使电解质溶液偏离理想溶液的主要原因。

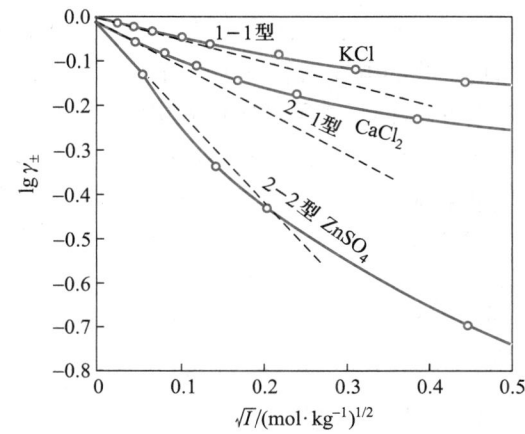

图 7.4.2　不同价型电解质水溶液的 $\lg\gamma_{\pm}$ - $\sqrt{I}$ 图

» 例 7.4.4 试用德拜-休克尔极限公式计算 25 ℃时 $b = 0.005 \text{ mol} \cdot \text{kg}^{-1}$的 $ZnCl_2$ 水溶液中,$ZnCl_2$ 的平均离子活度因子 $\gamma_{\pm}$。

» 解:溶液中有 Zn^{2+} 和 Cl^-,$b(Zn^{2+}) = 0.005 \text{ mol} \cdot \text{kg}^{-1}$,$b(Cl^-) = 0.010 \text{ mol} \cdot \text{kg}^{-1}$,$z(Zn^{2+}) = 2$,$z(Cl^-) = -1$,则

$$I = \frac{1}{2}\sum_B b_B z_B^2 = \frac{1}{2}\left[0.005 \times (2)^2 + 0.010 \times (-1)^2\right] \text{mol} \cdot \text{kg}^{-1} = 0.015 \text{ mol} \cdot \text{kg}^{-1}$$

根据式(7.4.19b),$A = 0.509 \text{ mol}^{-1/2} \cdot \text{kg}^{1/2}$

$$\lg \gamma_{\pm} = -A z_+ |z_-| \sqrt{I} = -0.509 \times 2 \times 1 \times \sqrt{0.015} = -0.124\ 7$$

故 $$\gamma_{\pm} = 0.750$$

§7.5   可逆电池及其电动势的测定

    原电池是利用电极上的氧化还原反应自发地将化学能转化为电能的装置。根据热力学原理可知,恒温恒压下 1 mol 进度放热化学反应对外能放出的热量 Q_m 为摩尔反应焓 $\Delta_r H_m$,如果利用这一热量通过热机对外做功或者发电,目前实际能达到的最高能量转换效率一般只有 40% 左右。但如果能将反应放在电池中自发进行,则恒温恒压下电池对外所能做的最大可逆非体积功 W'_r 等于反应的摩尔吉布斯函数变 $\Delta_r G_m$,即 $\Delta G = W'_r$(见第三章)。由此可知利用电池将化学能转化为电能的理论上的能量转换效率 η 为

$$\eta = \frac{\Delta G}{\Delta H} \tag{7.5.1}$$

如反应:

$$H_2(g) + \frac{1}{2}O_2(g) \longrightarrow H_2O(l)$$

在 25 ℃、100 kPa 下反应的 $\Delta_r H_m^{\ominus} = -285.830 \text{ kJ} \cdot \text{mol}^{-1}$,$\Delta_r G_m^{\ominus} = -237.129 \text{ kJ} \cdot \text{mol}^{-1}$。按式(7.5.1)计算的电池的能量转换效率可高达 82.96%。可见电池是一种可高效利用化学反应能量的装置,而且它不受热机效率的限制(即不受高、低温热源温度的限制)。不过恒温恒压下反应的 $\Delta_r G_m$ 是电池将化学能转化为电能的理论上的最大值,由于电池内阻、电极极化等因素的影响,电池效率往往并不能达到其理论最大值。因此研究电池的性质,改进电池的设计,不断制造出效率高、成本低、污染小的新型电池,正是推动电化学研究不断深入的不竭动力之一。

    物理化学中主要介绍电池在理想状态,也就是在可逆条件下的工作原理和基本热力学性质。

1. 可逆电池

研究电池热力学时,要求电池是可逆的。电池的可逆包括三方面的含义:

（1）**化学可逆性**　即物质可逆。要求两个电极在充电时的电极反应必须是放电时的逆反应。

重点难点

（2）**热力学可逆性**　即能量可逆。要求电池在无限接近平衡的状态[①]下工作,电池在充电时吸收的能量严格等于放电时放出的能量,并使系统和环境都能够复原。要满足能量可逆的要求,电池必须在电流无限小、即 $I \rightarrow 0$ 的状态下工作。

可逆电极

不具有化学可逆性的电池不可能具有热力学可逆性,而具有化学可逆性的电池却不一定以热力学可逆的方式工作,如可充电电池的实际充放电过程,一般都不是在 $I \rightarrow 0$ 的可逆状态下进行的。

（3）**实际可逆性**　即电池内没有由液体接界电势等因素引起的实际过程的不可逆性。严格说来,由两个不同电解质溶液构成的具有液体接界的电池,都是热力学不可逆的,因为在液体接界处存在着不可逆的离子扩散。不过在一般精度要求许可范围内,为研究方便,有时可忽略一些较小的不可逆性。

下面结合两个具体电池加以讨论。

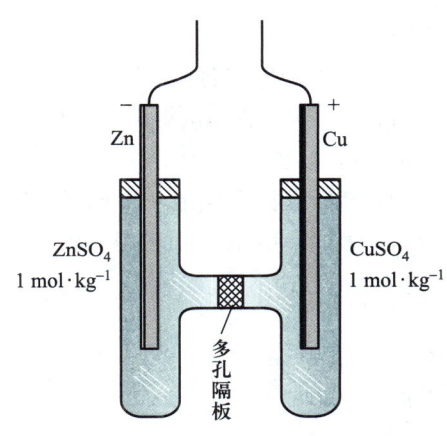

图 7.5.1　丹聂尔电池示意图

（1）**丹聂尔电池**　丹聂尔（Daniell）电池是一种铜-锌双液电池,是典型的原电池,如图 7.5.1 所示。该电池是由锌电极（将锌片插入 $ZnSO_4$ 水溶液中）作为阳极、铜电极（将铜片插入 $CuSO_4$ 水溶液中）作为阴极而组成的,其电极反应和电池反应为

$$
\begin{array}{ll}
\text{阳极：} & Zn \longrightarrow Zn^{2+} + 2e^- \\
\text{阴极：} & Cu^{2+} + 2e^- \longrightarrow Cu \\
\hline
\text{电池反应：} & Zn + Cu^{2+} \Longrightarrow Zn^{2+} + Cu
\end{array}
$$

这种把阳极和阴极分别置于不同溶液中的电池,称为**双液电池**。为了防止两种溶液直接混合,而让离子仍能通过,两电解质溶液用多孔隔板隔开。

为书写方便,通常用图式来表示一个电池。丹聂尔电池的图式表示如下：

$$Zn \,|\, ZnSO_4(aq) \,\vdots\, CuSO_4(aq) \,|\, Cu$$

IUPAC 规定,用图式表示电池时,需将原电池中发生氧化反应的阳极写在左侧,发生还原反

[①]　这里说的平衡状态是指电池的阴、阳极在未接通的情况下,由两个电极组成的两个半电池分别处在各自的平衡状态,而不是电池反应处在平衡状态。这好比两个容器中装有不同水位的水,有带阀门的管线将两容器相连,当阀门未打开时两容器中的水处在各自的平衡状态。当阀门打开极小时,高水位容器中的水可以无限接近平衡的状态流向低水位的容器（对应电池在无限接近平衡的状态下工作）,直至两个容器水位相等,水的流动停止（对应电化学反应达到平衡 $\Delta_r G_m = 0$）。

应的阴极写在右侧;用实垂线"|"表示相与相之间的界面;两液体之间的接界用单虚垂线"⋮"表示,若加入盐桥则用双垂线"‖"表示(可以是实线,也可以是虚线);同一相中的物质用逗号隔开。IUPAC 还定义,**电池电动势 E** 等于电流趋于零的极限情况下图式中右侧电极的电极电势 $E_右$ 与左侧的电极电势 $E_左$ 的差值,即

$$E = E_右 - E_左 \tag{7.5.2}$$

丹聂尔电池是具有化学可逆性的电池,在充电时上述电极反应将逆向进行。不过由于在液体接界处的离子扩散过程是不可逆的,故严格地讲丹聂尔电池为不可逆电池。若忽略液体接界处的不可逆性,在 $I \to 0$ 的可逆充、放电条件下,人们经常将丹聂尔电池近似地当作可逆电池处理。

对于一些单液电池,如 $Pt | H_2(p) | HCl(aq) | AgCl(s) | Ag$ 电池,由于电池中只有一种电解质存在,没有液体接界电势的问题,所以在化学可逆的前提下,在 $I \to 0$ 时可认为是一个高度可逆的电池。

(2) **韦斯顿标准电池**　韦斯顿(Weston)标准电池是一种高度可逆的电池,其装置如图 7.5.2 所示。电池的阳极是 $w(Cd) = 0.125$ 的镉汞齐,将其浸于 $CdSO_4$ 水溶液中,该溶液为 $CdSO_4 \cdot \dfrac{8}{3} H_2O$ 晶体的饱和溶液。阴极为 Hg 与 Hg_2SO_4 的糊状体,此糊状体也浸在 $CdSO_4$ 饱和溶液中。为了使引出的导线与糊状体接触紧密,在糊状体的下面放少许 Hg。

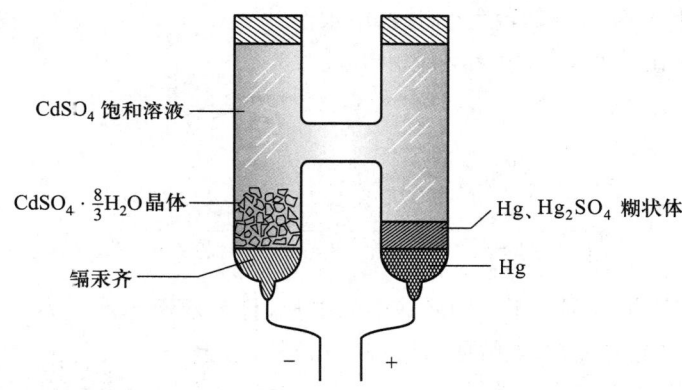

图 7.5.2　韦斯顿标准电池

韦斯顿标准电池图式表示如下:

$$镉汞齐[w(Cd) = 0.125] | CdSO_4 \cdot \frac{8}{3} H_2O(s) | CdSO_4 \text{ 饱和溶液} | Hg_2SO_4(s) | Hg$$

电极反应和电池反应为

| 阳极： | $\text{Cd}(汞齐) + \text{SO}_4^{2-} + \dfrac{8}{3}\text{H}_2\text{O}(\text{l}) \longrightarrow \text{CdSO}_4 \cdot \dfrac{8}{3}\text{H}_2\text{O}(\text{s}) + 2\text{e}^-$ |
| 阴极： | $\text{Hg}_2\text{SO}_4(\text{s}) + 2\text{e}^- \longrightarrow 2\text{Hg}(\text{l}) + \text{SO}_4^{2-}$ |

| 电池反应： | $\text{Cd}(汞齐) + \text{Hg}_2\text{SO}_4(\text{s}) + \dfrac{8}{3}\text{H}_2\text{O}(\text{l}) \Longrightarrow 2\text{Hg}(\text{l}) + \text{CdSO}_4 \cdot \dfrac{8}{3}\text{H}_2\text{O}(\text{s})$ |

韦斯顿标准电池的最大优点是它的电动势稳定,随温度改变很小。

除了上述饱和的韦斯顿标准电池外,还有不饱和的韦斯顿标准电池,其电动势受温度影响更小。

韦斯顿标准电池的主要用途是配合电位差计测定原电池的电动势。

2. 电池电动势的测定

可逆电池电动势的测定必须在电流无限接近于零的条件下进行。因为电流通过电极时,极化作用的存在将无法测得可逆电池电动势,关于极化详见§7.11。

波根多夫(Poggendorff)对消法是人们常采用的测量电池电动势的方法,其原理是用一个方向相反但数值相同的外加电压,对抗待测电池的电动势,使电路中没有电流通过。具体线路如图 7.5.3 所示。

工作电池经 AC 构成一个通路,在均匀电阻 AC 上产生均匀电势降。待测电池的负极通过开关与工作电池的负极相连,正极经过检流计与滑动电阻的滑动端相连。这样,就在待测电池的外电路中加上了一个方向相反的电势差,它的大小由滑动接触点的位置决定。改变滑动接触点的位置,找到 B 点,若电钥闭合时,检流计中无电流通过,则待测电池的电动势恰被 AB 段的电势差完全抵消。

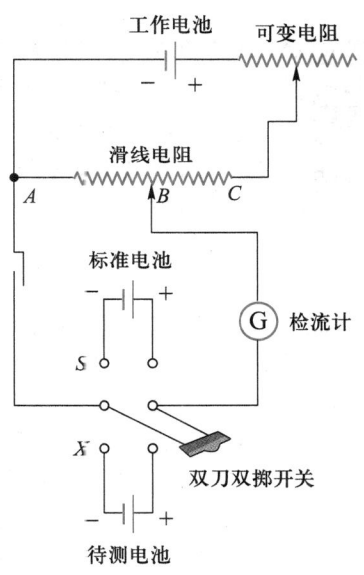

图 7.5.3　对消法测电动势原理图

为了求得 AB 段的电势差,可换用标准电池与开关相连。标准电池的电动势 E_N 是已知的,而且保持恒定。用同样方法找出检流计中无电流通过时的另一点 B'。AB' 段的电势差就等于 E_N。因电势差与电阻线的长度成正比,故待测电池的电动势为

$$E_x = E_N \frac{\overline{AB}}{\overline{AB'}}$$

需要注意的是,实验测量原电池电动势时,如果电池的外接导线与电极材料不同,导线与电极间也会存在接界电势,所以只有当导线与电极材料相同时所测得的电动势才是式(7.5.2)定义的原电池电动势。

重点难点

对消法测电动势

§7.6　原电池热力学

用热力学方法来研究可逆原电池的性质,可以了解电池反应自发进行的原因,并从理论上计算电池电动势,以及浓度、温度等因素对电池电动势的影响。同时可利用电动势与热力学函数之间的关系,用电化学的方法通过实验来测量热力学函数。

1. 可逆电动势与电池反应的吉布斯函数变

由热力学第二定律可知,恒温恒压下,系统吉布斯函数的改变等于系统与环境交换的可逆非体积功,即 $\Delta_r G = W_r'$。而原电池在恒温恒压可逆放电时所做的可逆电功就是系统发生化学反应对环境所做的可逆非体积功 W_r',其值等于可逆电动势 E 与电荷量 Q 的乘积。

电池反应所输出的电荷量可由法拉第定律式(7.1.2)计算:$Q = zF\xi$。前文曾指出 z 为电极反应转移的电子数,电池反应为两电极反应之和,所以 z 同样也是电池反应转移的电子数。对于一微小过程,$\mathrm{d}Q = zF\mathrm{d}\xi$,故可逆电功为

$$\delta W_r' = -(zF\mathrm{d}\xi)E \tag{7.6.1}$$

因电池对外做功,其值为负,故上式中右边添加一负号。恒温恒压可逆过程中,

$$\mathrm{d}G = \delta W_r' = -zFE\mathrm{d}\xi \tag{7.6.2}$$

由第五章可知,化学反应的摩尔反应吉布斯函数为反应的吉布斯函数随反应进度的变化率,式(7.6.2)两边同时除以反应进度微变 $\mathrm{d}\xi$,可得

$$\Delta_r G_m = \left(\frac{\partial G}{\partial \xi}\right)_{T,p} = -zFE \tag{7.6.3}$$

该式表明,可逆电池的电能来源于化学反应的摩尔反应吉布斯函数 $\Delta_r G_m$,对于 $\Delta_r G_m < 0$ 的反应,在恒温恒压可逆条件下,吉布斯函数的减少可全部转化为电功。

式(7.6.3)还表明,测定一定温度、压力下原电池的可逆电动势,可计算摩尔反应吉布斯函数,手册中一些物理化学数据就是利用这种方法测定的;反过来,如果已知摩尔反应吉布斯函数,也可以从理论上计算电池的可逆电动势。

2. 由原电池电动势的温度系数计算电池反应的摩尔熵变

因 $\left(\dfrac{\partial \Delta_r G_m}{\partial T}\right)_p = -\Delta_r S_m$,将式(7.6.3)代入得

$$\Delta_r S_m = zF\left(\frac{\partial E}{\partial T}\right)_p \tag{7.6.4}$$

式中，$\left(\dfrac{\partial E}{\partial T}\right)_p$ 称为原电池**电动势的温度系数**，它表示恒压下电动势随温度的变化率，单位为 $V \cdot K^{-1}$，其值可通过实验测定一系列不同温度下的电动势求得。实际上这也是实验测定化学反应熵变的方法之一。

3. 由原电池电动势及电动势的温度系数计算电池反应的摩尔焓变

将式(7.6.3)和式(7.6.4)代入公式 $\Delta_r G_m = \Delta_r H_m - T\Delta_r S_m$，即得

$$\Delta_r H_m = -zFE + zFT\left(\frac{\partial E}{\partial T}\right)_p \qquad (7.6.5)$$

由于焓是状态函数，所以按式(7.6.5)测量计算得出的 $\Delta_r H_m$ 与反应在电池外、没有非体积功情况下恒温恒压进行时的 $\Delta_r H_m$ 相等。由于电池电动势能够精确测量，故用电化学方法得到的 $\Delta_r H_m$ 往往比用量热法得到的更为准确。但要注意的是，反应在电池中进行时，由于做非体积功，所以此时的 $\Delta_r H_m$ 与电池反应的可逆热 $Q_{r,m}$ 并不相等。

4. 计算原电池可逆放电时的反应热

原电池可逆放电时，化学反应热为可逆热 Q_r，在恒温下，$Q_r = T\Delta S$，将式(7.6.4)代入得

$$Q_{r,m} = zFT\left(\frac{\partial E}{\partial T}\right)_p \qquad (7.6.6)$$

由式(7.6.6)可知，在恒温下电池可逆放电时：

若 $\left(\dfrac{\partial E}{\partial T}\right)_p = 0$，$Q_{r,m} = 0$，电池不吸热也不放热；

若 $\left(\dfrac{\partial E}{\partial T}\right)_p > 0$，$Q_{r,m} > 0$，电池从环境吸热；

若 $\left(\dfrac{\partial E}{\partial T}\right)_p < 0$，$Q_{r,m} < 0$，电池向环境放热。

恒温恒压可逆条件下，根据 $\Delta_r G_m = \Delta_r H_m - T\Delta_r S_m = W'$，代入电池反应的可逆热 $Q_{r,m}$，有 $\Delta_r H_m - W' = Q_{r,m}$，可以看出，此时的 $Q_{r,m}$ 是化学反应的 $\Delta_r H_m$ 中不能转化为可逆非体积功的那部分能量。另外还可看出，当电池电动势的温度系数大于零时 $Q_{r,m} > 0$，电池对外所做的可逆非体积功在绝对值上将大于反应的 $\Delta_r H_m$，此时电池的能量转换效率可大于 100%，当然这意味着环境要向电池提供热量。

≫ **例 7.6.1** 25 ℃时，电池

$$Ag \mid AgCl(s) \mid HCl(b) \mid Cl_2(g, 100 \text{ kPa}) \mid Pt$$

的电动势 $E = 1.136 \text{ V}$，电动势的温度系数 $(\partial E/\partial T)_p = -5.95 \times 10^{-4} \text{ V} \cdot K^{-1}$。电池反应为

$$Ag + \frac{1}{2}Cl_2(g, 100 \text{ kPa}) =\!=\!= AgCl(s)$$

试计算该反应的 $\Delta_r G_m$、$\Delta_r S_m$、$\Delta_r H_m$ 及电池恒温可逆放电时过程的热 $Q_{r,m}$。

» 解：电池反应 $Ag + \dfrac{1}{2}Cl_2(g, 100\ kPa) \Longrightarrow AgCl(s)$ 转移的电子数 $z = 1$。根据式(7.6.3)及式(7.6.4) 得

$$\Delta_r G_m = -zFE = -1 \times 96\ 485\ C \cdot mol^{-1} \times 1.136\ V$$
$$= -109.6\ kJ \cdot mol^{-1}$$

$$\Delta_r S_m = zF(\partial E/\partial T)_p = 1 \times 96\ 485\ C \cdot mol^{-1} \times (-5.95 \times 10^{-4}\ V \cdot K^{-1})$$
$$= -57.4\ J \cdot mol^{-1} \cdot K^{-1}$$

恒温下 $\Delta_r G_m = \Delta_r H_m - T\Delta_r S_m$，故

$$\Delta_r H_m = \Delta_r G_m + T\Delta_r S_m$$
$$= -109.6\ kJ \cdot mol^{-1} + 298.15\ K \times (-57.4\ J \cdot mol^{-1} \cdot K^{-1})$$
$$= -126.7\ kJ \cdot mol^{-1}$$

$$Q_{r,m} = T\Delta_r S_m = 298.15\ K \times (-57.4 \times 10^{-3}\ kJ \cdot mol^{-1} \cdot K^{-1}) = -17.1\ kJ \cdot mol^{-1}$$

此例说明该反应若在恒温恒压、非体积功为 0 的情况下（如在烧瓶中）进行，$Q_{p,m} = \Delta_r H_m = -126.7\ kJ \cdot mol^{-1}$，即发生 1 mol 反应时系统可向环境放热 126.7 kJ；但同样量的反应在原电池中恒温恒压可逆放电时放热 17.1 kJ；此时 $Q_{r,m} \neq \Delta_r H_m$，少放出来的热量做了电功，因为 $W'_{r,m} = \Delta_r G_m = -109.6\ kJ \cdot mol^{-1}$，根据式(7.5.1)可知，此电池的能量转换效率为 86.5%。

5. 能斯特方程

结合化学平衡一章曾讲到的吉布斯等温方程，对于化学反应

$$0 = \sum_B \nu_B B$$

有 $$\Delta_r G_m = \Delta_r G_m^{\ominus} + RT\ln\prod_B (\widetilde{p}_B/p^{\ominus})^{\nu_B} \qquad \text{（气相反应）}$$

或 $$\Delta_r G_m = \Delta_r G_m^{\ominus} + RT\ln\prod_B a_B^{\nu_B} \qquad \text{（凝聚相反应）}$$

上式普遍适用于各类反应，同样也适用于电池反应。式中 $\Delta_r G_m^{\ominus}$ 为标准摩尔反应吉布斯函数，根据式(7.6.3) $\Delta_r G_m = -zFE$，相应有

$$\Delta_r G_m^{\ominus} = -zFE^{\ominus} \qquad (7.6.7)$$

式中，$E^{\ominus}$ 为原电池的**标准电动势**，即参加电池反应的各物质均处在各自标准态时的电动势。

将式(7.6.3)及式(7.6.7)代入等温方程，得

$$E = E^{\ominus} - \frac{RT}{zF} \ln \prod_B a_B^{\nu_B} \qquad (7.6.8)$$

例题解析

电池热力学
计算 1

此式称为电池的**能斯特（Nernst）方程**，是原电池的基本方程式。它表示一定温度下可逆电池的电动势与参加电池反应各组分的活度（或逸度）之间的关系，反映了各组分的活度（或逸度）对电池电动势的影响。

当电池反应达到平衡时，$\Delta_r G_m = 0$，$E = 0$，根据 $\Delta_r G_m^{\ominus} = -RT \ln K^{\ominus}$ 可以得到

$$E^{\ominus} = \frac{RT}{zF} \ln K^{\ominus} \qquad (7.6.9)$$

式中，$K^{\ominus}$ 为反应的标准平衡常数。由式（7.6.9）可知，如能获得原电池的标准电动势 $E^{\ominus}$，即可求得该反应的标准平衡常数。

需要指出的是，原电池电动势 E 是强度量，对于给定的原电池，电动势 E 唯一，与电池反应计量式的写法无关。但电池反应的摩尔反应吉布斯函数 $\Delta_r G_m$ 却与反应计量式的写法有关。如丹聂尔电池的反应式可写作以下两种形式：

(1) $Zn + Cu^{2+} \rightleftharpoons Zn^{2+} - Cu$ 　　　　E_1，$\Delta_r G_{m,1}$

(2) $\frac{1}{2} Zn + \frac{1}{2} Cu^{2+} \rightleftharpoons \frac{1}{2} Zn^{2+} + \frac{1}{2} Cu$ 　　　E_2，$\Delta_r G_{m,2}$

根据能斯特方程有

$$E_1 = E^{\ominus} - \frac{RT}{2F} \ln \frac{a(Zn^{2+})a(Cu)}{a(Zn)a(Cu^{2+})}$$

$$E_2 = E^{\ominus} - \frac{RT}{F} \ln \frac{[a(Zn^{2+})]^{1/2}[a(Cu)]^{1/2}}{[a(Zn)]^{1/2}[a(Cu^{2+})]^{1/2}}$$

$$= E^{\ominus} - \frac{RT}{2F} \ln \frac{a(Zn^{2+})a(Cu)}{a(Zn)a(Cu^{2+})}$$

由此可得　　　　　　　　　　$E_1 = E_2 = E$

而摩尔反应吉布斯函数，根据 $\Delta_r G_m = -zFE$，有

$$\Delta_r G_{m,1} = -z_1 FE = -2FE$$

$$\Delta_r G_{m,2} = -z_2 FE = -FE$$

由此可得　　　　　　　　　$\Delta_r G_{m,1} = 2\Delta_r G_{m,2}$

从以上讨论可知，对于同一原电池，若电池反应计量式的写法不同，则转移的电子数不同，由于摩尔反应吉布斯函数是与反应计量式相对应的，所以也不同；但电池的电动势是电池固有的性质，只要组成电池的各种条件，如温度、组分的浓度等确定了，电池电动势也就随之确定，不会因为反应计量式的写法不同而改变。

§7.7　电极电势和液体接界电势

如前所述,原电池电动势 E 为 $I \to 0$ 时电池两极之间的电势差,即电池各个相界面上所产生电势差的总和。以丹聂尔电池为例:

$$Cu^{①} \mid Zn \mid ZnSO_4(a_1) \,\vdots\, CuSO_4(a_2) \mid Cu$$

$$\Delta\varphi_1 \Delta\varphi_2 \qquad \Delta\varphi_3 \qquad\quad \Delta\varphi_4$$

有
$$E = \Delta\varphi_1 + \Delta\varphi_2 + \Delta\varphi_3 + \Delta\varphi_4$$

式中,$\Delta\varphi_1$——接触电势差,即不同金属界面上的电势差;

$\Delta\varphi_2$——阳极电势差,即阳极金属与溶液界面上的电势差;

$\Delta\varphi_3$——液体接界电势,即两种不同溶液界面上的电势差,也叫扩散电势;

$\Delta\varphi_4$——阴极电势差,即阴极金属与溶液界面上的电势差。

本节将讨论单个电极的电势差和液体接界电势。

1. 电极电势

单个电极电势差的绝对值是无法直接测定的,为方便计算和理论研究,人们提出了相对电极电势的概念,即选一个参考电极作为共同的比较基准,将某一电极 X 与参考电极构成一个电池,该电池的电动势即为 X 电极的电极电势。利用这样得到的电极电势数值,人们就可方便地计算由任意两个电极所组成的电池的电动势了。

原则上任何电极都可以作为比较基准,IUPAC 规定选用**标准氢电极**作为阳极,待测的 X 电极作为阴极,组成如下电池:

$$Pt \mid H_2(g, 100\ kPa) \mid H^+[a(H^+) = 1] \parallel X\ 电极$$

规定此电池的电动势为 X 电极的**电极电势**,以 E(电极)表示。这样定义的电极电势为**还原电极电势**,因为待测的 X 电极发生的总是还原反应,这与电极实际发生的反应无关。当 X 电极中各组分均处在各自的标准态时,相应的电极电势称为**标准电极电势**,以 $E^{\ominus}$(电极)表示。

注意任何温度下,标准氢电极中氢气的压力为 $100\ kPa$,溶液中 H^+ 的活度为 1。氢电极的标准电极电势恒为 0,即 $E^{\ominus}[H^+ \mid H_2(g) \mid Pt] = 0$。

下面结合锌电极讨论电极电势。

以锌电极作为阴极与标准氢电极组成如下电池:

$$Pt \mid H_2(g, 100\ kPa) \mid H^+[a(H^+) = 1] \parallel Zn^{2+}[a(Zn^{2+})] \mid Zn$$

电极反应:阳极　　$H_2(g, 100\ kPa) \longrightarrow 2H^+[a(H^+) = 1] + 2e^-$

阴极　　$Zn^{2+}[a(Zn^{2+})] + 2e^- \longrightarrow Zn$

重点难点

标准电极电势

---

① 此处的 Cu 指铜导线。保证测量电动势时两端是相同的金属。

电池反应:$Zn^{2+}[a(Zn^{2+})] + H_2(g, 100\ kPa) \Longrightarrow Zn + 2H^+[a(H^+) = 1]$

根据能斯特方程(7.6.8)有

$$E = E^{\ominus} - \frac{RT}{2F} \ln \frac{a(Zn)[a(H^+)]^2}{a(Zn^{2+})p(H_2)/p^{\ominus}}$$

因标准氢电极中 $a(H^+) = 1, p = p^{\ominus} = 100\ kPa$,故上式变为

$$E = E^{\ominus} - \frac{RT}{2F} \ln \frac{a(Zn)}{a(Zn^{2+})}$$

按规定,此电池的电动势 E 即是锌电极的电极电势 $E(Zn^{2+}|Zn)$,电池的标准电动势 $E^{\ominus}$ 即为锌电极的标准电极电势 $E^{\ominus}(Zn^{2+}|Zn)$。因此上式可写为

$$E(Zn^{2+}|Zn) = E^{\ominus}(Zn^{2+}|Zn) - \frac{RT}{2F} \ln \frac{a(Zn)}{a(Zn^{2+})}$$

将上述方法推广到任意电极,由于待测 X 电极的电极反应均规定为还原反应,以符号 O 表示氧化态、R 表示还原态,有

$$\nu_O O + z e^- \longrightarrow \nu_R R$$

由此可得电极的能斯特方程的通式为

$$E(电极) = E^{\ominus}(电极) - \frac{RT}{zF} \ln \frac{[a(R)]^{\nu_R}}{[a(O)]^{\nu_O}} \tag{7.7.1}$$

式中,$E^{\ominus}(电极)$为电极的标准电极电势。如有气体参加反应时,应将活度 a 换为压力项 $p/p^{\ominus}$ 进行计算。例如,氯电极的电极反应为

$$Cl_2(g) + 2e^- \longrightarrow 2Cl^-$$

电极的能斯特方程为

$$E[Cl^-|Cl_2(g)|Pt] = E^{\ominus}[Cl^-|Cl_2(g)|Pt] - \frac{RT}{2F} \ln \frac{[a(Cl^-)]^2}{p(Cl_2)/p^{\ominus}}$$

又如:

$$MnO_4^- + 8H^+ + 5e^- \longrightarrow Mn^{2+} + 4H_2O$$

$$E(MnO_4^-, Mn^{2+}, H^+, H_2O|Pt) = E^{\ominus}(MnO_4^-, Mn^{2+}, H^+, H_2O|Pt) -$$
$$\frac{RT}{5F} \ln \frac{a(Mn^{2+})[a(H_2O)]^4}{a(MnO_4^-)[a(H^+)]^8}$$

在稀溶液中可认为 $a(H_2O) \approx 1$。

表 7.7.1 中列出了 25 ℃时水溶液中一些电极的标准电极电势。

表 7.7.1　25 ℃时水溶液中一些电极的标准电极电势

（标准态压力 $p^\ominus = 100\ \text{kPa}$）

电极	电极反应	$E^\ominus/\text{V}$
第一类电极		
$\text{Li}^+ \mid \text{Li}$	$\text{Li}^+ + \text{e}^- \Longrightarrow \text{Li}$	$-3.040\ 2$
$\text{K}^+ \mid \text{K}$	$\text{K}^+ + \text{e}^- \Longrightarrow \text{K}$	-2.931
$\text{Ba}^{2+} \mid \text{Ba}$	$\text{Ba}^{2+} + 2\text{e}^- \Longrightarrow \text{Ba}$	-2.912
$\text{Ca}^{2+} \mid \text{Ca}$	$\text{Ca}^{2+} + 2\text{e}^- \Longrightarrow \text{Ca}$	-2.868
$\text{Na}^+ \mid \text{Na}$	$\text{Na}^+ + \text{e}^- \Longrightarrow \text{Na}$	-2.71
$\text{Mg}^{2+} \mid \text{Mg}$	$\text{Mg}^{2+} + 2\text{e}^- \Longrightarrow \text{Mg}$	-2.372
$\text{H}_2\text{O},\text{OH}^- \mid \text{H}_2(\text{g}) \mid \text{Pt}$	$2\text{H}_2\text{O} + 2\text{e}^- \Longrightarrow \text{H}_2(\text{g}) + 2\text{OH}^-$	$-0.827\ 7$
$\text{Zn}^{2+} \mid \text{Zn}$	$\text{Zn}^{2+} + 2\text{e}^- \Longrightarrow \text{Zn}$	$-0.762\ 0$
$\text{Cr}^{3+} \mid \text{Cr}$	$\text{Cr}^{3+} + 3\text{e}^- \Longrightarrow \text{Cr}$	-0.744
$\text{Fe}^{2+} \mid \text{Fe}$	$\text{Fe}^{2+} + 2\text{e}^- \Longrightarrow \text{Fe}$	$-0.447\ 2$
$\text{Cd}^{2+} \mid \text{Cd}$	$\text{Cd}^{2+} + 2\text{e}^- \Longrightarrow \text{Cd}$	$-0.403\ 2$
$\text{Co}^{2+} \mid \text{Co}$	$\text{Co}^{2+} + 2\text{e}^- \Longrightarrow \text{Co}$	-0.28
$\text{Ni}^{2+} \mid \text{Ni}$	$\text{Ni}^{2+} + 2\text{e}^- \Longrightarrow \text{Ni}$	-0.257
$\text{Sn}^{2+} \mid \text{Sn}$	$\text{Sn}^{2+} + 2\text{e}^- \Longrightarrow \text{Sn}$	$-0.137\ 7$
$\text{Pb}^{2+} \mid \text{Pb}$	$\text{Pb}^{2+} + 2\text{e}^- \Longrightarrow \text{Pb}$	$-0.126\ 4$
$\text{Fe}^{3+} \mid \text{Fe}$	$\text{Fe}^{3+} + 3\text{e}^- \Longrightarrow \text{Fe}$	-0.037
$\text{H}^+ \mid \text{H}_2(\text{g}) \mid \text{Pt}$	$2\text{H}^+ + 2\text{e}^- \Longrightarrow \text{H}_2(\text{g})$	$0.000\ 0$
$\text{Cu}^{2+} \mid \text{Cu}$	$\text{Cu}^{2+} + 2\text{e}^- \Longrightarrow \text{Cu}$	$+0.337$
$\text{H}_2\text{O},\text{OH}^- \mid \text{O}_2(\text{g}) \mid \text{Pt}$	$\text{O}_2(\text{g}) + 2\text{H}_2\text{O} + 4\text{e}^- \Longrightarrow 4\text{OH}^-$	$+0.401$
$\text{Cu}^+ \mid \text{Cu}$	$\text{Cu}^+ + \text{e}^- \Longrightarrow \text{Cu}$	$+0.521$
$\text{I}^- \mid \text{I}_2(\text{s}) \mid \text{Pt}$	$\text{I}_2(\text{s}) + 2\text{e}^- \Longrightarrow 2\text{I}^-$	$+0.535\ 3$
$\text{Hg}_2^{2+} \mid \text{Hg}$	$\text{Hg}_2^{2+} + 2\text{e}^- \Longrightarrow 2\text{Hg}$	$+0.797\ 1$
$\text{Ag}^+ \mid \text{Ag}$	$\text{Ag}^+ + \text{e}^- \Longrightarrow \text{Ag}$	$+0.799\ 4$
$\text{Hg}^{2+} \mid \text{Hg}$	$\text{Hg}^{2+} + 2\text{e}^- \Longrightarrow \text{Hg}$	$+0.851$
$\text{Br}^- \mid \text{Br}_2(\text{l}) \mid \text{Pt}$	$\text{Br}_2(\text{l}) + 2\text{e}^- \Longrightarrow 2\text{Br}^-$	$+1.066$
$\text{H}_2\text{O},\text{H}^+ \mid \text{O}_2(\text{g}) \mid \text{Pt}$	$\text{O}_2(\text{g}) + 4\text{H}^+ + 4\text{e}^- \Longrightarrow 2\text{H}_2\text{O}$	$+1.229$

续表

电极	电极反应	$E^\ominus /V$
$Cl^- \mid Cl_2(g) \mid Pt$	$Cl_2(g) + 2e^- \rightleftharpoons 2Cl^-$	$+1.357\ 9$
$Au^+ \mid Au$	$Au^+ + e^- \rightleftharpoons Au$	$+1.692$
$F^- \mid F_2(g) \mid Pt$	$F_2(g) + 2e^- \rightleftharpoons 2F^-$	$+2.865\ 7$
第二类电极		
$H_2O, OH^- \mid PbO(s) \mid Pb$	$PbO(s) + H_2O + 2e^- \rightleftharpoons Pb + 2OH^-$	$-0.581\ 7$
$SO_4^{2-} \mid PbSO_4(s) \mid Pb$	$PbSO_4(s) + 2e^- \rightleftharpoons Pb + SO_4^{2-}$	$-0.359\ 0$
$I^- \mid AgI(s) \mid Ag$	$AgI(s) + e^- \rightleftharpoons Ag + I^-$	$-0.152\ 41$
$Br^- \mid AgBr(s) \mid Ag$	$AgBr(s) + e^- \rightleftharpoons Ag + Br^-$	$+0.071\ 16$
$H_2O, H^+ \mid Sb_2O_3(s) \mid Sb$	$Sb_2O_3(s) + 6H^+ + 6e^- \rightleftharpoons 2Sb + 3H_2O$	$+0.151\ 8$
$Cl^- \mid AgCl(s) \mid Ag$	$AgCl(s) + e^- \rightleftharpoons Ag + Cl^-$	$+0.222\ 16$
$Cl^- \mid Hg_2Cl_2(s) \mid Hg$	$Hg_2Cl_2(s) + 2e^- \rightleftharpoons 2Hg + 2Cl^-$	$+0.267\ 91$
第三类电极		
$Cr^{3+}, Cr^{2+} \mid Pt$	$Cr^{3+} + e^- \rightleftharpoons Cr^{2+}$	-0.407
$Sn^{4+}, Sn^{2+} \mid Pt$	$Sn^{4+} + 2e^- \rightleftharpoons Sn^{2+}$	$+0.151$
$Cu^{2+}, Cu^+ \mid Pt$	$Cu^{2+} + e^- \rightleftharpoons Cu^+$	$+0.153$
$H^+, 醌, 氢醌 \mid Pt$	$C_6H_4O_2 + 2H^+ + 2e^- \rightleftharpoons C_6H_4(OH)_2$	$+0.699\ 0$
$Fe^{3+}, Fe^{2+} \mid Pt$	$Fe^{3+} + e^- \rightleftharpoons Fe^{2+}$	$+0.771$
$Tl^{3+}, Tl^+ \mid Pt$	$Tl^{3+} + 2e^- \rightleftharpoons Tl^+$	$+1.252$
$Ce^{4+}, Ce^{3+} \mid Pt$	$Ce^{4+} + e^- \rightleftharpoons Ce^{3+}$	$+1.72$
$Co^{3+}, Co^{2+} \mid Pt$	$Co^{3+} + e^- \rightleftharpoons Co^{2+}$	$+1.92$

注:表中数据取自 CRC Handbook of Chemistry and Physics,97th ed,2016—2017。手册中原为 $p = 101.325$ kPa下的电极电势,现已换算成 $p^\ominus = 100$ kPa 下的值[①]。

———————————————

① 根据 GB/T 3102.8—1993,某一电极在 101.325 kPa 和 100 kPa 下标准电极电势的关系为

$$E^\ominus(100\ \text{kPa}) = E^\ominus(101.325\ \text{kPa}) - \left[\sum_B \nu_{B(g)} RT/(zF) \right] \ln(100/101.325)$$

在 25 ℃时为

$$E^\ominus(100\ \text{kPa}) = E^\ominus(101.325\ \text{kPa}) + 0.338\ 2\ \text{mV} \left[\sum_B \nu_{B(g)}/z \right]$$

式中,$\sum_B \nu_{B(g)}$ 为该电极作为阴极、标准氢电极作为阳极构成原电池时,电池反应中各气体组分化学计量数之和;z 为电池反应转移的电子数。除了氢电极以外,标准压力的改变对所有电极的标准电极电势均有影响,但一般只有零点几毫伏。

　　由于规定了标准电极电势对应的反应均为还原反应,所以若 $E^\ominus$(电极)为正值,如 $E^\ominus(Cu^{2+}|Cu) = 0.337\ V$,则 $\Delta G_m^\ominus(T,p) < 0$,表示当各反应组分均处在标准态时,电池反应 $Cu^{2+} + H_2(g) \longrightarrow Cu + 2H^+$ 能自发进行,即在该条件下 $H_2(g)$ 能还原 Cu^{2+},电池自然放电时,铜电极上实际进行的确为还原反应。相反,若 $E^\ominus$(电极)为负值,如 $E^\ominus(Zn^{2+}|Zn) = -0.762\ 0\ V$,则 $\Delta G_m^\ominus(T,p) > 0$,表明当各反应组分均处在标准态时,电池反应 $Zn^{2+} + H_2(g) \longrightarrow Zn + 2H^+$ 不能自发进行,即在该条件下,$H_2(g)$ 不能还原 Zn^{2+},而其逆反应则能自发进行,也就是说,电池自然放电时,锌电极上实际进行的不是还原反应,而是氧化反应。

　　由此可见,还原电极电势的高低,反映了电极氧化态物质获得电子变成还原态物质趋势的大小。随电势的升高,氧化态物质获得电子变为还原态物质的能力在增强;而反过来,随电势的降低,还原态物质失去电子变成氧化态物质的趋势在增强。

重点难点

标准电动
势测量

　　根据式(7.5.2),原电池的电动势是两个电极电势之差,即 $E = E_{右} - E_{左}$,这样计算出的 E 若为正值,则表示在该条件下电池反应能自发进行。

　　与式(7.5.2)类似,原电池的标准电动势 $E^\ominus$ 为

$$E^\ominus = E_{右}^\ominus - E_{左}^\ominus \tag{7.7.2}$$

2. 原电池电动势的计算

　　利用标准电极电势和能斯特方程,可以计算由任意两个电极构成的电池的电动势。有两种计算方法。一种方法是直接由电池反应的能斯特方程式(7.6.8)进行计算,其中的标准电动势 $E^\ominus$ 由式(7.7.2)计算。另一种方法是先利用电极反应的能斯特方程式(7.7.1)分别计算两个电极的电极电势 $E_{左}$ 和 $E_{右}$,然后用式(7.5.2)计算电池的电动势 E。

» 例 7.7.1 试计算 25 ℃时下列电池的电动势:

$$Zn\,|\,ZnSO_4(b = 0.001\ mol\cdot kg^{-1})\,\|\,CuSO_4(b = 1.0\ mol\cdot kg^{-1})\,|\,Cu$$

» 解:先写出所给原电池的电极反应和电池反应。

$$\text{阳极：}\qquad Zn \longrightarrow Zn^{2+} + 2e^-$$

$$\text{阴极：}\qquad Cu^{2+} + 2e^- \longrightarrow Cu$$

$$\text{电池反应：}\qquad Zn + Cu^{2+} =\!=\!= Zn^{2+} + Cu$$

解法一:利用电池反应的能斯特方程进行计算。

根据能斯特方程,有

$$E = E^\ominus - \frac{RT}{zF}\ln\frac{a(Zn^{2+})}{a(Cu^{2+})}$$

其中,$E^\ominus = E^\ominus(Cu^{2+}|Cu) - E^\ominus(Zn^{2+}|Zn)$。离子的活度利用式(7.4.11)$a_+ = \gamma_+(b_+/b^\ominus)$ 进行计算。由于单个离子的活度因子难以获得,故近似采用 $\gamma_+ \approx \gamma_- \approx \gamma_\pm$。查表 7.4.1,25 ℃时 0.001 mol·kg^{-1} 的 $ZnSO_4$ 水溶液的 $\gamma_\pm = 0.734$;1.0 mol·kg^{-1} 的 $CuSO_4$ 水溶液的

$\gamma_{\pm}=0.047$。查表 7.7.1，$E^{\ominus}(\mathrm{Zn}^{2+}\mid\mathrm{Zn})=-0.762\,0\ \mathrm{V}$，$E^{\ominus}(\mathrm{Cu}^{2+}\mid\mathrm{Cu})=0.337\ \mathrm{V}$。电池反应的 $z=2$，于是，

$$
\begin{aligned}
E &= E^{\ominus}-\frac{RT}{zF}\ln\frac{a(\mathrm{Zn}^{2+})}{a(\mathrm{Cu}^{2+})} \\
&= \left[E^{\ominus}(\mathrm{Cu}^{2+}\mid\mathrm{Cu})-E^{\ominus}(\mathrm{Zn}^{2+}\mid\mathrm{Zn})\right]-\frac{RT}{zF}\ln\frac{a(\mathrm{Zn}^{2+})}{a(\mathrm{Cu}^{2+})} \\
&= \left[0.337-(-0.762\,0)-\frac{8.314\times298.15}{2\times96\,485}\ln\frac{0.734\times0.001}{0.047\times1.0}\right]\mathrm{V} \\
&= 1.152\,4\ \mathrm{V}
\end{aligned}
$$

解法二：先计算两个电极的电极电势，再计算电池的电动势。

先将阳极上发生的反应写成还原形式：$\mathrm{Zn}^{2+}+2\mathrm{e}^{-}\longrightarrow\mathrm{Zn}$，则有

$$
\begin{aligned}
E_{左} &= E(\mathrm{Zn}^{2+}\mid\mathrm{Zn})=E^{\ominus}(\mathrm{Zn}^{2+}\mid\mathrm{Zn})-\frac{RT}{zF}\ln\frac{a(\mathrm{Zn})}{a(\mathrm{Zn}^{2+})} \\
&= E^{\ominus}(\mathrm{Zn}^{2+}\mid\mathrm{Zn})-\frac{RT}{zF}\ln\frac{1}{\gamma(\mathrm{Zn}^{2+})\cdot\left[b(\mathrm{Zn}^{2+})/b^{\ominus}\right]} \\
&= \left(-0.762\,0-\frac{8.314\times298.15}{2\times96\,485}\ln\frac{1}{0.734\times0.001}\right)\mathrm{V}=-0.854\,7\ \mathrm{V}
\end{aligned}
$$

阴极上发生的反应：$\mathrm{Cu}^{2+}+2\mathrm{e}^{-}\longrightarrow\mathrm{Cu}$，于是，

$$
\begin{aligned}
E_{右} &= E(\mathrm{Cu}^{2+}\mid\mathrm{Cu})=E^{\ominus}(\mathrm{Cu}^{2+}\mid\mathrm{Cu})-\frac{RT}{zF}\ln\frac{a(\mathrm{Cu})}{a(\mathrm{Cu}^{2+})} \\
&= E^{\ominus}(\mathrm{Cu}^{2+}\mid\mathrm{Cu})-\frac{RT}{zF}\ln\frac{1}{\gamma(\mathrm{Cu}^{2+})\cdot\left[b(\mathrm{Cu}^{2+})/b^{\ominus}\right]} \\
&= \left(0.337-\frac{8.314\times298.15}{2\times96\,485}\ln\frac{1}{0.047\times1.0}\right)\mathrm{V}=0.297\,7\ \mathrm{V}
\end{aligned}
$$

最后可求得电池的电动势：

$$
E=E_{右}-E_{左}=\left[0.297\,7-(-0.854\,7)\right]\mathrm{V}=1.152\,4\ \mathrm{V}
$$

对比两种解法可以看出，第一种方法相对较为简单。第二种方法先分别求两个电极电势，再进一步计算电池电动势，该方法常用于已知一个电极的电极电势（或其表达式）的情况，参见例 7.8.2。

» 例 7.7.2 写出下列电池的电极反应和电池反应，并利用电池的能斯特方程计算 25 ℃下 $b(\mathrm{HCl})=0.1\ \mathrm{mol\cdot kg^{-1}}$ 时的电池电动势。

$$
\mathrm{Pt\mid H_2(g,100\ kPa)\mid HCl(b)\mid AgCl(s)\mid Ag}
$$

» 解：利用电池的能斯特方程求算电池电动势。先写出电极反应和电池反应。

阳极： $\frac{1}{2}H_2(g, 100\ kPa) \longrightarrow H^+(b) + e^-$

阴极： $AgCl(s) + e^- \longrightarrow Ag + Cl^-(b)$

电池反应： $\frac{1}{2}H_2(g, 100\ kPa) + AgCl(s) \Longrightarrow Ag + H^+(b) + Cl^-(b)$

首先计算电池的标准电动势,查表 7.7.1,可知 $E^\ominus[Cl^- \mid AgCl(s) \mid Ag] = 0.222\ 16\ V$, $E^\ominus[H^+ \mid H_2(g) \mid Pt] = 0\ V$,电池的标准电动势为

$$E^\ominus = E^\ominus[Cl^- \mid AgCl(s) \mid Ag] - E^\ominus[H^+ \mid H_2(g) \mid Pt]$$
$$= (0.222\ 16 - 0)\ V = 0.222\ 16\ V$$

根据电池反应,由电池的能斯特方程计算电池电动势:

$$E = E^\ominus - \frac{RT}{F} \ln \frac{a(Ag)a(H^+)a(Cl^-)}{[p(H_2)/p^\ominus]^{1/2}a(AgCl)}$$

式中,$a(Ag) = 1, a(AgCl) = 1, p(H_2)/p^\ominus = 1$。题中 H^+ 和 Cl^- 是同一电解质溶液中的两种离子,故可通过平均离子活度 $a_\pm$ 及平均离子活度因子 $\gamma_\pm$ 来计算(如离子不在同一溶液中,则需分别计算其活度):

$$a(H^+)a(Cl^-) = a_\pm^2 = \gamma_\pm^2(b_\pm/b^\ominus)^2 = \gamma_\pm^2(b/b^\ominus)^2$$

查表 7.4.1,25 ℃下,$b = 0.1\ mol \cdot kg^{-1}$ 的 HCl 水溶液的 $\gamma_\pm = 0.796$,代入上面的能斯特方程可有

$$E = E^\ominus - \frac{RT}{F} \ln[a(H^+)a(Cl^-)] = E^\ominus - \frac{RT}{F}\ln a_\pm^2$$
$$= E^\ominus - \frac{2RT}{F}\ln a_\pm = E^\ominus - \frac{2RT}{F}\ln(\gamma_\pm b/b^\ominus)$$
$$= 0.222\ 16\ V - 2 \times 0.059\ 16\ V \times lg(0.796 \times 0.1)$$
$$= 0.352\ 2\ V$$

重点难点

电动势测量
应用举例

由该题可知,在已知电解质质量摩尔浓度 b 的情况下,只要查出该质量摩尔浓度下的 $\gamma_\pm$,即可通过能斯特方程计算电池的电动势。反过来,这也为测定电解质溶液的平均离子活度和平均离子活度因子提供了一个方便准确的方法。将待测电解质溶液和适当的电极组成电池,测定其在不同浓度下的电动势,即可通过电池的能斯特方程计算不同浓度下的 $a_\pm$,进而得到不同浓度的 $\gamma_\pm$。许多电解质溶液的 $\gamma_\pm$ 正是由这种方法测定得到的。

3. 液体接界电势及其消除

在两种不同溶液的界面上存在的电势差称为**液体接界电势**或**扩散电势**。液体接界电势是由溶液中离子扩散速率不同而引起的。例如,两种浓度不同的 HCl 溶液界面上,HCl 从

浓溶液向稀溶液扩散,在扩散过程中,H^+ 的运动速率比 Cl^- 的快,所以在稀溶液的一侧将出现过剩的 H^+ 而使稀溶液带上正电荷,同时在浓溶液的一侧则由于留下过剩的 Cl^- 而带负电荷。这样,在界面两边便产生了电势差。电势差的产生,一方面使 H^+ 运动速率降低,另一方面使 Cl^- 运动速率增加。最后达到稳定状态,两种离子以相同的速率通过界面,电势差保持恒定,这就是液体接界电势。

液体接界电势的计算可用下例说明。设由同一种电解质 $AgNO_3$ 的两种不同浓度的溶液形成如下的液体接界:

$$-)AgNO_3(a_{\pm,1}) \vdots AgNO_3(a_{\pm,2})(+$$

两溶液的平均离子活度分别为 $a_{\pm,1}$、$a_{\pm,2}$,"$\vdots$"代表有液体接界,其液体接界电势为 E(液接)。

在可逆情况下,有物质的量为 n 的电子,即 nF 的电荷量通过液体接界面,则有电功:

$$W_r' = \Delta G = -nFE(液接) \tag{7.7.3}$$

式中,ΔG 是电迁移过程中的吉布斯函数变。由于通过的电荷量是阴、阳离子迁移的电荷量之和,设离子迁移数与 $AgNO_3$ 溶液的浓度无关,则这一过程将有 $t_+ n$ 的 Ag^+ 从平均活度为 $a_{\pm,1}$ 的溶液通过界面迁移至平均活度为 $a_{\pm,2}$ 的溶液,与此同时有 $t_- n$ 的 NO_3^- 从平均活度为 $a_{\pm,2}$ 的溶液通过界面迁移至平均活度为 $a_{\pm,1}$ 的溶液。由化学势的定义式 $\mu = \mu^\ominus + RT \ln a$,可得出这一过程的吉布斯函数变:

$$\Delta G = \Delta G(Ag^+) + \Delta G(NO_3^-)$$

$$= t_+ nRT \ln \frac{a_{+,2}}{a_{+,1}} + t_- nRT \ln \frac{a_{-,1}}{a_{-,2}}$$

设 $AgNO_3$ 溶液中 $a_+ = a_- = a_\pm$,则

$$\Delta G = (t_+ - t_-)nRT \ln \frac{a_{\pm,2}}{a_{\pm,1}} \tag{7.7.4}$$

结合式(7.7.3)最后可得

$$E(液接) = (t_+ - t_-)\frac{RT}{F} \ln \frac{a_{\pm,1}}{a_{\pm,2}} \tag{7.7.5}$$

式(7.7.5)只适用于电解质种类相司且为 1-1 型电解质的两接界溶液。若为其他类型电解质,甚至两接界溶液的电解质种类不同时,可用同样原理推导出相应的计算式。

由上可知液体接界电势的大小及符号与两电解质溶液的平均离子活度有关,也与电解质的本性有关。

》*例 7.7.3 已知 25 ℃时 $AgNO_3$ 溶液中离子迁移数 $t_+ = 0.470$,且与溶液浓度无关,两 $AgNO_3$ 溶液平均离子活度 $a_{\pm,1} = 0.10$,$a_{\pm,2} = 1.00$,求液体接界电势。

》 **解**:$t_- = 1 - t_+ = 0.530$,因溶液电解质均为 $AgNO_3$,且为 1-1 型电解质,故将有关数值代入式(7.7.5)可得

$$E(液接) = (t_+ - t_-)\frac{RT}{F} \ln \frac{a_{\pm,1}}{a_{\pm,2}}$$

$$= (0.470 - 0.530) \times \frac{8.314 \ J \cdot mol^{-1} \cdot K^{-1} \times 298.15 \ K}{964 \ 85 \ C \cdot mol^{-1}} \times \ln \frac{0.10}{1.00}$$

$$= 0.003 \ 5 \ V$$

从上例可知液体接界电势数值不是太小，在精确测量中不容忽略，因此必须设法消除。为了尽量减小液体接界电势，通常在两液体之间连接上一个称为"**盐桥**"的高浓度的电解质溶液。这个电解质的阴、阳离子须有极为接近的迁移数。用高浓度的电解质溶液作盐桥连接两液体，主要扩散作用出自盐桥，若盐桥中阴、阳离子有近似相同的迁移数，则液体接界电势就会降低很多。KCl 饱和溶液最符合作盐桥的条件，所以实际应用时一般用琼脂作载体将 KCl 溶液固定在 U 形管中成为盐桥。但应注意，盐桥溶液不能与原溶液发生作用，如对 AgNO$_3$ 溶液来说，就不能用 KCl 溶液作为盐桥，而必须改用其他合适的电解质溶液。

§7.8　电极的种类

虽然任何电极上进行的反应从本质上说都是得失电子的氧化还原反应，但通常根据电极材料和与它相接触的溶液将电极分为三类。

1. 第一类电极

这类电极的特点是电极直接与它的离子溶液相接触，参与反应的物质存在于两个相中，电极有一个相界面。第一类电极又可分为金属电极和非金属电极：金属电极是由金属和它的离子溶液组成的电极；非金属电极则除了非金属及其离子溶液外，还需借助惰性金属电极（如铂电极、钯电极等）来共同组成电极，惰性金属电极不参加电极反应，只起传输电子的作用。常见的非金属电极有氢电极、氧电极和卤素电极。

（1）金属电极和卤素电极　金属电极和卤素电极的电极反应均较简单。例如锌电极，电极表示为 Zn^{2+} | Zn，电极反应为

$$Zn^{2+} + 2e^- \longrightarrow Zn$$

又如氯电极，电极表示为 Cl$^-$ | Cl$_2$(g) | Pt，电极反应为

$$Cl_2(g) + 2e^- \longrightarrow 2Cl^-$$

（2）氢电极　标准氢电极是最重要的参比电极，它是定义电极电势的基础。氢电极为典型的非金属气体电极，其结构如图 7.8.1 所示。将镀有铂黑的铂片浸入含有 H$^+$ 的溶液中，并不断通入氢气，使溶液被氢气饱和，即构成了气体氢电极。该电极的电极反应为

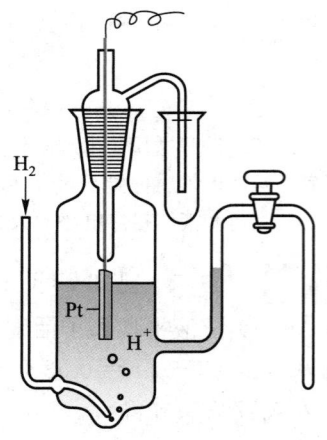

图 7.8.1　氢电极构造简图

$$2H^+ + 2e^- \longrightarrow H_2(g)$$

标准电极电势为

$$E^\ominus[H^+ | H_2(g) | Pt] = 0$$

    氢电极的最大优点是其电极电势随温度改变很小。但它的使用条件比较苛刻,既不能用在含有氧化剂的溶液中,也不能用在含有汞或砷的溶液中。

    通常所说的作为参比电极的氢电极是由铂电极和含有 H^+ 的酸性溶液所组成的电极,而氢电极也可将铂片浸入碱性溶液构成,其电极表示为 $H_2O, OH^- \mid H_2(g) \mid Pt$,电极反应为

$$2H_2O + 2e^- \longrightarrow H_2(g) + 2OH^-$$

25 ℃下碱性氢电极的标准电极电势 $E^{\ominus}[H_2O, OH^- \mid H_2(g) \mid Pt] = -0.828 \text{ V}$,其值可借助水的离子积计算得出,见例 7.8.1。

》例 7.8.1 将碱性氢电极和酸性氢电极组成如下电池:

$$Pt \mid H_2(g, 100 \text{ kPa}) \mid H^+ \parallel H_2O, OH^- \mid H_2(g, 100 \text{ kPa}) \mid Pt$$

写出电极反应、电池反应和电池电动势的能斯特方程,并计算 $E^{\ominus}[H_2O, OH^- \mid H_2(g) \mid Pt]$。

》解: 该电池由酸性氢电极作阳极,碱性氢电极作阴极,其电极反应为

$$阳极: \quad \frac{1}{2}H_2(g, 100 \text{ kPa}) \longrightarrow H^+ + e^-$$

$$阴极: \quad H_2O + e^- \longrightarrow OH^- + \frac{1}{2}H_2(g, 100 \text{ kPa})$$

$$电池反应: \quad H_2O = OH^- + H^+$$

由能斯特方程有

$$E = E^{\ominus} - \frac{RT}{F} \ln \frac{a(H^+)a(OH^-)}{a(H_2O)}$$

其中 $\quad E^{\ominus} = E^{\ominus}[H_2O, OH^- \mid H_2(g) \mid Pt] - E^{\ominus}[H^+ \mid H_2(g) \mid Pt]$

电池反应达到平衡时,$E = 0$,则

$$E^{\ominus} = \frac{RT}{F} \ln K_w$$

即 $\quad E^{\ominus}[H_2O, OH^- \mid H_2(g) \mid Pt] = E^{\ominus}[H^+ \mid H_2(g) \mid Pt] + \frac{RT}{F} \ln K_w$

因 $E^{\ominus}[H^+ \mid H_2(g) \mid Pt] = 0$,且 25 ℃时水的离子积 $K_w = 1.008 \times 10^{-14}$,代入得

$$E^{\ominus}[H_2O, OH^- \mid H_2(g) \mid Pt] = \frac{RT}{F} \ln K_w$$

$$= 0.059 \ 16 \text{ V} \times \lg(1.008 \times 10^{-14}) = -0.828 \text{ V}$$

---

    (3) 氧电极   氧电极在结构上与氢电极类似,也是将镀有铂黑的铂片浸入酸性或碱性(常见)溶液中构成的,只是通入的气体为 $O_2(g)$。

酸性氧电极：　　　　$H_2O, H^+ \mid O_2(g) \mid Pt$

　电极反应：　　　　$O_2(g) + 4H^+ + 4e^- \longrightarrow 2H_2O$

　　25 ℃下：　　　　$E^\ominus[H_2O, H^+ \mid O_2(g) \mid Pt] = 1.229\ V$

碱性氧电极：　　　　$H_2O, OH^- \mid O_2(g) \mid Pt$

　电极反应：　　　　$O_2(g) + 2H_2O + 4e^- \longrightarrow 4OH^-$

　　25 ℃下：　　　　$E^\ominus[H_2O, OH^- \mid O_2(g) \mid Pt] = 0.401\ V$

碱性氧电极与酸性氧电极的标准电极电势之间的关系与氢电极的类似：

$$E^\ominus[H_2O, OH^- \mid O_2(g) \mid Pt] = E^\ominus[H_2O, H^+ \mid O_2(g) \mid Pt] + \frac{RT}{F}\ln K_w$$

同样可用例 7.8.1 中的方法推导，另外也可通过反应的 $\Delta_r G_m^\ominus$ 与 $E^\ominus$ 和 $K^\ominus$ 的关系推导。

2. 第二类电极

第二类电极包括金属-难溶盐电极和金属-难溶氧化物电极，这类电极的特点是参与反应的物质存在于三个相中，电极有两个相界面。

（1）金属-难溶盐电极　　这类电极由金属和它的难溶盐及具有与难溶盐相同阴离子的易溶盐溶液组成。最常用的有银-氯化银电极和甘汞电极。

银-氯化银电极是在金属银上覆盖一层氯化银，然后将它浸入含有 Cl^- 的溶液中构成的，如图 7.8.2 所示。

甘汞电极如图 7.8.3 所示，底部为金属 Hg，上面是由 Hg 和 $Hg_2Cl_2(s)$ 制成的糊状物，再上面为 KCl 溶液。导线为铂丝，装入玻璃管内，插到仪器底部。甘汞电极可表示为 $Cl^- \mid Hg_2Cl_2(s) \mid Hg$，电极反应为

$$Hg_2Cl_2(s) + 2e^- \longrightarrow 2Hg + 2Cl^-$$

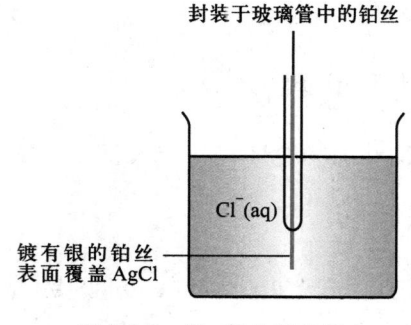

图 7.8.2　银-氯化银电极

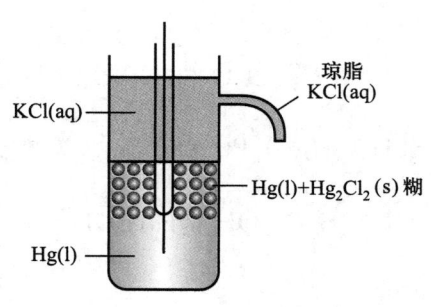

图 7.8.3　甘汞电极

电极电势为

$$E(\text{甘汞}) = E^{\ominus}(\text{甘汞}) - \frac{RT}{F}\ln a(\text{Cl}^-)$$

由上式可知甘汞电极的电极电势在温度恒定时只与 Cl^- 的活度有关,按 KCl 溶液浓度的不同,常用的甘汞电极有三种,见表 7.8.1。

表 7.8.1　不同浓度甘汞电极的电极电势

KCl 溶液浓度	E_t/V	E(298.15 K)/V
$0.1\ \text{mol}\cdot\text{dm}^{-3}$	$0.333\,5 - 7\times10^{-5}(t/\text{℃} - 25)$	$0.333\,5$
$1\ \text{mol}\cdot\text{dm}^{-3}$	$0.279\,9 - 2.4\times10^{-4}(t/\text{℃} - 25)$	$0.279\,9$
饱和	$0.241\,0 - 7.6\times10^{-4}(t/\text{℃} - 25)$	$0.241\,0$

甘汞电极的优点是容易制备,电极电势稳定。在测量电池电动势时,常用甘汞电极作为参比电极。

>> **例 7.8.2** 已知 25 ℃时,下列电池的电动势 $E = 0.609\,5$ V,试计算待测溶液的 pH。

$$\text{Pt} | \text{H}_2(g,100\ \text{kPa}) | \text{待测溶液} \parallel 0.1\ \text{mol}\cdot\text{dm}^{-3}\text{KCl} | \text{Hg}_2\text{Cl}_2(s) | \text{Hg}$$

>> **解:** 查表 7.8.1 知:

$$E_{右} = E[\text{Cl}^- | \text{Hg}_2\text{Cl}_2(s) | \text{Hg}] = 0.333\,5\ \text{V}$$

$$E_{左} = E[\text{H}^+ | \text{H}_2(g) | \text{Pt}] = E^{\ominus}[\text{H}^+ | \text{H}_2(g) | \text{Pt}] - \frac{RT}{2F}\ln\frac{p(\text{H}_2)/p^{\ominus}}{a(\text{H}^+)^2}$$

因 $E^{\ominus}[\text{H}^+ | \text{H}_2(g) | \text{Pt}] = 0$,$p(\text{H}_2)/p^{\ominus} = 1$,$-\lg a(\text{H}^+) = \text{pH}$,故

$$E_{左} = -0.059\,16\ \text{V}\cdot\text{pH}$$

由 $E = E_{右} - E_{左}$,已知 $E = 0.609\,5$ V,故

$$0.609\,5\ \text{V} = 0.333\,5\ \text{V} - (-0.059\,16\ \text{V}\cdot\text{pH})$$

解得

$$\text{pH} = 4.67$$

(2) 金属-难溶氧化物电极　以锑-氧化锑电极为例。在锑棒上覆盖一层三氧化二锑,将其浸入含有 H^+ 或 OH^- 的溶液中就构成了锑-氧化锑电极。

酸性溶液中:　　　　　$\text{H}_2\text{O}, \text{H}^+ | \text{Sb}_2\text{O}_3(s) | \text{Sb}$

电极反应:　　　　　$\text{Sb}_2\text{O}_3(s) + 6\text{H}^+ + 6e^- \longrightarrow 2\text{Sb} + 3\text{H}_2\text{O}$

碱性溶液中:　　　　　$\text{H}_2\text{O}, \text{OH}^- | \text{Sb}_2\text{O}_3(s) | \text{Sb}$

电极反应:　　　　　$\text{Sb}_2\text{O}_3(s) + 3\text{H}_2\text{O} + 6e^- \longrightarrow 2\text{Sb} + 6\text{OH}^-$

酸性电极为对 H^+ 的可逆电极,电极电势取决于 H^+ 的活度;碱性电极为对 OH^- 的可

逆电极,电极电势取决于 OH^- 的活度。

锑－氧化锑电极为固体电极,应用起来很方便,可用于测定溶液的 pH。但注意不能将其应用于强酸性溶液中。

3. 第三类电极

第三类电极又称为氧化还原电极。当然任何电极上发生的反应都是氧化还原反应,这里特指参加氧化还原反应的物质都在溶液一个相中,电极极板(通常用 Pt)只起输送电子的作用,不参加电极反应,电极只有一个相界面的情况。如电极 Fe^{3+} , $Fe^{2+}|Pt$;电极 MnO_4^- , Mn^{2+} , H^+ , $H_2O|Pt$ 。

两电极的电极反应分别为

$$Fe^{3+} + e^- \longrightarrow Fe^{2+}$$

$$MnO_4^- + 8H^+ + 5e^- \longrightarrow Mn^{2+} + 4H_2O$$

氧化还原电极以前一般多以贵金属作为电极材料,如铂和金等,但现在有许多材料可用作惰性电极,如玻璃碳、碳纤维、石墨、炭黑及半导体氧化物等,只要电极材料既可传输电子,又在所应用的电势范围内不发生反应就可以。

*4. 离子选择性电极

上面所说的三类电极是最基本的电极,电极电势直接由电极的氧化还原反应产生。另外还有一类实际应用很广的电极——离子选择性电极,它是利用膜电势来测定溶液中某种特定离子活度的电极。pH 玻璃电极就是一种典型的对氢离子具有选择性的电极。下面简单介绍离子选择性电极的原理。

离子选择性电极的基本结构如图 7.8.4 所示,整个电极由内参比电极(通常为 $AgCl|Ag$ 电极)、带有敏感膜的电极管和管内的内充溶液组成,内充溶液的作用在于保持膜的内表面和内参比电极电势的稳定。

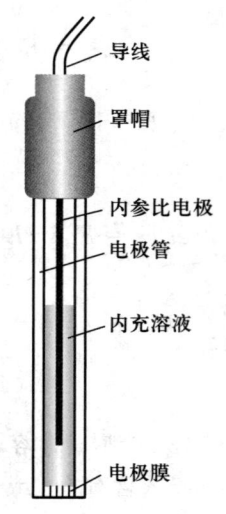

导线
罩帽
内参比电极
电极管
内充溶液
电极膜

图 7.8.4　离子选择性电极结构示意图

离子选择性电极中的隔膜具有选择性,一般只允许一种离子通过。当电极与含该离子的待测溶液接触时,在它的敏感膜和溶液的相界面上将产生与该离子活度直接有关的膜电势。膜电势类似于前面讲过的液接电势。因隔膜只允许一种离子通过,所以这种离子的迁移数为 1,其他离子的为 0,根据前面推导液体接界电势公式(7.7.5)的方法,可导出膜电势 E_m 为

$$E_m = \frac{RT}{zF} \ln \frac{a_{B,1}}{a_{B,2}} \tag{7.8.1}$$

式中, $a_{B,1}$ 、 $a_{B,2}$ 分别为待测离子在膜两边的活度; z 为该离子所带的电荷数。由于该离子在膜内的活度恒定,所以膜电势实际只与膜外溶液中待测离子的活度有关。

离子选择性电极不能单独使用,通常和适当的外参比电极组成完整的电化学电池,通过测量其电动势,可得到相关离子活度的信息。图 7.8.5 是由玻璃电极和饱和甘汞电极(参比电极)组成的测量溶液 pH 的装置示意图。电池表示可写为

$$Hg\,|\,Hg_2Cl_2\,|\,KCl(饱和)\,|\,待测溶液\left[a\,(H^+)\right]\,\vdots\,玻璃膜\,\vdots\,HCl(aq)\,|\,AgCl\,|\,Ag$$

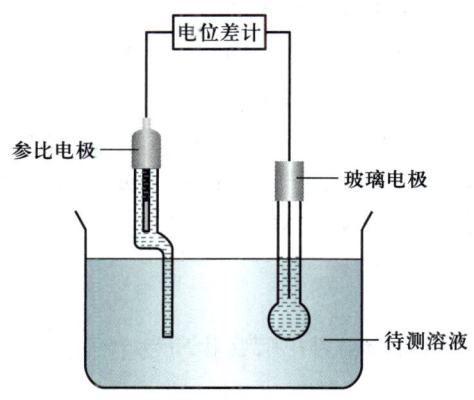

图 7.8.5 溶液 pH 的测量

在不考虑其他各液体接界电势的情况下,整个电池的电动势可简单写为

$$E = E_内 + E_m - E_外$$

式中,$E_内$ 为内参比电极的电极电势;$E_外$ 为外参比电极的电极电势。此例中 $E_内$ 为氯化银电极的电极电势,$E_外$ 为甘汞电极的电极电势。在一般测量中,$E_内$ 和 $E_外$ 均保持不变,因此电动势 E 与膜电势 E_m 之间只差一个常数项,E 的变化取决于 E_m 的变化,实际上只取决于待测离子的活度。

离子选择性电极一般可分为三类:玻璃电极、无机盐固体膜电极和基于离子交换的选择性电极,另外还有更复杂的气敏电极、酶电极等。许多离子选择性电极已经商品化,玻璃电极是研究最早和使用最广泛的离子选择性电极,其他还有测定 Na^+、K^+、Ag^+、NH_4^+、Ca^{2+}、Cu^{2+}、Ba^{2+} 等阳离子的离子选择性电极和测定 Cl^-、Br^-、I^-、F^-、NO_3^-、CN^-、S^{2-} 等阴离子的离子选择性电极。

§7.9 原电池的设计

前面介绍了如何由电池的图式写出电极反应、电池反应,以及进行有关的热力学计算,这是研究原电池的一个方面。另一方面,如果能将化学反应或物理化学过程设计成原电池,就可利用电化学方法和手段来测量热力学数据,也可通过已有热力学数据来研究电化学过程的性质,所以原电池的设计是研究原电池热力学的一个重要内容。本节通过实例来说明如何将一些化学反应和物理化学过程设计成原电池,进而加深对原电池热

力学的理解。

原则上讲，$\Delta G < 0$ 的反应都可设计成原电池，设计的方法是将给定反应拆分成两个电极反应，一个发生氧化反应作为阳极，另一个发生还原反应作为阴极，两个电极反应之和应

等于总反应。一般可先写出一个电极反应，然后从总反应中减去这个电极反应，即得到另一个电极反应。写出的电极反应通常应符合三类电极的特征，书写时可参考表 7.7.1 中列出的电极反应。之后写出电池图式，按顺序从左到右依次列出阳极至阴极间各个相，相与相之间用垂线隔开，若为双液电池，在两溶液间用双（虚）垂线表示加盐桥。

对于明显的氧化还原反应，电池设计较容易，但对于某些反应和过程，如中和反应、沉淀反应、扩散过程等，表面上看不出氧化还原反应，要设计成原电池就困难一些。下面通过一些例子加以说明。

1. 氧化还原反应

氧化还原反应从总反应式很容易看出哪些物质发生了氧化反应，哪些物质发生了还原反应。例反应：

$$Cu + Cu^{2+} = 2Cu^+$$

$$阳极： \quad Cu \longrightarrow Cu^+ + e^-$$

$$阴极： \quad Cu^{2+} + e^- \longrightarrow Cu^+$$

两电极反应之和即为总的电池反应，与所给反应相符，说明设计合理。但要注意此电池两溶液中 Cu^+ 的活度应相等。由电极反应可写出电池图式：

$$Cu \,|\, Cu^+ \,\|\, Cu^{2+}, Cu^+ \,|\, Pt$$

对于同一个化学反应，有时可设计出不止一个电池。上面的反应还可设计成

$$阳极： \quad Cu \longrightarrow Cu^{2+} + 2e^-$$

$$阴极： \quad 2Cu^{2+} + 2e^- \longrightarrow 2\,Cu^+$$

这两个电极反应之和也等于总的电池反应，但电池图式为

$$Cu \,|\, Cu^{2+} \,\|\, Cu^{2+}, Cu^+ \,|\, Pt$$

此电池要求两溶液中 Cu^{2+} 的活度要相等。

对比上面两个电池可知，由于总的化学反应相同，故在相同反应条件下，两电池反应 $\Delta_r G_m$ 相同，在可逆放电时的电功 W'_r 相同。但由于两个电池的电极反应转移的电子数不同，第一个电池 $z = 1$，第二个电池 $z = 2$，所以同是发生 1 mol 总反应，两个电池输出的电荷量不同，根据 $\Delta_r G_m = -zFE$，两个电池的电动势 E 也不相同，$E_1 = 2E_2$。在标准态下有 $\Delta_r G_{m,1}^{\ominus} = \Delta_r G_{m,2}^{\ominus}$，$E_1^{\ominus} = 2E_2^{\ominus}$。

又如，将氢气与氢气的反应设计成原电池，反应为

$$H_2(g) + \frac{1}{2}O_2(g) = H_2O(l)$$

先写出较容易的阳极反应:

$$H_2(g) \longrightarrow 2H^+ + 2e^-$$

再由总反应减去阳极反应可得阴极反应:

$$\frac{1}{2}O_2(g) + 2H^+ + 2e^- \longrightarrow H_2O(l)$$

电池图式为 $\qquad Pt \mid H_2(g) \mid H^+(aq) \mid O_2(g) \mid Pt$

该反应还可设计成碱性的氢氧电池。

一些化合物的生成反应如能设计成电池,则可通过测定电池的电动势及其温度系数,得到该化合物的摩尔生成吉布斯函数、摩尔生成焓、摩尔熵、反应的平衡常数等热力学数据。如 AgCl 的生成反应为

$$Ag + \frac{1}{2}Cl_2(g) = AgCl(s)$$

设计成原电池,

阳极: $\qquad Ag + Cl^- \longrightarrow AgCl(s) + e^-$

阴极: $\qquad \frac{1}{2}Cl_2(g) + e^- \longrightarrow Cl^-$

例题解析

电池热力学
计算 2

电池图式为 $\qquad Ag \mid AgCl(s) \mid Cl^-(a) \mid Cl_2(g) \mid Pt$

测定该电池在 25 ℃、标准态下的电动势 $E^\ominus$,即可得到 AgCl 的标准摩尔生成吉布斯函数 $\Delta_f G_m^\ominus(AgCl) = -zFE^\ominus$,以及反应的标准平衡常数 $K^\ominus = \exp[zFE^\ominus/(RT)]$;测定电池电动势的温度系数,可得到标准摩尔反应熵 $\Delta_r S_m^\ominus = zF(\partial E^\ominus/\partial T)_p$,进而得到 AgCl 的标准摩尔生成焓 $\Delta_f H_m^\ominus = -zFE^\ominus + zFT(\partial E^\ominus/\partial T)_p$。

2. 中和反应

中和反应从表面看来为酸碱中和反应:

$$H^+ + OH^- = H_2O$$

反应的始、末态氢和氧的价态都没发生变化,但要使之在电池中进行,必须使电极上发生氧化还原反应。可先写出较容易的阴极反应:

阴极: $\qquad H^+ + e^- \longrightarrow \frac{1}{2}H_2(g)$

再由总反应减去阴极反应可得阳极反应:

阳极: $\qquad \frac{1}{2}H_2(g) + OH^- \longrightarrow H_2O + e^-$

电池图式为　　　　　$\mathrm{Pt}\,|\,\mathrm{H_2(g,}p)\,|\,\mathrm{OH^-},\mathrm{H_2O}\,\|\,\mathrm{H^+(aq)}\,|\,\mathrm{H_2(g,}p)\,|\,\mathrm{Pt}$

注意此电池要求两电极的氢气压力相等。

　　该反应也可设计成使用氧电极的电池：

$$\mathrm{Pt}\,|\,\mathrm{O_2(g,}p)\,|\,\mathrm{OH^-},\mathrm{H_2O}\,\|\,\mathrm{H^+(aq)}\,|\,\mathrm{O_2(g,}p)\,|\,\mathrm{Pt}$$

此时要求两电极的氧气压力相等。

3. 沉淀反应

　　以生成 AgCl 的反应为例：

$$\mathrm{Ag^+ + Cl^-} =\!=\!= \mathrm{AgCl(s)}$$

因有难溶盐 AgCl 生成，所以应有一个电极为第二类电极 $\mathrm{Cl^-}\,|\,\mathrm{AgCl(s)}\,|\,\mathrm{Ag}$，电极反应为

　　　　　阳极：　　　　$\mathrm{Ag + Cl^- \longrightarrow AgCl + e^-}$

　　　　　阴极：　　　　$\mathrm{Ag^+ + e^- \longrightarrow Ag}$

电池图式为　　　　　$\mathrm{Ag}\,|\,\mathrm{AgCl(s)}\,|\,\mathrm{Cl^-}\,\|\,\mathrm{Ag^+}\,|\,\mathrm{Ag}\,|$

　　利用这一电池可求难溶盐的溶度积，见例 7.9.1。

重点难点
原电池
设计 2

≫ 例 **7.9.1**　利用表 7.7.1 的数据，求 25 ℃时 AgCl(s)在水中的溶度积 K_{sp}。

≫ 解：利用电池 $\mathrm{Ag}\,|\,\mathrm{AgCl(s)}\,|\,\mathrm{Cl^-}\,\|\,\mathrm{Ag^+}\,|\,\mathrm{Ag}$ 的电池反应：

$$\mathrm{Ag^+ + Cl^-} =\!=\!= \mathrm{AgCl(s)}$$

写出电池的能斯特方程

$$E = E^{\ominus} - \frac{RT}{F} \ln \frac{a[\mathrm{AgCl(s)}]}{a(\mathrm{Ag^+}) \cdot a(\mathrm{Cl^-})}$$

其中　　　　　　$E^{\ominus} = E^{\ominus}(\mathrm{Ag^+}\,|\,\mathrm{Ag}) - E^{\ominus}[\mathrm{Cl^-}\,|\,\mathrm{AgCl(s)}\,|\,\mathrm{Ag}]$

　　查表 7.7.1 可知 25 ℃时，$E^{\ominus}(\mathrm{Ag^+}\,|\,\mathrm{Ag}) = 0.799\,4\ \mathrm{V}$，$E^{\ominus}[\mathrm{Cl^-}\,|\,\mathrm{AgCl(s)}\,|\,\mathrm{Ag}] = 0.222\,16\ \mathrm{V}$。因纯固体活度 $a[\mathrm{AgCl(s)}] = 1$，在电池反应达到平衡时 $E = 0$，$a(\mathrm{Ag^+}) \cdot a(\mathrm{Cl^-}) = K_{sp}$，故有

$$E^{\ominus} = \frac{RT}{F} \ln \frac{1}{K_{sp}}$$

25 ℃时有　　　　$0.799\,4\ \mathrm{V} - 0.222\,16\ \mathrm{V} = -0.059\,16\ \mathrm{V} \times \lg K_{sp}$

　　　　　　　　　　　　$\lg K_{sp} = -9.757\,3$

得　　　　　　　　　　　$K_{sp} = 1.749 \times 10^{-10}$

4. 扩散过程——浓差电池

扩散过程并没有发生化学反应,只是物质从高浓度向低浓度发生了扩散,如气体的扩散、离子的扩散等。例如,以下两个过程:

(1) $H_2(g, p_1) \longrightarrow H_2(g, p_2)$ $\quad (p_1 > p_2)$

(2) $Ag^+(a_1) \longrightarrow Ag^+(a_2)$ $\quad\quad (a_1 > a_2)$

对于氢气扩散过程,可设计电池如下:

$$\text{阳极:} \quad\quad H_2(g, p_1) \longrightarrow 2H^+(a) + 2e^-$$

$$\text{阴极:} \quad\quad 2H^+(a) + 2e^- \longrightarrow H_2(g, p_2)$$

两个电极的 H^+ 活度应一致,否则相加后无法消掉。为此两个电极可共用一个酸性溶液,组成单液电池:

$$Pt \,|\, H_2(g, p_1) \,|\, H^+(a) \,|\, H_2(g, p_2) \,|\, Pt$$

由于电池的两个电极相同,所以电池的 $E^{\ominus} = 0$,由能斯特方程有

$$E = -\frac{RT}{2F} \ln \frac{p_2}{p_1}$$

$p_1 > p_2$ 时,$E > 0$,扩散过程能自发进行。

第二个银离子扩散过程,可设计电池如下:

$$\text{阳极:} \quad\quad Ag \longrightarrow Ag^+(a_2) + e^-$$

$$\text{阴极:} \quad\quad Ag^+(a_1) + e^- \longrightarrow Ag$$

电池图式为 $\quad\quad\quad Ag \,|\, Ag^+(a_2) \,\|\, Ag^+(a_1) \,|\, Ag$

同样,由于电池的两个电极相同,所以电池的 $E^{\ominus} = 0$,电动势为

$$E = -\frac{RT}{F} \ln \frac{a_2}{a_1}$$

$a_1 > a_2$ 时,$E > 0$,扩散过程能自发进行。

以上两个电池均是利用阴、阳两电极上反应物的浓度(或气体压力)的差别来工作的,故称为**浓差电池**。浓差电池按照电极物质浓度不同[如 $H_2(g)$],或电解质溶液浓度不同,又可进一步分为电极浓差电池和电解质浓差电池。但无论哪种浓差电池,都有电池的标准电动势 $E^{\ominus} = 0$。

§7.10 分解电压

如前所述,对于 $\Delta G < 0$ 的自发反应,原则上都可设计成电池而输出电功;而对于 $\Delta G > 0$

的非自发反应,则须环境对系统做功方可使反应进行。例如,电解反应必须在外加电源输入电流的情况下才能进行。

在电解池中进行电解反应时,外加电压往往需大于某一值后电解反应才能进行。以电解 HCl 溶液为例,利用图 7.10.1 所示的装置,可测出外加电压的大小与反应快慢,即电流大小的关系。

在 101.325 kPa 下于 1 mol·dm^{-3} HCl 溶液中放入两个铂电极,按照图 7.10.1 所示装置将这两个电极与电源相连接。图中 G 为安培计,V 为伏特计,R 为可变电阻。当外加电压很小时,几乎没有电流通过电路。电压增大,电流略有增大。当电压增大到某一数值后,电流随电压直线上升,同时两极出现气泡。这个过程的电流和电压关系可用图 7.10.2 表示。图中 D 点所示的电压是使电解质在两极持续不断分解所需的最小外加电压,称为**分解电压**。不过当电压继续增大到一定程度时,受电极反应速率及离子在电解质溶液中传输速率的限制,电流将不再随电压的增大而增大,而出现图中所示的平台。

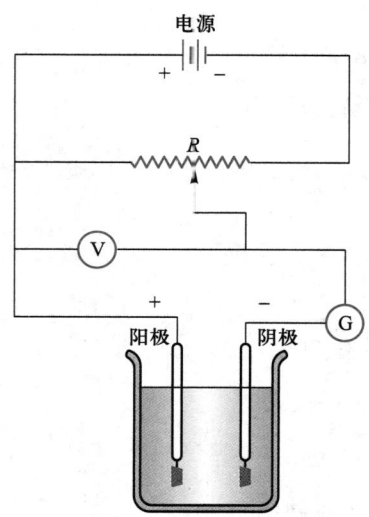
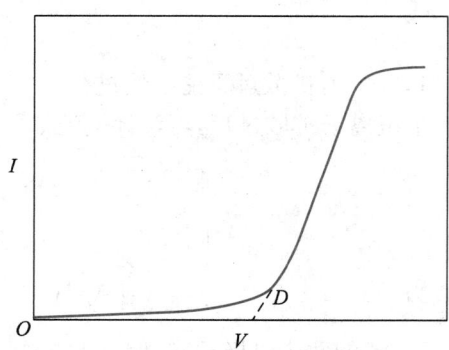

图 7.10.1　测定分解电压的装置　　　图 7.10.2　测定分解电压的电流-电压曲线

在外加电压的作用下,HCl 溶液中的氢离子向阴极(负极)运动,并在阴极得到电子被还原为氢气:

$$2H^+ + 2e^- \longrightarrow H_2(g)$$

同时,氯离子向阳极(正极)运动,并在阳极失去电子被氧化成氯气:

$$2Cl^- \longrightarrow Cl_2(g) + 2e^-$$

总的电解反应为

$$2H^+ + 2Cl^- \Longrightarrow H_2(g) + Cl_2(g)$$

上述电解产物与溶液中的相应离子在阴极和阳极上分别形成了氢电极和氯电极,而构成如下电池:

$$Pt\,|\,H_2(g,p)\,|\,HCl(1\ mol\cdot dm^{-3})\,|\,Cl_2(g,p)\,|\,Pt$$

这是一个自发电池,电池的氢电极应为阳极(负极),氯电极应为阴极(正极)。电池的电动势正好与电解时的外加电压相反,称为反电动势。

在外加电压小于分解电压时,形成的反电动势正好和外加电压相对抗(数值相等),似乎不应有电流通过,但由于电解产物从两极慢慢地向外扩散,使得它们在两极的浓度略有减少,因而在电极上仍有微小电流连续通过,使得电解产物得以补充。

在达到分解电压时,电解产物的浓度达到最大,氢和氯的压力达到大气压力而呈气泡逸出。此时反电动势达到极大值 E_{max},此后如再增大外加电压 V,电流 I 则直线上升。即 $I=(V-E_{max})/R$,R 为电解池的电阻。

当外加电压等于分解电压时,两极的电极电势分别称为氢和氯的**析出电势**。

表 7.10.1 中列出了几种电解质溶液的分解电压实验结果。表中数据表明,用平滑铂片作电极时,HNO_3、H_2SO_4 和 $NaOH$ 溶液的分解电压 $E_{分解}$ 都很相近,这是由于这些溶液的电解产物都是氢和氧,实质上皆是电解水。表中的 $E_{理论}$ 即相应的原电池的电动势,可由能斯特方程计算得出。$E_{理论}$ 与 $E_{分解}$ 的数值常不相等,后者常大于前者。

表 7.10.1　几种电解质溶液的分解电压(室温,铂电极)

电解质溶液	浓度 $c/(mol\cdot dm^{-3})$	电解产物	$E_{分解}/V$	$E_{理论}/V$
HCl	1	H_2 和 Cl_2	1.31	1.37
HNO_3	1	H_2 和 O_2	1.69	1.23
H_2SO_4	0.5	H_2 和 O_2	1.67	1.23
NaOH	1	H_2 和 O_2	1.69	1.23
$CdSO_4$	0.5	Cd 和 O_2	2.03	1.26
$NiCl_2$	0.5	Ni 和 Cl_2	1.85	1.64

当电流 I 通过电解池时,由于电解质溶液、导线和接触点等具有一定的电阻 R,必须外加电压克服之,此即欧姆电位降 IR。采取适当措施可使 IR 数值降低至忽略不计。由此可见,分解电压大于相应原电池的电动势,主要是析出电极电势偏离理论计算的平衡电极电势的缘故。图 7.10.2 中电流-电压曲线上所表示出来的关系是两个电极电势变化的总结果,所以无法从这条曲线来了解每个电极的特性。下面对每个电极上的过程进行深入的研究。

§7.11　极化作用

1. 电极的极化

当电极上无电流通过时,电极处于平衡状态,与之相对应的是平衡(可逆)电极电势。随着电极上电流密度(单位电极－溶液界面上通过的电流)的增加,电极的不可逆程度越来越大,电极电势对平衡电极电势的偏离越来越远。电流通过电极时,电极电势偏离平衡电极电势的现象称为**电极的极化**。某一电流密度下的电极电势与其平衡电极电势之差的绝对值称为**超电势**,以 η 表示。显然,η 的数值反映出极化程度的大小。

根据极化产生的原因,可简单地将极化分为两类,即**浓差极化**和**电化学极化**,并将与之相应的超电势称为**浓差超电势**和**活化超电势**。

(1) 浓差极化　以 Zn^{2+} 的阴极还原过程为例。

当电流通过电极时,由于阴极表面附近液层中的 Zn^{2+} 被还原沉积到阴极上,因而降低了它在阴极附近的浓度。如果本体溶液中的 Zn^{2+} 来不及补充上去,则阴极附近液层中 Zn^{2+} 的浓度将会低于它在本体溶液中的浓度,就好像是将此电极浸入一个浓度较小的溶液中一样,而通常所说的平衡电极电势都是指相应本体溶液的浓度而言的,显然,此电极电势将低于其平衡值。这种现象称为**浓差极化**。用搅拌的方法可使浓差极化减小,但由于电极表面扩散层的存在,不可能将其完全除去。

(2) 电化学极化　仍以 Zn^{2+} 的阴极还原过程为例。

当电流通过电极时,由于电极反应的速率是有限的,因而当外电源将电子供给电极以后,Zn^{2+} 来不及立即被还原而及时消耗掉外界输送来的电子,结果使电极表面上积累了多于平衡状态的电子,电极表面上自由电子数量的增多就相当于电极电势向负方向移动。这种由电化学反应本身的迟缓性而引起的极化称为**电化学极化**。

无论哪种原因引起的极化,阴极极化的结果都使电极电势变得更负。同理可得,阳极极化的结果,会使电极电势变得更正。实验证明电极电势与电流密度有关。描述电流密度与电极电势间关系的曲线称为**极化曲线**。

2. 测定极化曲线的方法

电极的极化曲线可用图 7.11.1 所示的装置测定。A 是一个电解池,其内装有电解质溶液、两个电极(阴极是待测电极)和搅拌器。电极－溶液界面面积已预先知道。将两电极通过开关 K、安培计 G 和可变电阻 R 与外加电源 B 相连。调节可变电阻可改变通过待测电极的电流,其数值由安培计读出。将电流除以浸入溶液的电极面积就得到电流密度。为了测量待测电极在不同电流密度下的电极电势,需在电解池中加入一个参比电极(通常用甘汞电极),将待测电极和参比电极与电位差计相连,由电位差计测出不同电流密度下的电动势,由于参比电极的电极电势是已知的,故可得到不同电流密度下待测电极的电极电势。以电极电势 $E_{阴}$ 为纵坐标,电流密度 J 为横坐标,将测量结果绘制成图,即得阴极极化曲线,如图 7.11.2 所示。

由电极能斯特方程计算得到阴极平衡电极电势 $E_{阴,平}$,减去由实验测得的不同电流密度下的阴极电极电势 $E_{阴}$,就得到不同电流密度下的阴极超电势:

$$\eta_{阴} = E_{阴,平} - E_{阴} \tag{7.11.1a}$$

对于阳极,由测得不同电流密度下的阳极电极电势 $E_{阳}$,减去计算得到的阳极平衡电极电势 $E_{阳,平}$,可得到不同电流密度下的阳极超电势:

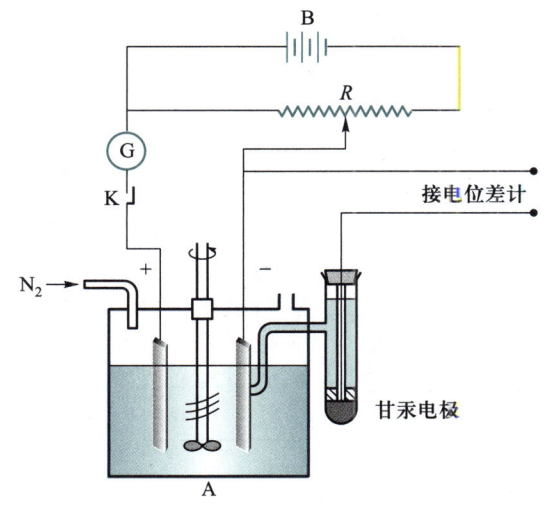

图 7.11.1　测定极化曲线的装置

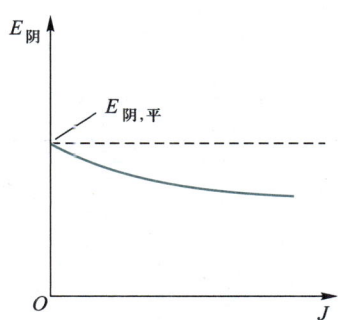

图 7.11.2　阴极极化曲线示意图

$$\eta_{阳} = E_{阳} - E_{阳,平} \tag{7.11.1b}$$

这样算出的阴极和阳极的超电势均为正值。

影响超电势的因素很多,如电极材料、电极表面状态、电流密度、温度、电解质性质和浓度,以及溶液中的杂质等。故超电势的测定常不能得到完全一致的结果。

1905 年,塔费尔(Tafel)曾提出一个经验式,表示氢超电势 η 与电流密度 J 的关系,称为塔费尔公式:

$$\eta = a + b\lg J \tag{7.11.2}$$

式中,a 和 b 为经验常数。

3. 电解池与原电池极化的差别

如前所述,就单个电极来说,极化的结果总使阴极的电极电势变得更负,使阳极的电极电势变得更正。

当两个电极组成电解池时,由于电解池的阳极是正极,阴极是负极,阳极电势的数值大于阴极电势的数值,所以在电极电势对电流密度的图中,阳极极化曲线位于阴极极化曲线的上方,如图 7.11.3(a)所示。随着电流密度的增加,电解池端电压增大,也就是说在电解时电流密度若增加,则消耗的能量也增多。

原电池的情况则相反。原电池的阳极是负极,阴极是正极,阳极电势的数值比阴极的小,因而在电极电势对电流密度的图中,阳极极化曲线位于阴极极化曲线的下方,如图 7.11.3(b)所示。所以原电池两极的电势差随着电流密度的增大而减小,即随着电池放电电流密度的增大,原电池做的电功将减少。

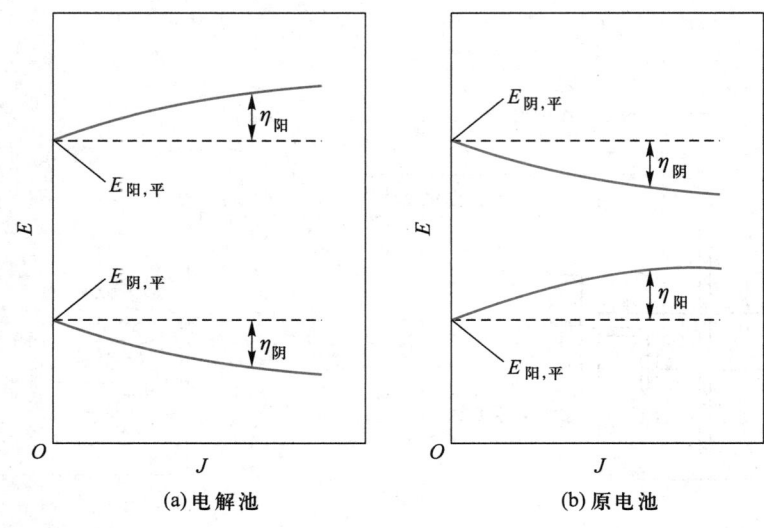

(a) 电解池　　　　　　　　　　　　　(b) 原电池

图 7.11.3　极化曲线示意图

§7.12　电解时的电极反应

　　对电解质水溶液进行电解时,需要加多大的电压,以及在阳极(正极)、阴极(负极)各得到哪种电解产物,是电解时的首要问题。

　　由于水溶液中总存在着 H^+ 和 OH^-,所以即使是单一电解质的水溶液,除了该电解质的离子以外,还要考虑 H^+、OH^- 是否会发生电极反应。至于混合电解质水溶液,可能发生的电极反应就更多了。

　　原则上说,凡是能放出电子的氧化反应都有可能在阳极上发生,例如,阴离子的放电,OH^- 氧化成氧气,可溶性金属电极氧化成金属离子等。同样,凡是能消耗电子的还原反应都可能在阴极上发生,例如,金属离子还原成金属或还原成低价离子,H^+ 还原成氢气等。

　　对于在阳极、阴极均有多种反应可能发生的情况下,在电解时,**阳极上总是优先发生极化电极电势较低的反应;阴极上总是优先发生极化电极电势较高的反应。**为此,首先要根据电极反应中各组分的活度(或气体的压力)计算出各电极反应的极化电极电势。若不考虑浓差极化,阳极和阴极的**极化电极电势**分别为

$$E_{阳} = E_{阳,平} + \eta_{阳}$$

$$E_{阴} = E_{阴,平} - \eta_{阴}$$

然后,按上述原则加以判断。优先发生的氧化反应的极化电极电势与优先发生的还原反应的极化电极电势之差,即为分解电压。换句话说,在对该电解质水溶液电解时,外加电压达到如上分解电压时,在阳极上发生的是极化电极电势最低的氧化反应,在阴极上发生的是极化电极电势最高的还原反应。当然,如果外加电压很大,其他的电极反应也可能同

时进行。可见,电解时发生什么反应,与电解质的本质、电极反应物浓度、电极材料、超电势等均有关。

例如,用铂电极电解 $1\ mol \cdot dm^{-3}$ 的 HCl 溶液时,阴极上只能是 H^+ 被还原成氢气而析出。但若电解含有一定浓度 $FeCl_3$ 的上述溶液时,阴极上的反应则不是 H^+ 还原成氢气,而是 Fe^{3+} 还原成 Fe^{2+}。这是因为后一反应的极化电极电势高于前一反应的极化电极电势。又如,用铂电极作阳极电解 $1\ mol \cdot dm^{-3}$ 的 $AgNO_3$ 水溶液,在电极上发生 OH^- 被氧化成氧气的反应;但若阳极换用 Ag 电极,则电极上不是析出氧气,而是发生电极上的 Ag 被氧化成 Ag^+ 的反应。这是因为后一反应的极化电极电势低于前一反应的极化电极电势。

》例 7.12.1 在 25 ℃下,用锌电极作为阴极电解 $a_{\pm} = 1$ 的 $ZnSO_4$ 水溶液,若在某一电流密度下氢气在锌极上的超电势为 0.7 V,问在常压下电解时,阴极析出的物质是氢气还是金属锌?设锌在阴极上的超电势可以忽略。

》解: 查表 7.7.1,$E^{\ominus}(Zn^{2+} | Zn) = -0.762\ 0\ V$,近似取 $a(Zn^{2+}) = a_{\pm} = 1$,故

$$E(Zn^{2+} | Zn) = E^{\ominus}(Zn^{2+} | Zn) - \frac{RT}{zF} \ln \frac{1}{a(Zn^{2+})}$$

25 ℃时,

$$E(Zn^{2+} | Zn) = E^{\ominus}(Zn^{2+} | Zn) - \frac{0.059\ 16\ V}{2} \lg \frac{1}{a(Zn^{2+})}$$

$$= -0.762\ 0\ V$$

同理,氢气在阴极上析出时的平衡电势为

$$E[H^+ | H_2(g) | Pt, 平] = E^{\ominus}[H^+ | H_2(g) | Pt] - \frac{0.059\ 16\ V}{2} \lg \frac{p(H_2)/p^{\ominus}}{a(H^+)^2}$$

电解在常压下进行,氢气析出时应有 $p(H_2) = 101.325\ kPa$,水溶液可以近似认为是中性的,并假定 $a(H^+) = 10^{-7}$,于是

$$E[H^+ | H_2(g) | Pt, 平] = E^{\ominus}[H^+ | H_2(g) | Pt] - \frac{0.059\ 16\ V}{2} \lg \frac{101.325/100}{(10^{-7})^2}$$

$$= -0.414\ 3\ V$$

考虑到氢气在锌极上超电势 $\eta_{阴} = 0.7\ V$,故氢气析出时的极化电极电势为

$$E[H^+ | H_2(g) | Pt] = E[H^+ | H_2(g) | Pt, 平] - \eta_{阴} = -1.114\ 3\ V$$

可见若不存在氢的超电势,因 $E[H^+ | H_2(g) | Pt, 平] > E(Zn^{2+} | Zn)$,则阴极上应当析出氢气;由于氢的超电势的存在,$E(Zn^{2+} | Zn) > E[H^+ | H_2(g) | Pt]$,故在阴极上为 Zn 的析出。

以上分析未考虑浓差极化,这可以通过搅拌使之降至最小,故忽略不计。

本章小结

　　本章主要介绍热力学在电化学中的应用,主要分三部分。

　　(1) 电解质溶液　　无论是原电池还是电解池,其内部的导电物质都是电解质溶液。电解质溶液的导电机理不同于导线中的金属导体(由电子定向运动而导电),它是由溶液中离子的定向运动而导电,而且是由阳、阴离子共同完成的。所以电解质溶液的导电能力不仅与电解质的浓度有关,还与阳、阴离子的运动速率有关。由此引出摩尔电导率 Λ_m 及离子迁移数 $t_{\pm}$ 的概念。通过电导的测定,可以计算弱电解质的解离度 α、解离反应平衡常数 $K^{\ominus}$ 及难溶盐的 K_{sp} 等有关的热力学数据。当电解质溶液浓度较高时,需引入平均离子活度 $a_{\pm}$ 及平均离子活度因子 $\gamma_{\pm}$ 来进行有关热力学计算。

　　(2) 原电池热力学　　将化学反应等温方程用于可逆电池反应,得到了计算原电池电动势的能斯特方程,该方程可用于不同浓度、温度下原电池电动势的计算。利用原电池的电动势、温度系数与热力学函数之间的关系,一方面可由热力学函数计算原电池的电动势,另一方面可通过电化学实验来测定热力学函数、活度因子及平衡常数等重要热力学数据。不同的电极可组成不同的电池,了解不同材料电极的性质,有助于更深入地了解原电池的性质。

　　(3) 电极的极化　　无论是原电池还是电解池,在有电流通过时,电极都会发生极化。极化的结果造成阳极的电极电势升高,阴极的电极电势降低。总的结果是造成电解池的分解电压随电流密度的增加而增大,而原电池的端电压随电流密度的增加而减小。

概念题

　　1. 在电池的阳极上发生(　　)反应。(填入　氧化、还原)原电池的阳极是(　　)极,电解池的阳极是(　　)极。(填入　正、负)

　　2. 25 ℃、101.325 kPa 下,用 5 A 的直流电电解 H_2SO_4 水溶液,如欲制备 1 dm^3 的 $O_2(g)$,需通电的时间为(　　)h。(结果保留 3 位有效数字)

　　3. 25 ℃下无限稀释的 HCl、KCl 和 NaCl 三种溶液,溶液中 Cl^- 的迁移速率(　　),迁移数(　　)。(填入　相同、不同)

　　4. 25 ℃时,某电导池中装有浓度为 0.005 $mol \cdot dm^{-3}$ 的 $CaCl_2$ 水溶液,测得其电阻为 1 050 Ω。已知电导池系数为 125.4 m^{-1},则该 $CaCl_2$ 水溶液的电导率 $\kappa = ($　　$)S \cdot m^{-1}$,摩尔电导率 $\Lambda_m = ($　　$)S \cdot m^2 \cdot mol^{-1}$。

　　5. 相同温度的下列电解质溶液,摩尔电导率最大的是(　　),最小的是(　　)。

　　(a) 1 $mol \cdot dm^{-3}$ NaCl 水溶液;

　　(b) 0.001 $mol \cdot dm^{-3}$ HCl 水溶液;

　　(c) 0.001 $mol \cdot dm^{-3}$ NaOH 水溶液;

　　(d) 0.001 $mol \cdot dm^{-3}$ NaCl 水溶液。

　　6. 在 25 ℃下无限稀释的水溶液中,H^+、OH^-、Na^+、K^+ 中,摩尔电导率最大的离子是(　　);无限稀释时,$t^{\infty}_{OH^-}(NaOH)($　　$)t^{\infty}_{OH^-}(KOH)$。

7. 25 ℃下纯水的电导率 $\kappa(H_2O) = 5.5 \times 10^{-6}$ S·m^{-1}，同样温度下 HCl、NaOH 和 NaCl 的极限摩尔电导率分别为 $\Lambda_m^\infty(HCl) = 425.96 \times 10^{-4}$ S·m^2·mol^{-1}，$\Lambda_m^\infty(NaOH) = 248.08 \times 10^{-4}$ S·m^2·mol^{-1}，$\Lambda_m^\infty(NaCl) = 126.39 \times 10^{-4}$ S·m^2·mol^{-1}。则纯水的解离度 $\alpha = ($)。

8. 已知 25 ℃时 PbSO$_4$ 饱和水溶液的电导率 $\kappa(PbSO_4) = 4.962 \times 10^{-3}$ S·m^{-1}，配制溶液所用水的电导率 $\kappa(H_2O) = 1.6 \times 10^{-4}$ S·m^{-1}。离子无限稀释摩尔电导率 $\Lambda_m^\infty\left(\frac{1}{2}Pb^{2+}\right)$ 和 $\Lambda_m^\infty\left(\frac{1}{2}SO_4^{2-}\right)$ 分别为 71×10^{-4} S·m^2·mol^{-1} 和 80.0×10^{-4} S·m^2·mol^{-1}。则此温度下 PbSO$_4$ 的溶度积 $K_{sp} = ($)。

9. 质量摩尔浓度均为 0.001 mol·kg^{-1} 的 NaCl、BaCl$_2$ 和 ZnSO$_4$ 水溶液，三者的平均离子活度因子 $\gamma_\pm$ 由大到小的次序为( )。

10. CaCl$_2$ 水溶液的平均离子活度 $a_\pm$ 与平均离子活度因子 $\gamma_\pm$ 及质量摩尔浓度 b 的关系为 $a_\pm = $ ( )。若 $b = 0.01$ mol·kg^{-1}，$\gamma_\pm = 0.724$，则 $a_\pm = ($)。

11. 原电池 Pt | Cu^{2+}, Cu$^+$ ‖ Cu^{2+} | Cu 和 Pt | Cu^{2+}, Cu$^+$ ‖ Cu$^+$ | Cu 的电池反应均可以写成 2Cu$^+$ === Cu^{2+} + Cu，则一定温度下，两电池的 $\Delta_r G_m^\ominus$ ( )，$E^\ominus$ ( )。（填入 相同、不同）

12. 某原电池的电动势 $E > 0$，电动势温度系数 $\left(\dfrac{\partial E}{\partial T}\right)_p < 0$，则该电池的能量转换效率 η ( )100%。（填入 >、<、=）

13. 已知 $E^\ominus(Cu^+ | Cu) = 0.521$ V，$E^\ominus(Cu^{2+} | Cu) = 0.337$ V，则 $E^\ominus(Cu^{2+} | Cu^+) = ($)V。

14. 25 ℃时，电池 Pt | H$_2$(g, 200 kPa) | H$^+$(a) | H$_2$(g, 100 kPa) | Pt 的电动势 $E = ($)V。

15. 原电池和电解池中，极化的结果都将使阳极的电极电势( )。（填入 升高、降低）发生极化后，原电池对外所做电功随着电流密度增加而( )。（填入 增大、减小）

习题

7.1　25 ℃、101.325 kPa 下，用 10 A 直流电电解 CuCl$_2$ 水溶液。通电 20 min，计算在阴极析出 Cu 的质量，以及在阳极产生的 Cl$_2$ 的体积。

答：3.952 g；1.521 dm^3

7.2　已知 25 ℃时 0.02 mol·dm^{-3} KCl 溶液的电导率为 0.276 8 S·m^{-1}。在一电导池中充以此溶液，25 ℃ 时测得其电阻为 453 Ω。在同一电导池中装入同样体积的质量浓度为 0.555 g·dm^{-3} 的 CaCl$_2$ 溶液，测得电阻为 1 050 Ω。计算：(1) 电导池系数；(2) CaCl$_2$ 溶液的电导率；(3) CaCl$_2$ 溶液的摩尔电导率。

答：(1) 125.4 m^{-1}；(2) 0.119 4 S·m^{-1}；(3) 0.023 88 S·m^2·mol^{-1}

7.3　25 ℃时将电导率为 0.141 S·m^{-1} 的 KCl 溶液装入一电导池中，测得其电阻为 525 Ω。在同一电导池中装入 0.1 mol·dm^{-3} NH$_3$·H$_2$O 溶液，测得电阻为 2 030 Ω。利用表 7.3.2 中的数据计算 NH$_3$·H$_2$O 的解离度 α 及解离常数 $K^\ominus$。

答：$\alpha = 0.013\ 44$，$K^\ominus = 1.831 \times 10^{-5}$

7.4　25 ℃时纯水的电导率为 5.5×10^{-6} S·m^{-1}，密度为 997.0 kg·m^{-3}。H$_2$O 中存在下列平衡：H$_2$O ⇌ H$^+$ + OH$^-$，计算此时 H$_2$O 的摩尔电导率、解离度和 H$^+$ 的浓度。

答：$\Lambda_m = 9.93 \times 10^{-11}$ S·m^2·mol^{-1}，$\alpha = 1.813 \times 10^{-9}$，$c(H^+) = 1.004 \times 10^{-7}$ mol·dm^{-3}

7.5　已知 25 ℃ 时水的离子积 $K_w = 1.008 \times 10^{-14}$，NaOH、HCl 和 NaCl 的 Λ_m^∞ 分别等于 0.024 808 S·m^2·mol^{-1}、0.042 596 S·m^2·mol^{-1} 和 0.012 639 S·m^2·mol^{-1}。

(1) 求 25 ℃时纯水的电导率；

(2) 利用该纯水配制 AgBr 饱和水溶液, 测得溶液的电导率 κ (溶液) $= 1.664 \times 10^{-5}$ S·m^{-1}。求 AgBr(s)在纯水中的溶解度。

答：(1) κ (H$_2$O) $= 5.500 \times 10^{-6}$ S·m^{-1}；(2) $c = 7.939 \times 10^{-4}$ mol·m^{-3}

7.6 应用德拜–休克尔极限公式计算 25 ℃时 0.002 mol·kg^{-1} CaCl$_2$ 溶液中 γ(Ca^{2+})、γ(Cl$^-$)和 $\gamma_\pm$。

答：γ(Ca^{2+}) $= 0.695\,5$, γ(Cl$^-$) $= 0.913\,2$, $\gamma_\pm = 0.834\,0$

7.7 现有 25 ℃, 0.01 mol·kg^{-1} BaCl$_2$ 水溶液。计算溶液的离子强度 I、BaCl$_2$ 的平均离子活度因子 $\gamma_\pm$ 和平均离子活度 $a_\pm$。

答：$I = 0.03$ mol·kg^{-1}, $\gamma_\pm = 0.666$, $a_\pm = 0.010\,57$

7.8 电池 Pt | H$_2$(101.325 kPa) | HCl(0.1 mol·kg^{-1}) | Hg$_2$Cl$_2$(s) | Hg 电动势 E 与温度 T 的关系为

$$E/\text{V} = 0.069\,4 + 1.881 \times 10^{-3} T/\text{K} - 2.9 \times 10^{-6} (T/\text{K})^2$$

(1) 写出电极反应和电池反应；

(2) 计算 25 ℃时该反应的 $\Delta_r G_m$、$\Delta_r S_m$、$\Delta_r H_m$ 及电池恒温可逆放电时的 $Q_{r,m}$；

(3) 若反应在电池外于同样温度下恒压进行, 计算系统与环境交换的热。

答：(2) $z = 1$ 时, $\Delta_r G_m = -35.93$ kJ·mol^{-1}, $\Delta_r S_m = 14.64$ J·mol^{-1}·K^{-1},

$\Delta_r H_m = -31.57$ kJ·mol^{-1}, $Q_{r,m} = 4.365$ kJ·mol^{-1}；(3) $Q_{p,m} = -31.57$ kJ·mol^{-1}

7.9 25 ℃时, 电池 Zn | ZnCl$_2$(0.555 mol·kg^{-1}) | AgCl(s) | Ag 的电动势 $E = 1.015$ V。已知, $E^\ominus$(Zn^{2+} | Zn) $= -0.762\,0$ V, $E^\ominus$(Cl$^-$ | AgCl(s) | Ag) $= 0.222\,16$ V, 电池电动势的温度系数 $\left(\dfrac{\partial E}{\partial T}\right)_p = -4.02 \times 10^{-4}$ V·K^{-1}。

(1) 写出电极反应和电池反应；

(2) 计算反应的标准平衡常数 $K^\ominus$；

(3) 计算电池反应可逆热 $Q_{r,m}$；

(4) 求溶液中 ZnCl$_2$ 的平均离子活度因子 $\gamma_\pm$。

答：(2) $K^\ominus = 1.868 \times 10^{33}$；(3) $Q_{r,m} = -23.13$ kJ·mol^{-1}；(4) $\gamma_\pm = 0.509$

7.10 甲烷燃烧过程可设计成燃料电池, 当电解质为酸性溶液时, 电极反应和电池反应分别为

阳极：   CH$_4$(g) $+ 2$H$_2$O(l) $\longrightarrow$ CO$_2$(g) $+ 8$H$^+$ $+ 8$e$^-$

阴极：   2O$_2$(g) $+ 8$H$^+$ $+ 8$e$^-$ $\longrightarrow$ 4H$_2$O(l)

电池反应：   CH$_4$(g) $+ 2$O$_2$(g) $\Longrightarrow$ CO$_2$(g) $+ 2$H$_2$O(l)

已知, 25 ℃时有关物质的标准摩尔生成吉布斯函数 $\Delta_f G_m^\ominus$ 为

物质	CH$_4$(g)	CO$_2$(g)	H$_2$O(l)
$\Delta_f G_m^\ominus$/(kJ·mol^{-1})	-50.72	-394.359	-237.129

计算 25 ℃时该电池的标准电动势。

答：1.059 6 V

7.11 写出下列各电池的电池反应, 应用表 7.7.1 中的数据计算 25 ℃时各电池的电动势, 各电池反应的摩尔吉布斯函数变及标准平衡常数, 并指明各电池反应能否自发进行。

(1) Pt | H$_2$(g, 100 kPa) | HCl[a(HCl) $= 0.8$] | Cl$_2$(g, 100 kPa) | Pt

(2) Zn | ZnCl$_2$[a(ZnCl$_2$) $= 0.6$)] | AgCl(s) | Ag

(3) $Cd \mid Cd^{2+} [a(Cd^{2+}) = 0.01] \,\vdots\, Cl^- [a(Cl^-) = 0.5] \mid Cl_2(g, 100\ kPa) \mid Pt$

答：(1) $E = 1.363\ 6\ V; z = 2, \Delta_r G_m = -263.13\ kJ \cdot mol^{-1}, K^\ominus = 8.108 \times 10^{45}$，自发进行；

(2) $E = 0.990\ 7\ V; z = 2, \Delta_r G_m = -191.18\ kJ \cdot mol^{-1}, K^\ominus = 1.876 \times 10^{33}$，自发进行；

(3) $E = 1.838\ 1\ V; z = 2, \Delta_r G_m = -354.70\ kJ \cdot mol^{-1}, K^\ominus = 3.472 \times 10^{59}$，自发进行

7.12 应用表 7.4.1 的数据计算 25 ℃时下列电池的电动势。

$$Cu \mid CuSO_4(b_1 = 0.01\ mol \cdot kg^{-1}) \,\|\, CuSO_4(b_2 = 0.1\ mol \cdot kg^{-1}) \mid Cu$$

答：0.017 49 V

7.13 25 ℃时，电池 $Pt \mid H_2(g, 100\ kPa)\ HCl(b = 0.1\ mol \cdot kg^{-1}) \mid Cl_2(g, 100\ kPa) \mid Pt$ 电动势为 1.488 1 V，计算溶液中 HCl 的平均离子活度因子。

答：$\gamma_\pm = 0.793\ 5$

7.14 25 ℃时，实验测定电池 $Pb \mid PbSO_4(s) \mid H_2SO_4(0.01\ mol \cdot kg^{-1}) \mid H_2(g, p^\ominus) \mid Pt$ 的电动势为 0.170 5 V。已知 25 ℃时，$\Delta_f G_m^\ominus(H_2SO_4, aq) = \Delta_f G_m^\ominus(SO_4^{2-}, aq) = -744.53\ kJ \cdot mol^{-1}$，$\Delta_f G_m^\ominus(PbSO_4, s) = -813.0\ kJ \cdot mol^{-1}$。

(1) 写出电极反应和电池反应；

(2) 求 25 ℃时的 $E^\ominus [SO_4^{2-} \mid PbSO_4(s) \mid Pb]$；

(3) 计算 0.01 mol · kg^{-1} H$_2$SO$_4$ 溶液的 $a_\pm$ 和 $\gamma_\pm$。

答：(2) $-0.354\ 8\ V$；(3) $a_\pm = 8.376 \times 10^{-3}, \gamma_\pm = 0.527\ 8$

7.15 为了确定亚汞离子在水溶液中是以 Hg^+ 还是以 Hg_2^{2+} 形式存在，设计了如下电池：

$$Hg \left| \begin{array}{c} HNO_3\ 0.1\ mol \cdot dm^{-3} \\ 硝酸亚汞\ 0.263\ mol \cdot dm^{-3} \end{array} \,\vdots\, \begin{array}{c} HNO_3\ 0.1\ mol \cdot dm^{-3} \\ 硝酸亚汞\ 2.63\ mol \cdot dm^{-3} \end{array} \right| Hg$$

测得在 18 ℃时的 $E = 29\ mV$，求亚汞离子的形式。

答：Hg_2^{2+}

7.16 25 ℃时测得电池 $Pt \mid H_2(g, 100\ kPa) \mid 待测\ pH\ 的溶液 \,\vdots\, KCl(1\ mol \cdot dm^{-3}) \mid Hg_2Cl_2(s) \mid Hg$ 的电动势 $E = 0.664\ V$，试计算待测溶液的 pH。

答：pH = 6.49

7.17 在电池 $Pt \mid H_2(g, 100\ kPa) \mid HI\ 溶液 [a(HI) = 1] \mid I_2(s) \mid Pt$ 中，进行如下两个电池反应：

(1) $H_2(g, 100\ kPa) + I_2(s) \Longrightarrow 2HI [a(HI) = 1]$

(2) $\dfrac{1}{2} H_2(g, 100\ kPa) + \dfrac{1}{2} I_2(s) \Longrightarrow HI [a(HI) = 1]$

应用表 7.7.1 的数据计算两个电池的 $E^\ominus$ 及两个反应的 $\Delta_r G_m^\ominus$ 和 $K^\ominus$。

答：(1) $E^\ominus = 0.535\ 3\ V, \Delta_r G_m^\ominus = -103.3\ kJ \cdot mol^{-1}, K^\ominus = 1.25 \times 10^{18}$；

(2) $E^\ominus = 0.535\ 3\ V, \Delta_r G_m^\ominus = -51.65\ kJ \cdot mol^{-1}, K^\ominus = 1.12 \times 10^9$

7.18 将下列反应设计成原电池，并应用表 7.7.1 的数据计算 25 ℃时电池反应的 $\Delta_r G_m^\ominus$ 及 $K^\ominus$。

(1) $2Ag^+ + H_2(g) \Longrightarrow 2Ag + 2H^+$

(2) $Cd + Cu^{2+} \Longrightarrow Cd^{2+} + Cu$

(3) $Sn^{2+} + Pb^{2+} \Longrightarrow Sn^{4+} + Pb$

(4) $2Cu^+ \Longrightarrow Cu + Cu^{2+}$

答：(1) $\Delta_r G_m^\ominus = -154.26\ kJ \cdot mol^{-1}, K^\ominus = 1.06 \times 10^{27}$；

(2) $\Delta_r G_m^\ominus = -142.84\ kJ \cdot mol^{-1}, K^\ominus = 1.06 \times 10^{25}$；

$$(3)\ \Delta_r G_m^\ominus = 53.53\ \text{kJ}\cdot\text{mol}^{-1}, K^\ominus = 4.18\times10^{-10};$$
$$(4)\ \Delta_r G_m^\ominus = -35.51\ \text{kJ}\cdot\text{mol}^{-1}, K^\ominus = 1.66\times10^6$$

7.19 将反应 $Ag(s)+\dfrac{1}{2}Cl_2(g,p^\ominus) \xlongequal{\quad} AgCl(s)$ 设计成原电池。已知 25 ℃时，$\Delta_f H_m^\ominus(AgCl,s)=$ $-127.07\ \text{kJ}\cdot\text{mol}^{-1},\Delta_f G_m^\ominus(AgCl,s)=-109.79\ \text{kJ}\cdot\text{mol}^{-1}$，标准电极电势 $E^\ominus(Ag^+\mid Ag)=0.799\ 4\ V$，$E^\ominus[Cl^-\mid Cl_2(g)\mid Pt]=1.357\ 9\ V$。

(1) 写出电极反应和电池图式；

(2) 求 25 ℃、电池可逆放电 $2F$ 电荷量时的热 Q_r；

(3) 求 25 ℃时 AgCl 的活度积 K_{sp}。

$$\text{答：(1)}\ Ag\mid AgCl(s)\mid Cl[a(Cl^-)]\mid Cl_2(g,p^\ominus)\mid Pt;$$
$$(2)\ Q_r=-34.56\ \text{kJ}; (3)\ K_{sp}=1.605\times10^{-10}$$

7.20 已知铅酸蓄电池

$$Pb\mid PbSO_4(s)\mid H_2SO_4(b=1.00\ \text{mol}\cdot\text{kg}^{-1}),H_2O\mid PbSO_4(s),PbO_2(s)\mid Pb$$

在 25 ℃时的电动势 $E=1.928\ 3\ V,E^\ominus=2.050\ 1\ V$。该电池的电池反应为

$$Pb(s)+PbO_2(s)+2SO_4^{2-}+4H^+ \xlongequal{\quad} 2PbSO_4(s)+2H_2O$$

(1) 写出电极反应；

(2) 计算电池中 H_2SO_4 溶液的活度 a、平均离子活度 $a_\pm$ 及平均离子活度因子 $\gamma_\pm$；

(3) 已知电池电动势的温度系数为 $5.664\times10^{-5}\ V\cdot K^{-1}$，计算电池反应的 $\Delta_r G_m$、$\Delta_r S_m$、$\Delta_r H_m$ 及可逆热 $Q_{r,m}$。

$$\text{答：(2)}\ a=8.731\times10^{-3},a_\pm=0.205\ 9,\gamma_\pm=0.129\ 7;$$
$$(3)\ \Delta_r G_m=-372.1\ \text{kJ}\cdot\text{mol}^{-1},\Delta_r S_m=10.93\ \text{J}\cdot\text{mol}^{-1}\cdot K^{-1},$$
$$\Delta_r H_m=-368.8\ \text{kJ}\cdot\text{mol}^{-1},Q_{r,m}=3.259\ \text{kJ}\cdot\text{mol}^{-1}$$

7.21 (1) 已知 25 ℃时，$H_2O(l)$ 的标准摩尔生成焓和标准摩尔生成吉布斯函数分别为 $-285.83\ \text{kJ}\cdot\text{mol}^{-1}$ 和 $-237.129\ \text{kJ}\cdot\text{mol}^{-1}$。计算在氢氧燃料电池中进行下列反应时电池的电动势及其温度系数。

$$H_2(g,100\ \text{kPa})+\dfrac{1}{2}O_2(g,100\ \text{kPa}) \xlongequal{\quad} H_2O(l)$$

(2) 应用表 7.7.1 的数据计算上述电池的电动势。

$$\text{答：(1)}\ E=1.229\ V,\left(\dfrac{\partial E}{\partial T}\right)_p=-8.46\times10^{-4}\ V\cdot K^{-1}; (2)\ E=1.229\ V$$

7.22 已知 25 ℃时 $E^\ominus(Fe^{3+}\mid Fe)=-0.037\ V,E^\ominus(Fe^{3+},Fe^{2+}\mid Pt)=0.771\ V$。试计算 25 ℃时电极 $Fe^{2+}\mid Fe$ 的标准电极电势 $E^\ominus(Fe^{2+}\mid Fe)$。

$$\text{答：}-0.441\ V$$

7.23 已知 25 ℃时 AgBr 的溶度积 $K_{sp}=4.88\times10^{-13}$，$E^\ominus(Ag^+\mid Ag)=0.799\ 4\ V$，$E^\ominus[Br^-\mid Br_2(l)\mid Pt]=1.066\ V$。试计算 25 ℃时，

(1) 银-溴化银电极的标准电极电势 $E^\ominus[Br^-\mid AgBr(s)\mid Ag]$；

(2) $AgBr(s)$ 的标准生成吉布斯函数。

$$\text{答：(1)}\ 0.071\ 1\ V; (2)\ -96.00\ \text{kJ}\cdot\text{mol}^{-1}$$

7.24 25 ℃时，用铂电极电解 $1\ \text{mol}\cdot\text{dm}^{-3}\ H_2SO_4$ 溶液。

（1）计算理论分解电压；

（2）若两电极面积均为 $1\,cm^2$，电解液电阻为 $100\,\Omega$，$H_2(g)$ 和 $O_2(g)$ 的超电势 η 与电流密度 J 的关系分别为

$$\eta[H_2(g)]/V = 0.472 + 0.118\lg[J/(A\cdot cm^{-2})]$$

$$\eta[O_2(g)]/V = 1.062 + 0.118\lg[J/(A\cdot cm^{-2})]$$

问当通过的电流为 $1\,mA$ 时，外加电压为多少？

答：（1）1.228 7 V;（2）2.154 7 V

第八章 界面现象

　　自然界中的物质一般以气、液、固三种相态存在,界面即相与相之间的接触面。三种相态相互接触可产生五种界面:气-液界面、气-固界面、液-液界面、液-固界面和固-固界面。一般常把与气体接触的界面称为表面,如气-液界面常称为液体表面,气-固界面常称为固体表面。

　　界面并不是两相接触的几何面,而是有一定厚度(一般几个分子厚)的"界面相"。界面的结构和性质与相邻两侧的体相均不同,这一点已被许多研究证实。自然界中的许多现象都与界面的特殊性质有关,如在光滑玻璃上的微小汞滴会自动呈球形、脱脂棉易于被水润湿、水在玻璃毛细管中会自动上升、固体表面会自动地吸附其他物质、微小的液滴易于蒸发等。

　　前面几章的讨论中并没有提及界面和考虑界面的因素,这是因为在一般情况下,界面的质量和性质与体相相比可忽略不计。但当物质被高度分散时,界面的作用会很明显。例如,直径 1 cm 的球形液滴,表面积是 3.141 6 cm^2;当将其分散为 10^{18} 个直径为 10 nm 的球形小液滴时,其总表面积可高达 314.16 m^2,是原来的 10^6 倍。此时界面的影响就不可忽略。对一定量的物质而言,分散度越高,其表面积就越大,表面效应也就越明显。

　　物质的分散度可用**比表面积** a_s 来表示,比表面积定义为物质的表面积 A_s 与其质量 m 之比,即

$$a_s = A_s/m \tag{8.0.1}$$

a_s 的单位为 m$^2 \cdot$ kg^{-1}。

　　多孔固体材料常具有很高的比表面积,如多孔硅胶、分子筛、活性炭等。多孔硅胶的比表面积可达 300～700 m$^2 \cdot$ g^{-1},普通活性炭的比表面积可高达 1 000～2 000 m$^2 \cdot$ g^{-1},而一些特殊的超级活性炭的比表面积甚至可达 3 000 m$^2 \cdot$ g^{-1}。这些巨大的表面积几乎全部是其内部孔道提供的,这部分表面常称为内表面。高度分散且具有巨大内表面的多孔性材料,在那些利用界面的特殊性来实现特定功能的领域,如吸附、催化等,有着非常重要的应用。

　　从自然现象到人类生活,再到种类繁多的工业技术,界面现象及与之相关的应用无处不在。如今,界面化学的理论和技术在化工、纺织、食品、造纸、化妆品、医药、农药、涂料、染料、催化、石油化工和环境保护等诸多工业部门和技术领域,发挥着日益重要的作用。近年来,新能源、新材料和生命科学等领域蓬勃发展,而这些研究领域几乎都涉及界面化学问题。以纳米材料为例,当材料的几何尺寸从宏观到微米、亚微米、纳米的尺度变化时,表面积迅速增

大,表面原子数急剧增多,尺寸效应赋予纳米材料特殊的物理性质和化学性质,在光学、电子科学、信息科学、化学及生命科学领域都有着广阔的应用前景。本章将从界面现象入手,应用物理化学的基本原理,对界面的特殊性及界面现象的产生原因进行分析和讨论。

§8.1 界面张力

1. 液体的表面张力、表面功及表面吉布斯函数

重点难点

表面张力

物质表面层中的分子与体相中的分子所处的力场是不同的,以与饱和蒸气相接触的液体表面分子与内部分子受力情况为例进行说明,如图 8.1.1所示。

液体内部的分子总是处于同类分子的包围之中,平均来看,该分子与其周围分子间的吸引力是球形对称的,各个相反方向上的力彼此相互抵消,其合力为零。而表面层中的分子则处于不对称的力场环境中。液体内部分子对表面层中分子的吸引力,远远大于液面上蒸气分子对它的吸引力,使表面层中的分子恒受到指向液体内部的拉力的作用,总是趋于向液体内部移动,力图缩小表面积。液体表面就如同一层绷紧了的弹性膜,若要扩张表面就需要对系统做功。

假如用细钢丝制成一个框架,如图 8.1.2 所示,其一边是可自由活动的金属丝,将此金属丝固定后使框架蘸上一层皂膜。若放松金属丝,皂膜会自动收缩以减小表面积。这时欲使膜维持不变,需在金属丝上施加一方向相反的力 F,其大小与金属丝的长度成正比,比例系数以 γ 表示,因皂膜有上、下两个表面,故可得

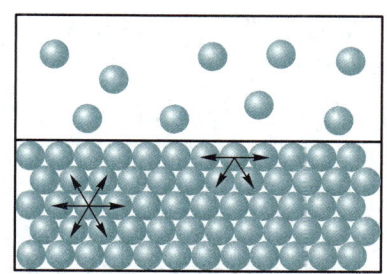

图 8.1.1　液体表面分子与内部分子受力情况示意图

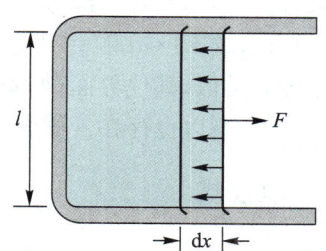

图 8.1.2　表面张力和表面功示意图

$$F = 2\gamma l \tag{8.1.1a}$$

即

$$\gamma = F/(2l) \tag{8.1.1b}$$

γ 即**表面张力**,它可看作引起液体表面收缩的单位长度上的力,其单位为 $N \cdot m^{-1}$。

表面张力的方向是与液面相切的。如果液面是平面,表面张力就在这个平面上(参考图8.1.2)。如果液面是曲面,表面张力则在这个曲面的切面上(参考后面的图 8.2.1)。需要说

明的一点是,如果在液体表面上任意划一条分界线把液面分成 a、b 两部分,则 a 部分表面层中的分子对 b 部分的吸引力,一定等于 b 部分对 a 部分的吸引力,且两部分的吸引力方向相反。这种表面层中任意两部分间的相互吸引力,造成了液体表面收缩的趋势。由于表面张力的存在,液体表面总趋于尽可能缩小,微小液滴往往呈圆球形,正是因为相同体积下球形面积最小。

从另一个角度分析表面张力 γ。若要使图 8.1.2 中的液膜面积增大 $\mathrm{d}A_s$,则需抵抗表面张力,在力 F 的作用下使金属丝向右移动距离 $\mathrm{d}x$,忽略摩擦力的影响,这一过程所做的可逆非体积功为

$$\delta W'_r = F\mathrm{d}x = 2\gamma l\mathrm{d}x = \gamma\mathrm{d}A_s \tag{8.1.2}$$

式中,$\mathrm{d}A_s = 2l\mathrm{d}x$,为增大的液体表面积,将上式移项可得

$$\gamma = \frac{\delta W'_r}{\mathrm{d}A_s} \tag{8.1.3}$$

由此可知,γ 亦为使系统增加单位表面积所需的可逆功,单位为 $\mathrm{J\cdot m^{-2}}$。IUPAC 以此式来定义 γ,称 γ 为**表面功**。以前也曾将 γ 称为比表面功。

由于恒温恒压下可逆非体积功等于系统的吉布斯函数变,即

$$\delta W'_r = \mathrm{d}G_{T,p} = \gamma\mathrm{d}A_s \tag{8.1.4}$$

故

$$\gamma = \left(\frac{\partial G}{\partial A_s}\right)_{T,p} \tag{8.1.5}$$

即 γ 又等于恒温恒压下系统增加单位面积时所增加的吉布斯函数,所以 γ 也称为**表面吉布斯函数**,单位为 $\mathrm{J\cdot m^{-2}}$。

表面张力、表面功、表面吉布斯函数三者为不同的物理量,但其数值和量纲是相同的,因为 $1\,\mathrm{J} = 1\,\mathrm{N\cdot m}$,故 $1\,\mathrm{J\cdot m^{-2}} = 1\,\mathrm{N\cdot m^{-1}}$。三者的单位皆可化为 $\mathrm{N\cdot m^{-1}}$。

与液体表面类似,其他界面,如固体表面、液-液界面、液-固界面等,由于界面层的分子同样受力不对称,所以也存在着**界面张力**。

2. 热力学公式

在"多组分系统热力学"一章中曾推导出适用于多组分多相系统的热力学关系式(4.2.7)～式(4.2.10)。若研究对象是高度分散、界面效应显著的系统,则还应考虑界面面积变化带来的影响,即除 T、p、S、V、$n_{B(\alpha)}$ 外,还要将各相界面面积 A_s 作为变量。先考虑系统内只有一个相界面,且两相 T、p 相同的情况,则有

$$\mathrm{d}G = -S\mathrm{d}T + V\mathrm{d}p + \sum_\alpha\sum_B \mu_{B(\alpha)}\mathrm{d}n_{B(\alpha)} + \gamma\mathrm{d}A_s \tag{8.1.6}$$

再根据热力学函数之间的关系,容易得到

$$\mathrm{d}U = T\mathrm{d}S - p\mathrm{d}V + \sum_\alpha\sum_B \mu_{B(\alpha)}\mathrm{d}n_{B(\alpha)} + \gamma\mathrm{d}A_s \tag{8.1.7}$$

$$dH = TdS + Vdp + \sum_\alpha \sum_B \mu_{B(\alpha)} dn_{B(\alpha)} + \gamma dA_s \tag{8.1.8}$$

$$dA = -SdT - pdV + \sum_\alpha \sum_B \mu_{B(\alpha)} dn_{B(\alpha)} + \gamma dA_s \tag{8.1.9}$$

式中

$$\gamma = \left(\frac{\partial G}{\partial A_s}\right)_{T,p,n_{B(\alpha)}} = \left(\frac{\partial U}{\partial A_s}\right)_{S,V,n_{B(\alpha)}} = \left(\frac{\partial H}{\partial A_s}\right)_{S,p,n_{B(\alpha)}} = \left(\frac{\partial A}{\partial A_s}\right)_{T,V,n_{B(\alpha)}} \tag{8.1.10}$$

下标中 $n_{B(\alpha)}$ 表示各相中各物质的物质的量均不变。

式(8.1.10)中第一个等式表明，界面张力 γ 等于恒温恒压、各相中各物质的物质的量不变，增加单位界面面积时所增加的吉布斯函数。其余三个等式的意义类似。

在恒温恒压、各相中各物质的物质的量不变时，由式(8.1.6)得

$$dG = \gamma dA_s \tag{8.1.11}$$

此式给出在上述条件下由相界面面积变化而引起系统的吉布斯函数变，因这一变化反映在界面上，也称为界面吉布斯函数变，并用 dG^s 表示。

在 γ 不变的条件下积分式(8.1.11)，得

$$G^s = \gamma A_s \tag{8.1.12}$$

将式(8.1.12)取全微分，有

$$dG^s = \gamma dA_s + A_s d\gamma \tag{8.1.13}$$

在恒温恒压条件下，系统界面吉布斯函数减少的过程为自发过程。式(8.1.13)表明，系统可通过减少界面面积或降低界面张力来降低界面吉布斯函数。例如，小液滴聚集成大液滴(为表面张力不变时表面面积减少的过程)，多孔固体表面吸附气体(为界面面积不变时界面张力减小的过程)，以及液体对固体的润湿过程(见§8.4)等。界面吉布斯函数有自动减少的趋势，是很多界面现象产生的热力学原因。

3. 界面张力及其影响因素

界面张力与形成界面的两相物质的性质密切相关，凡能影响两相性质的因素，对界面张力均有影响，现分述如下：

(1) 界面张力与物质的本性有关　不同物质分子之间的作用力不同，对界面上分子的影响也不同。

以液体表面为例，通常气相是空气或液体本身的蒸气，或是被液体蒸气饱和了的空气。一般情况下，气相对液体的表面张力影响不大。而不同液体表面张力之间的差异主要是液体分子之间的作用力不同而造成的。一般说来，极性液体(如水)有较大的表面张力，而非极性液体的表面张力则较小。另外，熔融的盐及熔融的金属，分子间分别以离子键和金属键相互作用，故它们的表面张力也很高。表 8.1.1 给出了一些物质在实验温度下呈液态时的表面张力。

表 8.1.1　某些液态物质的表面张力

物质	$t/℃$	$\gamma/(\text{mN} \cdot \text{m}^{-1})$
正己烷	20	18.60
正辛烷	20	21.82
乙醚	20	17.0
乙醇	20	22.3
H_2O	20	72.75
NaCl	803	113.8
LiCl	614	137.8
FeO	1 427	582
Al_2O_3	2 080	700
Hg	25	485.48
Ag	1 100	878.5
Cu	1 084.6	1 300
Pt	1 773.5	1 800

固体分子间的相互作用力远大于液体分子间的相互作用力,所以固体物质一般要比液体物质具有更大的表面张力。表 8.1.2 为一些固体物质在实验温度下的表面张力。

表 8.1.2　一些固体物质在实验温度下的表面张力

物质	气氛	$t/℃$	$\gamma/(\text{mN} \cdot \text{m}^{-1})$
铜	Cu 蒸气	1 050	1 670
银	—	750	1 140
锡	真空	215	685
苯	—	5.5	52 ± 7
冰	—	0	120 ± 10
氧化镁	真空	25	1 000
氧化铝	—	1 850	905
云母	真空	20	4 500
石英(1010 晶面)	—	-196	1 030

当两种不互溶的液体形成液-液界面时,界面层分子所处的力场取决于两种液体,故不同的液-液界面的界面张力不同。20 ℃时一些液-液界面的界面张力见表 8.1.3。

表 8.1.3　20 ℃时一些液-液界面的界面张力

界面	$\gamma/(\text{mN} \cdot \text{m}^{-1})$	界面	$\gamma/(\text{mN} \cdot \text{m}^{-1})$
水-正己烷	51.1	水-正辛醇	8.5
水-正辛烷	50.8	水-苯	35.0
水-四氯化碳	45.1	水-汞	375.0

（2）温度对界面张力的影响　同一种物质的界面张力因温度不同而异，当温度升高时分子之间的距离增加，相互作用减弱，所以界面张力一般随温度的升高而减小。液体的表面张力受温度的影响较大，且表面张力随温度的升高近似呈线性下降。当温度趋于临界温度时，饱和液体与饱和蒸气的性质趋于一致，相界面趋于消失，液体的表面张力趋于零。

纯液体表面张力 γ 随温度 T 的变化关系可用经验式表示，例如

$$\gamma = \gamma_0(1 - T/T_c)^n \tag{8.1.14}$$

式中，T_c 为液体的临界温度；γ_0、n 均为经验常数，与液体性质有关。对于绝大多数液体 $n > 1$。表 8.1.4 给出了一些液体在不同温度下的表面张力。

表 8.1.4　一些液体在不同温度下的表面张力

液体	$\gamma/(mN \cdot m^{-1})$					
	0 ℃	20 ℃	40 ℃	60 ℃	80 ℃	100 ℃
水	75.64	72.75	69.60	66.24	62.67	58.91
乙醇	24.4	22.3	21.0	19.2	17.3	15.5
甲醇	24.5	22.6	20.9	19.3	17.5	15.7
四氯化碳	29.5	26.9	24.5	22.1	19.7	17.3
丙酮	26.2	23.7	21.2	18.6	16.2	—
甲苯	30.92	28.53	26.15	23.94	21.8	19.6
苯	31.9	29.0	26.3	23.6	21.2	18.2

（3）压力及其他因素对表面张力的影响　压力对表面张力的影响原因比较复杂。增加气相的压力可使其密度增加，减小液体表面分子受力不对称的程度；此外可使气体分子更多地溶于液体，改变液相组成。两方面因素的综合效应，一般是使表面张力下降。通常压力每增加 1 MPa，表面张力约降低 1 mN·m^{-1}。例如，20 ℃、101.325 kPa 下，水和 CCl$_4$ 的表面张力分别为 72.8 mN·m^{-1} 和 26.8 mN·m^{-1}，而在 1 MPa 下其表面张力分别是 71.8 mN·m^{-1} 和 25.8 mN·m^{-1}。

分散度对界面张力的影响只有在物质分散到曲率半径接近分子大小的尺寸时才比较明显。

§8.2　弯曲液面的附加压力及其后果

1. 弯曲液面的附加压力——拉普拉斯方程

一般情况下液体表面是平面，而液滴、水中的气泡、毛细管中的液面等则是曲面。弯曲液面可以是凸的，也可以是凹的。

在一定外压下，平液面下的液体所承受的压力就等于外界压力，即液面两侧的压力相等。但是弯曲液面不同，液面两侧压力不等，存在着因液面弯曲而产生的**附加压力**，用 Δp 来表示。下面通过图 8.2.1 的凸液面来说明产生附加压力的原因。

取球形液滴的某一球缺，如图 8.2.1 所示，凸液面上方为气相，其压力为 p_g，下方为液

重点难点

附加压力
公式

相,其压力为 p_1。球缺底边为一圆周,表面张力即作用在圆周线上,方向垂直于圆周线且与液滴的表面相切。圆周线上表面张力的合力在底面的垂直方向上的分力不为零,这样,凸液面下液体所承受的压力 p_1 就大于液面外的压力 p_g。将任何弯曲液面凹面一侧的压力以 $p_内$ 表示,凸面一侧的压力以 $p_外$ 表示,则 $p_内 > p_外$,两者之差就是附加压力,即

$$\Delta p = p_内 - p_外 \tag{8.2.1}$$

凹面一侧的压力总是大于凸面一侧的压力,这样定义的附加压力,其数值总是正值,其方向指向凹面曲率半径中心。对于液滴(凸液面),弯曲液面对里面液体的附加压力 $\Delta p = p_内 - p_外 = p_1 - p_g$;而对于液体中的气泡(凹液面),则弯曲液面对里面气体的附加压力 $\Delta p = p_内 - p_外 = p_g - p_1$。

下面推导弯曲液面的附加压力与液面曲率半径的关系。设有一凸液面 AB,如图 8.2.2 所示,其球心为 O,球半径为 r,球缺底面圆心为 O_1,底面半径为 r_1,液体表面张力为 γ。

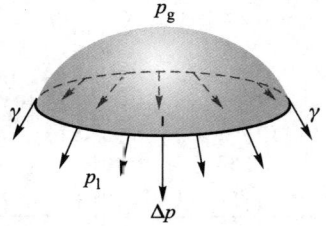

图 8.2.1 弯曲液面的附加压力 　　图 8.2.2 弯曲液面的附加压力与液面曲率半径的关系

将球缺底面圆周上与圆周垂直的表面张力分解为水平分力与垂直分力,水平分力相互平衡,垂直分力指向液体内部,其单位周长的垂直分力为 $\gamma \cos \alpha$。α 为表面张力与垂直分力之间的夹角。因球缺底面圆周长为 $2\pi r_1$,得垂直分力在圆周上的合力为

$$F = 2\pi r_1 \gamma \cos \alpha$$

因 $\cos \alpha = r_1 / r$,球缺底面面积为 πr_1^2,故弯曲液面对于单位水平面上的附加压力(即压强)为

$$\Delta p = \frac{2\pi r_1 \gamma r_1 / r}{\pi r_1^2}$$

整理后得

$$\Delta p = \frac{2\gamma}{r} \tag{8.2.2}$$

此式称为**拉普拉斯(Laplace)方程**。拉普拉斯方程表明弯曲液面的附加压力与液体表面张力成正比,与曲率半径成反比,曲率半径越小,附加压力越大。

因按式(8.2.1)定义的 Δp 为凹面一侧的压力减去凸面一侧的压力,故曲率半径 r 总取正值,Δp 亦总为正值。

式(8.2.2)适用于计算小液滴或液体中的小气泡的附加压力。对于空气中的气泡,如肥皂泡,因其有内、外两个气-液界面,故 $\Delta p = 4\gamma / r$。

弯曲液面的附加压力是产生毛细现象的原因。把半径为 r_1 的毛细管垂直插入某液体中,如果该液体能润湿管壁,液体将在管中呈凹液面,液体与管壁的接触角 $\theta < 90°$(参见 §8.4),液体将在毛细管中上升,如图 8.2.3 所示。弯曲液面存在附加压力,使得凹液面下的液体所承受的压力小于管外平液面的压力。液体将被压入管内,至上升的液柱所产生的静压力 $\rho g h$ 与附加压力 Δp 在数值上相等时达到平衡。设弯曲液面的曲率半径为 r,则

$$\Delta p = \frac{2\gamma}{r} = \rho g h \tag{8.2.3}$$

由图 8.2.3 中的几何关系可以看出:毛细管半径 r_1 与弯曲液面曲率半径 r 及接触角 θ 之间的关系为 $r_1 = r\cos\theta$,代入式(8.2.3),可得到液体在毛细管中上升的高度

$$h = \frac{2\gamma\cos\theta}{r_1\rho g} \tag{8.2.4}$$

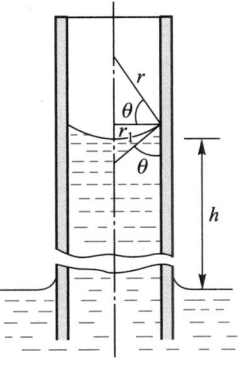

图 8.2.3　毛细管现象

式中,γ 为液体的表面张力;ρ 为液体密度;g 为重力加速度。由式(8.2.4)可知,在一定温度下,毛细管越细,液体的密度越小,液体对管壁的润湿越好(即接触角 θ 越小),液体在毛细管中上升得越高。

当液体不能润湿管壁,即 $\theta > 90°$,$\cos\theta < 0$ 时,液体在毛细管内呈凸液面,管内液面将下降,h 为负值,其绝对值是液面在管内下降的深度。例如,将玻璃毛细管插入水银内,可观察到水银在毛细管内下降的现象。

由上述讨论可知,表面张力的存在是弯曲液面产生附加压力的根本原因,而毛细管现象则是弯曲液面具有附加压力的一种反映。利用这些基本知识,可以解释很多表面效应。例如,农民锄地不但可以铲除杂草,而且可以破坏土壤中的毛细管,防止植物根下的水分沿毛细管上升到地表而蒸发。

》例 8.2.1　用最大气泡压力法测量液体的表面张力的装置如图 8.2.4 所示。将毛细管垂直插入液体中,其深度为 h。由上端通入气体,在毛细管下端呈小气泡放出,小气泡内的最大压力可由 U 形管压力计(现在常用电子压力计)测出。已知 300 K 时,某液体的密度 $\rho = 1.6 \times 10^3$ kg·m^{-3},毛细管的半径 $r = 0.001$ m,毛细管插入液体中的深度 $h = 0.01$ m,小气泡的最大表压 $p_{最大} = 207$ Pa。求该液体在 300 K 时的表面张力。

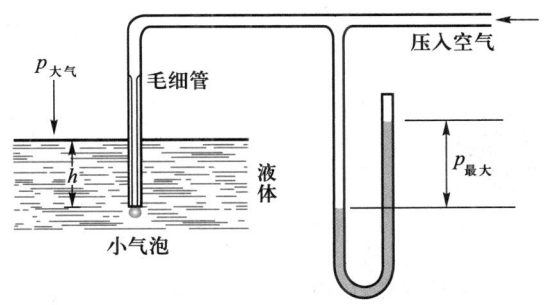

图 8.2.4　最大气泡压力法测定液体表面张力

》解:当向毛细管缓慢压入空气时,毛细管口将出现一小气泡,且不断长大。若毛细管足够细,管下端气泡将呈球缺形,液面可视为球面的一部分。在气泡由小变大的过程中,当气泡半径等于毛细管半径时,气泡呈半球形,这时气泡的曲率半径最小,附加压力最

大。此后随气泡不断长大,附加压力却逐渐变小,最后气泡从毛细管口逸出。

在气泡半径等于毛细管半径、气泡的附加压力最大时:

$$气泡内的压力 \quad p_内 = p_{大气} + p_{最大}$$
$$气泡外的压力 \quad p_外 = p_{大气} + \rho g h$$

根据附加压力的定义及拉普拉斯方程,半径为 r 的小气泡的附加压力:

$$\Delta p = p_内 - p_外 = p_{最大} - \rho g h = 2\gamma/r$$

于是所测液体的表面张力:

$$\begin{aligned}
\gamma &= \frac{\Delta p \cdot r}{2} = \frac{(p_{最大} - \rho g h)r}{2} \\
&= [(207 - 1.6 \times 10^3 \times 9.807 \times 0.01) \times 0.001/2]\ \text{N} \cdot \text{m}^{-1} \\
&= 25.04\ \text{mN} \cdot \text{m}^{-1}
\end{aligned}$$

2. 微小液滴的饱和蒸气压——开尔文公式

在一定温度和外压下,纯液体有一定的饱和蒸气压,这只是对平液面而言。实验表明微小液滴的饱和蒸气压要高于相应平液面液体的饱和蒸气压,这不仅与物质的本性、温度及外压有关,还与液滴曲率半径有关。开尔文公式推导如下。

设有物质的量为 dn 的微量液体,由平液面转移到半径为 r 的小液滴的表面上,使小液滴的半径由 r 增加到 $r + dr$,相应地,面积由 $4\pi r^2$ 增加到 $4\pi(r + dr)^2$,面积的增量为 $8\pi r\,dr$(忽略二阶无穷小量 $4\pi dr^2$),此过程表面吉布斯函数增加了 $8\pi r\gamma\,dr$,如图 8.2.5 所示。转移前后,dn 液体的蒸气压由 p 变为 p_r,相应吉布斯函数的变化为 $(dn)RT\ln(p_r/p)$(假设蒸气为理想气体)。两过程的始、末态相同,所以吉布斯函数的增量相等,有

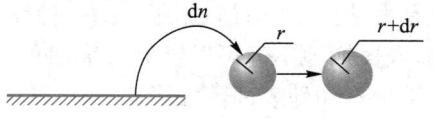

图 8.2.5　dn 液体转移示意图

$$(dn)RT\ln\frac{p_r}{p} = 8\pi r\gamma\,dr$$

由于
$$dn = 4\pi r^2(dr)\rho/M$$

于是
$$RT\ln\frac{p_r}{p} = \frac{2\gamma M}{\rho r} = \frac{2\gamma V_m}{r} \tag{8.2.5}$$

式中,ρ、M 和 V_m 分别为液体的密度、摩尔质量和摩尔体积。式(8.2.5)就是著名的**开尔文(Kelvin)公式**。对于在一定温度下的某液体而言,式中的 T、M、γ 及 ρ 皆为定值,此时 p_r 只是 r 的函数。表 8.2.1 是以小水滴为例的计算结果。

重点难点

开尔文公式

表 8.2.1　20 ℃时小水滴的饱和蒸气压与平液面水的饱和蒸气压之比与小水滴半径的关系

r/m	10^{-5}	10^{-6}	10^{-7}	10^{-8}
p_r/p	1.000 1	1.001	1.011	1.114

对于凹液面,由于转移 dn 的液体到凹液面上将导致液面曲率半径减小,所以 dr 为负值。而 dn 应为正值,因此 d$n = -4\pi r^2(\mathrm{d}r)\rho/M$,这导致开尔文公式出现负号,即

$$RT\mathrm{lr}\,\frac{p_r}{p} = -\frac{2\gamma V_m}{r}$$

由该式可知,凹液面的曲率半径越小,液体的饱和蒸气压将越小。此关系适用于液体在毛细管中形成凹液面的情况。

利用开尔文公式可以解释许多表面效应。例如,在毛细管内,某液体若能润湿管壁,管内液面将呈凹液面。一定温度下,凹液面液体的饱和蒸气压小于平液面的值,这样蒸气对平液面尚未达到饱和,但对凹液面可能已经达到饱和状态,这时蒸气在毛细管内将凝结成液体,这种现象称为**毛细管凝结**。硅胶是一种多孔性材料,具有很大的内表面,可自动地吸附空气中的水蒸气,发生毛细管凝结而达到使空气干燥的目的。

开尔文公式也可用于气–固界面的计算,此时式(8.2.5)中的 γ 是固体的表面张力,ρ 是固体的密度。同样,固体颗粒半径小其饱和蒸气压越大。不过由于固体很难成为严格的球形,而且不同晶面的表面张力有所不同,所以计算结果精度不高,但有一定的参考意义。

3. 亚稳状态及新相的生成

系统分散度增加、粒径减小而引起的液体或固体饱和蒸气压升高的现象,在颗粒粒径很小时就变得不容忽视。实际的科研、生产中,在蒸气冷凝、液体凝固、液体沸腾及溶液结晶等相变化过程中,新相都要经历从无到有的阶段,最初生成的新相的核是极其微小的,其比表面积和表面吉布斯函数都很大,因此在系统中要产生新相是极为困难的。由于新相难以生成,就会产生过饱和蒸气、过热或过冷液体,以及过饱和溶液等。这些都是热力学不稳定状态,但是可能在一段时间内出现和存在,称为**亚稳状态**。一旦新相生成,亚稳状态就将消失,系统最终达到稳定的相态。

(1) 过饱和蒸气　按照相平衡条件应该凝结而实际未凝结的蒸气,称为**过饱和蒸气**。过饱和蒸气之所以能够存在,是因为液滴(新相)开始由蒸气生成时其尺寸极其微小,所需的蒸气压远远大于平液面时的蒸气压。如图8.2.6所示,曲线 OC 和 $O'C'$ 分别表示正常液体和某微小液滴的饱和蒸气压曲线。小液滴的蒸气压曲线位于正常液体蒸气压曲线的上方。在温度 t_0 下缓慢提高蒸气的压力(如在气缸内缓慢压缩)至 A 点,蒸气对普通液体已达到饱和状态,但对微小液滴却未达到饱和,所以蒸气在 A 点不能凝结出微小液滴。要继续提高压力至 B 点,达到小液滴的饱和蒸气压 p' 时,才可能凝结出微小液滴。例如,在 0 ℃附近,水蒸气要达到 5 倍于平

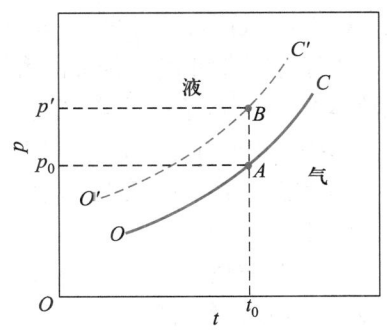

图 3.2.6　产生蒸气过饱和现象示意图

衡蒸气压时才开始凝结成液态水。其他蒸气,如甲醇、乙醇及乙酸乙酯等也有类似的情况。

蒸气中有灰尘存在或容器的内表面粗糙可以为蒸气的凝结提供"中心",使液滴易于生

成及长大。人工降雨的原理,就是当云层中的水蒸气达到饱和或过饱和状态时,向云层中喷洒微小的 AgI 颗粒,使之成为水蒸气的凝结中心,使新相(水滴)生成时所需要的过饱和程度大大降低,云层中的水蒸气就容易凝结成水滴而落下。

(2)过热液体　按照相平衡条件应当沸腾而实际不沸腾的液体,称为**过热液体**。与蒸气的凝结类似,液体沸腾产生气相时,如果液体中没有新相种子(气泡)存在,即使达到沸点也不能沸腾。这是因为沸腾时,液体体相中的分子要不断汽化,而最初产生气泡的尺寸也非常微小,弯曲液面的附加压力等界面效应十分显著,使气泡难以形成。假设在 101.325 kPa、100 ℃的纯水中,在离液面 0.02 m 处有一个半径为 10 nm 的小气泡,如图 8.2.7所示。已知此条件下纯水的表面张力为 58.91 mN·m^{-1},密度为 958.1 kg·m^{-3},可以算出:

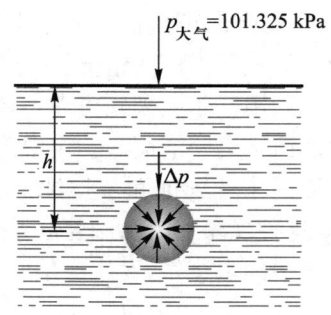

图 8.2.7　产生过热液体示意图

弯曲液面的附加压力
$$\Delta p = \frac{2\gamma}{r} = \frac{2 \times 58.91 \times 10^{-3}\ \text{N·m}^{-1}}{10 \times 10^{-9}\ \text{m}}$$
$$= 11.78 \times 10^{3}\ \text{kPa}$$

小气泡所受的静压力
$$p_{\text{静}} = \rho g h = (958.1 \times 9.8 \times 0.02)\ \text{Pa}$$
$$= 0.187\,8\ \text{kPa}$$

小气泡存在时内部气体的压力
$$p_{\text{g}} = p_{\text{大气}} + p_{\text{静}} + \Delta p$$
$$= 11.88 \times 10^{3}\ \text{kPa}$$

由计算可知,泡内气体的压力远高于 100 ℃时水的饱和蒸气压,所以小气泡不能存在。必须继续加热,使小气泡内水蒸气的压力达到气泡存在所需压力时,小气泡才能产生并长大,液体才开始沸腾。此时液体的温度必然高于该液体的正常沸点。

上述计算表明,弯曲液面的附加压力是液体过热的主要原因。在科学实验中,为了防止出现液体过热现象,常在液体中投入一些素烧瓷片或毛细管等。这些材料的孔道中储存有气体,加热时可作为新相种子,因而绕过了产生极微小气泡的阶段,使液体的过热程度大大降低。

(3)过冷液体　按照相平衡条件应当凝固而未凝固的液体,称为**过冷液体**。

一定温度下,微小晶体的饱和蒸气压大于普通晶体的饱和蒸气压,这是液体产生过冷现象的主要原因。这可以通过图 8.2.8 来说明。图中 CO' 线为平面液体的蒸气压曲线。AO 为普通晶体的饱和蒸气压曲线。由于微小晶体的饱和蒸气压大于普通晶体的饱和蒸气压,故微小晶体的

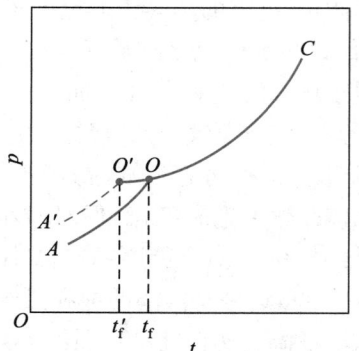

图 8.2.8　产生过冷液体示意图

饱和蒸气压曲线 $A'O'$ 一定在 AO 线的上方。O 点和 O' 点对应的温度 t_{f} 和 t_{f}' 分别为普通晶体和微小晶体的凝固点（严格说来为三相点，这里忽略二者之间的微小差异）。

当液体冷却时，其饱和蒸气压沿 CO' 曲线下降到 O 点，这时与普通晶体的蒸气压相等，按照相平衡条件，应当有晶体析出，但由于新生成的晶体(新相)极微小，其蒸气压更高，所以不会有微小晶体析出。温度必须继续下降到正常凝固点以下，如 O' 点，液体才能达到微小晶体的饱和状态而开始凝固。例如，纯净的水有时可冷却到 $-40\ ℃$，仍呈液态而不结冰。若向过冷液体中加入小晶体作为新相种子，则能使液体迅速凝固。

在液体冷却时，其黏度随温度的降低而增加，这就增大了分子运动的阻力，不利于分子整齐排列而成晶体。因此，黏度较大的液体在过冷程度很大时，常常形成非结晶状态的固体，即生成玻璃体。

（4）过饱和溶液　在一定温度下，溶液浓度已超过了饱和浓度，而仍未析出晶体的溶液称为**过饱和溶液**。之所以会产生过饱和现象，是由于同样温度下小颗粒晶体的溶解度大于普通晶本的溶解度。这可以从表 8.2.2 的实验数据说明。而小颗粒晶体之所以会有较大的溶解度，是因为小颗粒晶体的饱和蒸气压恒大于普通晶体的饱和蒸气压。

演示实验

结晶现象

表 8.2.2　一些物质的微小晶体在水中溶解度增加的百分数

物质	$t/℃$	颗粒直径 $d/\mu m$	与普通晶体比较，溶解度增加的百分数/%
PbI_2	30	0.4	2
$CaSO_4 \cdot 2H_2O$	30	0.2~0.5	4.4~12
Ag_2CrO_4	26	0.3	10
PbF_2	25	0.3	9
$SrSO_4$	30	0.25	26
$BaSO_4$	25	0.1	80
CaF_2	30	0.3	18

如图 8.2.9 所示，AO 和 $A'O'$ 线分别代表某物质普通晶体和微小晶体的饱和蒸气压曲线，因微小晶体的蒸气压大于同样温度下普通晶体的蒸气压，故 $A'O'$ 线在 AO 线上方。OC 和 $O'C'$ 线分别代表稀溶液和浓溶液中该物质在气相中的蒸气分压，显然，该物质浓溶液的蒸气压要高于稀溶液的。

在温度 t_0 时，稀溶液的 OC 线与普通晶体的蒸气压曲线相交，表明此稀溶液已达到饱和，应当析出晶体，但因微小晶体的溶解度较高，故此时还不能从溶液中析出。微小晶体的 $A'O'$ 线与浓溶液的 $C'C'$ 线在 O' 点相交，表明在 t_0 时需将溶剂进一步蒸发，使溶液浓度达到

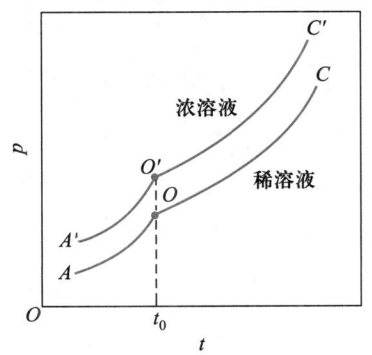

图 8.2.9　分散度对溶解度的影响

一定过饱和程度,才会使微小晶体析出。

在结晶操作中,若溶液的过饱和度太大,一旦开始结晶,将会迅速生成许多很细小的晶粒,对后续的过滤和洗涤等操作不利,所以生产中常采用向结晶器中投入小晶体作为新相种子的方法,防止溶液发生过饱和现象,从而获得较大颗粒的晶体。

亚稳状态的存在与新相种子难以生成有关。在科研和生产中,有时需要破坏这种状态,如结晶过程投入晶体种子以防止过饱和的产生等。但有时也利用亚稳状态以保留物质的一些特性,如金属的淬火就是将金属制品加热到一定温度,保持一段时间后,将其在水、油或其他介质中迅速冷却,保持其在高温时的某种结构,这种物质结构在室温下虽属亚稳状态,但却不易转变。

拓展资源

五氯酚结晶

§8.3　固体表面

重点难点

固体表面吸附

固体表面与液体表面一样,其表面层分子受力是不对称的,也有表面张力及表面吉布斯函数存在。但固体表面不能像液体那样以收缩表面的形式来降低表面吉布斯函数,通常只能从外部空间吸引气体分子到表面,以减小表面分子受力不对称的程度,降低表面张力及表面吉布斯函数。恒温恒压下表面吉布斯函数降低的过程是自发过程,所以固体表面会自发地富集气体,使固体表面的气体浓度(或密度)与气体体相浓度(或密度)不同。这种在相界面上某种物质的浓度不同于体相浓度的现象称为**吸附**。具有吸附能力的固体物质称为**吸附剂**,被吸附的物质称为**吸附质**。

拓展资源

纳米材料

固体表面的吸附在生产和科学实验中有着广泛的应用。具有高比表面积的多孔固体如活性炭、硅胶、氧化铝、分子筛等常被作为吸附剂、催化剂载体等,用于化学工业中的气体分离提纯、催化反应、有机溶剂回收等许多过程,以及城市的环境保护、现代高层建筑和潜水艇的空气净化调节、民用和军用的防毒面具等许多方面。研究固体表面的吸附特性,还可提供有关固体的比表面积、孔隙率、表面均匀程度等很多有用的信息,这些在新能源、新材料等研究中都是十分重要的。

1. 物理吸附与化学吸附

按吸附剂与吸附质作用本质的不同,吸附可分为**物理吸附**与**化学吸附**。物理吸附时,吸附剂与吸附质分子间以范德华力相互作用;而化学吸附时,两者以化学键力相结合。物理吸附与化学吸附在分子间作用力上有本质的不同,所以表现出许多不同的吸附性质,见表 8.3.1。

表 8.3.1　物理吸附与化学吸附的区别

性质	物理吸附	化学吸附
吸附力	范德华力	化学键力
吸附层数	单层或多层	单层

续表

性质	物理吸附	化学吸附
吸附热	小(近于液化热)	大(近于反应热)
选择性	较弱	较强
可逆性	可逆	不可逆
吸附平衡	易达到	不易达到

因物理吸附的作用力是范德华力,是普遍存在于所有分子之间的,所以当吸附剂表面吸附了一层气体分子之后,被吸附的分子还可以再继续吸附气体分子,因此物理吸附可以是多层的。此时的吸附过程与气体凝结成液体的过程相似,故吸附热与气体的凝结热具有相同的数量级,比化学吸附热小得多。又由于物理吸附作用力是分子间力,所以吸附选择性较差,只是容易液化(临界温度高)的气体比较易于被吸附。如 H_2O 和 Cl_2 的临界温度分别高达 373.99 ℃ 和 143.75 ℃,而 N_2 和 O_2 的临界温度分别低至 -147.0 ℃ 和 -118.57 ℃,所以吸附剂很容易从空气中吸附水蒸气和氯气,防毒面具里的活性炭可以从空气中吸附氯气,就是利用了这一原理。此外,由于吸附力弱,物理吸附的吸附和解吸速率都比较快,易于达到吸附平衡。

与物理吸附不同,化学吸附的作用力是化学键力。化学键力很强,成键只发生在吸附剂表面层分子与某些特定气体分子之间,故化学吸附通常是单分子层的,吸附热的数量级与化学反应热相当,比物理吸附热大得多。化学吸附由于在吸附剂与吸附质之间发生化学反应,所以吸附的选择性很强,这点在实际应用中非常重要。例如,在气-固相催化反应中,固体催化剂对气体的选择性吸附,保证了目标反应的发生和相应产物的生成。此外,化学键的生成与破坏一般是比较困难的,故化学吸附平衡较难建立,而且过程一般不可逆。

物理吸附与化学吸附不是截然分开的,两者有时可同时发生,并且在不同的情况下,吸附性质也可以发生变化。如 $CO(g)$ 在 Pd 上的吸附,低温下是物理吸附,高温时则表现为化学吸附;而氢气在许多金属上的吸附,是以物理吸附为前奏,然后发生化学吸附的。

2. 等温吸附

研究指定条件下的吸附量是人们十分关心的问题。**吸附量**的大小,一般用单位质量吸附剂所吸附气体的物质的量 n 或其在标准状况下(0 ℃、101.325 kPa)所占有的体积 V 来表示:

$$n^a = \frac{n}{m} \tag{8.3.1a}$$

$$V^a = \frac{V}{m} \tag{8.3.1b}$$

单位分别为 $mol \cdot kg^{-1}$ 和 $m^3 \cdot kg^{-1}$。

固体对气体的吸附量是温度和气体压力的函数。为了便于找出规律,在吸附量、温度、压力这三个变量中,常常固定一个变量,测定其他两个变量之间的关系,这种关系可用曲线表示。在恒压下,反映吸附量与温度之间关系的曲线称为**吸附等压线**;吸附量恒定时,反映吸附的平衡压力与温度之间关系的曲线称为**吸附等量线**;在恒温下,反映吸附量与平衡压力之间关系的曲线称为**吸附等温线**。如果吸附温度在气体的临界温度以下,吸附等温线也可表示为 V^a 与 p/p^* 之间的关系曲线,p^* 为吸附质的饱和蒸气压。三种曲线之间具有相互联系,如测定一组吸附等温线,可以分别换算出吸附等压线和吸附等量线。

上述三种吸附曲线中最重要、最常用的是吸附等温线。

吸附等温线大致可归纳为五种类型,如图 8.3.1 所示,其中除第Ⅰ类为单分子层吸附等温线外,其余四类皆为多分子层吸附等温线。

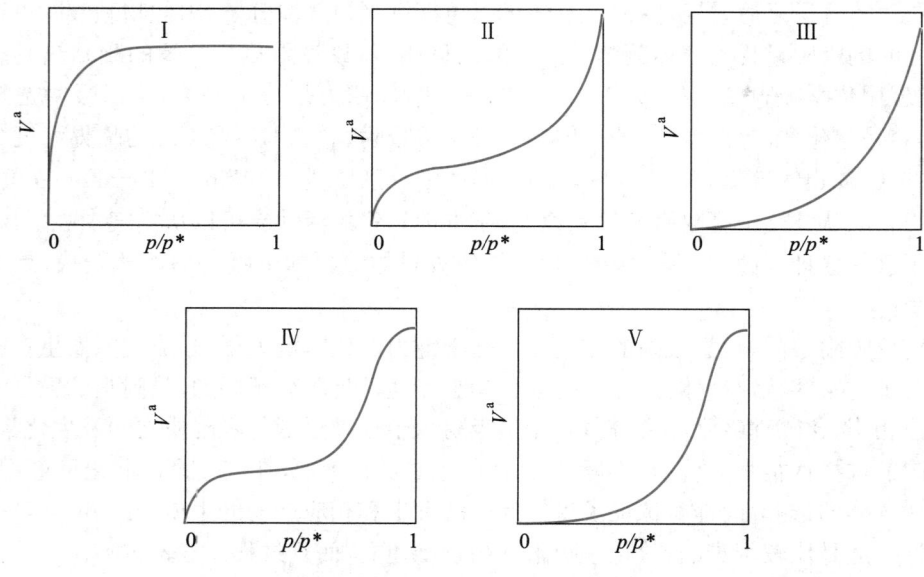

图 8.3.1　五种类型的吸附等温线

根据大量的实验结果,人们曾提出过许多描述吸附的物理模型及等温线方程。下面主要介绍描述第Ⅰ类吸附等温线的两个重要吸附等温线方程。

重点难点

吸附等温式

3. 吸附经验式——弗罗因德利希公式

弗罗因德利希(Freundlich)提出了包含两个常数的指数方程来描述第Ⅰ类吸附等温线,**弗罗因德利希公式**如下:

$$V^a = kp^n \tag{8.3.2a}$$

式中,n 和 k 是两个经验常数,对于指定的吸附系统,它们都是温度的函数。k 值可视为单位压力时的吸附量,一般说来,k 随温度的升高而降低。n 的数值一般在 $0 \sim 1$,它的大小反映出压力对吸附量影响的强弱。弗罗因德利希公式一般适用于中压范围。

对式(8.3.2a)取对数,可得

$$\lg V^a = \lg k + n \lg p \tag{8.3.2b}$$

上式表明若以 $\lg V^a$ 对 $\lg p$ 作图,可得一直线,由直线的斜率和截距可求出 n 和 k。

弗罗因德利希经验式的形式简单,计算方便,应用相当广泛。但经验式中的常数没有明确的物理意义,在此式适用的范围内,只能概括地表达一部分实验事实,而不能说明吸附作用的机理。

4. 朗缪尔单分子层吸附理论及吸附等温式

拓展资源

朗缪尔与
吸附理论

1916 年朗缪尔(Langmuir)根据大量的实验事实,从动力学的观点出发,提出固体对气体的吸附理论,一般称为**单分子层吸附理论**,该理论的基本假设如下:

(1)单分子层吸附　固体表面上的原子力场是不饱和的,有吸附力场存在,该力场的作用范围相当于分子直径的大小,即在 0.2~0.3 nm,只有气体分子碰撞到固体的空白表面上,进入此力场作用的范围内,才有可能被吸附,所以固体表面对气体分子只能发生单分子层吸附。

(2)固体表面是均匀的　固体表面具有固定数目的吸附位置,各吸附位置的吸附能力是相同的,每个位置上只能吸附一个分子。摩尔吸附热是常数,不随表面覆盖程度的大小而变化。

(3)被吸附在固体表面上的分子相互之间无作用力　在各个吸附位置上,气体分子的吸附与解吸的难易程度,与其周围是否有被吸附分子存在无关。

(4)吸附平衡是动态平衡　气体分子碰撞到固体的空白表面上,可以被吸附。若被吸附的分子所具有的能量,足以克服固体表面对它的束缚时,它可以重新回到气相,这种现象称为解吸(或脱附)。当吸附速率大于解吸速率时,整个过程表现为气体被吸附。但随着吸附量的逐渐增加,固体表面上未被气体分子覆盖的部分(空白面积)就越来越少,气体分子碰撞到空白面积上的可能性就必然减少,吸附速率逐渐降低。与此相反,随着固体表面被覆盖程度的增加,解吸速率却越来越大。当吸附速率与解吸速率相等时,从表观上看,气体不再被吸附或解吸,但实际上吸附与解吸仍在不断地进行,只是二者的速率相等而已,这时达到了吸附平衡。

以 k_1 及 k_{-1} 分别代表吸附与解吸的速率常数,A 代表气体,M 代表固体表面,AM 代表吸附状态,则吸附的始、末态可以表示为

$$A(g) + M(表面) \underset{k_{-1}}{\overset{k_1}{\rightleftharpoons}} AM$$

设 θ 为任一瞬间固体表面被覆盖的分数,称为**覆盖率**,即

$$\theta = \frac{已被吸附质覆盖的固体表面积}{固体总的表面积}$$

$(1-\theta)$ 则代表固体表面上空白面积的分数。

若以 N 代表固体表面上具有吸附能力的总的吸附位置数,则吸附速率应与 A 的压力 p 及固体表面上的空位数 $(1-\theta)N$ 成正比,所以吸附速率为

$$v_{吸附} = k_1 p(1-\theta)N$$

解吸速率应与固体表面上被覆盖的吸附位置数,或者说是与被吸附分子的数目 θN 成正比,所以解吸速率为

$$v_{解吸} = k_{-1}\theta N$$

达到吸附平衡时,这两个速率相等,即

$$k_1 p(1-\theta)N = k_{-1}\theta N$$

由上式可得**朗缪尔吸附等温式**:

$$\theta = \frac{bp}{1+bp} \tag{8.3.3}$$

式中,$b = k_1/k_{-1}$,单位为 Pa^{-1}。从本质上看,b 为吸附作用的平衡常数,也称为**吸附系数**,其大小与吸附剂、吸附质的本性及温度有关。b 值越大,表示吸附能力越强。

现以 V^a 代表覆盖率为 θ 时的平衡吸附量。在较低的压力下,θ 应随平衡压力的上升而增大。在压力足够高的情况下,气体分子在固体表面排满整整一层时,θ 应趋于 1。这时吸附量不再随气体压力的上升而增加,达到饱和状态,对应的吸附量称为**饱和吸附量**,以 V_m^a 表示。由于每个具有吸附能力的位置上只能吸附一个气体分子,故

$$\theta = V^a/V_m^a \tag{8.3.4}$$

因此朗缪尔吸附等温式还可以写成下列形式:

$$V^a = V_m^a \frac{bp}{1+bp} \tag{8.3.5a}$$

或

$$\frac{1}{V^a} = \frac{1}{V_m^a} + \frac{1}{V_m^a b} \cdot \frac{1}{p} \tag{8.3.5b}$$

由式(8.3.5b)可知,若以 $1/V^a$ 对 $1/p$ 作图,应得一直线,由直线的斜率和截距,可求出 V_m^a 和 b。

如果已知饱和吸附量 V_m^a 及每个被吸附分子的截面积 a_m,便可用下式来计算吸附剂的比表面积 a_s:

$$a_s = \frac{V_m^a}{V_0} L a_m \tag{8.3.6}$$

式中,V_0 为 1 mol 气体在标准状况(0 ℃、101.325 kPa)下的体积;L 为阿伏加德罗常数。反之,若已知 V_m^a 及 a_s,也可由式(8.3.6)来求每个吸附质分子的截面积 a_m。

朗缪尔吸附等温式适用于单分子层吸附,它能较好地描述第Ⅰ类吸附等温线在不同压力范围内的吸附特征。

当压力很低或吸附较弱(b 很小)时,$bp \ll 1$,则式(8.3.5a)可简化为

$$V^a = V_m^a bp$$

即吸附量与压力成正比,这与吸附等温线在低压时几乎是一直线的事实相符合。

当压力足够高或吸附较强时,$bp \gg 1$,则

$$V^a = V_m^a$$

这表明固体表面上吸附达到饱和状态,吸附量达到最大值。第Ⅰ类吸附等温线上的水平线段就反映了这种情况。

当压力大小或吸附作用适中时,吸附量 V^a 与平衡压力 p 呈曲线关系。

总体来说,如果固体表面比较均匀,并且吸附只限于单分子层,朗缪尔吸附等温式能够较好地描述实验结果。对于一般的化学吸附及低压高温下的物理吸附,朗缪尔吸附等温式取得了很大的成功,并且对后来的吸附理论的发展起到了重要的奠基作用。

不过应当指出的是,很多时候朗缪尔吸附理论基本假设的情况并不成立。例如,发生物理吸附且表面覆盖率不是很低时,被吸附的分子之间往往存在不可忽视的相互作用力;另外,固体表面通常并不均匀,吸附热会随着表面覆盖率而变化,b 也不是常数。在这些情况下朗缪尔吸附等温式则与实验结果不符合。此外,对于多分子层吸附,朗缪尔吸附等温式也不适用。

» 例 8.3.1 239.55 K,不同平衡压力下的 CO 气体在活性炭表面上的吸附量 V^a(单位质量活性炭所吸附的 CO 气体体积,体积为标准状况下的值)如下:

p/kPa	13.466	25.065	42.663	57.329	71.994	89.326
$V^a/(\text{dm}^3 \cdot \text{kg}^{-1})$	8.54	13.1	18.2	21.0	23.8	26.3

利用朗缪尔吸附等温式,求 CO 的饱和吸附量 V_m^a、吸附系数 b 及达到饱和吸附时 1 kg 活性炭表面上吸附 CO 的分子数。

» 解: 朗缪尔吸附等温式可写成如下形式:

$$\frac{p}{V^a} = \frac{1}{V_m^a b} + \frac{p}{V_m^a}$$

由上式可知,以 p/V^a 对 p 作图应得一直线,由直线的斜率及截距即可求得 V_m^a 及 b。在不同平衡压力下的 p/V^a 值列表如下:

p/kPa	13.466	25.065	42.663	57.329	71.994	89.326
$V^a/(\text{dm}^3 \cdot \text{kg}^{-1})$	8.54	13.1	18.2	21.0	23.8	26.3
$\dfrac{p}{V^a}/(\text{kPa} \cdot \text{dm}^{-3} \cdot \text{kg})$	1.577	1.913	2.344	2.730	3.025	3.396

将 p/V^a-p 数据进行线性拟合,结果如图 8.3.2 所示。所得直线方程为

$$\frac{p}{V^a}\bigg/(\text{kPa} \cdot \text{dm}^{-3} \cdot \text{kg}) = 0.023\,9(p/\text{kPa}) + 1.301$$

由直线的斜率:

$$\frac{1}{V_m^a/(\text{dm}^3 \cdot \text{kg}^{-1})} = 0.023\,9$$

故 CO 的饱和吸附量：

$$V_m^a = \frac{1}{0.023\,9}\ \mathrm{dm^3 \cdot kg^{-1}} = 41.84\ \mathrm{dm^3 \cdot kg^{-1}}$$

由直线的截距：

$$\frac{1}{[V_m^a/(\mathrm{dm^3 \cdot kg^{-1}})](b/\mathrm{kPa})} = 1.301$$

得吸附系数：

$$b = \frac{1}{1.301[V_m^a/(\mathrm{dm^3 \cdot kg^{-1}})]}\ \mathrm{kPa^{-1}}$$

$$= \frac{1}{1.301 \times 41.84}\ \mathrm{kPa^{-1}} = 0.018\,37\ \mathrm{kPa^{-1}}$$

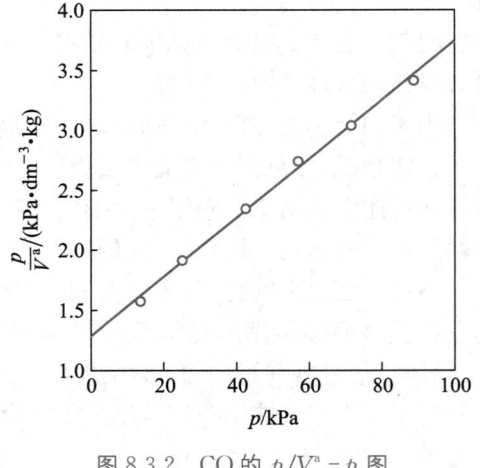

图 8.3.2　CO 的 p/V^a - p 图

饱和吸附时质量为 m 的活性炭表面上吸附 CO 的分子数：

$$N = m\,\frac{pV_m^a}{RT}L$$

式中，p、T 分别为标准状况下的压力、温度；L 为阿伏加德罗常数。将有关数据代入，求得饱和吸附时 1 kg 活性炭表面吸附 CO 的分子数为

$$N = 1\ \mathrm{kg} \times \frac{101.325\ \mathrm{kPa} \times 41.84\ \mathrm{dm^3 \cdot kg^{-1}}}{8.314\ \mathrm{J \cdot mol^{-1} \cdot K^{-1}} \times 273.15\ \mathrm{K}} \times 6.022 \times 10^{23}\ \mathrm{mol^{-1}} = 1.124 \times 10^{24}$$

§8.4　固 – 液界面

固体与液体接触可产生固 – 液界面。固 – 液界面上发生的过程一般分两类来讨论，一类是吸附，另一类是润湿。固 – 液界面上的吸附与固体吸附气体的情况类似，固体表面由于力场的不对称性，对溶液中的分子也同样具有吸附作用。润湿是固体与液体接触后，液体取代原来固体表面上的气体而产生固 – 液界面的过程。下面先介绍润湿过程，再介绍吸附过程。

1. 接触角与杨氏方程

前面在讨论弯曲液面的毛细现象时，曾用到接触角。当一液滴在固体表面上不完全展开时，在气、液、固三相会合点，固 – 液界面的水平线与气 – 液界面切线之间的夹角 θ，称为**接触角**，如图 8.4.1 所示。

有三种界面张力同时作用于 O 点处的液体分子之上：固体表面张力 γ^s 力图把液体分子拉向左方，以覆盖更多的气 – 固界面；固 – 液界面张力 γ^{sl} 则力图把液体分子拉向右方，以缩

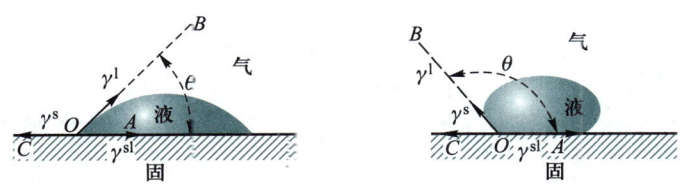

图 8.4.1 接触角与各界面张力的关系

小固－液界面;而 γ^l 则力图把液体分子拉向液面的切线方向,以缩小气－液界面。当固体表面为光滑的水平面,上述三种力达到平衡时,存在下列关系:

$$\gamma^s = \gamma^{sl} + \gamma^l \cos\theta \tag{8.4.1}$$

该式称为**杨氏方程**,是杨(Young T)于 1805 年得出的。

接触角可由实验测定,但是由于受表面清洁度、滞后等因素的影响而不易测准。固体表面粗糙时接触角也会发生变化。

例题解析

润湿与
杨氏方程

2. 润湿现象

在干净的玻璃板上滴一滴水,会发现水在玻璃表面铺展开,而若将水滴在石蜡板上,水滴则呈球状,人们通常把前一种情况叫"湿",后一种情况叫"不湿"。在诸如选矿、采油、洗涤、防水、油漆等许多工业领域,润湿与否都是一个非常重要的性能指标。

润湿是固体表面上的气体被液体取代的过程。在一定的温度、压力下,润湿过程的推动力(或趋势)可用表面吉布斯函数的改变量 ΔG 来衡量,$\Delta G < 0$ 时可以润湿,表面吉布斯函数减少得越多,则越易于润湿。

实际研究和应用中人们常用接触角来判断液体对固体的润湿。$\theta < 90°$ 时称为润湿;$\theta > 90°$ 时称为不润湿;$\theta = 0°$ 或不存在时称为完全润湿;$\theta = 180°$ 时称为完全不润湿。例如,水在玻璃上的接触角 $\theta < 90°$(非常干净的玻璃与非常纯净的水之间 $\theta = 0°$),就说水能润湿玻璃,此时水会在玻璃毛细管中上升;而汞在玻璃上的接触角 $\theta = 140°$,所以汞不能润湿玻璃,在玻璃毛细管中汞面会下降。目前接触角能够借助仪器较为方便地测得,用于判断润湿也非常直观便捷,因而应用广泛。

当少量液体滴在固体表面后自动展开形成一个薄层时,称为**铺展**。铺展实际是固－液界面取代气－固界面,同时又增大气－液界面的过程。若少量液体在铺展前以小液滴形式存在时的表面积与其铺展后的表面积相比可以忽略不计,则一定温度、压力下,单位面积上铺展过程的表面吉布斯函数变为

$$\Delta G_s = \gamma^{sl} + \gamma^l - \gamma^s \tag{8.4.2}$$

若铺展过程自发进行,需满足

$$\Delta G_s < 0$$

令
$$S = -\Delta G_s = \gamma^s - \gamma^{sl} - \gamma^l \tag{8.4.3}$$

S 称为**铺展系数**。可见液体在固体表面上铺展的必要条件为 $S \geqslant 0$。S 越大,铺展性能越

好。若 $S < 0$，则不能铺展。

拓展资源

自洁材料

　　　　　需要说明的是，从热力学角度来说铺展是非平衡过程，不适合用杨氏方程进行研究，也不适合用接触角进行分析和判断。

　　　　　润湿与铺展在生产实践中有着广泛的应用。例如，棉布易被水润湿，但经憎水剂处理后，可使水在其上的接触角 $\theta > 90°$，这时水滴在布上呈球状，不易进入布的毛细孔中，经振动很容易脱落。利用该原理可制成雨衣和防雨设备。农药喷洒在植物上，若能在叶片及虫体上铺展，将会明显提高杀虫效果。另外，在机械设备的润滑、矿物的浮选、注水采油、金属焊接、印染及洗涤等方面皆涉及与润湿理论有密切关系的技术。

3. 固体自溶液中的吸附

　　　　　固体自溶液中的吸附也是界面化学中的一个重要方面，在许多工业领域及科研中有着重要应用，如织物的染色、糖液的脱色、离子交换、水的净化、色层分离及胶体的稳定等。固体自溶液中的吸附，由于有溶剂存在，要比固体对气体的吸附复杂得多。目前从理论上定量地处理溶液吸附还比较困难。但从大量的实验结果中，人们总结出了许多有用的规律，对处理溶液吸附问题有一定的指导意义。

　　　　　固体自溶液中对溶质的吸附量，可根据吸附前、后溶液浓度的变化来计算：

$$n^a = \frac{V(c_0 - c)}{m} \tag{8.4.4}$$

式中，n^a 为单位质量的吸附剂在溶液平衡浓度为 c 时的吸附量；m 为吸附剂的质量；V 为溶液体积；c_0 和 c 分别为吸附前、后溶液的浓度。在恒温恒压下，测定吸附量随浓度的变化关系，即可得到溶液吸附等温线。

　　　　　固体自稀溶液中的吸附，其吸附等温线一般与气体吸附时的第 I 类吸附等温线类似，为单分子层吸附，可用朗缪尔吸附等温式来描述：

$$n^a = \frac{n_m^a bc}{1 + bc} \tag{8.4.5}$$

式中，b 为吸附系数，它与固体、溶质及溶剂的性质有关，还与温度有关；n_m^a 为单分子层饱和吸附量，如已知每个吸附质分子所占有效面积，可由 n_m^a 计算吸附剂的比表面积。弗罗因德利希公式［式(8.3.2a)］也可用来描述溶液中的单分子层吸附等温线，只需将式中的压力 p 换成浓度 c，即

$$n^a = kc^n \tag{8.4.6}$$

式中，k、n 为两个经验常数。

　　　　　固体自稀溶液中的吸附受许多因素的影响，如吸附剂孔径的大小、被吸附分子的大小、温度、吸附剂–吸附质–溶剂三者的相对极性及吸附剂的表面化学性质等。其中极性对溶液吸附有着非常重要的影响。一般说来，"极性吸附剂总是易于从非极性溶剂中吸附极性溶质"，反之亦然。例如，硅胶为极性吸附剂，可用它来吸附非极性有机溶剂中的微量水，使有

机溶剂干燥;活性炭为非极性吸附剂,可用于染料及蔗糖水溶液的脱色等。对于有机同系物,如乙酸、丙酸、丁酸、戊酸等,因随碳原子数的增加,非极性增加,所以硅胶从一定量给定浓度的溶液中对其吸附量的顺序为乙酸>丙酸>丁酸>戊酸;而用活性炭来进行这一吸附时,吸附量的顺序则为戊酸>丁酸>丙酸>乙酸。

固体对浓溶液的吸附较为复杂,吸附等温线可能呈倒 U 形或 S 形,在此不再详细讨论。

§8.5 溶液表面

1. 溶液表面的吸附现象

溶质在溶液表面层(或表面相)中的浓度与在溶液本体(或体相)中的浓度不同的现象称为**溶液表面的吸附**。

恒温恒压下,纯液体的表面张力是一定值。而对于溶液来说,由于溶质会在溶液表面发生吸附,进而改变溶液的表面张力,所以溶液的表面张力不仅是温度、压力的函数,还与溶液组成有关。

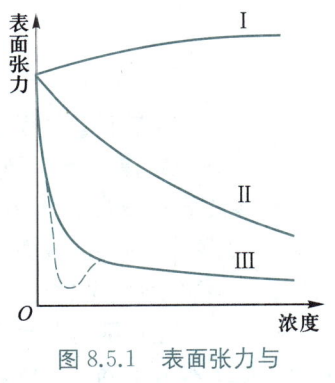

图 8.5.1　表面张力与浓度关系示意图

例如,在一定温度的纯水中,分别加入不同种类的溶质时,溶质的浓度对溶液表面张力的影响大致可分为三种类型,如图 8.5.1 所示。曲线 I 显示,随着溶液浓度的增加,溶液的表面张力稍有升高。就水溶液而言,属于此种类型的溶质有无机盐类(如 NaCl),不挥发性酸(如 H_2SO_4)、碱(如 NaOH),以及含有多个—OH 基的有机化合物(如蔗糖、甘油等)。曲线 II 显示,随着溶质浓度的增加,水溶液的表面张力逐渐下降,大部分的低脂肪酸、醇、醛等极性有机化合物的水溶液皆属此类。曲线 III 表明,在水中加入少量的某溶质时,就能引起溶液的表面张力急剧下降,至某一浓度之后,溶液的表面张力几乎不再随溶液浓度的增加而变化。属于此类的化合物可以表示为 RX,其中 R 代表含有 10 个或 10 个以上碳原子的烷基;X 代表极性基团,一般可以是—OH、—COOH、—CN、—CONH_2、—COOR′,也可以是离子基团,如—SO_3^-、—NH_3^+、—COO^-等。这类曲线有时会出现如图 8.5.1 所示的虚线部分,这可能是由某种杂质的存在而引起的。

溶液表面的吸附现象,可用恒温恒压下溶液表面吉布斯函数自动减小的趋势来说明。在一定温度、压力下,由一定量的溶质与溶剂所形成的溶液,因溶液的表面积不变,降低表面吉布斯函数的唯一途径,是尽可能地使溶液的表面张力降低。而降低表面张力则是通过使溶液中相互作用力较弱的分子富集到表面而完成的。

当溶剂中加入形成图 8.5.1 中所示 II、III 类曲线的物质后,由于它们都是有机化合物,分子之间的相互作用较弱,当富集于表面时,会使表面层中分子间的相互作用减弱,使溶液的表面张力降低,进而降低表面吉布斯函数。所以这类物质会自动地富集到表面,使得它在表面的浓度高于本体浓度,这种现象称为**正吸附**。

与此相反,当溶剂中加入上述Ⅰ类物质后,由于它们是无机的酸、碱、盐类物质,在水中可解离为正、负离子,恒溶液中分子之间的相互作用增强,具有使溶液的表面张力升高,进而使表面吉布斯函数升高的趋势(多羟基类有机化合物作用类似)。为降低这类物质的影响,使溶液的表面张力升高得少一些,这类物质会自动远离表面,使得它在表面层的浓度低于本体浓度,这种现象称为**负吸附**。

一般说来,凡是能使溶液表面张力升高的物质,皆称为**表面惰性物质**;凡是能使溶液表面张力降低的物质,皆称为**表面活性物质**。习惯上,把那些溶入少量就能显著降低溶液表面张力的物质,称为**表面活性剂**。表面活性的大小可用 $-(\partial\gamma/\partial c)_T$ 来表示,其值越大,则表示溶质的浓度对溶液表面张力的影响越大。溶质吸附量的大小,可用吉布斯吸附等温式来计算。

2. 表面过剩浓度与吉布斯吸附等温式

单位面积的表面层所含溶质的物质的量与等量溶剂在溶液本体中所含溶质物质的量的差值,称为溶质的**表面过剩**或**表面吸附量**。吉布斯在合理假设的基础上,推导出稀溶液中表面过剩 Γ 与溶液浓度 c 的关系:

$$\Gamma = -\frac{c}{RT} \cdot \frac{\mathrm{d}\gamma}{\mathrm{d}c} \tag{8.5.1}$$

式(8.5.1)即为**吉布斯吸附等温式**。式中,Γ 的单位为 $\mathrm{mol \cdot m^{-2}}$。通常 Γ 也称为吸附量。由该式可知,在一定温度下,当溶液的表面张力随浓度的变化率 $\mathrm{d}\gamma/\mathrm{d}c < 0$ 时,$\Gamma > 0$,表明凡是增加浓度,能使溶液表面张力降低的溶质,在表面层必然发生正吸附;当 $\mathrm{d}\gamma/\mathrm{d}c > 0$ 时,$\Gamma < 0$,表明凡是增加浓度,使溶液表面张力上升的溶质,在溶液的表面层必然发生负吸附;当 $\mathrm{d}\gamma/\mathrm{d}c = 0$ 时,$\Gamma = 0$,说明此时无吸附作用。

用吉布斯吸附等温式计算某溶质的吸附量时,可由实验测定一组恒温下不同浓度 c 时的表面张力 γ,以 γ 对 c 作图,得到 $\gamma - c$ 曲线。将曲线上某指定浓度 c 下的斜率 $\mathrm{d}\gamma/\mathrm{d}c$ 代入式(8.5.1),即可求得该浓度下溶质在溶液表面的吸附量。将不同浓度下求得的吸附量对溶液浓度作图,可得到 $\Gamma - c$ 曲线,即溶液表面的吸附等温线。如果溶液浓度较大或溶质、溶剂分子之间相互作用很强,需将式(8.5.1)中的浓度 c 换成活度 a,关系式近似成立。

3. 表面活性物质在吸附层的定向排列

在一般情况下,表面活性物质的 $\Gamma - c$ 曲线如图 8.5.2 所示。在一定温度下,系统的平衡吸附量 Γ 和浓度 c 之间的关系与固体对气体的吸附很相似,也可用与朗缪尔单分子层吸附等温式相似的经验公式来表示,即

$$\Gamma = \Gamma_\mathrm{m} \frac{kc}{1 + kc} \tag{8.5.2}$$

式中,k 为经验常数,与溶质的表面活性大小有关。由式(8.5.2)可知,当浓度很小时,Γ 与 c 呈直线关系;当浓度较大时,Γ 与 c 呈曲线关系;当浓度足够大时,则呈现一个吸附量的极

限值，即 $\Gamma = \Gamma_m$。此时若再增加浓度，吸附量不再改变，说明溶液的表面吸附已达到饱和状态，溶液中的溶质不再能更多地吸附于表面，所以 Γ_m 称为饱和吸附量。Γ_m 可以近似地看作在单位表面上定向排列呈单分子层吸附时溶质的物质的量。由实验测出 Γ_m 值，即可算出每个被吸附的表面活性物质分子的**横截面积** a_m，即

$$a_m = \frac{1}{\Gamma_m L} \qquad (8.5.3)$$

式中，L 为阿伏加德罗常数。

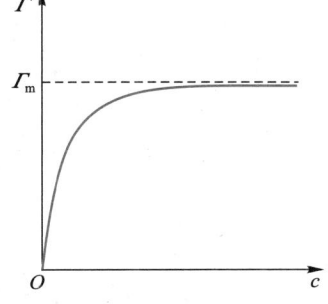

图 8.5.2 溶液吸附等温线

表 8.5.1 给出了一些长碳氢链有机化合物的实验结果。这些化合物的结构形式皆为 $C_n H_{2n+1} X$，所不同的只是 X 代表不同种类的基团。实验测得许多不同化合物分子的横截面积皆为 $0.205\ nm^2$，这一实验结果可以帮助我们认识表面活性物质的分子模型，以及它们在表面层排列的方式。

表 8.5.1 　一些长碳氢链有机化合物在单分子膜中每个分子的横截面积

化合物种类	X	a_m/nm^2
脂肪酸	—COOH	0.205
二元酯类	—COOC$_2$H$_5$	0.205
酰胺类	—CONH$_2$	0.205
甲基酮类	—COCH$_3$	0.205
甘油三酯类(每链面积)	—COOCH$_3$	0.205
饱和酸的酯类	—COOR	0.220
醇类	—CH$_2$OH	0.216

从分子结构的观点来看，表面活性物质的分子中都同时含有亲水性的极性基团（如—COOH、—CONH$_2$、—OH 等），以及憎水性的非极性基团（如碳链或环）。用符号 ▭○ 来表示表面活性物质的分子模型，其中○表示极性基团，▭代表非极性基团。如油酸的分子模型可用图 8.5.3 表示。

根据表 8.5.1 的数据和表面活性物质的分子模型可知，在水溶液中，表面活性物质的亲水基团因受到极性很强的水分子的吸引，而有竭力钻入水中的趋势。憎水性的非极性基团是亲油的，则倾向翘出水面或钻入非极性的有机溶剂或油类的另一相中，使表面活性分子定向排列在界面层中。实验结果表明，在表面的饱和吸附层（或单分子膜）中，不论其链的长短如何，每个分子的横截面积皆等于 $0.205\ nm^2$，此数值实际就是碳氢链的横截面积，这更进一步说明表面活性分子是定向排列在表面层中的。如图 8.5.4 所示，在压紧的油酸单分子膜中，油酸分子的羧基伸入水内，而非极性的碳氢链却翘出液面，暴露在空气中。至于表 8.5.1 中醇类及酯类的横截面积大于 $0.205\ nm^2$，可能是生成氢键的缘故。

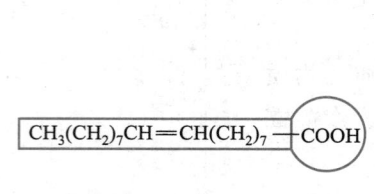

图 8.5.3　油酸分子模型图

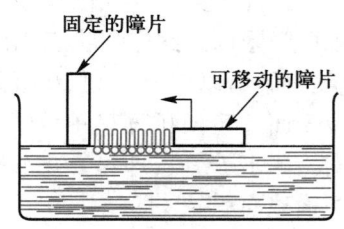

图 8.5.4　油酸单分子膜示意图

应当指出,在吸附量不大的情况下,表面活性分子在表面上有较大的活动范围,其排列的方式未必那样整齐,但憎水性的非极性基团仍然倾向于翘出液面。

4. 表面活性剂

(1) 表面活性剂的分类　表面活性剂是指加入少量就能显著降低溶液表面张力的一类物质,通常是指降低水的表面张力。表面活性剂可以从用途、物理性质、化学性质或化学结构等方面进行分类,最常用的是按化学结构来分类,大体上可分为离子型和非离子型两大类。当表面活性剂溶于水时,凡能解离生成离子的,称为离子型表面活性剂;凡在水中不能解离的,就称为非离子型表面活性剂。而离子型的表面活性剂按其在水溶液中解离后具有表面活性的部分的电性,还可进一步分类。具体分类和举例见表 8.5.2。

表 8.5.2　表面活性剂的分类

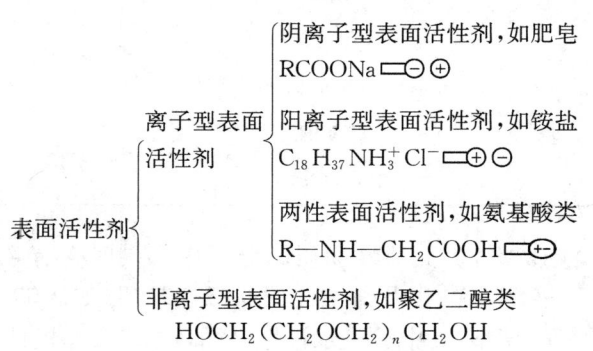

此种分类法便于正确选用表面活性剂。若某表面活性剂是阴离子型的,它就不能和阳离子型的物质混合使用,否则会产生沉淀等不良后果。如阴离子型表面活性剂可作染色过程的匀染剂,与酸性染料或直接染料一起使用时不会产生不良后果,因酸性染料或直接染料在水溶液中也是阴离子型的。

(2) 表面活性剂的基本性质　前已讲到表面活性剂的一些基本性质,如表面活性剂的分子都是由亲水性的极性基团和憎水(亲油)性的非极性基团所构成的。表面活性剂的分子能定向地排列于两相之间的界面层中,使界面不饱和力场得到某种程度的补偿,从而使界面张力降低。如在 293.15 K 的纯水中加入油酸钠,当油酸钠的浓度从零增加到 1 mmol·dm^{-3} 时,表面张力则从 72.75 mN·m^{-1} 降至 30 mN·m^{-1},若再增加油酸钠的浓度,溶液的表面张力却变化不大。许多表面活性剂都具有类似图 8.5.1 中曲线 Ⅲ 所示的特征。

为什么表面活性剂在浓度极稀时,稍微增加其浓度就可使溶液的表面张力急剧降低?而当表面活性剂的浓度超过某一数值之言,溶液的表面张力又几乎不随浓度的增加而变化?这些问题可借助图 8.5.5 进行解释。

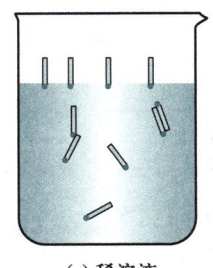  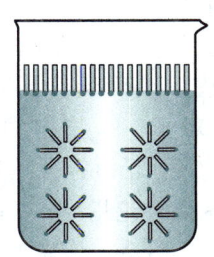

  (a) 稀溶液   (b) 开始形成胶束的溶液   (c) 浓度大于临界胶束浓度的溶液

图 8.5.5　表面活性剂的分子在溶液本体及表面层中的分布

图 8.5.5(a)示意了当表面活性剂的浓度很小时,其分子在溶液本体和表面层中分布的情况。在这种情况下,若稍微增加表面活性剂的浓度,一部分表面活性剂分子将自动聚集于表面层,使水和空气的接触面减小,溶液的表面张力急剧降低。表面活性剂的分子在表面不一定都是直立的,也可能倾斜地分布在溶液表面,使非极性基团远离水相。另一部分表面活性剂分子则分散在水中,有的以单分子的形式存在,有的则是几个分子相互接触,把憎水性的基团靠拢在一起,形成简单的聚集体。这对应于图 8.5.1 中所示曲线Ⅲ急剧下降的部分。

图 8.5.5(b)示意了当表面活性剂的浓度足够大时,液面上已排满一层定向排列的表面活性剂分子,形成单分子膜,其余的表面活性剂分子在溶液本体则形成具有一定形状的**胶束**。胶束是由几十个或几百个表面活性剂分子,排列成憎水基团向内、亲水基团向外的多分子聚集体。胶束中表面活性剂分子的亲水性基团与水分子相接触,而非极性基团则被包在胶束中,减少了与水分子的接触。因此胶束在水溶液中可以比较稳定地存在。这相当于图 8.5.1 中所示曲线Ⅲ的转折处。形成胶束所需表面活性剂的最低浓度称为**临界胶束浓度**,以 cmc(critical micelle concentration 的缩写)表示。实验表明,cmc 不是一个确定的数值,而常表现为一个窄的浓度范围。例如,离子型表面活性剂的 cmc 一般在 $1\sim10$ mmol·dm^{-3}。

图 8.5.5(c)示意了超过临界胶束浓度的情况。这时液面上早已形成紧密、定向排列的单分子膜,达到饱和状态。若再增加表面活性剂的浓度,只能增加胶束的个数,以及胶束中所包含分子的数目。由于胶束是亲水性的,它处于溶液内部,不具有表面活性,所以不再能使表面张力进一步降低,这相当于图 8.5.1 中所示曲线Ⅲ的平缓部分。胶束的形状可以是球状、椭球状、棒状或层状。一般认为表面活性剂浓度不是很大时,形成的胶束多为球状,随着表面活性剂浓度的增加,胶束中表面活性剂分子数目增多,胶束的形状会逐渐过渡到椭球状、棒状及层状等。

胶束的存在已被 X 射线衍射图谱及光散射实验所证实。临界胶束浓度和在液面上开始形成饱和吸附层对应的浓度范围是一致的。在这个狭窄的浓度范围前后,不仅溶液的表面张力发生明显的变化,其他物理性质,如电导率、渗透压、蒸气压、光学性质、去污能力及增溶作用等皆产生很大的差异,如图 8.5.6 所示。由图可知,表面活性剂的浓度略大于 cmc

时,溶液的表面张力、渗透压及去污能力等几乎不随浓度的变化而改变,但增溶作用、电导率等却随着浓度的增加而急剧增大。某些有机化合物难溶于水,但可溶于表面活性剂浓度大于 cmc 的水溶液中。

(3) HLB 法　表面活性剂的种类繁多,应用广泛。对于一个指定的系统,如何选择最合适的表面活性剂才可达到预期的效果,目前还缺乏理论指导。为解决表面活性剂的选择问题,许多工作者曾提出不少方案,比较成功的是 1945 年格里芬(Griffin)所提出的 HLB 法。HLB 代表亲水亲油平衡(hydrophile‐lipophile balance)。此法用数值的大小来表示每一种表面活性剂的亲

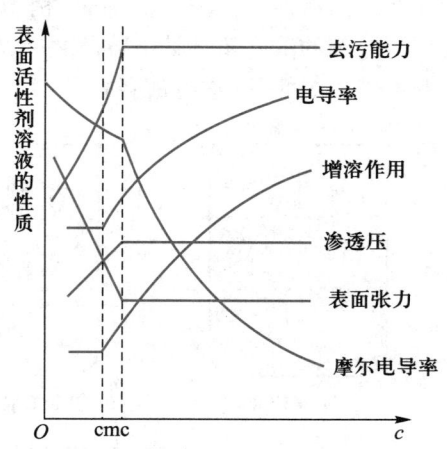

图 8.5.6　表面活性剂溶液的性质与浓度关系示意图

水性,HLB 值越大,表示该表面活性剂的亲水性越强。根据表面活性剂的 HLB 值的大小,就可知道它适宜的用途,表 8.5.3 给出这种对应关系。例如,HLB 值在 3~6 的,可作油包水型乳化剂,而 HLB 值在 12~18 的,可作水包油型乳化剂等(关于乳化剂的知识将在 §10.6 中介绍)。

表 8.5.3　表面活性剂的 HLB 值与应用的对应关系

表面活性剂加水后的性质	HLB 值	应用
不分散	0 2 4	油包水型乳化剂
分散得不好	6	
不稳定乳状分散体	8	
稳定乳状分散体	10	润湿剂
半透明至透明分散体	12	
	14	洗涤剂
透明溶液	16	水包油型乳化剂
	18	增溶剂

本章小结

本章主要介绍了界面的特殊物理化学性质。由于界面上的分子受力不对称,产生了界面张力,进而引起了一系列界面现象,例如,弯曲液面上的附加压力、小液滴的饱和蒸气压、亚稳状态、吸附现象、润湿现象等。重点应理解表面张力和表面吉布斯函数的概念,并会应

用拉普拉斯方程、开尔文公式、朗缪尔吸附等温式、吉布斯吸附等温式,以及杨氏方程和铺展系数公式等进行相关计算。

概念题

1. 液体的表面张力是引起液体表面(　　　)的单位长度上的力(填入　扩张、收缩),表面张力、表面功、表面吉布斯函数是(　　　)的物理量,其数值和量纲(　　　)(填入　相同、不同)。

2. 20 ℃时,H_2O、CCl_4、Hg 的表面张力由大到小排列的顺序是(　　　)。H_2O-Hg 界面和 H_2O-CCl_4 界面的界面张力的关系为 γ_{H_2O-Hg}(　　　)$\gamma_{H_2O-CCl_4}$。(第二空填入　>、<、=)

3. 大气压力为 p_0,则大气环境下半径为 r 的小液滴内液体的压力为(　　　),半径为 r 的肥皂泡内气体的压力为(　　　)。

4. 将可被水完全润湿($\theta=0°$)的玻璃毛细管垂直插入 25 ℃和 50 ℃的水中,则 25 ℃水中毛细管内液面上升的高度相对较(　　　)。(填入　低、高)

5. 发生毛细管凝结时,液体与毛细管壁的接触角 θ(　　　)90°。(填入　>、<、=)

6. 相变化过程中,由于最初生成的新相种子极其微小,难以生成和稳定存在,所以会出现亚稳状态,常见的亚稳状态有(　　　)等。亚稳状态是热力学(　　　)状态。

7. 固体表面吸附分为(　　　)吸附和(　　　)吸附,两者最本质的区别是(　　　)不同,前者的作用力是(　　　),后者的作用力是(　　　)。

8. 朗缪尔吸附等温式 $V^a = V_m^a \dfrac{bp}{1+bp}$ 中,V_m^a 是(　　　),b 是(　　　),b 越大则吸附能力越(　　　)。若要由 V_m^a 计算吸附剂的比表面积 a_s,还需要知道(　　　),计算公式为(　　　)。

9. 在玻璃表面上汞滴呈球形,则汞-玻璃的接触角 θ(　　　)90°(填入　>、<、=),此时汞(　　　)润湿玻璃表面(填入　能、不能)。若将玻璃毛细管插入汞中,管内的汞面将(　　　)管外的汞面(填入　低于、高于)。

10. 20 ℃时 H_2O 和 CCl_4 的表面张力分别为 72.75 mN·m^{-1} 和 26.9 mN·m^{-1},两者的界面张力为 45.1 mN·m^{-1},则 H_2O 在 CCl_4 表面的铺展系数为(　　　)。

11. 向水中加入表面活性剂后,溶液的表面张力与纯水相比将(　　　)(填入　升高、降低),溶液表面发生(　　　)吸附(填入　正、负)。

12. 表面活性剂分子中同时含有亲(　　　)性基团和亲(　　　)性基团,将在油-水界面上产生(　　　)排列。当表面活性剂浓度足够大时,溶液中开始形成胶束,该浓度称为(　　　),用(　　　)来表示,该值越小则表面活性剂的表面活性越(　　　)。

习题

8.1　请回答下列问题:

(1) 常见的亚稳态有哪些? 为什么会产生亚稳态? 如何防止亚稳态的产生?

(2) 在一个封闭的钟罩内,有大小不等的两个球形液滴,问长时间放置后会出现什么现象?

(3) 下雨时,雨滴落在水面上形成一个大气泡,试说明气泡的形状和形成的原理。

(4) 物理吸附与化学吸附最本质的区别是什么?

(5) 在一定温度、压力下,为什么物理吸附都是放热过程?

8.2　在 293.15 K 及 101.325 kPa 下,把半径为 1×10^{-3} m 的汞滴分散成半径为 1×10^{-9} m 的小汞滴,试求此过程系统表面吉布斯函数变 (ΔG)。已知 293.15 K 时汞的表面张力为 $0.486\,5$ N·m^{-1}。

答:6.110 J

8.3　计算 373.15 K 时,下列情况下弯曲液面承受的附加压力。已知 373.15 K 时水的表面张力为 58.91×10^{-3} N·m^{-1}。

(1) 水中存在的半径为 0.1 μm 的小气泡;

(2) 空气中存在的半径为 0.1 μm 的小液滴;

(3) 空气中存在的半径为 0.1 μm 的小气泡。

答:(1) (2) 1.178×10^3 kPa;(3) 2.356×10^3 kPa

8.4　在 293.15 K 时,将直径为 0.1 mm 的玻璃毛细管插入乙醇中。问需要在管内加多大的压力才能阻止液面上升? 若不加任何压力,平衡后毛细管内液面的高度为多少? 已知该温度下乙醇的表面张力为 22.3×10^{-3} N·m^{-1},密度为 789.4 kg·m^{-3},重力加速度为 9.8 m·s^{-2}。设乙醇能很好地润湿玻璃。

答:892 Pa,0.115 m

8.5　水蒸气迅速冷却至 298.15 K 时可达到过饱和状态。已知该温度下水的表面张力为 71.97×10^{-3} N·m^{-1},密度为 997 kg·m^{-3}。当过饱和水蒸气压力为平液面水的饱和蒸气压的 4 倍时,计算:

(1) 开始形成水滴的半径;

(2) 每个水滴中所含水分子的个数。

答:(1) 7.57×10^{-10} m;(2) 60 个

8.6　已知 $CaCO_3(s)$ 在 773.15 K 时的密度为 $3\,900$ kg·m^{-3},表面张力为 $1\,210 \times 10^{-3}$ N·m^{-1},分解压力为 101.325 Pa。若将 $CaCO_3(s)$ 研磨成半径为 30 nm($1\,nm = 10^{-9}$ m)的粉末,求其在 773.15 K 时的分解压力。

答:139.8 Pa

8.7　在 351.45 K 时,用焦炭吸附 NH_3 气,测得如下数据,设 V^a-p 关系符合 $V^a = kp^n$ 方程。

p/kPa	0.722 4	1.307	1.723	2.898	3.931	7.528	10.102
V^a/(dm^3·kg^{-1})	10.2	14.7	17.3	23.7	28.4	41.9	50.1

试求方程式 $V^a = kp^n$ 中的 k 及 n 的数值。

答:12.5 dm^3·kg^{-1}·kPa$^{-0.602}$,0.602

8.8　273.15 K 时,用活性炭吸附 $CHCl_3$,已知其饱和吸附量为 93.8 dm^3·kg^{-1},若 $CHCl_3$ 的分压力为 13.375 kPa 时,其平衡吸附量为 82.5 dm^3·kg^{-1}。试求:

(1) 朗缪尔吸附等温式中的 b 值;

(2) $CHCl_3$ 的分压为 6.667 2 kPa 时,平衡吸附量为多少?

答:(1) 0.545 9 kPa^{-1};(2) 73.58 dm^3·kg^{-1}

8.9　473.15 K 时,测定氧在某催化剂表面上的吸附作用,当平衡压力分别为 101.325 kPa 及 $1\,013.25$ kPa 时,每千克催化剂的表面吸附氧的体积分别为 2.5×10^{-3} m^3 及 4.2×10^{-3} m^3(已换算为标准状况下的体积),假设该吸附作用服从朗缪尔吸附等温式,试计算当氧的吸附量为饱和吸附量的一半时,氧的平衡压力为多少?

答:82.78 kPa

8.10　在 291.15 K 的恒温条件下,用骨炭从乙酸的水溶液中吸附乙酸,在不同的平衡浓度下,每千克骨炭吸附乙酸的物质的量如下:

$c/(10^{-3}\text{ mol}\cdot\text{dm}^{-3})$	2.02	2.46	3.05	4.10	5.81	12.8	100	200	500
$n^a/(\text{mol}\cdot\text{kg}^{-1})$	0.202	0.244	0.299	0.394	0.541	1.05	3.38	4.03	4.57

将上述数据关系用朗缪尔吸附等温式表示,并求出式中的常数 n_m^a 及 b。

答:$5.004\text{ mol}\cdot\text{kg}^{-1}$,$20.84\text{ dm}^3\cdot\text{mol}^{-1}$

8.11　在 1 373.15 K 时,向某固体材料表面涂银。已知该温度下固体材料的表面张力 $\gamma^s = 965\text{ mN}\cdot\text{m}^{-1}$,Ag(l)的表面张力 $\gamma^l = 878.5\text{ mN}\cdot\text{m}^{-1}$,固体材料与 Ag(l)之间的界面张力 $\gamma^{sl} = 1\,364\text{ mN}\cdot\text{m}^{-1}$。计算接触角,并判断液态银能否润湿该材料表面。

答:117°,不能润湿

8.12　293.15 K 时,水的表面张力为 $72.75\text{ mN}\cdot\text{m}^{-1}$,汞的表面张力为 $486.5\text{ mN}\cdot\text{m}^{-1}$,而汞和水之间的界面张力为 $375\text{ mN}\cdot\text{m}^{-1}$。试计算铺展系数,并判断水能否在汞的表面上铺展。

答:$S = 38.75\text{ mN}\cdot\text{m}^{-1}$,$S > 0$,所以能铺展

8.13　298.15 K 时,将少量的某表面活性物质溶解在水中,当溶液的表面吸附达到平衡后,实验测得该溶液的浓度为 $0.20\text{ mol}\cdot\text{m}^{-3}$。用一很薄的刀片快速地刮去已知面积的该溶液的表面薄层,测得在表面薄层中活性物质的吸附量为 $3\times10^{-6}\text{ mol}\cdot\text{m}^{-2}$。已知 298.15 K 时纯水的表面张力为 $71.97\text{ mN}\cdot\text{m}^{-1}$。假设在很稀的浓度范围内,溶液的表面张力与溶液的浓度呈线性关系,试计算上述溶液的表面张力。

答:$64.53\text{ mN}\cdot\text{m}^{-1}$

8.14　292.15 K 时,丁酸水溶液的表面张力可以表示为 $\gamma = \gamma_0 - a\ln(1 + bc)$,式中,$\gamma_0$ 为纯水的表面张力,a 和 b 皆为常数。

(1) 试求该溶液中丁酸的表面吸附量 Γ 和浓度 c 的关系;

(2) 若已知 $a = 13.1\text{ mN}\cdot\text{m}^{-1}$,$b = 19.62\text{ dm}^3\cdot\text{mol}^{-1}$,试计算当 $c = 0.200\text{ mol}\cdot\text{dm}^{-3}$ 时的 Γ;

(3) 当丁酸的浓度足够大,达到 $bc \gg 1$ 时,饱和吸附量 Γ_m 为多少?设此时表面上丁酸呈单分子层吸附,计算在液面上每个丁酸分子所占的截面积。

答:(1) $\Gamma = \dfrac{abc}{RT(1 + bc)}$;

(2) $\Gamma = 4.298\times10^{-6}\text{ mol}\cdot\text{m}^{-2}$;

(3) $\Gamma_m = 5.393\times10^{-6}\text{ mol}\cdot\text{m}^{-2}$,$a_m = 0.308\text{ nm}^2$

第九章　化学动力学

　　不论是相变化还是化学变化,既要研究变化的可能性,也要研究变化的速率。变化的方向、限度或平衡等问题,是变化的可能性问题,属于热力学的研究范围。变化速率及变化的机理,则为化学动力学的研究范围。

　　化学动力学研究浓度、压力、温度及催化剂等各种因素对反应速率的影响;还研究反应进行时要经过哪些具体的步骤,即所谓反应的机理。所以,化学动力学是研究化学反应速率和反应机理的学科。

　　通过化学动力学的研究,可以知道如何控制反应条件,提高主反应的速率,以增加化工产品的产量;可以知道如何抑制或减慢副反应的速率,以减少原料的消耗,减轻分离操作的负担,并提高产品的质量。化学动力学能提供如何避免危险品的爆炸、材料的腐蚀或产品的老化、变质等方面的知识;还可以为科研成果的工业化进行最优设计和最优控制,为现有生产选择最适宜的操作条件。化学动力学是化学反应工程的主要理论基础之一。

　　由此可见,化学动力学的研究,不论在理论上还是实践上,都具有重要的意义。

　　对于化学反应的研究,动力学和热力学是相辅相成的。例如,某未知的化学反应,经热力学研究认为是可能的,但实际进行时反应速率太小,工业生产无法实现,对此,则可以通过动力学研究,降低其反应阻力,加快其反应速率,缩短达到平衡的时间。若热力学研究表明是不可能进行的反应,则没有必要再去研究如何提高反应速率的问题了。但如前所述,过程的可能性与条件有关,有时改变条件可使原条件下热力学上不可能的过程成为可能。

　　由于化学动力学比热力学复杂得多,所以相对来说,化学动力学还不成熟,许多领域尚有待开发。化学动力学的研究十分活跃,它是进展迅速的学科之一。为了研究方便,在动力学研究中,往往将化学反应分为均相反应与非均相(或多相)反应。在化学动力学基础中着重讨论均相反应,多相反应只作扼要介绍。

　　本章主要讨论反应速率方程、反应速率与反应机理的关系;简要介绍反应速率理论;然后介绍溶液中的反应、光化学、催化作用等。

§ 9.1　化学反应的反应速率及速率方程

　　影响反应速率的基本因素是反应物的浓度和反应的温度。为使问题简化,先研究温度不变时的反应速率与浓度的关系,再研究温度对反应速率的影响。

　　表示一化学反应的反应速率与浓度等参数间的关系式,或浓度与时间等参数间的关系式,称为化学反应的速率方程式,简称速率方程,或称为动力学方程。

　　本节讨论反应速率与浓度间关系的微分式。将其积分,即可得到浓度与时间的关系式,见§9.2。

1. 反应速率的定义

　　某反应的化学计量式

$$0 = \sum_{B} \nu_B B$$

一般只表示初始反应物与最终产物间的化学计量关系,总的化学计量式中一般不出现反应中间物。如反应步骤中存在着中间物,而且随着反应的进行,中间物的浓度逐渐增加,则此类反应随中间物浓度逐渐积累,将不符合总的化学计量式,这类反应就称为**依时计量学反应**。若某反应不存在中间物,或虽有中间物,但其浓度甚微可忽略不计,则此类反应的反应物和产物将在整个反应过程中均符合一定的化学计量关系,这类反应就称为**非依时计量学反应**。

重点难点

动力学
基本概念

　　对于非依时计量学反应,反应进度 ξ 定义为

$$d\xi \stackrel{\text{def}}{=\!=} \frac{dn_B}{\nu_B}$$

转化速率 $\dot{\xi}$ 定义为

$$\dot{\xi} \stackrel{\text{def}}{=\!=} \frac{d\xi}{dt} = \frac{1}{\nu_B} \cdot \frac{dn_B}{dt} \tag{9.1.1}$$

即用单位时间反应进度的改变来定义**转化速率**,其单位为 $\mathrm{mol \cdot s^{-1}}$。对于非依时计量学反应,转化速率的数值与用来表示速率的物质 B 的选择无关,但与化学计量式的写法有关,故应用定义式(9.1.1)时必须指明化学反应计量式。

　　反应的转化速率 $\dot{\xi}$ 为广度量,它依赖于反应系统的大小。单位体积的转化速率定义为(基于浓度的)**反应速率**：

$$v \stackrel{\text{def}}{=\!=} \frac{\dot{\xi}}{V} = \frac{1}{\nu_B V} \cdot \frac{dn_B}{dt} \tag{9.1.2}$$

式中,v 为强度量,其单位为 $\mathrm{mol \cdot m^{-3} \cdot s^{-1}}$。同样,此定义与用来表示速率的物质 B 的选择无关,但与化学计量式的写法有关。

　　对于恒容反应,如密闭反应器中的反应或液相反应,体积 V 为常数,$dn_B/V = dc_B$,可用浓度 c_B[①] 来代替 n_B/V,则上式化为

_____

①　GB 3102.8—93 规定 B 的物质的量浓度 c_B 在化学中也表示成[B]。

$$v = \frac{1}{\nu_B} \cdot \frac{dc_B}{dt} \quad \text{(恒容)} \tag{9.1.3}$$

在本章余下的讨论中,如无特别说明,均假定反应在恒容条件下进行。

若将化学计量反应写作:

$$-\nu_A A - \nu_B B - \cdots \longrightarrow \cdots + \nu_Y Y + \nu_Z Z$$

为了研究的方便,常采用某指定反应物 A 的**消耗速率**,或某指定产物 Z 的**生成速率**来表示反应进行的速率:

A 的消耗速率
$$v_A = -\frac{1}{V} \cdot \frac{dn_A}{dt} \tag{9.1.4}$$

Z 的生成速率
$$v_Z = \frac{1}{V} \cdot \frac{dn_Z}{dt} \tag{9.1.5}$$

恒容条件下,上两式化为

A 的消耗速率
$$v_A = -\frac{dc_A}{dt} \tag{9.1.6}$$

Z 的生成速率
$$v_Z = \frac{dc_Z}{dt} \tag{9.1.7}$$

反应物不断消耗,dn_A/dt 或 dc_A/dt 为负值,为保持速率为正值,故前面加一负号。需要注意的是对于特定反应,反应速率 v 是唯一确定的,与物质 B 的选择无关,故 v 不需注以下角标;而反应物的消耗速率或产物的生成速率均随物质 B 的选择而异,故在易混淆时须指明所选择的物质 A 或 Z,并用下角标注明,如 v_A 或 v_Z。

根据式(9.1.3)有

$$v = \frac{1}{\nu_A} \cdot \frac{dc_A}{dt} = \frac{1}{\nu_B} \cdot \frac{dc_B}{dt} = \cdots = \frac{1}{\nu_Y} \cdot \frac{dc_Y}{dt} = \frac{1}{\nu_Z} \cdot \frac{dc_Z}{dt}$$

即
$$v = \frac{v_A}{|\nu_A|} = \frac{v_B}{|\nu_B|} = \cdots = \frac{v_Y}{\nu_Y} = \frac{v_Z}{\nu_Z} \tag{9.1.8}$$

因此,各不同物质的消耗速率或生成速率,与各自的化学计量数的绝对值成正比。例如,反应

$$N_2 + 3H_2 \longrightarrow 2NH_3$$

$$-\frac{d[N_2]}{dt} \Big/ 1 = -\frac{d[H_2]}{dt} \Big/ 3 = \frac{d[NH_3]}{dt} \Big/ 2$$

对于恒温恒容气相反应,v 和 v_B 也可以分压为基础用相似的方式来定义。为了与基于浓度定义的反应速率相区别,基于分压定义的反应速率用 v_p 表示。例如

$$v_p = \frac{1}{\nu_B} \cdot \frac{dp_B}{dt} \quad \text{(恒容)} \tag{9.1.9}$$

A 的消耗速率
$$v_{p,A} = -\frac{\mathrm{d}p_B}{\mathrm{d}t} \tag{9.1.10}$$

Z 的生成速率
$$v_{b,Z} = \frac{\mathrm{d}p_Z}{\mathrm{d}t} \tag{9.1.11}$$

同样，

$$v_p = \frac{1}{\nu_A} \cdot \frac{\mathrm{d}p_A}{\mathrm{d}t} = \frac{1}{\nu_B} \cdot \frac{\mathrm{d}p_B}{\mathrm{d}t} = \cdots = \frac{1}{\nu_Y} \cdot \frac{\mathrm{d}p_Y}{\mathrm{d}t} = \frac{1}{\nu_Z} \cdot \frac{\mathrm{d}p_Z}{\mathrm{d}t} \tag{9.1.12}$$

对理想气体反应，因为 $p_B = n_B RT/V = c_B RT$，恒温恒容下 $\mathrm{d}p_B = RT\mathrm{d}c_B$，故有

$$v_p = vRT \tag{9.1.13}$$

该式在气相反应中是常用公式。

2. 基元反应和非基元反应

化学反应的计量式 $0 = \sum_B \nu_B B$ 只是表示参与反应的各组分之间的计量关系，不能说明反应进行的真实步骤。例如，氢与碘的气相反应

$$H_2 + I_2 \longrightarrow 2HI$$

曾一直被认为是氢分子与碘分子经碰撞直接转化为碘化氢分子。后来光化学实验研究表明反应过程中涉及碘的自由基，而在将 H_2 分子束与 I_2 分子束碰撞的分子束实验中并未发现有反应发生，因而提出该反应是由下列几个简单的反应步骤组成的：

①$I_2 + M^0 \longrightarrow I\cdot + I\cdot + M_0$

②$H_2 + I\cdot + I\cdot \longrightarrow HI + HI$

③$I\cdot + I\cdot + M_0 \longrightarrow I_2 + M^0$

式中，M 代表气体中存在的 H_2 和 I_2 等分子；$I\cdot$ 代表自由原子碘，其中的黑点"·"表示未配对的价电子。在式①中表示 I_2 分子与动能足够高的 M^0 分子相碰撞，发生能量传递而使 I_2 分子中共价键发生均裂，产生两个 $I\cdot$ 自由原子和一个能量较小的 M_0 分子；因为自由原子 $I\cdot$ 很活泼，所以如式②所示，它能与 H_2 分子进行三体碰撞生成两个 HI 分子；这两个 $I\cdot$ 自由原子也可能如式③所示，与能量甚低的 M_0 分子相碰撞，将过剩的能量传递给 M_0 分子，使之成为能量较高的 M^0 分子后，自己变成稳定的 I_2 分子（自由基复合）。上述反应过程的每一个简单的反应步骤，称为一个**基元反应**[①]，而总的反应为非基元反应。

基元反应为组成一切化学反应的基本单元。所谓一个反应的**反应机理**(或**反应历程**)一般是指该反应进行过程中所涉及的所有基元反应，每个基元反应在机理中只能出现一次。例如，上述三个基元反应就构成了反应 $H_2 + I_2 \longrightarrow 2HI$ 的反应机理。要注意的是，反应机

[①] 如果在一个化学反应中不能检测到反应中间物，又或是无须为在分子尺度上描述该反应而假定中间物的存在，IUPAC 称其为基元反应。基元反应被假定按单一步骤发生且通过一个过渡态(见 §9.9 的过渡状态理论)。

理中各基元反应的代数和应等于总的计量方程,这是判断一个机理是否正确的先决条件。例如,在上面所给反应机理中,不考虑 M(涉及 M 的基元反应为能量传递过程),将方程①乘以 2 与方程②和③相加,即得到总的计量方程。这里 2 为基元反应①的化学计量数,而基元反应②和③的化学计量数均为 1。此外必须清楚,反应机理中各基元反应是同时进行的,而不是按机理列表的顺序逐步进行反应。

　　一个化学反应的反应机理不必要列出所有的基元反应,因为某些基元反应对总反应的贡献很小,忽略它们不会导致明显的误差;但同时机理又必须包含足以描述总反应动力学特征的基元反应。

　　化学反应方程,除非特别注明,一般为化学计量方程,而不代表基元反应。例如,

$$N_2 + 3H_2 \longrightarrow 2NH_3$$

就是化学计量方程,它只说明参加反应的各个组分 N_2、H_2 和 NH_3,在反应过程中它们数量的变化符合方程式系数间的比例关系,即 1∶3∶2,并不是说一个 N_2 分子与三个 H_2 分子相碰撞直接就生成两个 NH_3 分子。

3. 基元反应的速率方程——质量作用定律

　　基元反应方程中各反应物分子个数之和称为**反应分子数**。

　　经过碰撞而活化的单分子分解反应或异构化反应,为**单分子反应**,例如,

$$A \longrightarrow 产物$$

因为是一个个的活化分子独自进行的反应,所以这种分子在单位体积内的数目越多(即浓度越大),则单位体积内,单位时间起反应的分子的数量就越多,即反应物的消耗速率与反应物的浓度成正比:

$$v = kc_A$$

双分子反应可分为异类分子间的反应与同类分子间的反应:

$$A + B \longrightarrow 产物$$

$$A + A \longrightarrow 产物$$

两个分子之间要发生反应,则它们必须碰撞,彼此远离是不可能反应的,所以反应速率应与单位体积、单位时间的碰撞数成正比。根据分子运动论,单位体积、单位时间内的碰撞数与浓度乘积成正比,因此,反应物 A 的消耗速率与浓度乘积成正比。对于上述两反应,分别有

$$v = kc_A c_B$$

$$v = kc_A^2$$

以此类推,对于基元反应:

$$aA + bB + \cdots \longrightarrow 产物$$

其速率方程应为

$$v = kc_A^a c_B^b \cdots \tag{9.1.14}$$

就是说基元反应的速率与各反应物浓度的幂乘积成正比,其中各浓度的幂为反应方程中相应组分的化学计量数的绝对值($a = |v_A|$,$b = |v_B|$,$\cdots$),此即为**质量作用定律**。

速率方程中的比例常数 k,称为**反应速率常数**。温度一定,反应速率常数为一定值,与浓度无关。由式(9.1.14)可以看出,反应速率常数代表各有关浓度均为单位浓度时的反应速率。

基元反应的速率常数 k 是该反应的特征基本物理量,该量是可传递的,即其值可用于任何包含该基元反应的气相反应。同一温度下,比较几个反应的 k,可以大略知道它们反应能力的大小,k 越大,则反应越快。

基元反应若按反应分子数划分,可分为三类:单分子反应、双分子反应和三分子反应。绝大多数的基元反应为双分子反应;在分解反应或异构化反应中,可能出现单分子反应;三分子反应更少,一般只出现在原子复合或自由基复合反应中。四个分子同时碰撞在一起的概率极低,所以尚未发现反应分子数大于 3 的基元反应。

质量作用定律只适用于基元反应。对于非基元反应,只能对其反应机理中的每一个基元反应应用质量作用定律。如果一物质同时出现在机理中两个或两个以上的基元反应中,则对该物质应用质量作用定律时应当注意:其净的消耗速率或净的生成速率应是在这几个基元反应中其消耗速率或生成速率的总和。

例如,化学计量反应

$$A + B \longrightarrow Z$$

的反应机理为

$$A + B \xrightarrow{k_1} X$$

$$X \xrightarrow{k_{-1}} A + B$$

$$X \xrightarrow{k_2} Z$$

则有

$$-\frac{dc_A}{dt} = -\frac{dc_B}{dt} = k_1 c_A c_B - k_{-1} c_X$$

$$\frac{dc_X}{dt} = k_1 c_A c_B - k_{-1} c_X - k_2 c_X$$

$$\frac{dc_Z}{dt} = k_2 c_X$$

4. 化学反应速率方程的一般形式,反应级数

不同于基元反应,非基元反应的速率方程不能由质量作用定律给出,而是符合实验数据的经验表达式,该表达式可采取任何形式。

对于化学计量反应

$$aA + bB + \cdots \longrightarrow \cdots + yY + zZ$$

由实验数据得出的经验速率方程,常常也可写成与式(9.1.14)相类似的幂乘积形式:

$$v = kc_A^{n_A} c_B^{n_B} \cdots \tag{9.1.15}$$

式中,各组分浓度的幂 n_A 和 n_B 等分别称为反应组分 A 和 B 等的**反应分级数**,量纲为 1,它们一般不等于各组分的化学计量数。反应总级数(简称**反应级数**)n 为各组分反应分级数的代数和:

$$n = n_A + n_B + \cdots \tag{9.1.16}$$

如果反应的速率方程不能表示为式(9.1.15)的形式,则反应级数没有定义。

　　反应级数的大小表示浓度对反应速率影响的程度,级数越大,则反应速率受浓度的影响越大。

　　反应速率常数 k 的单位为 $(\text{mol} \cdot \text{m}^{-3})^{1-n} \cdot \text{s}^{-1}$,与反应级数有关。

　　根据式(9.1.8),如果用化学反应中不同组分的消耗速率或生成速率表示反应的速率,则各速率常数与组分化学计量数的绝对值及反应的速率常数存在以下关系:

$$\frac{k_A}{|\nu_A|} = \frac{k_B}{|\nu_B|} = \cdots = \frac{k_Y}{|\nu_Y|} = \frac{k_Z}{|\nu_Z|} = k \tag{9.1.17}$$

如没有特别注明,k 表示反应的速率常数。

　　仍以合成氨反应 $N_2 + 3H_2 \longrightarrow 2NH_3$ 为例,有

$$k(N_2)/1 = k(H_2)/3 = k(NH_3)/2 = k$$

　　根据反应级数的定义,单分子反应即为一级反应,双分子反应即为二级反应,三分子反应即为三级反应。只有这三种情况。

　　对于非基元反应:① 不能对化学反应计量式应用质量作用定律,因而不存在反应分子数为几的问题,而只有反应级数。反应分级数、反应级数必须通过实验测定。② 不同于基元反应,非基元反应的分级数与组分的化学计量数无关。③ 反应的分级数(级数)一般为零、整数或半整数(正或负)。④ 对于速率方程不符合式(9.1.15)的反应,如表 9.1.1 中所列的氢与溴的反应,不能应用级数的概念。

表 9.1.1　各反应的速率方程

反应	速率方程
$H_2 + I_2 \longrightarrow 2HI$	$d[HI]/dt = 2k[H_2][I_2]$
$H_2 + Cl_2 \longrightarrow 2HCl$	$d[HCl]/dt = 2k[H_2][Cl_2]^{1/2}$
$H_2 + Br_2 \longrightarrow 2HBr$	$d[HBr]/dt = \dfrac{k[H_2][Br_2]^{1/2}}{1 + k'[HBr]/[Br_2]}$

　　此外,某些反应,当反应物之一的浓度很大,在反应过程中其浓度基本不变,则表现出的级数将有所改变。如水溶液中酸催化蔗糖(S)水解成葡萄糖和果糖的反应

$$S + H_2O \longrightarrow 产物$$

为二级反应,反应速率为

$$v = k[H_2O][S]$$

但当蔗糖浓度很小,水的浓度很大而基本上不变时,有

$$v = k'[S]$$

于是表现为一级反应,这种情况称为假一级反应。式中,$k' = k[H_2O]$。

5. 用气体组分的分压表示的速率方程

对于有气体组分参加的 $\sum\limits_B \nu_{B(g)} \neq 0$ 的化学反应,在恒温恒容下,随着反应的进行,系统的总压必随之而变。这时只要测定系统在不同时间的总压,即可得知反应的进程。

由反应的化学计量式,通过物料衡算可得出反应中某气体组分 A 的分压与系统总压之间的关系。在这种情况下,往往用反应中某气体 A 的分压 p_A 随时间的变化率来表示反应的速率。

若 A 代表反应物,反应为

$$aA \longrightarrow 产物$$

反应级数为 n,则 A 的消耗速率为

$$-\mathrm{d}c_A/\mathrm{d}t = k_A c_A^n$$

基于分压 A 的消耗速率为

$$-\mathrm{d}p_A/\mathrm{d}t = k_{p,A} p_A^n$$

式中,$k_{p,A}$ 为基于分压的速率常数,其单位为 $Pa^{1-n} \cdot s^{-1}$。

因恒温恒容下 A 为理想气体时,$p_A = c_A RT$,将其代入上式有

$$-(\mathrm{d}c_A/\mathrm{d}t)RT = k_{p,A} c_A^n (RT)^n$$

故

$$-\mathrm{d}c_A/\mathrm{d}t = k_{p,A}(RT)^{n-1} c_A^n$$

对比 $-\mathrm{d}c_A/\mathrm{d}t = k_A c_A^n$ 可知:

$$k_A = k_{p,A}(RT)^{n-1} \tag{9.1.18}$$

由此可见,恒温恒容下,$\mathrm{d}c_A/\mathrm{d}t$ 和 $\mathrm{d}p_A/\mathrm{d}t$ 均可用来表示气相反应的速率,式(9.1.18)给出了二者的速率常数 k_A 和 $k_{p,A}$ 间的关系。当反应级数 $n=1$,k_A 和 $k_{p,A}$ 相等,其他级数时两者不相等。同时应看到,不论用 c_A 还是用 p_A 随时间的变化率来表示 A 的消耗速率,反应的级数都是不变的。

6. 反应速率的测定

由式 $v = k c_A^{n_A} c_B^{n_B} \cdots$ 可知,要确定一个反应的速率方程,即确定分级数 $n_A, n_B, \cdots$ 和速率

常数 k, 需要监测不同反应时刻反应物或生成物的浓度。这就需要能够检测反应系统中存在的组分及其含量。反应混合物浓度的测定有化学法和物理法。化学法的关键是将从反应系统中取出的样品通过降温、移去催化剂、稀释、加入能与反应物快速反应的物质等手段使所研究反应猝灭, 再利用滴定、色谱、光谱等分析方法确定反应混合物的组成和反应组分的浓度。而物理法则是通过测量某一与反应组分浓度相关联的物理性质来达到浓度测量的目的。例如,① 反应分子数有变化的恒容气相反应, 测量系统的总压;② 反应系统体积发生变化的反应, 如高分子聚合反应, 用膨胀计测量体积随时间的变化;③ 手性化合物参与的反应, 测量系统的旋光度;④ 有离子参与的反应, 测量反应系统的电导或电导率;⑤ 对产物或反应物在紫外、可见光范围有吸收的反应, 测量其吸光度等。物理方法的优点在于能对反应进行快速实时的监测。

现代动力学研究户各种现代分析方法被广泛应用:① 气相或液相色谱法, 其原理是利用反应混合物各组分在固定相和流动相中的分配系数不同从而对其加以分离、定量(用峰面积)。对组分的确定常将其与光谱(液体样品)、质谱(气体样品)联用来实现。② 质谱, 将样品汽化并用电子束对其加以轰击使之电离。电离的分子及其分解产生的碎片被导入与离子流运动方向相垂直的磁场。这些离子将按相对质量与其电荷的比值, 即质荷比, 进行分布形成质谱, 从而对化合物进行鉴别及确定其相对分子质量。③ 光谱技术, 包括微波光谱、红外光谱、拉曼光谱、可见及紫外光谱等。这些光谱谱线的位置(频率)及谱带的精细结构被用于化合物的鉴别, 谱线的强度用于确定化合物的浓度, 而谱线的宽度则可用于过渡态及激发态的确定。④ 核磁共振谱, 用于核自旋量子数为 $1/2$ 的核如 ^1H、^{13}C 等。当这些核处于磁场中时, 其简并的自旋能级发生分裂, 用垂直于该磁场的微波照射样品使核自旋发生跃迁而产生光谱。谱线的位置(化学位移)依赖于核所处的化学环境, 而谱线的分裂则反映了相邻核之间的耦合。核磁共振谱主要用于化合物的鉴别。⑤ 电子自旋共振谱, 同核一样电子具有自旋, 其有两个简并的自旋量子态 ($m_s = \pm 1/2$)。同核磁共振一样, 电子的自旋量子态在磁场中被分裂, 然后用微波使其激发跃迁而产生电子自旋共振谱。该谱对于自由基和含有未配对电子的分子是极其重要的检测手段。这些方法不仅用于实时地监测反应系统组分浓度随时间的变化, 而且由于其能够精确地检测反应系统中微量的中间体, 在反应机理的研究中起着关键性的作用。

§9.2   速率方程的积分形式

一定温度下的速率方程, 在一般情况下是联系浓度 - 时间的函数关系的方程。§9.1 讨论的速率方程

$$v = kc_A^{n_A} c_B^{n_B} \cdots$$

是速率方程的微分形式。这种微分形式的方程便于进行理论分析, 因为由机理导出的速率方程就是微分形式。同时微分形式还能明显地表示出浓度对反应速率的影响。但是动力学研究中实验测定的是浓度随时间的变化, 而且在实际应用时, 常常需要知道:在指定的时间

内某反应组分的浓度将变为若干？或者要达到一定的转化率需要反应多长时间？这就需要速率方程的积分形式，即 c_A 与 t 的函数关系式。下面将对各简单级数的速率方程微分形式进行积分，并主要从 k 的单位、浓度与时间之间的函数关系及半衰期与浓度的关系三个方面分别讨论它们的动力学特征。

1. 零级反应

对于反应 $\qquad\qquad\qquad aA \longrightarrow$ 产物

若反应的速率与反应物 A 浓度的零次方成正比，该反应即为零级反应：

$$-\frac{\mathrm{d}c_A}{\mathrm{d}t} = akc_A^0 = k_A \tag{9.2.1}$$

重点难点

零级和
一级反应

零级反应实际是反应速率与反应物浓度无关的反应，也就是说，不管 A 的浓度如何变化，单位时间 A 发生反应的数量是恒定的。一些光化学反应的速率只与光的强度有关，光的强度保持恒定则为等速反应，反应速率并不随反应物的浓度变小而有所变化，所以它是零级反应。

由式(9.2.1)可知，零级反应的速率常数 k_A 的物理意义是单位时间内 A 的浓度减少的量，其单位与 v_A 相同，为 $mol \cdot m^{-3} \cdot s^{-1}$。

将式(9.2.1)积分：

$$-\int_{c_{A,0}}^{c_A} \mathrm{d}c_A = k_A \int_0^t \mathrm{d}t$$

得 $\qquad\qquad\qquad c_{A,0} - c_A = k_A t \tag{9.2.2}$

式中，$c_{A,0}$ 为反应开始时($t = 0$)反应物 A 的浓度，即 A 的初始浓度；c_A 为反应至某一时刻 t 时反应物 A 的浓度。

可见零级反应，c_A-t 呈直线关系，如图 9.2.1 所示。

反应物反应掉一半所需要的时间定义为反应的**半衰期**，以符号 $t_{1/2}$ 表示，即

$$c_A(t_{1/2}) = c_{A,0}/2$$

将 $c_A = c_{A,0}/2$ 代入式(9.2.2)，得零级反应的半衰期为

$$t_{1/2} = \frac{c_{A,0}}{2k_A} \tag{9.2.3}$$

此式表明零级反应的半衰期正比于反应物的初始浓度。

图 9.2.1　零级反应的
直线关系

2. 一级反应

对于反应 $\qquad\qquad\qquad aA \longrightarrow$ 产物

若反应的速率与反应物 A 浓度的一次方成正比，该反应即为一级反应：

$$v = -\frac{1}{a}\frac{dc_A}{dt} = kc_A$$

或
$$-\frac{dc_A}{dt} = k_A c_A \tag{9.2.4}$$

式中，$k_A = ak$。单分子基元反应为一级反应，一些物质的分解反应，即使不是基元反应往往也表现为一级反应。一些放射性元素的蜕变，例如，镭的蜕变 $Ra \longrightarrow Rn + He$，也可以认为是一级反应，因为每一瞬间的蜕变速率是与当时存在的物质的量成正比的。

式(9.2.4)可以写作 $-\dfrac{dc_A/c_A}{dt} = k_A$。式中，$-\dfrac{dc_A}{c_A}$ 为 dt 时间内 A 反应掉的分数，比值 $-\dfrac{dc_A/c_A}{dt}$ 与反应物浓度无关，它表示单位时间内反应物 A 反应掉的分数，这就是一级反应中 k_A 的物理意义。一级反应 k_A 的单位为 s^{-1}。

将式(9.2.4)积分：

$$-\int_{c_{A,0}}^{c_A} \frac{dc_A}{c_A} = k_A \int_0^t dt$$

得一级反应速率的积分式：

$$\ln\frac{c_{A,0}}{c_A} = k_A t \tag{9.2.5a}$$

即
$$\ln c_A = -k_A t + \ln c_{A,0} \tag{9.2.5b}$$

或
$$c_A = c_{A,0} e^{-k_A t} \tag{9.2.5c}$$

从式(9.2.5b)可以看出，一级反应 $\ln c_A - t$ 呈直线关系[①]，如图 9.2.2 所示。

例题解析

一级反应计算

做例题及练习时常用两组数据由式(9.2.5)求取 k_A，这样做只是为了讨论问题方便而做的简化。在实际研究工作中则须由实验测定一系列不同时刻 t 反应物的浓度 c_A，作 $\ln c_A - t$ 图，利用式(9.2.5b)对实验数据$(t, \ln c_A)$进行线性回归以求得 k_A 值。

在应用式(9.2.5)时，采用 A 的转化率常常为问题的处理带来简化。某一时刻反应物 A 反应掉的分数称为该时刻 A 的转化率 x_A，即

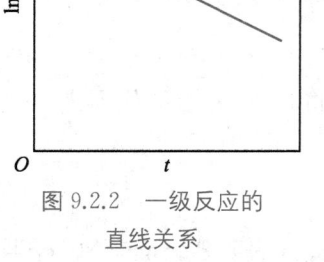
图 9.2.2　一级反应的直线关系

$$x_A \overset{def}{=\!=} \frac{c_{A,0} - c_A}{c_{A,0}} \tag{9.2.6}$$

---

① 科学工作中线性关系要更加容易处理和更精确：其斜率很明确，而且截距也更精确。此外，与曲线相比，利用直线图使得区别系统误差与随机误差更为简单。

将 $c_A = c_{A,0}(1 - x_A)$ 代入式(9.2.5a),得

$$\ln \frac{1}{1 - x_A} = k_A t \tag{9.2.7}$$

这是一级反应速率积分式的另一形式。

将 $c_A = c_{A,0}/2$ 代入式(9.2.5a),或将 $x_A = 1/2$ 代入式(9.2.7),可以得到一级反应的半衰期:

$$t_{1/2} = \frac{\ln 2}{k_A} = \frac{0.693\,1}{k_A} \tag{9.2.8}$$

可见一级反应的半衰期与反应物的初始浓度无关。

≫ **例** **9.2.1** N_2O_5 在惰性溶剂四氯化碳中的分解反应是一级反应:

$$N_2O_4(溶液)$$
$$\Updownarrow$$
$$N_2O_5(溶液) \longrightarrow 2NO_2(溶液) + \frac{1}{2}O_2(g)$$

分解产物 NO_2 和 N_2O_4 都溶于溶液中,而 O_2 则逸出,在恒温恒压下,用量气管测定 O_2 的体积,以确定反应的进程。

在 40 ℃时进行实验。当 O_2 的体积为 10.75 cm³ 时开始计时($t = 0$)。当 $t = 2\,400$ s 时,O_2 的体积为 29.65 cm³,经过很长时间,N_2O_5 分解完毕时($t = \infty$),O_2 的体积为 45.50 cm³。试根据以上数据求此反应的速率常数和半衰期。

≫ **解**:用 A 代表 N_2O_5,Z 代表 $O_2(g)$。一级反应 $k_A = \dfrac{1}{t} \ln \dfrac{c_{A,0}}{c_A}$,代入 t 和 $c_{A,0}/c_A$ 数据即可求得 k_A。实验测量的是产物 $O_2(g)$ 在 T、p 下的体积,故要用不同时刻 $O_2(g)$ 的体积来表示 $c_{A,0}/c_A$。假设 $O_2(g)$ 可视为理想气体,在 $t = 0$ 时其物质的量为 $n_{Z,0}$。

不同 t 时,N_2O_5、$O_2(g)$ 的物质的量及 $O_2(g)$ 的体积如下:

$$N_2O_4(溶液)$$
$$\Updownarrow$$
$$N_2O_5(溶液) \longrightarrow 2NO_2(溶液) + \frac{1}{2}O_2(g)$$

$t = 0$	$n_{A,0}$	$V_0 = n_{Z,0}RT/p$
$t = t$	n_A	$V_t = \left[n_{Z,0} + \frac{1}{2}(n_{A,0} - n_A) \right] RT/p$
$t = \infty$	0	$V_\infty = \left(n_{Z,0} + \frac{1}{2}n_{A,0} \right) RT/p$

由上面的物料衡算可知 $V_\infty - V_0 = \dfrac{1}{2}n_{A,0}RT/p$ 及 $V_\infty - V_t = \dfrac{1}{2}n_A RT/p$。因溶液体积

不变，故 $\dfrac{c_{A,0}}{c_A} = \dfrac{n_{A,0}}{n_A} = \dfrac{V_\infty - V_0}{V_\infty - V_t}$。所以

$$k_A = \frac{1}{t}\ln\frac{V_\infty - V_0}{V_\infty - V_t}$$

将题给数据代入上式，即得所求反应速率常数和半衰期：

$$k_A = \frac{1}{2\ 400\ \text{s}}\ln\frac{(45.50 - 10.75)\ \text{cm}^3}{(45.50 - 29.65)\ \text{cm}^3} = 3.271\times10^{-4}\ \text{s}^{-1}$$

$$t_{1/2} = \frac{\ln 2}{k_A} = \frac{0.693\ 1}{3.271\times10^{-4}\ \text{s}^{-1}} = 2\ 119\ \text{s}$$

3. 二级反应

重点难点

二级和
n 级反应

二级反应是最常遇到的反应，其常见的速率方程的形式为 $v = -\dfrac{1}{a}\dfrac{\mathrm{d}c_A}{\mathrm{d}t} = kc_A^2$ 及 $v = -\dfrac{1}{a}\dfrac{\mathrm{d}c_A}{\mathrm{d}t} = -\dfrac{1}{b}\dfrac{\mathrm{d}c_B}{\mathrm{d}t} = kc_A c_B$。例如，碘化氢气体的热分解，乙烯（丙烯、异丁烯等）的气相二聚作用，氢气与碘蒸气化合成碘化氢，水溶液中乙酸乙酯的皂化反应等均为二级反应。

（1）一种反应物的情形

$$a\,A \longrightarrow 产物$$

速率方程为

$$-\frac{\mathrm{d}c_A}{\mathrm{d}t} = akc_A^2 = k_A c_A^2 \tag{9.2.9}$$

对式（9.2.9）积分：

$$-\int_{c_{A,0}}^{c_A}\frac{\mathrm{d}c_A}{c_A^2} = k_A\int_0^t \mathrm{d}t$$

得积分式

$$\frac{1}{c_A} - \frac{1}{c_{A,0}} = k_A t \tag{9.2.10}$$

二级反应 k_A 的单位为 $\text{m}^3 \cdot \text{mol}^{-1} \cdot \text{s}^{-1}$。

由式（9.2.10）可知，二级反应的 $1/c_A$-t 呈直线关系，如图 9.2.3 所示。

根据反应物 A 的转化率 x_A 的定义式（9.2.6），将 $c_A = c_{A,0}(1 - x_A)$ 代入式（9.2.10）可得

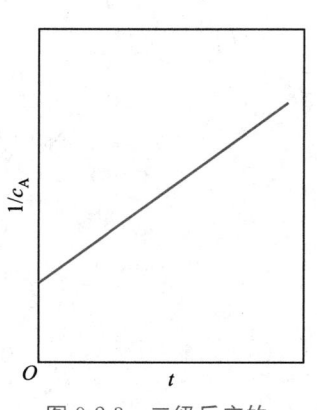

图 9.2.3　二级反应的
直线关系

$$\frac{1}{c_{A,0}} \cdot \frac{x_A}{1 - x_A} = k_A t \tag{9.2.11}$$

这是二级反应速率积分式的另一形式。

将 $c_A = c_{A,0}/2$ 代入式(9.2.10)，或将 $x_A = 1/2$ 代入式(9.2.11)可得

$$t_{1/2} = \frac{1}{k_A c_{A,0}} \tag{9.2.12}$$

即二级反应的半衰期与反应物的初始浓度成反比。

（2）两种反应物的情形

$$a A + b B \longrightarrow 产物$$

速率方程为

$$v = -\frac{1}{a} \frac{dc_A}{dt} = k c_A c_B \tag{9.2.13}$$

① 首先考虑一种特殊情况 $c_{B,0}/c_{A,0} = b/a$，即反应物 A、B 的初始浓度之比等于其化学计量数之比的情况。这意味着在反应的任何时刻 t 都有 $c_B/c_A = b/a$，将之代入式(9.2.13)，可得

$$-\frac{dc_A}{dt} = \frac{b}{a} a k c_A^2 = b k c_A^2 = k_B c_A^2$$

或

$$-\frac{dc_B}{dt} = \frac{a}{b} b k c_B^2 = a k c_B^2 = k_A c_B^2$$

积分结果同式(9.2.10)。但要注意，应用式(9.2.10)求出的是 k_B 而非 k_A，两者之间的关系为 $k_B/k_A = b/a$。

显然，上述做法具有普遍性：对反应计量方程

$$a A + b B + \cdots \longrightarrow 产物$$

如果其速率方程具有形式：

$$-\frac{dc_A}{dt} = k_A c_A^{n_A} c_B^{n_B} \cdots$$

反应开始时总可以控制投料比使得 $c_{A,0}/a = c_{B,0}/b = \cdots$，即各反应组分的初始浓度与其化学计量数之比相等，在这种情况下，上式化简为

$$-\frac{dc_A}{dt} = k_A' c_A^n$$

式中，$n = n_A + n_B + \cdots$ 为反应的级数。该式可方便地进行积分，详见下面对 n 级反应的讨论。

② $c_{B,0}/c_{A,0} \neq b/a$ 的一般情况，设 A 和 B 的初始浓度分别为 $c_{A,0}$ 和 $c_{B,0}$，在任何时刻 A 和 B 的消耗量与它们的化学计量数成正比，即

$$\frac{c_{A,0} - c_A}{c_{B,0} - c_B} = \frac{a}{b}$$

解得 $c_B = a^{-1}bc_A + (c_{B,0} - a^{-1}bc_{A,0})$，将之代入速率方程(9.2.13)，得

$$-\frac{dc_A}{dt} = akc_A[a^{-1}bc_A + (c_{B,0} - a^{-1}bc_{A,0})]$$

即

$$-\frac{dc_A}{c_A[a^{-1}bc_A + (c_{B,0} - a^{-1}bc_{A,0})]} = ak\,dt$$

对上式积分得到[①]

$$\frac{1}{ac_{B,0} - bc_{A,0}}\ln\frac{c_B/c_{B,0}}{c_A/c_{A,0}} = kt \tag{9.2.14a}$$

式(9.2.14a)中如果令 $c_X = c_{A,0} - c_A$，即 c_X 为在时刻 t 反应物 A 消耗的浓度，则 $c_A = c_{A,0} - c_X$。由于反应按计量方程反应，此时反应物 B 消耗掉的浓度为 $(b/a)c_X$，所以 $c_B = c_{B,0} - (b/a)c_X$。将 c_A 和 c_B 代入式(9.2.14a)，并整理得

$$\frac{1}{ac_{B,0} - bc_{A,0}}\ln\frac{c_{A,0}(ac_{B,0} - bc_X)}{ac_{B,0}(c_{A,0} - c_X)} = kt \tag{9.2.14b}$$

》例 9.2.2 400 K 时，在一恒容的抽空容器中，按化学计量比引入反应物 A(g) 和 B(g)，进行如下气相反应：

$$A(g) + 2B(g) \longrightarrow Z(g)$$

测得反应开始时，容器内总压为 3.36 kPa，反应进行 1 000 s 后总压降至 2.12 kPa。已知 A(g)、B(g) 的反应分级数分别为 0.5 和 1.5，求速率常数 $k_{p,A}$、k_A 及半衰期 $t_{1/2}$。

》解： 以反应物 A 的消耗速率表示的速率方程为

$$-dc_A/dt = k_A c_A^{0.5} c_B^{1.5}$$

由于实验测量的是压力，故采用基于分压的速率方程：

$$-dp_A/dt = k_{p,A} p_A^{0.5} p_B^{1.5}$$

根据题给数据，初始时 A、B 的物质的量存在关系 $n_{B,0} = 2n_{A,0}$，故初始分压 $p_{B,0} = 2p_{A,0}$。由于 A、B 的初始压力之比等于其化学计量数之比，因此在反应的任一时刻都有 $p_B = 2p_A$。于是

$$-dp_A/dt = k_{p,A} p_A^{0.5} (2p_A)^{1.5} = 2^{1.5} k_{p,A} p_A^2 = k'_{p,A} p_A^2$$

[①]　由于 $\dfrac{1}{x(qx+s)} = \dfrac{1}{s}\left(\dfrac{1}{x} - \dfrac{q}{qx+s}\right)$，故积分

$$\int\frac{1}{x(qx+s)}dx = \frac{1}{s}\int\left(\frac{1}{x} - \frac{q}{qx+s}\right)dx = \frac{1}{s}\ln\frac{x}{qx+s} \quad (\text{舍去了积分常数})$$

积分式为

$$\frac{1}{p_A} - \frac{1}{p_{A,0}} = k'_{p,A}t$$

以 p_0 代表 $t=0$ 时的总压，p_t 代表时刻 t 时的总压，则不同时刻各组分的分压及总压如下：

$$A(g) \quad + \quad 2B(g) \quad \longrightarrow \quad Z(g)$$

$t=0$	$p_{A,0}$	$2p_{A,0}$	0	$p_1 = 3p_{A,0}$
$t=t$	p_A	$2p_A$	$p_{A,0} - p_A$	$p_t = 2p_A + p_{A,0}$

于是求得

$$p_{A,0} = p_0/3 = 3.36 \text{ kPa}/3 = 1.12 \text{ kPa}$$

$t = 1\,000$ s 时，

$$p_A = \frac{p_t - p_{A,0}}{2} = \frac{2.12 \text{ kPa} - 1.12 \text{ kPa}}{2} = 0.5 \text{ kPa}$$

因此

$$k'_{p,A} = \frac{1}{t}\left(\frac{1}{p_A} - \frac{1}{p_{A,0}}\right) = \frac{1}{1\,000 \text{ s}} \times \left(\frac{1}{0.5 \text{ kPa}} - \frac{1}{1.12 \text{ kPa}}\right)$$

$$= 1.107 \times 10^{-3} \text{ kPa}^{-1} \cdot \text{s}^{-1}$$

$$k_{p,A} = \frac{k'_{p,A}}{2^{1.5}} = \frac{1.107 \times 10^{-3} \text{ kPa}^{-1} \cdot \text{s}^{-1}}{2^{1.5}} = 3.914 \times 10^{-4} \text{ kPa}^{-1} \cdot \text{s}^{-1}$$

根据式(9.1.18)$k_A = k_p(RT)^{n-1}$，故基于浓度表示的速率常数为

$$k_A = k_{p,A}(RT)^{n-1} = 3.914 \times 10^{-4} \text{ kPa}^{-1} \cdot \text{s}^{-1} \times 8.314 \text{ J} \cdot \text{mol}^{-1} \cdot \text{K}^{-1} \times 400 \text{ K}$$

$$= 1.302 \text{ dm}^3 \cdot \text{mol}^{-1} \cdot \text{s}^{-1}$$

根据半衰期的定义：

$$t_{1/2} = \frac{1}{k'_{p,A}p_{A,0}} = \frac{1}{1.107 \times 10^{-3} \text{ kPa}^{-1} \cdot \text{s}^{-1} \times 1.12 \text{ kPa}} = 807 \text{ s}$$

本题亦可由 $c_{A,0} = p_{A,0}/(RT) = 3.368 \times 10^{-4} \text{ mol} \cdot \text{dm}^{-3}$，$c_A = p_A/(RT) = 1.503 \times 10^{-4} \text{ mol} \cdot \text{dm}^{-3}$，代入

$$k'_A = 2^{1.5}k_A = \frac{1}{t}\left(\frac{1}{c_A} - \frac{1}{c_{A,0}}\right) = 3.682 \text{ dm}^3 \cdot \text{mol}^{-1} \cdot \text{s}^{-1}$$

$$k_A = \frac{k'_A}{2^{1.5}} = 1.302 \text{ dm}^3 \cdot \text{mol}^{-1} \cdot \text{s}^{-1}$$

$$k_{p,A} = k_A(RT)^{1-n} = 3.914 \times 10^{-4} \text{ kPa}^{-1} \cdot \text{s}^{-1}$$

$$t_{1/2} = \frac{1}{k'_A c_{A,0}} = 806 \text{ s}$$

4. n 级反应

在 n 级反应的诸多形式中,只考虑最简单的情况:

$$-\frac{dc_A}{dt} = k_A c_A^n \qquad (9.2.15)$$

此式应用于① 只有一种反应物:

$$a A \longrightarrow 产物$$

② 反应物浓度符合化学计量比 $c_A/a = c_B/b = \cdots$ 的多种反应物的如下反应:

$$a A + b B + \cdots \longrightarrow 产物$$

反应级数可以为除 1 外的整数 $0, 2, 3, \cdots$,也可以为分数 $1/2, 3/2, \cdots$。

式(9.2.15)可以直接积分:

$$-\int_{c_{A,0}}^{c_A} \frac{dc_A}{c_A^n} = k_A \int_0^t dt$$

得

$$\frac{1}{n-1}\left(\frac{1}{c_A^{n-1}} - \frac{1}{c_{A,0}^{n-1}}\right) = k_A t \ ① \qquad (9.2.16)$$

k_A 的单位为 $(mol \cdot m^{-3})^{1-n} \cdot s^{-1}$。$1/c_A^{n-1} - t$ 呈直线关系。

将 $c_A = c_{A,0}/2$ 代入式(9.2.16),整理可得半衰期:

$$t_{1/2} = \frac{2^{n-1} - 1}{(n-1)k_A c_{A,0}^{n-1}} \qquad (n \neq 1) \qquad (9.2.17)$$

半衰期与 $c_{A,0}^{n-1}$ 成反比。

5. 小结

将符合通式 $-dc_A/dt = k_A c_A^n$,且 $n = 0, 1, 2, 3, n$ 的速率方程积分式及动力学特征,即 k_A 的单位、直线关系、半衰期与初始浓度的关系,列于表 9.2.1。

表 9.2.1　符合通式 $-dc_A/dt = k_A c_A^n$ 的各级反应的速率方程及其动力学特征

级数	速率方程		动力学特征		
	微分式	积分式	k_A 的单位	直线关系	$t_{1/2}$
0	$-\dfrac{dc_A}{dt} = k_A$	$c_{A,0} - c_A = k_A t$	$mol \cdot m^{-3} \cdot s^{-1}$	$c_A - t$	$\dfrac{c_{A,0}}{2k_A}$
1	$-\dfrac{dc_A}{dt} = k_A c_A$	$\ln \dfrac{c_{A,0}}{c_A} = k_A t$	s^{-1}	$\ln c_A - t$	$\dfrac{\ln 2}{k_A}$

---

① 该积分式不适用于一级反应,一级反应速率方程的积分式为式(9.2.5a)。

续表

级数	速率方程		动力学特征		
	微分式	积分式	k_A 的单位	直线关系	$t_{1/2}$
2	$-\dfrac{dc_A}{dt} = k_A c_A^2$	$\dfrac{1}{c_A} - \dfrac{1}{c_{A,0}} = k_A t$	$(mol \cdot m^{-3})^{-1} \cdot s^{-1}$	$\dfrac{1}{c_A} - t$	$\dfrac{1}{k_A c_{A,0}}$
3	$-\dfrac{dc_A}{dt} = k_A c_A^3$	$\dfrac{1}{2}\left(\dfrac{1}{c_A^2} - \dfrac{1}{c_{A,0}^2}\right) = k_A t$	$(mol \cdot m^{-3})^{-2} \cdot s^{-1}$	$\dfrac{1}{c_A^2} - t$	$\dfrac{3}{2 k_A c_{A,0}^2}$
n	$-\dfrac{dc_A}{dt} = k_A c_A^n$	$\dfrac{1}{n-1}\left(\dfrac{1}{c_A^{n-1}} - \dfrac{1}{c_{A,0}^{n-1}}\right) = k_A t$	$(mol \cdot m^{-3})^{1-n} \cdot s^{-1}$	$\dfrac{1}{c_A^{n-1}} - t$	$\dfrac{2^{n-1}-1}{(n-1) k_A c_{A,0}^{n-1}}$

§9.3　速率方程的确定

在§9.1 中指出,动力学实验通常测定反应组分的浓度(有气体组分时常用其分压)随时间的变化。确定速率方程就是要确定反应速率对组分浓度的依赖关系,而这种依赖关系可以很复杂,如对反应 $H_2 + Br_2 \longrightarrow 2HBr$,其速率方程不仅与反应物浓度有关,还与产物 HBr 的浓度[HBr]有关。本章只讨论速率方程形式为

重点难点

速率方程
的确定

$$v = -\frac{1}{a}\frac{dc_A}{dt} = k c_A^{n_A} c_B^{n_B} \cdots \tag{9.1.15}$$

的情况。首先研究式(9.1.15)的最简单形式 $v = k c_A^n$,对于一般的情况,实验上采取初始速率法及隔离法将其化为上述形式加以研究。

1. 尝试法

尝试法(或试差法)利用各级反应速率方程积分形式的线性关系来确定反应的级数。该方法对实验所得到的数据$(t_i, c_{A,i})$分别作 $\ln c_A - t$ $(n=1)$图,及$1/c_A^{n-1} - t$ $(n \neq 1)$图,呈现出线性关系的图对应于正确的速率方程。速率常数通过回归直线的斜率得到。由于二级反应最为常见,通常首先尝试 $1/c_A - t$ 图。

» **例 9.3.1** 气体 1,3-丁二烯在较高温度下能进行二聚反应:

$$2C_4H_6(g) \longrightarrow C_8H_{12}(g)$$

将 1,3-丁二烯放在 326 ℃的容器中,不同时间测得系统的总压 p 如下:

t/min	8.02	12.18	17.30	24.55	33.00	42.50	55.08	68.05	90.05	119.00
p/kPa	79.90	77.88	75.63	72.89	70.36	67.90	65.35	63.27	60.43	57.69

实验开始时($t = 0$), 1,3-丁二烯在容器中的压力是 84.25 kPa。试求反应级数及速率常数。

» 解：由于给定的数据为系统的总压，需要求取 1,3-丁二烯的分压：

$$2C_4H_6(g) \longrightarrow C_8H_{12}(g)$$

$$t = 0 \qquad p_{A,0} \qquad\qquad 0 \qquad\qquad p_0 = p_{A,0}$$

$$t = t \qquad p_A \qquad \frac{1}{2}(p_{A,0} - p_A) \qquad p = \frac{1}{2}(p_{A,0} + p_A)$$

故得 $p_A = 2p - p_{A,0}$。时间 t 及 1,3-丁二烯的分压 p_A 列于表 9.3.1。

表 9.3.1　不同时间 1,3-丁二烯的分压

t/min	0	8.02	12.18	17.30	24.55	33.00	42.50	55.08	68.05	90.05	119.00
p_A/kPa	84.25	75.55	71.51	67.01	61.53	56.47	51.55	46.45	42.29	36.61	31.13

按 0, 0.5, 1, 2 级反应的线性关系作图（见图 9.3.1）。

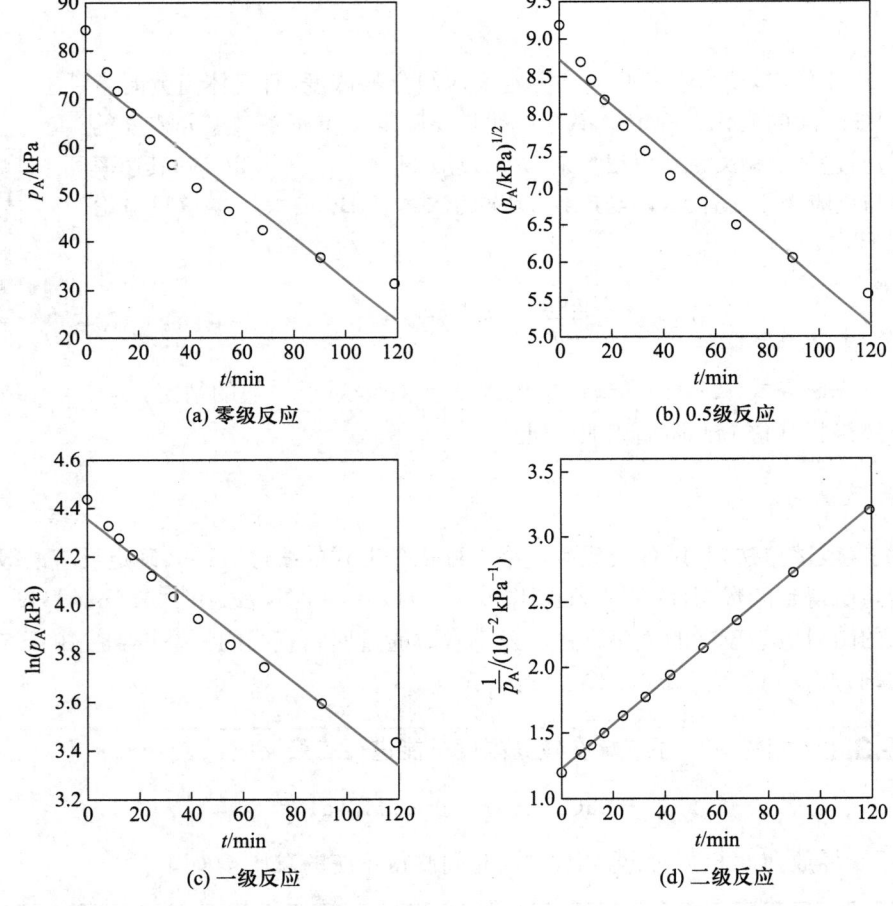

(a) 零级反应　　(b) 0.5级反应　　(c) 一级反应　　(d) 二级反应

图 9.3.1　1,3-丁二烯的 p_A、$p_A^{1/2}$、$\ln p_A$ 及 $1/p_A$ 与时间 t 的关系

易于看出，$1/p_A$ 与时间 t 呈很好的直线关系，因此该反应为二级反应。速率方程为

$$\frac{1}{p_A} - \frac{1}{p_{A,0}} = k_{p,A} t$$

将 $(t, 1/p_A)$ 作线性回归, 得到回归直线的斜率为 1.704×10^{-4} kPa$^{-1}\cdot$min^{-1}, 此即为 1,3-丁二烯二聚反应的速率常数: $k_{p,A} = 1.704 \times 10^{-4}$ kPa$^{-1}\cdot$min^{-1}。

分析上面的例子可知, 当实验进行的时间较短, 即 1,3-丁二烯的转化率较小时, 各级反应均呈现直线关系, 从而不能对各级反应加以区分。事实上, 要成功应用尝试法确定反应的速率方程, 反应至少要进行 60%。

2. 半衰期法

$n(n \neq 1)$ 级反应的半衰期为

$$t_{1/2} = \frac{2^{n-1} - 1}{(n-1)k_A c_{A,0}^{n-1}} \qquad (n \neq 1) \tag{9.2.17}$$

将上式取对数, 则

$$\ln t_{1/2} = \ln \frac{2^{n-1} - 1}{(n-1)k_A} + (1-n)\ln c_{A,0} \tag{9.3.1}$$

即反应半衰期的对数与反应的初始浓度的对数呈直线关系, 直线的斜率为 $(1-n)$。

设反应在两不同初始浓度 (其他条件相同) $c'_{A,0}$ 和 $c''_{A,0}$ 时所对应的半衰期分别为 $t'_{1/2}$ 和 $t''_{1/2}$, 则由式 (9.3.1) 容易得到反应的级数 n:

$$n = 1 - \frac{\ln(t''_{1/2}/t'_{1/2})}{\ln(c''_{A,0}/c'_{A,0})} \tag{9.3.2}$$

一般地, 需要得到同一反应在相同条件下一系列不同初始浓度所对应的半衰期, 用 $\ln t_{1/2}$ 对 $\ln c_{A,0}$ 作图, 并对数据进行线性最小二乘拟合; 通过拟合直线的斜率来确定反应的级数。

实际上, 要得到 $(c_{A,0}, t_{1/2})$ 数据并不需要通过改变初始浓度重复进行多次实验, 只需要进行一次动力学实验, 在所得的 c_A-t 图上即可方便地得到一系列的 $(c_{A,0}, t_{1/2})$ 数据。仍以 1,3-丁二烯二聚反应为例说明。

》例 9.3.2 利用表 9.3.1 所列气相 1,3-丁二烯二聚反应的实验数据, 应用半衰期法确定反应级数。

》解: 同例 9.3.1, 首先求出不同反应时间 1,3-丁二烯分压, 并作 p_A-t 图 (见图 9.3.2)。将数据点用 B-样条函数连接 (绘图软件如 Origin、Sigma Plot 等均提供此功能)。

在曲线上任取一点 $(t_1, p_{A,1})$, 找到压力为 $p_{A,1}/2$ 的另一点 $(t_2, p_{A,1}/2)$, 把 $p_{A,1}$ 看成初始压力, 则 $(t_2 - t_1)$ 即为初始压力为 $p_{A,1}$ 时的半衰期。如图中的 a 点, 当压力降为其一半时对应图中的 a' 点, 半衰期为 $(68.59 - 0)$min = 68.59 min; b 点处 $p_A = 70$ kPa, 这是反应进行 13.81 min 时 A 组分的分压。当 p_A 降至 70 kPa/2 = 35 kPa, 反应进行了 98.48 min (对应于图中的 b' 点), p_A 从 70 kPa 降至 35 kPa 用时 $(98.48 - 13.81)$min = 84.67 min。显然, 此即为初始压力 $p_{A,0} = 70$ kPa 时反应的半衰期。应用半衰期法应注意: ① 图上所取的压力

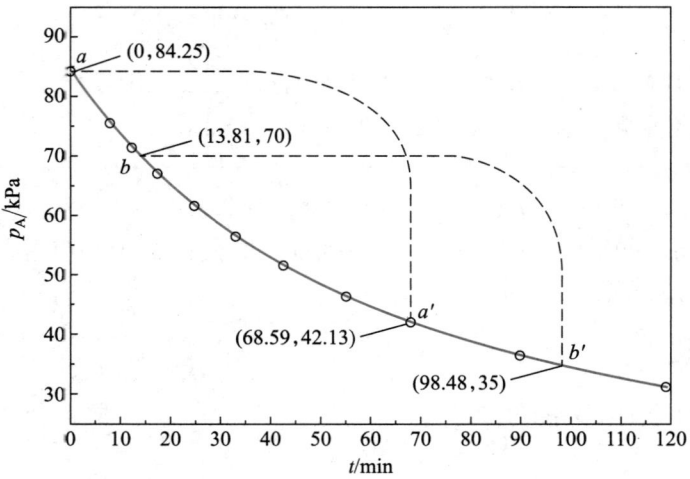

图 9.3.2 气相 1,3-丁二烯二聚反应的 p_A-t 图求半衰期

$p_{A,1} \geqslant 2p_{min}$，$p_{min}$ 为实验数据中压力的最小值；② 所取的点要尽量使 $(p_{A,0}, t_{1/2})$ 数据分布均匀。

　　题中初始压力及其所对应的半衰期列表如下：

$p_{A,0}$/kPa	84.25	80.00	76.00	72.00	68.00	65.00	62.00
$t_{1/2}$/min	68.59	72.59	77.00	81.99	87.40	91.43	95.17

绘制 $\ln t_{1/2}$-$\ln p_{A,0}$ 图（见图 9.3.3）。

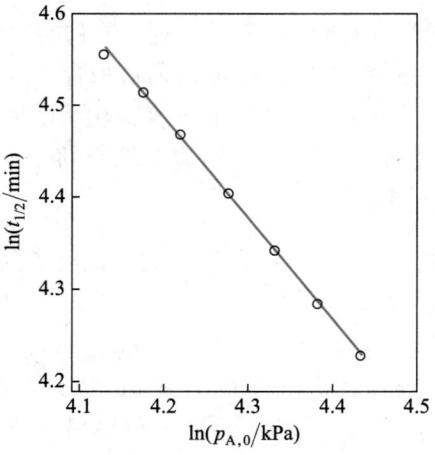

图 9.3.3 气相 1,3-丁二烯二聚反应的 $\ln t_{1/2}$-$\ln p_{A,0}$ 图

　　应用公式(9.3.1)对数据$[\ln(p_{A,0}/\text{kPa}), \ln(t_{1/2}/\text{min})]$进行线性回归，回归直线的斜率为 -1.09，故气相 1,3-丁二烯二聚反应的级数 $n = 1 + 1.09 \approx 2$。

3. 初始速率法

上面讨论了确定反应级数的尝试法和半衰期法，它们都是基于反应速率方程的积分形式进行的。当产物对反应速率有干扰时，上述方法则不适用。为了排除产物对反应速率的影响，可以测定不同初始浓度下的初始反应速率 v_0（$t = 0$ 时的反应速率，由 c_A-t 曲线在 $t = 0$ 处的斜率确定，如图 9.3.4 所示），再利用反应速率的微分形式来确定反应的级数。由于采用了初始速率，此时反应生成的产物的量可以忽略不计，从而排除了产物的生成对反应速率的影响。此外，通过进行一系列实验，每次实验只改变一个组分，如 A 的初始浓度，而保持除 A 以外的其余组分的初始浓度不变，来考察反应的初始速率随 A 组分初始浓度的变化，从而得到 A 组分的反应分级数。对其余各组分应用同样的处理，即可确定反应所有的分级数。

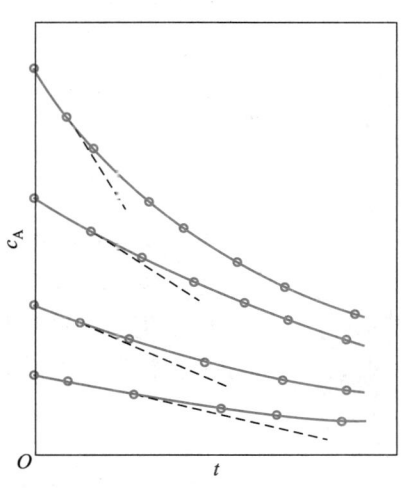

图 9.3.4　由 c_A-t 图求初始反应速率

下面以确定反应组分 A 的分级数为例来说明应用初始速率法的过程。

设反应的速率方程为

$$v = k c_A^{n_A} c_B^{n_B} c_C^{n_C} \cdots$$

则初始速率为 $v_0 = k c_{A,0}^{n_A} c_{B,0}^{n_B} c_{C,0}^{n_C} \cdots$。对其求对数，得

$$\ln v_0 = \ln k + n_A \ln c_{A,0} + n_B \ln c_{B,0} + n_C \ln c_{C,0} + \cdots$$

改变 A 的初始浓度，而保持其余组分的初始浓度不变重复进行多次实验，可得到一系列的不同 A 初始浓度下的 v_0 数据 $(c_{A,0}, v_0)$。由于每次实验 B，C，$\cdots$ 的初始浓度相同，故 $\ln v_0$ 对 $\ln c_{A,0}$ 呈直线关系：

$$\ln v_0 = n_A \ln c_{A,0} + K \tag{9.3.3}$$

式中，K 为常数。对数据 $(\ln c_{A,0}, \ln v_0)$ 作图为直线，其斜率即为 n_A。

在只有两个数据点 $(c_{A,1}, v_1)$ 和 $(c_{A,2}, v_2)$ 的情况下，应用式（9.3.3）即得

$$\frac{v_2}{v_1} = \left(\frac{c_{A,2}}{c_{A,1}} \right)^{n_A} \quad 即 \quad n_A = \frac{\ln(v_2/v_1)}{\ln(c_{A,2}/c_{A,1})} \tag{9.3.4}$$

其他组分的分级数通过与求 n_A 的相同步骤获得。

4. 隔离法

同样针对速率方程（9.1.15）。在该法中除要确定反应分级数的组分（如 A）外，使其他组分的浓度大量过量，即 $c_{B,0} \gg c_{A,0}$，$c_{C,0} \gg c_{A,0}$ 等，因此在反应过程中可以认为这些组分的浓度为常数，从而得到假 n 级反应：

$$v_A = (k_A c_{B,0}^{n_B} c_{C,0}^{n_C} \cdots) c_A^{n_A} = k' c_A^{n_A} \tag{9.3.5}$$

其反应级数可通过尝试法或半衰期法得到。利用同样的步骤即可确定所有组分的分级数。

§9.4　温度对反应速率的影响，活化能

重点难点

[二维码]

T 对速率的影响

　　大多数化学反应，其反应速率随温度的升高而增加。通常认为温度对浓度的影响可忽略，因此反应速率随温度的变化体现在反应速率常数随温度的变化上。实验表明，对于均相热化学反应，反应温度每升高 10 K，其反应速率常数变为原来的 2～4 倍，即

$$k(T + 10\text{K}) / k(T) \approx 2 \sim 4 \tag{9.4.1}$$

　　式(9.4.1)称为**范托夫规则**。式中，$k(T)$ 为温度 T 时的反应速率常数；$k(T + 10\ \text{K})$ 为同一化学反应在温度$(T + 10\ \text{K})$时的速率常数。此比值也称为反应速率的温度系数。范托夫规则虽然并不准确，但当缺少数据时，用它作粗略估算，仍然是有益的。

1. 阿伦尼乌斯方程

　　定量表示反应速率常数 k 与温度 T 的关系式有著名的**阿伦尼乌斯**（Arrhenius S A）**方程**（阿伦尼乌斯于 1889 年提出），其微分表达式为

$$\frac{\mathrm{d}\ln k}{\mathrm{d}T} = \frac{E_a}{RT^2} \tag{9.4.2a}$$

该方程是经验方程，由实验数据确定。式中 E_a 为**阿伦尼乌斯活化能**，通常称为**活化能**，单位为 $\text{J} \cdot \text{mol}^{-1}$，其定义式为

$$E_a \stackrel{\text{def}}{=\!=} RT^2 \frac{\mathrm{d}\ln k}{\mathrm{d}T} \tag{9.4.2b}$$

　　需要注意的是，式中的 k 是以浓度为基础的反应的速率常数（详见 §9.8 气体反应的碰撞理论），对于 n 级理想气体化学反应，以分压为基础的速率常数 k_p 与 k 的关系为 $k = k_p (RT)^{n-1}$［式(9.1.18)］。

　　阿伦尼乌斯方程表明 $\ln k$ 随 T 的变化率与活化能 E_a 成正比。也就是说，活化能越高，则随温度的升高反应速率增加得越快，即活化能越高，则反应速率对温度越敏感。若同时存在几个反应，则高温对活化能高的反应有利，低温对活化能低的反应有利，生产上往往利用此结果来选择适宜温度以加速主反应，抑制副反应。

　　若温度变化范围不大，E_a 可视作常数，将式(9.4.2a)积分，则得阿伦尼乌斯方程的定积分式：

$$\ln \frac{k_2}{k_1} = -\frac{E_a}{R} \left(\frac{1}{T_2} - \frac{1}{T_1} \right) \tag{9.4.3}$$

式中,k_1 和 k_2 分别为温度 T_1 和 T_2 时的反应速率常数。利用此式可由已知数据求算所需的 E_a、T 或 k。

阿伦尼乌斯方程的不定积分形式为

$$\ln k = -\frac{E_a}{RT} + \ln A \qquad (9.4.4a)$$

或

$$k = A\mathrm{e}^{-E_a/(RT)} \qquad (9.4.4b)$$

例题解析

活化能计算

式中,A 称为**指数前因子**或**指前因子**,又称为**表观频率因子**,其单位与 k 相同。物理意义将在后面讨论。

式(9.4.4a)表明 $\ln k$ 和 $1/T$ 为直线关系,对一系列 $(1/T, \ln k)$ 实验数据作图,通过直线的斜率和截距即可求得活化能 E_a 及指前因子 A。

虽然有各种其他表示反应速率常数对温度的关系式,但是阿伦尼乌斯方程是表示 k-T 关系的最常用方程,式(9.4.2)~式(9.4.4)是阿伦尼乌斯方程的几种不同形式。阿伦尼乌斯方程适用于基元反应和大多数非基元反应,甚至某些非均相反应;也可用于描述一般的速率过程如扩散过程等。

更精密的实验表明,若温度范围变化过大,$\ln k$-$1/T$ 图出现弯曲,说明 A 与温度有关,此时下列方程能更好地符合实验数据:

$$k = AT^B \mathrm{e}^{-E/(RT)} \qquad (9.4.5)$$

式中,A、B、E 均为常数,B 通常在 $0\sim4$ 之间,E 为活化能。

以上讨论的是温度对反应速率影响的一般情况,但有时会遇到更为复杂的特殊情况,如图 9.4.1 所示:

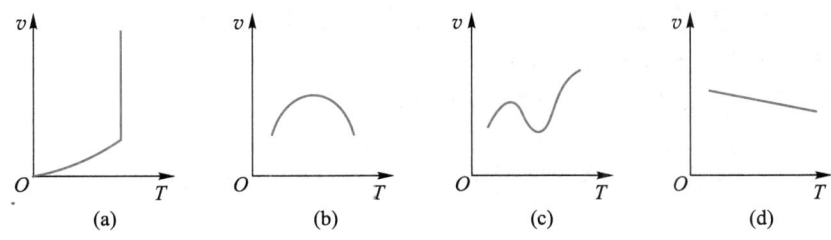

图 9.4.1 温度对反应速率影响的几种特例

图 9.4.1(a) 所示为爆炸反应,温度达到燃点时,反应速率突然增大。

图 9.4.1(b) 所示为酶催化反应,温度太高或太低都不利于生物酶的活性;某些受吸附速率控制的多相催化反应,也有类似情况。

图 9.4.1(c) 所示的反应,如碳的氧化,可能由于温度升高时,副反应产生较大影响,而复杂化。

图 9.4.1(d) 所示为温度升高反应速率反而下降的反应,如 $2\mathrm{NO} + \mathrm{O}_2 \longrightarrow 2\mathrm{NO}_2$ 就属于这种情况。

》例 9.4.1 一般化学反应的活化能在 $40\sim400$ kJ·mol^{-1}，多数在 $50\sim250$ kJ·mol^{-1}。

(1) 若活化能为 100 kJ·mol^{-1}，试计算温度由 300 K 上升 10 K，由 400 K 上升 10 K 时，反应速率常数 k 各增至原来的多少倍。假设指前因子 A 相同；

(2) 若活化能为 150 kJ·mol^{-1}，作同样的计算；

(3) 将计算结果加以对比，并说明原因。

》解：以 $k(T_1)$ 和 $k(T_2)$ 分别代表温度 T_1 和 T_2 时的反应速率常数，由阿伦尼乌斯方程 $k = A\mathrm{e}^{-E_\mathrm{a}/(RT)}$，可得

$$\frac{k(T_2)}{k(T_1)} = \mathrm{e}^{-E_\mathrm{a}(T_1-T_2)/(RT_1T_2)}$$

(1) 对 $E_\mathrm{a} = 100$ kJ·mol^{-1}，将 $T_1 = 300$ K、$T_2 = 310$ K 代入，得

$$k(310\,\mathrm{K})/k(300\,\mathrm{K}) = \mathrm{e}^{-100\times10^3(300-310)/(8.314\times300\times310)} = 3.64$$

将 $T_1 = 400$ K、$T_2 = 410$ K 代入，得

$$k(410\,\mathrm{K})/k(400\,\mathrm{K}) = \mathrm{e}^{-100\times10^3(400-410)/(8.314\times400\times410)} = 2.08$$

(2) 对 $E_\mathrm{a} = 150$ kJ·mol^{-1}，同样求得

$$k(310\,\mathrm{K})/k(300\,\mathrm{K}) = \mathrm{e}^{-150\times10^3(300-310)/(8.314\times300\times310)} = 6.96$$

$$k(410\,\mathrm{K})/k(400\,\mathrm{K}) = \mathrm{e}^{-150\times10^3(400-410)/(8.314\times400\times410)} = 3.00$$

(3) 由上述计算结果可见，虽然活化能相同，但同是上升 10 K，原始温度高的，反应速率常数增加得少，这是因为按式(9.4.2)$\ln k$ 随 T 的变化率与 T^2 成反比。

另外，与活化能低的反应相比，活化能高的反应，在同样的原始温度下，升高同样温度，k 增加得更多。这是因为活化能高的反应对温度更敏感一些。

由本例还可以看出，范托夫规则是相当粗略的。

》例 9.4.2 若反应 1 与反应 2 的活化能 $E_{\mathrm{a},1}$、$E_{\mathrm{a},2}$ 不同，指前因子 A_1、A_2 相同，在 $T = 300$ K 下：

(1) 若 $E_{\mathrm{a},1} - E_{\mathrm{a},2} = 5$ kJ·mol^{-1}，求两反应速率常数之比 k_2/k_1；

(2) 若 $E_{\mathrm{a},1} - E_{\mathrm{a},2} = 10$ kJ·mol^{-1}，求两反应速率常数之比 k_2/k_1。

》解：由阿伦尼乌斯方程有　$k_1 = A_1\mathrm{e}^{-E_{\mathrm{a},1}/(RT)}$，$k_2 = A_2\mathrm{e}^{-E_{\mathrm{a},2}/(RT)}$，由于 $A_1 = A_2$，则

故　　　　　　　　　　　　$$k_2/k_1 = \mathrm{e}^{(E_{\mathrm{a},1}-E_{\mathrm{a},2})/(RT)}$$

(1) 将 $E_{\mathrm{a},1} - E_{\mathrm{a},2} = 5$ kJ·mol^{-1} 代入，得

$$k_2/k_1 = \mathrm{e}^{5\times10^3/(8.314\times300)} = 7.42$$

(2) 将 $E_{\mathrm{a},1} - E_{\mathrm{a},2} = 10$ kJ·mol^{-1} 代入，得

$$k_2/k_1 = \mathrm{e}^{10\times10^3/(8.314\times300)} = 55.11$$

对于指前因子相同的反应，计算结果表明，在同样温度下活化能小的反应速率常数大。

2. 活化能

阿伦尼乌斯方程(9.4.4b)中包含一指数因子 $e^{-E_a/(RT)}$，它与麦克斯韦(Maxwell J C)分布定律中的指数因子相似，暗示活化能 E_a 具有某种能垒的含义。这里以反应 $2HI \longrightarrow H_2 + 2I\cdot$ 为例讨论基元反应的活化能的意义。非基元反应的活化能、催化反应的活化能与基元反应活化能的关系将在 §9.6 中介绍。

两个 HI 分子要发生反应，它们之间首先要发生碰撞。如图 9.4.2 所示的碰撞中，两个 HI 分子内的两个 H 互相接近，从而形成新的 H—H 键，同时原来的 H—I 键断开，变成产物 $H_2 + 2I\cdot$。但是，由于 H—I 键造成两个 HI 分子中 H 与 H之间的斥力，使它们难以接近到足够的程度以形

图 9.4.2　两个 HI 分子的趋近

成新的 H—H 键；又由于 H—I 键的引力，使这个键难以断开。因此，并不是任何 HI 分子发生如图 9.4.2 所示的相互碰撞均能发生反应，而是只有那些具有足够能量的 HI 分子的碰撞才能克服新键形成前的斥力和旧键断开前的引力，而反应生成产物。

通过碰撞能够发生反应的分子称为活化分子，显然它们是那些能量超过某一临界值的分子，其数量只占全部分子的很小的一部分。普通分子只有吸收到足够的能量变成活化分子后才能发生反应。这个活化过程通常是通过分子间的碰撞，即热活化来实现的，也可以通过光活化、电活化等来完成。

无论是普通分子还是活化分子，每个分子的能量不都是完全相同的。统计热力学研究表明，活化能为 1 mol 活化分子的平均能量与 1 mol 所有反应物分子平均能量之差，不能将其简单地看作能垒。

在一定温度下，活化能越大，活化分子所占的比例就越小，因而反应速率常数就越小。对于一定的反应，温度越高，活化分子所占的比例就越大，则反应速率常数就越大。

大多数基元反应的活化能处于 $0 \sim 330$ kJ·mol^{-1} 范围，且双分子反应的活化能趋向低于单分子反应活化能；个别自由原子、自由基参与的基元反应，活化能为零。

上面分析了基元反应 $2HI \longrightarrow H_2 + 2I\cdot$ 的进行需要活化能。此反应逆向进行，即 $H_2 + 2I\cdot \longrightarrow 2HI$，也同样需要活化能。这是因为要使 H—H 键断开并生成 H—I 键，反应物分子必须具有足够的能量。

正、逆向反应的活化分子均要通过同样的活化状态 I---H---H---I 才能实现反应。此状态两边的键断开即得到正向反应的产物 $H_2 + 2I\cdot$，中间的键断开即得到逆向反应的产物 2HI。因此，无论是正向反应还是逆向反应，活化状态下每摩尔活化分子的能量既高于相应每摩尔反应物分子的能量，也高于相应每摩尔产物分子的能量，如图 9.4.3 所示。图中 $E_{a,1}$、$E_{a,-1}$ 分别代表正向反应和逆向反应的活化能。

因此，无论是正向反应还是逆向反应，反应物分子均要翻越一定高度的"能峰"才能变成产物分子。这一能峰即为反应的临界能。能峰越高，反应的阻力就越大，反应就越难以进

行。图 9.4.3 中用箭头示意了反应 $2HI \longrightarrow H_2 + 2I\cdot$ 进行时系统能量的变化图，反应 $H_2 + 2I\cdot \longrightarrow 2HI$ 进行时能量的变化为上述箭头表示方向的逆方向。

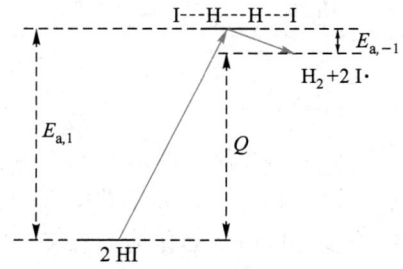

图 9.4.3　正、逆反应的活化能与反应热
$E_{a,1} = 180 \text{ kJ} \cdot \text{mol}^{-1}$，$E_{a,-1} = 21 \text{ kJ} \cdot \text{mol}^{-1}$，
$Q = 159 \text{ kJ} \cdot \text{mol}^{-1}$

每摩尔普通能量的反应物分子要吸收 $E_{a,1}$ 的活化能变成活化分子，再反应生成普通能量的产物分子，并放出能量 $E_{a,-1}$，净的结果，从反应物到产物，反应净吸收了 $E_{a,1} - E_{a,-1}$ 的能量。下面将证明这一差值等于反应的摩尔恒容热 Q_V。

3. 活化能与反应热的关系

注意式(9.4.2a)与化学反应平衡常数随温度变化的范托夫方程 $d(\ln K_c/dT) = \Delta_r U_m^\ominus /(RT^2)$ 之间的类似性。事实上，阿伦尼乌斯方程正是通过与范托夫方程对比而得到的。

对于一个正向、逆句都能进行的反应[①]，例如：

$$A + B \underset{k_{-1}}{\overset{k_1}{\rightleftharpoons}} Y + Z$$

其正、逆向反应速率常数分别为 k_1 和 k_{-1}，正、逆向反应的活化能分别为 $E_{a,1}$ 和 $E_{a,-1}$。当正向反应与逆向反应两者的速率相等时，反应物与产物处于平衡状态。即反应达平衡时有

$$k_1 c_A c_B = k_{-1} c_Y c_Z$$

得平衡常数：

$$K_c = c_Y c_Z/(c_A c_B) = k_1/k_{-1} \tag{9.4.6}$$

根据阿伦尼乌斯方程：

$$\frac{\mathrm{d}\ln k_1}{\mathrm{d}T} = \frac{E_{a,1}}{RT^2}, \quad \frac{\mathrm{d}\ln k_{-1}}{\mathrm{d}T} = \frac{E_{a,-1}}{RT^2}$$

得

$$\frac{\mathrm{d}\ln(k_1/k_{-1})}{\mathrm{d}T} = \frac{E_{a,1} - E_{a,-1}}{RT^2}$$

将此式与化学反应的范托夫方程式

$$\frac{\mathrm{d}\ln K_c}{\mathrm{d}T} = \frac{\Delta_r U_m^\ominus}{RT^2}$$

对比，得出

$$E_{a,1} - E_{a,-1} = \Delta_r U_m^\ominus \tag{9.4.7}$$

[①]　适用于基元反应。对非基元反应，只要正向反应和逆向反应各组分的分级数等于其化学计量数的绝对值，则也可以使用，但此时的活化能为表观活化能。

$\Delta_r U_m^{\ominus}$ 为从 A＋B 变成 Y＋Z 时的标准摩尔热力学能变,反应恒容时 $Q_{V,m} = \Delta_r U_m^{\ominus}$。因此,化学反应的摩尔恒容反应热在数值上等于正向反应与逆向反应的活化能之差。

§9.5　典型复合反应

重点难点

典型复合
反应

所谓复合反应是两个或两个以上基元反应的组合。前面速率方程部分讨论的具有简单级数的反应,适用于最简单的复合反应或基元反应。例如,非基元反应 $H_2 + I_2 \longrightarrow 2HI$ 就是反应级数为 2 的简单复合反应。这类简单复合反应在表观上是单向的,无副反应、无中间产物,或虽有中间产物但浓度甚微,因而在反应过程中符合总的计量式,属非依时计量学反应。

基元反应或具有简单级数的复合反应,还可以进一步组合成更为复杂的反应。典型的组合方式有三类:对行反应、平行反应和连串反应。一般的复合反应不外乎这三种典型反应之一,或者是它们的组合。这些复杂的复合反应,往往不符合总的计量式,而属于依时计量学反应。下面分别进行讨论。

1. 对行反应

正向和逆向同时进行的反应,称为**对行反应**,或称**对峙反应**。原则上,一切反应都是对行的,但是当偏离平衡状态很远时,逆向反应往往可以忽略不计。

§9.2 讨论的反应均是单向反应,反应结束时反应物的浓度为零。但对于对行反应来说,由于逆向反应的存在,使得反应结束时,反应物只能降低到某一平衡浓度,产物也只能增加到某一平衡浓度,这时产物浓度与反应物浓度之间处于化学平衡状态。下面以最简单的一级对行反应为例,推导其速率方程。

$$A \xrightleftharpoons[k_{-1}]{k_1} B$$

	A		B
$t = 0$	$c_{A,0}$		0
$t = t$	c_A		$c_{A,0} - c_A$
$t = \infty$	$c_{A,e}$		$c_{A,0} - c_{A,e}$

式中,$c_{A,0}$ 为 A 的初始浓度;$c_{A,e}$ 为 A 的平衡浓度。B 的初始浓度为 $c_{B,0} = 0$。

A 的净消耗速率为同时进行的正、逆向反应速率的代数和,即

$$-\frac{dc_A}{dt} = k_1 c_A - k_{-1}(c_{A,0} - c_A) \tag{9.5.1}$$

$t = \infty$ 反应达到平衡,此时正、逆向反应的速率相等,A 的净消耗速率等于零:

$$-\frac{dc_A}{dt}\bigg|_{t=\infty} = k_1 c_{A,e} - k_{-1}(c_{A,0} - c_{A,e}) = 0 \tag{9.5.2}$$

式(9.5.1)减去式(9.5.2)得

$$-\frac{dc_A}{dt} = (k_1 + k_{-1})(c_A - c_{A,e})$$

由于 $c_{A,0}$ 一定时，$c_{A,e}$ 为常量，令 $\Delta c_A = c_A - c_{A,e}$，称为反应物 A 的**距平衡浓度差**，则有

$$-\frac{d\Delta c_A}{dt} = (k_1 + k_{-1})\Delta c_A \tag{9.5.3}$$

可见，对于对行一级反应，反应物 A 的距平衡浓度差 Δc_A 对时间的变化率符合一级反应的规律，反应速率常数为 $(k_1 + k_{-1})$。即反应趋向平衡的速率，不仅随正向反应速率常数 k_1 的增大而增大，而且也随逆向反应速率常数 k_{-1} 的增大而增大。

此外，由式(9.5.2)得

$$\frac{c_{B,e}}{c_{A,e}} = \frac{c_{A,0} - c_{A,e}}{c_{A,e}} = \frac{k_1}{k_{-1}} = K_c \tag{9.5.4}$$

当 K_c 很大，即 $k_1 \gg k_{-1}$ 时，平衡远远偏向于产物一边，从而 $c_{A,e} \approx 0$。这种情况下式(9.5.3)化为

$$-\frac{dc_A}{dt} = k_1 c_A$$

即当 K_c 很大，偏离平衡很远时，逆向反应可以忽略。此时一级对行反应表现为一级单向反应。

若 K_c 较小，即平衡转化率较小，则产物将显著影响总反应速率。此即为测定对行反应正向反应级数要用初始浓度法的原因。

对方程(9.5.3)直接积分，得

$$\ln\frac{c_{A,0} - c_{A,e}}{c_A - c_{A,e}} = (k_1 + k_{-1})t \tag{9.5.5}$$

可见 $\ln(c_A - c_{A,e})$-t 图为一直线。由直线斜率可求出 $(k_1 + k_{-1})$，再由实验测得的 K_c 求出 k_1/k_{-1}，二者联立即可得出 k_1 和 k_{-1}。此外，对于一级对行反应，$c_A(t)$ 函数过点 $(0, c_{A,0})$ 的切线(其斜率的负值为反应的初始速率)与时间轴的交点等于 $1/k_1$，它与 A 的初始浓度无关，该性质为确定 k_1 提供了一个很方便的方法。有兴趣的读者可自行证明。

一级对行反应的 $c(t)$-t 关系如图 9.5.1 所示。对行反应的特点是经过足够长的时间，反应物和产物都要分别趋近它们的平衡浓度。

与前述单向一级反应的半衰期相类似，当对行一级反应完成了距平衡浓度差的一半：

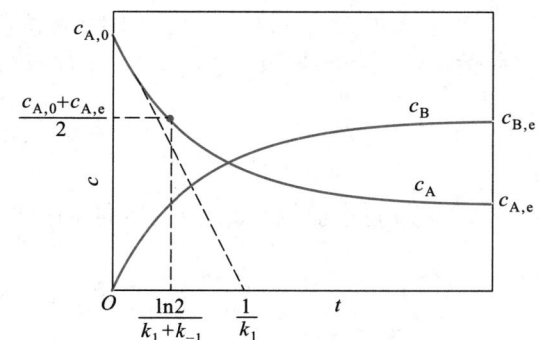

图 9.5.1 一级对行反应的 $c(t)$-$t(k_1 = 2k_{-1})$

$$c_A - c_{A,e} = \frac{1}{2}(c_{A,0} - c_{A,e})$$

即

$$c_A = \frac{1}{2}(c_{A,0} - c_{A,e}) + c_{A,e} = \frac{1}{2}(c_{A,0} + c_{A,e})$$

所需要的时间为 $\dfrac{\ln 2}{k_1 + k_{-1}}$，与初始浓度 $c_{A,0}$ 无关。

一些分子内重排或异构化反应,符合一级对行反应规律。而乙酸和乙醇的反应:

$$CH_3COOH + C_2H_5OH \underset{k_{-1}}{\overset{k_1}{\rightleftharpoons}} CH_3COOC_2H_5 + H_2O$$

则是一个典型的二级对行反应。

为了克服对行反应中逆向反应的存在对产率及反应速率的不利影响,生产上常常采取种种措施。

例如,苯酐(即邻苯二甲酸酐)与异辛醇作用生成邻苯二甲酸二异辛酯和水的反应:

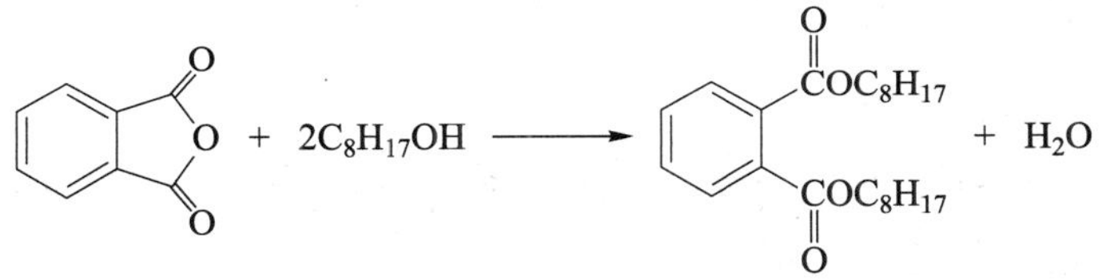

其反应步骤为

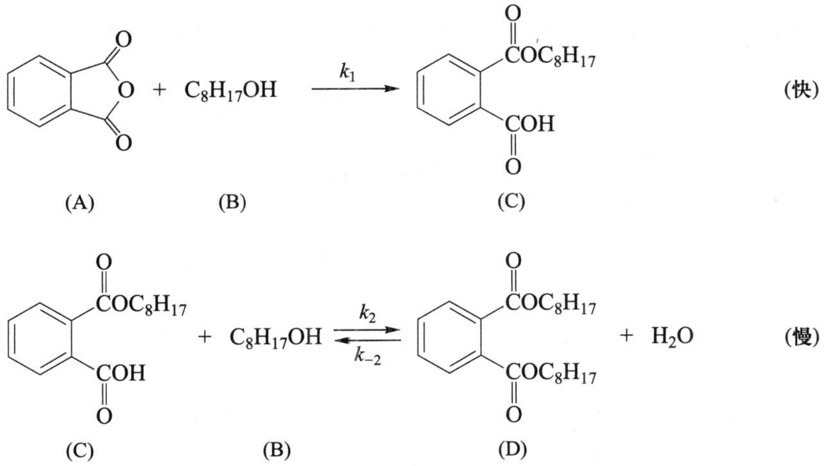

反应速率受慢步骤的控制。这是一个二级对行反应,其速率方程为

$$v = k_2[C][B] - k_{-2}[D][H_2O]$$

增加原料 A 和 B 的浓度,或降低产物[D]和 H_2O 的浓度都能提高反应速率,但前者会增大原料的循环量及消耗,增加设备负荷,而采用除去 H_2O 的办法比较经济。实际生产上是采用若干段连续反应器,每段都及时将产生的 H_2O 蒸出去,以加快反应速率,提高生产效率。

又如,放热对行反应的最佳反应温度的问题。将一级对行反应 $k_{-1} = k_1/K_c$ 代入速率方程式(9.5.1),得

$$v = -\frac{\mathrm{d}c_A}{\mathrm{d}t} = k_1 \left(c_A - \frac{1}{K_c} c_B \right)$$

可以看出,对于一定的 c_A 和 c_B,即对一定的转化率 $x = c_B/(c_A + c_B)$,反应速率同时与 k_1 和 K_c 有关。若对行反应是放热的,则升高温度,K_c 减小。所以低温下 K_c 增大,亦即 $1/K_c$ 减小,这时 k 为影响反应速率的主导因素,因此升高温度,则反应速率增大;但随着温度的升高,$1/K_c$ 逐渐上升为主导因素,所以温度升高到一定程度,再升温则反应速率反而降低。升温过程中反应速率会出现极大值,这时的温度,工业上称为**最佳反应温度**。放热的其他级数的对行反应也存在着最佳反应温度。

以 SO_2 氧化反应为例,随着反应的进行,转化率 x 在不断增加,最佳反应温度则逐渐降低。在设计工业反应器时,要尽量创造条件使反应在最佳温度下进行,即随转化率 x 增加,要使温度逐渐降低。化工生产中,放热对行反应的例子很多,如合成氨反应、水煤气转换反应等,它们都有一个最佳反应温度问题。

2. 平行反应

反应物能同时进行几种不同的反应,则称为**平行反应**。平行反应中,生成主要产物的反应称为主反应,其余的反应称为副反应。

在化工生产中,经常遇到平行反应,例如,苯酚用 HNO_3 硝化,可以同时得到邻位及对位硝基苯酚。

设反应物 A 能按一个反应生成 B,同时又能按另一个反应生成 C,即

$$A \xrightarrow[\ \ k_2\ \ ]{\ \ k_1\ \ } \begin{array}{l} B \\ C \end{array}$$

只考虑两个反应都是一级反应的情况,即

$$\frac{\mathrm{d}c_B}{\mathrm{d}t} = k_1 c_A \tag{9.5.6}$$

$$\frac{\mathrm{d}c_C}{\mathrm{d}t} = k_2 c_A \tag{9.5.7}$$

若反应开始时,$c_{B,0} = c_{C,0} = 0$,则按计量关系可知:

$$c_A + c_B + c_C = c_{A,0}$$

将该式对 t 求导数:

$$\frac{\mathrm{d}c_A}{\mathrm{d}t} + \frac{\mathrm{d}c_B}{\mathrm{d}t} + \frac{\mathrm{d}c_C}{\mathrm{d}t} = 0$$

因此
$$-\frac{dc_A}{dt} = \frac{dc_B}{dt} + \frac{dc_C}{dt} = k_1 c_A + k_2 c_A$$

即
$$-\frac{dc_A}{dt} = (k_1 + k_2) c_A \tag{9.5.8}$$

所以，反应物 A 的消耗速率，也必为一级反应。积分式(9.5.8)，得

$$\ln \frac{c_{A,0}}{c_A} = (k_1 + k_2) t \tag{9.5.9}$$

$(k_1 + k_2)$可以方便地通过 $\ln c_A$-t 直线关系得到。

由式(9.5.9)解得

$$c_A = c_{A,0} e^{-(k_1 + k_2)t} \tag{9.5.10}$$

将式(9.5.10)代入式(9.5.6)和式(9.5.7)并积分，注意到 $t = 0$ 时 $c_{B,0} = 0, c_{C,0} = 0$，得到

$$c_B = \frac{k_1 c_{A,0}}{k_1 + k_2} \left[1 - e^{-(k_1 + k_2)t} \right] \tag{9.5.11}$$

$$c_C = \frac{k_2 c_{A,0}}{k_1 - k_2} \left[1 - e^{-(k_1 + k_2)t} \right] \tag{9.5.12}$$

一级平行反应的 $c(t)$-t 关系如图 9.5.2 所示。

将式(9.5.11)与式(9.5.12)相除，得

$$c_B/c_C = k_1/k_2 \tag{9.5.13}$$

即在任一瞬间，两产物浓度之比等于两反应速率常数之比。实际上，这一结论对于级数相同的平行反应均成立，是这类平行反应的一个特征。但对级数不同的平行反应，由于 k_1 和 k_2 的量纲不同，式(9.5.13)不成立，当然就不会有上述特征。

在同一时间 t，测出两产物浓度之比可得 k_1/k_2，结合由 $\ln c_A$-t 直线关系得到的$(k_1 + k_2)$值，即可求出 k_1 和 k_2。

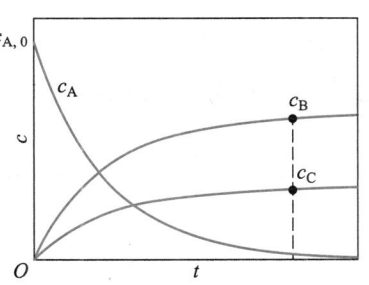

图 9.5.2　一级平行反应的 $c(t)$-t 图
$(k_1 = 2k_2)$

上述结果很容易推广至含有多于两个一级反应的平行反应，只需将 $c(t)$-t 关系中的$(k_1 + k_2)$代之以各一级反应速率常数的加和 $\sum_i k_i$ 即可。

几个平行反应的活化能往往不同，温度升高有利于活化能大的反应；温度降低则有利于活化能小的反应。不同的催化剂有时也能只加速某一反应。所以，生产上经常选择最适宜温度或适当催化剂，来选择性地加速所需要的反应。例如，甲苯的氯化，可以直接在苯环上取代，也可在侧链甲基上取代。实验表明，低温(30~50 ℃)下，使用 $FeCl_3$ 为催化剂，主要是苯环上取代；高温(120~130 ℃)下，用光激发，则主要是侧链甲基上取代。

3. 连串反应

凡是反应所产生的物质，能再发生反应而产生其他物质者，称为**连串反应**，或称**连续反应**。

只考虑最简单，即从 A 生成 B 及从 B 生成 C 均为一级反应的情况：

$$A \xrightarrow{k_1} B \xrightarrow{k_2} C$$

$t = 0$	$c_{A,0}$	0	0
$t = t$	c_A	c_B	c_C

由于 B 在反应开始前及反应结束后均不出现，故为中间体。易于写出该连串反应的速率方程组：

$$\begin{cases} \dfrac{dc_A}{dt} = -k_1 c_A \\[2mm] \dfrac{dc_B}{dt} = k_1 c_A - k_2 c_B \\[2mm] \dfrac{dc_C}{dt} = k_2 c_B \end{cases} \tag{9.5.14}$$

方程组(9.5.14)中的第一个方程只与 c_A 有关，直接积分即得

$$c_A = c_{A,0} e^{-k_1 t} \tag{9.5.15}$$

将式(9.5.15)代入方程组(9.5.14)的第二个方程，

$$\frac{dc_B}{dt} = k_1 c_{A,0} e^{-k_1 t} - k_2 c_B \tag{9.5.16}$$

由于

$$\frac{d}{dt}(c_B e^{k_2 t}) = e^{k_2 t}\left(\frac{dc_B}{dt} + k_2 c_B\right)$$

将式(9.5.16)代入上式，从而

$$\frac{d}{dt}(c_B e^{k_2 t}) = k_1 c_{A,0} e^{(k_2 - k_1)t}$$

对上式从 $t = 0$ 到 $t = t$ 积分，并注意到 $c_B(0) = c_{B,0} = 0$，有

$$\int_0^{c_B e^{k_2 t}} d(c_B e^{k_2 t}) = \int_0^t k_1 c_{A,0} e^{(k_2 - k_1)t} dt$$

得到

$$c_B = \frac{k_1 c_{A,0}}{k_2 - k_1}(e^{-k_1 t} - e^{-k_2 t}) \tag{9.5.17}$$

该解适用于 $k_1 \neq k_2$ 的情况。当 $k_1 = k_2$ 时,则

$$\frac{\mathrm{d}(c_3 \mathrm{e}^{k_1 t})}{\mathrm{d}t} = k_1 c_{A,0}$$

从而有

$$c_B = k_1 c_{A,0} \mathrm{e}^{-k_1 t} t \tag{9.5.18}$$

由于 $c_A - c_B + c_C = c_{A,0}$,故

$$c_C = c_{A,0} \left[1 - \frac{1}{k_2 - k_1}(k_2 \mathrm{e}^{-k_1 t} - k_1 \mathrm{e}^{-k_2 t}) \right] \tag{9.5.19}$$

一级连串反应的 $c(t)\text{-}t$ 关系如图 9.5.3 所示。

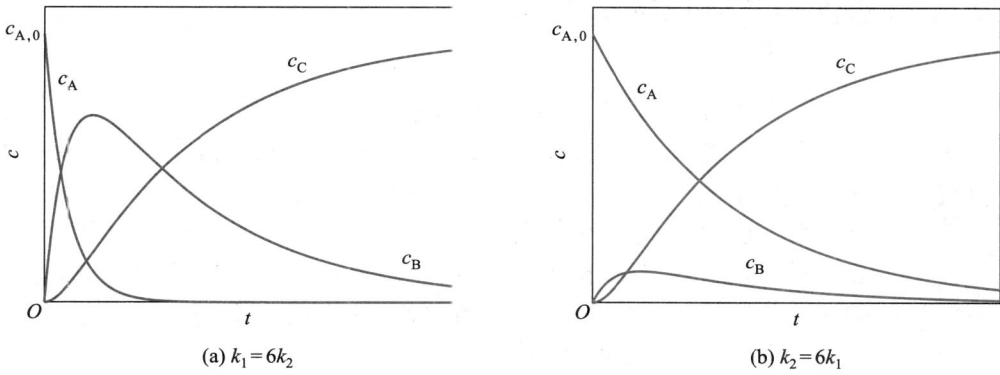

(a) $k_1 = 6k_2$　　　　　　　(b) $k_2 = 6k_1$

图 9.5.3　一级连串反应的 $c(t)\text{-}t$ 图

上述第一个反应为一级反应,所以 $c_A(t)\text{-}t$ 关系符合一级反应规律。中间产物 B 的 $c_B(t)\text{-}t$ 曲线出现一个极大值,这是连串反应的特点。由于 c_B 与两个反应有关,即在 A 生成 B 的同时,B 又要发生反应生成 C,开始时 c_A 大,c_B 小,所以按式(9.5.14)中第二个方程的第一项,c_B 增加的速率快,按第二项 c_B 减少的速率慢,因而结果是 c_B 在增大;但随着反应的进行 c_A 渐小,c_B 渐大,因而反应经过一定时间,c_B 增大的速率就要小于减小的速率,而使 c_B 达到一个极大值后,又逐渐减小。

若中间产物 B 为目标产物,则 c_B 达到极大值的时间,称为中间产物的最佳时间。反应达到最佳时间就必须立即终止反应,否则,目标产物的产率就要下降。将式(9.5.17)对 t 求导数,并令其为 0,即可求得中间产物 B 的最佳时间 $t_{\max}$ 和 B 的最大浓度 $c_{B,\max}$:

$$t_{\max} = \frac{\ln(k_1/k_2)}{k_1 - k_2} \qquad c_{B,\max} = c_{A,0} \left(\frac{k_1}{k_2} \right)^{\frac{k_2}{k_2 - k_1}} \tag{9.5.20}$$

例如,丙烯直接氧化制丙酮为一连串反应:

$$\text{丙烯} \xrightarrow{O_2} \text{丙酮} \xrightarrow{O_2} \text{乙酸} \xrightarrow{O_2} CO_2$$

丙酮为连串反应的中间产物,故当原料气在反应器中达到最佳时间 t_{max},应立即引出,进入吸收塔吸收丙酮。

又如,4-氨基偶氮苯用发烟硫酸磺化,亦为连串反应:

$$4\text{-氨基偶氮苯} \xrightarrow[k_1]{H_2SO_4} \text{一磺化物} \xrightarrow[k_2]{H_2SO_4} \text{二磺化物}$$

第二步反应的活化能大于第一步反应的活化能,即 $E_2 > E_1$。因活化能大的反应速率常数一般受温度的影响较大,若一磺化物为目标产物,为了抑制第二步反应,应当采取低温反应。如磺化温度为 0 ℃时,36 h 内产物基本是一磺化物;当温度升高到 10~12 ℃,反应 24 h,则一磺化物与二磺化物各占一半;而温度升到 19~20 ℃,反应 12 h,得到的几乎全是二磺化物。

§9.6 复合反应速率的近似处理法

重点难点

复合反应
近似处理法

一般地,化学反应由一系列的基元反应组成,其中每一个基元反应的速率方程由质量作用定律给出,因此一个反应系统的动力学行为就由一组微分方程确定。由于反应中涉及的每一个中间体均参与一个以上的基元反应,因而这一组微分方程是耦合的,如方程组(9.5.14)。虽然发展了各种方法对其加以求解,但随着反应步骤和组分数的增加,其求解的复杂程度将急剧上升,甚至无法求解。因此,研究速率方程的近似处理方法就是一个很现实的问题。常用的近似方法有以下几种。

1. 选取控制步骤法

连串反应的总速率等于最慢一步反应的速率。最慢的一步称为**反应速率的控制步骤**。控制步骤的反应速率常数越小,其他各串联步骤的反应速率常数越大,则此规律就越准确。这时,要想使反应加速进行,关键就在于提高控制步骤的速率。

利用控制步骤法,可以大大简化速率方程的求解过程。例如,在连串反应 $A \xrightarrow{k_1} B \xrightarrow{k_2} C$ 中,c_C 的精确解为式(9.5.19),即

$$c_C = c_{A,0}\left[1 - \frac{1}{k_2 - k_1}(k_2 e^{-k_1 t} - k_1 e^{-k_2 t}) \right]$$

当 $k_1 \ll k_2$,则此式化简为

$$c_C = c_{A,0}(1 - e^{-k_1 t}) \tag{9.6.1}$$

如果用控制步骤法对此进行近似处理,则可不必求精确解也能得到同样的结果。因为 $k_1 \ll k_2$ 表明第一步是最慢的一步,为控制步骤,所以总速率等于第一步的速率,即

$$\frac{dc_C}{dt} = -\frac{dc_A}{dt} = k_1 c_A$$

将 $c_A = c_{A,0} e^{-k_1 t}$ 代入上式并积分:

$$\int_0^{c_C} dc_C = -c_{A,0} \int_0^t e^{-k_1 t} dt$$

得到

$$c_C = c_{A,0} - c_A = c_{A,0}(1 - e^{-k_1 t})$$

与式(9.6.1)相同。$k_1/k_2 = 20$ 时的精确解 $c(t)$ 与 t 的关系如图 9.6.1 中实线所示,图中虚线为按式(9.6.1)计算得到的 c_C-t 曲线。

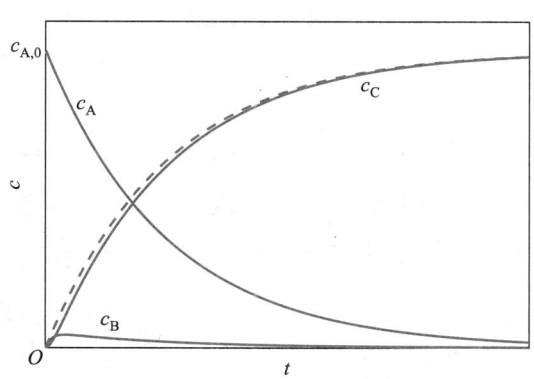

图 9.6.1 $k_2/k_1 = 20$ 的连串反应的 $c(t)$-t 图

可见,用控制步骤法虽然没有求得精确解,却也得到近似相同的结果,但是处理方法则大大简化了。当然也应该看到,这种方法只有当控制步骤比其他串联步骤慢得更多时,其精确度才能更高一些。

2. 平衡态近似法

对于反应机理:

$$A + B \underset{k_{-1}}{\overset{k_1}{\rightleftharpoons}} C \quad (快速平衡)$$

$$C \overset{k_2}{\longrightarrow} D \qquad (慢)$$

若 k_1 或 k_{-1} 很大,且 $k_1 + k_{-1} \gg k_2$,则第二步为控制步骤,而第一步对行反应事实上处于化学平衡[①],其正向、逆向反应速率应近似相等:

$$k_1 c_A c_B = k_{-1} c_C$$

即

$$\frac{c_C}{c_A c_B} = \frac{k_1}{k_{-1}} = K_c \tag{9.6.2}$$

反应的总速率等于控制步骤的反应速率:

$$\frac{dc_D}{dt} = k_2 c_C \tag{9.6.3}$$

将 $c_C = K_c c_A c_B$ 代入式(9.6.3)得

$$\frac{dc_D}{dt} = K_c k_2 c_A c_B = \frac{k_1 k_2}{k_{-1}} c_A c_B$$

令 $k = k_1 k_2 / k_{-1}$,得速率方程:

$$\frac{dc_D}{dt} = k c_A c_B \tag{9.6.4}$$

---

① 这里平衡指的比例 $c_C/(c_A c_B)$ 为常数,虽然 c_A、c_B 和 c_C 在随时间变化。

此即为用平衡态近似法由反应机理求得的速率方程。

下面由气相反应 $H_2 + I_2 \longrightarrow 2HI$ 的反应机理，来推导此非基元反应的速率方程，并加以说明。

§9.1 中已给出其反应机理为

$$I_2 + M^0 \underset{k_{-1}}{\overset{k_1}{\rightleftharpoons}} 2I\cdot + M_0 \quad （快速平衡）$$

$$H_2 + 2I\cdot \xrightarrow{k_2} 2HI \quad\quad （慢反应）$$

对行反应为快速平衡，若单位体积高能分子数 $[M^0]$ 和低能分子数 $[M_0]$ 占总分子数 $[M]$ 的分数分别为 x 和 y，即 $[M^0] = x[M]$，$[M_0] = y[M]$，则可得对行反应的平衡常数：

$$\frac{[I\cdot]^2[M_0]}{[I_2][M^0]} = \frac{[I\cdot]^2}{[I_2]}\frac{y}{x} = \frac{k_1}{k_{-1}} = K_c$$

故 $[I\cdot]^2/[I_2] = xK_c/y$。由玻耳兹曼分布定律知，在恒定温度下，$x$ 和 y 可认为是常数，即有 $[I\cdot]^2/[I_2] = K_c'$。

以产物 HI 的生成速率表示总反应的速率，将质量作用定律应用于此基元反应：

$$\frac{d[HI]}{dt} = 2k_2[H_2][I\cdot]^2$$

将 $[I\cdot]^2 = K_c'[I_2]$ 代入，并令 $k = 2k_2K_c'$，得

$$\frac{d[HI]}{dt} = k[H_2][I_2]$$

这就是由反应机理推导得出的非基元反应的速率方程。此方程与实验结果相符合。

由此可见，若已知某反应的机理，则将质量作用定律应用于每个基元反应，就能推导出该总反应的速率方程。但是，要想找出一个反应的合理机理，却是一项繁重而细致的研究课题。一般情况下，须先根据反应的中间产物或副产物（也可能是活泼的中间物）及其他实验事实，假设一个机理，然后再进行实验验证。为此，第一步常常是比较由此机理导出的速率方程和实验测得的速率方程，看它们是否一致。如果不一致，当然说明所假设机理是错误的。但是，如果一致，仍不能充分证明假设机理一定是正确的。这是因为不同的机理有时往往得出相同的速率方程。上面列举的反应 $H_2 + I_2 \longrightarrow 2HI$ 就是一个很好的例子。因为若认为它是一个基元反应，按质量作用定律立即可以得出与实验结果完全一致的速率方程。但是实验发现，加入自由原子 $I\cdot$ 或用光照射，能明显地加快此反应的速率，这一事实用一步反应的机理是无法解释的，若用上述有碘原子 $I\cdot$ 参加的机理，则能圆满地得到解释。可见机理的证实，须作周密的研究，而比较速率方程的一致性，只是必要的条件，而非充分条件。

≫ 例 9.6.1　实验测得下列反应为三级反应：

$$2NO + O_2 \xrightarrow{k} 2NO_2$$

$$\frac{d[NO_2]}{dt} = 2k\,[NO]^2[O_2]$$

有人曾解释其为三分子反应，但这种解释不很合理，一方面因为三分子碰撞的概率很小，另

一方面不能很好地说明 k 随 T 增高而下降，即表观活化能为负值，如图 9.4.1(d)所示。

后来有人提出如下的机理：

$$NO + NO \underset{}{\overset{K_c}{\rightleftharpoons}} N_2O_2 \quad （快速平衡）$$

$$N_2O_2 + O_2 \overset{k_1}{\longrightarrow} 2NO_2 \quad （慢）$$

试按此机理推导速率方程，并解释反常的负活化能。

» 解：按平衡态近似法：$[N_2O_2] = K_c[NO]^2$

故
$$\frac{d[NO_2]}{dt} = 2k_1[N_2O_2][O_2]$$
$$= 2k_1K_c[NO]^2[O_2]$$
$$= 2k[NO]^2[O_2]$$

式中，$k = k_1K_c$。将其取对数后再对 T 求导数得

$$\frac{d\ln k}{dT} = \frac{d\ln k_1}{dT} + \frac{d\ln K_c}{dT}$$

例题解析

平衡态
近似法

将阿伦尼乌斯方程和化学平衡的范托夫方程分别代入上式的三项，得

$$\frac{E_a}{RT^2} = \frac{E_{a,1}}{RT^2} + \frac{\Delta_r U_m^\ominus}{RT^2}$$

即
$$E_a = E_{a,1} + \Delta_r U_m^\ominus$$

最后一步反应的活化能 $E_{a,1}$ 虽为正值，而生成 N_2O_2 为较大的放热反应，即 $\Delta_r U_m^\ominus$ 为较大的负值，故表观活化能 E_a 为负值。

从前面的例题可以看出，用平衡态近似法从机理推导速率方程的思路首先是找出控制步骤，并将其速率除以该反应的化学计量数作为总反应的速率。然后应用控制步骤前的快速平衡步骤的平衡关系式消除该反应速率表达式中出现的任何中间体的浓度。

3. 稳态近似法

在连串反应

$$A \overset{k_1}{\longrightarrow} B \overset{k_2}{\longrightarrow} C$$

中，若中间物 B 很活泼，极易继续反应，则必有 $k_2 \gg k_1$。如图 9.6.1 所示，该情况下 $c_B(t)\text{-}t$ 曲线为一条紧靠横坐标的扁平曲线，因而除了反应初期，在较长的反应阶段内，均可近似认为曲线斜率

$$\frac{dc_B}{dt} = 0 \tag{9.6.5}$$

此时 B 的浓度处于稳态或定态。所以**稳态**或**定态**就是指某中间物的生成速率与消耗速率

相等以致其浓度不随时间变化的状态。一般来说,活泼的中间物,如自由原子或自由基等,它们的反应能力很强[①],浓度很低,在一定的反应阶段内,符合式(9.6.5)的条件,故可近似认为它们处于稳态。

　　根据机理推导速率方程时,方程中往往会出现活泼中间物的浓度,而这些活泼中间物的浓度一般不易测定,所以总希望用反应物或产物的浓度来代替。这时最简单的办法就是利用稳态近似法来找出这些活泼中间物与反应物间的浓度关系。

》 例 9.6.2 实验表明气相反应 $2N_2O_5 \rightleftharpoons 4NO_2 + O_2$ 的速率方程为 $v = k[N_2O_5]$,并对其提出了以下反应机理:

$$① \quad N_2O_5 \underset{k_{-1}}{\overset{k_1}{\rightleftharpoons}} NO_2 + NO_3$$

$$② \quad NO_2 + NO_3 \xrightarrow{k_2} NO + O_2 + NO_2$$

$$③ \quad NO + NO_3 \xrightarrow{k_3} 2NO_2$$

试应用稳态近似法推导该反应的速率方程。

》 解: 选择产物 O_2 的生成速率表示反应的速率:

$$v = \frac{d[O_2]}{dt} = k_2[NO_2][NO_3]$$

对中间产物 NO_3 应用稳态近似法:

$$\frac{d[NO_3]}{dt} = k_1[N_2O_5] - k_{-1}[NO_2][NO_3] - k_2[NO_2][NO_3] - k_3[NO][NO_3] = 0$$

上式中出现了另一个中间产物 NO,对其继续应用稳态近似法:

$$\frac{d[NO]}{dt} = k_2[NO_2][NO_3] - k_3[NO][NO_3] = 0$$

如此得到两个代数方程。第一个方程减去第二个方程,解得

$$[NO_3] = \frac{k_1[N_2O_5]}{(k_{-1} + 2k_2)[NO_2]}$$

将其代入反应速率表达式,得

$$v = \frac{d[O_2]}{dt} = \frac{k_1 k_2}{k_{-1} + 2k_2}[N_2O_5]$$

比较该式与经验速率方程可知 $k = k_1 k_2/(k_{-1} + 2k_2)$。

　　应用稳态近似法时,选择计量反应的生成物之一作为推导的起点。选择的标准是该组

---

① 自由基按其相对稳定性,可分为活泼自由基和稳定自由基。大多数自由基很活泼,在反应过程中仅能瞬时存在;但有些自由基由于分子结构的特点表现得很稳定,如三苯甲基自由基$(C_6H_5)_3C·$ 就可以在溶液中存在。

分在反应机理中涉及最少的基元反应,如上例中的 O_2,它只在反应②中出现。根据反应机理写出该组分的生成速率表达式,并对表达式中出现的每个中间物应用稳态近似,从而得到一系列关于中间物浓度的代数方程。如果该组代数方程中出现新的中间物浓度,则继续对其应用稳态近似直至能够解出所有在速率表达式中所涉及的中间物浓度为止。

>> **例 9.6.3** 实验表明一些单分子气相反应

$$A \longrightarrow P$$

在高压下为一级反应,在低压下为二级反应。

为了解释这一现象,林德曼(Lindemann)等人提出了单分子反应机理,即单分子反应也需要通过碰撞先形成活化分子 A^*,然后进一步反应生成产物,同时活化分子 A^* 也可以失活(失去活性)。机理如下:

$$A + A \underset{k_{-1}}{\overset{k_1}{\rightleftharpoons}} A^* + A$$

$$A^* \overset{k_2}{\longrightarrow} P$$

试用稳态近似法推导反应速率方程,并加以讨论。

>> **解:** 活化分子 A^* 为活泼物质,在气相中浓度极小,可用稳态近似法,其净的生成速率为零。因 A^* 参与三个基元反应,对每个基元反应应用质量作用定律:

$$\frac{\mathrm{d}c_{A^*}}{\mathrm{d}t} = k_1 c_A^2 - k_{-1} c_{A^*} c_A - k_2 c_{A^*} = 0 \tag{a}$$

解得

$$c_{A^*} = \frac{k_1 c_A^2}{k_2 + k_{-1} c_A} \tag{b}$$

产物 P 只在第三个基元反应中生成,对其应用质量作用定律,并将式(b)代入,得产物的生成速率:

$$\frac{\mathrm{d}c_P}{\mathrm{d}t} = k_2 c_{A^*} = \frac{k_1 k_2 c_A^2}{k_2 + k_{-1} c_A} \tag{c}$$

下面对此式加以讨论。

(1) 在 k_{-1} 和 k_2 数值相差不大的情况下:高压时,c_A 较大,$k_2 \ll k_{-1} c_A$ 时,$k_2 + k_{-1} c_A \approx k_{-1} c_A$,速率方程(c)近似表示为

$$\frac{\mathrm{d}c_P}{\mathrm{d}t} = k_2 c_{A^*} = \frac{k_1 k_2}{k_{-1}} c_A = k c_A \tag{d}$$

式中,$k = k_1 k_2 / k_{-1}$。这时整个反应表现为一级反应。这是因为高压时 A 的浓度 c_A 较大,活化反应及失活反应均为双分子反应,反应速率快,相比之下,式(a)中 $k_2 c_{A^*}$ 项可忽略,故活化与失活处于平衡态,而活化分子 A^* 的浓度 $c_{A^*} = (k_1/k_{-1})c_A$,产物 P 的生成速率取决于第三个基元反应,按照质量作用定律正比于 c_{A^*},也就正比于 c_A,故表现为一级反应。这

也是平衡态近似法得到的结果。

低压时，c_A 较小，$k_2 \gg k_{-1}c_A$ 时，$k_2 + k_{-1}c_A \approx k_2$，速率方程(c) 近似表示为

$$\frac{dc_P}{dt} = k_1 c_A^2 \tag{e}$$

这时整个反应表现为二级反应。这是因为低压时 c_A 较小，活化反应及失活反应速率均较慢，活化分子 A^* 变为产物 P 的速率相对较快，于是整个反应可以看成活化反应及 A^* 生成产物这两步形成的连串反应，且活化反应为控制步骤，于是表现为二级反应。

（2）在压力相同，即 c_A 相同，不同的单分子反应因 k_{-1}、k_2 不同将表现不同的级数。

双原子分子一旦活化，能量很快集中到唯一的一个键上，因分子的振动频率一般均为 10^{13} Hz（即 10^{13} s^{-1}），而在通常状态下，一个气体分子平均约需 10^{-10} s 才与其他分子碰撞，在 10^{-10} s 内活化分子还未与其他分子碰撞，即因振动而分解成产物，$k_2 \gg k_{-1}$，故像 Cl_2 这样的双分子分解反应在一般压力下表现为二级。

多原子分子的分解或异构化反应，经碰撞而被活化的分子，其分子内部的过剩能量要传递到需断裂的那一两个键上才能发生反应，而在一般压力下能量传递尚未完成以前，很可能就与另一低能分子碰撞而失活，$k_{-1} \gg k_2$，所以多原子分子的分解和异构化反应常表现为一级。

4. 非基元反应的表观活化能与基元反应的活化能之间的关系

如前所述，阿伦尼乌斯方程不仅适用于基元反应，也适用于大多数非基元反应。对于非基元反应，阿伦尼乌斯活化能 E_a 也具有能峰的意义。例如，对于平衡态近似法中所列举的非基元反应：

$$A + B \xrightarrow{k} D \quad k = A e^{-E_a/(RT)}$$

由实验测得的 k-T 数据，按阿伦尼乌斯方程算出的 E_a 即为此项活化能，故又称其为**表观活化能**或**经验活化能**，或称为实验活化能。

设此反应的机理为

$$A + B \xrightarrow{k_1} C \quad k_1 = A_1 e^{-E_{a,1}/(RT)}$$

$$C \xrightarrow{k_{-1}} A + B \quad k_{-1} = A_{-1} e^{-E_{a,-1}/(RT)}$$

$$C \xrightarrow{k_2} D \quad\quad k_2 = A_2 e^{-E_{a,2}/(RT)}$$

三个基元反应的活化能分别为 $E_{a,1}$、$E_{a,-1}$、$E_{a,2}$。

假设第一步反应和第二步反应达快速平衡，应用平衡态近似法推导出总反应的速率常数 k 与三个基元反应的速率常数 k_1、k_{-1}、k_2 之间的关系为

$$k = \frac{k_1 k_2}{k_{-1}}$$

对该式取自然对数，并对温度 T 求导数，

$$\frac{\mathrm{d}\ln k}{\mathrm{d}T} = \frac{\mathrm{d}\ln k_1}{\mathrm{d}T} - \frac{\mathrm{d}\ln k_{-1}}{\mathrm{d}T} + \frac{\mathrm{d}\ln k_2}{\mathrm{d}T}$$

根据式(9.4.2b),得

$$\frac{E_a}{RT^2} = \frac{E_{a,1}}{RT^2} - \frac{E_{a,-1}}{RT^2} + \frac{E_{a,2}}{RT^2}$$

即

$$E_a = E_{a,1} - E_{a,-1} + E_{a,2} \tag{9.6.6}$$

由式(9.6.6)可以看出,非基元反应的阿伦尼乌斯活化能或表观活化能,为组成该非基元反应的各基元反应活化能的代数和。所以非基元反应的阿伦尼乌斯活化能仍具有类似能峰的含义。

§9.7 链反应

链反应又称**连锁反应**,是一类具有特殊规律的、常见的复合反应,它主要由大量反复循环的连串反应所组成,在化工生产中具有重要的意义。如高聚物的合成,石油的裂解,碳氢化合物的氧化和卤化,一些有机化合物的热分解以至燃烧、爆炸反应等都与链反应有关。

链反应可分为单链反应与支链反应两类。

1. 单链反应的特征

实验表明,在一定条件下,$H_2 + Cl_2 \longrightarrow 2HCl$ 的反应机理如下:

① $Cl_2 + M \xrightarrow{k_1} 2Cl\cdot + M$ 链的开始

② $Cl\cdot + H_2 \xrightarrow{k_2} HCl + H\cdot$

③ $H\cdot + Cl_2 \xrightarrow{k_3} HCl + Cl\cdot$ 链的传递

④ $Cl\cdot + Cl\cdot + M \xrightarrow{k_4} Cl_2 + M$ 链的终止

基元反应①为 Cl_2 分子与一个能量大的分子 M 相碰撞而解离为两个自由原子 $Cl\cdot$。活泼的 $Cl\cdot$ 在反应②中与 H_2 反应转化为产物 HCl,自身被消耗,同时生成另一个自由原子 $H\cdot$。$H\cdot$ 也很活泼,在反应③中与 Cl_2 反应生成产物 HCl,同时重新生成自由原子 $Cl\cdot$,$Cl\cdot$ 又按反应②与 H_2 反应,再生成 $H\cdot$,如此循环往复,一直进行下去,直至所有的反应物都被转化为产物,或者按基元反应④,两个 $Cl\cdot$ 与不活泼分子 M 或与容器壁相碰撞而复合为 Cl_2。也就是说,由反应①产生的每一个 $Cl\cdot$,都会如锁链般一环扣一环地进行下去,据统计,一个 $Cl\cdot$ 往往能循环反应生成 $10^4 \sim 10^6$ 个 HCl 分子。

从这个例子可以看出,链反应一般由三个步骤组成:

(1) **链的开始**(或链的引发) 产生自由原子或自由基,如反应①。

（2）**链的传递**（或链的增长）　如反应②、③，自由原子或自由基与一般分子反应，在生成产物的同时，能够再生成自由原子或自由基，从而使反应不断地进行下去。链的传递是链反应的主体。这里自由原子或自由基等活泼粒子称为**链的传递物**。显然，链传递过程的产物是链反应的主要产物。

（3）**链的终止**（或链的销毁）如反应④，自由原子、自由基等传递物一旦变为一般分子而销毁，则由原始传递物引发的这一条链就被中断。

在链的传递步骤中，消耗一个链的传递物的同时只产生一个新的链的传递物的链反应称为**单链反应**。对于单链反应，链的传递步骤中链的传递物的数量不变。因此，上述反应 $H_2 + Cl_2 \longrightarrow 2HCl$ 即为单链反应。

链是由产生传递物（自由原子或自由基）开始的，上述反应 $H_2 + Cl_2 \longrightarrow 2HCl$ 是由热分解产生传递物的，此外，光的照射，放电，加入引发剂等，也都可以产生传递物。

自由原子、自由基（如 $H_3C\cdot$、$CH_3\dot{C}H_2$ 等）都有未配对电子，它们都具有很高的能量，所以它们与器壁或能量低的第三体相撞，把高的能量传出就会自相结合变成稳定分子。因此，当增加壁面与容积之比，或加入固体粉末，若反应速率显著变慢或停止，则可推测该反应可能是链反应。另外某些化合物，如 NO，含有未配对电子，很容易与自由原子、自由基反应而导致链的终止，这类化合物称为阻滞物。若加入微量的阻滞物，能对反应产生很显著的阻滞作用，也可以判断该反应可能是链反应。

2. 由单链反应的机理推导反应速率方程

由于链传递物为活泼中间体，所以可用稳态近似法推导链反应的速率方程。

1906 年博登斯坦（Bodenstein）通过实验测定了反应 $H_2 + Br_2 \longrightarrow 2HBr$ 的速率方程为

$$\frac{d[HBr]}{dt} = \frac{k[H_2][Br_2]^{1/2}}{1 + k'[HBr]/[Br_2]} \tag{9.7.1}$$

13 年后，克里斯琴森（Christiansen）等人，提出了如下链反应的机理：

① $Br_2 \xrightarrow{k_1} 2Br\cdot$　　　　　　　链的开始

② $Br\cdot + H_2 \xrightarrow{k_2} HBr + H\cdot$　$\left.\begin{array}{c} \\ \\ \end{array}\right\}$ 链的传递

③ $H\cdot + Br_2 \xrightarrow{k_3} HBr + Br\cdot$

④ $H\cdot + HBr \xrightarrow{k_4} H_2 + Br\cdot$　　　链的阻滞

⑤ $Br\cdot + Br\cdot \xrightarrow{k_5} Br_2$　　　　　链的终止

用产物 HBr 的生成速率表示反应速率，根据上述机理有

$$\frac{d[HBr]}{dt} = k_2[Br\cdot][H_2] + k_3[H\cdot][Br_2] - k_4[H\cdot][HBr] \tag{9.7.2}$$

对式（9.7.2）中的 $[Br\cdot]$ 和 $[H\cdot]$ 分别应用稳态近似法处理，得

$$\frac{d[Br\cdot]}{dt} = 2k_1[Br_2] - k_2[Br\cdot][H_2] + k_3[H\cdot][Br_2] +$$

$$k_4[H\cdot][HBr] - 2k_5[Br\cdot]^2 = 0 \tag{9.7.3}$$

$$\frac{d[H\cdot]}{dt} = k_2[Br\cdot][H_2] - k_3[H\cdot][Br_2] - k_4[H\cdot][HBr] = 0 \tag{9.7.4}$$

式(9.7.3)与式(9.7.4)相加,得

$$k_1[Br_2] - k_5[Br\cdot]^2 = 0$$

即

$$[Br\cdot] = (k_1/k_5)^{1/2}[Br_2]^{1/2} \tag{9.7.5}$$

将式(9.7.5)代入式(9.7.4),移项后得

$$[H\cdot] = \frac{k_2(k_1/k_5)^{1/2}[H_2][Br_2]^{1/2}}{k_3[Br_2] + k_4[HBr]} \tag{9.7.6}$$

将式(9.7.2)减去式(9.7.4),并将式(9.7.6)代入,整理后得

$$\frac{d[HBr]}{dt} = \frac{2k_2(k_1/k_5)^{1/2}[H_2][Br_2]^{1/2}}{1 + (k_4/k_3)[HBr]/[Br_2]} \tag{9.7.7}$$

此式与式(9.7.1)相对比,$2k_2(k_1/k_5)^{1/2} = k$,$k_4/k_3 = k'$,可见由上述机理得出的速率方程与实验结果相符,这是上述机理正确性的必要条件。

上述机理的步骤④,对链反应起着阻滞作用,这不仅因为它消耗了产物,而且因为它将活泼传递物 $H\cdot$ 转变为比较不活泼的 $Br\cdot$。以 $H\cdot$ 为反应物的步骤③,活化能几乎为零,而以 $Br\cdot$ 为反应物的步骤②,却需 74 kJ·mol^{-1} 活化能,所以传递物由 $H\cdot$ 变为 $Br\cdot$,将显著地减慢反应的速率。步骤④对总反应的阻滞作用,也可由式(9.7.7)看出,因为[HBr]出现在这个总速率方程的分母中。

3. 支链反应与爆炸

若在链反应的链传递步骤中,消耗一个链传递物的同时不是产生一个而是多个新的链传递物,则此类链反应称为**支链反应**(如图9.7.1所示)。

支链反应的重要结果是其发生爆炸。爆炸的原因分为热爆炸和由支链反应引起的爆炸。热爆炸是由某一放热反应在一个小空间内进行,反应热来不及散出,导致系统温度升高。而温度升高则进一步加快了反应速率,使得放热更多,温升更快。如此恶性循环,结果反应速率在瞬间大到无法控制而引起爆炸。不同于热爆炸,支链反应引起的爆炸则是由于链传递物在反应过程中的迅猛增加,使得反应速率一瞬间就达到爆炸的程度。支链反应是发生爆炸更重要的原因。

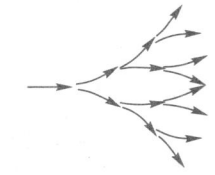

图9.7.1 支链反应示意图

§9.8　气体反应的碰撞理论

在§9.4曾介绍了阿伦尼乌斯方程,并简单说明活化能的意义。在反应速率理论中将对阿伦尼乌斯方程中的指前因子A和活化能E_a给以定量的解释。本书对反应速率理论只简单介绍气体反应的碰撞理论(本节)及过渡状态理论(下节)。各种反应速率理论均以基元反应为对象。

以异类双分子基元反应 A＋B ⟶ 产物为例。

碰撞理论认为:气体分子 A 和 B 必须通过碰撞,而且只有碰撞动能大于或等于某**临界能**(或**阈能**)ε_c的**活化碰撞**才能发生反应。因此,求出单位时间、单位体积中 A、B 分子间的碰撞数,以及活化碰撞数占上述碰撞数的分数,即可导出反应速率方程。

单位时间、单位体积内分子 A 与 B 的碰撞次数称为**碰撞数**,以符号Z_{AB}表示,单位为$m^{-3}\cdot s^{-1}$。假设 A 与 B 为半径分别为r_A和r_B的硬球,设 B 静止,A 对 B 的相对速率为u_{AB}。显然,当 A 与 B 间的距离在 A 运动方向上的投影d_{AB}小于两球半径之和$(r_A＋r_B)$时,A 和 B 发生碰撞。A 与静止 B 的**碰撞频率**$Z_{A\to B}$(单位为s^{-1})可以这样计算:设想一个以$(r_A＋r_B)$为半径的圆,这个圆的面积$\sigma＝\pi(r_A＋r_B)^2$称为**碰撞截面**。当这个以 A 的中心为圆心的碰撞截面,沿 A 前进的方向运动时,单位时间内在空间要扫过一个圆柱体的体积$\pi(r_A＋r_B)^2 u_{AB}$。凡中心在此圆柱体内的 B 球,都能与 A 相撞,如图 9.8.1 所示。

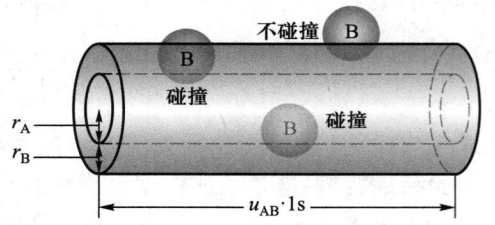

图 9.8.1　单位时间碰撞截面$\pi(r_A＋r_B)^2$在空间扫过的体积(外圆柱体)

因此,一个 A 分子单位时间能碰到 B 分子的次数,即碰撞频率$Z_{A\to B}$应等于此圆柱体的体积与气体分子 B 的分子浓度C_B[①]的乘积,即

$$Z_{A\to B}＝\pi(r_A＋r_B)^2 u_{AB} C_B \tag{9.8.1}$$

若 A 的分子浓度为C_A,则单位时间、单位体积内分子 A 与分子 B 的碰撞数为

$$Z_{AB}＝\pi(r_A＋r_B)^2 u_{AB} C_A C_B \tag{9.8.2}$$

由分子运动论可知,气体分子 A 与 B 的平均相对速率为

$$u_{AB}＝\left(\frac{8k_B T}{\pi\mu}\right)^{1/2} \tag{9.8.3}$$

式中,k_B为玻耳兹曼常数;$\mu＝m_A m_B/(m_A＋m_B)$为这两个分子的折合质量。

将式(9.8.3)代入式(9.8.2),整理后得碰撞数:

---

① B 的分子浓度定义为 B 分子个数N_B除以体积V,$C_B＝N_B/V$,单位为m^{-3}。即分子浓度等于单位体积内的分子个数。

$$Z_{AB} = (r_A + r_B)^2 \left(\frac{8\pi k_B T}{\mu}\right)^{1/2} C_A C_B \tag{9.8.4}$$

碰撞的一对分子称为**相撞分子对**（简称**分子对**）。相撞分子对的运动可以分解为两项：一项是分子对整体的运动，另一项是两分子相对于其共同质心的运动。

相撞分子对作为整体的质心运动与反应毫不相干，只有相对于质心运动的平动能，才能克服两分子间的斥力及旧键的引力转化为势能，从而翻越反应的能峰。所谓**碰撞动能** ε，就是指这种相对于质心运动的平动能，即沿 A、B 分子中心连线互相接近的平动能，如图 9.8.2 所示。

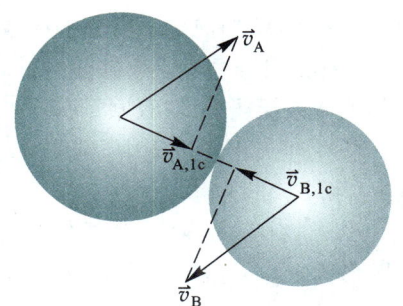

图 9.8.2　A、B 分子的碰撞
（$\vec{v}_{A,1c}$ 和 $\vec{v}_{B,1c}$ 分别为 A 和 B 分子
的速度在两分子中心
连线上的分量）

由分子运动论可知，相撞分子对在两分子中心连线方向的碰撞动能 $\varepsilon \geqslant \varepsilon_c$ 的活化碰撞数占碰撞数的分数，即为活化碰撞分数：

$$q = e^{-E_c/(RT)} \tag{9.8.5}$$

式中，$E_c = L\varepsilon_c$，L 为阿伏加德罗常数。E_c 为摩尔临界能，常简称**临界能**。

因此，用单位时间单位体积反应掉的反应物的分子个数表示的速率方程为

$$-\frac{dC_A}{dt} = Z_{AB} e^{-E_c/(RT)} \tag{9.8.6}$$

将式（9.8.4）代入式（9.8.6），得

$$-\frac{dC_A}{dt} = (r_A + r_B)^2 \left(\frac{8\pi k_B T}{\mu}\right)^{1/2} e^{-E_c/(RT)} C_A C_B \tag{9.8.7}$$

对于同类双分子反应 A + A $\longrightarrow$ 产物，有

$$-\frac{dC_A}{dt} = 16 r_A^2 \left(\frac{\pi k_B T}{m_A}\right)^{1/2} e^{-E_c/(RT)} C_A^2 \tag{9.8.8}$$

式（9.8.7）及式（9.8.8）即是按碰撞理论导出的双分子基元反应的速率方程。可以看出，适用于基元反应的质量作用定律是碰撞理论的自然结果。

对于异类双分子反应，容易证明

$$k = L(r_A + r_B)^2 \left(\frac{8\pi k_B T}{\mu}\right)^{1/2} e^{-E_c/(RT)} \tag{9.8.9}$$

与阿伦尼乌斯方程对比，活化能 E_a 与临界能 E_c 存在关系

$$E_a = E_c + \frac{1}{2} RT \tag{9.8.10}$$

大多数反应在温度不太高时 $E_c \gg RT/2$，故 $RT/2$ 项可忽略，式（9.8.10）化为 $E_a \approx E_c$。

§9.9　过渡状态理论

简单的碰撞理论虽然给出了与阿伦尼乌斯方程形式相同的速率常数表达式,但不能由其计算得到反应的临界能,它也不能给出正确的指前因子。这是因为化学反应涉及反应物分子化学键的重组,指前因子与分子在碰撞过程中结构的变化密切相关,而简单碰撞理论将分子看作无结构的硬球显然是有缺陷的。对反应过程正确、详细的描述需要依赖于量子力学。

下面以原子 A 与双原子分子 BC 的反应系统为例,研究两个分子在迎头相撞过程中(见图 9.9.1)系统的势能 $E(r_{AB},r_{BC})$ 随 r_{AB} 和 r_{BC} 的变化。

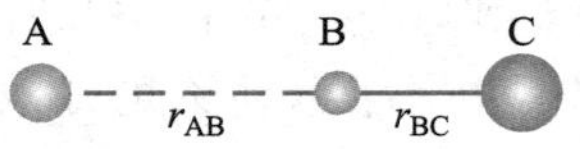

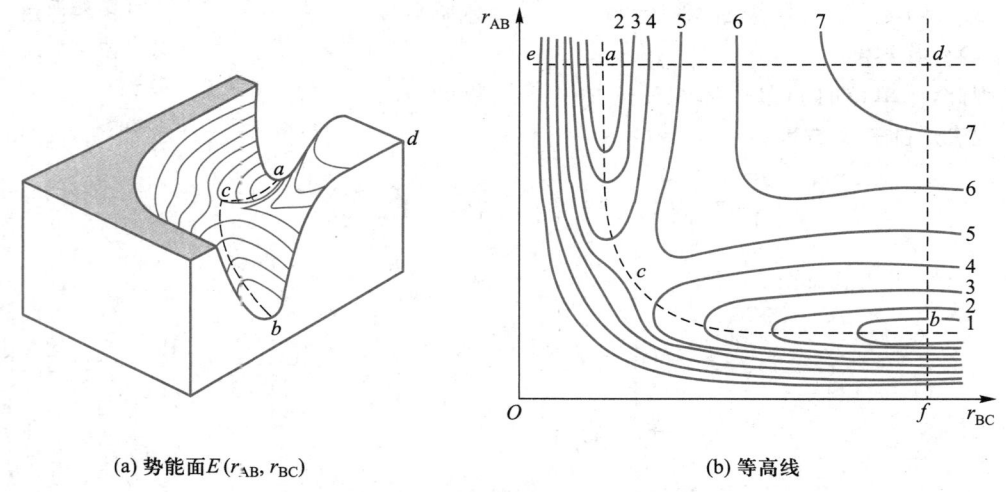

图 9.9.1　A ＋ BC 反应系统

$E(r_{AB},r_{BC})$ 可通过量子化学计算得到。由于 $E(r_{AB},r_{BC})$ 的图形为 r_{AB}、r_{BC} 和 E 为坐标所构成坐标系中的曲面,故称其为**势能面**。图 9.9.2 所示为势能面及其等高线示意图。

(a) **势能面** $E(r_{AB},r_{BC})$ (b) **等高线**

图 9.9.2　势能面及其等高线示意图

图 9.9.2 展示的势能面为一马鞍形的曲面。曲面的谷底 acb 的势能最低,称为**最低能量途径**,该途径 a 端连着反应物(A ＋ BC),b 端则连着产物(AB ＋ C),两者间被一能峰隔开,能峰的最高点 c 称为**马鞍点**。将虚线 acb 示意地"扳直"投影到一个平面上,就得到如图 9.9.3 所示的反应能峰示意图。

当反应沿着最低能量途径从 a 点开始,A 原子和 B 原子逐渐接近,B 原子和 C 原子逐渐远离。到达 c 点处系统的能量最高,对应于 A 和 B 间的化学键刚开始形成,B 和 C 间的化学键即将断裂的状态。此时,A---B---C 三原子结合在一起,但结合较弱,这个状态称为**过渡状态**或**活化络合物**(因它具有类似络合物的构型)[①],通常以[A---B---C]$^{\neq}$ 或 $X^{\neq}$ 表示。形

---

① 必须强调的是,称[A---B---C]$^{\neq}$ 为活化络合物,并不代表其具有任何特殊的稳定性。它只是代表势能面上马鞍点处反应系统的构型。

成活化络合物后,反应若继续沿最低能量途径 acb 前进,则 B---C 键继续拉长而断裂,A---B 键继续缩短而加强,由于系统渐趋稳定而势能逐步变小(减小的势能转化为产物分子的动能),到 b 点生成稳定分子 AB 和原子 C,完成了反应的全过程。由于反应沿着最小能量途径进行,因而将该途径称为**反应途径**。

反应物的分子必须通过碰撞获得足够的势能,抵达马鞍点,才能进行反应生成产物。当反应物与活化络合物均处于基态时,它们之间的势能差即为**活化能**(严格地讲为 0 K 时的活化能)。这里活化能的物理概念就更明显而具体化了。

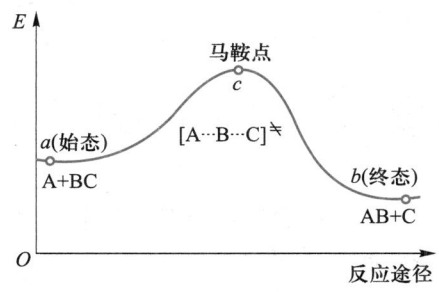

图 9.9.3　反应能峰示意图

在活化络合物概念的基础上,过渡状态理论认为:"反应物分子要变成产物,总要经过足够能量的碰撞先形成高势能的活化络合物;活化络合物可能分解为原始反应物,并迅速达到平衡,也可能分解为产物;活化络合物以单位时间 ν 次的频率分解为产物,此速度即为该基元反应的速率。"以公式表示,即

$$A + B \underset{\text{快速平衡}}{\overset{\vec{K}_c}{\rightleftharpoons}} X^{\neq} \xrightarrow[\text{慢}]{k_1} \text{产物}$$

假设活化络合物 $X^{\neq}$ 的浓度为 $c_{\neq}$,对上述机理应用平衡态近似法,有

$$-\frac{\mathrm{d}c_A}{\mathrm{d}t} = k_1 c_{\neq} \tag{9.9.1a}$$

由慢反应前的快速平衡知 $c_{\neq} = K_c c_A c_B$。另外,根据过渡状态理论假设,$k_1 = \nu$。因此,

$$-\frac{\mathrm{d}c_A}{\mathrm{d}t} = \nu K_c c_A c_B \tag{9.9.1b}$$

令 $k = \nu K_c$,由统计热力学可得

$$k = \frac{k_B T}{h} K_c^{\neq} \quad [1] \tag{9.9.2}$$

该式称为**艾林(Eyring H)方程**。式中,k_B 和 h 分别为玻耳兹曼常数和普朗克常量。

原则上只要知道了有关分子的结构,就可以计算速率常数 k,而不必做动力学测定。所以,过渡状态理论有时也称为**绝对反应速率理论**。

将 $K_c^{\neq}$ 用 K_c 近似,而 $K_c^{\neq\ominus} = \dfrac{c_{\neq}/c^{\ominus}}{(c_A/c^{\ominus})(c_B/c^{\ominus})}$,故 $K_c^{\neq} = K_c^{\neq\ominus}/c^{\ominus}$。由于

$$K_c^{\neq\ominus} = e^{-\Delta_r^{\neq} G_m^{\ominus}/RT} = e^{\Delta_r^{\neq} S_m^{\ominus}/R} e^{-\Delta_r^{\neq} H_m^{\ominus}/(RT)} \tag{9.9.3}$$

因此

---

① $K_c^{\neq}$ 不同于一般的平衡常数,而是将失去一个沿反应途径方向振动自由度的 $X^{\neq}$ 仍然看作正常分子而得出的平衡常数,有时称为准平衡常数。

$$k = \frac{k_B T}{hc^{\ominus}} e^{\Delta_r^{\neq} S_m^{\ominus}/R} e^{-\Delta_r^{\neq} H_m^{\ominus}/(RT)}$$ (9.9.4)

此即为双分子反应的**艾林方程热力学表达式**。式中，$\Delta_r^{\neq} G_m^{\ominus}$、$\Delta_r^{\neq} H_m^{\ominus}$ 和 $\Delta_r^{\neq} S_m^{\ominus}$ 分别为标准摩尔活化吉布斯函数、标准摩尔活化焓和标准摩尔活化熵。

对于气相双分子反应可以证明

$$E_a = \Delta_r^{\neq} H_m^{\ominus} + 2RT$$ (9.9.5)

§ 9.10　溶液中反应

尽管有不少气相和固相反应，但大多数反应发生在液相。因此，溶液的性质及溶剂在反应中所起的作用对于溶液中化学反应的动力学研究至关重要。

溶液中的溶质分子，也如同气体分子一样，须经碰撞才能发生反应。然而溶质分子是在溶剂分子的包围之中，它必须穿过这种包围进行扩散，才能与另一溶质分子接触而发生反应。因此，研究溶液中溶质分子间的反应，必须考虑反应组分（溶质）与溶剂间的相互作用，以及它们在溶剂中的扩散。

液体分子间平均距离比气体分子间的平均距离要小得多，分子间存在强的相互作用。虽然这种作用不足以强到限制分子的运动，但它可以使液体具有局部的结构，在这一点上，液体具有固体的特征。因此，液体中溶质分子实际上都被周围溶剂分子所包围，就好像关在周围溶剂分子构成的笼中。笼中的分子不能像气体分子那样自由地运动，只能不停地在笼中振动，不断地与周围溶剂分子发生碰撞。如果某一个溶质分子具有足够的能量，或正在向某方向振动时，恰好该方向的周围分子让开，这个分子就会冲破溶剂笼扩散出去，但是它立刻又陷入另一个笼中。分子由于这种笼中运动所产生的效应，称为**笼蔽效应**。据估计分子在一个笼中的停留时间为 $10^{-12} \sim 10^{-8}$ s，这期间与笼壁的溶剂分子发生 $10^2 \sim 10^4$ 次碰撞。

若两个溶质分子扩散到同一个笼中互相接触，则称为**遭遇**。两个溶质分子只有遭遇才能反应。扩散与反应为两个串联的步骤，即

$$A + B \xrightarrow{\text{扩散}} \{A\text{-}\text{-}\text{-}B\} \xrightarrow{\text{反应}} \text{产物}$$

式中，$\{A\text{-}\text{-}\text{-}B\}$ 表示反应物 A 和 B 扩散到一起而形成的遭遇对。笼蔽效应及扩散示意图如图 9.10.1 所示。

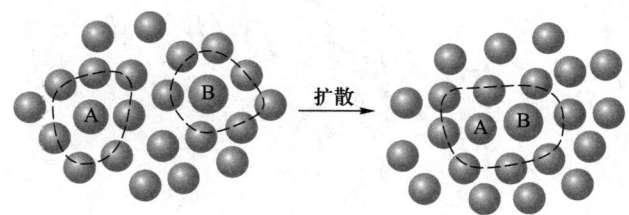

图 9.10.1　笼蔽效应及扩散示意图

如果反应的活化能很小,反应速率很快,则为**扩散控制**;反之,若反应活化能大,反应速率慢,则为**反应控制**或**活化控制**。扩散速率与温度的关系也符合阿伦尼乌斯方程,但扩散活化能,即分子冲破溶剂笼所需的能量,一般要比反应活化能小得多,因此,活化控制的反应对温度比较敏感,而扩散控制的反应对温度就不那么敏感。

(1) **扩散控制的反应**　一些快速反应,如自由基复合反应或酸碱中和反应,多为扩散控制的反应。扩散控制的反应的总速率等于扩散速率,扩散速率可按扩散定律计算。

扩散定律:溶液中每一个溶质分子向任一方向运动的概率都是相等的,但浓度高处单位体积中的分子数比浓度低处的多,所以扩散方向总是由高浓度向低浓度。

如图 9.10.2 所示,若距离 x 处物质 B 的浓度为 c_B,浓度梯度为 dc_B/dx,则按菲克(**Fick**)**扩散第一定律**:在一定温度下,单位时间扩散过截面积 A_s 的物质 B 的物质的量 dn_B/dt,正比于截面积 A_s 和浓度梯度 dc_B/dx 的乘积,即

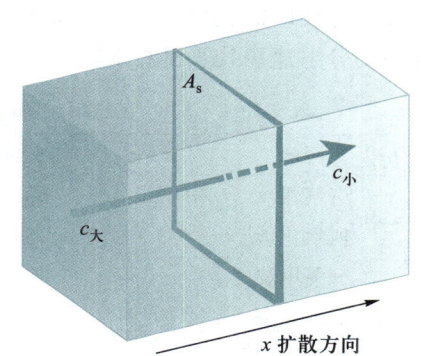

图 9.10.2　扩散定律

$$\frac{dn_B}{dt} = -DA_s\frac{dc_B}{dx} \qquad (9.10.1)$$

因为扩散是向着 x 增大的方向,同时也是向着 c_B 减小的方向,所以浓度梯度 dc_B/dx 为负值,为保持扩散为正值,故式(9.10.1)右边加负号。式中,比例常数 D 为**扩散系数**,单位为 $m^2 \cdot s^{-1}$。对于球形粒子,D 可按下式计算:

$$D = \frac{RT}{6L\pi\eta r} \qquad (9.10.2)$$

式中,L 为阿伏加德罗常数;η 为黏度;r 为球形粒子的半径。式(9.10.2)称为爱因斯坦(Einstein)-斯托克斯(Stokes)方程。

若两种半径分别为 r_A 及 r_B,扩散系数分别为 D_A 及 D_B 的球形分子发生扩散控制的溶液中的反应。再假设一种分子不动,另一种分子向它扩散,在 $r_{AB} = r_A + r_B$ 处,如果扩散分子的浓度 $c = 0$,逐渐向外,浓度逐渐增大,形成一个球形对称的浓度梯度,则可以根据扩散定律推导出该二级反应的速率常数 k 为

$$k = 4\pi L(D_A + D_B)r_{AB}f \qquad (9.10.3)$$

式中,f 为静电因子,量纲为 1。当反应物电荷相反互相吸引,则反应加速;当反应物电荷相同互相排斥,则反应减慢;若无静电影响,则 $f = 1$。

若反应分子 A 与 B 可用相同半径的球表示,且无静电影响,由式(9.10.3)及式(9.10.2)可得扩散控制的二级反应速率常数:

$$k = \frac{8RT}{3\eta}$$

25 ℃水的黏度 $\eta = 8.90\times10^{-4}\,Pa \cdot s$,可求得水溶液中扩散控制的二级反应的速率常数 $k = 7.43\times10^{9}\,dm^3 \cdot mol^{-1} \cdot s^{-1}$。

（2）**活化控制的反应**　若反应活化能较大，反应速率较慢，相对来说扩散较快，则为**活化控制**。在溶剂对反应组分无明显作用的情况下，活化控制的溶液中反应速率与气相中反应速率相似。这是因为：① 溶剂分子对反应组分分子无明显作用，故对活化能影响不大；② 与气体分子的碰撞相比较，由于笼蔽效应的存在，溶液中溶质分子扩散到同一个笼中要慢得多，但是两个反应组分分子一旦遭遇到一起，它们在笼中的重复碰撞则快得多。因此，笼蔽效应总的结果，对碰撞只起到分批的作用，使溶质分子的碰撞一批一批地进行，而对碰撞总数则影响不大。所以，溶液中的一些二级反应（可能是双分子反应）的速率，与按气体碰撞理论的计算值相当接近。溶液中的某些一级反应，如 N_2O_5、Cl_2O 或 CH_2I_2 的分解和蒎烯的异构化反应的速率，也与气相反应速率很相近。如表 9.10.1 所示，N_2O_5 在气相或不同溶剂中的分解速率几乎都相等。

表 9.10.1　N_2O_5 在气相或不同溶剂中分解的速率常数、指前因子及活化能（25 ℃）

溶剂	$k/(10^{-5}\,s^{-1})$	$\lg(A/s^{-1})$	$E_a/(kJ\cdot mol^{-1})$
（气相）	3.38	13.6	103.3
四氯化碳	4.69	13.6	101.3
三氯甲烷	3.72	13.6	102.5
二氯乙烷	4.79	13.6	102.1
硝基甲烷	3.13	13.5	102.5
溴	4.27	13.3	100.4

§9.11　光化学

光化学研究的是物质在光的作用下发生的化学反应——**光化学反应**。如眼睛的感光作用、绿色植物的光合作用、胶片的感光作用、染料的褪色等。通常，光化学所涉及光的波长在 $100\sim1\,000$ nm，即紫外至近红外波段。

一些自发的化学反应可以发光；在光的作用下也可以发生化学反应。热反应的发生依靠热活化，热活化的能量来自热运动，分子的能量服从玻耳兹曼分布，故反应速率受温度影响很大。光化学反应的发生依靠光活化，光活化的能量来自光子，取决于光的波长，由于光活化分子的数目与光的强度成比例，故在足够强的光源下常温时就能达到热活化在高温时的反应速率，所以光化学反应可在低温下进行。反应温度的降低，往往能有效地抑制副反应的发生，若再选用波长适当的光，则可进一步提高反应的选择性。

除了使某些自发的化学反应能进行外，光还可以使某些热力学上不可能的化学反应发生。在叶绿素存在下，CO_2 和 H_2O 发生光合作用生成糖类和 O_2 就是一例。

1. 光化学反应的初级过程、次级过程和猝灭

光化学反应是从物质吸收光子开始的，这称为光化学反应的**初级过程**。在初级过程中，如图 9.11.1 所示，分子或原子吸收适当波长的光子发生电子跃迁而成为激发态。

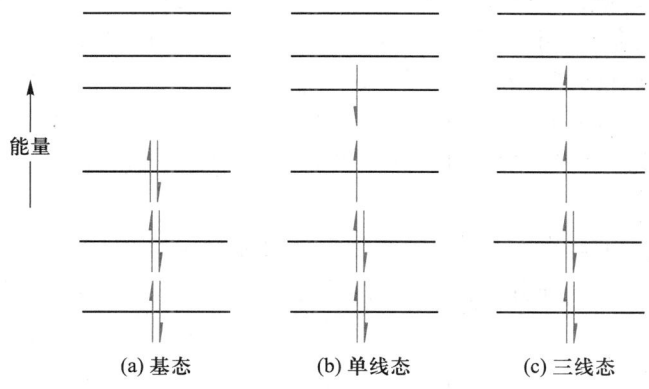

图 9.11.1 分子能级及电子排布示意图

当激发态的两个单电子自旋相反时为单线态,自旋平行时为三线态,三线态的能量低于单线态的能量。根据选择定则,基态向单线态的跃迁为允许的,而向三线态的跃迁为禁阻的,但单线态可以向三线态转化。

例如,

$$Hg + h\nu \longrightarrow Hg^*$$

式中,h 为普朗克常量;ν 为吸收光的频率;$h\nu$ 代表一个光子的能量;Hg^* 代表处于激发态的汞原子。

又如,

$$Br_2 + h\nu \longrightarrow 2Br\cdot$$

表示一个溴分子吸收了一个光子后解离成两个溴原子。

这两个反应均为**初级过程**。

初级过程的产物还将进行一系列的过程,称为**次级过程**。

处于激发态的分子或原子是很不稳定的,其寿命约为 10^{-8} s。若不与其他粒子碰撞,它就会自动地回到基态而放出光子。从单线态返回基态的跃迁发出的光称为**荧光**,波长一般与入射光波长相同,偶尔也有例外。10^{-8} s 是很短的,所以切断光源,荧光立即停止。此外,由于该跃迁为允许的,故荧光的强度较高。但有的被照射物质,在切断光源后仍能继续发光,有时甚至延续长达若干秒或更长时间,这种光称为**磷光**。磷光是由三线态向基态的跃迁引起的,由于该跃迁为禁阻的,故磷光的强度较弱。

若激发态分子与其他分子碰撞,就会将过剩的能量传出,或使被碰分子(或原子)激发,或使相撞分子解离,或与相撞分子反应:

$$Hg^* + Tl \longrightarrow Hg + Tl^*$$

$$Hg^* + H_2 \longrightarrow Hg + 2H\cdot$$

$$Hg^* + O_2 \longrightarrow HgO + \dot{O}$$

当一个反应混合物置于光照之下,若其对光不敏感,则不发生反应。但可以引入能吸收光的分子或原子,使它变为激发态,然后再将能量传给反应物,使反应物活化。能起这样作用的物质叫**光敏物质**或**光敏剂**。

在 Hg^* 和 H_2 的反应中,Hg 蒸气是光敏剂。因为如以 $\lambda = 253.7\ nm$ 的光照射 H_2 并不能使之解离,而这一波长的光却能使 Hg 激发成 Hg^*,激发态的 Hg^* 则可以使 H_2 发生解离。

上述反应产物中的激发态分子、自由原子,还会发生次级过程。

如果激发态分子与其他分子,或与器壁碰撞发生无辐射的失活而回到基态,则称为**猝灭**。例如,

$$A^* + M \longrightarrow A + M$$

A^* 为激发态分子,M 为其他分子或器壁。猝灭使次级反应停止。

初级反应若产生自由原子或自由基,则次级反应将会发生链反应。

2. 光化学定律

(1) 格鲁西斯 – 特拉帕(Grothus – Draper)定律   只有被分子所吸收的光,才能有效地导致光化学变化。该定律常称为**光化学第一定律**。

从图 9.11.1 可知,并非任意波长的光都能被反应物分子吸收,只有分子从基态到激发态所需的能量与光子的能量相匹配,才能导致分子电子能级的跃迁而产生电子激发态,从而引起光化学变化。

(2) 斯塔克 – 爱因斯坦(Stark – Einstein)光化当量定律   在光化学初级过程中,系统每吸收一个光子,则活化一个分子(或原子)。该定律又称为**光化学第二定律**。

按照此定律,在光化学初级过程,要活化 1 mol 分子,需要 1 mol 的光子。波长为 λ 的 1 个光子的能量为 $\varepsilon = h\nu$,因此 1 mol 波长为 λ 的光子的能量为

$$E = Lh\nu = Lhc/\lambda = \left[0.119\,6 \times (\lambda/m)^{-1} \right] J \cdot mol^{-1} \tag{9.11.1}$$

式中,L 为阿伏加德罗常数;c 为光速。

光化当量定律在绝大多数情况下是成立的,但当所用光的强度很高,如在激光照射的情况下,则双光子或多光子吸收的可能性不能忽略。

光化当量定律是光子学说的自然结果。但必须注意,这里只是说吸收一个光子能使一个分子活化,并没有说能使一个分子发生反应。这是因为在初级过程中一个分子活化后,在随后的次级过程中可能引起多个分子发生反应。例如,光引发的链反应,一个分子活化产生自由基后,可能引起一连串的分子发生反应。另外,吸收一个光子而达到电子激发态的活化分子,如果在还没有反应以前就又失去能量返回基态而失活,那么这个被吸收过的光子就没有产生化学变化。因此,一个分子活化,不一定会使一个分子发生反应。也就是说,光化当量定律只能严格地适用于初级过程。

(3) 量子效率和量子产率   由于次级过程的存在,一个光子不一定使一个分子反应,故定义**量子效率**为

$$\varphi = \frac{发生反应的分子数}{被吸收的光子数} = \frac{发生反应的物质的量}{被吸收光子的物质的量} \qquad (9.11.2)$$

某些气相光化学反应的量子效率见表 9.11.1。

表 9.11.1　某些气相光化学反应的量子效率

反应	λ/nm	量子效率	备注
$2NH_3 == N_2 + 3H_2$	210	0.25	随压力而变
$SO_2 + Cl_2 == SO_2Cl_2$	420	1	
$2HI == H_2 + I_2$	207～282	2	在较大的温度压力范围内保持常数
$2HBr == H_2 + Br_2$	207～253	2	
$H_2 + Br_2 == 2HBr$	<600	2	在近 200 ℃(25 ℃时很小)
$3O_2 == 2O_3$	170～253	1～3	近于室温
$CO + Cl_2 == COCl_2$	400～436	$\approx 10^3$	随温度而降,也与反应物压力有关
$H_2 + Cl_2 == 2HCl$	400～436	$\approx 10^6$	随 $p(H_2)$ 及杂质而变

此外,还定义**量子产率**为

$$\varphi = \frac{生成产物 B 的分子数}{被吸收的光子数} = \frac{生成产物 B 的物质的量}{被吸收光子的物质的量} \qquad (9.11.3)$$

对于不同的光化学反应,其量子效率和指定产物 B 的量子产率可能相同,也可能不同。本书中使用量子效率。

通常光化学反应的量子效率 $\varphi \leqslant 1$。量子效率 $\varphi < 1$ 是初级过程吸收光子后产生的激发态分子,在未进一步反应前失活造成的。而量子效率 $\varphi \gg 1$ 的光化学反应表明次级过程是链反应。

例如,HI 的光化学反应机理为

$$HI + h\nu \longrightarrow H\cdot + I\cdot$$

$$H\cdot + HI \longrightarrow H_2 + I\cdot$$

$$2I\cdot + M \longrightarrow I_2 + M$$

吸收 1 mol 光子后使 2 mol HI 反应,故量子效率 $\varphi = 2$。

又如,$H_2 + Cl_2 == 2HCl$ 的反应机理为

$$Cl_2 + h\nu \longrightarrow 2Cl\cdot$$

$$Cl\cdot + H_2 \longrightarrow HCl + H\cdot$$

$$H\cdot + Cl_2 \longrightarrow HCl + Cl\cdot$$

$$2Cl\cdot + M \longrightarrow Cl_2 + M$$

由光引发的此链反应的量子效率 $\varphi \approx 10^6$。

3. 光化学反应的机理与速率方程

首先给出由光化学反应机理推导其速率方程的一般原则。

假设有光化学反应 $A_2 \xrightarrow{h\nu} 2A \cdot$,其机理如下:

① $A_2 + h\nu \xrightarrow{k_1} A_2^*$ (活化)初级过程

② $A_2^* \xrightarrow{k_2} 2A \cdot$ (解离) ⎫
 ⎬ 次级过程
③ $A_2^* + A_2 \xrightarrow{k_3} 2A_2$ (失活) ⎭

初级过程的速率仅取决于吸收光子的速率,即正比于吸收光的强度 I_a,对 A_2 为零级。对激发态分子 A_2^* 应用稳态近似法:

$$\frac{d[A_2^*]}{dt} = k_1 I_a - k_2[A_2^*] - k_3[A_2^*][A_2] = 0$$

解得

$$[A_2^*] = \frac{k_1 I_a}{k_2 + k_3[A_2]} \tag{9.11.4}$$

最终产物 $A \cdot$ 只由解离反应生成,因 k_2 是以 A_2^* 表示的反应速率常数,故

$$\frac{d[A \cdot]}{dt} = 2k_2[A_2^*]$$

将式(9.11.4)代入,得

$$\frac{d[A \cdot]}{dt} = \frac{2k_1 k_2 I_A}{k_2 + k_3[A_2]}$$

吸收光的强度 I_a 表示单位时间、单位体积内吸收光子的物质的量,A_2 的消耗速率为 A 生成速率的二分之一,故此反应的量子效率为

$$\varphi = \frac{1}{I_a}\frac{d[A_2]}{dt} = \frac{1}{2I_a}\frac{d[A \cdot]}{dt} = \frac{k_1 k_2}{k_2 + k_3[A_2]}$$

≫ 例 **9.11.1** 有人曾测得氯仿的光氯化反应

$$CHCl_3 + Cl_2 \xrightarrow{h\nu} CCl_4 + HCl$$

的速率方程为 $\dfrac{d[CCl_4]}{dt} = k\,[Cl_2]^{1/2} I_a^{1/2}$

为解释此速率方程,曾提出如下机理:

$$① \ Cl_2 + h\nu \xrightarrow{k_1} 2Cl\cdot$$

$$② \ Cl\cdot + CHCl_3 \xrightarrow{k_2} Cl_3C\cdot + HCl$$

$$③ \ Cl_3C\cdot + Cl_2 \xrightarrow{k_3} CCl_4 + Cl\cdot$$

$$④ \ 2Cl_3C\cdot + Cl_2 \xrightarrow{k_4} 2CCl_4$$

试按此机理推导机理速率方程,从而证明它与上述经验速率方程一致。

» **解:** 由稳态近似法:

$$\frac{d[Cl\cdot]}{dt} = 2k_1 I_a - k_2[Cl\cdot][CHCl_3] + k_3[Cl_3C\cdot][Cl_2] = 0$$

$$\frac{d[Cl_3C\cdot]}{dt} = k_2[Cl\cdot][CHCl_3] - k_3[Cl_3C\cdot][Cl_2] - 2k_4[Cl_3C\cdot]^2[Cl_2] = 0$$

将上两式相加:

$$2k_1 I_a - 2k_4[Cl_3C\cdot]^2[Cl_2] = 0$$

即

$$[Cl_3C\cdot] = (k_1 I_a/k_4[Cl_2])^{1/2}$$

将此式代入产物 CCl_4 的生成速率方程式:

$$\frac{d[CCl_4]}{dt} = k_3[Cl_3C\cdot][Cl_2] + 2k_4[Cl_3C\cdot]^2[Cl_2]$$

$$= k_3\left(\frac{k_1}{k_4}\right)^{1/2}[Cl_2]^{1/2} I_a^{1/2} + 2k_1 I_a$$

$$= k[Cl_2]^{1/2} I_a^{1/2} + 2k_1 I_a$$

式中,$k = k_3(k_1/k_4)^{1/2}$。若 k_1 很小,上式右边第二项可以忽略,则简化为

$$\frac{d[CCl_4]}{dt} = k[Cl_2]^{1/2} I_a^{1/2}$$

与经验速率方程一致。

§9.12　催化作用的通性

　　存在少量就能显著地加快反应的速率,而本身并不损耗的物质称为**催化剂**。按 IUPAC 的定义,催化剂为不改变反应总的标准摩尔吉布斯函数变而能加速反应速率的物质。有催化剂参与的反应过程称为催化。

　　催化剂是通过参加化学反应来加快反应速率的。有时,某些反应的产物也具有加速反

应的作用,称为**自动催化作用**。通常的化学反应,都是开始时反应速率最大,以后逐渐变慢,而自动催化反应,却随产物的增加而加快,以后由于反应物太少,才逐渐慢下来。例如,在有硫酸存在时高锰酸钾和草酸的反应,产物 $MnSO_4$ 即起到自动催化作用。

催化反应可分为单相催化和多相催化。催化剂与反应物均存在于同一相为单相催化,或称均相催化。例如,酯的水解,加入酸或碱则反应速率加快,就是单相催化。若催化剂在反应系统中自成一相,则为多相催化,或称非均相催化。例如,用固体催化剂来加速液相或气相反应,就是多相催化。多相催化中,尤以气-固相催化应用最广。例如,用铁催化剂将氢与氮合成氨,或用铂催化剂将氨氧化制硝酸,都是气-固相催化反应。

催化作用是很普遍的现象,不但有意加入的催化剂可加快反应的速率,有时一些偶然的杂质、尘埃,甚至容器的表面等,也可能产生催化作用。例如,200 ℃下,在玻璃容器中进行的溴对乙烯的气相加成反应,起初曾认为是单纯的气体反应,后来发现该反应若在较小的玻璃容器中进行,则反应速率加快;若再加入一些小玻璃管或玻璃球,则加速更为显著;若将容器内壁涂上石蜡,反应就几乎停止。这说明该反应是在玻璃表面的催化作用下进行的。

催化剂在现代化学工业中起着关键作用,有 $85\%\sim90\%$ 的化工产品涉及催化过程,尤其在石油的精制、大宗精细化学品的制备、汽车尾气污染减轻等方面其作用不可替代。

1. 催化剂的基本特征

(1) 催化剂参与催化反应,但反应终了时,催化剂的化学性质和数量都不变。例如,过去用铅室法生产硫酸,其中 SO_2 被 O_2 氧化是一个慢过程:

$$① \qquad 2SO_2 + O_2 \longrightarrow 2SO_3$$

当用 NO 作为催化剂时,可以适当速率发生反应。其机理为

$$② \qquad 2NO + O_2 \longrightarrow 2NO_2$$
$$③ \qquad NO_2 + SO_2 \longrightarrow NO + SO_3$$

催化剂 NO 参与了反应,但反应终了时又生成 NO,其化学性质和数量均没有发生变化。② + 2×③ = ①。

(2) 催化剂只能缩短达到平衡的时间,而不能改变平衡状态。任何自发的化学反应都有一定的推动力,在恒温恒压下,该反应的推动力就是化学亲和势 $A = -\Delta G$。催化剂既然在反应前后没有变化,所以从热力学上看,催化剂的存在与否不会改变反应系统的始末状态,当然不会改变 ΔG。所以,催化剂只能使 $\Delta G < 0$ 的反应加速进行,直到 $\Delta G = 0$,即反应达到平衡为止。但是它不能改变平衡状态,不能使已达平衡的反应继续进行,以致超过平衡转化率。

这一特征还说明,催化剂不能改变平衡常数 K,而 $K = k_1/k_{-1}$,所以,能加速正反应速率的催化剂,也必定能加速逆反应速率。如加速氨分解为 N_2 和 H_2 的催化剂,也必定是 N_2 和 H_2 合成氨的催化剂;加氢反应的优良催化剂必定也是脱氢反应的优良催化剂。这一规律为寻找催化剂的实践提供了很大的方便,例如,合成氨反应需要高压,因此,可以在常压下用氨的分解实验来寻找合成氨的催化剂。

（3）催化剂不改变反应系统的始末状态，如果反应在恒容或恒压下进行，自然也不会改变反应热。这一特点可以方便地用来在较低温度下测定反应热。许多非催化反应常需在高温下测定反应热，在有适当催化剂时，则可在接近常温下进行测定，这显然比高温下测定要容易得多。

（4）催化剂对反应的加速作用具有选择性。例如，250 ℃时乙烯与空气中的氧可能进行如下三个平行反应：

$$① \; H_2C = CH_2 + \frac{1}{2}O_2 \longrightarrow \underset{\text{O}}{H_2C-\!\!\!\!\triangle\!\!\!\!-CH_2} \qquad K_1^{\ominus} = 1.6 \times 10^6$$

$$② \; H_2C = CH_2 + \frac{1}{2}O_2 \longrightarrow CH_3CHO \qquad K_2^{\ominus} = 6.3 \times 10^{18}$$

$$③ \; H_2C = CH_2 + 3O_2 \longrightarrow 2CO_2 + 2H_2O \qquad K_3^{\ominus} = 4.0 \times 10^{130}$$

从热力学上看，三个反应的 $K^{\ominus}$ 都很大，都是自发反应，不过从 $K^{\ominus}$ 的数值可知，三个反应的热力学推动力，以反应③为最大，②次之，①最小。但是，若用银催化剂，则只选择性地加速反应①而主要得到环氧乙烷。若用钯催化剂，则只选择性地加速反应②而主要得到乙醛。

同样，对于连串反应，选用适当的催化剂，可使反应停留在某一步或某几步上，而得到所希望的产品。

可见催化剂的选择性在实际应用上是很可贵的，它是决定化学反应在动力学上竞争的重要手段。工业上常用下式来定义选择性：

$$选择性 = \frac{转化为目标产品的原料量}{原料总的转化量} \times 100\%$$

对于合成氨来说，因无副反应，已转化的原料都生成了氨，所以选择性为 100%。

2. 催化反应的一般机理及速率常数

催化剂的加入能加快反应速率主要是因为催化剂与反应物生成不稳定的中间化合物，改变了反应途径，降低了表观活化能，或增大了表观指前因子。由于活化能在阿伦尼乌斯方程的指数项上，所以活化能的降低对反应的加速尤为显著。

假设催化剂 K 能加速 A + B $\longrightarrow$ AB 反应，若其机理为

$$A + K \underset{k_{-1}}{\overset{k_1}{\rightleftharpoons}} AK \qquad (快速平衡)$$

$$AK + B \overset{k_2}{\longrightarrow} AB + K \qquad (慢)$$

对对行反应应用平衡态近似法，则

$$\frac{k_1}{k_{-1}} = K_c = \frac{c_{AK}}{c_A c_K} \qquad (9.12.1)$$

故
$$c_{AK} = \frac{k_1}{k_{-1}} c_A c_K \qquad (9.12.2)$$

总反应速率为

$$\frac{dc_{AB}}{dt} = k_2 c_{AK} c_B \tag{9.12.3}$$

将式(9.12.2)代入式(9.12.3),得

$$\frac{dc_{AB}}{dt} = k_2 \frac{k_1}{k_{-1}} c_K c_A c_B = k c_A c_B \tag{9.12.4}$$

所以

$$k = k_2 \frac{k_1}{k_{-1}} c_K \tag{9.12.5}$$

3. 催化反应的活化能

将式(9.12.5)中各基元反应的速率常数用阿伦尼乌斯方程 $k_i = A_i e^{-E_i/(RT)}$ 表示,则得

$$k = A_2 \frac{A_1}{A_{-1}} c_K e^{-(E_1 - E_{-1} + E_2)/(RT)} = A c_K e^{-E/(RT)} \tag{9.12.6}$$

式中,$A = A_1 A_2 / A_{-1}$ 为表观指前因子。由式(9.12.6)可以看出总反应的表观活化能 E 与各基元反应活化能 E_i 的关系为

$$E = E_1 - E_{-1} + E_2$$

上述机理可用能峰示意图表示,如图 9.12.1 所示。图中,非催化反应要克服一个高的能峰,活化能为 E_0。在催化剂 K 参与下,反应途径改变,只需翻越两个小的能峰,这两个小能峰总的表观活化能 E 为 E_1、E_{-1} 与 E_2 的代数和。因此,只要催化反应的表观活化能 E 小于非催化反应的活化能 E_0,则在指前因子变化不大的情况下,反应速率显然是要增加的。

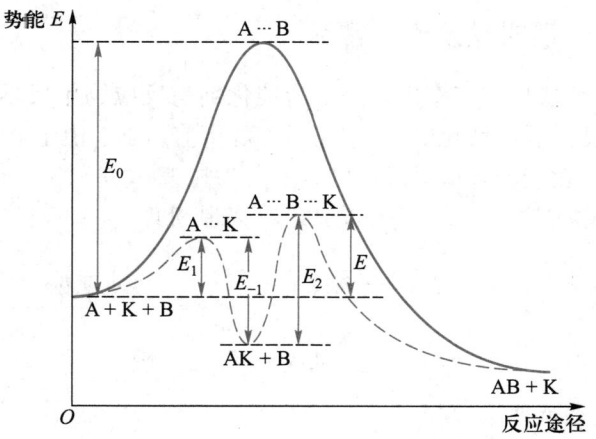

图 9.12.1　活化能与反应途径示意图

由这个机理并结合图 9.12.1 可以推想,催化剂应易于与反应物作用,即 E_1 要小;但二者的中间化合物 AK 不应太稳定,即 AK 的能量不应太低,否则下一步反应的活化能 E_2 就

要增大,而不利于反应进行到底。因此,那些不易与反应物作用,或虽能作用但将生成稳定中间化合物的物质,不能成为催化剂。

从上述例子可以看出,相对于非催化反应,催化剂提供了一种能量上有利的反应机理,从而使得反应能在工业上可行的压力和温度下进行。

催化反应的机理是复杂而多样的,上述机理只是示意地说明催化剂通过改变反应途径,降低活化能,从而加速反应的进行。

有趣的事实是,有时在活化能相差不大的情况下,催化反应的速率却有很大的差别。如甲酸的分解反应:

$$HCOOH \longrightarrow H_2 + CO_2$$

在不同催化剂表面上,其分解反应速率相差很大,见表 9.12.1。

表 9.12.1　甲酸在不司催化剂表面上的分解反应速率

催化剂表面	活化能/$(kJ \cdot mol^{-1})$	相对速率
玻璃	102	1
金	98	40
银	130	40
铂	92	2 000
铑	104	10 000

甲酸在玻璃或铑上的活化能几乎相等,而反应速率相差 10 000 倍。这可能是铑的单位表面上的活性中心大大超过玻璃的,而使两者的表观指前因子相差悬殊所造成的。

本章小结

化学热力学研究一个过程进行的方向与限度,而不考虑该过程进行的快慢。化学动力学则研究变化的快慢即速率问题。

本章讨论了反应速率方程的微分表达式、各级反应速率方程的积分形式,并从速率常数的单位、浓度相关量和与时间相关量之间的直线关系及反应的半衰期等讨论了各级反应的特征;讨论了通过实验测定反应级数的尝试法、半衰期法、初始速率法和隔离法;讨论了反应速率常数与温度之间的关系,即阿伦尼乌斯方程,并通过该方程研究了反应活化能对反应速率的影响;对简单的复合反应(一级对行反应、一级平行反应及一级连串反应)进行了研究,讨论了这些反应的特征;介绍了反应机理,并讨论了根据机理如何应用控制步骤法、平衡态近似法及稳态近似法等近似方法推导反应的速率方程;简单介绍了气相反应的碰撞理论及过渡状态理论。

本章还对链反应、溶液中的反应、光化学、催化作用的通性等给予了简单介绍。

概念题

1. 反应 $aA + bB + \cdots \longrightarrow xX + yY + \cdots$ 的反应速率 $v($　　$)$（填入　$\geqslant 0$、<0、不确定）；用 v_A 表示 A 组分的消耗速率，对于非依时计量学反应有 $v_A($　　$)v$（填入　$>$、$<$、$=$、不确定）。

2. 从反应机理推导出的速率方程与实验得到的速率方程相同是所提出反应机理正确的（　　）条件而非（　　）条件。（填入　充分、必要）

3. 基元反应 $A + 2B \longrightarrow C + D$ 的反应分子数为（　　）；速率方程为（　　）；$c_{B,0} = 2c_{A,0}$ 时反应的半衰期 $t_{1/2} = ($　　$)$；反应的阿伦尼乌斯活化能 $E_a($　　$)0$。

4. 一反应进行一次，其反应机理中某一基元反应 $aA + bB + \cdots \longrightarrow xX + yY + \cdots$ 进行两次。（1）该基元反应在反应机理中出现（　　）次；（2）该基元反应不能写作 $2aA + 2bB + \cdots \longrightarrow 2xX + 2yY + \cdots$，原因是（　　）。

5. 对非基元、非依时计量学反应，反应速率方程必须通过（　　）确定。若非基元反应的反应速率方程为 $v = kc_A^{n_A} c_B^{n_B} \cdots$，则反应级数 n 等于（　　），组分的分级数（　　）小于零（填入　可以、不可以）；非基元反应的表观活化能 $E_a($　　$)$ 小于零（填入　可以、不可以）。

6. 气相反应 $aA \longrightarrow$ 产物的反应速率既可用浓度又可用压力表示。用浓度和压力表示时反应的半衰期分别为 $t_{c,1/2}$ 和 $t_{p,1/2}$，则有 $t_{c,1/2}($　　$)t_{p,1/2}$。（填入　$>$、$<$、$=$）

7. 如果要对反应：$2H_2(g) + O_2(g) \longrightarrow 2H_2O(g)$ 定义半衰期，要求（　　）。

8. 反应的半衰期公式

$$t_{1/2} = \frac{2^{n-1} - 1}{(n-1)k_A c_{A,0}^{n-1}}$$

适用于其速率方程形如（　　）的反应，其中反应级数 n 为（　　）。（填入　整数、任意实数、不为 1 的任意实数）

9. 若非依时计量学反应 $aA + bB + \cdots \longrightarrow xX + yY + \cdots$ 的速率方程为 $v = kc_A^\alpha c_B^\beta \cdots$，当（　　）时，方程可化简为 $v = k'c_A^n$ 的形式。速率方程的积分形式为（　　）；利用从某一 $c_{A,0}$ 开始测定的一组 $c_A - t$ 数据（　　）（填入　能够、不能够）用半衰期法确定反应的级数。

10. 对气相反应：$2N_2O_5(g) \longrightarrow 4NO_2(g) + O_2(g)$，实验测得 $-d[N_2O_5]/dt = k_1[N_2O_5]$，$d[NO_2]/dt = k_2[N_2O_5]$，$d[O_2]/dt = k_3[N_2O_5]$，有 $k_1 : k_2 : k_3 = ($　　$)$。

11. 非光化学零级反应 $aA \longrightarrow$ 产物的速率方程为 $v = kc_A^0$，因为反应速率与 A 的浓度无关，因此反应物 A（　　）反应（填入　参与、不参与）；该反应一定（　　）基元反应（填入　是、不是），其速率常数 k 的单位是（　　）。

12. 某温度 T 下气相反应 $aA \longrightarrow$ 产物的速率常数 $k = 1.25 \times 10^{-3}$ $dm^3 \cdot mol^{-1} \cdot s^{-1}$，当 A 的转化率 x_A 为 50% 和 75% 所用时间分别为 t_1 和 t_2，有 $t_2/t_1 = ($　　$)$。

13. 反应 $\frac{1}{2}A + B \longrightarrow C$ 的级数为 n_1，反应速率常数为 k_1，A 的消耗速率常数为 $k_{A,1}$，则反应 $A + 2B \longrightarrow 2C$ 的级数 $n_2 = ($　　$)$，反应速率常数 $k_2 = ($　　$)$，A 的消耗速率常数 $k_{A,2} = ($　　$)$。

14. 对一级平行反应 A $\underset{k_2}{\overset{k_1}{\longrightarrow}}$ $\begin{matrix} B \\ C \end{matrix}$ ，从动力学数据 t、c_A 能够得到（　　），要想得到两个反应的

速率常数 k_1 和 k_2 还需要（　　）数据。

15. 实验得到理想气体反应 $aA \longrightarrow$ 产物的速率方程为 $-dp_A/dt = k_p p_A^n$，温度 T_1、T_2 时反应的速率常数分别为 $k_p(T_1)$ 和 $k_p(T_2)$。若在 $T_1 \sim T_2$ 温度范围内活化能 E_a 为常数，则 $E_a =$（　　）。

*16. $Cl_2(g)$、$H_2(g)$ 的键能分别为 $242.85\ kJ \cdot mol^{-1}$ 和 $435.78\ kJ \cdot mol^{-1}$。用 $480\ nm$ 的光照射 $Cl_2(g)$ 和 $H_2(g)$ 的混合物，发生反应 $Cl_2(g) + H_2(g) \xrightarrow{h\nu} 2HCl(g)$。（1）该反应中量子效率是基于组分（　　）计算的；（2）该光化学反应的量子效率约为 1×10^6，因此其一定是（　　）反应。

17. 催化剂能够加速反应的进行，原因是（　　）；催化剂在总反应式中不出现，反应的速率方程中（　　）出现催化剂的浓度（填入　可以、不可以）。

18. 对某反应提出下列机理：

$$A + B \Longrightarrow O$$
$$O + F \longrightarrow P + E$$
$$P + C \longrightarrow D + E + F$$

该反应的总反应式为（　　），反应物为（　　），产物为（　　），中间物为（　　），催化剂为（　　）。

习题

9.1　气相反应 $SO_2Cl_2(g) \longrightarrow SO_2(g) + Cl_2(g)$ 在 $320\ ℃$ 时的速率常数 $k = 2.2 \times 10^{-5}\ s^{-1}$。在 $320\ ℃$ 下加热 $90\ min$，SO_2Cl_2 的分解分数 α 为多少？

答：0.112

9.2　某一级反应 $A \longrightarrow B$ 的半衰期为 $10\ min$。求 $1\ h$ 后剩余 A 的摩尔分数。

答：$0.015\ 6$

9.3　某一级反应进行 $10\ min$ 后，反应物反应掉 30%。反应掉 50% 需多少时间？

答：$19.4\ min$

9.4　对于一级反应，试证明转化率达到 87.5% 所需时间为转化率达到 50% 所需时间的 3 倍。对于二级反应又应为多少？

答：7

9.5　偶氮甲烷(CH_3NNCH_3)气体的分解反应

$$CH_3NNCH_3(g) \longrightarrow C_2H_6(g) + N_2(g)$$

为一级反应。在 $287\ ℃$ 的真空密闭恒容容器中充入初始压力为 $21.332\ kPa$ 的偶氮甲烷气体，反应进行 $1\ 000\ s$ 时测得系统的总压为 $22.732\ kPa$，求速率常数 k 及半衰期 $t_{1/2}$。

答：$6.79 \times 10^{-5}\ s^{-1}$，$1.02 \times 10^4\ s$

9.6　某一级反应 $A \longrightarrow$ 产物，初始反应速率为 $1 \times 10^{-3}\ mol \cdot dm^{-3} \cdot min^{-1}$，$1\ h$ 后反应速率为 $0.25 \times 10^{-3}\ mol \cdot dm^{-3} \cdot min^{-1}$。求 k、$t_{1/2}$ 和初始浓度 $c_{A,0}$。

答：$k = 0.023\ 1\ min^{-1}$，$t_{1/2} = 30\ min$，$c_{A,0} = 0.043\ 3\ mol \cdot dm^{-3}$

9.7　现在的天然铀矿中 $^{238}U/^{235}U = 139.0/1$。已知 ^{238}U 蜕变反应的速率常数为 $1.520 \times 10^{-10}\ a^{-1}$，$^{235}U$ 蜕变反应的速率常数为 $9.72 \times 10^{-10}\ a^{-1}$。问在 20 亿年($2 \times 10^9\ a$)前，$^{238}U/^{235}U$ 等于多少？（a 是时间单位年的符号。）

答：$26.96 : 1$

9.8 某二级反应 $A(g) + B(g) \longrightarrow 2D(g)$ 在恒温恒容的条件下进行。当反应物的初始浓度为 $c_{A,0} = c_{B,0} = 0.2 \ mol \cdot dm^{-3}$ 时,反应的初始速率为 $-(dc_A/dt)_{t=0} = 5 \times 10^{-2} \ mol \cdot dm^{-3} \cdot s^{-1}$,求反应速率常数 k_A 及 k_D。

$$答: k_A = 1.25 \ dm^3 \cdot mol^{-1} \cdot s^{-1}, k_D = 2.50 \ dm^3 \cdot mol^{-1} \cdot s^{-1}$$

9.9 溶液反应 $S_2O_8^{2-} + 2Mo(CN)_8^{4-} \longrightarrow 2SO_4^{2-} + 2Mo(CN)_8^{3-}$ 的速率方程为

$$-\frac{d[Mo(CN)_8^{4-}]}{dt} = 2k[S_2O_8^{2-}][Mo(CN)_8^{4-}]$$

在 20 ℃下,若反应开始时只有两反应物,且其初始浓度依次为 0.01 mol·dm^{-3}、0.02 mol·dm^{-3},反应 26 h 后,测得 $[Mo(CN)_8^{4-}] = 0.015\ 62 \ mol \cdot dm^{-3}$,求 k。

$$答: k = 0.539\ 2 \ mol^{-1} \cdot dm^3 \cdot h^{-1}$$

9.10 已知 NO 与 H_2 可进行如下化学反应:

$$2NO(g) + 2H_2(g) \longrightarrow N_2(g) + 2H_2O \cdot (g)$$

在一定温度下,某密闭容器中等摩尔比的 NO 与 H_2 混合物在不同初始压力下的半衰期如下:

$p_总/kPa$	50.0	45.4	38.4	32.4	26.9
$t_{1/2}/min$	95	102	140	176	224

求反应的总级数 n。

$$答: 2.5$$

9.11 在 500 ℃及初始压力 101.325 kPa 下,某碳氢化合物发生气相分解反应的半衰期为 2 s。若初始压力降为 10.133 kPa,则半衰期增加为 20 s。求反应速率常数 k。

$$答: 4.93 \times 10^{-6} \ Pa^{-1} \cdot s^{-1}$$

9.12 恒温恒容条件下发生某化学反应:$2AB(g) \longrightarrow A_2(g) + B_2(g)$。当 $AB(g)$ 的初始浓度分别为 0.02 mol·dm^{-3} 和 0.2 mol·dm^{-3} 时,反应的半衰期分别为 125.5 s 和 12.55 s。求该反应的级数 n 及反应速率常数 k_{AB}。

$$答: 2, 0.398\ 4 \ dm^3 \cdot mol^{-1} \cdot s^{-1}$$

9.13 某溶液中反应 $A + B \longrightarrow C$,开始时反应物 A 与 B 的物质的量相等,没有产物 C。1 h 后 A 的转化率为 75%,则 2 h 后 A 尚有多少未反应? 假设:

(1) 反应对 A 为一级,对 B 为零级;

(2) 反应对 A、B 皆为一级。

$$答: (1) \ 6.25\%; (2) \ 14.3\%$$

9.14 反应 $A + 2B \longrightarrow D$ 的速率方程为 $-\dfrac{dc_A}{dt} = kc_Ac_B$,25 ℃时 $k = 2 \times 10^{-4} \ dm^3 \cdot mol^{-1} \cdot s^{-1}$。

(1) 若初始浓度 $c_{A,0} = 0.02 \ mol \cdot dm^{-3}$,$c_{B,0} = 0.04 \ mol \cdot dm^{-3}$,求 $t_{1/2}$;

(2) 若将过量的挥发性固体反应物 A 与 B 装入 5 dm^3 密闭容器中,则 25 ℃时 0.5 mol A 转化为产物需多长时间? 已知 25 ℃时 A 和 B 的饱和蒸气压分别为 10 kPa 和 2 kPa。

$$答: (1) \ 1.25 \times 10^5 \ s; (2) \ 1.54 \times 10^8 \ s$$

9.15 65 ℃时 N_2O_5 气相分解的反应速率常数为 $k_1 = 0.292 \ min^{-1}$,活化能为 $E_a = 103.3 \ kJ \cdot mol^{-1}$,求 80 ℃时的 k_2 及 $t_{1/2}$。(在题给的温度范围内可认为 E_a 为常数。)

$$答: 1.39 \ min^{-1}, 0.499 \ min$$

9.16 双光气分解反应 $ClCOOCCl_3(g) \longrightarrow 2COCl_2(g)$ 为一级反应。将一定量双光气迅速引入一个

280 ℃的容器中,751 s 后测得系统的压力为 2.710 kPa;经过长时间反应完了后系统压力为 4.008 kPa。305 ℃时重复上述实验,经 320 s 系统压力为 2.838 kPa;反应完了后系统压力为 3.554 kPa。求活化能(假设活化能不随温度变化)。

答:169.31 kJ·mol^{-1}

9.17 反应 A(g) $\underset{k_{-1}}{\overset{k_1}{\rightleftharpoons}}$ B(g) + C(g) 中,k_1 和 k_{-1} 在 25 ℃时分别为 0.20 s^{-1} 和 3.947 7 × 10^{-3} MPa^{-1}·s^{-1},在 35 ℃时二者皆增为 25 ℃时的 2 倍。试求:

(1) 25 ℃时的反应标准平衡常数 $K^{\ominus}$;

(2) 正、逆反应的活化能及 25 ℃时的反应热;

(3) 若上述反应在 25 ℃的恒容条件下进行,且 A 的初始压力为 100 kPa。若要使总压力达到 152 kPa,则需要反应多长时间?

答:(1) 506.6;(2) 52.95 kJ·mol^{-1},55.47 kJ·mol^{-1},− 2.52 kJ·mol^{-1};(3) 3.67 s

9.18 在 80%的乙醇溶液中,1-氯-1-甲基环庚烷的水解为一级反应。测得不同温度 t 下的 k 如下:

$t/℃$	0	25	35	45
k/s^{-1}	1.06×10^{-5}	3.19×10^{-4}	9.86×10^{-4}	2.92×10^{-3}

求活化能 E_a 和指前因子 A。

答:E_a = 90.32 kJ·mol^{-1},A = 2.03×10^{12}

9.19 在气相中,异丙烯基烯丙基醚(A)异构化为烯丙基丙酮(B)是一级反应。其反应速率常数 k 与热力学温度 T 的关系为

$$k = 5.4×10^{11} \text{ s}^{-1} \exp[-122.5 \text{ kJ·mol}^{-1}/(RT)]$$

150 ℃时,由 101.325 kPa 的 A 开始,需多长时间 B 的分压可达到 40.023 kPa?

答:1 233.1 s

9.20 某药物分解反应的速率常数与温度的关系为

$$\ln(k/\text{h}^{-1}) = -\frac{8\,938}{T/\text{K}} + 20.40$$

(1) 在 30 ℃时,药物第一小时的分解率是多少?

(2) 若此药物分解 30%时即认为失效,那么药物在 30 ℃下保存的有效期为多长时间?

(3) 欲使有效期延长到两年以上,则保存温度不能超过多少?

答:(1) 1.135×10^{-4};(2) 3.143×10^3 h;(3) 13.31 ℃

9.21 某一级对行反应 A $\underset{k_{-1}}{\overset{k_1}{\rightleftharpoons}}$ B(g)的速率常数、平衡常数与温度的关系式分别为

$$\ln(k_1/\text{s}^{-1}) = -\frac{4\,605}{T/\text{K}} + 9.210$$

$$\ln K = \frac{4\,605}{T/\text{K}} - 9.210$$

$$K = \frac{k_1}{k_{-1}}$$

且 $c_{A,0}$ = 0.5 mol·dm^{-3},$c_{B,0}$ = 0.05 mol·dm^{-3}。试计算:

(1) 逆反应的活化能；

(2) 400 K 下，反应 10 s 时 A、B 的浓度 c_A、c_B；

(3) 400 K 下，反应达平衡时 A、B 的浓度 $c_{A,e}$、$c_{B,e}$。

答：(1) 76.57 kJ·mol^{-1}；(2) 0.2 mol·dm^{-3}，0.35 mol·dm^{-3}；

(3) 0.05 mol·dm^{-3}，0.5 mol·dm^{-3}

9.22 某反应由相同初始浓度开始到转化率达 20% 所需时间，在 40 ℃时为 15 min，60 ℃时为 3 min。试计算此反应的活化能。

答：69.80 kJ·mol^{-1}

9.23 溶液中某光化学活性卤化物的消旋作用如下：

$$R_1R_2R_3CX(右旋) \rightleftharpoons R_1R_2R_3CX(左旋)$$

在正、逆方向上皆为一级反应，且反应速率常数相等。若原始反应物为纯右旋物质，反应速率常数为 1.9×10^{-6} s^{-1}。试求：

(1) 右旋物质转化 10% 所需时间；

(2) 24 h 后的转化率。

答：(1) 978.7 min；(2) 14%

9.24 一级对行反应为 $A(g) \underset{k_{-1}}{\overset{k_1}{\rightleftharpoons}} B(g)$。

(1) 达到 $\dfrac{c_{A,0}+c_{A,e}}{2}$ 所需时间为半衰期 $t_{1/2}$，试证 $t_{1/2} = \dfrac{\ln 2}{k_1+k_{-1}}$；

(2) 若初始速率为每分钟消耗 A 0.2%，平衡时有 80% 的 A 转化为 B，求 $t_{1/2}$。

答：(2) 277.3 min

9.25 高温下乙酸分解反应如下：

$$CH_3COOH(A) \begin{cases} \overset{k_1}{\longrightarrow} CH_4(B)+CO_2 \\ \overset{k_2}{\longrightarrow} H_2C{=}CO(C)+H_2O \end{cases}$$

在 1 089 K 时，$k_1 = 3.74$ s^{-1}，$k_2 = 4.65$ s^{-1}。

(1) 试计算乙酸反应掉 99% 所需的时间；

(2) 当乙酸全部分解时，在给定温度下能够获得乙烯酮的最大产量是多少？

答：(1) 0.55 s；(2) $0.554c_{A,0}$

9.26 对于平行反应：

$$A \begin{cases} \overset{k_1}{\longrightarrow} B, \ E_{a,1} \\ \overset{k_2}{\longrightarrow} C, \ E_{a,2} \end{cases}$$

若总反应的活化能为 E_a，试证明：

$$E_a = \frac{k_1E_{a,1}+k_2E_{a,2}}{k_1+k_2}$$

9.27 气相反应 $A_2(g) + B_2(g) \overset{k}{\longrightarrow} 2AB(g)$ 对 A_2 和 B_2 均为一级。现在一个含有过量固体 $A_2(s)$ 的反应器中充入 50.663 kPa 的 $B_2(g)$。已知 673.2 K 时该反应的速率常数 $k = 9.868\times10^{-9}$ kPa^{-1}·s^{-1}，$A_2(s)$ 的饱和蒸气压为 121.59 kPa［假设 $A_2(s)$ 与 $A_2(g)$ 处于快速平衡］，且没有逆反应。

(1) 计算所加入的 $B_2(g)$ 反应掉一半所需要的时间；

(2) 验证下述机理符合二级反应速率方程。

$$A_2(g) \underset{k_{-1}}{\overset{k_1}{\rightleftharpoons}} 2A \cdot \qquad (快速平衡, K = k_1/k_{-1})$$

$$B_2(g) + 2A \cdot \overset{k_{-1}}{\longrightarrow} 2AB(g) \qquad (慢)$$

答：(1) 5.777×10^5 s

9.28 若反应 $A_2 + B_2 \longrightarrow 2AB$ 有如下机理，求各机理以 v_{AB} 表示的速率方程。

(1) $A_2 \overset{k_1}{\longrightarrow} 2A$(慢)，$B_2 \overset{K_2}{\rightleftharpoons} 2B$(快速平衡，$K_2$ 很小)

$$A + B \overset{k_3}{\longrightarrow} AB(快)(k_1 为以 c_A 变化表示的反应速率常数)$$

(2) $A_2 \overset{K_1}{\rightleftharpoons} 2A$，$B_2 \overset{K_2}{\rightleftharpoons} 2B$(皆为快速平衡，$K_1$、$K_2$ 很小)

$$A + B \overset{k_3}{\longrightarrow} AB(慢)$$

(3) $A_2 + B_2 \overset{k_1}{\longrightarrow} A_2B_2$(慢)

$$A_2B_2 \overset{k_2}{\longrightarrow} 2AB(快)$$

答：(1) $v_{AB} = k_1 c_{A_2}$；(2) $v_{AB} = k c_{A_2}^{1/2} c_{B_2}^{1/2}$，其中 $k = k_3 K_1^{1/2} K_2^{1/2}$；
(3) $v_{AB} = 2k_1 c_{A_2} c_{B_2}$

9.29 气相反应 $H_2 + Cl_2 \longrightarrow 2HCl$ 的机理为

$$Cl_2 + M \overset{k_1}{\longrightarrow} 2Cl \cdot + M$$

$$Cl \cdot + H_2 \overset{k_2}{\longrightarrow} HCl + H \cdot$$

$$H \cdot + Cl_2 \overset{k_3}{\longrightarrow} HCl + Cl \cdot$$

$$2Cl \cdot + M \overset{k_4}{\longrightarrow} Cl_2 + M$$

试证：

$$\frac{dc(HCl)}{dt} = 2k_2 \left(\frac{k_1}{k_4}\right)^{1/2} c(H_2) c^{1/2}(Cl_2)$$

9.30 有氧存在时，臭氧的分解机理为

$$O_3 \underset{k_{-1}}{\overset{k_1}{\rightleftharpoons}} O_2 + \dot{O} \qquad (快速平衡)$$

$$\dot{O} + O_3 \overset{k_2}{\underset{E_{a,2}}{\longrightarrow}} 2O_2 \qquad (慢)$$

其中，$k_{-1} \gg k_2$。

(1) 分别导出用 O_3 分解速率和 O_2 生成速率所表示的速率方程，并指出二者关系；

(2) 已知 25 ℃ 臭氧分解反应的表观活化能为 119.2 kJ·mol^{-1}，O_3 和 $\dot{O}$ 的摩尔生成焓分别为 142.7 kJ·mol^{-1} 和 249.17 kJ·mol^{-1}，求上述第二步反应的活化能。

答：(1) $v(O_3) = \dfrac{2k_1 k_2 c^2(O_3)}{k_{-1} c(O_2) + k_2 c(O_3)}$，$v(O_2) = \dfrac{3k_1 k_2 c^2(O_3)}{k_{-1} c(O_2) + k_2 c(O_3)}$；(2) 15.21 kJ·mol^{-1}

9.31 乙醛气相热分解为二级反应，活化能为 190.4 kJ·mol^{-1}，乙醛分子的直径为 5×10^{-10} m。

(1) 试计算 101.325 kPa，800 K 下的分子碰撞数；

(2) 计算 800 K 时以乙醛浓度变化表示的反应速率常数 k。

答:(1) $2.899 \times 10^{34} \, m^{-3} \cdot s^{-1}$;(2) $0.252 \, 7 \, dm^3 \cdot mol^{-1} \cdot s^{-1}$

9.32　计算每摩尔波长为 85 nm 的光子所具有的能量。

答:$1.407 \times 10^6 \, J \cdot mol^{-1}$

9.33　在波长为 214 nm 的光照射下,发生下列反应:

$$HN_3 + H_2O \xrightarrow{h\nu} N_2 + NH_2OH$$

当吸收光的强度 $I_a = 0.055 \, 9 \, J \cdot dm^{-3} \cdot s^{-1}$,照射 39.38 min 后,测得 $c(N_2) = c(NH_2OH) = 24.1 \times 10^{-5} \, mol \cdot dm^{-3}$。求量子效率。

答:1.02

第十章 胶体化学

胶体化学是物理化学的一个重要分支。它所研究的领域是化学、物理学、材料科学、生物化学等诸学科的交叉与重叠。胶体化学所研究的主要对象是高度分散的多相系统。把一种或几种物质分散在一种介质中所构成的系统,称为**分散系统**。被分散的物质称为**分散相**,而另一种呈连续分布的物质称为**分散介质**。根据分散相粒子的大小,分散系统可分为真溶液、粗分散系统和胶体系统。

真溶液 当被分散物质以分子、原子或离子(质点直径 $d<1$ nm)形式均匀地分散在分散介质中时,形成的系统即为**真溶液**。它分固态溶液、液态溶液和气态溶液(即混合气体)。通常所说的真溶液是指液态真溶液,如乙醇或氯化钠的水溶液等。很显然,真溶液为均相系统,溶质、溶剂间不存在相界面,且不会自动分离成两相,为热力学稳定系统。常表现为透明、不发生光散射、溶质扩散快、溶质和溶剂均可透过半透膜等。

粗分散系统 分散相粒子直径 $d>1\,000$ nm 的分散系统即为**粗分散系统**。它包括悬浮液、乳状液、泡沫、粉尘等。这样的系统中,分散相和分散介质间有明显的相界面,分散相粒子易自动发生聚集而与分散介质分开,因为多相,它为热力学不稳定系统,且表现为不透明、浑浊、分散相不能透过滤纸等特征。

胶体系统 分散相粒子直径 d 介于 $1\sim1\,000$ nm 的高度分散系统即为**胶体系统**。这里分散相可以是由许多原子或分子(通常 $10^3\sim10^6$ 个)组成的有相界面的粒子,也可以是没有相界面的大分子或胶束,前者称为溶胶,后者称为高分子溶液或缔合胶体。

(1)溶胶 分散相粒子很小,且分散相与分散介质间有很大的相界面、很高的界面能,因而溶胶是热力学不稳定系统。高度分散性、多相性和热力学不稳定性是溶胶的基本特征。这些特征决定了它有许多不同于真溶液和粗分散系统的性质,如光散射等,本章后面将予以详细介绍。

(2)高分子溶液 被分散物质的分子大小虽然已经达到 $1\sim1\,000$ nm,但由于不存在相界面,且不会自动发生聚沉,因而属于均相热力学稳定系统。高分子溶液也称为亲液胶体(没有相界面,分散相以分子形式溶解,与分散介质间亲和力较强),而溶胶则称为憎液胶体(有相界面,分散相和分散介质间亲和力较弱)。

(3)缔合胶体 分散相是由表面活性剂缔合形成的胶束。通常以水作为分散介质,胶束中表面活性剂的亲油基团向内,亲水基团向外,分散相与分散介质之间有很好的亲和性,因此也是一类均相的热力学稳定系统。

为了便于比较,将上述依据分散相分散程度,即分散相粒子大小进行分类的几种情况以列表形式给出(见表 10.0.1)。

表 10.0.1 分散系统分类(按分散相粒子大小)

类型		分散相粒子直径/nm	分散相	性质	实例
真溶液	分子溶液离子溶液等	<1	小分子、离子、原子[①]	均相,热力学稳定系统,扩散快、能透过半透膜,形成真溶液	氯化钠或乙醇的水溶液、混合气体等
胶体系统	溶胶	1~1 000	胶体粒子	多相,热力学不稳定系统,扩散慢、不能透过半透膜,形成胶体	金溶胶、氢氧化铁溶胶
	高分子溶液	1~1 000	高(大)分子[①]	均相,热力学稳定系统,扩散慢、不能透过半透膜	聚乙烯醇水溶液
	缔合胶体	1~1 000	胶束	均相,热力学稳定系统,胶束扩散慢、不能透过半透膜	表面活性剂水溶液(c>cmc)
粗分散系统	乳状液泡沫悬浮液	>1 000	粗颗粒	多相,热力学不稳定系统,扩散慢或不扩散,不能透过半透膜或滤纸,形成悬浮液或乳状液	牛奶肥皂泡沫浑浊泥水

另外,也可依据分散相和分散介质聚集状态的不同分类,溶胶可分为气溶胶(分散介质为气态)、液溶胶(分散介质为液态)和固溶胶(分散介质为固态);而粗分散系统则可分为泡沫、乳状液、悬浮液等,详见表 10.0.2。

表 10.0.2 分散系统分类(按聚集状态)

分散介质	分散相	名称	实例
气	液固	气溶胶	云、雾、喷雾烟、粉尘
液	气液固	泡沫乳状液液溶胶或悬浮液	肥皂泡沫牛奶、含水原油金溶胶、油墨、泥浆
固	气液固	固溶胶	泡沫塑料珍珠、蛋白石有色玻璃、某些合金

胶体化学和人类的生活密切相关。如江河湖海、工业废水是广泛的液溶胶系统,为了保护水源,净化水质,提取贵重元素变废为宝,就要研究胶体系统的形成与破坏。

———————————

① 原子、分子、离子溶液和混合气体为均相系统,这里仅是为了便于比较,也将原子、分子、离子等作为分散相看待,实际上单个分子、原子及离子不能成为一相。

大气层是由微尘、水滴和分散介质所组成的气溶胶。近年来,严重的雾霾天气给人们的生产生活带来很大困扰,研究气溶胶的性质对环境保护等具有重要意义。

人类所不可缺少的衣(丝、毛皮、棉和合成纤维)、食(牛奶、啤酒、糖类、脂肪、蛋白及烹调和消化)、住(木材、水泥、砖瓦、陶瓷等建筑材料)、行(石油能源开发利用、钢铁、合金、橡胶等制成的交通工具),无一不与胶体有关,当然与之相关的石油、化学、纺织、冶金、电子、食品等工业中的若干工艺过程均离不开胶体化学的基本原理。尤其近年来,随着科学技术的飞速发展,胶体化学在单分散溶胶、纳米(超细)颗粒及纳米材料的制备,生命医学现象的揭示与机理探求等方面将发挥越来越重要的作用。

§ 10.1   溶胶的制备

从分散相粒子大小来看,胶体系统的粒子大于一般的真溶液,而小于粗分散系统。因此,可以通过将粗分散系统进一步分散,或者是使小分子或离子聚集来制备胶体。制备过程可简单表示为

$$\boxed{粗分散系统} \xrightarrow[\text{大变小}]{\text{分散法}} \boxed{胶体系统} \xleftarrow[\text{小变大}]{\text{凝聚法}} \boxed{分子分散系统}$$

$$d > 1\ 000\ \text{nm} \qquad 1\ 000\ \text{nm} \geqslant d \geqslant 1\ \text{nm} \qquad d < 1\ \text{nm}$$

下面主要介绍溶胶的制备方法。

1. 分散法

分散法主要是利用胶体磨、气流粉碎机(喷射磨)等高效率的粉碎设备,将粗分散系统的大颗粒分散成尺寸在 $1 \sim 1\ 000$ nm 的小粒子,从而得到高分散的胶体。分散过程通常需要消耗较多的能量,这部分机械功或电功远大于系统的表面吉布斯函数变,大部分能量以热的形式传导给环境。粉碎时常加入少量的表面活性剂作为稳定剂,以防止分散得到的微粒重新聚集成块。另外,利用机械设备进行粉碎,通常适用于处理那些脆且易碎的物质,对于柔韧性的物质应先硬化后再进行分散,如用液氮将橡胶制品硬化后再粉碎。

电弧法是另一种常用的分散法,主要用于制备金、银、铂、钯等贵金属的水溶胶。将欲分散的金属作为电极,浸入水中,通电使两极间产生电弧。温度很高的电弧使电极表面的金属气化,金属蒸气遇冷却水而冷凝成胶体系统。制备时加入少量的碱作为稳定剂,可得到较为稳定的水溶胶。此法实际上包括了分散与凝聚两个过程。

2. 凝聚法

与分散法相反,凝聚法是由分子(或原子、离子)分散状态凝聚为胶体分散状态的一种方法。通常可分为物理凝聚法和化学凝聚法两种。

(1) 物理凝聚法   将蒸气状态或溶解状态的物质凝聚形成胶体的方法。

罗金斯基(Roginskii)和沙尔尼科夫(Shal′nikov)曾设计了一种装置,用于制备碱金属的有机溶胶,其结构如图 10.1.1 所示。在高真空下,分散相物质(如钠)和分散介质(如液体

苯)均蒸发为气体,并在容器 5 的表面上凝聚,形成"冰"状的含有胶体钠的固态苯。将液态空气从容器 5 中移走,此"冰"熔化,就在支管 3 中收集得到钠在苯中的溶胶。用这种方法制得的溶胶似乎没有加入任何稳定剂,实际上在制备过程中少量的碱金属已成为金属氧化物,起到了稳定剂的作用。

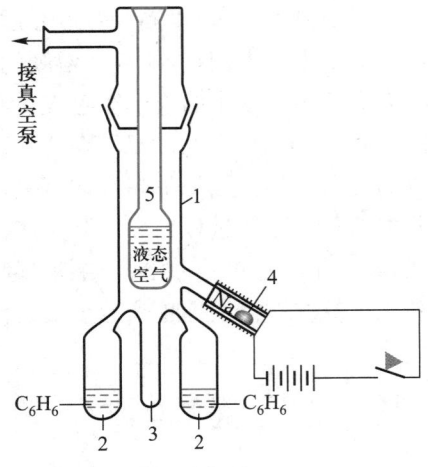

1—被抽空容器;2、4—盛有溶剂和溶质的容器;
3—接收溶胶的容器;5—冷凝器

图 10.1.1　蒸气凝聚法装置示意图

除了上述蒸气凝聚法以外,还可以利用溶质在不同溶剂中溶解度的差异来制备溶胶。改变溶剂或用冷却的方法使溶质的溶解度降低,过饱和的溶质从溶剂中分离出来凝聚成溶胶。例如,取少量的硫溶于乙醇后倾入水中,由于硫在水中的溶解度变小而生成白色浑浊的硫溶胶。用此法可制得难溶于水的树脂、脂肪等水溶胶,也可用于制备难溶于有机溶剂的物质的有机溶胶。

最简单的冷却法制备溶胶的例子是用冰急骤冷却苯的饱和水溶液,或用液态空气冷却硫的乙醇溶液,前者得到苯的水溶胶,后者得到硫的醇溶胶。

（2）化学凝聚法　利用生成不溶性物质的化学反应,通过控制析晶过程,使其停留在胶体尺度的阶段,从而得到溶胶的方法,称为**化学凝聚法**。一般采用较大的过饱和浓度、较低的操作温度,以利于形成大量的晶核并减缓晶体长大的速率,防止粒子尺寸太大而形成难溶物沉淀。

例如,在不断搅拌的条件下,将 $FeCl_3$ 稀溶液滴入沸水中进行水解,即可生成棕红色、透明的 $Fe(OH)_3$ 溶胶:

$$FeCl_3 + 3H_2O \longrightarrow Fe(OH)_3 + 3HCl$$

过量的 $FeCl_3$ 起到稳定剂的作用,$Fe(OH)_3$ 的微小晶体选择性地吸附 Fe^{3+},形成带正电荷的胶体粒子。

又如,在 As_2O_3 的饱和水溶液中缓慢地通入 H_2S 气体,可生成淡黄色 As_2S_3 溶胶:

$$As_2O_3 + 3H_2O \longrightarrow 2H_3AsO_3$$

$$2H_3AsO_3 + 3H_2S \longrightarrow As_2S_3 + 6H_2O$$

H_2S 为其稳定剂,As_2S_3 的微小晶体吸附 HS^- 而使溶胶粒子带负电荷。

3. 溶胶的净化

在溶胶制备过程中,常加入某些电解质以增加溶胶的稳定性。而反应产生过量的电解质或其他杂质,对溶胶的稳定性不利,则需将它们除去,此即为溶胶的净化。最常用的净化方法是**渗析法**。此法利用胶粒不能透过半透膜的特点,分离出溶胶中多余的电解质或其他杂质。一般选择合适的半透膜,将溶胶装于其中,再放入流动的水中,进行一定时间的渗透,即可达到净化的目的。为了加快渗透作用,可加大渗透面积、适当提高温度或加外电场。外电场可加速阴、阳离子定向运动速度,从而加快渗析速度,这种方法称为电渗析。

§10.2 溶胶的光学性质

溶胶的光学性质,是其高度的分散性和多相的不均匀性特点的反映。通过对光学性质的研究,不仅可以帮助我们理解溶胶的一些光学现象,还可以帮助我们研究溶胶粒子的大小、形状及其运动的规律。

重点难点

光学及
动力学性质

1. 丁铎尔效应

在暗室里,将一束经聚集的光线投射到溶胶上,在与入射光垂直的方向上,可观察到一个发亮的光锥,如图 10.2.1 所示。此现象是英国物理学家丁铎尔(Tyndall)于 1869 年首先发现的,故称为**丁铎尔效应**。而对纯水或真溶液,用肉眼几乎观察不到此现象(或很弱),故丁铎尔效应是用于鉴别溶胶与真溶液的最简便方法。

光束投射到分散系统上,可以发生光的吸收、反射、散射或折射。当入射光的频率与分子的固有频率相同时,则发生光的吸收;当光束与系统不发生任何相互作用时,则可透过;当入射光的波长小于分散相粒子的尺寸时,则发生光的反射;若入射光的波长大于分散相粒子的尺寸时,则发生光的散射现象。可见光的波长在

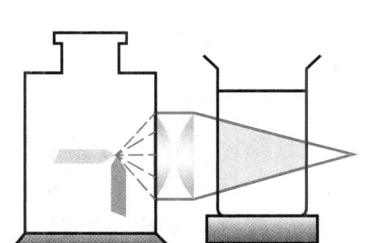

图 10.2.1　丁铎尔效应

400～760 nm 的范围,一般胶粒的尺寸为 1～1 000 nm,当可见光束投射于溶胶时,如粒子的直径小于可见光波长,则发生光的散射现象。光是一种电磁波,其振动频率的数量级高达 10^{15} Hz,光的照射相当于外加电磁场作用于胶粒,使围绕分子或原子运动的电子产生被迫振动(而质量远大于电子的原子核则无法跟上振动),这样被光照射的微小晶体上的每个分子,便以一个次级光源的形式,向四面八方辐射出与入射光有相同频率的次级光波,在不均匀介质中这些次级光波不能相互抵消,就会产生光散射现象。由此可知,产生**丁铎尔效应的实质是光的散射**。丁铎尔效应又称乳光效应,散射光的强度可用瑞利公式计算。

2. 瑞利公式

1871 年,瑞利(Rayleigh)假设粒子的尺寸远小于入射光的波长时,可把粒子视为点光源;粒子间的距离较远,可不考虑各个粒子散射光之间的相互干涉;粒子不导电。基于这些假设,应用经典的电磁波理论,首先导出了稀薄气溶胶散射光强度的计算式。后经其他学者推广到稀的液溶胶系统。当入射光为非偏振光时,单位体积液溶胶的散射光强度 I 可近似地用下列公式表示:

$$I = \frac{9\pi^2 V^2 C}{2\lambda^4 l^2}\left(\frac{n^2 - n_0^2}{n^2 + 2n_0^2}\right)(1 + \cos^2 \alpha)I_0 \tag{10.2.1}$$

式中，I_0 及 λ 分别为入射光的强度及波长；V 为单个分散相粒子的体积；C 为数密度，即单位体积中的粒子数；n 及 n_0 分别为分散相及介质的折射率；α 为散射角，即观察的方向与入射光方向间的夹角；l 为观察者与散射中心的距离。若在与入射光垂直的方向上观察，即 $\alpha = 90°$，$\cos \alpha = 0$。由式（10.2.1）可知：

① 散射光强度与单个粒子体积的平方成正比，一般真溶液溶质粒子的体积很小，仅可产生极微弱的散射光；粗分散的悬浮液，粒子的尺寸大多大于可见光的波长，则不能产生丁铎尔效应；只有溶胶才具有明显的丁铎尔效应。故可依此来鉴别分散系统的种类。

② 散射光强度与入射光波长的 4 次方成反比，即波长越短其散射光越强。白光中的蓝、紫光波长最短，散射光最强；而红光的波长最长，其散射作用最弱。因此，当用白光照射溶胶时，在与入射光垂直的方向上观察呈淡蓝色，而透过光则呈现橙红色。

③ 分散相与分散介质的折射率相差越大，散射光越强。憎液溶胶分散相与分散介质之间有明显的相界面存在，其折射率相差较大，丁铎尔效应很强。高分子溶液是均相系统，散射光甚弱，故可依此来区别高分子溶液与溶胶。

一般纯气体或纯液态物质，因 $n = n_0$，不应有光散射现象。但实验发现它们也能产生微弱的丁铎尔效应，这主要是由于局部范围内发生的密度的涨落，使折射率产生了差异。例如，万里晴空呈蔚蓝色，主要是大气密度的涨落引起太阳光的散射作用造成的。

④ 散射光强度与粒子的数密度成正比。对于物质种类相同，仅粒子数密度不同的溶胶，若测量条件相同，两个溶胶的散射光强度之比应等于其数密度之比，即 $I_1/I_2 = C_1/C_2$，因此，若已知其中一个溶胶的数密度，即可求出另一溶胶的数密度。散射光强度又称为浊度，浊度计就是根据这一原理设计的。

§10.3　溶胶的动力学性质

这里主要介绍溶胶粒子的布朗运动及与之有关的扩散、沉降与沉降平衡等。

1. 布朗运动

1827 年，植物学家布朗（Brown）在显微镜下看到了悬浮于水中的花粉微粒处于不停息的、无规则的运动状态。后来发现，分散介质中的其他微粒（如木炭粉末和矿石粉末等）也有这种现象。在溶胶分散系统中，随着超显微镜的出现，人们观察到了分散介质中溶胶粒子也处于永不停息、无规则的运动之中，这种运动即为**布朗运动**。

在分散系统中，分散介质的分子皆处于无规则的热运动状态，它们从四面八方连续不断地撞击分散相的粒子。对于粗分散系统的粒子来说，在某一瞬间可能被数以千万次地撞击，从统计的观点来看，各个方向上所受撞击的概率应当相等，合力为零，所以不能发生位移。即使是在某一方向上遭到较多次数的撞击，因其质量太大，也难以发生位移，而无布朗运动。对于接近或达到溶胶大小的粒子，与粗分散系统的粒子相比较，它们所受到的撞击次数要小得多。在各个方向上所遭受的撞击力，完全相互抵消的概率较小。某一瞬间，粒子从某一方向得到冲量便可以发生位移，即布朗运动，如图 10.3.1（a）所示。图 10.3.1（b）所示是每隔相等的时间,在超微显微镜下观察一个粒子运动的情况,它是空间运动在平面上的投影,可近似地描绘胶粒的无序运动。由此可见,布朗运动是分子热运动的必然结果,是胶粒的热运动。

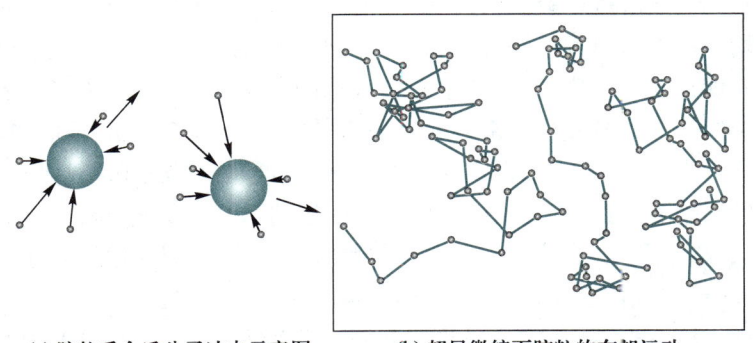

(a) 胶粒受介质分子冲击示意图　　(b) 超显微镜下胶粒的布朗运动

图 10.3.1 布朗运动

1905 年前后,爱因斯坦用概率的概念和分子运动论的观点,创立了布朗运动的理论,推导出爱因斯坦-布朗平均位移公式:

$$\bar{x} = \left(\frac{RTt}{3L\pi r\eta}\right)^{1/2} \tag{10.3.1}$$

式中,$\bar{x}$ 为在时间间隔 t 内粒子的平均位移;r 为粒子的半径;η 为分散介质的黏度;T 为热力学温度;R 为摩尔气体常数;L 为阿伏加德罗常数。

斯威德伯格(Svedberg)用超微显微镜,把直径分别为 54 nm 和 104 nm 的金溶胶摄影在感光胶片上,然后再测定不同的曝光时间间隔 t 时的平均位移 $\bar{x}$,其实验测量值与理论计算值见表 10.3.1。

表 10.3.1 爱因斯坦-布朗平均位移公式的验证

时间间隔 t/s	平均位移 $\bar{x}/\mu m$			
	$d=54$ nm		$d=104$ nm	
	实验测量值	理论计算值	实验测量值	理论计算值
1.48	3.1	3.2	1.4	1.7
2.96	4.5	4.4	2.3	2.4
4.44	5.3	5.4	2.9	2.9
5.92	6.4	6.2	3.6	3.4
7.40	7.0	6.9	4.0	3.8
8.80	7.8	7.6	4.5	4.2

表 10.3.1 中数据表明,理论计算与实验测量的结果相当符合,这不仅表明爱因斯坦-布朗平均位移公式是准确的,而且有力地证明了分子运动论完全可以用于溶胶分散系统。可见,就质点运动而言,溶胶分散系统和分子分散系统(真溶液)并无本质区别,溶胶粒子的布朗运动和真溶液中的分子热运动都符合分子运动规律。

2. 扩散

对于真溶液,当存在浓度梯度时,溶质、溶剂分子会因分子热运动而发生定向迁移,即发生使浓度趋于均一的扩散过程。同理,对存在"浓度"梯度的溶胶分散系统,尽管从微观上每个溶胶粒子的布朗运动是无序的,向各个方向运动的概率都相等,但从宏观上来讲,由于较高"浓度"区域内单位体积溶胶所含溶胶粒子质点数多,而较低"浓度"区域内单位体积溶胶所含溶胶粒子质点数少,则当人为划定任一垂直于"浓度"梯度方向的截面时,虽然较高"浓度"和较低"浓度"一侧均有溶胶粒子因无序的布朗运动通过此截面,但由较高"浓度"一侧通过截面进入较低"浓度"一侧的溶胶粒子质点数更多,总的净结果是溶胶粒子发生了由高"浓度"向低"浓度"的定向迁移过程,这种过程即为**溶胶粒子的扩散**。

溶胶的扩散与溶液中溶质的扩散相同,也可用菲克(Fick)第一定律来描述:

$$\frac{\mathrm{d}n}{\mathrm{d}t} = -DA_s\frac{\mathrm{d}c}{\mathrm{d}x} \tag{10.3.2}$$

该式表示单位时间通过某一截面的物质的量 $\mathrm{d}n/\mathrm{d}t$ 与该处的浓度梯度 $\mathrm{d}c/\mathrm{d}x$ 及面积大小 A_s 成正比,比例系数 D 称为扩散系数;式中的负号是因为扩散方向与浓度梯度方向相反。扩散系数 D 的物理意义是:单位浓度梯度下,单位时间通过单位面积的物质的量。D 的单位为 $\mathrm{m^2 \cdot s^{-1}}$。

通常以扩散系数的大小来衡量物质扩散能力的大小。表 10.3.2 给出了不同半径金溶胶的扩散系数 D。从表中可以看出,粒子越小,扩散系数越大,粒子的扩散能力也越强。胶粒与真溶液相比,粒子要大得多,所以胶粒的扩散速率一般是真溶液的几百分之一。

表 10.3.2　18 ℃时金溶胶的扩散系数 D

粒子半径 r/nm	扩散系数 $D/(10^{-9}\ \mathrm{m^2 \cdot s^{-1}})$
1	0.213
10	0.021 3
100	0.002 13

对于球形粒子,扩散系数 D 可由爱因斯坦-斯托克斯方程计算:

$$D = \frac{RT}{6L\pi r\eta} \tag{10.3.3}$$

对于由单级分散(即粒子大小一定)的球形粒子组成的稀溶胶,将式(10.3.3)与式(10.3.1)相结合可得

$$\overline{x^2} = \frac{RTt}{3L\pi r\eta} = \frac{RT}{6L\pi r\eta} \cdot 2t = 2Dt \tag{10.3.4a}$$

所以

$$D = \frac{\overline{x^2}}{2t} \tag{10.3.4b}$$

式(10.3.4b)给出了一种测定扩散系数 D 的方法,即在一定时间间隔 t 内,观测出粒子的平均位移 $\bar{x}$,就可求出 D 值。

将式(10.3.3)写成 $r = RT/(6L\pi\eta D)$,可得单个胶粒的质量:

$$m = \frac{4}{3}\pi r^3 \rho = \frac{\rho}{162\pi^2}\left(\frac{RT}{L\eta D}\right)^3 \tag{10.3.5}$$

因此,测出溶胶粒子的扩散系数 D、介质的黏度 η、分散相粒子的密度 ρ,即可求得稀溶胶中单个球形粒子的质量。

溶胶粒子的摩尔质量为

$$M = mL = \frac{\rho}{162(\pi L)^2}\left(\frac{RT}{\eta D}\right)^3 \tag{10.3.6}$$

应当注意,当溶胶粒子为多级分散时,由式(10.3.3)计算出的半径及上式计算出的摩尔质量,分别为粒子的平均半径和平均摩尔质量;如果溶胶粒子是非球形的,则由 D 计算出的半径为表观半径;在粒子有溶剂化时,计算出的半径为溶剂化粒子的半径。

3. 沉降与沉降平衡

多相分散系统中的粒子,因受重力作用而下沉的过程,称为**沉降**[①]。分散相粒子所受作用力的情况,大致可分为两个方面:一方面是重力场的作用,它力图把粒子拉向容器底部,使之发生沉降;另一方面是因布朗运动所产生的扩散作用,当沉降作用使底部粒子的浓度高于上部的时,由浓度差引起的扩散作用则使粒子趋于均匀分布。沉降与扩散是两种相反的作用。当粒子很小,重力影响很小可忽略时,主要表现为扩散,如真溶液;当粒子较大,重力影响占主导作用时,主要表现为沉降,如一些粗分散系统,如浑浊的泥水悬浮液等;当粒子的大小相当,重力作用和扩散作用相近时,构成**沉降平衡**,粒子沿高度方向形成浓度梯度,如图 10.3.2 所示,底部粒子的数密度较高,上部粒子的数密度较低。一些胶体系统在适当条件下会出现沉降平衡。

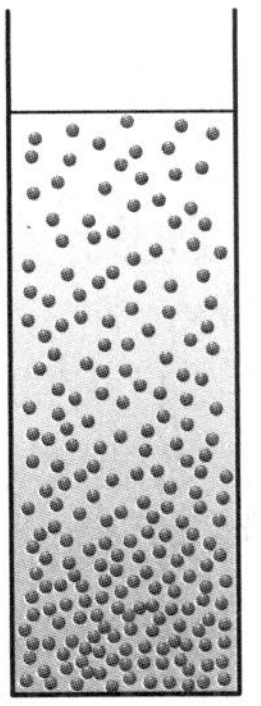

图 10.3.2
沉降平衡

对于微小粒子在重力场中的沉降平衡,佩林(Perrin)曾推导出平衡时粒子数密度随高度的分布定律:

$$\ln\frac{C_2}{C_1} = -\frac{Mg}{RT}\left(1 - \frac{\rho_0}{\rho}\right)(h_2 - h_1) \tag{10.3.7}$$

式中,C_1 和 C_2 分别为在高度 h_1 和 h_2 处粒子的数密度(或数浓度);M 为粒子的摩尔质量;g 为重力加速度;ρ 和 ρ_0 分别为粒子和分散介质的密度。式(10.3.7)不受粒子形状的限制,但要求粒子大小相等。由于溶胶粒子的沉降与扩散速率皆很慢,因此要达到沉降平衡,往往需要很长时间。而在普通条件下,温度的波动即可引起溶胶的对流而妨碍沉

---

① 以 ρ 和 ρ_0 分别代表分散相和分散介质的密度,当 $\rho > \rho_0$ 时,分散相粒子在重力作用下沉降;当 $\rho < \rho_0$ 时,分散相粒子在重力作用下上浮。溶胶和悬浮液主要是沉降。

降平衡的建立。所以,实际上高分散系统很难达到沉降平衡。

式(10.3.7)也适用于在重力场作用下地球表面上大气分子的浓度随距地面高度变化的计算。因气体压力不大,可近似看作理想气体,若不考虑大气温度随高度的变化,则不同高度处 $p_2/p_1 = C_2/C_1$。对于大气中的气体分子,因不存在浮力,不必进行浮力校正,即 $1 - (\rho_0/\rho) = 1$,于是式(10.3.7)变为

$$\ln \frac{p_2}{p_1} = \frac{-Mg(h_2 - h_1)}{RT} \tag{10.3.8}$$

式中,M 为气体的摩尔质量。对于空气中任一种气体,p 为其分压力。如对于 O_2,可以算出在 25 ℃,高度每增加 5.473 km,其浓度或分压要降低一半。

从式(10.3.8)可以看出,越接近地面,空气中 CO_2、NO_2 等相对分子质量较大的气体含量越高。

§10.4　溶胶的电学性质

溶胶是一个高度分散的非均相系统,分散相的固体粒子与分散介质之间存在着明显的相界面。实验发现:在外电场的作用下,固、液两相可发生相对运动;反过来,在外力的作用下,迫使固、液两相进行相对运动时,又可产生电势差。人们把溶胶这种与电势差有关的相对运动称为**电动现象**。

1. 电动现象

这里介绍四种电动现象:电泳、电渗、流动电势、沉降电势。

(1)电泳　在外电场作用下,溶胶粒子在分散介质中定向移动的现象称为**电泳**。中性粒子在外电场中不会发生定向移动,所以以电泳现象说明溶胶粒子是带电荷的。图 10.4.1

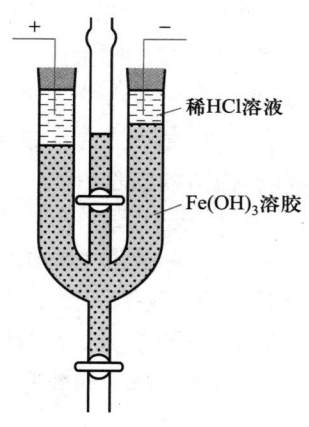

图 10.4.1　电泳实验装置

是一种测定电泳速率的实验装置。以 $Fe(OH)_3$ 溶胶为例,实验时先在 U 形管中装入适量的辅助液[如稀 HCl 溶液或 $Fe(OH)_3$ 溶胶的超离心滤液],再通过支管从辅助液的下面缓慢地压入棕红色的 $Fe(OH)_3$ 溶胶,使其与辅助液之间始终保持清晰的界面。通入直流电后可以观察到电泳管中阳极一端界面下降,阴极一端界面上升,显然 $Fe(OH)_3$ 溶胶向阴极方向发生了移动。这说明 $Fe(OH)_3$ 溶胶粒子带正电荷。

测出在一定时间内界面移动的距离,即可求得粒子的电泳速率。电势梯度越大、粒子带电荷越多、粒子的体积越小,电泳速率就越大;而介质的黏度越大,电泳速率则越小。表 10.4.1 给出了电势梯度为 100 V·m^{-1} 时溶胶粒子和普通离子的运动速率。可以看出,在相同的电势梯度下,溶胶粒子与普通离子定向移动的速率几乎具有相同的数量级。

图中标注:
+　−
稀HCl溶液
Fe(OH)₃溶胶

表 10.4.1　电势梯度为 100 V·m^{-1} 时溶胶粒子和普通离子的运动速率

粒子的种类	运动速率 $v/(10^{-6}$ m·s$^{-1})$
H$^+$	32.6
OH$^-$	18.0
Na$^+$	4.5
K$^+$	6.7
Cl$^-$	6.8
C$_3$H$_7$COO$^-$	3.1
C$_8$H$_{17}$COO$^-$	2.0
溶胶粒子	2~4

实验还表明，若在溶胶中加入电解质，则对电泳会有显著影响。随外加电解质的增加，电泳速率常会降低直至变为零，外加电解质还能改变胶粒所带电荷的符号。

在生物化学中，利用不同蛋白质、氨基酸分子电泳速率的不同可实现物质的分离，医学上用于肝病诊断的血清"纸上电泳"，就是根据血清中白蛋白及不同类型的球蛋白（相对分子质量、电荷密度不同）电泳速率的不同，在滤纸上分离、显色后，由电泳图谱做出初步诊断的。

（2）电渗　在外电场作用下，若溶胶粒子不动（如将其吸附固定于棉花或凝胶等多孔物质中），而液体介质发生定向流动，这种现象称为**电渗**。

若没有溶胶存在，液体（如水）与多孔材料或毛细管接触后，固、液两相多会带上符号相反的电荷，此时，若在多孔材料或毛细管两端施加一定电压，液体也将通过多孔材料或毛细管而定向流动。这也是一种电渗。实验装置如图 10.4.2 所示，图中 L_1 及 L_2 为导线管，其中装有与电极 E_1 及 E_2 相连的导线。实验时先在多孔塞 M 及毛细管 C 之间的循环管路中装满水

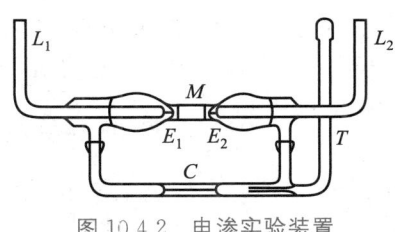

图 10.4.2　电渗实验装置

（或其他溶液），再由 T 管吹入气体，使其在毛细管中形成一个小气泡。通电后，水（或其他溶液）将通过多孔塞而定向流动。这时可通过水平毛细管 C 中小气泡的移动，来观察循环流动的方向。流动的方向及流速的大小与多孔塞的材料及流体的性质有关。例如，用玻璃毛细管时，水向阴极流动，表明流体带正电荷；若用氧化铝、碳酸钡等物质做成多孔隔膜，水向阳极流动，则表明这时流体带负电荷。同电泳一样，外加电解质对电渗流速也有明显的影响，甚至能改变电渗流的方向。

利用电渗可进行多孔材料（如黏土等）的脱水、干燥等。

（3）流动电势　外力的作用下使液体通过多孔隔膜（或毛细管）定向流动，隔膜两端所产生的电势差，称为**流动电势**。显然，此过程可视为电渗的逆过程，实验装置如图 10.4.3 所示。图中 V_1 及 V_2 为液槽；N_2 为加压气体；E_1 及 E_2 为紧靠多孔塞 M 上、下两端的电极；P 为电势差计。

水在地下孔隙介质中流动产生的流动电势是自然电场的场源之一，对它的研究在水文、地质等方面有重要应用。石油等易燃液体的输运管道要接地，是为了避免因流动电势产生

的安全事故。

（4）沉降电势　分散相粒子在重力场或离心力场的作用下迅速移动时,在移动方向的两端所产生的电势差,称为**沉降电势**。显然,它是与电泳现象相反的过程,不再详述。实验装置如图 10.4.4 所示。

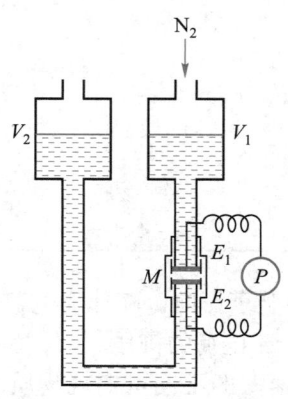

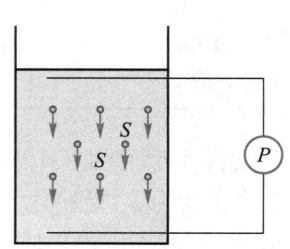

图 10.4.3　流动电势测量装置示意图　　　　图 10.4.4　沉降电势测量装置示意图

上述的电泳、电渗（由外加电场而引起固、液相之间的相对移动）,以及流动电势、沉降电势（由固、液相之间的相对移动而产生电势差）四种电动现象均说明,溶胶粒子和分散介质带有不同性质的电荷。但溶胶粒子为什么带电荷? 溶胶粒子周围的分散介质中,反离子（与胶粒所带电荷符号相反的离子）是如何分布的? 电解质是如何影响电动现象的? 有关这类问题,直至扩散双电层理论建立之后,才得到令人满意的解释。

重点难点

双电层理论

2. 扩散双电层理论

胶体系统中,相接触的固（分散相）、液（分散介质）两相往往带有符号相反的电荷,其原因主要有以下两种:

① 离子吸附:固体表面从溶液中有选择性地吸附某种离子而带电荷。如经化学凝聚法制得的溶胶即通过有选择性的离子吸附而使胶粒带电荷。

② 解离:固体表面上的分子在溶液中发生解离而使其带电荷,如蛋白质中的氨基酸分子,在 pH 低时,氨基形成—NH_3^+ 而带正电荷;在 pH 高时,羧基形成—COO^- 而带负电荷。

处在溶液中的带电固体表面,由于静电吸引力的作用,必然要吸引等电荷量的、与固体表面上带有相反电荷的离子（这种离子可简称为反离子或异电离子）环绕在固体粒子的周围,这样便在固、液两相之间形成了双电层。下面简单介绍几个有代表性的双电层模型。

（1）亥姆霍兹双电层模型　1879 年,亥姆霍兹（Helmholtz）首先提出在固、液两相之间的界面上形成双电层的概念。他认为阴、阳离子整齐地排列于界面层的两侧,如图 10.4.5 所示。正、负电荷分布的情况就如同平行板电容器那样,故称为**平板电容器模型**。在平板电容器内电势直线下降,两层间的距离很小,与离子半径相当。在有外加电场作用时,带电粒子和溶液中的反离子分别向相反电极移动,产生电动现象。

平板双电层理论能解释一些电动现象,对早期电动现象的研究起了一定的作用。

（2）古依-查普曼双电层模型　1910 年前后,古依(Gouy)和查普曼(Chapman)提出了**扩散双电层理论**,他们认为靠近固体表面的反离子是呈扩散状态分布在溶液中,而不是整齐排列在一个平面上的。这是因为反离子同时受到两个方向相反的作用:静电吸引力使其趋于靠近固体表面,而热运动又使其趋于均匀分布。这两种相反的作用达到平衡后,反离子呈扩散状态分布于溶液中,越靠近固体表面反离子浓度越高,随距离的增加,反离子浓度下降,形成一个反离子的扩散层,其模型如图 10.4.6 所示。

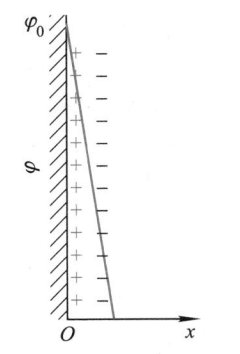

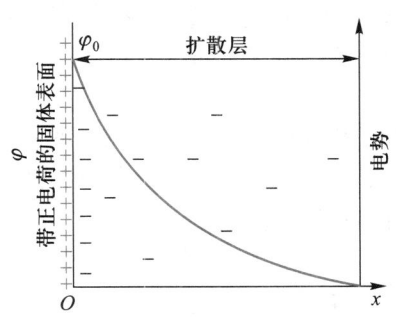

图 10.4.5　亥姆霍兹双电层模型　　　　图 10.4.6　古依-查普曼双电层模型

古依和查普曼假设,在固体表面可看作无限大的平面,且表面电荷分布均匀,溶剂的介电常数处处相等的条件下,距表面一定距离 x 处的电势 φ 与表面电势 φ_0 的关系可用**玻耳兹曼定律**来描述:

$$\varphi = \varphi_0 e^{-\kappa x} \tag{10.4.1}$$

式中,κ 的倒数 κ^{-1} 具有双电层厚度的意义。该式表明扩散层中的电势随 x（距表面的距离）的增加呈指数形式下降,而下降的快慢取决于 κ 的大小。当离开固体表面足够远时,溶液中阴、阳离子所带电荷量大小相等、符号相反,过剩的反离子浓度为零,此处对应的电势也为零。

古依-查普曼的扩散双电层理论正确地反映了反离子在扩散层中分布的情况及相应电势的变化,这些观点今天看来仍然是正确的。但他们把离子视为点电荷,没有考虑反离子的吸附,也没有考虑离子的溶剂化,因而未能反映出在固体表面上固定层（即不流动层）的存在。

（3）斯特恩双电层模型　1924 年,斯特恩(Stern)对古依-查普曼的扩散双电层理论进行了修正,并提出一种更加接近实际的双电层模型。他认为离子是有一定大小的,而且离子与固体表面除了静电作用外,还有范德华吸引力。所以在靠近表面 1～2 个分子厚的区域内,反离子由于受到强烈吸引,而牢固地结合在表面,形成一个紧密的吸附层,称为**固定吸附层**或**斯特恩层**;其余反离子扩散地分布在溶液中,构成双电层的扩散部分,如图 10.4.7 所示。在斯特恩层中,除反离子外,还有一些溶剂分子同时被吸附。反离子的电性中心所形成的假想面,称为**斯特恩面**。在斯特恩面内,电势变化与亥姆霍兹平板双电层模型相似,电势呈直线下降,由表面的 φ_0 直线下降到斯特恩面的 φ_δ。φ_δ 称为斯特恩电势。在扩散层中,电势由 φ_δ 降至零,其变化情况与古依-查普曼的扩散双电层模型完全一致,可以用式(10.4.1)

来描述,只需将式中的 φ_0 用 φ_δ 代替即可。可以将斯特恩双电层模型看成亥姆霍兹平板双电层模型和古依-查普曼扩散双电层模型的结合。

当固、液两相发生相对移动时,紧密层中吸附在固体表面的反离子和溶剂分子与粒子一起运动,其滑动面在斯特恩面稍靠外一些。滑动面与溶液本体之间的电势差,就是 ζ **电势**(又称电动电势)。由图可以看出,ζ 电势与 φ_δ 电势在量值上相差甚小,但却具有不同的含义。应当指出,只有在固、液两相发生相对移动时,才能呈现出 ζ 电势。

ζ 电势的大小反映了胶粒带电荷的程度。ζ 电势越高,表明胶粒带电荷越多,其滑动面与溶液本体之间的电势差越大,扩散层也越厚。当溶液中电解质浓度增加时,介质中反离子的浓度加大,将压缩扩散层使其变薄,把更多的反离子挤进滑动面以内,中和固体表面电荷,使 ζ 电势在数值上变小,如图 10.4.8 所示。当电解质浓度足够大(c_4)时,可使 ζ 电势为零。此时的状态称为**等电态**。处于等电态的溶胶粒子不带电荷,不会发生电动现象,电泳、电渗速率也必然为零,这时的溶胶非常容易聚沉。

斯特恩双电层模型给出了 ζ 电势明确的物理意义,很好地解释了溶胶的电动现象,并且可以定性地解释电解质对溶胶稳定性的影响,使人们对双电层的结构有了更深入的认识。

溶胶粒子的 ζ 电势,通常利用电泳数据计算获得。

对球形粒子,当其半径 r 较大,而双电层厚度 κ^{-1} 较小,即 $\kappa r \gg 1$ 时,粒子表面可当作平面处理,此时可用**斯莫鲁科夫斯基(Smoluchowski)公式**来描述 ζ 电势与电泳速率的关系:

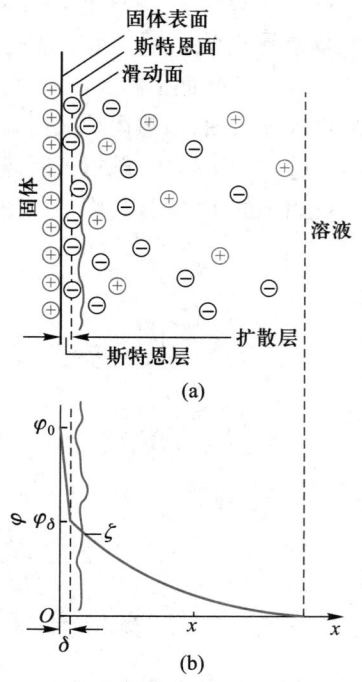

图 10.4.7 斯特恩双电层模型

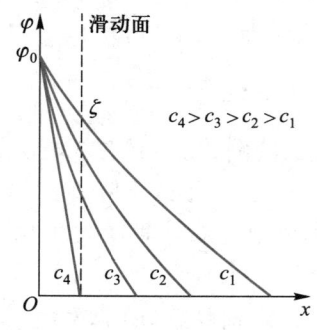

图 10.4.8 电解质浓度对 ζ 电势的影响

$$u = \frac{v}{E} = \frac{\varepsilon \zeta}{\eta} \qquad (10.4.2\text{a})$$

$$\zeta = \frac{\eta v}{\varepsilon E} \qquad (10.4.2\text{b})$$

式中,v 为电泳速率,单位为 $\text{m} \cdot \text{s}^{-1}$;$E$ 为电场强度(或称电位梯度),单位为 $\text{V} \cdot \text{m}^{-1}$;$u$ 为胶粒的电迁移率,或电泳淌度,单位为 $\text{m}^2 \cdot \text{V}^{-1} \cdot \text{s}^{-1}$,表示单位场强下的电泳速率;$\varepsilon$ 为介质的介电常数,单位为 $\text{F} \cdot \text{m}^{-1}$,$\varepsilon = \varepsilon_r \varepsilon_0$,$\varepsilon_r$ 为相对介电常数,ε_0 为真空介电常数;η 为介质的黏度,单位为 $\text{Pa} \cdot \text{s}$。

当球形粒子半径 r 较小,而双电层厚度 κ^{-1} 较大,即 $\kappa r \ll 1$ 时,可用休克尔(Hückel)公

式来描述 ζ 电势与电泳速率 v 的关系：

$$\zeta = \frac{1.5\eta v}{\varepsilon E} \tag{10.4.3}$$

在水溶液中,一般很难满足休克尔公式的条件。例如,半径为 10 nm 的球形粒子,在 1-1 型电解质水溶液中,要满足 $\kappa r \ll 1$ 的要求,电解质浓度需小于 10^{-5} mol·dm^{-3},这在水溶液中是很难达到的,因此水溶液系统通常使用斯莫鲁科夫斯基公式;休克尔公式一般用于非水溶液,只有在非水溶液中,电解质浓度方可降至极低,使双电层厚度 κ^{-1} 较大,满足 $\kappa r \ll 1$ 的条件。

表 10.4.2 列出了一些溶胶的 ζ 电势,一般均在几十毫伏。

表 10.4.2　一些溶胶的 ζ 电势

水溶胶				有机溶胶		
分散相	ζ/V	分散相	ζ/V	分散相	分散介质	ζ/V
As_2S_3	-0.032	Bi	$+0.016$	Cd	$CH_3COOC_2H_5$	-0.047
Au	-0.032	Pb	$+0.018$	Zn	CH_3COOCH_3	-0.064
Ag	-0.034	Fe	$+0.028$	Zn	$CH_3COOC_2H_5$	-0.087
SiO_2	-0.044	$Fe(OH)_3$	$+0.044$	Bi	$CH_3COOC_2H_5$	-0.091

3. 溶胶的胶团结构

重点难点

胶团结构
与电泳

根据斯特恩双电层模型,可以设想溶胶的胶团结构。由分子、原子或离子形成的固态微粒常具有晶体结构,其可从周围的介质中选择性吸附某种离子而带电荷,形成胶核。实验证明,晶体表面对那些能与组成固体表面的离子生成难溶物或解离度很小化合物的离子具有优先吸附作用。这一规则称为法扬斯-帕内思(Fajans-Paneth)规则。依据这一规则,用 $AgNO_3$ 和 KI 制备 AgI 溶胶时,AgI 颗粒易于吸附 Ag^+ 或 I^-,而对 K^+ 和 NO_3^- 吸附极弱。因而 AgI 颗粒的带电符号取决于 Ag^+ 和 I^- 中哪种离子过量。当胶核因吸附离子而带电荷后,介质中的一部分反离子将紧密吸附在滑动面以内,其余反离子则呈扩散状态分布于介质中。若分散介质为水,所有的反离子都应当是水化的。滑动面所包围的带电体称为**胶体粒子**(简称胶粒)。整个扩散层及其所包围的胶体粒子则构成电中性的**胶团**。

例如,向稀 $AgNO_3$ 溶液中缓慢滴加少量的 KI 稀溶液,可得到 AgI 的正溶胶,过剩的 $AgNO_3$ 则起到稳定剂的作用。由 m 个 AgI 分子形成固体粒子,其表面上优先吸附 n 个 Ag^+,最后形成带正电荷的 AgI 胶体粒子,其胶团结构可以表示为

例题解析

胶团结构式

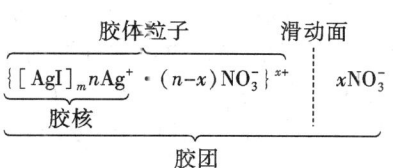

若向稀 KI 溶液中滴加少量的 AgNO₃稀溶液,则 KI 过量,AgI 粒子表面将优先吸附 I⁻,构成带负电荷的胶核,过剩的 K⁺为反离子,最后形成 AgI 的负溶胶,这时胶团结构可表示为

$$\{[AgI]_m nI^- \cdot (n-x)K^+\}^{x-} \cdot xK^+$$

在同一溶胶中,每个固体粒子所含的分子个数 m 可以大小不等,其表面上所吸附的离子的个数 n 也不尽相等。在滑动面两侧,过剩的反离子所带的电荷量应与固体微粒表面所带的电荷量大小相等而符号相反,即 $(n-x)+x=n$。

对于由非 1-1 型电解质形成的溶胶,书写胶团结构时应注意电荷平衡,因为整个胶团应当是电中性的。例如,由 FeCl₃水溶液通过化学凝聚法形成的Fe(OH)₃溶胶,其胶团结构可表示为

$$\{[Fe(OH)_3]_m nFe^{3+} \cdot (3n-x)Cl^-\}^{x+} \cdot xCl^-$$

或者:

$$\{[Fe(OH)_3]_m nFe^{3+} \cdot 3(n-x)Cl^-\}^{3x+} \cdot 3xCl^-$$

对于根据扩散双电层理论所书写的胶团结构,目前尚存在不同的看法,我们应把它视为胶团结构的近似描述。

§10.5 溶胶的稳定与聚沉

1. 溶胶的经典稳定理论——DLVO 理论

溶胶是热力学不稳定系统,但有些溶胶却能在相当长的时间内稳定存在。例如,法拉第所制成的红色金溶胶,静置数十年以后才聚沉。这里仅定性地介绍 DLVO 理论,来说明溶胶稳定的原因。

1941 年由杰里亚金(Derjaguin)和朗道(Landau),以及 1948 年由维韦(Verwey)和奥弗比克(Overbeek)分别提出了带电胶体粒子稳定的理论,简称为 DLVO 理论。该理论认为:

① 胶团之间既存在着斥力势能,也存在着引力势能。分散在介质中的胶团,可视为由表面带电荷的胶核及环绕其周围带有相反电荷的离子氛所组成。如图 10.5.1 所示,图中的虚线圈为胶核所带正电荷作用的范围,即胶团的大小。在胶团之外任一点 A 处,则不受正电荷的影响;在扩散层内任一点 B 处,因正电荷的作用未被完全抵消,仍表现出一定的正电性。因此,当两个胶团的扩散层未重叠时,如图 10.5.1(a)所示,两者之间不产生任何斥力;当两个胶团的扩散层发生重叠时,如图 10.5.1(b)所示,在重叠区内反离子的浓度增加,使两个胶团扩散层的对称性同时遭到破坏。这样既破坏了扩散层中反离子的平衡分布,也破坏了双电层的静电平衡。前一平衡的破坏使重叠区内过剩的反离子向未重叠区扩散,因而导致渗透性斥力的产生。后一平衡的破坏,则导致两胶团之间

例题解析

溶胶稳定的原因

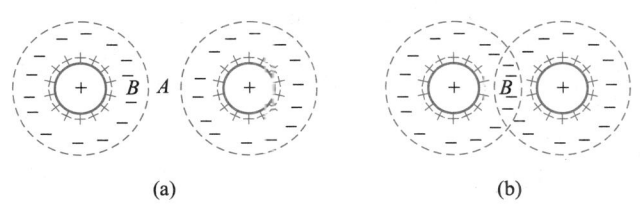

图 10.5.1　胶团相互作用示意图

产生静电斥力。随着重叠区的加大,这两种斥力势能皆增大。

一般分子或原子间的范德华引力与两者之间距离的 6 次方成反比,也就是说,随着距离的增加,分子或原子间的范德华力将迅速地消失,故称其为近程范德华力。溶胶中分散相粒子间的引力势能,从本质上来看,仍具有范德华引力的性质,但这种范德华引力作用的范围,要比一般分子的大千百倍之多,故称其为远程范德华力。而远程范德华力所产生的引力势能与粒子间距离的一次方或二次方成反比,也可能是其他更为复杂的关系。

② 溶胶的相对稳定性或聚沉取决于斥力势能和引力势能的相对大小。当粒子间的斥力势能在数值上大于引力势能,而且足以阻止由于布朗运动使粒子相互碰撞而聚结时,则溶胶处于相对稳定的状态;当粒子间的引力势能在数值上大于斥力势能时,粒子将互相靠拢而发生聚沉。调整斥力势能和引力势能的相对大小,可以改变胶体系统的稳定性。

③ 斥力势能、引力势能及总势能都随着粒子间距离的变化而变化,但是,由于斥力势能及引力势能与距离关系的不同,因此必然会出现在某一距离范围内引力势能占优势,而在另一范围内斥力势能占优势的现象。

④ 理论推导表明,加入电解质时,对引力势能影响不大,但对斥力势能的影响却十分明显。所以电解质的加入会导致系统的总势能发生很大的变化。适当调整电解质的浓度,可以得到相对稳定的溶胶。

以上是 DLVO 理论的要点。为了进一步分析引力势能及斥力势能对溶胶稳定性的影响,可参看图 10.5.2 所示的势能曲线。

一对分散相粒子之间相互作用的总势能 E,可以用其斥力势能 E_R 及引力势能 E_A 之和来表示,即 $E = E_R + E_A$。

图 10.5.2 中 x 代表粒子间的距离,虚线 E_A 和 E_R 分别为引力势能曲线和斥力势能曲线,实线为总势能曲线。距离较远时,E_A 和 E_R 皆趋于零;在较短距离时,E_A 曲线要比 E_R 曲线陡得多;当距离 x 趋于零时,E_R 和 E_A 分别趋于正无穷大和负无穷大。当两个粒子从远处逐渐接近时,首先起作用的是引力势能,即在 a

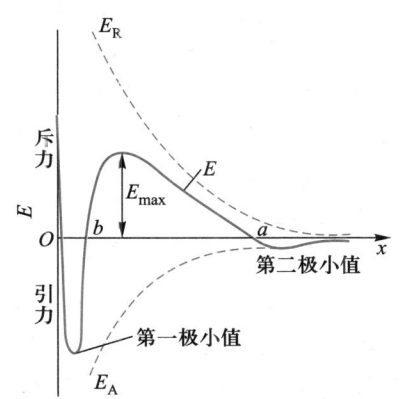

图 10.5.2　斥力势能、引力势能及总势能曲线图

点以前 E_A 起主导作用;在 a 点与 b 点之间斥力势能 E_R 起主导作用,且使总势能曲线出现极大值 E_{max}。此后,引力势能 E_A 在数值上迅速增加,且形成第一极小值。若两粒子再进一步靠近,由于两带电胶核之间产生强大的静电斥力而使总势能急剧加大。

　　图中 E_{max} 为胶体粒子间净的斥力势能的数值。它代表溶胶发生聚沉时必须克服的"势垒",当迎面相碰的一对溶胶粒子所具有的平动能足以克服这一势垒,它们才能进一步靠拢而发生聚沉。如果势垒足够高,超过 $15kT$(k 为玻耳兹曼常数),一般胶体粒子的热运动则无法克服它,而使溶胶处于相对稳定的状态;若这一势垒不存在或者很小,则溶胶易于发生聚沉。

　　在总的势能曲线上出现两个极小值。距离较近而又较深的称为第一极小值。它如同一个陷阱,落入此陷阱的粒子则形成结构紧密而又稳定的聚沉物,故称其为不可逆聚沉或永久性聚沉。距离较远而又很浅的极小值称为第二极小值,并非所有溶胶皆可出现第二极小值,若粒子的线度小于 10 nm,即使出现第二极小值也一定是很浅的。对于较大的粒子,特别是形状较不对称的粒子,第二极小值会明显地出现,其值一般仅为几个 kT 的数量级,粒子落入此处可形成较疏松的沉积物,但不稳定,外界条件稍有变动,沉积物可重新分离而成溶胶。

　　除胶粒带电荷是溶胶稳定的主要因素之外,溶剂化作用也是使溶胶稳定的重要原因。若水为分散介质,构成胶团双电层结构的全部离子都应当是水化的,在分散相粒子的周围,形成一个具有一定弹性的水化外壳。因布朗运动使一对胶团互相靠近时,水化外壳因受到挤压而变形,但每个胶团都力图恢复其原来的形状而又被弹开,由此可见,水化外壳的存在势必增加溶胶聚合的机械阻力,而有利于溶胶的稳定。最后,分散相粒子的布朗运动足够强时,就能够克服重力场的影响而不下沉,溶胶的这种性质,称为动力稳定。一般说来,分散相与分散介质的密度相差越小,分散介质的黏度越大,分散相的颗粒越小,布朗运动越强烈,溶胶的动力稳定就越强。

　　综上所述,分散相粒子的带电荷、溶剂化作用及布朗运动是溶胶稳定的三个重要原因。因此,中和分散相粒子所带的电荷,降低溶剂化作用,皆可使溶胶聚沉。

2. 溶胶的聚沉

　　溶胶中的分散相粒子互相聚结,颗粒变大,进而发生沉淀的现象,称为**聚沉**。任何溶胶从本质上来看都是不稳定的,所谓的稳定只是暂时的,总是要发生聚沉的。例如,加热、辐射或加入电解质皆可导致溶胶的聚沉。许多溶胶对电解质都特别敏感,在这方面的研究也较为深入。

　　(1)电解质的聚沉作用　适量的电解质对溶胶起到稳定剂的作用。但如果电解质加入得过多,尤其是含高价反离子的电解质的加入,往往会使溶胶发生聚沉。这主要是因为电解质的浓度或价数增加时,都会压缩扩散层,使扩散层变薄,斥力势能降低,当电解质的浓度足够大时就会使溶胶发生聚沉;若加入的反离子发生特性吸附,斯特恩层内的反离子数量增加,使胶粒所带的电荷量降低,而导致碰撞聚沉。一般说来,当电解质的浓度或价数增加使溶胶发生聚沉时,所必须克服的势垒的高度和位置皆发生变化,如图 10.5.3 所示。向 TiO_2 溶胶中加入不同浓度的 NaCl 溶液,随着电解质浓度的增大,溶胶聚沉时所需克服的势垒降低,当电解质的浓度增大到 10 mol·m^{-3} 以后,总势能曲线上出现第二极小值,溶胶粒子碰撞后发生可逆聚沉。继续增大 NaCl 浓度到 30 mol·m^{-3} 时,总势能降到零以下,能垒的阻碍不复存在,分散相粒子相碰即可发生聚沉。使溶胶发生明显的聚沉所需电解质的最小浓度,称为该电解质的**聚沉值**。电解质的聚沉值越小,表明其聚沉能力越大,因此,将聚沉值的倒数定义为**聚沉能力**。

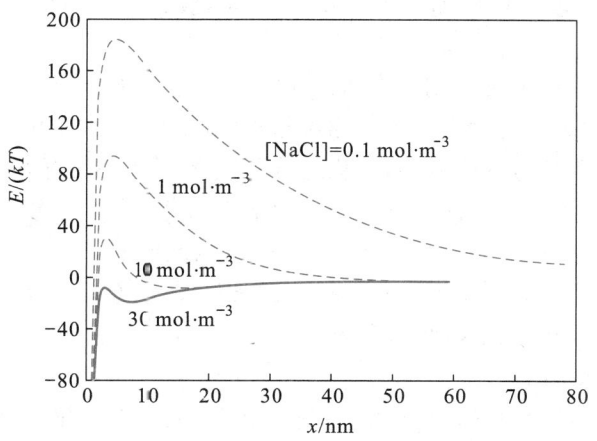

图 10.5.3　电解质的浓度对胶体粒子势能的影响

舒尔策-哈代(Schulze-Hardy)价数规则[①]：电解质中能使溶胶发生聚沉的离子,是与胶粒带电荷符号相反的离子,即反离子,反离子的价数越高,聚沉能力越强,这种关系称为**价数规则**。例如,As_2S_3 溶胶的胶粒带负电荷,起聚沉作用的是电解质的阳离子。KCl、$MgCl_2$、$AlCl_3$ 的聚沉值分别为 $49.5\ mol \cdot m^{-3}$、$0.7\ mol \cdot m^{-3}$、$0.093\ mol \cdot m^{-3}$。若以 K^+ 为比较标准,其聚沉能力有如下关系：

$$Me^+ : Me^{2+} : Me^{3+} = 1 : 70.7 : 532$$

一般可以近似地表示为反离子价数的 6 次方之比,即

$$Me^+ : Me^{2+} : Me^{3+} = 1^6 : 2^6 : 3^6 = 1 : 64 : 729$$

上述比值是在其他因素完全相同的条件下导出的,表明同号离子的价数越高,聚沉能力越强。但也有许多反常现象,如 H^+ 虽为一价,却有很强的聚沉能力。应当指出,上述比例关系仅可作为一种粗略的估计,而不能作为严格的定量计算的依据。

同价离子的聚沉能力也并不相同。例如,某些一价阴、阳离子,对带相反电荷胶粒的聚沉能力的大小顺序为

$$H^+ > Cs^- > Rb^+ > NH_4^+ > K^+ > Na^+ > Li^+$$

$$F^- > Cl^- > Br^- > NO_3^- > I^- > SCN^- > OH^-$$

这种将带有相同电荷的离子,按聚沉能力大小排列的顺序,称为**感胶离子序**。存在这样的顺序与离子的水化有关。阳离子的水化能力很强,而且离子半径越小水化能力越强,水化层越厚,所以被吸附的能力越小,进入斯特恩层的数量减少,使聚沉能力降低;阴离子的水化能力很弱,所以阴离子的半径越小,吸附能力越强,聚沉能力也越强。

向豆浆(带负电荷的大豆蛋白溶胶)中加入卤水(含 Ca^{2+}、Mg^{2+}、Na^+ 等离子的电解质溶液)制作豆腐的过程,实际就是利用电解质使溶胶发生聚沉的实例。电性相反的溶胶混合也

---

① 舒尔策-哈代价数规则适用于惰性电解质,即那些不与溶胶发生化学反应的电解质。

会发生聚沉现象,如铝盐水解生成的 $Al(OH)_3$ 溶胶,胶粒带正电荷,可以使负溶胶发生聚沉,这就是明矾净水的原理。

（2）高分子化合物的聚沉作用　　在溶胶中加入高分子化合物既可能使溶胶稳定,也可能使溶胶聚沉。一个好的聚沉剂,应当是相对分子质量很大的线型聚合物。例如,聚丙烯酰胺及其衍生物就是一类良好的聚沉剂,其相对分子质量可高达几百万。聚沉剂可以是离子型的,也可以是非离子型的。现从以下三个方面来说明高分子化合物对溶胶的聚沉作用。

① 搭桥效应。一个长碳链的高分子化合物,可以同时和许多个分散相的粒子发生吸附,起到搭桥的作用,把胶粒联结起来,变成较大的聚集体而聚沉,如图 10.5.4(a)所示。

② 脱水效应。高分子化合物对水有更强的亲和力,由于它的溶解与水化作用,使胶粒脱水,失去水化外壳而聚沉。

③ 电中和效应。离子型的高分子化合物吸附在带电荷的胶粒上,可以中和分散相粒子的表面电荷,使粒子间的斥力势能降低,而使溶胶聚沉。

若在溶胶中加入较多的高分子化合物,许多个高分子化合物的一端吸附在同一个分散相粒子的表面上,如图 10.5.4(b)所示,或者是许多个高分子线团环绕在胶粒的周围,形成水化外壳,将分散相粒子完全包围起来,对溶胶则起到保护作用。

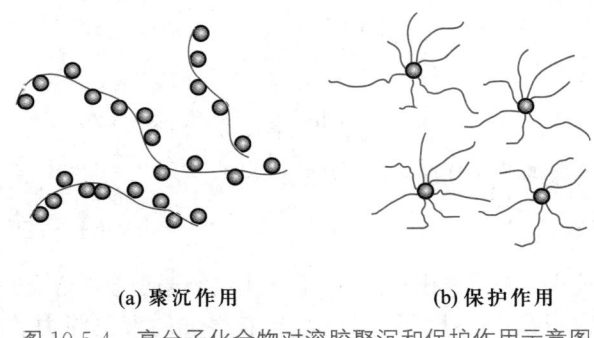

(a) 聚沉作用　　　　　　　　　(b) 保护作用

图 10.5.4　高分子化合物对溶胶聚沉和保护作用示意图

在工业生产中就利用上述作用,如氧化铝球磨料在酸洗除铁杂质时,为防止 Al_2O_3 细颗粒成胶粒流失,就加入 0.21%～0.23% 的阿拉伯树胶,促使 Al_2O_3 粒子快速聚沉;而在注浆成形时,又加入 1.0%～1.5% 的阿拉伯树胶,以提高料浆的流动性和稳定性。高分子化合物的这种保护作用应用很广,例如,血液中所含的难溶盐类物质,如碳酸钙、磷酸钙等就是靠血液中蛋白质保护而存在的。医学上滴眼用的蛋白银就是蛋白质所保护的银溶胶。

§ 10.6　乳状液

由两种（或两种以上）不互溶（或部分互溶）的液体所形成的分散系统称为**乳状液**。乳状液的分散度比典型溶胶的要低得多,分散相（液滴）的大小常在 $1～5\ \mu m$,普通显微镜即可看到。

人类生产及生活中常会遇到乳状液,如含水石油、炼油厂废水、乳化农药、动植物的乳汁等。根据需要,有些乳状液必须设法破坏,以实现分离的目的,如石油脱水,废水净化;有些乳状液则应设法使之稳定,如乳化农药、牛奶、化妆品、乳液涂料等。因此,乳状液研究也有两方面的任务:即乳状液的稳定与破坏。

由经验可知,将两种纯的不互溶液体(如油和水)放在一起振荡,静置后很快就分为两层,即得不到稳定的乳状液。这是因为当液体分散成许多小液滴后,系统内两液体之间的相界面变大,界面吉布斯函数增大,成为热力学不稳定状态,系统必然自发地趋于降低吉布斯函数,即小液滴发生聚结成为大液滴,最后分成两层。要想得到稳定的乳状液,必须有第三种物质存在,它能形成保护膜,并能显著地降低界面吉布斯函数,这种物质称为**乳化剂**。乳化剂使乳状液稳定的作用称为**乳化作用**。乳化剂对形成稳定的乳状液是极为重要的。常用的乳化剂多为表面活性物质,此外还有固体粉末等。

1. 乳状液的分类及鉴别

在乳状液中,一种液相通常是水,用字母"W"表示。另一相为有机物质,如苯、苯胺、煤油等,习惯上把它们皆称为"油",并且用字母"O"表示。任何一相均可能作为分散相或者分散介质。因此,乳状液一般分为两种类型:一类为油分散在水中,称为**水包油型**,用符号 O/W 表示;另一类为水分散在油中,称为**油包水型**,用符号 W/O 表示。究竟形成何种类型乳状液,与乳化剂的性质有关。

鉴别乳状液是 O/W 型还是 W/O 型的方法主要有以下三种。

(1) 染色法 在乳状液中加入少许油溶性的染料如苏丹Ⅲ,振荡后取样在显微镜下观察,若内相(分散相)被染成红色,则为 O/W 型;若外相(分散介质)被染成红色,则为 W/O 型。也可用水溶性染料来鉴别。

(2) 稀释法 取少量乳状液滴入水中或油中,若乳状液在水中能稀释,即为 O/W 型;在油中能稀释,即为 W/O 型。

(3) 导电法 一般来说,水导电性强,油导电性差。因此,O/W 型乳状液的导电性能远好于 W/O 型乳状液,故可区别两者。但乳状液中存在着离子型乳化剂时,W/O 型乳状液也有较好的导电性。

2. 乳状液的稳定

在乳化剂存在的情况下,乳状液能比较稳定地存在,其原因可归纳为如下几个方面。

(1) 降低界面张力 将一种液体分散在与其不互溶的另一种液体中,这必然会导致系统相界面面积增加,界面吉布斯函数增大,这是分散系统不稳定的根源。加入少量的表面活性剂,在两相之间的界面层产生正吸附,显著地降低界面张力,使系统的界面吉布斯函数降低,稳定性增加。例如,室温下液状石蜡与水之间的界面张力为 $40.6\ mN\cdot m^{-1}$,加入乳化剂油酸将水相变成 $1\ mol\cdot m^{-3}$ 的油酸溶液,界面张力则降至 $31.05\ mN\cdot m^{-1}$,此时可形成相对稳定的乳状液。若将此水相用 NaOH 中和(即成皂),界面张力降至 $7.2\ mN\cdot m^{-1}$,稳定性会进一步提高。

在第八章曾经指出,表面活性剂的 HLB 值可决定形成乳状液的类型。一般来说,HLB 值在 3~6 的亲油性的乳化剂可形成 W/O 型乳状液;HLB 值在 12~18 的亲水性的乳化剂可形成 O/W 型乳状液。

拓展资源

反胶束萃取

（2）形成定向楔的界面　表面活性剂分子具有一端亲水而另一端亲油的特性，且其两端的横截面常大小不等。当它作为乳化剂被吸附在乳状液的界面层时，常呈现"大头"朝外，"小头"向里的几何构型，就如同一个个的楔子密集地钉在圆球上，极性的基团指向水相，而非极性一端则指向油相，采取这样的几何构型，可使分散相液滴的表面积最小，界面吉布斯函数最低，而且可以使界面膜更牢固，对乳状液的分散相起到保护作用。如 K、Na 等碱金属的皂类，含金属离子的一端是亲水的"大头"，作为乳化剂时，应形成 O/W 型乳状液，如图 10.6.1 所示。而 Ca、Mg、Zn 等二价金属的皂类，含金属离子的极性基团是"小头"，作为乳化剂时，则形成 W/O 型的乳状液，如图 10.6.2 所示。但也有例外，如一价的银肥皂作为乳化剂时，却形成 W/O 型的乳状液。

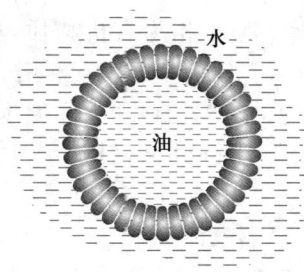
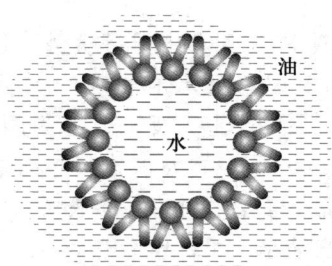

图 10.6.1　O/W 型乳状液　　　　　图 10.6.2　W/O 型乳状液

（3）形成扩散双电层　对于离子型表面活性物质（如阴离子型钠肥皂 RCOONa），在 O/W 型的乳状液中，可设想伸入水相的羧基"头"有一部分解离，则组成液珠界面的基团是—COO⁻（带负电荷），异电离子（Na⁺）分布在其周围，形成双电层。对于非离子型的表面活性物质，特别是在 W/O 的乳状液中，液珠带电是由于液珠与介质摩擦而产生的，犹如玻璃棒与毛皮摩擦而生电一样。带电符号取决于相接触的两物质介电常数的高低，介电常数高的物质带正电荷。在乳状液中，水的介电常数远比常遇到的其他液相的高，故 O/W 型乳状液中的油珠多带负电荷，而 W/O 型中的水珠则带正电荷。两相间双电层的存在，可防止乳状液因分散相粒子的相互碰撞、聚集而遭到破坏。

（4）界面膜的稳定作用　乳化过程也可理解为分散相液滴表面的成膜过程，界面膜的厚度，特别是膜的强度和韧性，对乳状液的稳定性起着举足轻重的作用。例如，水溶性的十六烷基磺酸钠与等量的油溶性的乳化剂异辛甾烯醇所组成的混合乳化剂，可形成带负电荷的 O/W 型乳状液。这是十六烷基磺酸钠在界面层中解离，而 Na⁺ 又向水中扩散的结果。两种乳化剂皆定向地排列在油-水界面层中，形成比较牢固的界面膜，而且分散相的油滴皆带有负电荷，当两油滴互相靠近时，产生静电斥力，而更有利于乳状液的稳定。

此外，分散介质的黏度、分散相与分散介质密度差的大小等皆能影响乳状液的稳定性。

3. 乳状液的去乳化

使乳状液破坏的过程,称为**破乳**或**去乳化作用**。此过程一般分为两步:第一步,分散相的微小液滴首先絮凝成团,但这时仍未完全失去原来各自独立的属性;第二步为凝聚过程,即分散相结合成更大的液滴,在重力场的作用下自动地分层。乳状液稳定的主要原因是乳化剂的存在,所以凡能消除或削弱乳化剂保护能力的因素,皆可达到破乳的目的。常用的方法有:

① 用不能形成牢固膜的表面活性物质代替原来的乳化剂,如异戊醇,它的表面活性很强,但因碳氢链分叉而无法形成牢固的界面膜。

② 加入某些能与乳化剂发生化学反应的物质,消除乳化剂的保护作用。例如,在以油酸钠为稳定剂的乳状液中加入无机酸,达到破乳的目的。

③ 加入类型相反的乳化剂,如向 O/W 型乳状液中加入 W/O 型乳化剂。

④ 加热,温度升高可降低乳化剂在油-水界面的吸附量,削弱保护膜对乳状液的保护作用,降低分散介质的黏度。

⑤ 物理方法,如离心分离、电泳破乳等。

本章小结

胶体分散系统是分散相粒子尺度介于 $1 \sim 1\,000$ nm 的分散系统,包括溶胶、高分子溶液和缔合胶体,本章主要讨论溶胶。溶胶的高分散性、多相性及热力学不稳定性等特征决定了其基本性质。

本章简要介绍了溶胶的制备,重点介绍了其光学性质(丁铎尔效应)、动力学性质(布朗运动、沉降与沉降平衡)和电学性质(四种电动现象及双电层理论),在电学性质介绍中引出了 ζ 电势这一重要概念。之后介绍了溶胶的稳定与聚沉,主要内容包括 DLVO 理论、电解质对溶胶稳定与聚沉的影响。

此外,本章还介绍了乳状液的稳定与破乳。

概念题

1. 溶胶系统分散相粒子的直径范围一般在( ),其( )通过半透膜,溶胶属于热力学( )系统。

2. 根据分散相和分散介质的聚集状态分类,雾和烟都属于( ),它们的区别在于( )。

3. 散射光强度与诸多因素有关,入射光频率越大,散射光( );分散相与分散介质的折射率相差越大,散射光( )。

4. 溶胶粒子在重力作用下趋于发生( ),其与( )为两个相反的作用。在适当的条件下,当二者作用力相近时,就会出现( )。

5. 在平板电容器模型、古依-查普曼双电层模型和斯特恩双电层模型这些双电层理论中,认为靠近带电固体表面的反离子排布整齐的是（　　），提出反离子是以扩散状态分布的是（　　），明确解释了表面电势和 ζ 电势区别的是（　　）。

6. ζ 电势的大小反映了胶粒的带电程度，ζ 电势越高，溶胶越（　　）。ζ 电势为零时对应的状态称为（　　），此时（　　）电动现象，溶胶（　　）。

7. 高分子化合物对溶胶既有聚沉作用，也有保护作用。在涂料中加入高分子化合物是利用其对颜料粒子的（　　）作用；生活月水净化和工业废水处理，可利用高分子化合物对溶胶的（　　）作用。

8. 在某乳状液中加入少量水溶性的红色染料，振荡后取样观察发现，分散介质被染成红色，则该乳状液为（　　）型；取少量乳状液滴入油中，若其在油中能稀释，则该乳状液为（　　）型。

习题

10.1　如何定义胶体系统？总结胶体系统的主要特征。

10.2　丁铎尔效应的实质及产生条件是什么？

10.3　简述斯特恩双电层模型的要点，指出表面电势、斯特恩电势和 ζ 电势的区别。

10.4　溶胶能够在一定的时间内稳定存在的主要原因是什么？

10.5　破坏溶胶最有效的方法是什么？说明原因。

10.6　K、Na 等碱金属的皂类作为乳化剂时，易于形成 O/W 型乳状液；Zn、Mg 等二价金属的皂类作为乳化剂时，则易于形成 W/O 型乳状液，试说明原因。

10.7　某溶胶中粒子平均直径为 4.2×10^{-9} m，设 25 ℃时其黏度 $\eta = 1.0 \times 10^{-3}$ Pa·s。计算：

(1) 25 ℃时，胶粒因布朗运动在 1 s 内沿 x 轴方向的平均位移；

(2) 胶粒的扩散系数。

答：(1) 1.44×10^{-5} m；(2) 1.04×10^{-10} m²·s⁻¹

10.8　某金溶胶粒子半径为 30 nm，25 ℃时，于重力场中达到平衡后，在高度相距 0.1 mm 的某指定体积内粒子数分别为 277 个和 166 个，已知金与分散介质的密度分别为 19.3×10^3 kg·m⁻³ 及 1.00×10^3 kg·m⁻³。试计算阿伏加德罗常数。

答：6.26×10^{23} mol⁻¹

10.9　通过电泳实验测定 $BaSO_4$ 溶胶的 ζ 电势。实验中，两极之间电势差为 150 V，距离为 30 cm，通电 30 min 溶胶界面移动 25.5 mm，求该溶胶的 ζ 电势。已知分散介质的相对介电常数 $\varepsilon_r = 81.1$，黏度 $\eta = 1.03 \times 10^{-3}$ Pa·s，相对介电常数 ε_r、介电常数 ε 及真空介电常数 ε_0 间有如下关系：

$$\varepsilon_r = \varepsilon / \varepsilon_0 \qquad \varepsilon_0 = 8.854 \times 10^{-12} \text{ F·m}^{-1} \qquad 1 \text{ F} = 1 \text{ C·V}^{-1}$$

答：40.6×10^{-3} V

10.10　在 NaOH 溶液中用 HCHO 还原 $HAuCl_4$ 可制得金溶胶：

$$HAuCl_4 + 5NaOH \longrightarrow NaAuO_2 + 4NaCl + 3H_2O$$

$$2NaAuO_2 + 3HCHO + NaOH \longrightarrow 2Au(s) + 3HCOONa + 2H_2O$$

$NaAuO_2$ 是上述方法制得金溶胶的稳定剂，写出该金溶胶胶团结构的表示式。

10.11　在 $Ba(NO_3)_2$ 溶液中滴加 Na_2SO_4 溶液可制备 $BaSO_4$ 溶胶。分别写出：(1) $Ba(NO_3)_2$ 溶液过量；(2) Na_2SO_4 溶液过量时的胶团结构表示式。

10.12　在 H_3AsO_3 的稀溶液中通入 H_2S 气体，生成 As_2S_3 溶胶，已知 HS^- 为其稳定剂。试写出 As_2S_3 的胶团结构表示式，比较电解质 $AlCl_3$、$MgSO_4$ 和 KCl 对该溶胶聚沉能力的大小。

10.13 以等体积的 $0.08\ mol \cdot dm^{-3}\ AgNO_3$ 溶液和 $0.1\ mol \cdot dm^{-3}\ KCl$ 溶液制备 $AgCl$ 溶胶。

(1) 写出胶团结构表示式,指出电场中胶体粒子的移动方向;

(2) 加入电解质 $MgSO_4$、$AlCl_3$ 和 Na_3PO_4 促上述溶胶发生聚沉,电解质聚沉能力大小的顺序是什么?

答:(1) 正极;(2) $AlCl_3 > MgSO_4 > Na_3PO_4$

10.14 某带正电荷溶胶以 KNO_3 作为沉淀剂时,聚沉值为 $50 \times 10^{-3}\ mol \cdot dm^{-3}$,若用 K_2SO_4 作为沉淀剂,其聚沉值大约为多少?

答:$0.78 \times 10^{-3}\ mol \cdot dm^{-3}$

10.15 在三个烧瓶中分别盛有 $0.020\ dm^3$ 的 $Fe(OH)_3$ 溶胶,分别加入 $NaCl$、Na_2SO_4 及 Na_3PO_4 溶液使溶胶发生聚沉,最少需要加入:$1.00\ mol \cdot dm^{-3}$ 的 $NaCl$ 溶液 $0.021\ dm^3$;$5.0 \times 10^{-3}\ mol \cdot dm^{-3}$ 的 Na_2SO_4 溶液 $0.125\ dm^3$;$3.333 \times 10^{-3}\ mol \cdot dm^{-3}$ 的 Na_3PO_4 溶液 $0.007\ 4\ dm^3$。试计算各电解质的聚沉值、聚沉能力之比,并指出胶体粒子的带电符号。

答:聚沉值分别为 $NaCl$:$512 \times 10^{-3}\ mol \cdot dm^{-3}$,

Na_2SO_4:$4.31 \times 10^{-3}\ mol \cdot dm^{-3}$,$Na_3PO_4$:$0.90 \times 10^{-3}\ mol \cdot dm^{-3}$;

三者聚沉能力之比为 $1 : 119 : 569$;胶粒带正电荷

附录

附录一　基本常数

量的名称	符号	数值	单位
自由落体加速度(重力加速度)	g	9.806 65(准确值)	$m \cdot s^{-2}$
真空介电常数(真空电容率)	ε_0	$8.854\ 187\ 817 \times 10^{-12}$(准确值)	$F \cdot m^{-1}$
电磁波在真空中的传播速率	c, c_0	299 792 458(准确值)	$m \cdot s^{-1}$
阿伏加德罗常数	L, N_A	$6.022\ 141\ 79(30) \times 10^{23}$	mol^{-1}
摩尔气体常数	R	8.314 472(15)	$J \cdot mol^{-1} \cdot K^{-1}$
玻耳兹曼常数	k, k_B	$1.380\ 650\ 4(24) \times 10^{-23}$	$J \cdot K^{-1}$
元电荷	e	$1.602\ 176\ 487(40) \times 10^{-19}$	C
电子质量	m_e	$9.109\ 382\ 15(45) \times 10^{-31}$	kg
质子质量	m_p	$1.672\ 621\ 637(83) \times 10^{-27}$	kg
法拉第常数	F	96 485.339 9(24)	$C \cdot mol^{-1}$
普朗克常量	h	$6.626\ 068\ 96(33) \times 10^{-34}$	$J \cdot s$

附录二　元素的相对原子质量表（2005）

$$A_r(^{12}C) = 12$$

元素符号	元素名称	相对原子质量	元素符号	元素名称	相对原子质量
Ac	锕		Am	镅	
Ag	银	107.868 2(2)	Ar	氩	39.948(1)
Al	铝	26.981 538 6(8)	As	砷	74.921 60(2)

元素符号	元素名称	相对原子质量	元素符号	元素名称	相对原子质量
At	砹		H	氢	1.007 94(7)
Au	金	196.966 569(4)	He	氦	4.002 602(2)
B	硼	10.811(7)	Hf	铪	178.49(2)
Ba	钡	137.327(7)	Hg	汞	200.59(2)
Be	铍	9.012 182(3)	Ho	钬	164.930 32(3)
Bh	𨨏		Hs	𨭆	
Bi	铋	208.980 40(1)	I	碘	126.904 47(3)
Bk	锫		In	铟	114.818(3)
Br	溴	79.904(1)	Ir	铱	192.217(3)
C	碳	12.010 7(8)	K	钾	39.098 3(1)
Ca	钙	40.078(4)	Kr	氪	83.798(2)
Cd	镉	112.411(8)	La	镧	138.905 47(7)
Ce	铈	140.116(1)	Li	锂	6.941(2)
Cf	锎		Lr	铹	
Cl	氯	35.453(2)	Lu	镥	174.967(1)
Cm	锔		Md	钔	
Co	钴	58.933 195(5)	Mg	镁	24.305 0(6)
Cr	铬	51.996 1(6)	Mn	锰	54.938 045(5)
Cs	铯	132.905 451 9(2)	Mo	钼	95.94(2)
Cu	铜	63.546(3)	Mt	鿏	
Db	𨧀		N	氮	14.006 7(2)
Ds	𫓧		Na	钠	22.989 769 28(2)
Dy	镝	162.500(1)	Nb	铌	92.906 38(2)
Er	铒	167.259(3)	Nd	钕	144.242(3)
Es	锿		Ne	氖	20.179 7(6)
Eu	铕	151.964(1)	Ni	镍	58.693 4(2)
F	氟	18.998 403 2(5)	No	锘	
Fe	铁	55.845(2)	Np	镎	
Fm	镄		O	氧	15.999 4(3)
Fr	钫		Os	锇	190.23(3)
Ga	镓	69.723(1)	P	磷	30.973 762(2)
Gd	钆	157.25(3)	Pa	镤	231.035 88(2)
Ge	锗	72.64(1)	Pb	铅	207.2(1)

元素符号	元素名称	相对原子质量	元素符号	元素名称	相对原子质量
Pd	钯	106.42(1)	Sm	钐	150.36(3)
Pm	钷		Sn	锡	118.710(7)
Po	钋		Sr	锶	87.62(1)
Pr	镨	140.907 65(2)	Ta	钽	180.947 88(2)
Pt	铂	195.084(9)	Tb	铽	158.925 35(2)
Pu	钚		Tc	锝	
Ra	镭		Te	碲	127.60(3)
Rb	铷	85.467 8(3)	Th	钍	232.038 06(2)
Re	铼	186.207(1)	Ti	钛	47.867(1)
Rf	𬬻		Tl	铊	204.383 3(2)
Rg	𬭳		Tm	铥	168.934 21(2)
Rh	铑	102.905 50(2)	U	铀	238.028 91(3)
Rn	氡		V	钒	50.941 5(1)
Ru	钌	101.07(2)	W	钨	183.84(1)
S	硫	32.065(5)	Xe	氙	131.293(6)
Sb	锑	121.760(1)	Y	钇	88.905 85(2)
Sc	钪	44.955 912(6)	Yb	镱	173.04(3)
Se	硒	78.96(3)	Zn	锌	65.409(4)
Sg	𬭶		Zr	锆	91.224(2)
Si	硅	28.085 5(3)			

注:相对原子质量后面括号中的数字表示末位数的误差范围。数据摘自 IUPAC periodic table of the elements,22,6,2007。

附录三　某些物质的临界参数

物质		临界温度 T_c/K	临界压力 p_c/MPa	临界体积 $\dfrac{V_c}{10^{-6}\ m^3 \cdot mol^{-1}}$	临界密度 $\dfrac{\rho_c}{kg \cdot m^{-3}}$	临界压缩因子 Z_c
He	氦	5.19	0.227	57	70.2	0.300
Ar	氩	150.87	4.898	75	532	0.293
H_2	氢	32.97	1.293	65	31.0	0.307
N_2	氮	126.21	3.39	90	311	0.291

续表

物质		临界温度 T_c/K	临界压力 p_c/MPa	临界体积 $\dfrac{V_c}{10^{-6}\ m^3 \cdot mol^{-1}}$	临界密度 $\dfrac{\rho_c}{kg \cdot m^{-3}}$	临界压缩 因子 Z_c
O_2	氧	154.59	5.043	73	438	0.286
F_2	氟	144.13	5.172	66	576	0.285
Cl_2	氯	416.9	7.991	123	576	0.284
Br_2	溴	588	10.34	127	1 258	0.269
H_2O	水	647.14	22.06	56	322	0.230
NH_3	氨	405.5	11.35	72	236	0.242
HCl	氯化氢	324.7	8.31	81	450	0.249
H_2S	硫化氢	373.2	8.94	99	344	0.285
CO	一氧化碳	132.91	3.499	93	301	0.295
CO_2	二氧化碳	304.13	7.375	94	468	0.274
SO_2	二氧化硫	430.8	7.884	122	525	0.269
CH_4	甲烷	190.56	4.599	98.60	163	0.286
C_2H_6	乙烷	305.32	4.872	145.5	207	0.279
C_3H_8	丙烷	369.83	4.248	200	220	0.276
C_2H_4	乙烯	282.34	5.041	131	214	0.281
C_3H_6	丙烯	364.9	4.60	185	227	0.281
C_2H_2	乙炔	308.3	6.138	122.2	213	0.293
$CHCl_3$	氯仿	536.4	5.47	239	499	0.293
CCl_4	四氯化碳	556.6	4.516	276	557	0.269
CH_3OH	甲醇	512.5	8.084	117	274	0.222
C_2H_5OH	乙醇	514.0	6.137	168	234	0.241
C_6H_6	苯	562.05	4.895	256	305	0.268
$C_6H_5CH_3$	甲苯	591.80	4.110	316	292	0.264

附录四　某些气体的范德华常数

气体		$a/(10^{-3}\ Pa \cdot m^6 \cdot mol^{-2})$	$b/(10^{-6}\ m^3 \cdot mol^{-1})$
Ar	氩	135.5	32.0
H_2	氢	24.52	26.5
N_2	氮	137.0	38.7
O_2	氧	138.2	31.9
Cl_2	氯	634.3	54.2
H_2O	水	553.7	30.5
NH_3	氨	422.5	37.1
HCl	氯化氢	370.0	40.6
H_2S	硫化氢	454.4	43.4
CO	一氧化碳	147.2	39.5
CO_2	二氧化碳	365.8	42.9
SO_2	二氧化硫	686.5	56.8
CH_4	甲烷	230.3	43.1
C_2H_6	乙烷	558.0	65.1
C_3H_8	丙烷	939	90.5
C_2H_4	乙烯	461.2	58.2
C_3H_6	丙烯	842.2	82.4
C_2H_2	乙炔	451.6	52.2
$CHCl_3$	氯仿	1 534	101.9
CCl_4	四氯化碳	2 001	128.1
CH_3OH	甲醇	947.6	65.9
C_2H_5OH	乙醇	1 256	87.1
$(C_2H_5)_2O$	乙醚	1 746	133.3
$(CH_3)_2CO$	丙酮	1 602	112.4
C_6H_6	苯	1 882	119.3

注：数据摘自 CRC handbook of physical chemistry. 87th，2007.

附录五 某些气体的摩尔定压热容与温度的关系

$$(C_{p,m}=a+bT+cT^2)$$

物质		a J·mol^{-1}·K^{-1}	b 10^{-3} J·mol^{-1}·K^{-2}	c 10^{-6} J·mol^{-1}·K^{-3}	温度范围 K
H_2	氢气	26.88	4.347	-0.3265	$273\sim3800$
Cl_2	氯气	31.696	10.144	-4.038	$300\sim1500$
Br_2	溴气	35.241	4.075	-1.487	$300\sim1500$
O_2	氧气	28.17	6.297	-0.7494	$273\sim3800$
N_2	氮气	27.32	6.226	-0.9502	$273\sim3800$
HCl	氯化氢	28.17	1.810	1.547	$300\sim1500$
H_2O	水蒸气	29.16	14.49	-2.022	$273\sim3800$
CO	一氧化碳	26.537	7.6831	-1.172	$300\sim1500$
CO_2	二氧化碳	26.75	42.258	-14.25	$300\sim1500$
CH_4	甲烷	14.15	75.496	-17.99	$298\sim1500$
C_2H_6	乙烷	9.401	159.83	-46.229	$298\sim1500$
C_2H_4	乙烯	11.84	119.67	-36.51	$298\sim1500$
C_3H_6	丙烯	9.427	188.77	-57.488	$298\sim1500$
C_2H_2	乙炔	30.67	52.810	-16.27	$298\sim1500$
C_3H_4	丙炔	26.50	120.66	-39.57	$298\sim1500$
C_6H_6	苯	-1.71	324.77	-110.58	$298\sim1500$
$C_6H_5CH_3$	甲苯	2.41	391.17	-130.65	$298\sim1500$
CH_3OH	甲醇	18.40	101.56	-28.68	$273\sim1000$
C_2H_5OH	乙醇	29.25	166.28	-48.898	$298\sim1500$
$(C_2H_5)_2O$	二乙醚	-103.9	1417	-248	$300\sim400$
HCHO	甲醛	18.82	58.379	-15.61	$291\sim1500$
CH_3CHO	乙醛	31.05	121.46	-36.58	$298\sim1500$
$(CH_3)_2CO$	丙酮	22.47	205.97	-63.521	$298\sim1500$
HCOOH	甲酸	30.7	89.20	-34.54	$300\sim700$
$CHCl_3$	氯仿	29.51	148.94	-90.734	$273\sim773$

附录六　某些物质的标准摩尔生成焓、标准摩尔生成吉布斯函数、标准摩尔熵及摩尔定压热容

$$(p^{\ominus}=100 \text{ kPa}, 25 \text{ ℃})$$

物质	$\dfrac{\Delta_f H_m^{\ominus}}{\text{kJ} \cdot \text{mol}^{-1}}$	$\dfrac{\Delta_f G_m^{\ominus}}{\text{kJ} \cdot \text{mol}^{-1}}$	$\dfrac{S_m^{\ominus}}{\text{J} \cdot \text{mol}^{-1} \cdot \text{K}^{-1}}$	$\dfrac{C_{p,m}}{\text{J} \cdot \text{mol}^{-1} \cdot \text{K}^{-1}}$
Ag(s)	0	0	42.55	25.351
AgCl(s)	−127.068	−109.789	96.2	50.79
Ag₂O(s)	−31.05	−11.20	121.3	65.86
Al(s)	0	0	28.33	24.35
Al₂O₃(α,刚玉)	−1 675.7	−1 582.3	50.92	79.04
Br₂(l)	0	0	152.231	75.689
Br₂(g)	30.907	3.110	245.463	36.02
HBr(g)	−36.40	−53.45	198.695	29.142
Ca(s)	0	0	41.42	25.31
CaC₂(s)	−59.8	−64.9	69.96	62.72
CaCO₃(方解石)	−1 206.92	−1 128.79	92.9	81.88
CaO(s)	−635.09	−604.03	39.75	42.80
Ca(OH)₂(s)	−986.09	−898.49	83.39	87.49
C(石墨)	0	0	5.740	8.527
C(金刚石)	1.895	2.900	2.377	6.113
CO(g)	−110.525	−137.168	197.674	29.142
CO₂(g)	−393.509	−394.359	213.74	37.11
CS₂(l)	89.70	65.27	151.34	75.7
CS₂(g)	117.36	67.12	237.84	45.40
CCl₄(l)	−135.44	−65.21	216.40	131.75
CCl₄(g)	−102.9	−60.59	309.85	83.30
HCN(l)	108.87	124.97	112.84	70.63
HCN(g)	135.1	124.7	201.78	35.86
Cl₂(g)	0	0	223.066	33.907
HCl(g)	−92.307	−95.299	186.908	29.12
Cu(s)	0	0	33.150	24.435
CuO(s)	−157.3	−129.7	42.63	42.30

续表

物质	$\dfrac{\Delta_f H_m^{\ominus}}{kJ \cdot mol^{-1}}$	$\dfrac{\Delta_f G_m^{\ominus}}{kJ \cdot mol^{-1}}$	$\dfrac{S_m^{\ominus}}{J \cdot mol^{-1} \cdot K^{-1}}$	$\dfrac{C_{p,m}}{J \cdot mol^{-1} \cdot K^{-1}}$
$Cu_2O(s)$	−168.6	−146.0	93.14	63.64
$F_2(g)$	0	0	202.780	31.30
$HF(g)$	−271.1	−273.2	173.779	29.133
$Fe(s)$	0	0	27.28	25.10
$FeCl_2(s)$	−341.79	−302.30	117.95	76.65
$FeCl_3(s)$	−399.49	−334.00	142.3	96.65
Fe_2O_3（赤铁矿）	−824.2	−742.2	87.40	103.85
Fe_3O_4（磁铁矿）	−1 118.4	−1 015.4	146.4	143.43
$FeSO_4(s)$	−928.4	−820.8	107.5	100.58
$H_2(g)$	0	0	130.684	28.824
$H_2O(l)$	−285.830	−237.129	69.91	75.291
$H_2O(g)$	−241.818	−228.572	188.825	33.577
$I_2(s)$	0	0	116.135	54.438
$I_2(g)$	62.438	19.327	260.69	36.90
$HI(g)$	26.48	1.70	206.594	29.158
$Mg(s)$	0	0	32.68	24.89
$MgCl_2(s)$	−641.32	−591.79	89.62	71.38
$MgO(s)$	−601.70	−569.43	26.94	37.15
$Mg(OH)_2(s)$	−924.54	−833.51	63.18	77.03
$Na(s)$	0	0	51.21	28.24
$Na_2CO_3(s)$	−1 130.68	−1 044.44	134.98	112.30
$NaHCO_3(s)$	−950.81	−851.0	101.7	87.61
$NaCl(s)$	−411.153	−384.138	72.13	50.50
$NaNO_3(s)$	−467.85	−367.00	116.52	92.88
$NaOH(s)$	−425.609	−379.494	64.455	59.54
$Na_2SO_4(s)$	−1 387.08	−1 270.16	149.58	128.20
$N_2(g)$	0	0	191.61	29.125
$NH_3(g)$	−46.11	−16.45	192.45	35.06
$NO(g)$	90.25	86.55	210.761	29.844
$NO_2(g)$	33.18	51.31	240.06	37.20
$N_2O(g)$	82.05	104.20	219.85	38.45

物质	$\dfrac{\Delta_f H_m^{\ominus}}{kJ \cdot mol^{-1}}$	$\dfrac{\Delta_f G_m^{\ominus}}{kJ \cdot mol^{-1}}$	$\dfrac{S_m^{\ominus}}{J \cdot mol^{-1} \cdot K^{-1}}$	$\dfrac{C_{p,m}}{J \cdot mol^{-1} \cdot K^{-1}}$
$N_2O_3(g)$	83.72	139.46	312.28	65.61
$N_2O_4(g)$	9.16	97.89	304.29	77.28
$N_2O_5(g)$	11.3	115.1	355.7	84.5
$HNO_3(l)$	−174.10	−80.71	155.60	109.87
$HNO_3(g)$	−135.06	−74.72	266.38	53.35
$NH_4NO_3(s)$	−365.56	−183.87	151.08	139.3
$O_2(g)$	0	0	205.138	29.355
$O_3(g)$	142.7	163.2	238.93	39.20
P(α-白磷)	0	0	41.09	23.840
P(红磷,三斜晶系)	−17.6	−12.1	22.80	21.21
$PCl_3(g)$	−287.0	−267.8	311.78	71.84
$PCl_5(g)$	−374.9	−305.0	364.58	112.80
$H_3PO_4(s)$	−1 279.0	−1 119.1	110.50	106.06
S(正交晶系)	0	0	31.80	22.64
S(g)	278.805	238.250	167.821	23.673
$H_2S(g)$	−20.63	−33.56	205.79	34.23
$SO_2(g)$	−296.830	−300.194	248.22	39.87
$SO_3(g)$	−395.72	−371.06	256.76	50.67
$H_2SO_4(l)$	−813.989	−690.003	156.904	138.91
Si(s)	0	0	18.83	20.00
$SiCl_4(l)$	−687.0	−619.84	239.7	145.30
$SiCl_4(g)$	−657.01	−616.98	330.73	90.25
$SiH_4(g)$	34.3	56.9	204.62	42.84
$SiO_2(α,石英)$	−910.94	−856.64	41.84	44.43
Zn(s)	0	0	41.63	25.40
$ZnCO_3(s)$	−812.78	−731.52	82.4	79.71
$ZnCl_2(s)$	−415.05	−369.398	111.46	71.34
ZnO(s)	−348.28	−318.30	43.64	40.25
$CH_4(g)$　　甲烷	−74.81	−50.72	186.264	35.309
$C_2H_6(g)$　　乙烷	−84.68	−32.82	229.60	52.63
$C_2H_4(g)$　　乙烯	52.26	68.15	219.56	43.56

物质		$\dfrac{\Delta_f H_m^\ominus}{kJ \cdot mol^{-1}}$	$\dfrac{\Delta_f G_m^\ominus}{kJ \cdot mol^{-1}}$	$\dfrac{S_m^\ominus}{J \cdot mol^{-1} \cdot K^{-1}}$	$\dfrac{C_{p,m}}{J \cdot mol^{-1} \cdot K^{-1}}$
$C_2H_2(g)$	乙炔	226.73	209.20	200.94	43.93
$CH_3OH(l)$	甲醇	-238.66	-166.27	126.8	81.6
$CH_3OH(g)$	甲醇	-200.66	-161.96	239.81	43.89
$C_2H_5OH(l)$	乙醇	-277.69	-174.78	160.7	111.46
$C_2H_5OH(g)$	乙醇	-235.10	-168.49	282.70	65.44
$(CH_2OH)_2(l)$	乙二醇	-454.80	-323.08	166.9	149.8
$(CH_3)_2O(g)$	二甲醚	-184.05	-112.59	266.38	64.39
$HCHO(g)$	甲醛	-108.57	-102.53	218.77	35.40
$CH_3CHO(g)$	乙醛	-166.19	-128.86	250.3	57.3
$HCOOH(l)$	甲酸	-424.72	-361.35	128.95	99.04
$CH_3COOH(l)$	乙酸	-484.5	-389.9	159.8	124.3
$CH_3COOH(g)$	乙酸	-432.25	-374.0	282.5	66.5
$(CH_2)_2O(l)$	环氧乙烷	-77.82	-11.76	153.85	87.95
$(CH_2)_2O(g)$	环氧乙烷	-52.63	-13.01	242.53	47.91
$CHCl_3(l)$	氯仿	-134.47	-73.66	201.7	113.8
$CHCl_3(g)$	氯仿	-103.14	-70.34	295.71	65.69
$C_2H_5Cl(l)$	氯乙烷	-136.52	-59.31	190.79	104.35
$C_2H_5Cl(g)$	氯乙烷	-112.17	-60.39	276.00	62.8
$C_2H_5Br(l)$	溴乙烷	-92.01	-27.70	198.7	100.8
$C_2H_5Br(g)$	溴乙烷	-64.52	-26.48	286.71	64.52
$CH_2CHCl(l)$	氯乙烯	35.6	51.9	263.99	53.72
$CH_3COCl(l)$	氯乙酰	-273.80	-207.99	200.8	117
$CH_3COCl(g)$	氯乙酰	-243.51	-205.80	295.1	67.8
$CH_3NH_2(g)$	甲胺	-22.97	32.16	243.41	53.1
$(NH_3)_2CO(s)$	尿素	-333.51	-197.33	104.60	93.14

附录七　某些有机化合物的标准摩尔燃烧焓

$(p^{\ominus}=100 \text{ kPa},25 \text{ ℃})$

物质		$\dfrac{-\Delta_c H_m^{\ominus}}{\text{kJ} \cdot \text{mol}^{-1}}$	物质		$\dfrac{-\Delta_c H_m^{\ominus}}{\text{kJ} \cdot \text{mol}^{-1}}$
$CH_4(g)$	甲烷	890.31	$C_2H_5CHO(l)$	丙醛	1 816.3
$C_2H_6(g)$	乙烷	1 559.8	$(CH_3)_2CO(l)$	丙酮	1 790.4
$C_3H_8(g)$	丙烷	2 219.9	$CH_3COC_2H_5(l)$	甲乙酮	2 444.2
$C_5H_{12}(l)$	正戊烷	3 509.5	$HCOOH(l)$	甲酸	254.6
$C_5H_{12}(g)$	正戊烷	3 536.1	$CH_3COOH(l)$	乙酸	874.54
$C_6H_{14}(l)$	正己烷	4 163.1	$C_2H_5COOH(l)$	丙酸	1 527.3
$C_2H_4(g)$	乙烯	1 411.0	$C_3H_7COOH(l)$	正丁酸	2 183.5
$C_2H_2(g)$	乙炔	1 299.6	$CH_2(COOH)_2(s)$	丙二酸	861.15
$C_3H_6(g)$	环丙烷	2 091.5	$(CH_2COOH)_2(s)$	丁二酸	1 491.0
$C_4H_8(l)$	环丁烷	2 720.5	$(CH_3CO)_2O(l)$	乙酸酐	1 806.2
$C_5H_{10}(l)$	环戊烷	3 290.9	$HCOOCH_3(l)$	甲酸甲酯	979.5
$C_6H_{12}(l)$	环己烷	3 919.9	$C_6H_5OH(s)$	苯酚	3 053.5
$C_6H_6(l)$	苯	3 267.5	$C_6H_5CHO(l)$	苯甲醛	3 527.9
$C_{10}H_8(s)$	萘	5 153.9	$C_6H_5COCH_3(l)$	苯乙酮	4 148.9
$CH_3OH(l)$	甲醇	726.51	$C_6H_5COOH(s)$	苯甲酸	3 226.9
$C_2H_5OH(l)$	乙醇	1 366.8	$C_6H_4(COOH)_2(s)$	邻苯二甲酸	3 223.5
$C_3H_7OH(l)$	正丙醇	2 019.8	$C_6H_5COOCH_3(l)$	苯甲酸甲酯	3 957.6
$C_4H_9OH(l)$	正丁醇	2 675.8	$C_{12}H_{22}O_{11}(s)$	蔗糖	5 640.9
$CH_3OC_2H_5(g)$	甲乙醚	2 107.4	$CH_3NH_2(l)$	甲胺	1 060.6
$(C_2H_5)_2O(l)$	二乙醚	2 751.1	$C_2H_5NH_2(l)$	乙胺	1 713.3
$HCHO(g)$	甲醛	570.78	$(NH_3)_2CO(s)$	尿素	631.66
$CH_3CHO(l)$	乙醛	1 166.4	$C_5H_5N(l)$	吡啶	2 782.4

参 考 文 献

[1] 彭昌军,胡英. 物理化学[M]. 7版. 北京:高等教育出版社,2021.

[2] 傅献彩,侯文华. 物理化学[M]. 6版. 北京:高等教育出版社,2022.

[3] 朱志昂,阮文娟,郭东升. 物理化学[M]. 7版. 北京:科学出版社,2023.

[4] Atkins P, de Paula J, Keeler J. Physical Chemistry[M]. 12th ed. Oxford: Oxford University Press, 2023.

[5] Engel T, Reid P, Hehre W. Physical Chemistry[M]. 3rd ed. Boston: Pearson Education, Inc, 2013.

[6] Levine I N. Physical Chemistry[M]. 6th ed. New York: McGraw-Hill, Inc, 2009.

[7] 彭笑刚. 物理化学讲义[M]. 北京:高等教育出版社,2012.

[8] 范康年,周鸣飞. 物理化学[M]. 3版. 北京:高等教育出版社,2021.

[9] 韩德刚,高执棣. 高盘良. 物理化学[M]. 2版. 北京:高等教育出版社,2009.

[10] Poling B E, Prausnitz J M, O'Connell J P. The Properties of Gases and Liquids [M]. 5th ed. New York: McGraw-Hill, 2004.

[11] Wright M R. An Introduction to Chemical Kinetics[M]. West Sussex: John Wiley & Sons Ltd., 2004.

[12] Chorkendorff I, Niemantsverdriet J W. Concepts of Modern Catalysis and Kinetics [M]. Weinheim: WILEY-VCH Verlag GmbH & Co., 2003.

[13] Bard A J, Faulkner L R. Electrochemical Methods Fundamentals and Applications [M]. New York: John Wiley & Sons, 2001.

[14] 朱步瑶,赵振国. 界面化学基础[M]. 北京:化学工业出版社,1996.

[15] Adamson A W, Gast A P. Physical Chemistry of Surfaces[M]. 6th ed. New York: John Wiley & Sons, 1997.

[16] Shaw D J. Introduction to Colloid & Surface Chemistry[M]. 4th ed. London: Butterworth-Heinemann, 1992.

[17] 梁文平,杨俊林,陈拥军,等. 新世纪的物理化学——学科前沿与展望[M]. 北京:科学出版社,2004.

[18] 张礼和. 化学学科进展[M]. 北京:化学工业出版社,2005.

读者意见反馈

为收集对教材的意见建议，进一步完善教材编写并做好服务工作，读者可将对本教材的意见建议通过如下渠道反馈至我社。

咨询电话　400-810-0598

反馈邮箱　hepsci@pub.hep.cn

通信地址　北京市朝阳区惠新东街 4 号富盛大厦 1 座

　　　　　高等教育出版社理科事业部

邮政编码　100029